합리적 남성3

# 긍정적인 남성성

롤로 토마시

합리적 남성3: 긍정적인 남성성

발 행 인: 장 민 서
발 행 처: MK출판
출 판 등 록: 2025년 9월 15일
발 행 일: 2025년 10월 15일
이 메 일: valentine704@naver.com
ISBN: 979-11-988044-1-9

1판 1쇄

앤드루 핸슨, 프라이빗 맨의 영전에
이 책을 바친다.

# 목 차

# 제4부: 긍정적인 남성성

## 맺으며

## 감사의 말

## 감수자의 말

2020~2021년 즈음, 유튜브에서 롤로 토마시와 레드필을 처음 접했던 순간이 생각납니다. 살면서 연애는 어렵지 않았으나, 뭔가 주먹구구식이란 느낌이 항상 있었습니다. 그러다가 어떤 계기를 통해, 이참에 여자가 남자에게 빠지는 원리를 모호하지 않게 제대로 이해하고 싶었습니다. 그렇게 롤로 토마시를 찾아냈고, 코로나 여파로 홈 트레이닝을 하면서 롤로의 몇 시간짜리 유튜브 방송을 1년 정도 미친듯이 들었습니다.

레드필 지식은 제게 본문의 표현을 빌리자면 '대포로 얻어 맞은 것 같은 충격'이었습니다. 저는 제가 '여성 중심적인 사회 질서'가 세뇌한 '남녀 백지 이론'과 '남녀 평등'이란 미신, 소울메이트 신화를 믿으며, 블루필 베타 부양자의 길을 걸어왔다는 사실을 깨달았습니다. 그러면서 지난 연애들 중 성공한 연애와 시시한 연애가 주마등처럼 지나가면서 모든 퍼즐들이 갑자기 한 번에 착 맞춰지는 깨달음(epiphany)의 순간을 체험했습니다.

그뒤로 한국에 설거지론이 유행하면서, 저는 유튜브를 통해 레드필을 한국 남성들에게 전파하는 스피커 역할을 하는 영광을 누렸습니다. 그러나 미국 유튜브를 듣고 한국인들에게 상담을 하는 데는 한계를 느꼈고, 오랜 시도 끝에 롤로 토마시의 책들을 한국에 들여오게 되었습니다. 여러분은 롤로 토마시의 '합리적 남성 3부작'의 3번째 책을 손에 쥐고 있습니다.(현재 5권까지 나왔으며, 나머지도 향후 출간 예정입니다.)

저는 제가 유튜브로 레드필에 대한 모든 것을 다 배우고 다뤘다고 생각했지만, 책에는 더 깊은 것들이 담겨 있었습니다. 책을 작업하면서 저는 감탄을 금치 못했습니다. 어떤 문장들의 경우 읽다가 명쾌함에 숨이 막히는 순간도 많았습니다. 〈매트릭스〉에서 처음 네오가 언플러깅(unplugging)됐을 때, 광활한 인간 베터리 밭을 내려다 봤을 때 느낀 형용하기 어려운 숨막히는 기분이 이랬을 것입니다.

저는 〈합리적 남성〉 시리즈를 통해 진짜 남성성이 무엇인지, 오늘날 우리를 둘러싼 사회적 환경의 실체가 무엇인지 깨달았습니다. 2016년 페미니즘 광풍 이후 우리 사회가 어디로 가고 있는지 실체가 보이기 시작했습니다. 여러분은 이 책을 통해 과거 미국에서 벌어진 일이 한국에서도 벌어졌거나, 근미래에 벌어질 것이라는 묘한 기시감을 느끼게 될 것입니다.

저자의 말처럼 남자가 레드필 인식을 가지게 되면, 단순히 여자 문제뿐만 아니라

공적인 관계법, 사회를 바라보는 시각, 가장으로서 가정을 꾸리는 바람직한 방향, 남자들과 올바른 유대를 형성하는 방법 등에 대한 훌륭한 통찰과 영감을 얻게 됩니다. 여러분이 미혼이든, 유부남이든, 20대든 50대든, 성공한 커리어에 올라탄 남자든, 미래가 불안한 대학생이든, 이 책에 등장하는 관습적이고 긍정적인 남성성이 무엇인지 깨달으면 삶에서 아주 많은 것들을 바꾸고 개선할 수 있다는 사실에 마음이 설렐 것입니다. 그리고 여러분은 자연스럽게 '남성성이 왜 긍정적인지' 알게 될 것입니다.

특히 3권의 첫 부분인 〈레드필 양육〉은 섹스 리스에 고통받거나, 결혼 생활이 묘하게 마음에 들지 않는 유부남들, 페미들이 장악한 사회에서 자녀를 건강하게 키우고 싶은 아버지들에게 많은 도움이 될 것입니다. 어쩌면 이 책에 등장하는 미국 독자의 사례처럼 여러분은 성장기에 형성된 아버지를 향한 분노를 내려놓고 화해한 뒤, 남성성을 회복할 수 있습니다. 레드필을 통해 거듭난 자신을 여전히 베타 취급하며 무시하는 아내 말고, 새롭게 변신한 알파의 모습을 인정하는 외간 여자들을 경험하고 삶의 자신감을 회복한 유부남의 이야기가 여러분의 이야기가 될 수도 있겠지요. 이제 한국 남자들도 이런 멋진 변화의 주인공이 될 차례입니다.

물론 목전의 현실이 녹록지 않습니다. 2016년 페미니즘 쓰나미가 한국을 덮친 뒤로 한국의 연애시장은 엉망진창이 되었고, 많은 남자들이 남녀갈등에 피로를 호소하며 혼란스러워하고 있습니다. 이 책에 등장하는 '성 전략의 절대 법칙'이 주는 교훈처럼, 우리 남자들이 남녀 관계의 주도권을 포기했기에 이런 혼란이 생겼습니다. 이 책을 읽고 나면 한국 남자들은 '남녀평등'이란 여성의 성 전략을 일방적으로 달성하기 위해 동원된 미신이고, '상호 보완적 남녀 관계'가 자연법적 진리라는 사실을 깨닫게 될 것입니다.

어느덧 한국 사회는 다른 남자들까지 한 남자가 남성성을 받아들이고 공개적으로 인정하면 '알파 호소인'이라고 하면서 조롱하는 풍조가 생겼습니다. 그러나 여러분이 이 책의 마지막 장을 덮을 때 쯤엔 그것이 잘못되었다는 것을 깨닫게 될 것입니다. 부디 이 책이 여러분도 남성성을 다시 인식하고, 다시 수복하고 받아들여 남자로서 당당한 삶을 살아가는 계기가 되길 바랍니다.

## 한국의 독자분들께

『합리적 남성』을 한국 독자 여러분께 소개하게 되어 정말로 기쁘고 자랑스럽습니다.

지난 20년간, 저는 총 5권의 『합리적 남성』 시리즈를 출간했고, 이 중요한 사명을 이어가는 차원에서 현재 여섯 번째 책을 쓰고 있습니다. 그 과정에서 제 책을 읽고 삶이 근본적인 차원에서 변화하는 데 성공한 전 세계의 수많은 남성과 인연을 맺을 수 있었습니다.

'매노스피어'와 '레드필'은 이제 세계적인 현상입니다. 북미의 레드필 비판자들은 레드필의 내용이 서구권에서만 유효한 것처럼 한정하려 애쓰지만, 우리는 그것이 사실이 아니라는 걸 알고 있습니다. 터키, 케냐, 그리고 한국을 비롯한 수 개국의 수천만 명의 사람들이 현대 남성들이 처한 환경과 상황의 무게를 이해하고 있습니다. 저는 제 책이 여러 남성의 인생에 큰 도움이 되었다는 이야기를 들을 때마다 정말 큰 보람을 느낍니다. 그리고 이젠 한국에도 인연이 닿은 것 같아 그 기쁨을 이루 말할 수가 없습니다.

여러분이 쥐고 있는 이 책은 제가 지난 20년간 남성들을 상담하면서 얻은 교훈과 통찰의 정수입니다. 이 책은 또한 여러 남성의 실제 증언과 경험을 종합한 것이기도 합니다. 『합리적 남성』은 현재도, 그리고 앞으로도 독자들과 함께 만들어가는 작품이 될 것입니다. 한국 독자 여러분도 이러한 집단지성으로서 '레드필'의 장에 함께 하도록 초대하고 싶습니다. 저는 언제나 레드필은 공개된 정보여야 한다고 주장해 왔습니다. 우리 개개인의 경험과 통찰이 레드필을 더 완벽에 가까워지게 만들 겁니다. 레드필이 주는 깨달음은 남녀 역학의 과학이자, 실용적인 지식입니다. 그래서 제가 제 팟캐스트를 강의실처럼 만든 것입니다. 제가 교수처럼 정보와 방향을 알려줄 수 있지만, 본래 우리는 다 함께 공부하기 위해 모인 것입니다. 그리고 종종 그러하듯, 때론 학생들이 선생님에게 새로운 무언가를 가르쳐주는 법입니다

집단지성 속에서 배움을 얻기 위해, 우리는 서로 바르게 대화하고 토론해야 합니다. 저의 모든 책에서 권장하듯, 한국 독자 여러분도 이 책에 나오는 내용을 친구, 지인 등 여러 남성과 함께 이야기 나누고 토론하길 바랍니다. 저는 언제나 남자들의 대화 장을 열기 위해 책을 썼습니다. 이 책에 나오는 개념의 상당 부분은 수십 년 전, 활발한 토론이 오고 가던 포럼에서 탄생한 것입니다. 저의 의무는 최대한 객관적인 시각

에서 정확한 정보를 추려내는 것입니다. 저는 남자를 더 낮게 만드는 산업에 종사하지 않습니다. 저는 남자가 더 나은 남자로 거듭날 수 있도록, 스스로 무장하고, 배울 수 있는 실천 가능한 정보를 제공하는 일을 합니다. 『합리적 남성』에는 차근차근 따라 하는 가이드라인 같은 게 없습니다. 오직 도구만이 있을 뿐입니다. 그 도구를 어떻게 활용할지는 여러분의 몫이며, 여러분의 목표와 필요에 따라 더 나은 삶을 만들기 위해 이러한 도구를 활용하시기를 바랍니다.

여러분 자체가 현재 진행형인 존재입니다. 여러분을 거듭나도록 도울 수 있는 도구를 제공하게 되어서 기쁩니다. 여러분이 제게 해줄 수 있는 최고의 선물은 이 도구로 여러분이 어떤 멋진 결과를 끌어낼 수 있는지 보여주는 것입니다. 언젠가 한국 독자 여러분도 무언가를 이루어낸 멋진 모습을 보여주시길 바랍니다.

-롤로 토마시, 2024년

# 들어가며

내가 앤드루 핸슨Andrew Hansen의 목소리를 처음 들은 건 2013년 8월의 첫째 주였다. 그때까진 온라인에서 유명한 사람 정도로 알았고, 실제로 그의 목소리를 들은 건 그때가 처음이었다. 앤드루는 현재 매노스피어Manosphere라고 불리는 분야의 동료 블로거였다. 매노스피어는 관습적인(conventional) 남성성, 여성의 본성, 이에 대한 집단 지성을 바탕으로 자신을 가장 잘 개발하는 방법을 파고드는 국제적인 남성 중심 온라인 커뮤니타다. 앤드루의 닉네임은 프라이빗 맨The Private Man이다. 그는 동명의 블로그를 운영하면서, 여러 온라인 포럼과 트위터에서도 '프라이빗 맨'으로 활동했다. 프라이빗 맨은 늘 그와 함께 한 이름이고, 아마 앞으로도 그 이름으로 기억될 것이다.

그의 팟캐스트 방송을 듣기 전에, 나는 프라이빗 맨과 기억에 남는 토론을 한 적이 있었다. 그는 끝장 토론을 벌이기 좋은 상대였다. 그는 이혼 후 '레드필을 받아들인 남자'가 되었는데, 연애와 이별, 데이트라면 화려할 정도로 경험이 풍부했기 때문이다. 이제 와서 밝히자면, 어떤 주제에 있어서 우리 둘은 강하게 충돌하기도 했다. 나는 그의 퍼플필(Purple Pill, 남녀의 본능에 대한 레드필 이해를 바탕으로 연애에 관한 블루필 환상을 이루려는 사상-옮긴이) 관점에 여러 번 이의를 제기했다. 논쟁의 주된 원인은 더 큰 진실을 희생해서 (여자들의 심기를 건드리지 않으면서) 더 많은 대중의 입맛에 맞도록 레드필(RedPill, 여성의 본성을 이해하는 연애의 본질을 다루는 지식-옮긴이)의 메시지를 순화하려는 그의 태도였다. 그러나 프라이빗 맨은 언제나 불편한 진실에 대해 더 객관적으로 기꺼이 귀를 기울였고, 자기 경험과 무관하게 그 진실들을 받아들였다. 그는 자신이 읽은 사소한 신문 기사에 대해 말을 가려가며 비판하는 글을 즐겨 썼는데, 그럴 때마다 나는 그에게 '기사 속에 숨은 진짜 메시지와 그 기사에 대해 굳이 글을 쓰고 싶은 마음이 들게 하는 진짜 이유를 알아야 한다'고 충고하곤 했다.

매노스피어에서 프라이빗 맨은 나이 지긋한 남자 독자들을 대상으로 강한 호소력을 갖고 있었다. 그가 이미 50대 후반의 나이에 이 분야에 들어왔기 때문에 당연해 보일 수 있다. 그러나 여러분은 그가 교류한 남자 독자들이 주로 자기처럼 중년이 한참 지나고 나서야 블루필(Blue Pill, 사회가 세뇌한 연애 가치관, 쉽게 말해 연애의 환상-옮긴이) 환상에서 갑자기 깨어났다는 점을 감안해야 한다. 이런 남자들은 설득이 어려운 집단이다. 1970년대 초 이후, 여자에 대한 환상에 빠져 평생 사회 규칙에 따라 여자를 상대했는데, 정작 잘나가는 남자들은 아무도 그 규칙을 따르지 않았다는 사실을 깨닫게 된다면 '억울하고 분노가 치솟는 남자'가 되기 쉽다. 프라이빗 맨 본인도 자신이 다가가고자 했던 그런 분노한 남자 중 한 명이 될 수도 있었다. 그렇지만 그 타이밍이 늦긴 했어도 그가 레드필을 깨닫는 과정은 남달랐고, 긍정적인 변화였다. 관점에 따라선 그가 레드필을 긍정적으로 받아들인 게 당연할 수도 있다. 그는 자신이 아프게 배운 것들을 희망찬 방식으로 글로 옮기는 사람이었다. 나는 지난 책 『합리적 남성2: 예방의학(The Rational Male-Preventive Medicine)』을 쓸 때, 블로그 활동을 하는 내내 남자들이 반복해서 던져온 질문에 답하려 애썼다.

"이 모든 지식은 내가 젊었을 때는 어디에 있었나요? 내가 결혼하고, 이혼하고, 자식과 관계가 엉망이 되기 전에, 왜 아무도 이 모든 것을 내게 알려 주지 않은 거죠?"

위 질문은 매노스피어에 있는 나이 든 남자들이 흔히 하는 농담이다. 그들은 레드필의 진실을 일찍 깨닫지 못해서 생긴 안타까운 감정을 체념하고 받아들이면서 저런 말을 뱉는다. 그러나 프라이빗 맨에게서는 그런 식의 후회의 감정을 절대 느낄 수 없었다. 마치 한평생을 살면서 내린 결정과 그 결과에 대해 크게 후회하지 않고 진실을 받아들인 것 같았다. 흔히 깨달음 뒤에 따라오는 허무주의(nihilism, 여기선 기성 도덕·법질서·제도가 환상이었다는 데서 오는 분노와 좌절, 허망함-옮긴이)에 빠질 틈도 없이, 깨달음 속에서 자신의 역할을 수용했다.

일반적으로 남자가 레드필 진실을 마주할 때 통과하는 여러 단계가 있다. 그중 하나가 바로 허무주의로, 자신이 과거에 내린 결정이 충분한 사전 지식과 정보 없이 이루어졌다는 사실(또는 누군가가 고의로 자신을 속였다는 사실)을 인정하고, 그때부터 인생을 다시 뜯어고치는 일이 자기 손에 달려 있다는 사실을 받아들이는 단계다. 허무주의는 이성을 향한 투자에서 손실을 겪고, 자신의 가치를 상실하는 방식으로 블루필의 망상에서 찢겨나간 후, 자신을 다시 일으켜 세워야 한다는 생각에서 싹튼다. 프라이빗 맨은 이런 과정을 전혀 겪지 않은 듯했고, 겪었다 하더라도 멋지게 숨긴 셈이다. 사실 그의 성격을 설명하는 단어가 있다면, 거의 모든 상황에 대해 '긍정적'이었다. 이런 표현이 한 남자를 회고하며 흔히 던지는 그저 적당한 미사여구처럼 들릴 수 있다. 그러나 프라이빗 맨에 대해선 정말 진지한 묘사다. 여러분이 그의 블로그 글들을 읽어본다면 공감할 수 있을 것이다.

8월의 그날, 나는 이어폰으로 매노스피어 라디오나 그 비슷한 이름으로 기억하는 프라이빗 맨의 팟캐스트를 들으면서, 절뚝절뚝 내 차로 걸어가고 있었다. 일주일 전 발에 골절상을 입어서 다리를 절었지만, 중요한 계약 건 때문에 한 카지노의 주차장에 있던 내 차로 고통을 참으며 걸어가야 했다. 그리고 그 팟캐스트를 다운받아 운전해서 집에 도착할 때까지 들었다. 별 것 아닌 것처럼 보여도, 이게 '프라이빗 맨' 하면 항상 떠오르는 기억이다. 온라인 공간에서 나를 위해 힘 써준 남자 동료인 그가 나왔기 때문이다. 물론 루시Roosh와 그 외 여러 동료도 있지만, 프라이빗 맨은 그때부터 나와 뭔가 통한다는 인상을 받았었다. 당시엔 내가 『합리적 남성The Rational Male』을 출간하기 약 3개월 전이었고, 그때까진 그 책이 세상에 어떻게 받아들여질지 몰랐다. 내가 하고 있던 일에 대해 확신은 있었지만 낯선 길인 건 분명했다. 당시 나는 고민이 많았다. 프라이빗 맨이 진행하던 방송을 들을 때마다 나는 그가 함께 술 한잔할 만한 사람이란 걸 느꼈다. 다가가면 마음을 열어줄 사람이라는 것을.

나는 이렇게 '다가가고 싶은 사람'이란 인상을 중요하게 여긴다. 모니터로 읽는 글은 냉정한 인상을 줄 수 있다. 차가운 글귀 너머 그 글을 쓴 '사람'이 있다는 사실을 잊기 쉽다. 가끔 그 사람이 자신과 곧잘 친구가 될 사람일 수도 있고, 거리를 두는 것이 나은 사람일지도 모른다. 그들의 사상이 강한 영향력을 발휘할 수는 있어도, 사상과 별개로 그 사람 자체에 대한 평가는 매우 주관적이다. 나는 진지한 표정으로 농담을 던지곤 하던 프라이빗 맨을 보고, 그가 괜찮은 사람이라는 걸 알았다. 그에 대해 더 많이 알지 못해 아쉽다. 그는 생각이 열린 사람이었고, 솔직히 도대체 어떤 여자가 무슨 이유로 그런 남자와 이혼했는지 궁금했다. 한 가지 분명한 사실은 그가 다가가기 어려운 남자라서 이혼한 건 절대 아니란 거다.

나는 그가 왜 이름을 '프라이빗 맨'이라고 지었는지 궁금했다. 그는 자신을 감추는(private-사적인 것을 감추는 성향을 뜻한다-옮긴이) 사람이 전혀 아니었기 때문이다.

2013년부터 그가 세상을 떠난 2017년까지, 우리는 여러 번 만나서 대화를 나눴다. 사실 프라이빗 맨이 먼저 내게 연락처를 달라고 했다. 그는 혼자 개를 키우며 살았는데, 우리가 처음 연락을 주고받았을 당시, 지인 외의 다른 누군가와 나누는 대화가 그리웠을 것이다. 그는 경제적으로 어려웠는데, 내게 휴대전화 요금을 도와달라고 부탁하기도 했다. 더 안타까웠던 건 암 때문에 그의 한 쪽 눈이 곧 실명될 예정이었다. 얼마 지나지 않아 안대를 낀 그의 모습이 익숙해졌기 때문에, 이제는 안대 없는 그의 사진을 보는 게 재미있는 일이 되어버렸다. 암은 끔찍한 병이다. 이겨내더라도 여러모로 사람을 바꾼다. 당시에 그와 대화하면서도 어쩌면 내게 말하지 못한 그의 이야기가 많으리라 짐작했다. 그렇게 혼자서 아픔을 겪고, 문제를 해결해 나가던 때에도 여전히 그는 낙관적인 마음을 잃지 않았다.

그 뒤로, 그의 암이 너무 깊어져서 시한부가 선고됐단 소식을 들었다. 죽음은 철저히 사적인 일이다. 솔직히 말해 나는 죽음을 썩, 자주, 혹은 깊이 생각하고 싶지 않다. 나는 죽음이 서툴다. 남자들이 훌륭한 삶을 살다가 강하고 명예롭게 죽음을 마주하는 미덕에 관해 영웅적인 연설을 늘어놓긴 쉽지만, 그럼에도 죽음은 죽음이고, 떠나는 건 떠나는 것이다. 죽음에 관해서는 이 책의 다른 장에서 더 자세히 다룰 테지만, 현생에서 각자의 인생을 살아가는 동안 큰 흔적을 남기는 고귀한 사람은 거의 없다고 본다. 스티브 잡스만큼은 아니더라도, 프라이빗 맨의 인생은 매노스피어에 충분한 흔적을 남겼다.

그는 운명을 받아들이면서도, 예전과 똑같이 아쉬움 없는 삶을 밀고 나갔다. 우아하고 긍정적으로 레드필의 깨달음을 마주했듯, 눈앞의 죽음도 그렇게 받아들였다. 그는 세상을 떠나기 불과 몇 주 전 직접 '환송' 파티를 열었다. 그의 블로그에서 (다음 세대가 그의 가치를 알 수 있도록 저장된) 그 파티 영상을 볼 수 있다.

그의 삶이 끝에 다다랐다는 소식을 듣자마자, 나는 독자들이 손에 들고 있는 이 책의 서문을 써주는 영광을 베풀어줄 수 있을지 그에게 물었다. 나는 이 책을 통해 프라이빗 맨을 추모하고 싶었다. 『합리적 남성The Rational Male』은 레드필 인식의 초석이 되었고, 매노스피어에서 남녀 간 역학에 관한 가장 영향력 있는 연구 결과물이라고 감히 생각한다. 프라이빗 맨의 손으로 쓴 서문과 함께 이 책이 그에게 보내는 헌사가 되기를 희망했다. 안타깝지만 그 뜻을 이루지 못했다. 그래서 대신 여기에 그를 위한 추도사를 쓴다.

우리의 집단의식에 프라이빗 맨이 행한 공헌에 감사하는 마음으로 이 책에 『긍정적인 남성성Positive Masculinity』이라는 이름을 덧붙인다. 책을 읽으면서 이 주제를 기억하길 바란다. 레드필, 남녀 역학에 관해 가혹하지만 계몽적인 진실 위에 서 있는 진정 레드필을 깨달은 남자들을 향해, 사회적 지능이 부족해서 분노하고, 억울해하며, 허무주의에 빠진 패배자 집단에 불과하다는 비난이 너무 많다. 남자라면 아이든 어른이든, 관습적인 남성성처럼 보이면 뭐든지 혐오하도록 가르치는 이 시대에, '남성성엔 긍정적인 면이 없다'는 믿음을 가지기 쉽다. 그러나 레드필을 깨우친 남자의 눈으로 본 남성성엔 그보다 더 많은 것들이 있다. 나는 이 책이 때로는 악의로 퍼져나가는 저런 식의 오해를 바로잡는 균형추가 되기를 바란다.

프라이빗 맨은 긍정성을 모범으로 실천했다. 따라서 나는 이 책을 그의 이름 앞에 바친다. 신의 뜻이라면, 이 책은 그를 위한 기념비가 될 것이다.

- 롤로 토마시
2017년 4월 13일

# 머리말

*'좋은 결정은 경험에서 나오고, 그 경험은 나쁜 결정에서 나온다.'*

내가 '레드필'이라는 새로운 패러다임에 뛰어들었을 때, 내가 왜 이 분야에 그렇게 열정적인지 그 이유를 찾고 싶었다. 나는 소스와브SoSuave(남성의 성공적인 연애를 돕는 온라인 포럼-옮긴이) 토론방과 매노스피어 전반에 글을 남기기 시작한 이래, 사적인 연애 경험의 일부를 부각하거나, 그런 파편적인 경험을 토대로 더 보편적인 개념을 끌어내지 않겠다는 원칙을 항상 지키려고 노력했다. 여자들은 수시로 사적인 개별 사례로 보편적인 결론을 끌어낸다. 개인적 경험이 타인의 사고방식까지도 규정해야 한다는 발상은 유아론(solipsism, 자신의 자아 이외의 객관적인 세계는 존재하지 않고 모든 것은 자아가 지어낸 의식에 불과하다는 사상-옮긴이)의 극치이며, '반례가 오히려 규칙이 존재한다는 걸 드러낸다'는 사실을 무시하는 짧은 생각이다.

그래서 나는 사적인 경험을 너무 많이 예로 들고 싶지 않았다. 사람들은 개인적 경험이 만든 생각을 바탕으로 너무 쉽게 보편적인 결론을 내린다. 사실 이게 여자를 '읽는' 쉬운 방법이다. 여자들은 자기 경험과 '내가 중요하다'는 생각을 토대로 현실을 규정하는 경향이 있기 때문이다. 아무튼 나는 좀 더 효과적인 접근법을 원했다. 마침 행동 심리학을 연구하기로 했을 때, 관련된 사건들이 동시에 일어났다. '게임 Game(레드필에서 '게임'이란 '연애의 기술', 즉 여자를 유혹하거나 상대하는 지침 또는 기술 전반을 의미한다-감수)', 즉 여성을 향한 실용적인 접근법을 접한 게 학술적인 진로를 결정하는 데 영향을 주었다. 초창기 내가 쓴 글들을 읽어보면, 나는 '전원을 켜면 TV가 작동한다' 말고, '전원을 켜면 TV가 켜지는 원리'를 알고 싶어 했다. TV를 분해해 보고 다시 조립하길 원했다.

　나의 동기와 관련된 질문이 하나 더 남아 있었다. '나는 다른 남자들이 환상에서 벗어나지 못했다는 걸 도대체 왜 신경 쓰는가?'

　많은 남자가 국경을 초월한 온라인 커뮤니티 모여 각자 여자 경험을 공유하고 비교한다. 반면 나는 대체로 혼자 여자의 환상에서 벗어나는 데 성공했는데, 왜 굳이 다른 남자들의 처지를 신경쓰는 걸까? 나는 이 글을 쓰고 있는 이 순간까지도, 남자들 대부분이 꽤 괜찮다고 여길만한 결혼 생활을 20년 동안 해냈다. 아주 영리하고 예쁜 다 큰 딸이 있고, 돈도 꽤 잘 버는 편이며, 하는 일도 잘 되고, 세상 경험도 많은데, 왜 내 말을 다른 남자들이 듣게 하는 일이 내게 그렇게 중요할까?

　나를 비판하는 사람들은 다 자기만족 때문이라고 말할 것이다. 사실 모든 글쟁이는 자기 일에 어느 정도 자아 투자(self-investment, 개인이 어떤 아이디어를 중심으로 정체성을 구축하는 현상-옮긴이)를 하는데, 그런 동기가 아니면 절대 글을 쓰지 않는다는 것이다. 그러나 이 질문에 어쩔 수 없이 대답해야 한다면, 안타깝게도 나는 개인적인 체험을 가져올 수밖에 없다. 나를 비난하는 사람들은 내가 겪은 체험을 본인들의 목적에 부합하도록 왜곡하고 매도한다. 가령 내가 인생이 억울한 남자라느니, 여자에게 데었느니, 이런 게 내 카타르시스니, 내가 여자에게 앙심을 품고 있느니 떠들기 때문에, 사적인 경험을 공개적으로 언급하는 건 정말 싫다. 그러나 독자들의 더 나은 이해를 위해, 내 체험을 일부 공유할 필요가 있다. 치우침이 없는 사람은 없기에 나도 완벽하게 객관적인 척하지 않겠다. 내가 주장하는 바를 위해 속사정을 꺼내는 고통을 기꺼이 감수한다.


　그래서 뭐가 문제냐고?


　관습적인 남성성이 긍정적이거나 매력적인 요소가 될 가능성이 생기기는커녕, 남성성의 진정한 의미가 소멸할 때까지 남성성을 암시하는 것이라면 뭐든 조롱하고, 비난하고, 탄압해야 한다고 믿도록 세뇌된 젊은이들이 이 세상에 가득 차 있다는 게 나의 문제다.

베타Beta(연애 자체가 안되거나 진행에 서투른 남자-옮긴이) 친구가 자길 버린 여자친구 없이는 말 그대로 '살 수 없어서' 입에 총부리를 넣는 게 내 문제이다.

어떤 목사가 결혼 생활 내내 예쁘장한 아내를 떠받들면서 정작 자신은 (그리고 남자를) 업신여긴 결과, 아내가 하이퍼가미Hypergamy(종래의 사전적 의미에선 '상승혼'을 뜻하나, 레드필에선 여자가 자기보다 높은 연애 시장 가치를 지닌 남자를 추구하는 것을 포함하여, 남자의 알파 기질과 베타 기질을 모두 추구하는 것까지 총망라한 여성의 본능이자 성 전략을 가리키는 개념-감수) 본능에 따라 18년의 결혼 생활을 끝장내고 목사와 네 아이를 버리는 모습을 지켜보는 게 내 문제다.

평생 블루필에 길든 65세 노인이, 지난 20년의 결혼 생활 동안 아내가 섹스를 무기로 계속 자신을 갈취했는데도 아내가 떠날까 봐 감히 반항하지 못하겠다며 내 무릎에서 우는 것이 문제다.

울고 있는 세 아이를 미니밴 뒷자리에 태우고, 밤새도록 추적해 찾은 모텔 주차장에서 너무 일찍 결혼한 아내와 바람을 피운 남자를 모두 죽이겠다고 난리치는 내 친한 친구를 새벽 3시에 뜯어말리는 게 내 문제다.

20년간 결혼 생활을 한 베타 남편에게 '내가 바라던 남자가 아니다'라고 선언하는 바람에 그 남편이 스스로 나무에 목을 매게 한 아주 독실한 여자 종교인, 그리고 이 비극이 끝난 지 불과 8개월 만에 백만장자와 결혼한 여자와 그 집안사람들과 함께 추수감사절 저녁 식사 테이블에 예의 바르게 앉아 있어야 하는 게 내 문제다. 죽은 전남편이 뼈 빠지게 일해서 지어준 집을 그가 묻힌 지 3개월 만에 여자가 팔아버리고, 그 돈으로 새로 장만한 성형 가슴과 신형 포르쉐를 자랑하는 걸 보는 게 내 문제다. 조카에게 앞뒤 가리지 않고 기회만 엿보는 엄마의 하이퍼가미를 교묘하게 지적하면서, 아버지처럼 베타가 되지 않도록 가르쳐야 하는 것이 내 문제다.

68세에 알츠하이머로 쇠약해지고 있지만, 섹스하겠다는 일념에 평생 효과가 있다고 생각한 구세주 스키마(Savior Schema, 문제만 해결하면 성적인 호감을 얻을 거라는 베타 남성의 기대-옮긴이)를 여전히 신봉하는 내 친아버지를 보는 것이 문제다. 53세에 어쩔 수 없이 조기 퇴직하고 곧 두 번째 아내가 떠나버릴 때까지, 성공을 위해 집요하게 자신을 몰아세우는 바람에 무기력하게 돌아가신 아버지를 보는 것이 내 문제다.

두 명의 아내에게서 태어난 세 딸의 아버지이자 (또 싱글맘인) 세 번째 아내에게 감정적으로 조종당한 남자, 실의에 빠져 퇴근 후 현실을 마주하기 두려워 주말이 빨리 지나가기를 간절히 기다리는 내 친구를 위로하고 앉아 있는 게 내 문제다.

'흔한 남자들'과 자신을 차별화하려고 '백마 탄 기사'가 되어, 두 명의 남편 사이에 낳은 세 아이의 싱글맘이랑 사귈 수 있어야 한다고 생각하는 남자, 그런 여자와 섹스해 넷째 아이를 가지는 '정의로운 일'을 하기 위해 그런 여자랑 결혼하려는 남자를 상담하는 것이 내 문제다.

'소울메이트'였던 여자친구가 새 남자친구와 함께 있는 모습을 보느니 차라리 감옥에 가겠다'라며, 전 남자친구가 새 남자친구를 30번이나 칼로 찌른 걸 목격한 17살 소녀를 상담해야 하는 것이 내 문제다.

결혼한 지 20년이 지났지만, 내 아내는 여전히 수영복 모델이 될 수 있는 멋진 여자고, 나의 결정을 확신하고 존중하는 게 내가 아내를 억압하는 50년 대의 강압적이고 야만적인 남성 우월주의자여서가 아니라는 걸, 단지 긍정적인 남성성과 레드필을 깨달아 남자의 역할을 잘 이해하고, 그대로 실천했기 때문에 가능했다는 사실을 '요즘 여자들'에게 설명하려고 노력해야 하는 게 내 문제다.

그리고 가장 큰 문제는 14세 소년이 대중매체가 부채질하고 문화적으로 지지받는 한심할 정도로 이상화되고 여성화된 연애 개념, '소울메이트 신화'에 자신을 모조리 바칠 준비가 된 모습을 보는 것이다. 이들은 같은 늪에 빠진 다른 베타남끼리 서로 응원해서 더 깊은 수렁에 빠지게 만든다. 그리고 어린 남자애들까지 이런 세뇌 과정에 휘말린다. 이런 환상은 쉽게 전염되며, 이들의 비참한 마음과 안주하는 마음은 곧 동병상련으로 이어진다. 나의 근심은 내 몸뚱이가 하나밖에 없어서 이 어린 남자들의 아버지가 할 수 없었거나 하기를 거부한, 이들 모두를 환상에서 두들겨 깨우는 일을 다 해치우지 못할지도 모른다는 우려다.

그래서 내가 굳이 나선다. 왜냐하면 이 일은 종종 정말로 '사람의 목숨이 걸린' 문제이기 때문이다.

더 나은 표현이 없어서 어쩔 수 없이 '게임'이라고 부른다. 레드필에서 게임의 실천법과 그게 여자들에게 먹히는 이유를 이해하는 일은 요즘 남자들에겐 말 그대로 생존 기술이다. 사랑, 성, 섹스, 인간관계에 관하여 우리를 길들이고, 환상을 심어준 맹목적인 오류와 그에 따라 남자들이 내리는 인생의 결단과 그 대가를 생각해 보자. 이런 결단이 우리 자신, 가족, 아이들, 그리고 그 여파로 도미노처럼 쓰러질 다른 모든 생명에 미칠 영향력을 상상해 보자. 우리는 오늘 우리가 내린 결정이 타인에게 미칠 영향에 대해 둔감하다. 우리가 살면서 하는 모든 행동은 말 그대로 메아리나 물결이 되어 영원까지 퍼져나간다. 내가 이 일을 하는 건, 이걸 내게 주어진 운명으로 받아들였기 때문이 아니다. 이런 것들을 다루는 대부분의 사람들이 자문하게 되는 '굳이 왜?'라는 질문 뒤편에 있는 어떠한 합리적인 이유 때문이다.

## 왜 이 책이 필요한가

2015년 9월, 나는 존경스러운 친구인 크리스천 맥퀸Christian McQueen이 라스베이거스에서 주최한 '잘나가는 남자들의 모임(The Man in Demand Conference)'에서 처음으로 감히 대중 앞에 섰다. 크리스천과 나, 그리고 블로거인 골드문Goldmund과 태너 구지Tanner Guzy는 매노스피어를 위한 테드TED라고 불러도 될 만한 그 행사를 위해 토요일에 모였다. 레드필을 이해하려는 사람들의 모임이고, 남자들의 경험이 충분히 어우러지도록 잘 진행되었다.

이 회의에서 나는 거기까지 와준 20대 초반부터 60대 후반까지 각계각층의 다양한 남자들을 소개받는 특권을 누렸다. 정규직으로 일하는 직장인과 대학생, 사설탐정, 경찰, 한국의 공군기지에서 날아온 군인도 있었다. 영광스럽게도 개인적으로 내 업적을 축하하며 공군 주화(Air Force coin, 훈련생에서 파일럿이 된 기념으로 주는 주화)를 준 사람도 있었다. 현역 육군 군인들과 나를 보러 나라 반대편에서 버스를 타고 온 남자도 있었다. 자녀를 키우는 아버지들도 만났는데 아이들이 이해할 수 있는 나이가 되자마자 내 첫 책을 선물해 줄 것이라 말했다. 또한 내 최초의 현장 강연을 들으려고 아버지를 모시고 온 남자들도 만났다. 말할 것도 없이, 나와 내 책이 인생을 실질적으로 그리고 상징적으로 구원했다며 감사를 전하는 남자들을 만나는 순간은 내게 정말 과분한 영광이었고 나는 겸손한 마음이 들었다.

그 회의에서 한 동료가 물었다. "레드필 관점에서 모든 것을 다룬 후에는 무엇에 관해 책을 쓸 건가요?" 나는 그 질문에 바로 답할 수 없었다. 이성 간 역학이란 주제에서 큰 개념으로 이어지는 작은 소재들이 고갈될 거란 생각을 해본 적이 없었기 때문이다. 오히려 이렇게 다양한 배경과 경험을 가진 수많은 남자들이 나를 포함한 동료 블로거들의 연설을 듣고, 실제로 만나기 위해 라스베이거스에 모였다는 바로 그 점이 레드필이 수많은 남자들의 개인적인 현실에 고르게 적용되고 있다는 사실을 보여주는 증거였다. '오늘날 남녀의 차이점, 남녀가 처한 상황과 문제는 모두 〈합리적 남성〉 게시물에서 찾아볼 수 있다'는 말이 나와 내 트위터 팔로워들 사이에서 농담처럼 돌아다닌다. 정말 내가 모든 걸 다루진 않았겠지만, 저 말에 담긴 뜻은 잘 알겠다. 내게는 14년에 걸쳐 글을 쓰면서 수집한 꽤 풍부한 자료가 있다. 독자들이 새롭게 제시하는 이성 관계에 대한 논쟁이나, 숙고하고 던지는 질문에 그저 과거에 쓴 글의 링크를 댓글로 달아주는 일이 흔해졌다. 사실 트위터의 140자 글자 수 제한에 맞춰 답글을 쓰기 버거워서 그런 것도 있지만.

그래서 내가 모든 걸 싹 다 다루었을까? 다뤄야 할 것들을 다 건드렸나? 이 책을 쓰고 있는 요즘 '롤로 토마시'가 누구인지 모르는 사람들이 레드필 토론방에서 내가 한 말에 대한 대답으로 내가 쓴 글의 링크를 보내기 시작했다. 이젠 내가 과거에 쓴 글이 작가인 나를 추월하는 것 같다. 그 글에 담긴 메시지가 확 퍼져서 오히려 작가인 내가 가려지는 상황은 확실히 낯설다.

그렇지만 내가 남녀 관계 역학이나 레드필에 관해 모두 다루었다고 생각하지 않는다. 남녀 역학, 즉 성 전략뿐만 아니라 현실에서 드러나는 남성과 여성의 차이는 너무 크다. 내 첫 저서가 출판된 후 3년 반 만에, 무수한 작가들이 특정한 사회적 환경, 민족적 배경, 유부남, 믹타우(MGTOW-Men Going Their Own Way, 여자를 절식하고 자신만의 길을 가는 남성), 종교적·정치적 사안에 레드필 인식이 미친 다양한 영향에 대해 조명하는 블로그를 열기 시작했다.

나는 레드필이란 '남성과 여성 사이의 심리, 사회적, 대인 관계 역학 구조에 관한 것'이라는 원래 정의에 머물면서, 따로 분류가 필요하다고 생각해 본 적이 없다. 내 연구를 기반으로 레드필이 분화되어 다양하게 가지를 치는 모습이 보기 좋지만, 이 분야에서 내 첫 번째, 그리고 가장 중요한 역할은 광범위한 질문을 던지고 기초적인 사실을 토대로 독자들의 요청에 계속해서 잘 대응하는 것이다.

지금껏 내가 연구한 내용을 글로 남길 때, 다른 남자들에게 도움을 주고, 극한 상황에 처한 남자들을 깨달음에 이르게 하고자 했다. 그런데 무엇이 이 남자들로 하여금 레드필을 기꺼이 받아들이게 한 건지 궁금했다.

## 인간행동학(Praxeology)

레드필은 인간행동학이다. 간단히 말해, '인간은 재채기처럼 반사적 행동이나 무생물의 특성을 지닌 게 아니며, 의도를 갖고 행동한다'는 개념에 기반한 인간 행위에 관한 추론 연구다. 행동 원리를 기반으로 삼으면, 인간 행동에 관한 객관적이고 보편적인 결론을 도출할 수 있다. 예를 들어 인간이 '선택'이라는 행위를 한다는 개념은 '인간에게 선호가 있다'는 뜻이다. 이는 의도적인 행동을 하는 어떤 사람에게도 보편적으로 적용된다.

이것이 내가 쓰는 글마다 '레드필 인식'이라는 표현을 반복 사용하는 본질적인 이유다. 일단 남자가 환상에서 깨어나 새로운 깨달음에 따라 삶을 재정비하면, 새롭게 얻은 인식이 이성 간 관계를 넘어 삶의 다양한 분야로 확장된다. 이런 새로운 인식은 과거의 자신처럼, 개인적·사회적 차원에서 블루필 망상에 빠져 있는 주변 사람들을 잘 헤아리게 만든다. '레드필 렌즈'를 끼면 영업용 화술, 심리적으로 투자한 대상을 향한 방어 기제도 자각할 수 있다. 너무 오랫동안 지배해서 이제 인지조차 어려운 친여성적 관습에 물든 남녀의 반응 패턴도 예측하고 간파하게 된다. 이러한 관습을 향한 믿음은 일단 레드필을 깨달으면 신기루처럼 사라진다.

나는 독자들이 레드필을 인간행동학으로 여기길 바란다. 인간행동학은 과학이기 때문에 새로운 데이터, 즉 더 광범위한 남자들의 실전 경험에서 나오는 새로운 정보에 항상 열려 있다. 그리고 새로운 해석, 더 많은 실험, 새로운 평가에도 항상 열려 있다. 레드필은 여전히 진화 중이다. 그러니까, 레드필은 생생하게 '살아 있는 연구'다.

## 긍정적인 남성성

처음 이 책을 준비할 때, 나는 책의 제목을 『합리적인 남성: 레드필』로 하려고 했다. 하지만 책을 쓰는 도중에 이 책의 목표를 바꾸게 된 계기가 발생했고, 결국 제목을 『긍정적인 남성성』으로 바꿨다. 처음에는 요즘 '레드필'이라는 용어가 점점 더 심하게 왜곡되고 있었기 때문에, '레드필'이란 용어의 원래 정의를 설명하고, 그 순수성을 보존하는 게 이 책의 목표였다. 그러나 단순히 남녀 간 역학을 넘어서, 레드필 인식이 남자들의 삶에 긍정적으로 영향을 주는 다양한 방식을 설명하는 쪽으로 가닥을 잡았다.

이런 마음을 먹은 건 몇 년 전 '레드필 양육' 시리즈를 쓸 때였다. 그 시리즈를 다시 읽어보고, 이 책의 주요 내용으로 삼아야겠다고 결심했다. 그 내용이 이 책의 1/4을 차지하는데, 당시에 연구를 더 진행하면서 내가 인식하는 '레드필'을 가장 잘 정의하려면, 레드필 시각에서 남자들이 스스로 관습적인 남성성을 재규정할 때 얻을 수 있는 다양한 이익을 파고들어야 한다고 판단했다.

이 책의 '양육' 장을 마무리할 때, 나는 자녀에게 영향을 미치는 여성 중심적인 사회 분위기 속에서, 남자들이 자식을 더 잘 기우는 방법에 대해 규칙까지는 아니더라도 전반적인 개념을 만들고 있다는 사실을 깨달았다. 양육을 다룬 부분에서 '아버지의 영향력은 불필요하거나 위험하다'는 인식을 더 깊이 심으려는 세상에 대항하기 위해, 아버지들이 먼저 레드필 인식을 갖추고 아들과 딸에게 레드필 인식을 교육하는 것을 목표로 삼았다.

이 과정에서 나는 한 가지 사실을 깨달았다. 나는 긍정적인 남성성이 레드필 인식을 갖출 다음 세대의 남자들에게 어떤 의미를 가지는지에 관한 아주 중요한 밑그림을 그리고 있었다. 내가 소스와브 토론방에서 보낸 시간 동안, 그리고 내 블로그를 시작한 이후 지금까지 줄곧 '긍정적인 남성성'이라는 용어를 사용해 왔다. 또한 내 블로그의 사이드바에 '긍정적인 남성성'이라는 카테고리까지 마련해 두었다. 나는 글을 쓰기 시작한 이후로 항상 (진화에 따른 남성과 여성의 전통적인 성 역할 뿐만 아니라) 관습적인 남성성의 긍정적인 측면을 조명해야 한다고 생각했고, 여성 지상주의(Feminine Imperative)가 장악한 '공동체(village)'가 고의로 왜곡한 남성성, '유해한 남성성'이란 편견에서 긍정적인 남성성을 분리할 필요성을 느꼈다.

나는 고의로 왜곡된 남성성에 대한 세간의 인식을 참되고, 진화된 신체와 정신을 계승하는 관습적인 남성성으로 바로잡을 필요가 있다고 생각한다.

당연한 이야기지만 레드필 남성들이 이러한 '남성성 왜곡 작업'에 맞서는 일은 쉽지 않다. 우리는 관습적인 남성의 표현이 곧 양아치들의 '괴롭힘'이나 '지나친 마초남'으로 연상되는 시대에 산다. 블루필 사회는 남자가 타고난 힘을 '남성적인' 요소로 여겨서는 안 된다고 가르친다. 이제 사내아이가 관습적인 남자의 방식대로 행동하면 진정제를 맞아야 하고, 네 살밖에 안 된 남자애가 자기 성별을 결정할 수 있다고 허락하고, 의사가 아이에게 화학적인 처방을 해서 호르몬 교란을 일으켜 (양성의) 여자애로 성전환하는 지경까지 이르렀다.

블루필 '공동체'에서 남성성이란 아주 불분명하고, 주관적이며, 자의적이거나, 극히 위험하고, 터무니없고, 유해한 어떤 것이다. 이미 말했지만 관습적인 남자의 모습을 아주 살짝만 보여줘도, '미개한 인습'이나 '과격한 공격성', '거친 남자의 자기 과시'처럼 매도된다. 남성성을 향한 비난은 흔하다. 여성 중심적인 사회가 수용할 수 있는 남성성의 형태가 무엇인지 그 기준 자체를 그냥 없애버린 상황에서, 사내다움에 대해 긍정적인 어떤 게 존재할 수 있긴 하겠나?

이렇게 여러 불길한 전조들을 목격한 후, 우리가 내릴 수 있는 결론은 오직 하나다. 지금까지 몇 세대에 걸쳐 '진보적인' 서구 사회가 남성성을 상대로 전쟁을 벌여왔다는 것이다.

나는 '긍정적인 남성성'이 레드필을 깨달은 남자들에게 정확히 어떤 의미인지 설명하는 게 무척 어렵다는 걸 깨달았다. 블루필에 물든 사회가 남성성을 효과적으로 죽이는 더 은밀한 전술이 있다. 바로 남자들이 모여 자발적으로 거세하게 만드는 것이다. 정확히 표현해서, 진정한 남성성을 받아들이는 성숙의 과정을 블루필 사회가 없애버렸기 때문에, 요즘 남자들은 레드필을 통해 실질적인 지도를 받거나, 아니면 남성성이 뭔지 전혀 모르고 산다. 레드필 인식은 블루필 아버지가 블루필 아들을 기르고, 그 아들이 블루필 아버지가 되어 다시 아들을 기르는 악순환, 이러한 수난의 대물림을 저지하는 역할을 한다.

이 책을 통해 레드필을 인생에 적용하는 방법과 실천으로 옮길 수 있는 사고방식을 큰 그림으로 제공하려 한다. 이 책은 독자에게 마술을 부려 '알파남(Alpha Male, 여성의 순수한 욕망을 끌어내는 남성, 여자들이 바라는 남성-옮긴이)'으로 바꾸려고 쓴 게 아니다. 더 나은 삶을 위해 '사고방식을 바꾸는' 방법을 차근차근 알려주는 교육 프로그램도 아니다. 그런 도약을 이룬다면 정말 좋지만, 내게는 다른 모든 남자에게 보편적으로 통합만한 치료법이 없다. 사실 나는 어떤 '자기 계발 강사' 또는 '연애 강사'가 팔고 싶어 하는 프로그램에 혹하지 말라고 경고하곤 한다. 레드필은 특효약이 아니다. 남자 개개인에게는 자신만의 고유한 현실과 타고난 장단점에 맞는 각각의 해결책이 있다.

내가 독자들에게 전하고자 하는 건 바로 이 시대 남자들을 힘들게 하는 가장 흔한 문제들에 대해, 자신만의 해결책을 갖도록 도와줄 일련의 아이디어와 개념, 관찰 결과물이다. 나는 독자 여러분과 그 주변인들의 삶에 미칠 영향을 일일이 알 수 없다. 그러나 독자들이 과거 블루필 환상에 따라 내린 선택에서, 자신을 구원해 줄 새로운 세계관을 토대로, 새로운 삶을 만들 수 있는 도구(tool)를 제시한다.

남자들의 인간 군상이 다양한 만큼 레드필에 필요한 것도 다양해지겠지만, 이 책의 목표는 유부남이든 미혼이든, 여러 여자를 만나든 이혼했든, 아이가 있든 언젠가 자녀를 가질 계획이든, 레드필 인식을 가장 멋지게 적용하는 방법에 관한 아이디어들을 독자에게 전달하는 것이다. 머리말의 초반부에 언급한 것처럼, 레드필 분야에는 다양한 남자들이 있기 때문에, 모든 남자에게 딱 들어맞는 그림을 제공할 수 없다. 그러나 이 책을 통해 독자들이 레드필이 자신에게 어떤 영향을 미치고, 삶의 각 단계에서 어떻게 응용할 수 있는지 확실히 깨달았으면 좋겠다.

『합리적 남성』 시리즈의 두 번째 책 『예방의학』에서 여자가 나이를 먹어 가면서 조우하는 인생의 다양한 성숙 단계마다, 남자들이 그 나이대 여자들에게 무엇을 예측할 수 있는지 설명했다. 이 책에서는 한 걸음 더 나아가서, 여성 중심적인 사회 질서에서, 남자들이 자신과 여자, 아이, 사회에서 무엇을 기대할 수 있는지 알아보고, 그것을 레드필 인식의 맥락에서 해석해 본다.

또한 여러분을 블루필 환상에서 깨어나게 하고, 인생에서 레드필 인식을 가장 잘 활용하는 방법에 관한 아이디어를 떠오르게 할 '깨달음'의 순간을 주는 것이 나의 바람이다. 지난 두 권의 책을 쓰고 가장 만족스러웠던 순간은 독자들이 어떤 단락을 읽으면, 누군가가 귀에 대고 말하는 듯한 '계시의 순간'이 있었다는 후기를 읽을 때였다. 이 책에서도 비슷한 계시의 순간을 체험하기를 기대한다. 한 가지 더 바란다면, 그 깨달음을 자기 삶에 적용할 수 있는 방법에 대해, 그 계시의 순간부터 즉각 고민하기 시작하자.

## 법전이 아닌 안내서

독자들 대부분이 알다시피, 나는 처방을 내리지 않는다. 나는 남자들을 가르치기 위해 '알파남의 12가지 특징'이라며, 형광펜 칠해서 내놓은 목록을 믿은 적이 없다. 사실 내 기본 방침은 남자들 삶 자체를 개선하거나 교정하는 것이 아니라, 남녀 간 역학을 탐구하고 (자주 고의로 발생하는) 레드필에 대한 잘못된 인식을 없애는 것이다. 나는 모든 글에서 내가 '남자들을 더 나은 남자로 바꾸는 사람'이 아니라, '남자들이 스스로 더 나아지게 돕는 사람'이라고 반복 강조한다.

나는 독자들이 이 책의 도움을 받아 남녀 간 역학과 그것이 독자의 삶 속 모든 측면에 미치는 영향을 폭넓게 이해하고, 이를 바탕으로 더 나은 인생의 결단을 내릴 수 있기를 바란다. 이는 직장과 가정에서 반발을 살 수 있다. 어쩌면 사회생활에 더 적극적으로 임하도록 남자를 자극할지도 모른다. 교육과 진로, 자녀 양육에 접근하는 (또는 접근할) 방법을 아예 다른 방향으로 틀어버릴 수도 있다. 이 책의 정보는 자신에게, 또는 결혼 생활을 회복하는 데 도움이 되기도 하고, 반대로 아직 남자로서 자신의 역할을 가늠하지 못한 남자들이 하고 있는 해로운 연애를 끝장낼 수도 있다. 레드필은 블루필 환상 속의 삶, 그 환각에 맞서지 않을 때 남자에게 생기는 장기적인 대가를 아주 처참할 정도로 선명하게 드러낸다.

이런 관점에서, 인간행동학으로서 레드필은 '제안'이지 '불변의 규칙'이 아니라는 점을 기억하길 바란다. 매노스피어가 출현한 이후로, 어떻게 보면 도덕과 무관한 막연한 과학이나 마찬가지인 레드필을 다양한 강령과 윤리 규범, 이념에 억지로 끼워 넣어 본질을 왜곡하려는 시도들이 계속 있었다. 남자들에겐 자신이 좋아하는 모든 이념을 '레드필'에 맞춰 정당화하고 싶은 욕망이 있다. 2017년 현재 레드필은 '레드필'에서 우연히 믿게 된 모든 것을 칭하는 인기 있는 키워드다. 그렇다면 그건 그냥 '진실'을 추상화한 것에 불과한 게 아닐까? 나는 어떤 강령을 선전하기 위해 '레드필'이라는 단어를 사용하는 모든 사람에게 그러지 말라고 강하게 경고하곤 한다. 나는 미래의 새로운 해석에 열려 있는 지침, 제안, 객관적인 사실이 지닌 가치를 믿는다. 이념을 위해 레드필을 구속하는 짓이나, 바로잡으려면 끝이 없는 블루필 이상주의를 정당화하는 독트린을 믿지 않는다. 레드필은 항상 '열린 정보'여야 하며, 누군가가 소유권 주장이나 특수성을 요구할 때, 반드시 그 저의를 의심할 것이다.

## 이 책을 읽는 법

『합리적 남성』 1권을 쓸 때, 후속작을 쓸 계획이 전혀 없었다. 그러나 1권이 인기가 많아지면서, 사람들이 『합리적 남성』을 이 분야의 기본서로 여기게 되었다. 이후의 책들이 따라야 할 기초를 닦은 것이다. 『합리적 남성2: 예방의학』을 출판한 후, 모든 '후속작'은 단순한 속편이 아니라, 1권을 보완한다. 나는 『합리적 남성』을 쓰고 편집할 때, 그 책이 내가 쓴 처음이자 마지막 책이라는 생각에 최대한 많은 것을 넣으려고 했다. 안타깝게도 독자들의 다양한 해석이나 향후 닥칠 일을 생각하지 않고, 그 책 속에 가능한 많은 것을 쑤셔 넣었다는 말이다.

『합리적 남성』이 출판된 이후, 1권이 레드필에 근거한 남녀 간 역학의 길잡이 역할을 할 게 분명했다. 따라서 『예방의학』은 『합리적 남성』에서 제시한 동일한 자료를 사용하며 그 뒤를 이었다. 그래서 나는 이 책보다 먼저 『합리적 남성』을 읽으라고 독자들에게 권하고 싶다. 이 책에서 설명하는 많은 부분이 『합리적 남성』에 있는 자료와 비슷하다. 이 책의 많은 부분을 '문자 그대로' 받아들일 수도 있지만, 레드필에 등장하는 개념의 정의, 약어, 관용어들을 『합리적 남성』에 있는 개념들과 함께 이해해야 한다. 홍보처럼 들릴 수 있겠지만, 부디 『합리적 남성』을 먼저 읽기를 권한다. 이후에 원한다면 『합리적 남성2: 예방의학』을 읽으면 된다. '정서적 기준점(Mental Point of Origin, 인생을 살면서 판단을 내리거나 무언가를 고려할 때, 그 기준이 되는 대상을 칭한다)'과 같은 개념들을 그 책에서 자세히 다룬다. 『예방의학』은 보충 도서 정도로 필수 과정은 아니지만, 레드필을 더 깊게 이해하도록 돕는다. 『예방의학』 전에 이 책을 먼저 읽어도 괜찮다.

마지막으로 나는 이 책(내가 쓴 모든 책도 마찬가지)을 여러분이 최대한 집중해서 읽길 강하게 권장한다. 요즘 같은 스마트폰 세상에서는 힘든 일이긴 하다. 이런 부탁을 하는 이유는 레드필 인식을 이해할 때, 자아 성찰이 반드시 같이 이루어져야 하기 때문이다. 내용을 제대로 이해하고 자기 인생에 적용할 수 있는 방법을 찾을 기회를 여러분 자신에게 줘야 한다.

오늘날 우리는 TL;DR 시대에 살고 있다. 설명하면 '너무 길어서(Too Long); 읽지 않았다(Didn't Read)'라는 말인데, 어떤 게시물이나 블로그의 글을 읽고, 가장 기초적인 정보만을 독자에게 주도록 의도된, 흔히 말하는 '세 줄 요약'이다. 끊임없는 자극이 지속적인 집중을 어렵게 만드는 스마트폰 시대에, 이런 요약된 정보가 인기를 얻는 이유를 이해는 한다. 방금 1시간 내내 쓴 글에서 몇 가지 핵심만 눈에 띄게 뽑으면 실용적으로 사는 것 같다. 그러나 레드필의 남녀 간 역학을 이해할 때는 그것이 독자에게 손해다. 이 부분은 뒤에 다시 설명하겠다.

많은 토론방과 미디어에서 TL;DR이 너무 심하다. 이런 태도가 우리의 사고 체계를 망가뜨리고 있다. 우리는 동의할지 반대할지 결정할 때, 핵심으로 곧장 가기를 원하지 시간을 투자해서 세 줄로 귀결되는 모든 구체적인 세부 내용을 일일이 이해하려 하지 않는다. 그러면 남는 게 없다. 쉬운 깨달음으로 레드필을 완전히 이해하고 삶을 변화시키겠다는 희망은 실현 불가하다. 학습에는 진정성 있는 시간 투자와 이해하고자 하는 노력이 요구된다.

나도 레드필 레딧Reddit 토론방에서 수많은 시간과 식견을 동원해 개념을 펼치고 나면, 핵심만 뽑아 달라는 독자들의 댓글을 자주 본다. 간단히 말해 TL;DR 요약을 해주면 거기서 시작하겠다는 뜻이다. 이런 요청에 대해 답변하자면, 레드필 인간 행동학에서는 근본을 이루는 어떠한 생각과 원칙에 도달하는 그 '과정'이 개념을 아는 것만큼 중요하다는 사실을 강조하고 싶다. 아이러니하게도 내 주장이 신빙성을 얻으려면 '동료 과학자의 검증을 받은 논문이 있어야 한다'고 끈질기게 주장하는 바로 그 네티즌들이, 정확히 TL;DR 현상 때문에 논문을 실제로 찾아 읽지 않는다.

드물지만 내 글을 쉽게 이해할 수 있도록 신중하게 군더더기를 빼는 과정에서도 똑같은 일이 일어난다. 먼저 내 생각을 가장 잘 대변하는 핵심만 정리해서 TL;DR 요약을 하면, 뭘 잘 모르는 독자가 그 요약만 읽고 갑자기 비평가로 변신한다. 그리고 빈정거린다. "그래 롤로, 다 좋아. 그런데 어쩌나? X, Y, Z라는 근거를 고려하지 않았는걸? 그래서 네 말은 틀렸어." 그런데 나는 이미 글을 쓰는 과정에서 그 근거들을 고려했다. 그러나 레드필 개념을 초등학교 2학년 수준의 집중력, TL;DR의 편리성을 원하는 독자들의 문해력에 맞추다 보니, 결론에 이르는 복잡한 과정을 생략했을 뿐이다. 그러면 아무튼 다시 X, Y, Z라는 중간 과정을 더 자세히 설명해야 한다. 처음부터 약간의 시간만 투자했더라면, 과정과 결론을 토대로 본인에게 이익이 됐을 내용들을 또 길게 설명하게 된다.

결론적으로 TL;DR은 개념을 뒷받침하는 추가 설명 때문에, 결국 더 많은 시간이 들기에 비효율적이다. 다른 분야나 주제에서는 편리할지 모르겠으나, 레드필은 본래 민감한 주제다. 레드필 개념들은 한 인간이 오랜 세월 자아를 갈아 넣어 믿어 온 블루필 신념이 틀렸다고 대놓고 지적하기 때문에, 레드필을 이해하는 데 필요한 시간을 그만큼 온전히 들이려는 의지가 가장 중요하다. 따라서 내가 쓴 어떤 책을 읽든, 독서에 집중을 방해하는 요소들을 꼭 제거하길 독자들에게 정중히 부탁드린다.

『합리적 남성』는 무게감 있는 책이다. 나는 한 주도 거르지 않고 내 글을 칭찬하는 남자의 이메일이나 트윗을 받는다. 그들은 상황과 환경이 바뀌는 바람에 중요한 부분을 다시 상기하기 위해 책을 다시 집어든다고 말한다. 좋은 현상이다. 그것이 내가 의도한 이 책의 활용법이다. 관심을 확 끄는 부분을 눈에 띄게 해줄 형광펜을 준비하고, 여백에 메모를 남길 수 있도록 연필을 준비하면 좋다.

머리말에서 언급한 대로, 『합리적 남성』은 남자가 서재에서 다시 꺼내 볼 수 있는 일종의 살아있는 글이 되고자 했다. 나는 남자들이 다른 남자들과 (필요하다고 여겨지면 여자들도) 이 책을 두고 토론하기를 바란다. 지식과 통찰은 끊임없는 논쟁 속에서 발전한다. 나는 이 책 표지에 적힌 『합리적 남성』이라는 제목만으로도, 여자들과 여성화된 남자들로부터 불만의 눈초리나 조롱받는 상상을 늘 한다. 하지만 이 또한 의도한 것이다. 자극적인 제목으로 논의를 일으키려는 의도다. 나는 『합리적 남성』이 '새로운 남성성' 운동의 깃발이나 상징이 되어, 사회 정의를 위해 페미니스트에 맞서 투쟁하는 전사들의 얼굴 앞에 나부끼기를 절대 원하지 않는다. 나는 일부 남자들에게 『합리적 남성』이 일종의 성경이 된 나머지, '깨우치지 못한' 남자들과 여자들 앞에 탁 던져질 수 있는 책처럼 취급한다는 인상을 받았다. 그러나 그것은 내가 이 책은 물론 다른 책들을 쓴 취지에 어긋난다.

## 자기 계발

다시 한번 상기하자면, 이 책은 토론하라고 쓴 것이다. 삶이 더 나은 방향으로 바뀐 남자들이 가진, 소위 '복음을 전파'하고 싶은 열정을 이해한다. 그 점에서는 나도 기쁘다. 그러나 타인의 생각을 바꾸려면, 오직 열린 담론과 대화를 통해야 한다고 믿는다. 나는 '그저 거울을 들고 있을 테니, 여러분은 거울을 들여다볼 의지를 가져달라'는 표현을 자주 한다. 이것이 남자들을 '깨우치는' 나의 접근법이다. 그들이 마음을 열어야 한다. 그 후에 토론할 준비가 되면, 나도 기꺼이 토론할 뿐이다. 그런 시기가 독자들에게도 올 때, 이 책과 다른 책들이 논의를 촉진하는 데 도움이 되기를 희망한다.

내가 이렇게 머리말을 시작하는 이유는 이 책의 방점이 남자들의 자기 계발에 있기 때문이다. 나는 이 책을 '자기 계발서'로 분류하는 게 썩 내키진 않는데, 긍정 사고 전문가가 낡고 상투적인 말로 긍정적인 사고를 권유하는 책이나 세미나 프로그램을 팔면서 사용하는 '긍정적인 생각의 힘' 따위의 단어가 연상되기 때문이다. 나는 남자들에게 '더 나은 남자'나 '상남자Real Man®'가 되는 법을 가르치는 데 관심이 없다.

나는 오로지 남자들이 레드필을 개인적인 상황에 접목해서 각자 더 나은 삶을 가꿀 수 있는 도구로 제시하고자 한다. 나는 남자들을 인생, 직업, 연애에서 더 능숙하게 만드는 단계별 코스가 자신에게 있다고 주장하는 '코치'들을 항상 경계한다. 따라서 나는 이 책의 목적이 독자의 삶을 개선하는 것이 아니라는 점을 분명히 밝힌다. 독자의 발전이 이 책의 부산물이 되길 진심으로 희망하나, 본 의도는 독자에게 정보를 알려주는 것이다. 나는 남자들이 레드필을 개인적인 상황에 접목해서 각자 더 나은 삶을 가꿀 수 있는 도구로 제시하고자 한다.

나는 이 책을 〈레드필 부모Red Pill Parent〉, 〈여성의 본질The Feminine Nature〉, 〈사회적 명령Social Imperatives〉, 그리고 〈긍정적인 남성성Positive Masculinity〉로 구성된 4가지 부분으로 나눴다.

〈레드필 부모〉 파트는 레드필 깨달음을 토대로, 아들과 딸을 기르는 방법에 관해 더 자세히 알려달라고 요청하는 아버지들을 위한 내용이다. 이 책에서 아마도 가장 뜨거운 반응이 기대되는 부분이다. 이 부분에서 다룬 내용이 레드필 남성들을 당황하게 만들거나, 문제가 될 만한 내용이라서가 아니다. 오히려 이 책의 내용이 주류 사회가 신세대 남녀에게 선전하는 사회화 방식을 대놓고 반박하기 때문이다. 앞으로 모든 것을 밝히겠지만, 내가 제시하는 양육법을 위협으로 느낄, 여성 중심적인 사회 질서에 익숙한 자들의 비난을 예상한다. 내가 내놓는 다수의 제안이 오늘날 양육과 관련하여, 대중 심리학이 벌이는 속임수를 뿌리부터 흔들기 때문이다.

〈여성의 본질〉은 그동안 블로그에서 쓴 글들을 추려서 다듬었다. '여성 심리'라는 주제에서 핵심이 되는 것들을 구체적으로 다룬다. 2부는 여성의 가장 흔한 행동 패턴에 대한 진화 근거와 그것이 사회화된 이유를 설명한다는 점에서 내 첫 번째 책과 아주 비슷하다. 1권에서는 여성의 사고방식을 구성하는 것들(그리고 그것들이 어떻게 여성 중심적인 사회 질서로 확장되는지)을 다루었지만, 본서에서는 여성 심리의 더 구체적인 측면들을 살펴본다.

〈사회적 명령〉에서는 여성 심리가 서구의(또는 서구화된) 문화 서사와 여성 중심적인 사회 질서, 법적·정치적 입법을 향한 '여론 형성 원리'를 자세히 설명한다. 이는 엄연한 여성 본위 질서(Feminine Imperative)이고, 이 장에서 페미니즘과 여성의 성 전략, 여성의 근본적인 인생 목표가 어떻게 사회를 오늘날 우리가 당연히 여기는 모습으로 만들었는지 메커니즘을 뜯어볼 것이다. '여성 특권 강화 (Women's Empowerment, 여성의 사회적, 정치적, 심리적, 경제적 권한을 구조적 차원에서 확대하고자 하는 개념) 서사와 남녀가 백지처럼 평등하다는 '남녀 백지주의 이론'(blank-slate egalitarian equalism)의 등장은 여성 우월주의(female supremacy)라는 본색을 감춘 채, 서구 문화를 뿌리부터 바꿔왔다. 해당 장에선 이런 현상을 솔직하고 매끄럽게 설명한다.

마지막으로, 기존의 블로그 글을 다듬고 보충한 〈긍정적인 남성성〉에서는 관습적이고 합리적인 관점에서 남자들이 스스로 남성성을 규정하는 방법에 관해 더 나은 아이디어를 제공할 것이다. 해당 장을 책의 마지막까지 아낀 이유는 책의 초반부터 후반까지 이어진 모든 내용이 독자들이 실제로 살아가는 현실, 개인적·사회적 상황을 바라보는 '레드필' 인식을 기르기 위해 선별된 내용들이기 때문이다. 〈긍정적인 남성성〉의 내용(뿐만 아니라 사실 이 책 전체)은 독자들이 살면서 언젠가는 적용하게 될 개념들로 채워져 있다. 『합리적 남성2: 예방의학』은 남자들이 여자 인생의 타임라인에 따라 여자들의 무엇을 살펴보면 어떤 행동들을 예측할 수 있는지 남자들에게 알려주는 책이다. 그 책은 흔히 되풀이되는 말인, '결혼하기 전에, 이혼하기 전에, 20대에 여자를 만날(또는 미혼 시절) 때 이 모든 것을 알았더라면!'이라는 남자들의 탄식을 막기 위한 예방 조치였다. 반면 〈긍정적인 남성성〉에서는 남자들이 나이를 먹고 성숙해 가는 인생의 특정 시기에서, 자신에게 일어나리라 기대할 수 있는 것들에 관해 생각할 거리를 주려고 노력했다.

'전통적인 남성성'으로 돌아가는 방법을 체계적으로 정리하거나 '미친 상남자'가 되기 위한 규범집을 쓰려는 건 아니다. 나는 현대 남성들이 관습적인 남성성을 되찾는 데 필요한 필수 요소들에 대한 전반적인 밑그림은 제시한다. 매노스피어에서 진정한 남성성을 규정하려는 다양한 노력과 시도가 있었다. 그러나 그것들 대부분은 성 혁명이 일어나기 전, 그리고 사회적 차원의 여성화가 광범위하게 이루어지기 전에나 존재하던 옛날 방식(old School), 철 지난 사회 계약, 전통적인 남성성을 그저 재탕하는 것에 불과했다. 이 장에서 나는 남성 독자들이 관습적인, 진화에 기반한, 생물학적으로 촉발된 남성적인 본성을 되찾자고 제안한다. 더 나아가 이런 남성성이 레드필 인식을 기반으로 할 때, 남자 본인들은 물론 그들이 자기 삶에서 품게 될 여자들, 그들의 가족과 사회 전반까지 긍정적인 결과를 안겨줄 것이라 믿는다.

나는 여성 중심의 사회 질서가 남성성에 뒤집어씌운 '유해한' 또는 '지나친 남성성' 같은 표현을 지워내고자 한다. 오늘날 '남자가 된다'는 말은 곧 '남성 호르몬에 찌들었다'는 뜻이다. 남성성은 남자들에게 있으면 나쁜 것이 된다. 그런데 그걸 여자들이 가지면 여자를 더 위대하게 만들어 준다는 이상한 믿음이 있다. 이런 사회 질서 때문에 남자들이 남성성을 '피해야 하는 것', 또는 '흐릿하게 여성화된 개념'으로 규정한다. 심지어 '남자가 되는 것'이 무슨 뜻인지 이해하거나, 자신의 '남성적인 본성을 받아들였다'고 슬쩍 암시만 해도, '잠재적 범죄자' 또는 '상남자라는 착각에 빠진 오만한 놈'이 된다.

내 바람은 더 큰 사회를 위해서, 아니면 개인과 그의 가족을 위해서라도, 이 책을 통해 그런 통념을 바꾸는 것이다. 남성성은 (특히) 여성화된 사회가 두려워하는 측면을 갖고 있다 하더라도 여전히 긍정적일 수 있다. 물론 남성성의 특징 중에 공격적이고 가끔은 적대적인 부분도 있다는 점을 인정한다. 그러나 나는 관습적인 남성성을 남녀노소 모두 받아들여야 한다고 믿는다. 남성성 중에 우리가 편하게 느끼는 부분만 받아들인다면, 여성 중심적으로 해석된 남성성, 진짜라고 볼 수 없고 부드럽게 희석된 남성성만 남게 될 것이다.

서구 문화에는 자신의 남성적인 본성을 본능적으로 이해하고 위험을 감수할 줄 아는 대담한 남자들이 어느 때보다 더 필요하다. 이 책을 읽고 난 후, 자신과 주변의 사회적 환경을 잘 살펴보길 바란다. 여러분은 이 책에서 '레드필 렌즈'라는 장을 읽게 될 것이다. 나는 여러분이 세상을 바라보는 새로운 관점을 자신의 건설적인 노력과 결합해, 원초적이고 관습적인 남성성이 여러분의 인생에 긍정적일 수 있다는 걸 체험하길 바란다.

늘 하는 말이지만, 이 책을 필요하다고 생각하는 사람들에게 전해줬으면 한다. 나는 출판사로부터 지나친 인세를 받지 않는다. 그러나 이 책을 구매하길 권장하는 가장 큰 이유는 이 책이 다른 남자들에게, 이 책에 나오는 지식을 전파하고 싶은 마음을 일으키기 때문이다. 전자책이나 오디오북으로는 그럴 수 없으므로, 이 책을 다른 남자들과 함께 읽어보길 바란다. 불쑥 거부감이 드는 내용이 있더라도 그 내용에 관해 토론하기를 바란다. 읽는 중에 '어?'하는 순간을 느낄 수 있다. 반사적으로 거부 반응이 드는 부분도 있을 수 있다. 그래도 괜찮다. 그것이 통찰을 일으키는 불꽃이 되고, 그 통찰이 우리의 변화를 돕기 때문이다.

-롤로 토마시

2017년 6월

"눈이 왜 이렇게 아프죠?"

"한 번도 사용해 본 적이 없기 때문이지."


-영화 〈매트릭스〉 中

# 제1부

레드필 부모

# 레드필 양육법을 소개합니다

우리가 살아가는 여성향 사회의 시선에서 가정 내 아버지의 위상은 이상한 애증의 대상이다. 도심의 빈민 지역에서는 그 레파토리가 아이들의 삶, 특히 '아들의 인생을 향한 아버지의 관심이 부족하다'는 한탄으로 이어진다.

이는 남자애들이 범죄를 저지를 때마다 튀어나오는 말이다. 아버지가 양육에 더 많이 개입했다면, 그런 비극은 벌어지지 않았단 소리다. 결론은 항상 남자들에게 더 큰 책임이 있다는 것이고, 이 논리에 따르면 그런 무책임한 성인 남자는 '남자애'에 불과하다. 우리가 듣는 이야기란, 남자들은 오로지 무책임한 섹스만 원하고, 그런 섹스로 희생된 불쌍한 여자에게 '계획에 없던' 임신이라는 짐을 안긴다는 것이다.

이것이 요즘 '아버지'가 갖는 첫 번째 이미지다. 자식에게 전혀 관심 없는 아버지(deadbit Dad), 베이비 대디Baby Daddy(아내나 여자친구가 아닌 여자가 낳은 아이의 아버지-옮긴이), 여자친구가 '사고'로 임신했을 때 '남자답게' 올바른 일을 해야 했을 남자들이다. 물론 이 아버지들도 양육을 포기한 그 윗세대 아버지의 자식들인데, 사람들은 이런 '아버지의 원형(archetype)'을 만들어낸 사회적 분위기에 대해서 나무만 보느라 숲을 보지 못한다.

아버지의 두 번째 원형은 대중매체와 시트콤, 영화에서 일관되게 등장하는 아버지 캐릭터를 보면 알 수 있다. 바보 같고 얼빠진 아버지, 분위기 파악을 전혀 못 해서 아내가 여성 특유의 문제 해결력으로 나쁜 길로 빠지지 않게 바로잡아줘야 하는 남자다. 본질적으로 의존적이고 그 자체로 어린아이나 마찬가지인 아버지로, 여자들이 강하고 독립적인 여성(Strong Independent Woman®)이라는 정체성을 장착한 후 일상에서 실랑이를 벌이며, 여성의 우월함을 확인해 준다고 여겨지는 아버지이다. 그리고 대중 매체는 몇 세대 동안 이런 아버지들의 이미지를 각종 매체로 선전했다.

이런 아버지상은 베타남들이 기쁘게 맡고 싶어 하는 역할이다. 베타남들이 믿는 남녀 백지주의 이론(남녀는 신체 구조만 다를뿐 정신은 똑같은 백지상태라는 '평등주의 사상'에 입각한 관점-감수)에 딱 부합하기 때문이다. 그러나 이는 베타남이 지닌 남성성을 유머러스하게 비하하는 게 본인이 갖고 있는 '아버지상'과 일치할 때까지만이다. 이 선을 넘어버리면 평등주의라는 개념은 사라지고, 그 자리에는 베타남들의 아버지로서 '우스운 남성성'만 남는다.

세 번째 전형은 '폭력적인 쓰레기 같은 아버지'이다. 이런 아버지는 마음대로 미워해도 되는 대상이다. '아버지의 날'이 오면, 자신이 얼마나 아무짝에도 쓸모없는 아버지인지 설명하는 (그래서 자식과 아내가 가진 원한을 달래는) 혐오 편지 세례를 받는 아버지다. 아이들의 엄마인 아내는 늘 자신이 '남자'보다 더 큰 역할을 했기 때문에, 아버지의 영향력이 아이들의 삶에 해롭지 않더라도 아버지를 자녀 인생에서 더 이상 필요 없도록 만든다. 뒤에 나오는 〈약속을 지키려는 남자들Promise Keepers〉장에서, 요새 젊은 남자들이 자기가 증오하는 아버지처럼 되지 않으려는 마음 때문에 베타 사고방식을 갖게 될 때, 정작 이런 아버지 원형이 가진 영향력이 얼마나 큰지 알 수 있다.

사회적 차원에서 어머니와 아버지에게 감사하는 방식이 드러내는 모순을 요즘 남자들이 제대로 눈치챘는지 모르겠다. 그러나 일단 우리가 그것을 간파하면, 우리가 살아가는 여성 중심 사회의 실체가 더 잘 드러나는 것 같아 가슴이 아프다.

현재 우리가 살고 있는 여성향 매트릭스(Feminine Matrix)의 사회적 규범이 무엇인지, '어머니의 날'과 '아버지의 날' 사이에서 명확하게 대비되는 집안 분위기를 통해 가장 잘 파악할 수 있을 것이다.

여성의 사회적 우위(feminine social primacy) 강령에 따라 엄마에게는 여자라는 이유만으로 감사와 사랑과 존경이 기본값처럼 주어진다. 아버지에게는 노골적인 비난이나 공개적인 혹평까지는 아니더라도, 딱히 쓸모없는 존재라고 분명히 밝히며 예속 상태에 늘 부응하며 살아야 한다는 사고방식이 끊임없이 주입된다. '아버지의 날'은 아버지가 여성 중심적인 사회가 부여한 기대에 아직 부응하지 못했다는 점을 반성하고 깨닫는 날이다.

아이들의 과격한 행동과 심리적인 불안의 원인이 명백히 엄마에게 있더라도, 엄마라면 아이에게 어느 정도 용서받을 수 있다. 엄마가 되는 일은 지극한 노력과 희생이 필요하다는 사고방식 때문에, 특히 아버지가 양육을 돕지 않는데, 엄마가 개인적인 계획이나 선택이 '아닌' 상황에서 독박 양육을 떠안아야 한다는 생각이 널리 퍼져 있을 때 엄마를 비난하기는 어려워진다. 이 경우 엄마가 약간 부족하더라도 용서할 수 있다. 반대로 남자가 인생 문제를 엄마 탓으로 돌리면, 숨겨왔던 여성혐오가 드러나는 거라고 매도당한다. 그 와중에도 엄마가 나쁜 아버지 '때문에' 나쁜 엄마가 된 건 아닌지 살펴봐야 한다. 그런데 그 비난을 아버지에게 돌리면, 온 세상이 아이와 함께 울어준다. 책임을 완수하지 못한 엄마는 손 놓고 포기해도 용서받을 수 있지만, 아버지로서 부족한 남자는 항상 이기적이고 악랄하다고 공격받는다.

내년 '아버지의 날'이 다가오면 잊지 말고 포스트시크릿Post Secret 블로그에 들어가 보라. 그 주에 도착한 손으로 쓴 수많은 익명의 엽서들을 읽으면, 남녀 불문 여성 중심적 사고가 사람들 내면에서 어떻게 꿈틀거리는지 보게 될 것이다. 엽서의 내용은 죄다 '망할 아빠!(Fuck you Dad!)'나 '내가 망한 건 아빠 때문이야!'다. 간간이 여성화된 아버지의 이상을 완전히 해치지는 않으려고, 즉 남자들이 여자들의 필요와 여자들이 요구하는 남자의 자격에 자신을 '맞추려는' 영원한 노력을 꺾진 않으려고, '괜찮은 아버지'나 '적어도 노력은 했잖아' 같은 말들이 섞여 있다. 미로에 치즈 조각이 조금 남아 있어야지 쥐들이 바라는 대로 달릴 테니까.

나는 '어머니의 날'과 '아버지의 날'을 대하는 사람들의 태도가 확연히 다르다는 걸 늘 느낀다. 내가 18년 이상 아버지로 살았기 때문에 더 그렇다. 내 눈에 아버지의 날은 모욕 같다. 내 아내랑 딸이 내게 그런다는 뜻이 아니다. 아버지의 날이 찰진 쌍욕과 '잘 좀 하세요'로 점철되어 버렸기 때문이다. 그날은 블루필 세계관의 긍정적인 면을 아무리 끌어모아도, 남성성의 가치가 격하되고 훼손되었단 사실을 널리 알리는 날이고, 남자들이 그 상황을 남자답게 받아들이고 극복하라고 독촉하는 날이다.

'아버지의 직관은 아무짝에도 쓸모없다'는 세간의 비난을 들으면 들을수록, 나는 (이제 성인이 되었지만) 내 딸에게 더 좋은 아버지가 되고자 하고, 또한 손주의 양육을 도와줄 생각에 되레 설렌다. 그러나 곧 현실과 직면하게 된다. 현실에서 남자들이 아버지라는 역할에서 다른 남자보다 잘해야 한다고 마음먹는 이유는 여성화된 사회가 만든 규칙, 즉 '남자를 언제든 처분할 수 있는 더 쓸만한 노예로 만들기' 게임에서 '다른 남자들과 경쟁에서 이겨야 한다'고 주입받았기 때문이다. 물론 합격 기준이 아주 낮고, 지금 남자들의 가치가 워낙 바닥을 쳐서 어중간한 아버지들도 간신히 자격 심사를 통과했다고 느낄 수 있다. 이런 사회적인 풍조는 대부분의 어리석은 남자들이 총각 시절에 열심히 동조한 게임, 사실 별반 다를 게 없는 '남다른 남자(더 나은 베타남을 의미-감수)'가 되려는 게임에서도 동일하게 작용한다. '남다름'을 갈망하는 게임을 위한 기초공사가 이미 초장부터 마무리된 셈이다.

나는 이런 진실을 깨닫고 '좋은 아버지가 되고자'하는 경쟁을 멈췄다. 나는 아버지라는 지위에서 이미 내 아버지를 쉽게 넘어섰지만, 그런 건 중요하지 않다. 좋은 아버지는 아버지가 되고자 노력할 때, 세상의 칭찬을 바라지 않는다. 다른 것과 마찬가지로 남자에게 진정한 성취감은 벽에 걸린 상장이 아니라, 애쓰고 노력한 모든 일들에서 생긴다. 어떤 아버지가 좋은 아버지가 되는 이유는 그 남자가 아무 가치 없는 놈이라고 쉬지 않고 온 세상이 비아냥거려도, 한 아이의 아버지가 되었단 힘으로 견뎌냈기 때문이다. 세상이 자신의 희생을 절대 인정하지 않고 쓸모없다고 여기지만 그냥 '한다'. 그리고 죽어서조차 좋은 아버지가 되라고 요구받아도 그렇다.

이상 모든 남자들처럼, 아버지들이 『합리적 남성』에서 설명한 '남성성의 딜레마(Masculine Catch 22)'에 다시 빠지는 다양한 방식을 독자들에게 설명하기 위해 지금까지 아버지의 원형을 요약해 보았다. 남성성의 딜레마의 내용은 다음과 같다.

'명예'가 남자에게 불리하게 작용하는 방식은 다음과 같다. 먼저 여자 기준에 맞춘 전통적인(traditionally) 남성성을 끊임없이 여자들 편한 대로 남자들에게 요구하면서, 동시에 남녀평등 사상에 입각한 성평등을 여자들이 유리한 조건에서만 요구한다.

지난 60년 동안 이루어진 여성화 작업 때문에, 모든 남성성에 관한 사회적인 규범들이 완전히 딜레마에 빠져버렸다. 그 규범은 남자들에게 책임을 요구하면서(남자라면 당연히!) 그와 동시에 남성성을 긍정적으로 주장하는 어떤 것도 깎아내리는 것이다(닥쳐!).

여성향 아젠다에 도움이 되는 모든 남성성의 측면은 '남자의 책임'이 된다. 그러나 여성 지상주의에 반하는 모든 움직임은 '가부장제'와 '여성혐오'로 낙인이 찍힌다.

기본적으로 이런 사회적 규범은 베타남들을 영원히 자기 꼬리를 쫓는 개처럼 빙빙 돌게 만든다. 그들은 평생 남성성(가부장제)의 저주에 빠져 있다고 믿도록 길들지만, 그런 조건과 상황이 여성의 필요와 합치할 때는 여전히 '남자다워져야 할' 책임을 짊어진다. 따라서 서구 사회 남자들의 절반가량이 '여자들이 세상을 지배하고 있다(남성 무기력)'고 믿는데, 그 와중에 여자들은 남아 있는 가부장제(여성 무기력)나 최소한 그런 냄새가 나는 기미에 대해 날을 세우는 모습을 보는 것도 여간 흥미로운 일이 아니다. 이것은 명백한 딜레마이다. 사실 남자답게 행동하는 남자는 남성 우월주의자, 여성혐오자, 가부장주의자이지만, 여성의 니즈를 충족해야 할 땐 또 남자다워져야 한다.

이런 사회 질서 속에서 아버지들(그리고 남자 멘토들)은 외줄을 타게 된다. 나중에 또 이야기하겠지만, 요즘 아버지들은 양육에 적극적인 역할을 하면서 자식의 삶에 영향을 미치려 할 때 오히려 경멸과 의심의 눈초리를 받는다. 그러나 아버지들이 자식에게 무관심하면, 특히 그들이 상징하는 '남성성'의 부재가 갑자기 모든 사회 문제와 병폐의 원인으로 지목된다.

이처럼 아버지는 자식의 삶에 꼭 필요한 존재이지만 '강하고 독립적인Strong Independent®' 엄마의 입장에선 불필요한 존재다. 여자들은 자식이 거둔 성공이 본인 작품이라며 기뻐한다. 만약 그것이 자녀의 엄마가 직접 이룬 업적이 아니라면, 아이를 기를 때 필요한 이른바 친여성적인 '공동체'가 이룬 업적이다. 아버지 또는 남자의 영향력은 자녀의 양육에 관한 여성 중심적인 계획에 합치하거나 입맛에 맞는 경우에만 그 가치를 인정받는다. 그 외 모든 것은 '가부장제 서사가 일상까지 파고든 여성혐오', 또는 '유해한 남성성'을 자녀에게 대물림한다고 욕을 먹는다.

편모 가정을 위한 국립 기관(The National Center for Fatherlessness)에 따르면, 미국 아동 중 약 1/3이 생물학적 아버지 없이 생활한다고 추산한다. 그 수치는 흑인의 경우 훨씬 더 심각해진다. 추산 결괏값은 약간 차이가 있으나, 대체로 흑인 아이 1/2~3/4 정도가 아버지 없이 성장한다고 입을 모은다.

아버지의 부재가 너무 흔한 나머지 사람들이 이젠 문제의식조차 잘 느끼지 못한다. 다른 사회적 병폐로 고민할 때, 아버지의 부재는 병풍에 불과하다. 그렇지만 사회적 문제라 불리는 사건들의 강도가 점점 끔찍해지는 근본적인 원인은 '아버지의 부재'다. 사람들은 오직 어떤 사회적 비극이 발생할 때, 그 비극을 돋보이게 할 편리한 도구로 아버지란 대상이 필요한 경우에만 '아버지의 부재'에 관심을 가진다.

폭동이나 사회 불안에 관한 동영상을 보면, 악랄하고 역겹게 행동하는 젊은 남자들이 등장한다. 더 깊이 보면 '아버지 없이 자란 남자애들', 아니면 '범죄 말고는 가르친 게 없는 아버지들'이란 서사가 등장한다.

이런 현상은 아버지의 부재가 야기한 결과 중 극히 일부일 뿐이다. 내가 '참가상(Participation Trophy) 세대'(학창 시절부터 업적에 따른 보상이 아니라, 그냥 존재만으로 보상받는 데 길든 세대를 뜻한다-감수)라고 부르는 아이들을 보면, 힘과 권위를 무기력하게 박탈당하고, 자기 성별을 혐오하는 남자애들이 여자가 되기를 간절히 바라는 모습을 볼 수 있다. 우리 문화가 자녀 교육 방식에서 여성 특권 강화(Fempowerment)와 '여성식 올바름'(feminine correctness)을 더 중요하게 여겨 온 나머지, 요즘 어린 세대의 여자애들은 스스로 '남자들의 자격을 가질 권리가 있다'고 믿는다.

내 생각엔 남녀평등의 탈을 뒤집어 쓴 블루필 여성화 아젠다에 따라 자식을 키우는 베타 아버지들은 솔직히 어떤 면에서든 자식에게 무관심한 아버지나 아버지가 없는 가정만큼이나 자녀들에게 해를 입힌다. 어쩌면 훨씬 더 해로울지도 모른다. 아버지가 가정에 물리적으로 존재해도, 진정한 아버지는 없는 셈이다.

아버지의 부재가 가정에 미치는 영향을 부정하면 '남자 무용론'이라 불리는 더 큰 문화적 서사에 힘을 실어주게 된다. 아버지의 존재가 아이들에게 쓸모없다는 생각은 이제 흔하다. 혼자서 아이를 갖기로 한 여자를 응원하는 모습은 '아버지의 존재는 중요하지 않다'고, '아버지가 쓸만하면 둬도 괜찮겠지만, 아니면 전혀 필요 없다'는 뜻이나 마찬가지다. 요즘엔 아버지보다 개나 고양이를 더 가족처럼 여기는 경우도 있다.

오랜 세월 이런 세상을 꿈꿔온 사람들이 있다. 모든 종류의 페미니즘 사상이 가족에서 아버지를 축출하는 데 전념해 왔다. 그들의 목적이 달성되었으므로 이제 그 대가가 드러날 것이다. 이런 현상은 심지어 요즘 교회에서도 발견할 수 있다. 남자들의 가족 내 권위는 사람들에게 골칫거리일 뿐이다. 더불어 아버지의 '가장의 책임'이란 개념도 모든 의미를 상실했다.

이러한 이념 선전과 억지 주장에도 불구하고, 아버지는 가족의 안정을 위해 필요하다. 아이들이 사회성을 기를 때, 권위와 질서를 아버지를 통해 배운다. 아버지가 없으면 지금처럼 사회가 무너진다. '가부장제'는 박살 났고, 집안의 가장도 마찬가지다. 그리고 '가부장제'가 무너졌지만, 페미니즘의 약속처럼 평화로운 평등주의 낙원이 펼쳐지거나, 무지개를 걸친 유니콘(무지개는 21세기 성소수자의 상징-옮긴이)이 등장하지 않았다. 오히려 아버지가 사라진 곳이라면 어디든 다음번 폭동과 폭력이 일어날 거리와 그 거리에서 채운 아이들 얼굴에서 불지옥을 볼 수 있을 것이다. 그리고 모든 사회 구성원이 다 같이 고개를 끄덕이며 물을 것이다.

"이 아이들의 아버지는 어디에 있는 거야?"

# 레드필 부모

나는 2015년 9월, 라스베이거스에서 열린 '잘나가는 남자(The Man in Demand)' 콘퍼런스에 연설자로 참여했다. 아버지와 아들이 함께 참석한 모습이 가장 기억에 남았는데, 상당히 고무적인 감정이 들었다. 솔직히 예상 밖이었다. 레드필의 깨달음을 주기 위해 아버지와 아들이 함께 있는 장면에 나는 숙연해질 수밖에 없었다. 나이 든 기성세대 남자들이 아들 덕분에 '깨달음을 얻을 것'이라고 기대하지 않는데, 자기 아들이 내 책을 읽어보라고 권유한 경우는 물론, 아들에게 10대를 벗어나기 전에 『합리적 남성』을 읽어보라고 권한 아버지들도 많이 만났다.

콘퍼런스에서 받은 가장 큰 선물은 참석한 남자들이 내게 준 영감과 현실성 넘치는 자료였다. 콘퍼런스의 주최자들은 다른 남자들을 레드필 깨달음에 이르도록 교육하고 돕는 구체적인 방법을 다루고 있었고, 그 과정에서 자녀 양육을 통해 블루필의 이상주의에서 레드필 인식으로 전환한 과정에 대한 풍부한 증언이 나왔다.

나는 이 장을 이런 간증으로 시작하려고 한다. 그러면서 머리말에서 언급한 바와 같이, 독자들이 습관적 사고에서 벗어나 레드필 부모가 되는 유용한 방법에 대해 더 구체적인 지침들을 추려낼 것이다.

『합리적 남성2: 예방의학』에서 남자들이 블루필 환상에 인생을 투자하고, 여자들과 정체성을 동일시하도록 길들이는 메커니즘을 설명했다. 블루필 이상주의는 여성의 (일생에 걸친) 성 전략을 달성하는 데 특정 부류의 남자들이 쓸모 있을 때, 여자들의 요구에 더 잘 부합하도록 남자들을 준비시킨다. 2권을 갖고 있다면 이번 장을 읽은 후 그 책을 다시 훑어보는 것도 도움이 될 것이다.

## 아이들을 위해서

내 블로그를 매번 읽는 (그리고 콘퍼런스에도 참석한) 독자인 제레미Jeremy는 현대 가족에서 남자들의 서열에 관해 통렬한 증언을 해줬다.

"친구의 아내가 읽은 어떤 책에서 저자는 '남편을 아이들보다 위에 두라'고 주장했다. 하지만 엄마에게는 아이들이 최우선이고, 아버지에게도 그래야 한다. 남편을 가볍게 여기란 말은 아니다. 그러나 남편은 생물학적 사실을 받아들여야 하고 그것 때문에 상처받지 않아야 한다."

여기에서 인질극의 첫 단계가 시작한다. 1세대 페미니즘 물결의 전형적인 표준 답안지 같다. 결혼 생활이나 인간관계의 문제에서, 남자들이 어떠한 권위를 가져야 한다는 개념을 초장부터 묻어버리기 위해 여자들이 영구적으로 내린 그릇된 판단이며 모든 문제의 기초가 되는 사고방식이다.

*'아이들을 생각하라.' 너무 오래 반복된, 상투적인 말이다.*

이는 전형적인 양동이 속의 게(crab-in-a-basket, 내가 가지지 못하면 아무도 가질 수 없다는 사고방식-옮긴이) 같은 발상이다. 여자들은 삶을 통제하기를 바라는데, 그런 힘을 쟁취하는 유일한 방법이 다른 사람의 힘을 빼앗는 거라고 본능적으로 믿는다. 그래서 아이들을 남편 위에 두는 방식으로 남편의 권위를 공격한다. 아이들의 요구를 대변하도록 허락받은 존재는 오직 여성이기 때문에, 그것이 남자의 권위를 굴종시킬 수 있는 지렛대가 된다. 여자만이 권위를 갖는다는 이러한 개념은 남자에게는 절대 있을 수 없다고 여겨지는 여성의 '신비로움'이란 환상과도 밀접하게 연관된다. 그리고 이러한 '여성의 신비로움'이란 통념은 여자가 특유의 어머니로서 자격과 통찰을 갖고 있는 것처럼 과장하는 데 쓰인다.

이건 문자 그대로 체제 전복의 교과서이다. 아이들의 요구가 가정의 '왕권'이 된다. 아내가 아이들의 요구를 대변할 수 있는 유일한 존재가 되면, '가정의 권위'란 아이가 당장 내놓는 요구와 아내의 조종이 약간 기괴하게 결합한 형태가 된다. 이렇게 엄마의 결정에 아버지가 할 수 있는 유일한 대응은 엄마의 결정을 지지하고 묵인하는 것뿐이다.

더 나쁜 것은, 이제 아이들이 사실상 아내의 인질이 되는 것이다. 아내는 언제든지 경찰이 남편을 체포할 수밖에 없는 혐의로 남편을 신고할 수 있다. 이를 통해 양육권을 쟁탈할 수 있기 때문이다. 물론 시작부터 그런 법적인 수단에 의지하진 않겠지만, 그런 방법이 존재한다는 것 자체가 늘 무언의 '최후의 무기'인 셈이다.

여기까지가 인질극의 첫 단계다. 평등을 지지하는 사람들은 아이들이 가장 중요하고, 아이들이 우리의 미래이며, 아이들을 기르는 데는 온 '공동체'가 필요하고, 아이들을 잘 기를 수 있게 하는 모든 것이 다른 어떤 무엇보다 더 중요하다고 우리를 설득하려 한다. 터무니없는 소리다.

구석기 시대의 우리 조상들은 동굴 속에 둘러앉아 아이들과 놀아주고 서로 소통하며 하루를 보내지 않았다. 당시에는 신선한 가젤 고기 새벽 배송 서비스가 없었다. 남자가 아이들과 몸을 부딪치며 놀아줄 여유가 없었다. 남자들은 사냥하고 무엇이든 지었지만, 여자들은 생존 조건이 달라서 당근이나 감자, 열매 등을 채집하면 됐다. 아이들을 최우선으로 여기는 다른 어떤 시대가 있었다고 상상한다면, 그것은 슬프게도 큰 착각이다. 아이들은 부모가 함께 상호작용하며 살아가는 모습을 보기만 해도, 알아야 할 모든 생존 방법을 충분히 습득할 수 있었다. 인류는 그렇게 영겁의 세월을 살아왔고, 그 자연적 질서를 뒤엎어 아이들을 서열 맨 위에 놓는 것은 그 자체로 평등주의자들이 조작한 사회적 규범이며, 가족 질서 파괴의 시작이다.

아이들은 정보를 흡수하는 스펀지이다. 그리고 어른이 되고 싶어 하는 아직 덜 완성된 인간이다. 아이들은 자기 주변의 모든 사람이 아는 모든 것을 자신도 알기를 원한다. 그래서 아이에게 '실망했다'라고 말하는 부모가 아이를 때리는 부모보다 더 큰 악영향을 미치는 것이다.

솔직히 말해서, 아이들에게 집중하면 나중에 아이들이 사회에 진출한 뒤 절대 받지 못할 그런 관심을 주게 되고, 그것 자체로 아이들을 망친다. 대신 남자가 본인이나 배우자에게 집중하면, 아이들에게 모범이 되어 여러분이 스스로를 정서적 기준점으로 삼는 것을 보여주고, 일상에서 자신의 결혼 생활과 아내와의 관계를 자식보다 중요한 부분으로 여기는 태도를 자녀에게도 가르칠 수 있다.

아이들을 가정 서열 제일 윗자리에 두면 안 된다. 만약 이 말이 이상하게 들린다면, 아이들을 도구로 삼아 남자들의 영향력을 빼앗으려는 여성 중심의 사회적 질서에 여러분이 이미 동화되었기 때문이다. 남자들이 자녀를 기르는 데 관여하지 말거나, 아예 무관심해지라는 말이 아니다. 완전히 반대다. 다만 여자들이 남자, 아버지, 남편의 영향력을 해체하는 메커니즘, 엄마들이 남편과 관계보다 아이들을 사실상 더 높이 떠받드는 현상의 실체를 파악해야 하기에 이를 강조하는 것이다.

더 자세히 설명하겠지만, 독자들 대부분이 알다시피 나는 '계몽된 이기주의(Enlightened Self-interest)'의 지지자다. 내가 먼저 똑바로 서지 못하면 그 누구에게도 도움을 줄 수 없다. 과거 '오래된 책(Old Books, 이 책에서 자주 등장하게 될 용어, 성 혁명 이전의 사회 규범을 대유하는 단어-감수)' 세대의 남자들이 자식을 키울 때, 이런 표현을 직접 인용하진 않았을 것이다. 그러나 '계몽된 이기주의'라는 사고방식이 정확히 과거 남자들이 자녀를 양육할 때 접근했던 방식이었다. 남자들이 우선이고, 아내와 자식은 남자의 지도와 결정에 따랐다.

여러분의 정서적 기준점은 여러분이 미혼이든, 일부일처주의자든, 유부남이든, 딩크족이든, 아버지든 아니든 상관없이 절대 자신에게서 이탈하면 안 된다.

## 미국식 양육이 미국인의 결혼 생활을 죽이고 있다

이 책을 쓰는 동안, 쿼츠닷컴Quartz.com(미국의 뉴스 웹사이트-옮긴이)에서 '미국식 양육이 미국인의 결혼 생활을 죽이고 있다'라는 제목의 멋진 기사를 접했다. 멋진 글이다. 서구 문화에서 부모가 얼마나 훌륭한지 여부는 남편이 아내의 니즈에 얼마나 잘 부합하는지에 따라 평가된다는 점을 잘 설명한다.

물론 에일릿 월드먼Ayelet Waldman(이스라엘 출신 미국인 여류 작가-옮긴이)의 말이 신성 모독이 되어버린 이유는 자기 자녀가 완벽과 거리가 멀다고 인정해서가 아니다. 단지 그녀가 아이들보다 남편을 더 사랑한다고 고백했기 때문이다. 이는 '나 외에는 다른 신을 네게 두지 말라'는 계명이나 마찬가지다. 많은 종교적 죄악처럼 비난의 화살은 모든 성별에 고르게 적용되지 않는다. 어머니는 그 누구보다, 그 무엇보다 아이에게 헌신해야 한다. 그런데 반대로 남편이 아내에게

"여보는 너무 중요한 존재야. 하지만 당신을 향한 내 사랑은 우리 아들 존 주니어 John Junior를 향한 내 마음과는 비교할 수 없어."라고 말하면 정작 아내들은 크게 상처받을 것이다.

또한 어머니란 아버지와 달리 '거룩한' 존재다. 어머니는 순수한 아이들의 색깔과 노래로 가득한, 맑고 생기 넘치는 세상에 살기 때문에 섹스가 머릿속에 있을 수 없다. 아버지는 아내에 대한 성욕을 인정해도 정신 나간 부모로 보이지 않을 수 있다. 그러나 사회는 정작 여성인 월드먼에게는 똑같은 아량을 베풀지 않는다. 어머니가 아이와 무관한 성적 쾌락을 추구하는 모습은 꼴사납기 때문이다.

부모가 되는 일을 종교처럼 고귀하게 여기면 당연히 그에 따른 장점들이 있다. 그러나 문제가 될 소지도 분명 존재한다. 솔직한 자기감정을 자유롭게 드러내지 못하는 부모는 가정에서 생기는 문제를 잘 해결하지 못한다. 자기가 우주의 중심이라 여기며 자란 아이들은 성인이 되면서 그 특별한 지위가 위태로워질 때 힘든 시간을 겪는다. 가장 가슴 아픈 일은 전적으로 자녀 중심의 삶을 사는 부부는 아이들이 가정을 떠나면 서로에게 할 말이 전혀 남아 있지 않을 만큼, 서로에 대한 감각이 메말라버린다는 것이다.

나는 이 글이 요즘 가정들이 겪는 상황을 잘 설명한다고 생각한다. 베타 남편의 관심을 다른 데 돌리기 위해, 여자들이 사용할 수 있는 방법은 '아이들이 잘되면 곧 본인도 잘되는 것'이라고, 또는 '남편도 같이 잘 되는 길'이라고 남편에게 호소하는 것이다. 아이가 사랑의 위계에서 가장 높은 곳을 차지하고(『예방의학』 참조) 그 아이의 행복과 가장 큰 이익을 결정할 권리가 엄마에게 있다면, 아버지는 아이와 엄마 모두에게 부수적이거나 쓸모없는 존재로 격하된다.

이런 사고방식은 '공감'할 수 있는 여성의 신비한 능력에 대한 환상으로 다시 우리를 이끈다. 즉 여자들은 단지 여자란 이유로 연민을 느낄 수 있는 직관을 타고나서 자식을 키우는 방법을 누구보다 가장 잘 안다는 식이다. 이때 자식은 모종의 안전장치나 완충재가 되어, 아내가 남편과 섹스를 거부하거나, 하이퍼가미 본능이 발동할 때, 아내가 남편의 처지를 군이 고려하지 않도록 방어해 준다.

만약 남편이 아내의 하이퍼가미 필터를 통과한 알파 남자가 아닐 때(안타깝게도 베타일 때), 이제 아내의 인생은 아이를 위해서 베타 남편이라는 존재를 참고 견디는 모양이 된다. 그러면 결국 부부는 아이가 유일한 공통의 관심사인 결혼 생활을 하게 된다.

위에 인용한 글의 첫 단락은 전통적인 사랑의 위계적 우선순위 따라, 여자들에게 자녀보다 남편을 더 중요하게 여기도록 장려한다. 이것이 요즘 여자들에게 너무 부자연스러워 보인다는 사실이 (이걸 여자에게 교육해야 할 정도로) 얼마나 여자들이 자신의 1순위가 자녀여야 한다고 굳건히 믿고 있는지 잘 보여준다. 요즘 여자들에겐 자녀보다 남편을 더 신경 쓰고, 더 중요하게 생각하며, 더 가치 있게 여긴다는 것은 생각도 못 해본 일이다. 사실 살짝 그렇게 느끼게만 해도, 남편을 자녀만큼이나 챙겨줘야 하는 존재로 폄하하고, 따라서 남편을 어린아이 취급한다.

*대부분의 남자들이 똑같은 논리에 속아 넘어간다.*

아내가 남편보다 자녀를 훨씬 더 우선해야 한다는 관념이 논리적으로는 타당해 보인다. 그러나 이런 사고방식이 지닌 모순은 단순하다. 자녀가 '상호 보완적인 남녀관계'(2권에서 가장 바람직한 것으로 규정한 남녀 관계-옮긴이)를 배우도록, 부모가 모범이 되는 길은 바로 부모의 건강한 부부 관계(또는 너무 지나치게 밀접하지 않은 관계)를 자녀에게 보여주는 것이다. 여자들은 기본적으로 가정 내 최고 권력을 차지하기 위해 자녀를 내세우고, 남편들은 여성 중심적으로 사고하도록 배우며 자랐기 때문에, 이런 상황을 가정의 표준적인 모델로 받아들인다.

모든 여자 관계가 그러하듯, 남자들은 관계에서 '프레임(Frame, 남녀 사이에서 주도권-옮긴이)'을 강하게 손에 넣는 것이 필수다. 남자들, 심지어 연애 초반엔 아내와의 관계에서 아주 강한 프레임을 가졌던 남편조차 직면하는 문제는 결국 그 주도권을 자녀에게 넘기는 것이다. 대부분의 남자들은 자녀에게 가장 좋은 것을 주길 원하거나, 아니면 '약속을 지키는 남자들'이란 심리 기제가 발동해서 남자가 모든 것을 희생해서라도 자기 아버지를 넘어서는 아버지가 되는 방식으로, 자신이 자라면서 느낀 아버지의 문제를 메우려고 최선을 다한다. 그러나 남자들은 그런 노력 속에서 아내와 관계뿐만 아니라, 가정 전반에서 프레임을 잃게 된다.

많은 남자들이 베타로 길든 나머지, 어떤 종류든 권위를 가지는 것 자체에 불편한 감정을 느낀다. 따라서 첫 아이가 태어나기도 전에, 이미 약해진 관계의 프레임이 그들의 약점이 된다. 자녀가 생긴 뒤, 레드필을 깨닫고 그에 따라 프레임을 되찾으려 할 때, 그 약점이 이 남자들에게 (가끔은 극복할 수 없는) 어려움을 안긴다.

하룻밤 상대든 결혼을 고려하는 여자친구든 남녀 관계에서 프레임을 고려할 때, 여러분의 여자가 '나의' 현실, '나의 프레임'으로 들어와야 한다는 사실을 명심하라. 마찬가지로 인간관계의 범주에 포함되는 자녀도 여러분의 프레임 내에 존재해야 한다.

'너도 결국 똑같은 놈'으로 보일까 두려워, 남자의 강한 권위를 집행하길 두려워하고, 가정 내 자신의 위치를 아내(와 자식들)가 정해주길 바라는 아버지들이 너무 많다.

이런 남자들은 권위를 가지면, 본인들이 어린 시절 겪은 전형적인 나쁜 아버지가 될까 봐 두려워한다. 모범적이고 강한 남성성을 가진 남자들조차, 아버지를 조롱하는 풍조, '아버지는 아이에게 폭력을 행사할 가능성이 있다'고 몰아가는 사회 분위기 때문에 가정에서 권위를 포기하고 싶은 마음이 생긴다. 남자들은 따가운 사회적 시선과 '나쁜 놈'이라는 편견을 마주한다. 그리하여 최대한 긍정적인 의미에서조차 '아버지의 권위'는 아이가 태어나기도 전에 망가진다.

## 프레임 속 편안함

내가 글을 쓰기 시작한 이후로 계속 강조했던 가장 근본적인 레드필 원칙은 '프레임의 중요성'이다. 이것이 '토마시의 첫 번째 철칙'이 된 데는 이유가 있다.

### 토마시의 첫 번째 철칙

프레임이 전부다. 늘 자신이 누구의 프레임 안에서 움직이고 있는지, 반쯤은 무의식적으로 인식하고 있어야 한다. 항상 프레임을 지배하라. 그러나 의식적으로 '지배한다'는 인상을 남겨서는 안 된다.

프레임의 역학은 남자의 인생에서 여러 형태로 펼쳐진다. 그러나 엄밀히 말해 남녀 사이에서는 남자가 여자와 관계에서 긍정적인 뜻에서 우위를 확립하는 것을 뜻한다. 이것은 접시를 돌리는 (여러 여자와 돌아가며 만나는) 데이트 상황에서, 여자가 바라는 견고한 정신력을 남자가 갖고 있다는 뜻이다.

프레임을 쥐는 일은 강제나 강요의 과정이 아니라 여자의 자발적 끌림과 욕망을 통해서 이루어진다. 여자가 그 남자의 세계에 들어가길 진정 바란다는 뜻이다. 여자는 한 남자의 지배적이고 확신에 찬 프레임 안으로 들어갈 수 있다는 사실을 기쁘게 여긴다. 멋진 남자의 인생에서 한 자리를 맡게 되는 것이 여자들이 추구하는 궁극적인 인생 목표다.

잘 생각해 보면 이건 아주 기본 중의 기본이다. 여자들이 연상의 남자를 압도적으로 선호하는 이유는(통계적으로 5-7살 연상), 자기보다 나이 많은 남자가 세상에 대한 이해와 경험, 삶의 비전, 자신이 처한 상황을 다루는 능력에서 '당연히' 더 뛰어나다고 기대하기 때문이다.

'알파는 섹스하고 베타는 돈을 댄다(Alpha Fucks, Beta Bucks)'는 하이퍼가미 관점에서 보면, 자기 세상을 지배하는 기세는 연상 남자를 바람직한 연애 대상으로 만들어주고, 그 남자가 베타남이라고 해도 나이가 많다면 다소 재미는 없겠지만 의지할 수 있는 대비책이 될 수는 있다.

현대의 연애 환경에서, 내 생각에는 (과거의 사회적 분위기에서는 유효했던) 이런 인식이 여자들에게 점점 실망을 안겨주고 있다. 왜냐하면 여자가 대학 졸업 후 남자를 마음껏 만나던 시기에서 나이를 먹으며 점점 경쟁에서 밀리기 시작한다는 걸 느끼는 '깨달음의 단계(Epiphany Phase, 20대 후반~30대 초반 시기-옮긴이)'로 넘어가면서 스스로 경쟁력이 떨어지는 걸 느끼기 때문이다.

그리고 우리는 여기서 또 다시 "남녀평등 관계 vs 상호 보완적 남녀 관계"라는 갈등을 마주한다. 남녀평등 사상에 입각한 유토피아에서는 모든 것이 동등하다. 따라서 남녀평등 독트린에 따른다면, 나이가 성적 끌림에 영향을 미쳐서는 안 된다. 하지만 자연스러운 '상호 보완적 끌림'의 힘은 결국 남녀평등이란 이념을 믿는 여자들의 본능과 충돌하고 내적 갈등을 일으킨다.

*여자들의 개인적 가치에 대한 자기 인식은 오만으로 포장되어 있다.*

참 흥미로운 역설이다. 여자들은 본인 스스로 느끼는 자신의 몸값을 인정해 줄 성공한 남자와 마법처럼 만나고, 동급이 아닌 더 높은 수준의 짝을 만나 삶이 나아지길 소망한다. 그러면서 동시에 셰릴 샌드버그Sheryl Sandberg(소셜 플랫폼 메타의 전 최고 운영 책임자-옮긴이)의 말처럼 '동등한 평등 관계를 추구하는 남자, 여자도 똑똑하고 고집이 있으며 야망이 있어야 한다고 생각하는 남자, 남녀평등을 가치 있게 여겨서 남자도 가정에서 자기 몫을 해야 한다고 생각하거나 더 낫게는 그러기를 원하는 남자'를 찾는다.

쉽게 말해, 여자도 같이 누릴 수 있는 성공적인 커리어, 강한 정신적 프레임을 가진 특출한 고등급 남자이면서, 동시에 그 여자의 고유한 장점(정확히 말해 그 여자의 외모, 성격적 결함을 메울 수 있으리라 희망하면서 여자가 혼자 정해놓은 장점)에 흠뻑 빠져서, 그 여자의 마음을 동하게 만든 바로 그 프레임을 남자가 스스로 포기하고, 그 여자에게 수준이 맞도록(평등해지도록) '굴종하는 남자'를 원하는 것이다.

## 레드필 아버지와 프레임

내가 이런 설명을 자세히 이야기하는 이유는 프레임의 기본 교리 때문이다.

**"관계를 맨 처음 시작할 때 설정하는 프레임이 시간이 흐르며 굳어지고, 결국 그 관계의 미래를 좌우한다."**

남자들이 강한 알파 프레임에서 수동적인 베타로 그냥 바뀐다는 뜻이 아니다. 관계가 시작될 때 형성된 프레임이 연애가 지속되면서 여자친구의 여러분에 대한 인상으로 굳어진다는 뜻이다. 이러한 여러분의 인상은 여러분이 장차 아버지로서 발전시킬 페르소나Persona(외적 인격-옮긴이)의 기초 토대가 된다.

남자가 심리적·환경적 프레임에 대해 강력한 통제력을 쥐고 유지하는 일은 건강한 남녀 관계에 필수적이다. 게다가 여러분이 꾸릴 가정의 환경과 자녀의 양육에도 매우 중대한 영향을 미친다.

어린 남자나 성인 남성을 길들여 평생 베타 노릇을 하게 만드는 사회화 과정에 가정환경이 어떤 영향을 미치는지, 내 생각을 말해달라는 질문을 가끔 받는다. 이런 질문은 다시 말해 엄마의 지배적인 프레임이 자녀의 양육에 미치는 방식과 요즘 남녀 간 위계질서에서 발생하는 변화가 하이퍼가미 특유의 불안감(이 남자가 최고가 맞아?-옮긴이)을, 즉 엄마의 불안 심리를 아이들에게 물려주는 메커니즘에 관한 질문이다. 이 질문은 내게 생각할 거리를 던져 주었다.

내가 갓 레드필을 깨우친 남성들에게서 이따금 발견했던 공통적인 현상은 다음과 같다. 위압적인 엄마와 굽신거리는 베타 아빠가 아들인 자신에게 남자다움에 대한 왜곡된 개념을 심어 주었고, 결국 자신을 허약하게 만들었다. 이런 영향력에 대해 2권의 〈남녀 간 계층구조Intersexual Hierarchies〉 장에서 다루려고 했다. 그러나 2권의 해당 장은 여러 가지 남녀 간 위계 모델들을 독자에게 설명하려고 했지, 그런 모델의 영향력이 개인 차원에서 긍정적인 영향을 주거나 부정적인 현상으로 이어지는 걸 다루려한 것은 아니었다.

아래는 『합리적 남성』의 〈프레임〉에서 인용한 것이다.

남자들에게서 흔히 발견할 수 있는 모습, 당연하게 여자들을 떠받드는 모습은 여자의 프레임이 '유일한' 프레임이라는 사고방식 때문에 생긴다. '아직 환상에서 깨어나지 못한' 남자들은 건강한 남녀 관계를 확립하려면 남자가 프레임을 통제해야 하고, 또 할 수 있다는 사실을 아직은 납득하기 어려울 수 있다. 평생 남자들이 성에 관한 사회적인 통념, 규범 등 모든 측면에서 늘 여자를 우선한다는 사실을 떠올려보면 딱히 놀랄 일은 아니다. 이 남자들은 대중 매체의 영향이든, 자신의 베타 아버지가 하는 행동을 보고 배웠든지 간에, 여자의 프레임이 '곧' 정상적인 프레임이라고 생각한다. 건전한 남자의 프레임을 확립하기 위한 첫걸음은 당연히 '여자가 프레임을 지배해야 한다'는 잘못된 선입견에서 스스로 벗어나는 것이다.

## 장기적인 관계에서 프레임 장악하기

현시대를 지배하는 대부분의 결혼, 장기적인 연애에서, 여자가 사실상 권력자나 마찬가지다. 남자들은 총각일 땐 고민할 필요도 없었던 아주 일상적인 활동에서조차 아내의 '허락'을 구한다. 내 결혼한 친구들은 이해심이 하늘과 같아서 손님방에 있는

TV로, 그것도 특별한 경우에 하키 경기를 보게 '허락'해주는 아내와 결혼해서 얼마나 '다행'인지 떠들곤 한다.

이는 아내가 관계의 프레임을 확고히 장악했단 뜻이며, 유부남이 보여줄 수 있는 전형적으로 부적절한 사례다. 이 남자들은 아내의 세상에서 산다. 거기에선 무엇이든 정상이 될 수 있기 때문이다. 이런 남자들은 프레임이 권력처럼 '공백을 싫어한다'는 사실을 전혀 모른다. 남자의 강한 프레임이 주는 안정감이 없으면, 여자는 자연스럽게 다른 남자에게서 그러한 지배력을 찾는다. 여자의 안정을 향한 욕망 때문에, 스스로 찾아 나서게 만드는 것이다. 그래서 서구 문화에서는 아내가 바람을 피운 경우, 보통 남편이 순종적이고, 아내가 요금 청구서를 책임지고, 돈을 벌고, 가정 내 중대 결정을 내리고, 남편의 행동을 승인하고, 심판하는 경우가 많다. 그런 여자는 현 남편이 제공하지 않거나, 제공하지 못하는 본능적인 안정을 원한다.

모든 장기적인 남녀 관계를 위해, 남자가 공식적인 헌신과 책임을 받아들이기 '전 단계에서' 남자는 반드시 아내와 함께하는 결혼 생활 전반에 관해 뿌리부터 프레임을 장악하고 시작해야 한다.

남자들이 결혼 생활에서 직면하는 근본적인 문제의 원인은 무엇인가? 남녀가 결혼하기 전에 확립했던 (그리고 여자가 나이를 먹으면서 생기는 경쟁 불안도 한몫한다) 지배적이고 긍정적 의미의 남자다운 프레임이 베타의 사고방식으로 후퇴(또는 회귀)하고, 권위에서 물러나 아내가 가진 여성 중심의 프레임에 남편이 굴종하는 것에서 문제가 탄생한다. 아내와 연애하던 시절, 남자가 지배적인 프레임을 실제로 갖고 있었다는 가정 아래에서 하는 말이다. 남자들의 이러한 후퇴는 크게 세 가지 방식으로 일어난다.

1. 불편하지만 가장의 권위를 포기하면서, 아내의 프레임을 받아들이는 쪽으로 조금씩 기운다.
2. 남녀 평등사상을 믿은 나머지, 남성성의 정의를 여성 중심적인 관념에 따라 내리고 스스로 프레임을 포기하도록 길든다.
3. 어린 시절부터 평생 겪은 블루필 길들이기에 너무 오래 노출된 나머지, 결혼 전부터 아내의 프레임에 들어가는 걸 당연하게 여긴다.

위 방식 중 세 번째가 여성 중심적인 프레임을 가진 가정에서 자란 남자들의 가장 일반적인 종착지이다. 레드필 남성이라면 레드필 인식을 통해 다음 세대 남자들을 기르고 양육하는 방식에 대해 더 큰 차원에서 고민해야 한다.

여자의 하이퍼가미 본능에는 여자가 정말 성 전략을 최대한 최적화할 수 있을지, 생존 본능 수준의 의심이 뿌리박혀 있다. 여자는 자신의 인생을 좌우하는 하이퍼가미 차원의 결정과 그에 수반되는 불안감을 관습적이고 긍정적인 남성성을 지닌 남자와 만나고, 그 남자가 남편이 되고, 자녀의 아버지가 되는 방식으로 해소한다. 이렇게 생긴 안정감 속에서, 여자가 자녀를 제대로 양육하기 위한 남녀 간 상호 보완적인 환경이 형성될 수 있다.

여자의 욕망은 기본적으로 남자에게 집중되는 관계 (남자의 연애 시장 가치가 여자보다 조금이라도 더 높은 커플), 긍정적인 의미로 남성적인 프레임이 남녀 관계를 지배할 때, 일부일처제가 제대로 자리 잡고, 남편을 향한 아내 특유의 하이퍼가미 의심을 최소한 일정 기간이라도 종식하는 게 가능하다.

그 남편이 (평등주의 신념 때문에) 자신의 지배적인 프레임을 확립할 수 없거나 아내에게 양보하는 상황이 되면, 여자의 하이퍼가미 의심이 발동하고, 가정 분위기에 뚜렷한 영향을 미친다. 하이퍼가미에서 새어 나온 의심과 불안의 영향력이 자녀를 교육하고 인도하는 집안 분위기를 물들인다.

나는 의도적으로 혼자서 아이를 키우기로 결심한 사람들, 주로 싱글맘들이 혼자서 자식에게 남성적인 측면과 여성적인 측면을 동시에 잘 가르칠 수 있다는 오만한 생각을 품고 있다고 생각한다. 아내(엄마)가 가족 권위의 우두머리 위치를 차지한 경우, 프레임을 장악한 엄마와 프레임을 포기한 아버지(남편)가 아이들의 '관습적인 남녀 관계 모델'에 대한 관념을 훼손시킨다.

엄마의 지배적인 프레임은 남편뿐만 아니라, 그들의 자녀와, 더 나아가 친척들에게까지 영향을 미친다. 이렇듯 아내가 지배적인 프레임을 장악한 경우 여성의 하이퍼가미 특유의 의심과 그 의심에 내재한 불안감이 집안 분위기에 영향을 미친다.

## 하이퍼가미가 가장 잘 알지

'자녀를 가장 우선하는' 집안 분위기는 쉽게 딱 한 문장으로 묘사할 수 있다. "나는 남편과 몸을 섞기 싫다!" 아내는 베타인 남편의 성적인 접근이 달갑지 않다. 그래서 남편을 피하려고 아이들을 방패나 장애물로 삼는다.

'여자들은 상위 20%의 남성에게만 관심이 있다'는 명제가 이젠 흔한 상식처럼 퍼졌다. 결혼 상대에 한정한다면 나도 이 명제에 동의한다.

그러나 여자들이 실제로 성적인 관심이 생기는 섹스 파트너에 대한 이야기라면, 그 중에도 상위 5% 이상 되어야 결혼 생활이나 장기적인 관계에서도 여자의 성적인 열망을 유지할 수 있다고 본다. 그러면 전체 남성의 1-2% 정도라는 말이다.

진짜로 이렇게 간단하다.

이런 최고 등급, 상위 1-2% 남자들과 결혼한 여자들에게는 남편을 아이들보다 더 중요하게 여기라는 조언을 할 필요조차 없다. 아내에게 남편이 자녀보다 '실제로' 더 중요하기 때문에, 아내가 자동으로 그렇게 한다. 애까지 딸린 상황에서 남편이 떠나면, 다른 최고 등급의 남자로 절대 대체할 수 없기 때문이다.

최고 등급의 남자들은 다른 피가 섞이지 않은 다른 자식을 키울 생각을 절대 하지 않는다. 아내도 이 사실을 본능적으로 알고 있다. 상위 20%지만 프레임과 드레드 게임Dread Game(남자의 관심과 사랑을 잃을지도 모른다는 불확실성을 조장하여 애인을 상대로 자신의 가치를 높이는 방법-옮긴이)에 관한 글을 몇 개 읽어봤다고 해서, 결혼 생활의 어려움을 덜 수 있으리라고 생각한다면 오산이다.

이런 전술로 부부 관계를 좋게 만들 수는 있겠지만, 아마도 최고 등급 남자를 향한 여자들의 본능적 갈망, 여자들이 자유의지로 자연스럽게 특정 행동을 하게 만드는 본능적이고 노골적인 욕망을 주무르긴 어렵기 때문이다.

내 블로그를 자주 방문하는 한 독자가 핵심을 요약한 댓글을 썼기에 인용했다. 여자는 남자의 연애 시장 가치(sexual market value)와 남자의 프레임을 자신의 연애 시장 가치와 저울질하면서 자연스럽게, 마치 바랐던 것처럼 남자의 지배를 인정하고 받아들인다.

*'이 남자, 진짜 최선인가?'*

여성 중심적인 프레임이 가정을 지배할 때, 이 한 줄짜리 의심이 아내의 가정생활과 성장의 모든 측면을 지배한다.

레드필을 깨달은 남자들은 이러한 점에 대해 정말 진지하게 제대로 숙고해야 한다. 남자의 지배적인 프레임을 포기하거나, 관습적인 상호 보완적 관계에서 남자의 역할을 받아들이지 않으면, 아내는 자신과 아이들의 행복을 위한 책임을 본인이 떠맡아야 한다고 느끼기 시작한다. 여자들의 심리적 펌웨어는 종을 유지하기 위해 여자의 본능에 이런 프로그램을 미리 심어놓는다.

나는 레드필을 접하고 인생의 변화를 겪고 있는 남자들을 무수히 만났다. 그들은 위압적인 엄마와 굽신거리는 베타 아버지의 영향 때문에, 블루필이 야기하는 악순환을 반복하는 자신의 이야기를 들려줬다. 또한 자기를 떠난 빌어먹을 알파 남편을 향한 악의와 분노만 남은 싱글맘 밑에서 자란 남자들도 상담했다. 이 남자들 또한 '빌어먹을 아버지'처럼 되지 않으려고 누가 시키지도 않았는데, 남녀평등을 위해 자신의 남성성을 희생하는 남자가 되었다. 엄마가 자신을 안달 나게 하는 (동시에 엄마가 경멸하는) 나쁜 남자와 섹스하기 위해, 우직한 아버지와 이혼해 버린 남자들도 만났다. 이처럼 엄마의 하이퍼가미 본능에 따른 선택이 아들에게도 막대한 영향을 끼친다.

내가 여기서 강조하는 건 '여자의 본능'에 새겨진 하이퍼가미 특유의 의심이다. 하이퍼가미 의심은 모든 양육 조건에서 자녀에게 큰 영향을 미치는 요소이며, 엄마이기 이전에 한 명의 여자로서 '본능적으로' 작용한다. 긍정적이고 강력하며 지배적인 프레임을 갖춘 아버지가 없다면, 엄마의 하이퍼가미 의심(이 남자, 진짜 최선인가?)으로 인해 자녀가 위험에 빠진다. 여기에 하이퍼가미 의심 때문에 가정을 파괴한 여자에게 아무런 잘못이 없다고 부추기는 현대 여성 중심적인 사회 풍조를 더하면, 남성성에 대해 혼란을 느끼는 허약한 남자, 여성의 본성, 과도한 특권을 손에 쥔 여자들까지 뒤섞여 끝없이 악순환되며 나쁜 상황이 반복되는 메커니즘을 볼 수 있다.

마지막으로 이런 악순환을 견디며, 엉망진창인 상황에서 심리적으로 갇혀 있는 남자들과, 자신을 망치는 엄마와 베타 아버지의 여파를 여전히 겪고 있는 남자들에게, 그들이 할 수 있는 최선은 내가 여기에서 제시한 큰 그림을 파악하는 거라고 말하고 싶다. 일단 상황을 명확히 바라볼 수 있는 게 상황을 타개할 수 있는 첫걸음이다. 레드필 진실을 받아들이면, 여자와 잠을 자는 데에도 큰 도움이 되긴 하지만, 레드필에는 그것보다 훨씬 더 강력한 힘이 있다. 도대체 어떤 환경 요소들이 인생에 영향을 미친 바람에 여러분이 오늘 여기까지 오게 됐는지 깨달을 수 있는 통찰을 제시한다.

일단 블루필 길들이기를 넘어서고 레드필 진실을 깨닫고 나면, 이제 블루필 거짓말과 환상에 저항하며 자신을 다시 재정립하고 부활할 때다. 엄마의 하이퍼가미와 아버지의 수동적인 베타 기질이 여러분 안에 박아 넣은 자기 연민의 상태에 오래 머무를수록, 블루필 마인드가 남자로서 여러분의 정체성을 규정할 것이다.

## 체외수정

'잘나가는 남자' 콘퍼런스에서, 한부모(single parent)가 되는 데 관심이 있는 남자들에 대해 어떻게 생각하는지, 내 의견을 묻는 청년이 있었다. 여자들이 정자은행과 인공 수정을 이용하는 것처럼 남자도 대리모나 다른 기술(인공 자궁 기술)의 도움을 받아 혼자 아버지가 되는 것이 얼마나 현실성 있는 발상이냐는 질문이었다.

나는 또한 블로거이자 팟캐스트 분야에서 유명한 크리스천 맥퀸Christian McQueen과 인터뷰 도중에 비슷한 질문을 받은 적이 있다. 현재로서 기본적으로 남자가 정자를 제공하고, 수정시키기에 적당한 여자의 생육 가능한 난자를 구하고, 열 달 동안 아이를 배고 있을 대리모를 고용하는 정도로 이해할 수 있다. 아이가 태어나면, 남자가 아이를 데려와서 직접 한부모 아버지로서 그 아이를 기르는 것이다.

편부가 되는 것에 관한 질문을 받았을 때, 그 진행 방식을 살짝 의심했다는 점부터 인정한다. 당연히 웬만한 남자들 대부분이 감당할 수 없을 만큼 많은 비용이 든다. 그런데 더 자세히 연구를 해보니 이 '체외수정'이란 개념이 페미니스트들이 이미 심사숙고해서 계획까지 세워 놓은 현실이 되어버린 또 다른 공상 과학 소설이라는 사실을 알아냈다.

이론상으로 이런 과정은 정자은행으로 가서 (다시 한번 하이퍼가미 본능에 맞춰) 적당한 정자 기증자를 고르고, 자기 의지에 따라 편모가 되는 여성과 비슷하게 진행된다. 여성의 하이퍼가미를 보장해주는 정자은행 같은 기관과 시설은 있지만, 남자들, 특히 이성애자 남자들은 비슷한 과정을 거치려면 엄청난 목적의식과 결단력을 가져야 실현 가능하다는 게 흥미롭다.

자기가 기르지 않을 아이를 출산할 때 수반되는 대리모에게 필연적으로 생기는 모성애를 끊어내지 못하는 문제를 해결한다 해도 (호르몬이 여자들을 그렇게 만든다), 자발적 선택으로 편부가 되려는 남자는 경제적으로나 법적으로 아주 단호해야 한다. 물론 레드필 남성이 혼자서 아이를 기르고 싶어 하는 마음을 이해한다. (적어도 직접적인) 여성 중심적인 풍조와 하이퍼거미의가 영향을 줄 수 없는 환경에서 아이를 기르고 싶은 마음일 것이다. 무슨 말인지 알겠지만 그 길도 틀렸다고 생각한다.

내 입장은 두 가지다. 첫째, 진정한 '상호 보완주의적 관계'를 주장하는 사람으로서, 나는 (생물학적, 진화적 기준에 근거한) 각자의 성 역할이 가진 중요성과 장단점을 분명히, 성숙하게 이해하고 있는 남성과 여성, 두 명의 건강한 성인 부모가 아이에게 필요하다고 믿는다. 이상적인 모습은 부모가 건전한 방법으로 그런 역할의 모범이 되어, 아들이나 딸 모두 부모의 일상을 통해 남성성과 여성성에 대해 자연스럽게 터득하는 것이다.

성 혁명이 일어난 지 몇 세대가 지나고, 또 사회적으로 여성 지상주의를 숭배한 지 몇 세대가 흐르면서, 우리는 싱글맘이 혼자서 여성성의 모범이 되어 딸의 여성성 형성에 도움을 줄 수 있고, 아들에게도 남성성을 본보기로 교육할 수 있다고 개인적으로 그리고 집단 차원에서도 믿게 되었다.

남성성의 정의와 개념이 평등주의 이념과 여자들의 니즈에 따라 다시 재규정되면서 그 본질이 왜곡되었다는 점을 감안하더라도, 그런 사람들이 믿고 있는 잠재된 적인 메시지는 여자(엄마)가 애를 키울 때 '여성 일인극'을 펼칠 수 있다는 것이다.

따라서 주류 매체와 문화가 묘사하는 남자와 아버지, 즉 '광대'는 양육에서 필요 없게 된다. 이들에게 아버지란 있으면 좋을지 몰라도, 양육에 필수 요소는 아니다. 또한 이런 믿음은 이제 '요즘 시대에 남자는 크게 쓸 곳이 없다'는 보편적인 사회적 관념을 기반으로 무럭무럭 자라난다.

둘째, 아니마anima(남성의 여성적 특성-옮긴이)와 아니무스animus(여성의 남성적 특성-옮긴이), 그리고 여성 특유의 기호와 남성 특유의 기호 사이의 균형에 관한 융Jung의 성 이론을 남녀평등주의자들이 강조하고 있다. 그러나 융의 이론은 여자가 자녀의 남성적인 측면에 대해 모범이 되어 가르친다면, 긍정적 의미로 사내다운, 아버지와 똑같은 능력을 발휘할 수 있다는 주장의 근거로 인용된다. 만약 그게 사실이라면, 반대로 좋은 의도를 가지고 편부가 되기로 마음먹은 남자도 똑같은 주장을 할 수 있어야 형평성에 맞다.

그런데 내 생각에 솔직히 최고의 여성성을 몸소 보여주는 모범을 아버지가 엄마를 대신할 수 없다. 그렇다면 논쟁은 다음으로 이어진다. 여성 중심적 사회 풍조 때문에 여자들이 스스로 관습적인 여성성에서 이탈했기 때문에, 차라리 아버지가 딸에게 (몸소 여성성의 모범으로 시연하진 못하더라도) 더 나은 여성성 모델을 가르칠 수는 있다는 주장이 나올 것이다. 관습적인 상호 보완적인 관계의 모범이 될 수 있는 여성성이 요즘 여자들에겐 거의 없기 때문에, 차라리 그냥 아버지가 딸에게 정상적인 여성성을 가르치는 게 나아 보인다는 말이다.

## 베타 키우기

여자들이 자신들의 입맛에 맞게 멋대로 규정한 '남성성'에 맞춰 아들을 기르는 방법, 즉 남자의 권위도 없고 무력해서 여자들이 이용할만한 남자로 가장 잘 키우는 방법을 알고 있다는 믿음, 바로 이것이 제3의 페미니즘 물결이 빠진 착각이다. 아들에게 여성의 권위에 복종하고, 딸들에겐 남자들의 관심을 여성의 권위를 높이기 위해 이용하라고 가르치는 걸 정상으로 본다. 그래 놓고 그것을 '여성을 향한 존중'이라고 규정한다. 그렇게 남자보고 오줌도 앉아서 누라그러고, 자기 몫의 집안일을 하도록 만들면 세상이 훨씬 더 살기 좋은 곳으로 변할까?

이런 이유로 나는 자연적인 진화에 따른, 관습적인 이성애자 양부모 모델이 아이를 기르는 데 가장 좋다고 생각한다. 어떤 성별이든 편부모 양육을 지지하지 않는다. 양육은 엄마와 아버지 사이의 '상호 보완적 남녀 관계'로서, 협력하고 보완하는 동업자 정신으로도 이루어져야 한다.

오만한 자기 확신에 빠져서 인위적인 출산법을 선택하고, 이성의 마땅한 모습이라고 '어른들이' 믿고 꾸며낸 이상주의적인 이미지로 아이를 기르려고 하는 것은 극단적 성별 지상주의다.

그런데 싱글맘들이 자주 이런 짓을 한다. 그리고 사회는 그런 그들의 행위를 칭찬하고 보상한다. 우리 사회는 이 싱글맘들이 엄마와 아빠, 두 성별 측면을 효과적으로 자식에게 가르칠 수 있다고 믿으며, 싱글맘들을 격려하고 돕는다. 이것 자체가 의도적인 편부모 양육을 고민하는 모든 사람에게, 오히려 '여성 지상주의 강령'에 따라 제도적 차원에서 이루어진 사회 조작의 실체를 선명하게 폭로해 준다. 60년 이상 정자은행과 여성 전용 임신 시설이 사회의 표준이 되었다는 사실을 생각해 보면, 여성의 하이퍼가미와 그것이 본질적으로 요구하는 '보장'이 지금까지 양육에 관한 모든 것을 지배해 왔다는 사실을 깨달을 수 있다.

그렇게 여자들은 새로운 세대의 남녀가 남성적인 또는 여성적인 특징이라고 규정하게 될 요소가 무엇인지 일방적으로 통제하기에 이르렀다. 이것이 바로 '사회 조작'이란 단어가 의미하는 바다.

# 레드필 아버지

*그녀는 속으로 생각했다. "내가 만약 아이를 갖지 않는다면, 애인이나 만들어야겠다." - 『와일드 오츠 프로젝트The Wild Oats Project』, 로빈 리 널디Robin Rinaldi*

이전 장에서 자녀를 잘 양육하고 건강한 가정을 꾸리기 위해, 여자의 하이퍼가미 본능의 '원초적인 의심'이란 게 뭔지, 남자들이 제대로 이해해야 한다고 강조했다. 여자에게 결혼과 아이를 갖는 일을 '최적 가임 시기(prime fertility window)'를 한참 지날 때까지 미루라고 부추기는 사회 풍조에는 아주 많은 사회적 차원의 요소들이 개입한다.

나는 〈생체 시계에 대한 미신: Myth of the Biological Clock〉라는 글을 통해 '뒤늦게 아이를 가질 수 있다'는 식의 잘못된 사회적 인식에 대해 자세히 설명한 바 있다.

주류 문화에서 여자들과 비슷한 입장에 처한 아직 진실에 눈을 뜨지 못한 남자들은 여자의 생물학적 시계가 천천히 흐르며, 여자가 갑자기 깨어난 모성 본능으로 인해 아이를 원하게 하는 마법과 같은 때가 결국엔 온다고 믿고 싶어한다. 그런데 딱히 마법이 아니다. 왜냐하면 그 시기는 '여자의 연애 시장 절정기에 대한 오류'와 딱 정확히 들어맞기 때문이다. 대부분의 여자들이 성적인 매력을 잃기 시작하는 시기, 그 나이대에 딱 해당하는 것이다.

[...] 나는 여성에게 모성 본능이 실제로 있는지 없는지 논쟁하는 게 아니다. 여성 중심적인 문화를 옹호하는 자들이 모성 본능이 발현되는 시기에 대한 통념을 고의로 왜곡한다고 주장하는 것이다. 여자들은 성적 매력이 시들기 시작한 후, 생물학적인 이유로 불임에 직면하거나, 나이를 먹으면 불임이 된다는 사실을 뒤늦게 알고 화를 내는데, 그 분노를 엉뚱한 곳에 퍼붓는다. 본인들이 집착해 온 '여성 권위주의'라는 의기양양한 단상에서 내려올 생각은 안 하고, 자신의 성 전략을 달성하기 위해 협력해야 하는 남자들이 하필 그 타이밍에 "아버지가 될 생각이 없다."고 남자에게 분노를 표출하던가, "포르노나 게임에 빠져 시간을 보내며 '규칙에 따라 게임에 임할' 생각이 없다.", 즉 여성 중심적인 사회가 내리는 지시를 따를 의지가 요즘 남자들은 전혀 없다며, 남자를 비난한다.

페미니즘이 유행시킨 '여자들아, 하고 싶은 대로 다 해!(Have it all!)'라는 정신 상태는 현대 여성들의 인생 전반에 아주 부정적인 영향을 끼쳤다. '하고 싶은 대로 다 해'라는 표현이 상당 부분 뜻하는 바는 남자들이 누린다고 생각하는 비슷한 권리를 '힘을 가진Empowered®' 여자들도 직장 생활에서 누리자고 호소하는 글에 주로 등장한다. 그러나 그 속에 숨은 의미는 결혼할 남자가 하이퍼가미의 관점(동등한 레벨이 아니라 더 나은)에서 최고가 아니면 절대 만족하지 않겠다는 뜻이다.

'하고 싶은 대로 다 할 수 있다'라는 선전은 '삶의 충족'을 지나치게 평등주의적인 관점으로 접근한 것이다. 이들의 세일즈 피치는 여성주의가 '남자들이 누리는 특권'이라고 여자들에게 피해의식을 심어준 대상들이나, 그것보다 더 큰 성취를 여자들도 이룰 수 있다는 것이다.

요즘 여자들은 남자가 '되기'를 원한다. 그래서 대학에서 여학생 등록률을 임의로 올려 남자 입학생 수와 불균형을 초래한다. 여자를 군대에서 전투에 내보내거나, '소방관'이 되거나, 남자들이 '특권'을 누리는 것처럼 보이는 많은 분야에 들어가기 위해, 필요한 최소한의 신체 기준을 위험할 정도로 낮추는 현상을 본다. 그러나 여자들의 욕심이 만든 인생 커리어가 여자들로 하여금 점점 연애 상대인 남자에 대해 비현실적인 기대를 갖게 하고, 하이퍼가미를 충족하고 그 불안을 종식하려는 시도를 오히려 방해한다.

여자들은 남성에 견줄만한 사회적 성취'와' 하이퍼가미 본능 충족이라는 두 마리 토끼를 동시에 잡는 게 가능하다는 믿음을 주입 받는다.

그 결과 여자들은 임신을 고려하더라도, 자신은 물론 아기의 건강을 위험에 빠뜨리는 나이가 될 때까지 임신을 미루거나, 그들의 아버지가 (비록 충실한 가정적인 남자더라도) 자신의 하이퍼가미를 충족할 남자가 맞는지, 그 의심을 가라앉힐 능력남이 절대 될 수 없을 거라고 미리 재단하고, 결혼을 완전히 포기하거나 그냥 자발적으로 싱글맘이 된다.

## 엄마의 불행은 모두의 불행

내가 여기서 하이퍼가미의 발현 방식을 이토록 구체적으로 설명하는 이유는 여성과 관련된 모든 것이 그렇듯이, 하이퍼가미에 대한 폭넓은 이해가 남자에게 꼭 필요하기 때문이다. 토요일 밤 배란기가 한창인 여자와 섹스하기 위해 그저 '게임'을 잘 배우는 것을 넘어서, 남자 인생 전반에 중대한 영향을 미치기 때문이다.

여성의 하이퍼가미 본능을 사회가 공개적으로 인정하고 수용하는 풍조가 생기면, 그 부산물로 다음과 같은 현상이 발생한다. 여자들이 주로 '깨달음의 시기(대략 나이 30에 이르는 시기-옮긴이)'에 이를 때까지 결혼을 미룬다. 그러다가 연애 시장에서 다른 여자들과 경쟁에서 불리해지면 (즉 매력을 잃으면) 안정을 추구하는 쪽으로 갑자기 급선회한다. 이렇게 출산을 미루는 과정을 『합리적 남성2: 예방의학』에서 여성이 '파티 시기'에서 '깨달음의 시기'로 이어지는 모습으로 설명했다. 여기선 추가로 이런 과정이 '여자가 커리어를 가져야 한다'는 생각만 아니라, 동시에 애를 같이 키울 '제대로 된 남편감'까지 확보할 기회가 여성에게도 '주어져야 한다'라는 믿음 때문에 발생한다는 점을 남자들이 명심해야 한다.

남녀 평등사상의 근본적인 결함은 남성과 여성이 동일한 합리성과 동등한 기능적 측면을 가진 동등한 존재라는 착각, 그러나 (남자에게만 잘못이 있는) 사회적인 권력과 이기적인 욕심 때문에 남녀를 갈라치기 한다는 식의 믿음이다. 이런 믿음을 가진 여자들이 마주하는 심각한 현실은 연애 시장내 경쟁력과 생식능력이란 관점에서, 여자가 나이가 들면서 자신의 가치가 점점 떨어지는 것이다.

정리하자면, 절망에 빠진 여러 세대 여자들이 하이퍼가미 본능을 충족시키는 데 실패한 원인을 "한창일 때 알파 성욕만 쫓으며 강렬한 섹스에 청춘을 낭비했고, 그 와중에 '최적의 하이퍼가미 충족'이란 목표를 나중에 달성할 시간적인 여유가 충분하다고 믿었기 때문"이라며 불평한다.

또한 오늘날의 여자들은 '베타는 돈을 댄다(Beta Bucks)'에 해당하는 하이퍼가미의 베타 측면을 직접 해결할 수 있다. 여자들은 베타 부양자로 준비된 남자들을 (특히 '파티 시기'에 자신을 알파 미망인으로 만든 알파남들과 비교하면서) 여성 친화적인 사회 분위기 덕분에 거품이 잔뜩 낀 본인들의 눈높이를 절대 충족하지 못한다며 거절한다.

여자들은 이러한 암울한 전망을 너무 잘 알고 있다. 그래서 최고의 하이퍼가미를 달성하지 못하리라 예상하고, 미리 난자를 냉동하거나, 이혼할 때 결혼 중 불임에 대한 귀책을 남자들에게 떠넘기는 법을 만드는 등 대비책을 요구하기 시작했다.

요즘은 여자 나이가 29-31세가 되어도, 임신하기에 위험한 나이로 여기지 않는 지경에 이르렀다. 난자 냉동을 통해 여성의 출산 시기를 연장할 수 있다는 거짓된 믿음이 널리 퍼지면서, 이제 여자 나이가 35-38세가 되어도, 여자가 베타 부양자 남성을 확보할 추가 시간이 마술처럼 주어지는 것 같다. 그런데 여기서 문제는 그런 남자를 만나기 위해 여자가 외모 등 조건과 자격을 (무려 30대 후반에) 남자들의 취향에 맞출 수 있느냐가 아니다. 진짜 문제는 "하이퍼가미 본능상 아이를 양육하기에 '적합한' 남자를 끝까지 기다리면 결국 나타난다."는 마법 같은 환상을 여자들이 아직도 믿고 있다는 것이다.

## 아버지가 되기 전 예방접종

레드필 양육을 다루는 다음 장으로 넘어가기 전에, 이런 내용들을 여러분에게 먼저 강조하는 이유는 여러분이 아버지, 남편이거나, 그렇게 되기를 원하는 남자라면, 여러분이 만들고 싶은 가정에 여자의 하이퍼가미가 얼마나 큰 영향력을 갖는지 명심해야 하기 때문이다.

이 글을 읽고 있는 남자들에게 결혼과 관련한 모든 게 가혹한 인생 경험이 되지 않으려면, 애초애 남자들은 그냥 결혼하지 말아야 한다. 현대 서구 국가들의 사회 환경에서 결혼은 남자에게는 아무런 이득이 없고, 여자에게 100% 유리하다. 안타깝게도 현 상황과 시스템을 보면, 결혼은 비용 대비 효율이란 관점에서 남자에겐 늘 손해인 와중에, 여자들은 결혼제도를 '남자에게만 책임을 지우는 엄격한 법적 계약'으로 만들려고 고집을 부린다.

그러나 이런 제도적 문제와 더불어, 세상이 여성 위주로 돌아가고 있다는 점을 기억해야 한다. 남자가 자녀에게 긍정적인 의미로 남자다운 아버지가 될 생각조차 못 하게 만드는 현실도 상기해야 한다. 아버지를 향한 세간의 적대적인 인식은 여자들이 개인 차원에서, 그리고 집단으로 하이퍼가미 최적화를 추구하게 만드는 여성 중심적인 토양에서 싹튼다. 그러나 여자들은 자신의 기회 문이 닫힐 때까지 남편감 고르기를 미룰 것이다. 여러분이 결혼을 고려하고 있고, 가족을 꾸리려는 여자 파트너가 27-31세 사이라면, 통계적으로 이것이 현재 여러분의 예비 신부 머릿속에서 진행 중인 사고방식일 가능성이 높다.

내가 이미 아버지가 됐거나, 아버지가 되려는 독자에게 이런 상황들을 설명하는 이유는, 요즘 여자들이 남자 집단은 물론 여러분 개개인에게 무엇을 기대하고 믿도록 사회적으로 프로그래밍 되었는지 남자들이 간파하는 것이 중요하기 때문이다. 이어질 장에서 두 성별이 진화의 방향으로 삼았고, 우리 인류를 오늘날까지 이어오게 만든 '상호 보완적인 남녀 관계' 모델에 대해 자세히 다룰 것이다. 그런 관습적인 상호 보완성이 이상적인 형태다. 그러나 요즘 남녀평등을 믿는 사람들은 남자에게 이마저도 왜곡해서 주입한다. 그러나 지금 당장은 생물학에 맞선 여자들의 성 전략 때문에, 연애 시장에서 여자에게 실제로 주어진 시간이 점점 줄어들고 있고, 여자들이 곧 행동을 개시해서 마지막 순간에 덥석 남자를 붙잡고, 연애 시장에서 손 털고 나오도록 떠밀리고 있다는 큰 그림을 이해하는 것이 중요하다.

## 싱글맘와 '좋은' 아버지

주류 문화에선 아버지가 자식에게 관심을 갖지 않는다는 이유로 늘 아버지에게 '좀 남자다워져라'라는 질책을 쏟아낸다. 그러나 아버지들은 동시에 '여성 특권' 밈(meme, 유전자가 아닌 재현과 모방을 통해 이어지는 사회 관습이나 문화-옮긴이)에도 노출된다는 사실을 꼭 기억해야 한다. 앞선 장에서 언급했듯, '강하고 독립적인 여성'이 여느 아버지들 만큼이나 아버지 역할을 잘 해낼 수 있다고 주장하므로,

사람들은 이런 '아버지'의 자녀 양육 참여가 아이의 성장 과정에 사실상 필요 없다고 생각한다(이것이 '남녀평등'의 서사다).

자녀에게 더 친밀한 '아버지'가 되려는 아버지를 극찬하는 대중적인 선전이 있지만, 늘 '좋은' 아버지가 되라는 메시지 자체가 남자라는 이유로 아버지의 기본값을 '나쁘다'고 설정한 것이다. 대중 매체에서 암시하는 것처럼, 남자들이 어리석고 잠재적인 폭력성을 띠고 있다면, 이미 부정적인 위치에서 아버지의 역할을 시작하는 셈이다. 사실 '좋은' 아버지란 제대로 된 인정을 거의 받지 못한다. 그 '좋은'이라는 자질이 여자들이 제시하는 '올바른 기준'에 맞춰져 있고, 그런 기준을 남자에게 끝없이 요구하며, 또 일관성 없이 제멋대로 바뀌는 조건들과 연결되어 있기 때문이다.

다른 한편에선 '싱글맘의 힘'이라는 밈이 유행이다. 레드필 시각으로 이 밈을 봐야 하는데, 능력 있고 가치 있는 남자를 만날 자격이 미달인 여자들을 용서하는 메시지를 담고 있기 때문이다. 동시에 이 밈은 아버지가 되길 거부하는 '전형적인' 남자들을 향해 '남자의 책임'을 들먹이며, 하이퍼가미 관점에서 여자들이 만족할 만한 비난을 남자에게 퍼붓는다. 레아 캠벨Leah Campbell은 〈나는 언제나 싱글맘으로 남을 것 같다, I'll Probably Always Be a Single Mom〉라는 글에서 이렇게 썼다.

나는 어리석을 정도로 까다롭다.

15년 정도 동안, 나는 남자를 정말 많이 만났다. 더럽게 들리지 않으면 좋겠지만… 사랑하고 싶은 마음이 없었다는 뜻은 아니다. 뭐가 문제냐고? 지금까지 만난 모든 남자 중에 진정으로 감정적 교감을 나눈 사람은 한두 명밖에 없었다. 사실 영원히 함께 있는 모습을 상상할 수 있을 것 같은 누군가를 만나는 일은 거의 일어나지 않는다. 슬프지만, 나를 두근거리게 만든 남자를 마지막으로 만난 게 언제인지 기억도 안 난다.

나는 동화 같은 이야기를 바란다.

살면서 보고 들은 연애 중에, 내게도 실제로 일어났으면 하고 바라게 하는 연애는 거의 드물다. 그러면 당연히 이런 질문이 생긴다. 내가 원하는 게 뭐지? 음,

아이들에게 정말 좋은 남자, 열린 마음으로 함께 입양한 아이들로 집을 가득 채울 수 있는 남자를 원한다. 영리하면서 주도적이고, 섹시하면서 아주 재미있는 남자면 좋겠다. 나를 꽉 잡고, 내가 갖고 싶게 만들고, 내 다리를 풀리게 만드는 남자면 좋겠다. 무엇보다도… 모든 것을 갖춘 남자를 원한다. 그러나 사랑의 당연한 모습이라고 내 머릿속에 그리고 있는 이미지를 가진 남자가 실제로 존재하기는 하는지 잘 모르겠다.

　　내 딸은 늘 0순위이다.
　　남자를 향한 내 바람이 터무니없다고 생각한다면, 내 딸의 아버지 역할을 맡게 될 남자에게 거는 기대는 입 밖에 꺼내서도 안 될 것 같다. 솔직히, 딸에게 아버지가 될 사람을 원하지만, 잘못된 선택을 할까 봐, 가치가 없는 남자를 골라서 딸과의 관계를 망칠까 봐 무척 겁이 난다.

이 글을 인용한 이유는 하이퍼가미 선택과 그 결과를 남자들이 이해하는 과정에서, 여자들이 지닌 보편적인 불안 심리가 뭔지 잘 보여주기 때문이다. 위 글에서 말하는 모든 내용은 미혼 남성, 즉 아버지와 남편이 될 남자들이 이 글을 어떻게 생각할지 전혀 고려하지 않은 '강하고 독립적인' 미혼 여성의 공약처럼 들린다. 예상대로 '아이를 가장 우선시하라'는 종교를 계승하지만, 싱글맘의 그럴듯한 설명을 꼼꼼히 읽고, 더불어 여성향 사회 질서의 수혜자로, 남자를 당연한 듯 예속하는 상황을 상상해 보면, 모든 남자까진 아니더라도 상당수의 남자들이 왜 저 여자가 바라는 임무에 지원하지 않는지 쉽게 알 수 있다.

## 준비
　여러분에게 아버지가 되지 말라고 뜯어말리는 건 아니다. 여성의 하이퍼가미와 이를 중심으로 구축된 문화적 차원의 요구가 오늘날 여자들이 내린 선택에 어떤 영향을 미치는지 배우고, 눈을 크게 뜬 다음, 아버지가 되라는 것이다.
　태어나서 처음으로 자신의 선택으로 인한 대가를 가혹한 현실로 겪는 27-31세 사이의 여자들에 대해 이미 반복해서 다루었다. 남자들은 양육 투자의 리스크 때문에 이 나이대 여자들에 대해 아주 까다로워진다. 여러분은 자신의 야망과 잠재된 가능성을 알아야 한다. 여러분은 '남자는 여성의 하이퍼가미 전략을 완수할 의무가 있을 뿐만 아니라, 그런 의무를 수행할 수 있어서 다행이라고 느껴야 한다'라고 여러분에게 암시하는, 여성향 사회가 미리 만들어낸 오랜 사회적 관습과 통념, 규범들까지도 간파해야 한다.

사실 이 시기에 급한 쪽은 바로 여자들이며, 따라서 결혼할 능력이 있고, 그럴 의사가 있는 남자들이 먼저 이들의 선택지에 오르게 된다. 여성 중심적인 시스템은 온갖 방법을 동원해 베타 남자들을 끝까지 기다리게 만든다. 세상은 베타 남자들에게 여자들이 '파티 시기'에 잠시 문란하게 즐겼던 '알파남과 섹스'를 용서하라고 한다. 그러나 레드필 인식이 사회에서 점점 무시할 수 없을 정도로 퍼지게 되면서, 여자들은 연애에서 '우월한 성 선택자'의 지위를 계속 유지해야 한다는 압박으로 초조해질 것이다.

나는 이런 열악한 현실 속에서도 레드필 부모가 되는 가장 좋은 방법을 묻는 남자들을 많이 만났다. 결혼에서 남자들이 지닌 유일한 장점은 아이들을 기를 수 있는 건강한 환경과 남녀 간 상호 보완적인 분위기를 주도적으로 창조하는 데 있다고 말하는 남자들이 많다. 그러나 사회적 서사가 '여자들도 아버지만큼 아이를 잘 기를 수 있어!'라고 외치는 상황에서, 요즘 여자들이 남자들의 이런 판단에 동의할지 모르겠다. 여성향 질서의 관점에서 '좋은' 아버지란, 당연히 자신의 남성성을 누그러뜨려 여성스럽고 순종적인 성 역할을 떠맡는 아버지다. 그런데 이러한 정의에 따르면, 양육에 참여하든 안 하든 아무튼 아버지는 쓸모없는 존재가 되어버린다.

나는 대체로 남자들에게 강하고 지배적이지만 긍정적인 의미에서 남성적인 프레임을 확립하라고 강조한다. 이것이 가정을 꾸리고 싶어 하는 남자들이 모든 장기적인 여자관계에서 가장 중요하게 여겨야 할 지침이다.

남자가 이겨내야 하는 그다음 사회적 압력은 서양 문화에서 볼 수 있는 극복하기 매우 힘든 장애물인데, 바로 아버지로서 남자를 깎아내리면서 동시에 양육에는 열심히 참여하는 '좋은' 아버지가 되어야 한다는 풍조다. 여기서 '좋은' 아버지란 (자신의 이익보다 자식들을 우선해야 한다고 배운) 엄마가 바라는 요구에 늘 맞춰주고, 엄마의 기준에 아빠가 부응하도록 길들이는 사회적 통념에 굴종하는 아버지다.

마지막으로, 아버지가 되려는 남자는 여자가 나이를 먹으며 거치는 다양한 성숙의 단계에서 하이퍼가미의 본능적인 불안을 해갈하려는 여자들의 끝없는 시도 때문에 일어나는 사건들을 알아야 한다. 레드필 남자는 여자들을 '아이의 엄마가 되는 일에 도전하는 사람들'로 여기고, 그들의 개인적인 인성과 품격을 '점검'하면 많은 것을 얻을 수 있다. 또한 여러분은 남자가 고민하기도 전에 여자가 내려버리는 하이퍼가미 차원의 성 선택도 고려해야 한다. 또 여자가 책임져야 하지만, 오히려 남자에게 호의를 강요하며 본인이 회피하려는 과거 성생활의 여파를 고려해야 한다. 이러한 것들이 남자에게 얼마나 중요한지는 아무리 강조해도 지나치지 않다.

상대를 정복하는 데 아는 것이 반이면, 나머지 반은 행동으로 옮기는 것이다.

## 정착전 사전점검(The Vetting Process)

나는 유혹하려는 여자가 어떤 여자인지 신경 쓰지 않는다. 내 생각에 여자의 문란한 과거 때문에 꼬실 가치가 없다고 여기면 결국 남자만 손해다. 예쁘고 어린 여자들은 상상할 수 있는 모든 방법으로 섹스를 해 왔다고 생각하는 편이 낫기 때문이다. 당신이 아니라면 다른 누군가와… 물론 그게 당신이라면 좋겠지만!

내 블로그 독자 중 한 명이 쓴 댓글이다. 이 댓글의 레파토리는 현대의 연애 시장을 체험하고 있는 남자들 사이에서 꽤 흔히 들을 수 있는 말이다. 통계적으로 볼 때, 여자들은 당신과 만나기 전에 적잖은 남자들과 이미 성관계를 할 것이라고 그냥 어금니 꽉 물고 받아들여야 한다.

〈합리적 남성〉블로그에서 가장 많이 공유된 게시물을 '베스트 글 모음'이라 부른다. 베스트 글 중엔 점점 흔해지는 베타 남편의 현실을 자세히 묘사한 글이 있는데, 평소 섹스에 별 관심 없어 보이던 아내가 (아내의 과거 SNS 등 디지털로 기록이 남는) 증거나 아내 본인의 인정을 통해, 아내가 '파티 시기'를 거치던 20대에는 알파 남자와는 훨씬 더 과감한 성적인 모험을 즐겼다는 사실을 남편이 알게 되는 상황이 등장한다. 그중 가장 눈길을 끈 문장은 이것이다.

"나는 조신한 척하는 창녀와 결혼했다."

이 기분을 이해한다. 남자가 여자의 과거에 대해 너무 뚜렷한 관심(즉, 남자가 물어보고 스스로 괴로워하는 모습)을 보이면, 찌질한 하남자처럼 되어버린다. 여자가 알파라고 여기는 남자들, 이미 여자의 머릿속에 강한 인상을 남긴 남자들은 여성의 성적인 과거에 지나치게 신경 쓰지 않는데, 이런 남자들은 보통 다수의 다른 여자들도 만나고 있기 때문이다.

여자들은 자신의 문란한 과거를 고백하는 바람에 알파남을 정떨어지게 만들면 그 알파남은 주저 없이 자기를 차버리고, 다른 여자로 옮겨갈 거란 것을 어느 정도 의식하고 있다.

알파의 사고방식은 보통 매우 단순하고, 솔직하고 직접적이다. 그러나 자신만의 '정서적 기준점'을 가진 남자에겐 여자와 사귈 때 적용하는 기본 원칙들이 있다. 말하지 않아도 알 수 있는 그런 알파 사고방식 중 하나는 '나는 너 말고도 선택지가 많아(또는 더 많은 선택지를 만들어낼 수 있어)'라는 자기 인식이다. 이런 태도 덕분에 알파남들은 그 여자가 장기적인 연애 상대로 적합한지 여부에 집착하지 않는 편이다. 이 여자가 당장 만족스럽게 자신의 프레임으로 들어오지 않으면, 거의 말도 없이 다음 여자로 갈아타 버린다.

그러나 여기서 중요한 건 단순히 연애 또는 섹스가 아니다. 우리와 함께 자녀를 키울 수 있는지 검증해 봐야 하는 여자친구와 그 여자에게 쏟을 여러분의 자원과 투자에 관해 이야기하는 중이다. 남자가 이러한 투자 시 마주하는 높은 리스크를 생각하면, 와이프 될 사람의 성적인 과거를 현명하게 파악하지 못했을 때, '여러분'이 짊어지게 될 대가에 대해, 최대한 분별력을 발휘해서 파악하고 있어야 한다.

(과거 나를 포함한) 대부분의 남자들은 결혼이나 장기적인 연애를 고려할 때, 여자에게 내거는 필수 조건이 거의 없는 편이다. 대부분 자연스럽게 그런 관계로 그냥 접어든다. 하룻밤 잔 여자, 섹스 파트너가 그냥 여자친구가 된다. 그다음에는 그런 여자가 아내나 엄마로서 적절한 건지 깊이 생각하거나 고민해보지도 않고 장기적인 관계로 발전해 버린다. 그쯤 되면 가족이라는 감정이 생겼기 때문에 현실적이고 냉정한 태도는 없고, 이미 상황은 기울어졌으며, 미래에 대한 기대가 가득하다.

남자들이 이 정도로 신중하지 못한 이유는 남자들이 결혼할 여자에게 내거는 조건이 '여성혐오'라며 여성 중심적인 사회가 끊임없이 주입하는 수많은 수치심과 사전 길들이기 작업 때문이다. 남자는 어떤 여자든지 자신을 남편으로 받아들여서(또는 그를 견뎌줘서) 다행이라고 생각해야 하며, 그 여자에 대한 의심과 우려는 남자로서 부끄러운 짓이고, 남자의 성격적 결함이므로 남자 잘못이라는 식이다.

그 결과 블루필 남자는 그 와중도 예비 신부가 아니라 자신을 검열하고, 자신의 기준과 연애 철학을 여자친구보다 더 중요하게 여길 권리를 행사하지 못한다.

## 점검

여자들에게 알코올 중독에서 회복 중인 남자나 헤로인 중독에서 벗어난 남자와 결혼하는 것에 대해 어떻게 생각하냐고 물으면, 아마도 그런 남자는 처음부터 고려 대상조차 되지 않는다고 대답할 것이다.

그런데 만약 남자가 과거의 약물 중독 사실을 솔직히 여자에게 밝혔다면, 그래도 아무튼 여자가 그 남자와 사귀고 결혼했는데, 남자가 다시 약물 중독에 빠진다면, 그래서 그 대가를 여자가 감당해야 한다면 우리는 그 여자를 불쌍하다고 생각할까?

좋다. 그러면 이번엔 여자가 '과거 약물 중독자'와 결혼했는데, 여자가 남자의 과거를 캐묻자 남자가 기분 나빠하는 바람에, 여자가 남편 될 사람의 과거에 대해 모른다고 가정하자. 여자는 찝찝하지만, 물어보면 큰 일 나는 사회적 분위기 때문에 여자가 남자의 과거에 저지른 어떤 일이든, 그에게 책임을 묻는 것은 절대 여자의 권리가 아니라는 사회적 풍조가 있다고 가정해 보자.

그럼 남자는 계속 그런 식으로 살고 여자도 그래야 한다. 안된다고? (음주 운전이나 범죄 기록, 실업 같은) 마약 중독에서 비롯된 되돌릴 수 없는 여파가 남아 있어도 남자를 나쁘게 봐선 안 되고, 남자를 함부로 '판단'하거나 '심판'해선 안 되며, 남편감으로 적합한지 평가할 때 그런 내용을 고려해서는 안 된다면?

그러면 여자는 현재 자신의 느낌, 그의 과거 때문에 고민했던 사실 자체에 대해서 죄책감을 느껴야 한다. 그런 여자의 계산적인 태도는 자신의 성격적 결함을 드러낼 뿐이기 때문이다.

이제 우리는 '마음 가는 대로' 그런 남자와 결혼한 여자를 칭찬할까? 아니면 문제가 발생할 경우, 그런 남자와 결혼한 여자에게 책임을 돌릴 수 있을까?

지금까지 가정한 위 시나리오에서 성별만 뒤집으면, 남자가 여자의 과거 성생활을 '재단'하는 기미만 보여도, 여자들이 그렇게 공격적으로 돌변하는 이유를 정확히 보여준다. '자매 연대(Sisterhood)'가 지지하고, 잘 확립되어 작동 중인 사회적 관습이 있다. 여자의 성적인 과거에 관해서 남자들이 어떤 질문이라도 던질 경우, 그 남자에게 무자비한 수치심 공격을 가하는 것이다. '깨달음의 단계'에 진입한 여자가 자신들의 성 전략을 주변 남자들이 슬슬 눈치챘다는 걸 알게 되었을 때 느낄 절망감과 분노가 딱 그런 감정이다.

여자들은 인생이 '깨달음의 단계'까지 왔을 때, 자신들에게 허락된 시간이 점점 줄어든다는 사실을 알고 있다. 그래서 그토록 초조해한다. 그 여자들의 결혼 가능성(안정성을 위한 자원을 대는 '베타 유형 남자' 선호)과 과거 단기적인 짝짓기 전략(화끈한 섹스를 위한 '알파 유형 남자' 선호)의 갈등을 이제 막 인식하기 시작한다. 이 나이대의 여자들은 단기적인 알파 성 전략을 즐길 시간적 여유가 없다. 이 시기 여자들은 장기적인 안정 보장을 위해 물질적 안녕을 제공할 수 있는 베타 유형의 남자들을 가장 절실하게 필요로 하기 때문이다.

다시 말해 어느 정도 의식적 차원에서, 여자들은 자기가 결혼하기(함께 가정을 꾸리거나 여자의 전남편이랑 낳은 아이들을 같이 키우기)로 결정한, 아무것도 모르는 베타 남편이 자신이 과거에 성적으로 벌인 일들을 알게 된다면, 이 베타 남편도 같은 수준의 섹스를 자신에게 기대할 거란 걸 안다. 과거에 알파라고 여기는 남자들을 위해 거리낌 없이 해 온 광란의 섹스가 베타 남편에게는 목표로 삼아서 달성해야 하는, 그러기 위해 이제 끊임없이 그 자격을 입증해야 할 수 있는 섹스가 된다. 따라서 여자는 베타 남편을 상대로 과거를 은밀하고 흐릿하게 세탁해야만 한다.

이런 내용은 여자에게 매우 치명적이다. 그래서 남편이 무모하게 자신의 과거에 대해 호기심을 보인다면 처벌해야 한다는 식이다. 여자는 새로운 섹스 파트너가 생길 때마다, 그만큼 남자와 유대를 맺는 능력이 줄어들기 때문에 이런 정보는 정말 중요하다. 이것은 통계로 확인된 역학으로, 결혼하기 전에 여자에게 있었던 남자가 많을수록 아내가 부정을 저지르고 이혼할 가능성도 커진다.

2002년과 2006-2010년, 2011-2013년에 집계된 '가족 성장에 관한 전국 실태 조사(National Survey of Family Growth)'에 따르면, 2000년 이후 결혼한 여성 중에

· 10명 이상의 파트너가 있었던 여성은 이혼할 가능성이 가장 높았다.

· 3-9명의 파트너가 있던 여성들은 2명의 파트너가 있던
여성보다 이혼할 가능성이 더 낮았다.

· 0-1명의 파트너가 있던 여성은 이혼할 가능성이 가장 낮았다.

이것은 충분한 연구를 통해 밝혀진 현상이다. 여자 입장에서 새로운 섹스 파트너는 나중에 여자를 잠재적으로 '떠날' 알파남이다. 여자가 경제적 부양과 양육 투자를 확보하려면 남편이 될 남자는 아내 될 사람의 전 알파 남친들의 정체는 물론, 이 남자들이 아내에게 미친 영향에 대해 계속 무지해야 한다. 이는 자기 아이의 엄마가 될 사람을 찾고 있는 남자라면 고려해야 할 아주 중대한 사안이다. 자녀들의 평생 행복이 가정의 안정성에 달려 있기 때문이다.

이렇게 여자의 과거에 대한 남자들의 거부감을 허락하지 않는 사회적 관습은 여성이 문란하게 섹스를 즐긴 20대를 '나를 찾아가는 시기'라고 세탁해서, 여자들의 과거를 용서하고자 한다. 그 문란한 시기는 여자의 '자기 발견의 여정'이었으며, 나이가 든 그 여자는 이제는 더 이상 과거의 '그런 여자가 아니다'. 참 편리하게도, 이는 결혼 생활 수십 년 후 베타 남편과 이혼하고, 젊었을 때 마저 다 하지 못한 『먹고, 기도하고, 사랑하라Eat, Pray, Love』 같은 '자기 발견의 여정을 떠나는' 중년 여성들이 취하는 태도와 정확히 똑같다.

"인생의 동반자를 찾을 때는 나쁜 남자, 멋진 남자, 한 여자만 바라보는 것을 거부하는 남자, 미친 남자 등 다양한 남자와 사귀어보세요. 하지만 이런 남자들과 결혼하지는 마세요. 나쁜 남자가 섹시하다고 해서 그들이 반드시 좋은 남편감은 아닙니

다. 정착할 때가 되면 평등한 파트너십을 원하는 남자를 찾으세요. '여성은 지적이고 자기주장이 강하며 야망이 있어야 한다'고 믿는 남자, 매사에 연인 사이에서 평등의 가치를 중요하게 생각하고, 가정에서 책임을 분담하기를 자처할 뿐만 아니라 진정으로 원하는 남자를 찾으세요. 이러한 남자들은 실제로 존재하고, 시간이 지나고 나면 이보다 더 매력적인 남자는 없을 겁니다."

    – 『린 인(Lean In: Women, Work, and the Will to Lead)』, 셰릴 샌드버그 (Sheryl Sandberg, 페이스북의 전 COO)


또한 여자들이 한평생을 사는 동안, 각각의 연령대마다 여성 특유의 이중적인 성 전략이 저마다 펼쳐진다는 사실을 남자들은 반드시 기억해야 한다. (여기서 이중적인 성 전략이란, 하이퍼가미의 알파, 베타 측면이 지닌 이중성을 의미한다.-감수)

요즘 여자들은 연애 시장에서 정점에 오르는 시절엔 여자들의 이중적인 하이퍼가미 본능에 대해 대놓고 떠들고 다닌다. 우린 이것을 '오픈 하이퍼가미 (2권에선 '고삐 풀린 하이퍼가미로', 본서에선 '공개적인 하이퍼가미'로 번역-감수)'라고 한다. 그러나 깨달음의 단계(28-31세)에 이르러 장기적인 대비책을 마련해야 한다는 사실에 여자들이 초조해지고 기가 꺾이면서, 어렸을 때 남자들에게 과시하고 다니던 공개적인 하이퍼가미 이야기는 어디로 가버리고, 이제는 남자들이 여자의 하이퍼가미를 신경 쓰고 의식한다며 남자들에게 수치심을 주는 사회적인 관습을 이용하려 할 것이다.

이런 사회적 풍조 속에서 남자들은 여자의 성적인 과거에 전혀 관심이 없다고 선언하라는 압력, '아내의 과거 성생활로 아내를 평가하려는 남자는 남성성이 불안정한 하남자 취급을 받는다'는 식의 사회적 차원의 집단 압력을 받는다. 많은 레드필 남성들이 이런 사회적 규범을 남자의 장점과 자원을 착취하기 위한 사악한 계획으로 여긴다. 그러나 이러한 규범이 가진 숨은 의도를 반드시 알고 있어야 한다. 이 부분이 남성의 성 전략과 여성의 성 전략이 충돌하는 지점이기 때문이다.

여러분이 이런 사회적 관습의 숨은 목적을 파악했다면, 모든 독자에게 하고 싶은 설명을 이어가겠다. 여자의 성적인 과거에 대한 경계와 검열은 남자가 가진 특권일 뿐 아니라, 여자와 함께 가꾸고 싶어 하는 가정, 관계의 미래와 건전성을 위해 절대적으로 필요하다. 근본적으로 남자가 자신의 인생에 끌어들이는 상당한 위험, 어떤 여자도 결코 인정하거나, 공감하거나, 똑바로 인지하지 않는 남자의 리스크를 고려하면, 여러분이 할 수 있는 가장 중요한 단 한 가지 임무는 아내가 될 여자의 성적인 과거에 근거해 그 여자의 자격을 평가하고 심사하는 것이다.

여자의 과거에 대해 소심하게 툭 물어보라는 말이 아니다. 과거를 드러내는 다양한 암시, 실마리, 신호들을 세심하고 조용히 그러나 하나하나 알아차리라는 말이다. 여자에게 직접 대놓고 물어보고 싶어 하는 남자들이 많고, 그런 접근법에도 나름의 장점이 있다. 그러나 여자 쪽에서 알아서 단서들이 술술 새어 나오도록 이끌어 내면서 조용히 판단하는 편이 훨씬 더 낫다. 그리고 이 방법이 훨씬 더 믿을 만하다. 직접적으로 접근하면 여자는 질문 의도를 눈치채고, 솔직한 대답이 아니라 남자들이 원한다고 생각하는 가짜 정답을 연기할 것이다.

섹스는 남녀를 묶어주는 접착제. 여자는 자신의 연애 시장 가치가 절정일 때 섹스를 높은 우선순위에 두었다가, 그것이 골칫거리가 되는 단계에 이르면 섹스의 중요성을 확 깎아내리는 모순의 극치를 보인다. 남자는 본인이 여자친구의 최고 알파남이 될 것인지, 어중간한 존재가 될 것인지, 또는 여러분이 이루어낸 업적과 성과가 여자친구의 과거 알파 전남친의 이미지에 비교해서 어떻게 평가받을 것인지 아는 것이 아주 중요하다. 그리고 이 과정이 아내와 함께 아이를 기르는 스트레스와 즐거움을 동시에 겪는 동안에 일어난다는 점도 알아야 한다.

### 알파 미망인(Alpha Widows)

여담으로, 오직 한 남자에게 충실히 정착하는 여자의 능력치는 여자의 과거 섹스 파트너의 수에 반비례한다는 사실을 지적하는 연구들이 널리 알려져 있다는 점을 상기한다. 이런 연구들의 타당성에 대해 일일이 논평하진 않겠지만, 그렇다고 이런 연구 자체가 남녀 관계의 역학을 모두 설명할 수 있다고 생각하지 않는다. 왜냐하면 딱 한 명의 전 남자친구조차(심지어 실제로 사귄 게 아니라, 여자의 일방적인 집착 수준의 짝사랑한 남자의 경우도 해당)도 현 베타 남편과 결혼생활을 뒤집어 엎기에 충분한 알파 고스트(전 남자친구라는 망령-감수)가 될 수 있기 때문이다.

그런 경우 이 여자들은 알파 미망인이다. 이전 알파(또는 알파라고 인식하는) 남자친구의 영향력이 너무 강렬해서 아무리 잘해주고, 다정한 베타 남자도 절대 전남자친구의 경쟁 상대가 될 수 없다는 감정적인 각인이 뇌리에 새겨진 여자다. 일부일처제의 유대감이 위기에 빠지게 만드는 데, 굳이 아내가 꼭 다수의 남자랑 굴렀던 '문란한 여자'일 필요는 없는 것이다.

그렇다면 '너무 많은 이전 애인'이란 도대체 몇 명을 말하는 걸까? 알파 미망인에게는 한 명이면 충분하다. '문란한 여자 역설'은 알파의 영향력과 관련된 질적인 게임이지 숫자 게임이 아니라는 것이 내 주장이다. 당신의 여자친구가 당신 이전에 섹스한 남자가 딱 두 명뿐이더라도, 그들과의 관계가 꽤 밀접했고, 너무나 강렬한 성적인 경험을 한 나머지 당신과의 섹스가 어색한 연기처럼 느껴진다면 어떨까? 그 여자는 성 경험이 지나치게 많은 심각하게 문란한 여자인가?

'오직 한 여자와 평생 함께한다'는 장기적인 계획을 위해 여자를 심사할 때, 남자는 대부분 두 가지 태도를 취한다. 첫째, 남자가 그 평가 과정을 너무 극단적으로 끌고 가는 경우다. 둘째, 남자가 현 여자친구의 인품이 아내나 장기 연애할 여자친구로 적합한지 판단할 생각이 거의 없는 경우다.

여기에서 몇 가지 짚고 넘어가야 할 주의 사항이 있다. 먼저 남자는 결혼과 관련된 리스크를 결혼 전부터, 애초에 처음부터 인지해야 한다. 요즘 시대에는 아무리 최고의 여자라 해도, 결혼에서 남자가 얻는 분명한 이익이 없다. 아무리 요리조리 살펴봐도 결혼은 남자에게 밑지는 장사다. 법적으로, 경제적으로, 사회적으로, 진화적으로, 결혼은 손실만 예상되는 선택지다.

남자들이 자문해야 할 첫 번째 질문은 결혼하고 자식을 갖는 게 이런 위험을 감수할 만큼 가치가 있느냐다. 또한 현대 남성은 최고로 나은 환경과 조건에서조차, 뜬금없이 하루아침에 언제든지 재산과 친권을 빼앗길 위험에 처할 수 있다는 사실도 꼭 알아야 한다.

나는 사실상 이 책의 핵심인 이 파트를 레드필 부모로서 남자의 역할을 힘들게 만드는 현대 서구 사회의 현실을 남자들에게 깨닫게 하려는 의도로 썼다. 남자의 인생에서 어떤 여자를 당신 아이의 엄마로 삼을지에 대해 내리는 결정보다 더 큰 영향을 미치는 결정은 없다. 클럽에 있는 섹시한 여자를 보고 '우와! 저 여자는 분명 훌륭한 엄마가 될 거야'라고 생각할 남자는 거의 없다. 그런 남자는 바로 눈앞의 상황만, 그 여자를 데리고 나가서 섹스하는 데에만 관심이 있다.

그런데 대부분 남자들이 딱 이런 태도로, 한 여자가 자식을 함께 키우기에 훌륭할지 또는 끔찍한 상대가 될지 제대로 고심하지 않은 채 그냥 냅다 결정해 버린다. 이 경우 임신은 '사고'였거나, 여자친구가 아내 후보로는 너무 형편없어서 헤어지기로 마음먹은 후 가진 화해 섹스에서 갑자기 아기가 생긴 경우다. 이 글을 쓰는 현재, 미국의 미혼모 아이의 비율이 40.2%다.

이 통계를 넓은 관점에서 보자. 미혼 출산 중 대다수는 남자와 여자가 섹스에 임하는 과정에서 장기적인 미래를 사전에 고려하지 않고, 일단 하이퍼가미의 본능을 따르는 바람에 생긴다. 그 결과 아이들 10명 중 4명은 아버지가 없거나 그 아이의 삶에 미치는 아버지의 영향력이 사실상 소멸한 상태다. 여성 중심적인 사회 질서와 그런 풍조 속에서 여자들이 하이퍼가미 본능만을 우선시한 결과는 아주 심각해질 수 있다.

하지만 이미 언급했듯이, 남자들 대부분은 여자를 심사할 때 다소 극단적인 태도를 취한다. 첫째는 이런 내용을 너무 진지하게 받아들여서 객관적인 자기 수준 및 연애 시장의 가치와 맞지 않는 경우다. 이런 자아 이미지를 가진 남자는 쉽게 눈에 띈다. 이런 남자가 내세우는 아내의 자격 요건이 사실 본인 수준과 맞지 않거나 거의 실현 가능성이 없기 때문이다. 보통 이런 남자는 대부분의 요즘 여자들처럼, 자기 애인이라면 마땅히 통과해야 하는 자격 조건들을 마음속 체크리스트처럼 기억하고 있다. 들어줄 사람만 있다면 그 리스트를 행복하게 줄줄 읊으며, 거기에 맞는 여자라면 그 리스트에 관심을 갖고 다가와 줄 거란 희망을 갖고 있다. 이런 남자는 보통 영적인 생각이나, 이와 관련한 정당화에 빠지는 경향이 있다는 점도 덧붙인다.

두 번째 경우에 해당하는 남자의 수가 훨씬 많다. 잘 길든 블루필 베타 남자들이다. 이들은 "나는 여자를 선별할 자격이 있다."는 생각을 꿈에서조차 하지 못한다. 이들은 감히 여자들을 '품평한다'라고 욕먹을까봐 두려워한다. 이런 남자들의 태도는 자신을 여자와 최대한 동일시하려는 성향이 반영된 '베타 게임'과 잘 들어맞는다.

이런 남자는 절대 여자를 평가하도록 스스로 허락하지 못한다. 이런 남자들은 '여자가 어떤 남자에게 선택받고 싶다면, 남자의 기준에 맞춰야 한다'고 믿는 대범한 남자에게 수치심 공격을 하는 여성 중심적 사회 코드에 충실히 따른다. 우리가 지향하는 목적에서 보면, 여자를 심사하고자 할 때 남자들이 해결해야 할 아마도 가장 흔한 마음의 장애물이 이런 베타 마인드이다.

자녀가 여러분의 최우선 고려 대상이라면, 그리고 자녀를 위해 가장 나은 레드필 철학과 긍정적인 남성성을 가진 남자가 정말 되기를 바란다면, 아이의 엄마로서 적합한 후보라고 여길만한 여자가 나타났을 때, 그게 누구든 냉정하게 샅샅이 심사하는 것이 매우 중요하다. 이미 말한 것처럼, 남자 대부분이 절대 이 과정을 거치지 않았다가, 상황을 통제하지 않고 그냥 상황이 벌어지게 내버려두는 함정에 빠진다. 이런 계획에서 중요한 부분은 다음과 같다. 아버지나 남편이 되기를 결심할 때 남자들이 거는 모험과 리스크가 인생을 뒤흔들 만큼 크다는 정신머리를 똑바로 갖추는 것이다. 진심으로 중대하다. 따라서 남자는 아내가 될 여자의 적합성을 '반드시' 평가하고 심사해야 한다.

이런 평가의 첫걸음은 '내가 감히 이래도 되나?'라는 감정이나, '감히 타인을 품평한다'는 생각을 갖다 버리는 것이다. 남자가 갖고 있는 그런 사고방식은 여자들의 장기적인 성 전략에나 유리하다. 그리고 장기적인 양육 투자를 통해 수많은 남자들이 희생해 오면서 굳어진, 오직 여자에게 이익을 주기 위해 확립된 사회 규범이고 블루필로 길든 사고방식이다.

만약 남자가 여자의 인격과 가치를 심사하거나 재단하는 것이 잘못이라면, "무엇이 '좋은' 엄마일까요?"라는 요소를 결정하는 회의 테이블엔 오직 여자들만 남게 된다.

# 실전 레드필 양육

자주 댓글을 남기는 독자 한 명이 양육에 대한 장문의 댓글을 남겼다.

　요즘 세상에 아버지가 되는 것은 아무리 생각해 봐도 그다지 훌륭한 일이 못된다. 좋게 말해도 보람이 없고, 적지 않은 요즘 남자들이 아버지라면 폄하하고 비웃으면서 엄마와 모성은 성스럽게 떠받드는 문화에서 살고 있다. 이런 사회적 환경이 자녀들의 아버지에 대한 사고방식에 영향을 미치지 않을 거라 생각한다면, 레드필 인식과 거리가 먼 환상 속에 살겠다는 이야기다.

　나는 아침 6시 30분에 출근하고 저녁 7시 30분이나 그것보다 더 늦게 귀가하는데 문득 이런 생각이 들었다. 전철에 앉아서, '과연 내 딸이 자기와 엄마를 건사하는 내 모든 희생을 알긴 할까?' 궁금했다. 딸의 행복을 위해 엄마가 딸에게 가까운 것처럼 내가 딸에게 가까워지는 걸 포기했다는 사실을 깨닫는 날이, 딸이 철드는 때가 올까 궁금했다. 딸이 다섯 살이 될 때까지 엄마와 딸 사이에 생긴 친밀감이 엄마의 노력이 아니라 내 노력의 산물이라는 것을 말이다.

　그거 아나? 이런 남자들의 속사정을 듣고 싶어 하는 사람은 아무도 없다. 좋은 아버지와 가장이 되기 위해 무슨 희생을 하는지 아무도 신경 쓰지 않는다. 이 세상은 온통 엄마나 아이에 관한 이야기로 가득하다. 늘 아버지는 고작 엄마 다음이다. 우리가 '책임지고 있을' 때조차, 우리는 무수한 방식으로 쓸모없는 존재로 여겨지고 잊힐 수 있다.

가정에서 두 번째 엄마, 두 번째 아내가 되기로 순응하는 남자들이 많다. 그리고 문화 전반이 남자들에게 그렇게 하도록 부추긴다. 학부모 상담이나 유치원, 보이스카우트 모임에서 전통적인 남자가 되어보라. 아버지와 가족도 과거의 그 모습이 아니다. 진심이다. 내가 겪어봐서 안다. 여러분의 아이들은 여러분이 그들을 위해 바친 모든 희생에 대해 감사하지 않는다.

남자들이 두 세트의 교본 따르는 것처럼(상호 모순되는 '오래된 사회 규칙'과 '새로운 사회 규칙'), 결혼에 대한 우리 생각도 비슷한 모순에 빠진다고 생각한다. 결혼이 사회적인 계약이긴 하나 공권력을 개입시키는 법적인 계약은 아니었을 시절, '오래된 책'은 결혼제도와 잘 어울렸다. 결혼에 관한 오래된 규칙으로 이루어진, 주로 사회적 차원에서 이루어지는 이 제도에 남자들이 충분히 기대를 걸만했고, 실제로 결혼은 남녀 간 상호 보완적인 방식으로 잘 작동되었다. 〈초원의 집The Little House on the Prairie(1980년대 미국 서부를 배경으로 한 드라마-옮긴이)〉 시절부터 전후 시대까지 '오래된 책'의 규칙 속에서, 남자들은 남편과 아버지의 역할을 잘 수행할 수 있었다.

그러나 성 혁명(페미니즘 운동) 이후 '새로운 책'이 사회적 패권을 차지했다. 여자들의 성 전략인 하이퍼가미를 최대한 끌어올리는 일과 그것을 현대 사회 질서의 근본으로 삼는 모든 사회적·법적인 양식이 우선순위 아젠다로 떠올랐다. 그러나 남성과 여성은 '남편'과 '아버지' 같은 남자 노릇이 필요할 땐 '껍데기 상으론' 이전의 오래된 규칙을 여전히 고수한다. 동시에 '새로운' 여성 중심의 질서가 제시하는 여성의 이익에 남자들이 협조하고 그 질서를 함께 증진해 나가길 기대한다.

이러한 새로운 질서는 남자가 가족을 부양할 때, 그리고 부양하지 못해서 법적 책임을 져야 할 경우에 아버지에게 전통적인 남성성을 따르도록 요구하면서, 쓸모없고 터무니없는 역할, 심지어 '여성 중심적인 사회 질서'를 우위에 두는 새로운 질서에 화내고 폭력적으로 반항하는 대중화된 이미지까지 아버지가 뒤집어쓰고, 수용하며 완전히 순응하길 요구한다.

다시 말해, 남자는 가장으로서 희생하는 역할에서 행복을 찾고, 그 희생에 대한 인정이 부족해도 행복해야 하고, 그동안에 우리가 사회라고 부르는 '공동체'가 아이를 길러서 또 다른 혼란스럽고 좌절한 성인 세대가 되도록 망치는 모습을 보면서도 행복해야 한다는 요구다. 남자는 본인이 없어도 잘 굴러가는 상황에 기뻐해야 하지만, 그가 희생하느라 곁에 있어 주지 못한 것에 대해서도 책임져야 한다.

그리고 다른 남자가 집안에서 아무 도움이 안 된다며 구박받는 모습을 보고 은근한 자부심도 느껴야 한다.

## 저주받은 '공동체'

당연히 남자들 입장에서 이런 이야기를 듣는 건 너무 힘든 일이다. 그렇다. 요즘 아버지가 된다는 것은 남자를 우울하게 만들고, 요즘 환경이 아버지가 되고자 하는 평범한 남자들을 낙담하게 만드는 것도 사실이다. 그러나 나는 레드필 인식을 가진 아버지가 되라고 여러분에게 설파하기 전에, 요즘 남자들이 봉착한 문제를 먼저 솔직하게 인정하고 털어놓는 게 올바른 일이라 생각한다.

여러분의 희생은 '절대' 인정받지 못할 것이다. 한창 희생하고 있는 동안에도 마찬가지다. 여러분이 그런 현실을 허락하는 만큼 여러분의 존재는 쓸모없어진다. 어떤 중요한 의미로도 여러분의 희생은 인정받지 못하겠지만, 정작 책임은 여러분에게 떨어진다. 따라서 나의 조언은 레드필 인식을 바탕으로 그 상황을 최대한 활용하라는 것이다.

레드필 부모가 되어 아이의 삶에 긍정적인 남성성의 모범이 되려는 마음과 그에 따른 보람은 내적이어야 한다. 저 바깥세상, 여성 중심의 사회는 절대 그것에 보은하지 않을 것이기 때문이다. 부모가 되었다고 세상이 여러분을 보상하는 일은 절대 없다. 따라서 부모가 되는 것이 그 자체로 보람 있다고 생각하지 않는다면 차라리 정관 수술을 받는 게 나을 수도 있다. '여성 중심의 사회 질서'는 여러분이 자신의 현실을 마주하고 낙담하기를 바란다는 사실을 지금부터 알아야 한다.

또한 여러분의 존재성과 그 영향력은 스스로 기꺼이 가치 있게 여기고 인정하는 만큼, 남에게도 가치 있게 여겨지거나 인정받게 된다. 스스로를 정서적 기준점으로 만드는 게 여러분에게 가장 중요한 만큼, 여러분의 레드필 인식이 자녀의 삶에 미칠 영향력도 매우 중요하다. 그 영향력이 우리 시대에는 절대 인정받지 못하고, 사실 여성 우위 사상으로 꽉 찬 세상이 그 영향력을 깎아내리고 공격할 것이기 때문이다.

오늘날 아이를 낳고 엄마가 되면 끊임없이 응원받는 지위에 오른다. 엄마라는 지위를 통해서 여자들은 사회적 보상과 존중을 받는다. 그러나 남자들은 사회의 기본값이 되어버린 '악마화'를 피하려면, 높은 기준의 성취를 이루어야 한다는 부담에 더불어 아버지 역할까지 더해야 한다.

'여성 중심적인 규범 체계(Feminine Imperative)'가 남자들에게 바라는 것은 남자들이 모든 것을 포기하고, 새로운 규칙이 만든 악순환이 영원히 이어지도록 '공동체'가 여러분의 아들과 딸을 대신 교육하도록 방관하는 것이다. 이들은 남자들이 스스로 쓸모없게 느끼기를 원한다. 여성식 질서(Feminine Imperative)가 계속 그 패권을 지키려면, 남자들이 스스로 무가치하다고 느껴야 한다. 남자가 여자보다 5배 더 많이 자살하는 이유는 남자들이 스스로 무가치하다고 느끼도록, 여성 중심적인 사회가 오랜 시간 작업했기 때문이기도 하다.

『합리적 남성2: 예방의학』에서 '남성을 대상으로 한 친여성화 작업'과 여성 중심적인 사회 질서(Feminine Imperative)가 어떻게 남자 어린이를 베타로 만들고, 여자 어린이를 '강하고 독립적인 여성' 서사의 모범으로 기르는지, 그 메커니즘을 일부 설명했다. 이 모든 작업이 아주 어린 나이부터 시작된다. 아버지로서 여러분이 가장 먼저 받아들여야 할 근본적인 현실은 여러분이 아이들에게 레드필의 진실을 가르치지 않으면 서구(화가 진행 중인) 문화가 아버지 대신 아이들을 기르게 된다는 것이다.

여러분이 직접 아이들을 기르지 않으면 '공동체'가 대신 여러분의 아이를 기른다. 여러분에게 반대할 것이고, 여러분을 조롱할 것이고, 레드필 지식을 아이들에게 전수했다는 이유로 감옥에 들어가는 법이 생길 때까지 갖다 붙일 수 있는 모든 반사회적 사상과 인물을 들먹이며 여러분을 고발할 것이다(나는 앞으로 레드필 교육이 아동 학대와 같은 취급을 받을 것이라 예측한다). 공동체는 아이가 가장 쉽게 영향을 받는 나이(5세)부터 남자애들에게 자신의 남성성을 혐오하라고, 여자애들만큼 '완벽'하지 못한 걸 부끄러워하라고, 자신의 성 정체성을 새롭게 해서 여자애처럼 되기를 바라라고 가르칠 것이다. 그래서 자신의 성을 여자로 '전환'하는 것이 일반적인 일이 되게 할 것이다.

이 공동체는 여러분의 딸을 길러서 관습적인 남성성을 깎아내리는 똑같은 악순환, '남자는 없어도 된다'면서 정작 남자의 희생은 당연하게 여기는 바로 그 순환을 영원히 이어지게 할 것이다. 또한 남자애들을 희생시켜 자신을 돋보이게 하는 병풍으로 세우고, 되지도 않는 자신감으로 허세 가득한 권위의식을 가진 여자로 기를 것이다. (공개적으로 그리고 은밀하게) 하이퍼가미를 최고의 개인적인 권력으로 남자들이 대놓고 받아들이도록, 남성성을 닮은 것이라면 무엇이든 아주 어리석고 시대착오적인 악습이라고 비하하거나, '하남자의 특징'이라고 몰아가고 가르칠 것이다.

다행인 점은 이렇게 사회 풍조를 조장하려는 모든 노력에도 불구하고, 여성 중심적인 사회 질서는 원초적인 생명 작용과 진화에 따른 심리적 펌웨어에 의해 여전히 반박당하고 있다. 이러한 '진짜 현실'이 아버지인 여러분에게 가장 유리하게 작용하는 요소다. 여러분이 양육의 기초로 삼아야 할 한 가지 기본 진리가 있다면, 아이들의 동기는 상대적으로 예측할 수 있는 힘에 의해 발생한다는 점이다. 우리의 심리와 행동은 이성 간 상호 보완성을 토대로 진화했다. 그리고 이런 본능이 우리를 지구에서 가장 뛰어난 종으로 만들었다는 근본적인 팩트를 기반으로 시작해야 한다. 평등사상이라는 실패한 이념을 가르쳐, 진실을 왜곡하려는 것은 다름 아닌 전 세계의 '공동체'이다.

## 아들 키우기

아들에게 레드필을 알려주기에 가장 좋은 때가 언제인지 자주 질문을 받는다. 10대 아들을 둔 아버지 중 많은 이들이 18살이 되기 전이나 어쩌면 15살이 될 때 『합리적 남성』 한 권을 건네주고 싶다고 하고, 심지어 12살이 정말 좋은 때라고 말하는 사람도 있다. 내 입장에선 10대 아이들에게 내가 쓴 책을 선물한다는 말을 들으면 기분이 좋아지긴 하지만 그것도 너무 늦은 거라고 대답해 준다.

나도 오랫동안 10대 딸을 둔 아버지였고, 20대에는 어린 남자애의 멘토(큰 형 같은 존재)가 되어 10살짜리 남자애가 성장해 이제 30대 중반이 되는 것을 지켜보기도 했다. 그렇게 아이들을 대하면서 배운 한 가지는 여성 지상주의가 아이들이 TV나 영화에 나오고 있는 것이 무엇인지 이해할 수 있는 그 순간부터 아이들을 길들이기 시작한다는 것이다. 그 아이가 10살쯤 되면 학교와 디즈니, 니클로디언 Nickelodeon(20세기 초 입장료 5센트짜리 극장-옮긴이), 대중음악, 친구의 부모님이 보여준 여성 중심의 양육 광경, 심지어 여러분의 친척들이 가르친 것들을 모두 포함한 10년 치 밈과 메시지를 통해 이미 이념 차원에서 물든다.

10살 무렵에는 이미 블루필 고정관념과 사회적인 길들이기 아젠다를 완전히 흡수하고, 이제 이런 밈을 앵무새처럼 흉내 내고, 배운 대로 생각하며 '믿음'을 가지기 시작할 것이다. 10대 초반이 되어 이성과 사회적인 교류를 시작할 때쯤이면, 블루필의 여성 중심적인 길들이기가 선명하게 드러난다. 너무 노골적인 나머지 레드필 렌즈를 가진 남자라면 누구든지 이런 현상이 대놓고 보이고 들리는 정도다. 블루필 길들이기의 증상들이 더 또렷해지는 이유는 남자애들이 10대에 불과한 자신이 게임(Game)을 논리적으로 이해하고 있다고 쉽게 착각하기 때문이다. 레드필을 깨달은 남자는 10살짜리 남자애가 불과 5년 정도의 시간 안에 추상적인 사고 능력을 발달시킨다는 점도 참고해야 한다. 그 시기에 이미 블루필 용어들을 습득했고, '공동체'에서 주워들은 개념을 중심으로 자신의 정체성도 구축한다. 이들도 블루필 이념이 어떻게 자신의 신념이 되었는지 모른다. 그런데 그렇게 완전히 받아들인 블루필 이념이 그들에게는 당연하고 논리적으로 보인다. 그리고 '공동체'는 이런 블루필 남자애를 또래보다 더 '성숙' 하다며 그 아이를 칭찬으로 보상하면서 그 이념을 더 강하게 각인시킬 것이다.

부모의 역할이란 차원에서, 부모 스스로 레드필 인식의 모범이 되기 시작해야 하는 시기는 아이를 가지기 전부터다. 처음부터 설명한 것처럼, 강력한 레드필 인식을 기반으로 게임을 완전히 이해하는 것, 긍정적이면서 지배적인 '프레임'을 통제하는 일은 일부일처제를 고려하기 전부터 필수다. 이때 형성한 여러분의 '프레임'이 자녀가 생겼을 때 여러분에게 양육의 기반이 된다.

나는 자녀가 10대가 되고 나서야 레드필을 접한 아버지들에게는 이런 내용이 그렇게 크게 도움이 되지는 않는다고 생각한다. 그러나 아버지가 되려고 생각 중인 남자들에게는 즉각 착수해야 할 과제다. 아이의 인격 형성기에 레드필에 기반한 교육을 하는 것이 가장 이상적이다. 아이들은 뇌가 완전히 형성되기 전까지는 추상적 사고 능력이 전혀 없고, 경험으로부터 그런 사고를 발달시키는 법을 배운다. 5살은 아이들이 가장 쉽게 외부의 영향을 받고 가장 많이 배우는 시기이지만 그것도 주변 어른들의 행동을 관찰하면서 이루어진다. 따라서 레드필 아버지는 반드시 이 시기에 긍정적이고 관습적인 남성성을 보여줘야 한다.

남자(와 소년)만 허락되는 배타적인 '남자들의 공간'에 여러분의 아들을 참여시켜라. 그곳에서 앉아서 놀기만 해도 괜찮다. 아이가 남자만의 동족 의식(tribalism, 나중에 자세히 설명할 것이다)을 터득하는 것이 중요하다. 결국 나이가 들어가면서 그런 집단의 일부라는 느낌이 커질 것이다. 남자라는 이유만으로 남자 어린이까지 깎아내리기에 바쁜 여성 중심적인 세상에서, 소년은 남성 전용의 공간에서 존중받고, 나이가 들면서 자신만의 남자 공간을 마련하게 해야 한다.

이런 남자들만의 공간에서 여러분의 아들은 결국 '성과를 내야 하는 남자의 숙명'을 받아들이는 법을 터득해야 한다. 또한 아들을 위해 소년에서 남자가 되는 일종의 통과의례를 마련하라고 권하고 싶다. 이런 통과의례는 남자에게만 자격이 주어지는 오로지 남성적인 어떤 것이어야 한다. 또한 오로지 남성 전용이 되어버린 책임과 의무뿐만 아니라, 남성만이 누릴 보상과 존중을 획득하고 칭찬받는 의식이어야 한다.

아들이 이제부터 남자임을 분명히 표시하는 분기점이 있어야 한다. 이런 통과의례는 아들에게 자신의 남성성을 가치 있게 여기라고, 그리고 성취 부담이라는 책임을 받아들이라고 가르치기 때문에 중요하다.

베타 남자들 대부분은 남녀평등으로 위장한, 사회 규범이 되어버린 남성혐오에 길들어 있다. 따라서 자신을 '남자'라고 부르는 것조차 불편하게 느끼게 되므로, 아이가 이런 상황을 빨리 이해할수록 자신이 남자라는 사실을 더 잘 수용하게 된다. 여성 중심적인 사회는 아이에게 '남성성은 가식일 뿐'이라고 너무 쉽게 가르친다. 남성성은 그냥 남자이기 때문에 당연히 있다고 여겨지는 '열등감'과 '불안감'을 숨기려고 착용하는 가면이지 '진짜' 자신이 아니라고 세뇌한다. 여러분의 아들은 '남성성이 가식에 불과하다'는 개념을 당당히 걷어차 버릴 필요가 있다.

아들은 남녀가 다르며, 여자라는 성별에 그냥 기본값처럼 주어지는 존중이 아니라 무언가를 대가로 얻은 존중만 인정할 수 있어야 한다고 배워야 한다. 결국 세상이 아들에게 아들의 성별과 남성성이 사회에 '독'이 되는 재앙이라고 가르치는 상황에서, 아들이 자신의 우위와 지배를 받아들이도록 가르쳐야 한다.

여성 지상주의(gynocentrism)의 기세를 꺾으려면, 아들의 삶에 반드시 아버지가 존재해야 한다. 기본적으로, 아버지가 아들과 무언가를 함께하는 것이 중요하다. 그게 여러분의 관심 분야가 아니더라도 '남자'로 존재하는 것, 남성성에 대한 모범이 되는 것이 최고로 중요하다. 이러한 가치를 아들에게 전해주기 위해서는 상호 공동의 목적을 지녀야 한다. 언급했듯, 여자는 말하고 남자는 행동한다. 남자는 목적이 수반된 행위, 취미, 운동, 창의적인 노력, 해결해야 할 문제 등을 가지고 다른 남자들과 함께 어울리고 난 그 '이후'에 그 목적을 향해 가면서 소통한다.

여러분의 아들은 아주 어릴 때부터 이러한 사실을 배워야 한다. 특히 아들이 여성 중심의 사회 풍조에 어쩔 수 없이 물들고, 대중 매체뿐만 아니라 학교 교육에서도 남자애들을 여자애처럼 소통하도록 길들일 가능성이 높기에 더욱 그렇다. 우리 시대가 가진 한 가지 비극은 공교육 현장이 블루필 남녀 교사들로 이루어진 세대라는 것이다. 그들은 스스로 제대로 된 남성성을 경험하지 못했기 때문에, 자기 아들도 여성 중심의 소통을 선호하고 받아들이라고 교육한다. 자신이 알지 못하는 것을 가르칠 수 없기에.

현대의 교육, 그리고 학습 체계는 넘쳐나는 여성 중심적인 학습법 틈바구니에서 제대로 된 학습법을 겨우 찾아야 할 정도로 여성 쪽으로 너무 치우쳐 있다. 홈스쿨링이나 사교육에 돈을 들이지 않으면, 남자애들이 학교에서 이런 여성식 '올바름'을 배울 것이다. 그러니 여러분은 아들들을 남자 특유의 방식으로 가르치면서, 부모로서 여러분의 노력과 의지를 이런 외부의 영향력을 무효로 만드는 데 쏟아야 할 것이다.

'설명이 아닌 행동으로 보여주라'는 철학은 남자가 여자를 대할 때 해당하는 말이지만, 레드필 양육에서도 필수다. 여러분의 아들(과 딸)은 엄마가 아버지의 지배적인 '프레임'과 그 선한 권력에 복종하는 모습을 봐야 한다. 자녀는 잠재의식적으로 엄마가 아버지의 긍정적인 남성 '프레임'에 부응한다는 사실을 이해할 필요가 있다. 다시 한번 말하지만, 아이들이 대중문화나 공교육에서 전혀 다른 서사가 펼쳐지는 모습을 볼 것이기 때문에, 반드시 이런 사전 경험이 필요하다.

남자가 자신을 드러내는 법, 남자가 위협에 반응하는 법, 남자가 개에게 명령하는 법, 남자가 가치 있다고 생각하는 다른 남자와 교류하고 돕는 법, 바람직하지 않은 환경을 피하는 법을 교육할 때, 아이에게 좋은 모범이 되어야 한다.

아들이 이해할 만한 나이가 되고 나서야 레드필 인식을 가르치겠다고 생각하는 것은 실수다. 그러면 이미 너무 늦다. 이미 세상에 물들어서 레드필 인식에 저항하고 자신의 베타 게임Beta Game(베타 남자가 여자들이 나이를 먹고 성적 가치가 떨어지길 기다렸다가, 돈과 지위로 여자를 얻으려는 전략, 또는 여성향 매트릭스에 굴종하여 여자의 마음을 얻으려는 전략-옮긴이)이 더 알맞다고 생각하게 된다.

여러분의 아들은 여러분의 모범을 따르겠지만, 12살이 아니라 태어난 순간부터 시작해야 한다. 내 친한 친구에게는 16살 난 아들이 있는데, 베타 아버지가 걸었던 길을 그대로 걷는다. 그 아이는 자신의 원아이터스ONEitis(남자가 한 여자를 소울메이트 또는 운명적인 짝이라고 여기는 환상-옮긴이) 여자친구와 더 가까워지려고 여자친구랑 아버지와 별거 중인 엄마의 집에 들어가 산다. 현재 그 아이의 여자친구는 떠났고, 그 아이는 꼼짝 못 하고 노이로제에 걸린 엄마와 살고 있다.

블루필이 남자애들을 길들인 대가는 이른 시기부터 드러난다. 여자친구가 없어서 실의에 빠진 10살 난 소년을 본 적이 있다. 한 여자애를 상담한 적도 있는데, 10대인 전 남자친구가 새 남자친구를 칼로 32번이나 찔러서 살해했다. 그 여자애가 그 전 남자친구에게 '소울메이트'라는 이유 때문이었다. 이들은 블루필 성향을 지니도록 미리 교육받은, 소울메이트라는 근거 없는 망상의 희생양들이다.

아들이 10대에 접어들면 아이의 인격 형성기부터 생겨난 아버지와의 관계가 강화된다. 그때 아이에게 레드필 인식을 제안할 수도 있다. 아들이 자신만의 레드필 렌즈를 사용해 좋아하는 또래 여자애들과 여자 형제, 엄마, 그의 '여자친구'가 되고 싶어 하는 여자 '친구들'을 대하는 모습을 볼 수 있을 것이다. 그렇다면 그런 훌륭한 점에 대해 반드시 칭찬해 줘야 한다. 여자들이 가진 이중적 성 전략과 하이퍼가미, 그리고 앞으로 여자들이 남자들에게 하이퍼가미를 적용하는 방법에 대해, 기본적인 틀을 파악하는 게 앞으로 아이가 배워야 할 필수적인 내용이다.

아이의 청소년기는 여러분이 인격 형성기에 모범으로 심어줬던 아이들만의 인식을 밑천으로 삼아, 아직 생소한 레드필 개념을 소개하면서, 아이의 레드필 감각을 키워야 할 시기다. 10대가 될 때 기탄없이 활짝 레드필 진실을 공포하는 것이 합리적이라고 생각할 수 있겠지만, 10대에 아이의 눈높이에 맞는 레드필 시각을 조금씩 끄집어내고, 그 부분을 칭찬하고, 그것을 확장하면 아이는 더 잘, 자연스럽게 진실을 받아들일 것이다. 레드필 인식은 아들에게 호기심의 대상이어야 한다. 아들의 인격 형성기에 여러분이 아버지로서 모범으로 선보이고, 여러분 자체가 눈앞에 제시한 점들을 이어 붙인 결과물이어야 한다.

내가 10대 소년과 소녀에 관해 확실히 알고 있는 한 가지는 다음과 같다. 그들은 뭔가 심오한 말을 하려고 하면 못마땅한 표정을 지으며 무시한다. 그러나 그들에게 알려 주고 싶은 것을 스스로 깨달을 수 있는 적당한 시기까지 기다려 주면, 또 잘 받아들인다. 아이가 10대가 되어도, 아버지가 레드필 인식을 몸소 보여주는 것을 멈추지 말아야 한다. 레드필의 지식과 적용 방법을 아이에게 나누어 주고 싶어 들뜬 마음도 좋지만, 아들이 여자의 본성과 그 본성 중 최악의 경우의 수가 드러나는 일을 피하는 방법을 모르고 살 때, 여러분이 저질렀던 실수를 아들도 똑같이 하게 될 거란 걸 명심해야 한다.

## 딸 기르기

아들 기르기에서 설명했던 많은 부분이 딸 기르기에도 적용되지만, 다르게 접근해야 할 부분도 있다. 레드필의 모범이 되고, 긍정적이고 남성적인 '프레임' 통제를 몸소 보여주는 건 마찬가지로 가장 중요하다. 그러나 더 우선해야 할 것은 딸의 엄마가 여러분을 대할 때 딸에게 본보기가 될 만한 행동을 인지하는 것, 그리고 아내가 여러분의 '프레임'을 인정하고 받아들이는 것이다. 만약 아내가 여러분의 '프레임'에 저항하고 조롱하고 비웃는다면, 그리고 그것을 받아들이는 시늉만 한다면, 남성성에 관해 딸이 배울 교훈은 '남성성=하찮음'이다. 아내가 여성성의 측면에서 본보기가 되는 동안, 좋든 싫든 여러분도 남자의 본보기가 되어 딸의 남성성에 대한 올바른 인식을 심어줘야 한다.

우리는 연애에서 여성을 대하는 법을 다루는 레드필 지식을 토대로 딸을 올바르게 키우는 여정을 시작할 수 있다. 그리고 성적인 상호 보완성에 관한 기초 개념에서도 시작할 수 있다. 여러분이 여자에게 사용하는 똑같은 '게임'의 원칙들이 사실 어린 소녀들이 자라는 과정에서 배우고 즐기는 일련의 행동에 근거한 것이기 때문이다. '즐거운 지배(Amused Mastery, 여자의 도발에 침착함을 넘어 차분하며 살짝 즐기기까지 하는 마음 상태, 미국의 픽업 아티스트들이 이것을 토대로 유혹 기술을 가르치기도 한다-옮긴이)'가 가장 대표적인 사례다. 딸이 어떤 남자를 남편으로 삼아야 행복할지, 그 모습을 본보기로 보여주는 것이다. 이후 이것은 여러분이 아들과 교류하는 방식에서도 드러날 수 있다.

여러분은 하이퍼가미가 아주 어린 나이의 여자애들에게도 드러난다는 사실을 알게 될 것이다. 워런 패럴Warren Farrell 박사는 『남자는 왜 그럴까Why Men Are The Way They Are』에서 여자애는 7살부터 이미 (인기 있는) '키스하고 싶은 남자애'와 '결혼하고 싶은 남자애'에 대한 기준을 갖고 있다고 언급했다. 물론 사회화 과정이 여자애들의 취향에 영향을 미치는 건 맞다. 하지만 '알파는 섹스하고 베타는 돈을 댄다'라는 성 전략의 원형이 여자애들의 정신적 펌웨어에 이미 자리 잡고 있다. 대중문화는 언제든지 이런 특성을 건드려 개발하고, 그렇게 해서 아주 어린 나이부터 여자애들에게 성적인 이념을 심어주지만, 그 과정에서도 여전히 여성의 선천적이고 가장 기초적인 본성을 이용한다.

아버지로서 여러분의 중요한 역할은 하이퍼가미의 관점에서 가장으로서 안정을 제공하는 모습을 보여주는 것이다. 그러한 안정을 위해선 남자의 상황 통제력이 필수이지만, 대부분의 베타 유형의 아버지들에게는 그것이 오히려 함정이 된다. 베타 아버지들 대부분이 넘지 못하는 장애물은 다음과 같다. 가정 환경의 또 다른 반대편을 구성하는 필수 요소인 '알파/지배' 역할을 받아들이고 체득하는 것이다. 하이퍼가미가 요구하는 '알파 섹스'의 역할을 아버지가 즉각 떠맡으라는 말이 아니라, 다른 흔한 베타 남자에게 있는 안정 측면을 보다 섹시하게 돋보이게 만들어 줄 알파의 지배력도 체득하라는 것이다.

아버지들에게 도전적인 요소는 딸에게 '즐거운 지배'의 전형적인 모범을 몸소 보이면서, 남자의 알파 측면의 지배력 및 통제력과 베타 측면의 친밀감과 안정, 편안함 사이에서 균형을 잡는 것이다. 나는 〈좋은 남자라는 미신Myth of the Good Guy〉라는 글에서, 실제로 성인 여성들이 이런 하이퍼가미의 균형을 한 남자에게서 찾지 않는다고 주장한 바 있다. 알파 유형 남성에게는 섹스를 바라고 베타 유형의 남성에겐 장기적인 안정을 바라기 때문에, 스스로 둘 다 구현할 수 있다고 생각하는 남자는 여자가 원하는 남자도 아니고, 여자 입장에선 있을 법하다고 믿을 만한 남자도 아니란 이야기다. 하이퍼가미 충족을 위해서 여자들이 이처럼 남자에 따라 목적과 기능을 선명하게 구별하는 심리의 기원은 여자의 인격 형성기에 여자의 아버지가 보여준 남성성의 인상으로 거슬러 올라갈 수 있다.

아버지가 알파의 지배적인 측면으로 너무 기울어지면, 딸의 입장에선 불쌍한 엄마를 억압한 지긋지긋한 박해자가 된다. 반대로 베타 특유의 묵인하고 수동적이며 여성스러운 측면으로 너무 기울어지면, 여성을 권력자로 떠받든 당신의 모습이 딸 인생의 미래 남자들에게 물들어, 딸은 남성성이 실현 불가능한 것이라 생각하고, 심적 안정을 구축하는 역할을 스스로 떠맡게 된다.

아들을 기를 때 여러분이 마주하는 도전 과제는 여러분이 맞서고 있는 여성향 질서가 아들에게도 똑같은 공격을 가하는데도 불구하고, 아들이 용감히 받아들였으면 하는 긍정적이고 지배적인 남성성을 여러분이 몸소 보여주는 것이다. 딸을 기를 때 여러분에게 부여된 과제는 나중에 여러분과 비슷한 성향의 사위가 들어왔을 때, 자랑스럽게 그를 인정해 줄 수 있는 지배적인 남성성을 가진 남자의 모습을 여러분이 미리 구현하는 것이다. 딸은 여러분이 보여주는 남성상을 보고 본능적으로 참고해 그런 남자를 식별할 수 있는 감각을 가질 것이다.

현대 남자들의 대부분(즉 80% 이상의 베타 남성)은 여성 중심의 사회화에 휘둘려 여성혐오주의자로 낙인찍힐까 봐 두려운 나머지, 아버지가 딸보다 서열상 위에 있다는 사실을 내세우는 데 큰 불편을 느낀다. 현시대의 분위기에서 딸을 기르는 아버지는 어린 공주님 옆에서 눈치를 봐야 하고, 그렇지 않으면 딸을 아들처럼 키우는 건 아닌가 걱정한다. 그런데 그 두려움 때문에 딸을 더 오냐오냐 대하는 식으로, 딸의 성숙을 향한 자립심을 꽉꽉 채워주지 못하는 바람에 딸의 발전 가능성을 훼손하게 된다. 아버지가 '성적인 올바름'에 굴종하면 대신 딸들이 장차 사회에 필요한 의사나 과학자가 되리라 희망하지만, 아버지의 그런 묵인과 오냐오냐는 결국 딸에게 아무런 도움이 되지 않는다. 오늘날 남녀평등주의를 믿는 아버지에게, 자기 딸이나 딸을 가진 다른 남자들로 하여금, '딸은 아들과 동등하지 않다'는 생각을 가지도록 권하는 것만큼 큰 죄는 없다.

남자가 미혼일 때 레드필을 실험하는 데 불편한 감정을 느꼈다면, 딸을 기를 때는 훨씬 더 심하게 그런 기분이 들 것이다. 여러분이 딸에게 심어야 할 가장 중요한 교훈은 남자와 여자는 다르지만 서로 보완할 수 있다는 진리이다. 여러분의 남성적 우위가 딸과 엄마에게 더 유익하고 합당하며 오히려 그들을 지켜준다는 사실, 여러분이 자신을 둘러싼 가정 환경을 장악하는 게 딸과 가족에게 도움이 된다는 사실을 깨닫게 할 필요가 있다.

그리고 딸은, 특히 여러분에게 아들이 있을 때, 소녀를 포함한 모든 여자는 가끔 남성 전용 영역에서 배제된다는 점을 배워야 할 필요가 있다. 사실 딸을 기르는 동안에 가르쳐야 할 아들도 있다는 점은 요긴한데, 아버지가 아들을 양육하는 모습 자체를 긍정적인 남성성의 모범으로 여기게 될 것이기 때문이다.

## 내 아들을 위한 가르침

독자 여러분도 알다시피, 우리 부부는 지난 19년 동안 딸 하나를 키웠다. 우리는 계획에 따라 아이를 한 명만 가졌고, 솔직히 말해 딸이라서 좀 안심이 된다. 여러분이 어떻게 받아들일지 몰라도, 나는 딸을 기르면서 여자애가 아가씨로 자라서 성숙해지는 방식에 관해 많은 것들을 배웠다. 바로 이 경험이 내 아이디어에 많은 영감을 주었다.

나는 형제밖에 없기 때문에 딸이 자라면서 보여주는 성장 과정은 지난 19년 내내 결코 익숙하지 않은 경험이었다. 언젠가 미래의 손자나, 조카, 또 여러 나이 든 남자 친척에게 레드필 지혜를 전할 기회가 있을 수도 있겠지만, 아들뻘 되는 남자들의 진지하고 내밀한 상담을 쭉 진행했기 때문에 아들이 없는 부분에 대해선 딱히 아쉬움은 없다.

내가 레드필 아버지들에게 받는 최고의 칭찬은 이메일을 통해 아들이나 남자 친척에게 주려고 『합리적 남성』을 한 권 더 샀다는 이야기다. 이런 이야기를 들을 때마다 글을 계속 써야겠다는 용기가 가장 많이 생긴다.

그래서 레드필 '레딧' 토론방에 한 레드필 아버지가 곧 태어날 아들에게 전하고 싶은 가르침을 자세히 올린 글을 읽을 때 자부심을 느꼈다. 이 남자는 인생 후반에 레드필을 깨닫고 이 분야에 들어온 아버지였다.

매노스피어에는 다른 남자들, 특히 앞으로의 젊은 남자들을 도와서 레드필 인식에 따라 피해야 할 것과 그것을 토대로 가장 잘 성장하는 방법을 가르치려는 공통된 바람이 있다. 이런 남자들이 자기 아버지에게서 듣는 충고는 '하고 싶은 대로 해도 괜찮은데, 내 집에서는 안 돼'였다. 아니면 블루필 환상이나 철저히 여성화된 아버지가 지닌 남녀 평등주의란 오류에 기반한 가정교육을 받으며 자랐다.

따라서 오늘날 레드필 남자들이 자기 아들을 남자답게 키우는 것을 정말 중요한 임무라고 생각하는 게 딱히 놀랄 일은 아니다.

아들에게 레드필을 언제, 어느 정도로 소개하는 게 제일 좋을지, 최고의 시기와 구체적인 방법론에 관한 레드필 남자들의 의견을 모아 아래와 같은 목록을 만들었다.

### 1. (13세 이상) 한 명만 만나지 마

무엇을 하든 아주 나이가 들 때까지, 한 여자(원아이더스)에게 안주하면 안 돼. 많은 여자와 놀아보고, 여러 다리를 걸치고, 다양한 여자애와 데이트해야 한다. 이 길이 곧 알곡과 쭉정이를 분리하고, 미래에 가족을 원한다면 또는 원할 때 장기적인 관점에서 네가 정말로 원하는 여자가 어떤 여잔지 깨닫게 되는 유일한 방법이야.

### 2. (13세 이상) 신체적 특징과 알파 기질에 신경 써

물론 너의 외모와 체형은 중요해… 하지만 알파의 마인드는 더 중요해.

### 3. (13세 이상) 쫓아다니지 마

자신을 돋보이게 만들어. 여자애들이 네게 오게 해야 해. 만약 여자를 쫓아다니게 된다면 철저히 계산된 방식으로 해. 쫓아갔다가 물러나. 밀당이 필요해.

### 4. (13세 이상) 애매함이 유리해

여자를 끊임없이 헷갈리게 만들어. 선택권은 너에게 있다고 늘 암시를 줘.

### 5. (13세 이상) 필요 이상으로 말하지 마, 익숙해져서 편하게 만들지 마

문자나 전화 통화에서 절제해서 응답해. 여자의 문자, 전화에 대답할 때 1:3의 비율을 유지해. 그녀가 세 번 할 때 너는 짧게 한 번만 하는 거야.

### 6. (13세 이상) 여자는 네 인생을 보완하는 존재야, 중심이 아니라

네 일생의 꿈을 정하고 (여자가 아니라) 그것을 열정적으로 쫓아. 10대에게 꿈이 막연하고 잘 변한다는 것을 인정하지만, 그래도 스포츠든, 학업이든, 과외 활동이든, 그것을 너의 최고 우선순위로 만들어.

### 7. (13세 이상) 더 크고 더 나은 인물이 되어라

여자의 심리적, 생물학적 본성에 대한 기민한 통찰력을 길러. 여자애들의 사고방식을 알아야 해. 여자애들은 항상 더 높은 수준을 기대한단다. 네가 '탑TOP' 위치를 늘 유지하지 못하면 그런 남자를 찾아서 바람을 피울 거야.

### 8. (13세 이상) 착하기만 한 남자는 성공 못 해

여자라면 누구든 애타게 만드는 남자를 좋아하는 이유가 있어. '나쁜 남자'가 될 필요는 없지만, 나쁜 남자의 기세를 이용할 필요는 꼭 있단다.

### 9. (17세 이상) 사람 좋다는 말 들어봤자 그 여자랑 못 자

여자애가 너를 친구로 여긴다면, 그 '친구'라는 인상이 여자에게 각인된 거고, 앞으로 너에 대한 이미지는 잘 안 변해. 나중에 네 매력을 알아볼 거라고 생각하고 싶겠지만, 네 성격에 대한 그 여자아이의 인상은 처음 거절했던 베타의 모습 그 이상이 아니야.

### 10. (17세 이상) 프레임 설정 – 모든 관계를 주도해

누구와 데이트 중이라면, 반드시 '네'가 원하는 걸 해야 해. 그 여자애는 그냥 지루함이 싫어서 데이트에 재미 삼아 응한 걸 수도 있거든.

### 11. (17세 이상) 후회보다는 거절을 선택해

훌륭한 일을 하려고 시도했던 것, 불가능에 도전했던 것, 그 여자에게 먼저 다가 갔다가 거절 당해서 흑역사가 생기는 건 아무 도전도 하지 않아서 후회하며 사는 인 생보다는 훨씬 낫다.

### 12. (17세 이상) 쉣 테스트(Shit Test, 여자가 남자의 속마음을 파악하려고 도발 하거나 떠보는 행위-옮긴이)

여자가 행하는 쉣 테스트를 이해하고 지배하는 법을 배워야 해. 여자애들은 네 가 알파 사고방식을 가졌는지 확인하려고 쉬지 않고 덤벼들 거야. 쉣 테스트를 너무 많이 당한다 싶으면 네 프레임을 다시 확인해 봐. 아마도 네가 여자 쪽에 더 매달리 고 굶주렸다는 인상을 주고 있을 거야.

### 13. (17세 이상) 섹스에 대해 알아야 해

여성을 지배하는 심리적, 생물학적 원리와 오르가슴을 안기는 법을 알아야 해.

### 14. (17세 이상) 남자는 장기전이라는 걸 기억해

여자애의 연애 시장 가치는 22-24세에 절정이야. 남자는 30대 초가 되어야 전 성기가 와. 지금 여자가 널 찼다고 해서 상심하지 마. 8-10년 후에는 네가 그 여자 를 차고 있을 테니까. 여자들이 최고의 가치에 있을 때 어떻게 행동했는지 잊지 말 고 기억해 둬. 나중에 네가 고르는 위치에 설 때, 너에게 더 나은 안목을 갖도록 도 울 거야.

### 15. (17세 이상) 남자와 여자는 사랑에 대한 개념이 달라

'사랑을 위한 사랑'이라는 이상적인 생각을 남녀가 똑같이 공유한다는 거짓말을 믿지 마. 여자애들이 너를 사랑하겠지만, 여자의 사랑은 기회주의적이야. 네 가치가 떨어지는 모습을 보는 순간 너를 향한 사랑이 증발할 거야.

### 16. (17세 이상) 나약함은 강점이 '아니야'

여자들이 너를 알파라고 판단할 정도의 성격을 가져야 해. 너의 베타 특징은 아주 조금만 보여주고 그것도 극도로 조심해서 표출해야 해. 여자애들은 너의 절제력과 자립심, 자신감을 원해. 기대서 울고 싶은 어깨가 필요하다면 차라리 개를 한 마리 키워. 베타스러운 위로는 여자의 좋은 행동에 대한 보상으로만 사용해.

### 17. (17세 이상) 그들의 모든 게 곧 메시지야

여자는 남자에게 '헷갈리는' 메시지를 보내지 않아. 그들의 행동과 맥락이 '곧' 메시지야. 사실 여자의 동기와 의도를 판단할 수 있는 유일한 방법은 여자의 전반적인 행동과 맥락을 관찰하는 거야. 행동을 믿어. 여자들의 말을 믿지 말고.

### 18. (17세 이상) 값싼 미소, 싸구려 웃음을 자제해

상냥함, 착함, 관대함, 친절함은 남자를 품위 있게 만드는 데 도움은 되겠지만, 여자들에게 성적인 자극을 일으키는 특징이나 행동은 아니야.

### 19. (17세 이상) 여자를 어린 소녀처럼 대할 때 매력이 드러나

가차 없이 놀려. 여자가 편하게 느끼는 남자는 자기 프레임을 강하게 통제해서 여자를 어린 시절 만났던 오빠들처럼 자기를 겁 없이 대하는 남자야.

### 20. (17세 이상) 게임을 실험해 봐

너에게 가장 적당한 게임 스타일을 알아내. 외향적인 '건방지게 웃긴' 유형이야? 내향적인 '서먹한 즐거움에 통달한' 유형이야? 아니면 재수 없는 유형이야?

### 21. (13세 이상) 인터넷 포르노를 멀리 해

즉각적인 만족의 위험성을 알아야 해. 테스토스테론testosterone(남성 호르몬의 일종-옮긴이)이 축적되어야 너의 남자다운 에너지가 생겨. 자위에 의지하며 실제 여자와 의미 있는 교제를 피하면 안 돼. 하루 종일 지하실에 박혀서 포르노에 대고 자위하는 남자? 그런 남자는 남성 에너지가 고갈되고 실제 여성에게 에너지를 집중하는 법을 배우지 못했기 때문에 여자들에게 퇴짜맞아.

혈기 왕성한 10대니까, 섹스에 관한 생각에 사로잡힐 수 있어. 하지만 남성 에너지를 잘 통제해서 환상의 세계에 성 에너지를 쏟지 말고 대신 외부로, 현실 세계에서 발산할 수 있도록 해.

### 22. (15세 이상) 위험을 감수하지 않는 것이 가장 큰 위험이야

남자가 가장 두려워해야 하는 것은 너무 높은 목표를 설정해서 실패하는 것이 아니라 오히려 너무 낮은 목표를 설정해서 시시한 성공을 하는 거야. 이것은 삶의 모든 측면에 적용될 수 있어.

### 23. (17세 이상) 너의 성적인 본성에 대해 절대 죄책감을 갖지 마

남자에게는 엄청난 성욕이 있다는 사실을 받아들여. 이것을 절대 부끄러워하지 말고 너의 남성적인 성 전략을 그대로 인정해.

### 24. (17세 이상) 배란기에 따른 변화 – 여자의 월경 주기에 익숙해져

여성의 월경 주기에 따른 행동과 진화된 기능을 이해하고 그것이 여자에게, 더 중요하게는 너에게 어떤 의미인지 알아야 해(예를 들면, 배란기에는 알파 성격으로 기울고, 반대 시기에는 챙겨주는 태도를 가져).

### 25. (17세 이상) 여성의 자극이 일어나는 인지 과정을 배워

여성에게는 성적인 자극이 주로 뇌에서 일어나고, 남자와 비교했을 때 시각적으로 자극되는 경우는 드물다는 것을 알아야 해. 남자의 비언어적 의사소통과 감정적인 영향이 (좋든 싫든) 여성을 자극할 때 결정적인 요소야.

### 26. (17세 이상) 연애 시장 등급상 남녀 간 상대적 격차가 있어야 해

너의 연애 시장 내 가치가 여자보다 적어도 1-2등급 더 높게 늘 유지해야 해. 이것은 마음가짐이나 신체 건강, 삶에 대한 열정 또는 나열한 요소들의 결합으로 가능해. '비슷한 수준'이라는 개념에 기대지 마. 연애 시장에서의 네 가치가 여자가 너를 향해 가지는 애정에 어떤 영향을 미치는지 꼭 알아야 해.

### 27. (17세 이상) 연습이 자신감을 키운다

자주 여자에게 다가가서 시작해. 대화를 나누는 여자가 많을수록, 너만의 스타일과 네게 알맞은 접근 방식으로 다듬을 수 있어. 게임의 성공은 연습량과 비례해.

### 28. (13세 이상) 진정한 욕망은 다른 것으로 바꿀 수 없어

여자애에게 잘 대해 주면(꽃을 주거나 발렌타인데이에 선물을 보내거나 책을 들어주는 등) 너를 더 좋아할 거라 착각하지 마. 그렇지 않아. 네가 물질적 가치를 제공한다고 해서 여자들이 상도덕이나 의리에 따라 너에게 사랑으로 보답하지 않거든. 여자들이 너에게 신세를 졌다고 너를 욕망하는 일은 없어.

### 29. (13세 이상) 청소년기는 아프면서 배우는 시기야

불안감이 가득하고, 주변의 시선을 의식하게 되고, 자기가 멍청하게 보인다고 느끼고, 여자애들에게 바보 같은 말을 했다가 끙끙 앓겠지. 그것도 금방 지나가. 너는 남자가 되는 기술을 갈고닦는 중이고, 실패와 실수가 있기 마련이야. 네 또래 아이라면 모두 똑같은 일을 겪지만, 네게는 도움을 줄 레드필 아버지가 있다는 걸 기억해.

### 30. (17세 이상) 삶은 모험이야

한계를 밀어내고 위험을 감수하면서 짜릿하게 살아. 지독하게 겁나더라도 두려움 없이 도전을 끌어안는 남자만큼 여자에게 섹시한 존재는 없어.

### 31. (15세 이상) 존중은 거저 얻는 게 아닌 성취하는 것이지만, 여자를 사귈 때는 여자가 너를 존중하는 게 가장 중요해

여자애가 너를 무시하는 순간 곧바로 그걸 지적해야 해. 그런 일이 계속된다면, 감정적으로 아무리 어렵더라도 즉각 여자를 '걸러야' 해. 네 장기적인 자존감, 자기 신뢰를 구축하기 위해 절대적으로 중요한 일이야.

세상에 완벽한 목록은 없다. 그러나 여러분은 위 목록을 참고하여 즉시 실행으로 옮길 수 있을 것이다.

여러분이 아들에게 레드필이 지닌 긍정적인 남성성을 가르치지 못하면, 틀림없이 여성 중심적인 코드와 사회 분위기가 그들 버전의 '남성성'을 아이들에게 가르칠 것이다. 그런 개념은 여성향 지배에 도움이 되지 않는 모든 남성성의 측면이 유해하다는 관념을 아이에게 심어줄 것이다. 남자가 본인에게 유리한 길을 택하거나, 여성의 이익보다 자기의 이익을 중요하게 여기는 남성성은 어떻게든 사회악이라고 가르칠 것이다.

오늘날 사회 풍조가 아들들에게 길들이려는 블루필 사고방식은 남자로 하여금 남자라는 존재를 경멸하게 한다. 그리고 관습적인 남성성을 '남자의 불안감을 숨기는 가면이고 위선이기 때문에 조롱하라'고 가르친다. 평등주의 이념이 아주 어린 소년들에게 이런 사고방식을 주입한다는 게 진짜냐 아니냐는 중요한 쟁점이 아니다. 서구(화가 진행 중인)의 교육 시스템이 '여성식 올바름'을 지향하는 학습 도구를 채택해 왔다는 사실은 진보주의 학계조차 반박하기 어려운 진실이다. 진짜 논쟁해야 할 사안은 남자를 억압하고 여성화시키는, '여성식 올바름'에 근거한 남성성을 '왜' 그리고 '어떻게' 어린 소년들에게 '진정한' 남성성처럼 세뇌하느냐는 것이다.

서양 문화의 역사상 그 어떤 시기에도 여자로 태어났다는 사실이 지금보다 더 유리하게 작용한 적은 없다. 작가 해나 로진Hanna Rosin은 이미 2010년 저서 『남자의 종말The End of Men』에서 남자를 희생시키는 방식으로 여성의 신분이 상승했다는 점을 인정했다. 이런 내용을 덧붙이는 이유는 성 혁명 이후, 사회적으로 소녀와 여성의 지위 향상을 추진하면서, 동시에 남자와 소년들이 더 여성화되어야 한다는 발상이 얼마나 지지받아 왔는지 잘 보여주기 때문이다.

그 이후 사회 공학적인 차원에서, 소년과 남자를 여성화하려는 꾸준한 노력뿐만 아니라, 근본적으로 그리고 적극적으로 '진정한' 남성성을 '여성식 올바름'이라는 이념으로 다시 고쳐 쓰려는 시도가 계속 있었다. 겉으로 보기에는 남녀평등주의는 성 중립성에 초점을 두는 것처럼 보인다. 운동장을 평평하게 만들어 인간의 본성과 진화에 따른 생물학적 작용 및 심리적 특징이 지닌 불편한 진실을 모두 무시하겠다는 발상이다. 사실 '여성 지상주의 강령(Feminine Imperative)'은 평등주의를 전면에 내세우면서 동시에 남성의 본성에서 여자들 입장에서 불편한 것은 모두 '유해한' 것으로 낙인찍어 관습적인 남성성을 무력화하고 있다.

남자들이 '자기 내면의 여성성과 접촉하도록', 여자처럼 또는 여자로 인식하도록 내몰린 것이 그냥 우연일까? 인간관계 소통 방식을 더 여성적으로 바꾸고, 관습적인 남성성을 '유해한 것'으로 재규정하면서, 남자를 위해 존재해야 하는 남성성의 정의가 '여성식 올바름'의 입맛에 딱 맞게 변한 것도 우연일까?

트랜스젠더 아이들 중 90%가 여성으로 전환하도록 자기 부모와 교사에 의해 부추겨지고 지지받았단 사실이 우연인가? 사회적 분위기가 여자애에게 혜택과 권력을 제공하는 이 시대에서, 이 모든 현상이 그저 우연일까? 교사들이 '여성식 올바름'이라는 편향을 이미 깔고 있는 것도? 물론 모두 추측이라 볼 수도 있겠지만, 여성 중심적인 사회를 관찰한다면 도달할 수 있는 무시할 수 없는 결론이다. 나는 오늘날 레드필 남성들이 이런 상황에 적응할 수 있는 완벽한 위치, 또는 다음 세대의 남자들에게 이런 변화를 자신에게 유리하도록 이용하는 방법을 전해 줄 완벽한 위치에 있다고 믿는다.

요즘 학교를 중퇴하는 학생들의 수가 남자애들이 여자애들보다 4배 더 많다. 남자애들이 더 많이 정서 불안 진단을 받으며, 더 많이 자살한다. 2배 더 자주 싸움에 휘말리고, 10배 더 살인하고, 15배 더 높은 확률로 폭력 범죄의 피해자가 된다. 여자애들보다 5배 더 많이 ADHD 진단을 받고, 표준화된 읽고 쓰기 시험에서 낮은 점수를 받고, 학급 등수도 낮으며, 우등상도 적게 받는다.

대학에서도 1982년을 기준으로 여학생 수가 남학생 수를 넘어섰고, 지금은 여학생이 캠퍼스 내에서 다수를 차지하고 있다. 8년 후에는 미국 대학 학사 학위의 거의 60%를 여자가 딸 것이라 예상된다. 지금도 여학생은 사회 및 행동 과학 분야에서 3 : 1의 비율로 남학생을 앞서 있으며, 공학(총 학생의 20%)과 생물학, 경영학 같은 전통적인 남성의 분야로 넘어오고 있다.

초등학교도 이미 수십 년 동안 독서와 소통을 통한 여성적인 학습 환경을 강조하고 어린 남자애들의 활동성을 억제하는 '반 남성(Anti-boy)' 분위기였다. 그들은 선천적으로 활동적이고 건강하며 괄괄한 남자애들을 '여성식 올바름'이라는 체계에 순종하도록 강요하고, 남자애에게 정상일 뿐인 활동적인 성향을 질병으로 규정하면서 소년을 여성스럽게 만든다. 심리학자 마이클 거리언Michael Gurian은 『경이로운 소년들The Wonder of Boys』에서 남자애들의 온몸에서 테스토스테론이 솟구치는 데도 우리는 남자아이들보고 얌전히 앉아서, 손을 들고, 졸기나 하라고 강요한다고 주장한다. 우리가 '소년은 애초부터 불량품이다'라는 잘못된 메시지를 아이들에게 보내고 있다는 것이다.

나는 『합리적 남성2: 예방의학』에서 사회 수업 시간에 9세 소년들에게 자기가 남자여서 싫은 이유를 모두 들어보라고 한 사례를 보여준 적이 있다.

- 엄마가 될 수 없다.
- 울어서는 안 된다.
- 치어리더가 될 자격이 없다.
- 힘든 일은 죄다 해야 할 것이다.
- 폭력적이다.
- 축구를 해야 한다.
- 퀴퀴한 냄새가 난다.
- 저절로 나쁜 평판이 따라붙는다.
- 온몸에서 털이 난다.

여자를 어떻게 대해야 하는지 질문했을 때, 남자애들이 여성 중심적인 용어를 정확히 사용해서 대답하는 모습을 보고 나는 깜짝 놀랐다. 더 이상 이래선 안 된다. 겨우 10살 정도의 남자애들에게 여자애들에 대해 어떻게 생각하느냐는 질문을 던질 때마다, 아이들의 입에서 페미니즘 전공자 입에서 나올 법한 유행어와 용어가 줄줄 나오는 것을 들었다. 소년들 한 명 한 명이 학교에서 배웠던 페미니즘 슬로건을 따라 하면서, 그 말을 들을 수 있는 모든 여자애에게 남자로서 자신의 가치를 입증할 기회를 간절히 원하고 있었다.

그러나 그 아이들의 열망은 혹시나 하는 두려움에 늘 사그라든다. 10살밖에 안 된 아이가 여자에 관한 '그의 믿음'을 전하다가 말실수를 저질러 여성혐오자로 낙인찍힐까 봐 느끼는 두려움이다. 그리고 여성혐오자(misogynist) 같은 단어가 '바로'

그 아이들이 앞으로도 사용할 용어이다. 소년을 대상으로 하는 블루필 길들이기 작업은 아주 어린 시절부터 시작된다. 나는 나를 비판하는 사람들에게서 정확히 무엇이 '블루필' 사고방식을 구성하냐는 질문을 자주 받는다. 그러나 이런 사회적 차원의 남성 혐오 훈련 때문에 그 질문에 대한 대답이 너무 복잡해진다.

서구 문화가 60년 이상 버려왔던 여성 중심적인 사회 조작 작업의 내용물에는 소년들을 관습적인 남성성을 혐오하는 세대로 길러내려는 노력이 포함된다. 동시에 소년을 희생시켜 소녀의 권한을 강화하는 것이 서구 문화의 교육 현장이다. 따라서 우리는 주로 여성(또는 여성화된 남성) 교사가 남자애들의 정신세계를 여러 세대에 걸쳐 주물러서 (난폭한 남자가 될 것이 뻔한) 남자를 경멸하고 동시에 여자를 따르도록 만들고 있다.

이것이 아버지인 여러분들이 아들을 기를 때, 계속 감시하고 경계해야 할 문화적 서사다. 여러분이 아들과 맺는 모든 교류와 모든 가르침의 순간이 레드필 지식으로 물들어야 한다. 아무리 강조해도 부족하다. 여러분이 아들을 위해 레드필 깨달음을 구현하고 몸소 입증하며 실행하며 사는 것도 중요하지만, 여러분이 보여주는 모범이 학교 선생과 여성스러운 정체성을 갖춘 또래 남자애들을 보고 아들이 습득하게 되는 '여성식 올바름'에 기반한 모델과 정확히 반대라는 점도 늘 의식해야 한다.

## 감정 통제하기

여러분의 아들에게 주입될 모든 '여성이 올바르다'는 메시지의 근거는 감정과 감정의 표출이 유일하게 건강한 의사소통 방법이라는 관념에 기반한다. 이미 언급한 것처럼, 남자애가 감정을 더 많이 표출할수록 더 좋은 아이가 된다고 믿고, 그런 사회적 평가가 성인기까지 이어지도록 길든다. 거기에 남자애들의 타고난 경쟁심이 이상하게 결합하여, 남자애들 사이에 서로에게 '감정을 더 격하게 표현하는' 대회가 개최되는 지경까지 이른다.

이런 상황을 바로잡고, 아들에게 '감정을 통제하라'고 가르치는 것이 아버지가 취해야 할 조치다. 그러나 역설적으로, 아버지가 아들에게 감정 표출을 참으라고 가르치는 것 자체가 소년들이 주입받은 메시지, '내가 뭔가 문제가 있는 건가'라는 오해를 더 강하게 만들 수 있다. 그 메시지는 아이들이 수많은 방법(약물, 행동 수정

등)을 통해 남자애들의 타고난 남성적인 에너지를 억누르면서 실현되지만, 또한 여성화 작업을 통해 남자애들이 '더' 감정을 표현하게 하고, 더 많이 울게 하고, 쉽게 포기하게 해서 더 연약해지도록, 그런 나약함이 미덕이라고 믿도록 부추긴다. 이것이 여성화된 사회 질서가 내리는 '남성성'의 새로운 정의다.

레드필 아버지로서 아들에게 내면의 나약함을 인정한다고, 그리고 불안감이나 약점을 겉으로 표현한다고 신비한 힘이 솟아나는 게 아니라고 가르치는 것이 여러분의 중요한 의무다. 오히려 아들에게 몸과 마음을 강하게 만들고, 온 세상이 반대해도 그것을 그대로 밀고 나가도록 격려해야 한다. 아들은 감정을 드러내지 않고 감정 상태를 통제하는 것이 수천 년 동안 남자를 지켜 준 안전장치라는 사실을 깨달아야 한다. 참된 남성성, 관습적인 남성성은 이러한 남자 특유의 인내, 내면의 힘과 결단에서 나온다는 것도 알아야 한다.

레드필 아버지는 미디어에 무슨 콘텐츠가 나오는지 계속 파악해야 한다. 소년과 남자는 어리석고 멍청하게 묘사하면서, 여자와 여성성은 찬양하는 프로파간다를 간파하기 위해 끝없는 노력을 기울여야 한다. 여러분의 아들은 본능적으로 여성 서사를 걸러낼 수 있는 자신만의 레드필 렌즈를 발전시켜야 한다. 아들이 남자에 대한 부정적인 고정관념을 보이는 광고나 TV 프로그램을 볼 때, 반드시 그러한 점을 지적해 줘야 한다. 여성 중심적인 서사를 유일하게 옳은 것으로 부풀리는 미디어 콘텐츠를 볼 때도 마찬가지로 아이들에게 꼭 집어줘서 환기해야 한다.

아버지들은 아들에게, 여성 서사가 아이들에게 심은 믿음보다 더 많은 것이 남자에게 잠재되어 있다고 가르쳐야 한다. 세상에서 아이들이 누리는 모든 것이 남자들의 창의력, 지적 능력, 신체 능력 덕분에 구상되고 설계되며 만들어진다는 사실을 가르쳐야 한다. 지능과 전략, 창의적인 분야뿐만 아니라, 스포츠의 성취 사례까지, 중요한 일을 이루었거나 이루고 있는 유명한 남자들에 대해 이야기 해 줘야 한다.

우리는 소년과 소녀, 남성과 여성 사이의 차이에 관해 질문을 던져, 아이들이 남녀의 차이에 대해 관심을 갖도록 이끌어야 한다. 사고방식, 문제 해결 방식에서 남성과 여성의 차이점과 여자애들이 자신에게 유리하도록 남자애들을 조종하는 방법에 관해 구체적인 사례를 들어 설명해야 한다. 여러분의 아들이 여자애를 가장 높은 순위에 두었을 때 마주할 대가를 꼭 알게 해야 한다. 존중은 획득하는 것이고, 남자든 여자든 절대 노력 없이 주어지지 않는다는 사실을, 여성에게 당연히 주어지는 존중은 없어야 한다는 사실을 가르쳐야 한다.

아들에게 싸워야 할 때, 자기를 지키기 위해 힘을 사용해야 하는 적절한 때를 알아야 한다고 가르쳐야 한다. 이것은 레드필 틀 안에서 아들을 기르려고 분투하고 있는 많은 베타 아버지에게 힘든 일이다. 베타 남자들 대부분은 남성성이란 곧 불필요한 폭력이 일어날 가능성을 내포한다고 믿도록 길들었다. 그리고 갈등을 두려워한다. 싸우는 방법을 모른다면 아들과 함께 무술을 배워도 좋다. 무술은 남자들 특유의 공통의 관심거리에 함께 참여해서, 아들과 아버지가 함께 배울 수 있는 훌륭한 기술이다. 또한 스스로 고수가 되기 위해 고수의 연륜에 기꺼이 복종하는 법을 잘 가르쳐준다.

## 정서적 기준점(Mental Point of Origin)

아버지는 아들에게 자신을 정서적 기준점으로 삼아야 한다고 알려줘야 한다. 단지 남자라는 이유로 비하당하는 시대에 여러분이 아들에게 전할 수 있는 어쩌면 가장 중요한 가르침이다. 아들에게 자신을 인생에서 최우선으로 두는 태도를 가르치는 일이 아이에게 줄 수 있는 가장 필요한 선물이다.

많은 아버지들이 여성 중심적인 세상과 아들을 반드시 격리해야 한다고 생각한다. 그러나 아들을 세상과 격리하는 것보다, 아들이 세상 속에서 자신만의 '계몽된 이기심'을 갖추게 하는 것이 훨씬 더 건강한 방법이다. 아들이 살게 될 여성 지상주의 세계는 '타인'(사실은 여성과 여성의 이익)의 요구를 자신의 것보다 우선하라고 최선을 다해 설득하겠지만, 우리의 아들들은 자신을 먼저 구제하고 나서야 타인을 도울 수 있다는 사실을 알아야 한다.

타인에 대한 굴종은 '공동체'가 아들 마음속 깊숙이 심으려는 사고방식의 핵심이다. 남자가 본인의 행복을 위한 '어떤' 생각을 가지고 있든, 그 남자의 정서적 기준점을 외부에 두도록 강하게 밀어붙이는 것이 여성 중심적인 질서의 중요한 작용이다. 그러나 더 중요한 내용은 다음과 같다. 이 시스템은 남자가 여자처럼 감정을 드러내고, 여자의 필요를 본인 것보다 우선해야 옳고 보람 있으며, 어떤 형태의 관계든 여자를 제일 먼저 고려해야 한다는 믿음을 아이에게 심으려는 의지가 확고하다는 것이다.

레드필 아버지가 아들에게 반사회적 태도를 권하란 말이 아니다. 본인의 행복과 이익이 아이의 머리에서 제일 먼저 나와야 한다는 말이다. 블루필 사고방식은 늘 극단적 사고를 좋아한다. 아이에게 '계몽된 이기심'을 장려하면 아이들에게 세 가지 부정적 인격(Dark Triad personality traits, 범죄자에게서 공통으로 드러나는 특성으로, 마키아벨리즘, 나르시시즘, 사이코패스를 가리킨다-옮긴이)을 가지라고 교육하는 거라며 비판하고 두려워한다. 그러나 아이들은 남자들의 세계에서 팀워크와 협력도 가치 있지만, 무언가를 판단할 때 자신에게 중심이 맞춰진 정서적 기준점이라는 필터를 먼저 거쳐야 한다.

남자는 자신이 존경하는 남자가 똑같이 자신을 인정하고 존경을 되돌려 준다는 느낌을 받기 위해 어려운 일에 뛰어든다. 이는 따로 설명할 것 없이 그냥 일어나는 일이다. 이런 과정에서 우리는 우리를 향한 기대가 무엇인지, 우리가 내린 선택이 어떤 의미를 지니는지에 대한 개념이 자연스럽게 생긴다. 수치심과 투쟁하는 남자들이 그토록 많은 이유는 이 시험에서 통과한 경우보다 실패한 경우가 더 많기 때문이다.

이제 이런 역동적인 모습을 남자들에게서 거의 찾아볼 수 없게 되었다. 페미니스트들과 그들의 영향력 아래에 있는 대중문화는 이런 남성적인 본성을 보통 '순진한 어리석음', 즉 제멋대로 자란 남자애들이 '더 상남자가 되려고' 서로 경쟁하며 난리치는 멍청한 짓거리처럼 묘사한다. 어려움에 직면하려는 도전 욕구, 형제애로 뭉친 무리, 즉 똑같이 용맹하게 그들과 대적하는 무리(tribe)에 소속된 소속감에 대한 남자의 욕망 자체가 대중문화와 학교, 집단 차원에서 조롱당하고 있다.

이런 상충하는 메시지에 혼란스러워하는 남자애들이 많다. 존경과 목적의식을 향한 내면의 갈증과 사회화 작업의 내용이 충돌하기 때문이다. 쉽게 말해 요즘 남자애들은 불필요한 내적 고통을 겪고 있다. 남자의 본성은 용기, 모험, 주변을 통제하려는 욕망으로 향하지만, 교사는 남자의 나약한 면을 칭찬하고 소심한 태도를 선으로 판단한다. '여성식 올바름'에 기반한 공교육은 여자가 궁극적으로 추구하는 것, 즉 안전과 안정, 여자들이 통제할 수 있는 남자의 책임감을 강조한다. 그들은 이에 맞춰 여러분의 아들들을 길들여 위험을 감수하려는 본능을 억누르고, 여성에게 지속 가능한 안정감을 제공한다는 대의를 위해 아이들을 얌전하게 만든다.

그 결과 젊은 남자들은 내적 갈등을 일으키는 모든 현실에서 도피해서, 비디오 게임과 패스트 푸드, 포르노라는 병풍 뒤로 숨는 식으로 삶에서 달아나거나, 그들의 타고난 성향을 탕진하고, 저급한 방종 같은 모든 상상할 수 있는 모든 질 나쁜 방식으로 표출하게 된다. 결국 우리 사회는 잔뜩 웅크린 순한 양이 되어버린 남자, 또는 남성 호르몬이 이끄는 대로 살면서 성과를 내야 한다는 남자의 부담을 '전적으로' 여자 기준에 따라 맞추려고 끝없이 자신을 혹사하는 무감각하고 거칠고 다 크지 못한 남자로 나뉘게 된다.

소년의 내적 본능을 단련할 수 있는 성숙한 남성성을 위한 문화가 없다면 모든 것이 무너진다. 페미니즘 아젠다를 실제로 제도화하는 과정에서 발생하는 아버지의 부재가 이런 식으로 문명을 파멸로 이끈다. 이것은 자가 발전하는 과정으로, 블루필에 세뇌된 소년은 권위를 양보하는 것이 올바른 행동이라고 믿도록 길러져 그냥 온순한 아버지가 된다. 그리고 아버지는 쓸모없다고 믿는 사회적 질서에 의해 아버지의 부재가 곧 사회적 트렌드가 된다.

지속 가능한 건강한 사회는 보이스카우트 같은 조직을 폐지하려고 하지 않고 오히려 지지한다. 이런 남성 집단은 남자애들을 불필요한 탈선에서 보호하고 동경할 만한 모범, 형제 집단을 제공할 수 있는 성숙한 남자들의 깨어있는 관심 아래 두는 방식으로, 존중과 인정을 향한 소년의 갈망을 건전하게 단련시킨다.

그러나 요즘 세상에선 보이스카우트도 너무 '유해하다'. 남성 전용 집단에서 여성의 가입을 완전히 금지하는 남자들은 여성 중심의 사회적 질서에서 너무나도 위험한 존재가 된다. 이런 오랜 조직들은 이제 사실상 없어졌거나, 남성들만의 공간이란 정체성이 사라졌다. 이제 그 자리에 소년들을 위한 트랜스젠더 일일 캠프, 무수한 스냅챗Snapchat 이야기, 성별 구분이 없는 화장실이 자리 잡았다. 보이스카우트는 여성 지상주의가 남성 전용 공간을 침범하고 다시 뜯어고쳐 남성성을 약화하는 전술을 보여주는 완전한 예시다. 우리 공동체는 이런 변화가 진보적이고 가치 있는 변화라고 착각한다.

이제 우리에겐 환상이 되어버린 '자유', 불가피한 퇴보가 서서히 번져나가는 듯하다. 우리가 키워낸 소년들, 자신의 본성에 대해 심각한 혼란에 빠져 있고, 소속할 곳이 없어 초조해하며, 전통적인 남성 집단에 가입할 수 없고, 그런 집단이 뭔지 모른 채 미래가 절박한 아들들을 우리는 불안한 눈으로 지켜보고 있다.

이런 모든 사회적 길들이기에도 불구하고, 그리고 레드필 방식으로 아이를 키울 생각을 한다는 이유로 여러분을 공격할 준비가 된 세상이 존재함에도 불구하고, 긍정적인 의미로 남성적인 아버지를 향한 남자들의 근원적인 갈망이 여전히 존재한다는 사실을 기억해야 한다.

스트리퍼나 '상처 입은' 여자들에 대해 우리가 제일 먼저 갖는 편견은 그들에게 '아버지 문제(daddy issue)'가 있다는 것이다. 우리는 여자들의 개인적인 문제의 근원이 그 여자의 진화에 따른 무의식이 필사적으로 원했지만, 사회화된 정신 모델에는 전혀 들어맞지 않은 아버지상을 깊이 갈망하는 데 있다고 말한다. 그런데 정작 '아버지가 없는' 젊은 남자들도 이런 여자들과 유사한 '상처'를 품는다.

아버지의 부재에 의한 깊은 결핍이 일단 내면에 뿌리내리면, 고통은 절대 사라지지 않는다. 사라지기는커녕, 내면 깊숙이 자리 잡은 그대로 그 고통에 무감각해진다. 아버지를 향한 갈망, 소년과 소녀를 이끌고 버팀목 역할을 할 듬직한 남성성의 존재에 대한 갈증이 요즘에는 사회적 불안, 분노, 회의주의, 공허감과 같은 무수한 폐단의 탈을 쓰고 표출된다.

하지만 우리 문화는 '아버지의 부재가 곧 문제'가 아니라 '아버지가 일으킨다고 여기는 문제', 그에 따른 우려의 목소리를 내기 바쁘다. 아버지는 아이 양육 과정에서 쓰다가 버릴 수 있거나 부수적인 존재로 여겨진다. 아버지의 부재 때문에 고통을 겪고 있다는 사실을 인정하면, 남녀평등주의자들이 세운 문화적 서사에 도전하는 일이 되며, 이미 사회적으로 합의한 규칙에 반발한 반사회자 낙인이 찍히게 된다. 따라서 남녀불문 마음 깊이 전통적인 아버지의 원형을 갈망한다는 사실을 알면서도, 그것을 수치스럽게 여기면서 입을 다물고, 마음속 음침한 불안감을 더 심각하게 만든다. 아버지에 대한 갈망이 개인 한 명에 미치는 영향을 생각해 보면, 남자에게는 방향 감각 상실과 연약함, 여성에게는 절망과 두려움, 그리고 안타깝게도 절대 끝나지 않을 인정을 향한 결핍이 있다. 그리고 오늘날 수백만의 사람들이 그런 고통을 겪는다. 이것이 우리가 사는 공동체의 실체다.

우리 문화가 아버지를 향해 보이는 태도는 '방치'와 '거리낌 없이 드러내는 적대감' 사이를 왔다 갔다 한다. 그것이 이런 개인 차원의 문제를 더 악화시키고, 집단 차원에서는 흔하면서도 잠재적인 위험 요소가 된다. 아버지의 부재로 인한 사회적 병폐는 명확히 드러나지만, 그럼에도 남성성과 남자의 독특한 영향력은 늘 의심의 눈초리와 경계의 대상이다. 남성성은 '유해한' 것에서 항상 딱 한 걸음 떨어져 있다.

아이 한 명이 아버지를 잃으면, 그 아이는 분명히 고통을 겪는다. 아이의 아내도 고통 겪을 가능성이 크고, 손자까지 고통 받을 가능성이 있다. 그러나 아버지가 본래 중요하며, 아이의 발달에 아버지의 존재가 필요하다고 인정하는 공동체에 산다면 아이는 아버지의 대리인, 즉 멘토를 발견할 수 있다.

당장 현실은 그렇지 않다. 아버지의 부재와 그에 따른 여파가 너무 광범위하게 퍼져서 우리는 그것을 그냥 정상으로 받아들인다. 우리 사회의 많은 병폐의 원흉은 아버지를 없애고 국가와 '공동체'가 보낸 대리인이 아버지 자리를 차지한 것이다. 수천 명의 페미니스트들이 '여성 중심적인 사회 질서'를 위해 아버지를 향한 공격을 시작했고, 지난 50년 동안 나온 모든 미디어 작품이 이혼을 '쉬운 것', '당연한 것'으로 만들었다. 이혼을 여자에게 극도로 유리하게 만든 결과 이러한 아버지들을 향한 공격은 더 가혹해졌고, 결국 아버지의 지위를 추락시켰다.

이 모든 상황은 아버지의 존재가 지닌 의미를 훨씬 더 중요하게 만든다. 우리는 여전히 자녀를 키우는 남자들을 위해서, 우리의 중요성을 의심하라는 '공동체' 문화 선전을 거절해야 한다. 오히려 우리가 남자로서 해야 할 의무에 더 강하게 헌신해야 한다. 우리는 필요 없는 존재가 아니다. 우리가 그냥 있는 것만으로 아이들에게 충분하다는 사실을 확신하고 살아야 한다.

자녀가 없다면, 레드필 깨달음에 기반해 다른 젊은 남자들의 멘토가 되는 것도 지극히 가치 있고 필요한 일이다. 어린 남자들을 가르칠 기회를 찾아야 한다. 젊은 남자들에게 레드필 인식을 가르치기 위한 의식적인 노력도 존경할 만하지만, 우연에 따른, 자연스러운 도움도 꽤 큰 영향을 줄 수 있다. 젊은 남성들에게 주입된 블루필 길들이기를 밀어내는 방법은 이들을 향한 여러분의 관심뿐이다.

우리가 온 세상의 아버지가 될 수는 없다. 집단 차원에서 이미 우린 많은 손상을 입었다. 그러나 아버지 없이 자란 남자들이 넘치는 상황에서 우리가 손을 놓고 있다면, 관습적이고 긍정적인 남성성의 부재가 결국 문명 자체를 망가뜨릴 것이다. 우리가 할 수 있는 최선의 행동은 스스로 남자로서 모범을 보이고, 남자를 길들이려는 세상과 타협을 거부하고, 아버지가 늘 해왔던 것, 즉 가정을 부양하고, 자녀를 교육하고, 가정을 보호하는 일을 무너지고 있는 세상에서 계속 수행하는 것이다.

우리가 책임져야 할 아이들을 많은 것들로부터 보호해야 한다. 아버지가 없는 세상은 위험하다. 그러나 위험하게 죽어가는 세상의 한가운데에서 우리는 치유와 저항의 씨앗을 키울 수 있다. 이것이 전 사회적 수준의 레드필 깨달음을 달성하기 위해 필요한 상향식 접근법이다.

아직 할 수 있을 때, 젊은 남자들에게 손을 내밀어야 한다. 우리는 레드필 멘토나 친구가 될 수 있다. 최소한 사람들에게 '아버지는 좋은 존재이며 아버지를 위한 사람들의 갈망이 실제로 존재한다'는 메시지를 전할 수 있다. 우리는 여성 중심적인 사회 질서라는 거대한 기계 속 톱니바퀴를 망가뜨리기 위해 던져진 연장이 될 수 있다. 모두를 구할 수는 없겠지만, 일부라도 구할 수는 있다.

# 약속을 지키려는 남자들
## (Promise Keepers)

25세의 한 청년이 자신에게 정말 실망한 이야기를 나에게 들려준 적이 있다. 그는 새 여자친구를 만나면서 다른 여자를 만나지 않겠다고 약속했고, 결혼 비슷한 연애를 시작할 때 대부분의 베타남들처럼, 연애를 대하는 숭고한 의지로 충만했다.

문제는 지금 여자친구를 '본격적으로' 만나기 전 몇 달 동안 그에게 '섹스 파트너'가 있었고, 아쉽지만 파트너와 관계를 끊어야 했다. 그 '즐기던 여자친구'는 감정적인 보상이 사실상 전혀 없는 가벼운 성적인 만남이긴 하지만, 그동안 정이 들었는지 화를 냈다. 남자는 새 여자친구와의 약속을 지키려 했으나, 여자 섹스 파트너는 계속 고집을 부리면서 감정을 더 쏟았고, 결국 남자는 고민 끝에 '그냥 친구로 지내기'로 합의했다.

그런데 일주일 후, 남자는 여자친구에 대해 모종의 불만이 싹텄다. 남자와 섹스 파트너는 '여전히 친구'이므로 함께 만나 남자의 여자친구에 대한 불만을 주제로 이야기를 나눴다. 말할 것도 없이 대화는 편안하고, 믿을 수 있고, 어쩌면 당연한 둘의 섹스로 이어졌다. 이것이 우리가 다룰 남자의 죄책감과 스스로에 대한 실망이다. 그냥 25세 혈기 왕성한 남자가 성적으로 자신에게 유리한 관계를 억지로 정리하고, 다른 섹스 파트너와 1:1 연애(monogamy) 사이에 갈등하는 이야기로 볼 수도 있겠지만, 이 남자의 실망감의 본질은 그런 단순한 게 아니다.

> "제가 쓰레기처럼 느껴져요. 10년 전에 이런 짓을 하지 않기로 나에게 약속했기 때문이에요. 무슨 일이 있어도 지키고 싶던 '나와의 약속'을 깬 거니까요."

내가 흥미롭게 생각하는 부분이 이거다. 고작 15살에 불과한 소년이 미리 앞일을 내다보고 현재 여자친구에게 자신의 정절을 약속했다는 게 흥미롭다. 그런데 그 남자가 딱히 종교적 신앙심이 깊은 것 같지는 않았다. 일단 적어도 그는 손에 '순결 반지'를 끼고 있지 않았다. 그럼 도대체 왜 저러는 것일까?

> "여자랑 자는 건 아무 문제가 없어요. 하지만 연애를 하면 전혀 갈피를 못 잡
> 겠어요. 지금 여자친구와 관계에서 뭔가 빠졌다는 느낌이 강하게 들어요."

이 고백으로 어느 정도 상황이 설명된다. 혼자 있을 때는 알파이지만 누군가와 사귀게 되면 베타가 되는 모습은 오늘날 길들이기 사전 작업에 당해버린, 여성화가 진행된 젊은 청년들에게 아주 흔한 레파토리다. 그리고 대체할 수 있는 다른 여자가 있다(그리고 전부터 있었다)는 점을 고려하면, 그는 혼자 있을 때는 알파, 한 사람과 집중해서 사귀게 되면 베타가 되고, 이런 남자가 여자친구에 대해 겪는 내적 갈등은 충분히 예상할 수 있다. 그러나 아직도 이 친구가 말하는 '자기 약속'이나 '자기 실망'을 설명하기엔 무언가가 빠졌다.

> "기분이 엿 같았어요. 10년 전, 아버지가 엄마 몰래 바람을 피웠을 때, 나는
> 절대 아버지처럼 살지 않겠다고 스스로 다짐했거든요. 바람을 피운 건 이번이 처
> 음이에요. 머리가 하얗고 혼란스러워서 어떻게 해야 할지 모르겠어요."

## 아버지상을 베어라(Slay the Father)

몇 년 동안 상담한 백마 탄 왕자 베타남들이 꺼낸 공통적인 레파토리는 딱 정확히 이런 '엿 같은 아버지', 남녀 관계에 있어서 아버지보다 나은 인간이 되겠다는 집착에 가까운 결심에 관한 것이다.

미리 말해두자면, 이런 남자 중 상당수가 자신과 엄마를 학대한 정말 형편없는 알코올 중독자를 아버지로 두고 있었다. 아니면 '강하고 독립적인®' 싱글맘이 아버지를 헐뜯는 소릴 듣고 자랐거나, 이혼 후 아버지가 베타 사고방식과 그런 성향을 강화하는 모습을 보며 그런 아버지에게 물든 남자들도 있었다.

대부분의 경우 이런 남자에게는 각자의 사명 같은 게 있다. 자기 아버지보다 더 나은 남자가 되어 엄마를, 더 나아가 희생당한 여자들과 여자친구나 아내가 되어 줄 '미래의 엄마'를 보호하는 것이다. 자기 '아버지'의 개인적인 실패를 '자신'의 개인적인 성공으로 바꾸고 싶어 했다.

이런 현대판 오이디푸스 시나리오가 가진 문제는 여성 중심적인 사회 질서가 이런 약속을 악용해 여성 집단에 사회적 이익을 안겨주면서 더없이 만족스러워한다는 점이다.

여성화, 소년을 더 좋은 '남자'로 만들려는 블루필 길들이기의 성공 여부는 그 '남자'가 여성 위주의 문화에 얼마나 잘 협조적인가에 달려 있다. 그러므로 성별의 구분을 흐릿하게 만들고, '네 거지 같은 아버지는 엉망으로 싸놓고 변기 뚜껑도 안 덮었으니' 아들에게는 앉아서 소변을 보라고 싱글맘들이 가정교육을 하는 것이다. 더 나은 '남자', 즉 여자가 받아들일 수 있는 남자는 여자처럼 오줌을 앉아서 눈다.

장차 남자가 될 소년을 혼자서 기르고 있는 싱글맘들이 갖고 있는 사고방식을 풍자해 봤다. 아버지를 혐오하는 남자애는 남성성을 혐오하는 성인 베타 남자로 자란다. 소년을 대상으로 하는 여성향 사회적 길들이기도 두말할 필요 없이 잔인하지만, 남자가 절대 그렇게 되어선 안 되는 '모범적인 베타남' 역할의 살아 있는 본보기가 되고, 이후 그렇게 살기 위해 평생을 헌신하는 모습을 다른 남자들에게 홍보하는 것만큼 길들이기의 효과를 강화하는 것은 없다. 그리고 앞서 언급한 대로, 저런 마음이 나름 정당할지는 모르겠지만 최종적으로 남자가 치러야 하는 대가는 똑같다. 쓰레기 같은 자기 아버지처럼 '뻔한 남자'가 되지 않겠다고 다짐하면, 그 대신 여성성과 동일시하기 위해 들인 노력을 또래 여자들이 반드시 인정해 줄 거라 기대하는 베타 남자가 된다.

이는 여자와 잘 어울리기 위해 정말 여자에 가까워지도록 자신을 잘 뜯어고친 남자가 다른 남자들 사이에서 군계일학 효과를 거둘 거라 착각하는 블루필 환상의 연장선이다. 당연한 얘긴데, 현실에선 여자 대다수가 알파의 지배적인 성격을 가진 남자를 더 좋아하기 때문에, 이런 베타 남자들의 '나은 남자가 되겠다는 약속'이 지닌 가치를 여자들은 딱히 인정하지 않으며, 결국 베타남들의 시선엔 이런 여자들이 '수준 떨어지는' 여자처럼 보이는 것이다. 베타남의 이런 사고방식은 활을 먼저 쏘고, 활이 떨어진 자리에 과녁을 그리는 짓이다. (베타남이 자기 행동을 정당화하기 위해 여자를 객관적으로 파악하길 거부하고, 논리를 지어낸다는 뜻 -감수)

앞서 예로 든 청년이 겪고 있는 갈등의 핵심이 바로 이것이다. 이 친구는 어쩌면 아버지의 인생 전반에 걸친 여자 경험에 대해, 더 성숙하게 이해하는 수준에 오를 수도 있었다. 그런데 이렇게 직관적이고 현실적인 통찰은 그동안 믿어 왔고, 자신을 길들인 세상이 부여한 '의무'에 헌신하겠다는 청소년기의 다짐과 충돌한다.

> "내가 아버지보다 나은 남자가 되면, 마음속에 그리는 여자들의 사랑을 받을 자격이 생길 거야. 내가 연애할 때 남녀가 평등해지는 것에 신경 썼기 때문에, 나는 여자친구의 인정을 받을 거야. 하이퍼가미는 중요하지 않아."

25살을 먹고 나서야 그 남자는 자기가 과거의 아버지 똑같은 인간, 딱 그런 남자라는 사실을 차츰 깨닫는다.

## 오이디푸스를 넘어서

당연히 이러한 심리 구조를 오랫동안 그러한 다짐에 감정적 투자를 해 온 베타 남성에게서 뿌리뽑기 정말 힘들다. 실제로 여자들이란 존재가 자기 믿음과 다르다는 사실을 직접 몸으로 겪고, 그 과정에 수반되는 트라우마를 겪는 와중에도, 그리고 심지어 레드필 인식을 접한 뒤에도, 남자로서 '더 나아지겠다'라는 자신과의 약속은 멈추질 않는다. 그 약속 위에 어리석은, 부끄러운 남성성의 원형에 대한 사회적 강화 작업이 영향을 미치고, 그것이 엄마의 연약함, 대중화된 '여성=피해자' 개념 또는 '엿 같은 아버지'라는 엄마의 지속적인 부정적 묘사가 섞이면, 영원히 완벽한 블루필로 살아갈 환경이 조성된다.

그러나 경험에 바탕을 둔 냉혹한 현실 감각을 갖고, 이 '약속을 지키려는 남자들'이 청소년기에 형성한 잘못된 사고의 틀에서 벗어나도록 일깨우는 것이 가능하긴 하다. 그들의 인식을 바꾸는 일이 정말 힘들지만, 일단 눈을 뜨면 이 남자들은 스스로 내면을 들여다볼 수 있다.

이를 위해서 '나쁜 아버지'와 그런 아버지에 대한 아들의 반응이 여성(딸의 경우 남성)과의 교제 방식에 영향을 미친 메커니즘을 이해하는 게 중요하다. '약속을 지키려는 남자들'에게는 '어머니란 여자'가 과거 자신을 거절한 여자들, 그래서 청소년기에 자기가 순진했다는 걸 깨닫게 해준 그런 여자들과 똑같은 부류의 여자라는 사실이 의식적으로 마주하기엔 너무나도 불편한 진실이다. '약속을 지키려는 남자들'을 흔들어 깨우는 원동력은 두 가지다. 늘 말과 행동의 앞뒤가 맞지 않는 엄마의 모순과 연애 시장에서 유리한 위치에 오르고도 굳이 저런 약속을 고집스럽게 지킬 것인지에 대한 내적 갈등이다.

## 아버지가 가장 잘 알지

어떤 아버지가 조언을 간절히 구하는 편지를 보냈다. 어떻게 하면 이혼한 아버지가 레드필을 이용해 멀어진 아들과 관계를 다시 회복할 수 있을지에 관한 물음이었다. 참 좋은 질문이라고 생각한다.

이혼한 레드필 아버지가 사이가 멀어진 아들에게 어떻게 접근할 수 있을까요?

저는 꽤 오랜 시간이 지난 후에, 아들과 통화하는 날짜를 정했습니다. 제 이전 가족과의 관계가 부드럽게 표현해서 조금 재미있다고 생각할 수도 있겠네요. 제 딸은 소셜 미디어 계정의 자기 이름에서 제 성을 빼버렸습니다. 제 아들은 자신을 '영거 서네임Younger Surname'이라고 부르고, '가운데 이름(middle name)'을 '빌어먹을(Fucking)'이라고 지었어요. 옛날 젊었던 시절 제 모습이 약간 보이긴 하지만, 그래도 잔뜩 화난 것처럼 보입니다.

이런 상황이 정 때문일 수 있다는 말을 듣지만, 한바탕 연락을 주고받은 후에 다시 연락이 끊기고 이전의 나쁜 상황으로 돌아갑니다. 불가피하고 아마도 당연하겠지만, 아들은 자기 엄마를 향한 선천적인 충성심을 지니고 있어요. 그리고 가끔 '무슨 무슨 인민 공화국'이라고 불릴 정도로 진보적인 분위기에서 성장했습니다. 그래서 제 질문은 '어떻게 아들과 다시 함께할 수 있을까?'입니다.

'아들과 함께한다'라는 뜻이 여러분이 아들에게 '나는 네게 주입된 이미지만큼, 그 정도의 쓰레기는 아니란다'라고 설득한단 뜻이라면, 그 일의 실현 가능성은 여러분의 과거 행적, 그리고 아들이 유연하게 여러분 입장에 귀를 기울일 수 있는지에 달려 있다. 그렇긴 하지만, 여러분에게 맞서고 있는 외부 세상은 여러분의 아들을 길들이고, 여러분이 내린 과거 결정과 당시 상황과 관련하여, 아버지를 혐오할 뿐만 아니라 자신의 성별까지 질색하게 몰아간다.

그러면 자연스럽게 다음 질문으로 이어진다. 어떻게 끊어지거나 비뚤어진 아들 또는 딸과의 관계를 레드필 인식을 얻은 뒤 다시 일으켜 세울 것인가?

이런 시나리오에서, 이미 일이 벌어진 후에 아버지가 아들과 긍정적인 관계를 다시 확립하려고 시도하기는 매우 어렵다. 아버지의 부재 속에서 아들이 받은 오염된 양육, 여성 중심적인 길들이기를 뒤집는 것은 오히려 아버지의 부재로 인해 '피해자 지위'를 차지하게 된, '대디 이슈'를 가진 딸의 예민한 문제를 처리하는 것보다 더 어렵다.

우리의 아들들이 여성 중심적인 사회가 심어 준 아버지에 대한 모든 종류의 부정적인 인식을 믿는 현실이 안타깝다. 아이의 인격 형성기에 엄마가 현명하게도 아버지에 대한 분노와 부정적인 인식을 아들에게 주입하지 않은 극히 드문 경우더라도, 여성 중심의 사회 풍조와 대중문화가 여전히 저 바깥세상에 존재하며, 부정적인 아버지의 인상을 아들에게 각인하고 굳어지게 만든다.

게다가, 여성향으로 길든 여러분의 아들은 베타 게임을 통해 자신을 돋보이게 하려는 전략의 일환으로, '아버지 세대의 여성혐오의 희생자'라는 서사에 동의하는 척하면서 연애에서 실리를 챙기려고 시도할 가능성도 있다. 아들이 '아버지의 실패를 극복한 남자'라는 이미지가 또래 여자들에게 섹스 어필이 될 거라고 착각할 수 있다. 여자 눈에 자기가 돋보일 것이라는 착각, 일종의 '미래의 여자를 위한 더 밝은 희망'이 되려는 것이다.

가령 친한 친구를 레드필 인식에 눈을 뜨게 하는 일은 어렵다. 친구가 사회화 과정에서 오랜 세월 자발적으로 감정 투자를 해온 대상을 향해 의심을 제기하는 것, 그리고 관점을 바꾸도록 마음을 여는 방법을 찾고자 하는 쪽은 여러분이 아니라 당사자여야 한다. 여러분은 다른 남자에게 레드필 깨달음을 '만들어 줄' 수 없다. 그 남자가 어떤 방식으로든 그것을 찾아야 하고 닿아야 한다. 이것은 깨달음을 주고자 노력하는 그 대상이 여러분의 아들일 때, 반드시 더 명심하고 냉철해져야 한다.

　이런 곤경에 처한 아버지에게는 남성성의 상징으로서, 즉 여성 중심적인 사회가 남성성에 죄책감을 갖도록 하기 위해 아들에게 지금껏 심어놓은 모든 부정적인 측면을 대표하는 존재로서 자신의 이름을 지워야 하는 부담이 따른다. 내가 지금까지 만난 반 남성성 운동의 최전선에서 가장 열광하는 남자들은 모두 '나쁜 아버지'를 두었다는 공통적인 특징이 있다. 그런데 정작 '자식을 방치하는 엄마들'은 관습적인 여성성을 훼손하지 않는다.

　남자들이 레드필 진실을 깨닫고 받아들일 때, 꽤 고통스러운 부분은 남자들이 과거에 블루필 환상에 따라 내린 선택과 이로 인해 야기된 결과와 타협해야 하는 것이다. 어리고 아직 착각에서 벗어나지 못한 베타 남자들이 블루필 이상이라는 당근을 좇느라 인생을 낭비한 것에 대해 자신에게 화가 나는 건 당연하다. 하지만 나이 든 남자가 느끼는 분노, 즉 자신과 자식들(결혼의 유일한 이유였다)의 인생이 블루필 환상을 추구한 결과물이라는 사실을 깨닫고 난 후 느끼는 분노에 비하면 약과다.

　자식을 둔 아버지들이 레드필에 눈을 뜨면 분노가 두 배가 된다. 블루필 환상에서 깨어나면 자녀의 태도, 자발적으로 블루필 환상을 위해 굴종한 본인의 모습이 자기가 믿었던 블루필 이상주의의 직접적이거나 간접적인 산물이라는 사실을 인정해야 하기 때문이다.

　다행히도 나는 내 딸이 태어나기 전에 레드필 진실을 깨달았고, 미래를 생각해서 몸소 딸에게 모범을 보이며 살았다. 그러나 비슷한 곤경에 처한 남자들이 이제 레드필을 깨닫고 블루필에 젖어있던 과거의 자신과 멀어지고, 과거의 자신을 용서하고 화해하는 것이 얼마나 불가능에 가깝게 어려운 일인지 충분히 이해한다.

　저런 상황은 여러분 중 누구도 겪고 싶지 않을 정도로 고통스럽다.

　그러면 어떻게 해야 한단 말인가? 첫 단추는 여러분 앞에 놓인 현실과 화해하는 것이다. 아들을 눈 뜨게 하는 일을 일생의 사명으로 삼되, 그 일에 착수하기 전에 고려해야 할 몇 가지 사항이 있다.

　일단 처음부터 냉정하게 보일까 봐 좀 그렇지만, 여러분의 아들과 조카, 남동생 등이 이미 너무 늦었을 가능성에 대해 각오하라. 『합리적 남성』의 격언 중엔 '남자들을 여성화에서 벗어나게 하는 것은 전쟁터에서 부상자를 분류하는 것과 같다'는 말이 있다. 구할 수 있는 자들은 구하고 이미 늦은 자들에게는 마지막 기도를 해 줘야 한다. 이러한 판단의 기로 앞에서, 여러분의 레드필 렌즈를 최대한 감정을 배제하고 객관적인 태도로 사용하는 것이 중요하다. 이를 위해 가족이나 가까운 사람을 거의 임상의가 진단하는 마음가짐으로 접근해야 하고, 아들에게 쏟은 감정적인 투자를 어쩔 수 없이 내려놓아야 하므로 가장 괴로운 과정이다.

이것은 남자 대부분에게 몹시 어려운 주문이다. 간절히 부자 관계를 새롭게 맺고 싶지만 이미 블루필에 빠진 아들을 달래려는 마음에, 레드필 인식에서 적당히 타협하는 남자들도 많다. 그러나 방금 이야기한 함정을 인식하고, 그에 따라 냉정하게 상황을 평가해야 한다.

여러분의 아들이 너무 늦었을까? 여러분을 향한 아들의 평가가 엄마, 학교, 누나나 여동생, 대중문화, 그리고 가장 중요한 또래 여자애들이 여러분에게 가지도록 주입된 믿음에 견주어 볼 때 공정한 편인가? 여러분은 아들의 편견과 싸우고 있을 뿐 아니라, 인간 '됨됨이'에 대한 그들의 편견이 여러분에게 딱 들어맞는다고 아들이 믿도록 '강요'하는 사회 분위기와도 싸우고 있다는 점을 기억해야 한다.

소원해진 아들에게 접근하려고 할 때, 아들의 눈높이에 맞춰 고려해야 할 사항이 몇 가지 있다. 당신이라는 남자에 대해 사람들이 가지고 있는 이미지가 어떤지 정확히 파악하는 것부터 시작해야 한다.

가령 여러분은 아들의 엄마를 '과시용' 트로피 와이프로 만든 쓰레기 같은 아버지인가? 참고로 이것은 인기 있는 문화적 밈이다. 과장된 왜곡이기는 하나, 그 밈이 인기 있는 이유는 '원한'이라는 여자의 타고난 욕망에 기름을 부어주기 때문이다. 당장 그것이 사실인지 아닌지, 맞는지 틀리는지는 아무런 상관이 없다. 핵심은 여성 중심적 문화 코드에 따라 아들이 여러분을 인식하는 방식을 이해하는 것이다.

여러분은 프레임을 한 번도 가져본 적이 없는 남자(또는 아내가 아이들을 임신했을 때까지도 프레임이 뭔지 모르던 남자), '친절하게' 잘 협조하고 모든 것을 이해해주는 블루필 유형의 아버지인가? 남자가 주도하고 지배하거나, 남자 자신의 이익에 관심을 두어야 한다고 생각하는 게 남자의 '권리'가 아니라는 식의 평등 이념을 받아들인 사람인가? 여러분은 애 엄마의 의지에 따르기만 하고, 그 결과 무력한 아버지에게 가족을 믿고 맡길 수 없으니, 엄마가 지배적인 남성의 역할을 맡는 방치하는 스타일의 아버지인가?

여러분은 스스로를 정서적 기준점으로 둬 본적도 없이 살다가, 나중에야 레드필 인식을 갖게 된 아버지인가? 여기에 해당한다면, 여러분은 위에 예로 든 '쓰레기 같은 아버지(과도한 알파 타입-감수)'보다 상황이 더 안 좋다. 본인의 베타 성향을 바꿀 생각이 없으면서, 당신에게도 낯설고, 아직 어울리지도 않는 레드필 인식으로 아들을 깨우려고 하기 때문이다.

내가 여러분의 각자의 상황에 맞는 구체적인 공식이나 지침을 제공할 수는 없다. 그러나 처음 이 작업을 시작하기 전에 고려해야 할 중요한 사항들을 알려줄 수는 있다. 이는 여러분이 딸과의 관계를 다시 고치고 싶을 때도 똑같이 중요한 사항들이긴 하나, 딸에게는 약간 다르게 접근해야 할 필요가 있다. 딸에게 적용할 때 알아야 할 차이점은 뒤에 언급할 것이다.

· 아들/딸, 엄마, 식구(아내와 여러분의 여자 형제, 어머니, 아버지, 친한 친구 등)가 가진, 과거 블루필로 살던 여러분을 향한 그들의 인식을 확인하라. 레드필에서 새롭게 깨달은 내용을 토대로 여러분을 향한 관점을 제대로 살펴라.

· 여러분이 벗어나야만 했던 블루필 환상에 아들이 얼마나 물들었는지 파악하라. 엄마의 (좋거나 나쁜) 영향력, 학군 분위기, 사귀는 친구들, 즐겨 듣는 음악과 시청하는 미디어, 아들이 좋아하는 여자애들이 어떻게 아들의 외적인 인격을 빚었는지 파악하라.

· 아들과 관계를 복원하려는 노력을 기울일 때, 여러분의 레드필 인식을 토대로, 아이가 얼마나 저항할지 객관적으로 예상하라. 여러분이 '알파 쓰레기 아버지'이고 아들은 착한 베타남인가? 아이가 여러분 때문에 '약속을 지키려는 남자들'의 사고방식을 갖고 있는가? 그렇다면 여러분이 레드필을 믿는 '약한 베타 아버지'일 때와 다르게 접근해야 한다.

·과거 아들의 엄마와 연애하던 시절, 여러분은 연애에서 '프레임'을 갖고 있었나? 그랬다면 결혼 생활 동안 그 '프레임'이 사라졌는가 아니면 아들이 당신에게서 여전히 그러한 남자다운 흔적을 볼 수 있는가? 당신이 보인 (강하거나 또는 약한) 남자로서 모범과 여성 중심적인 사회가 남성성을 왜곡하고 혼란스럽게 만든 결과가 만나, 아들이 아버지의 남성성을 어떻게 생각하는지 파악하라. 이것이 아들과 다시 관계를 맺을 때 여러분이 고려해야 할 사항이다.

· 여러분의 아들은 여러분이 레드필을 접하고 재창조한 외적 인격에 대해 다시 생각할 만큼 성격이 유연한가? 아들의 남성성에 대한 관념은 남성성에 대한 엄마의 틀린 해석, 즉 '여성식 올바름'이라는 이상향의 영향을 받았을 가능성이 크다. 그러므로 아들은 여성과 동질감을 느끼고 '여성의 요구(Feminine Imperative)'를 충족하는 데 집중한다. 그런 만큼 여러분이 가진 관습적이고 상호 보완적인 남성성이 아들에게는 자기도 모르게 물든 성인지 감수성 때문에 불편하게 느낄 수 있다.

이상 아들과 다시 관계를 맺는 시기와 방법을 고민할 때, 아버지들이 고려해야 할 것들을 설명했다. 딸에게 비슷한 노력을 기울이기 전에 아버지가 고려해야 할 사항들이기도 하다. 딸의 경우에는 레드필 인식에서 여자를 다룰 때 남자들이 참고하는 원칙과 더불어 '게임'의 기초 원리를 많이 참고하라고 권하고 싶다.

아들을 가진 아버지 대부분은 '쓰레기 같은 아버지'까진 아니더라도, 언젠가 어떤(많은) 면에서 아들에게 실망을 안기는 날이 있을 것이다. 그런 개인적 실망이나 여성 중심적인 사회 환경, 이혼으로 인한 정서적, 재정적 피해에 대한 아들의 예민한 상태를 가볍게 보는 것은 아니나, 나라면 이런 실망감을 아들과 아버지, 둘을 위한 기회로 삼으려 최선을 다할 것 같다. 그 과정이 시종일관 즐겁거나 유쾌할 것이라는 뜻은 절대 아니다. 그러나 여러분과 아들이 사별한 것도 아니고, 소원해진 아버지가 당시 상황에서 본인이 처한 입장을 아들에게 이야기할 수 있으며, 가능하다면 아들에게 레드필 인식을 가르칠 수 있는 의미 있는 기회이기도 하다.

대부분의 경우처럼, 아들의 레드필 수용력이 제일 좋아지는 순간은 아들이 어떤 여자에게 크게 데이고 상처 입을 때다. 아버지로서 자기가 견뎠던 고통을 아들이 견디는 모습, 블루필에 따른 잘못된 믿음(또는 블루필 사회가 아들을 노골적인 착취한 경우)으로 아들이 고통 겪는 모습을 보는 일은 어쩔 수 없이 삼켜야 할 쓴 약이다. 특히 아버지 본인이 블루필을 따른 결과 아들이 태어난 경우라면 지켜보는 게 더 괴롭다.

## 돌아온 탕아

레드필 아버지는 이런 기회의 순간을 늘 잘 포착해야 한다. 남자가 자기도 모르게 레드필 커뮤니티를 찾게 되는 것은 바로 개인적인 상처 때문이다. 레드필 남자가 이런 기회를 기다리는 게 다소 지독해 보일 수 있지만, 개인적인 트라우마 덕분에 여성 중심적인 사회에서 포상을 좇고, 상식처럼 편안했던 신념을 향해 심리적으로 매몰되는 악순환에서 벗어날 수 있다.

남자(여러분의 아들)들이 레드필 진리를 들어볼 마음이 생겼을 때 보내는 신호를 파악하라. 더 중요한 것은 여자와 관련된 상처가 아들이 안주했던 편견 속 안전지대를 뒤흔들 때, 언제나 아들에게 달려갈 준비를 하는 것이다. 그러면 여러분의 속사정과 레드필의 진실이 아들에게 그만큼 더 충격적으로 다가올 것이다. 가령 영혼의 단짝이라 여겼던 여자친구가 『합리적 남성2: 예방의학』에서 '깨지는 시기(Break Phase)'라고 부른 시기에 이르러, 아들을 내다 버리고 새로운 대학생 애인에게 가버려서 아들이 방황하는 경우다. 또한 남자에게 필요한 것을 얻을 때만 '쓸모 있는 베타'로 자신을 이용했던 여자친구를 상대로 아들이 환멸을 느낄 수도 있다.

제일 흔한 경우는 아들이 '동등한 관계(Relational Equity)'라는 이상을 갖고, 그것에 따라 매사에 사회적으로 올바른 행동만 하고, 여자들이 보편적으로 인정하고 일반적으로 보상해 줄 것이라 믿었던 사회적 규칙에 따랐지만, 정작 여자들은 그 규칙을 따르지 않고, 개무시하고 깨버리는 모습을 본 경우다.

아들이 집착 수준으로 믿어 온 남녀 평등사상을 아들이 실천할 때, 여자들에게 좋은 평판을 얻게 될 거란 소리를 귀에 딱지가 앉게 항상 들어왔고, 본인이 잘하고 있다고 생각했지만, 결국 하이퍼가미가 눈 앞에서 그 믿음을 박살 낸다. 바로 이 시기에 젊은 남자는 아버지에게 균형 잡힌 견해를 구할 수 있는데, 특히 아버지에게도 비슷한 역사가 있다면 일이 더 잘 풀린다.

레드필 아버지는 이런 상황을 잘 준비해야 한다. 이런 상황이 아들과 다시 이어질 수 있는 희망을, 아들을 레드필 진실에 눈뜨게 하려는 바람을 훨씬 쉽게 이루어지게 할 수 있다. 물론 스트레스받고 힘든 시기겠지만, 그것을 넘어섰을 때 얻을 기회를 봐야 한다.

'합리적 남성' 블로그에 자주 방문하는 한 독자가 아주 감동적인 아버지와의 재회 이야기를 들려줬다. 이 장에 꼭 필요한 내용이라 옮겨본다.

아버지는 나와 이런 대화를 나눌 수 있기 전에 돌아가셨다. 아버지는 자수성가한 남자로 단단한 화강암 같았다. 그러나 여성향 질서(Feminine Imperative)가 몰고 온 우박 폭풍과 망치와 정을 손에 쥐고 조울증을 앓던 어머니를 오랜 기간 겪은 후, 아버지의 자아상은 무너지고 지하실로 몰래 들어가 TV나 보는 것이 유일한 낙이 된 짐수레 끄는 말이 되었다.

아버지는 그렇게 쓰레기는 아니었다. 그러나 내 안에는 아버지에 대한 분노가 있었다. 그의 줏대 없음, 여성향 질서에 부응하려는 끝없는 노력, 완벽하게 결여된 자존감이 유발하는 분노였다. 아버지는 아낌없이 주는 사람이었다. 그러나 그가 선물을 내놓을수록 한층 더 사라지는 존재감을 지켜보는 것은 고통스러웠다. 더불어 아버지와 어머니는 나에게도 그런 모습을 물려주려 했다. 나는 예의 바르고, 기개 넘치고, '친절'해야 했지만, 공격성을 보여서도, 내 힘을 부당하게 발휘해선 절대 안 되었다. 나는 너무 블루필이었다. 그래서 당연히 존재가 곧 고통 그 자체가 되었다.

아버지가 돌아가시기 전에(내가 서른 살이었을 때) 나는 아버지를 종종 찾아뵙곤 했었는데, 우리는 작업실에 스스로를 가둔 채 뭔가 만들곤 했다. 아버지도 내게 말해주고 싶은 것이 있었고 나도 묻고 싶은 것이 있었지만, 우리는 표현할 방법을 찾지 못했다. 나는 이혼하기 직전이었고, 아버지는 다른 곳으로 떠나기 직전이었다. 우리 둘 모두에게 너무 늦어버린 순간이었다.

120

하지만 우리는 목재를 이리저리 돌리면서 몸과 손으로 말했다. 직선의 생각이 있었지만 빙빙 돌리면서 또는 옆길로 새면서 우리만의 대화를 잇고는 했다. 마침내 그렇게 조용히 주고받던 말들이 형태를 갖추기 시작했다. 나무 깎는 선반은 우리 발 주변에 쌓이는 둥글게 말린 소나무와 함께 수년간 침묵으로 묻어뒀던 것들을 꺼내놓게 했다.

아버지는 손아귀의 힘이 너무 약해졌다는 걸 인정하고 싶지 않아서 내게 나무를 자르게 했다. 나는 방법을 가르쳐 달라고 했다. 아버지는 20년 전 내가 처음 그 기계를 봤던 때와 똑같은 방식으로 가르쳐주셨다. 그때는 아무것도 하기 싫게 만들 만큼 짜증나게 하던 그 대화가 이제는 반가웠다. "나도 안다구요!"라는 말이 "그 방법을 까먹고 있었네요. 감사해요."로 바뀌었다.

아버지는 항상 내가 자신보다 나은 남자가 되기를 바라셨다. 나는 아버지가 자신을 위해 더 나은 남자가 되기를 바랐다. 아니 나를 위해서도 그렇다. 나는 바위 같은 아버지를 원했지, 꼭두각시를 바란 건 아니었다. 남자가 굳건하게 자기 자리를 지키지 못하는 모습에 불안을 느끼는 것은 단지 여자들만은 아니다. 어린 남자들도 그렇다. 그러나 지독하게 무거운 블루필 길들이기와 숨막히는 공기에 짓눌려, 그런 대화들은 보글보글 솟아오르는 거품처럼 꺼져버린다.

내가 그날 이후 하루아침에 레드필 지혜에 이른 것은 아니다. 하지만 어떤 직관이 싹텄다. 그게 시작이었다. 그 직관이 자라기엔 시간이 조금 더 필요했다. 그만큼의 고통도 필요했다. 그러나 나는 아버지에게서 나온 아버지의 변주, 내가 아버지에게 늘 바랐던 모습에 훨씬 더 가까운 존재가 되어가고 있었다. 아버지는 내게서 그것을 보셨다. 그리고 누누이 느끼지만, 그것이 아버지가 그날 내게 주신 선물이었다.

레드필 깨달음을 얻은 지금 나는 내가 내린 선택뿐만 아니라 아버지의 선택도 이해한다. 내 선택은 나를 내주는 원칙에 따르는 것이 많았다. 그것은 겉보기엔 아름답지만 파괴적일 수 있다. 아버지는 아들에게 이런 것들, 배신의 바다를 지나 아들을 기다리고 있을 즐거움에 닿을 수 있게 항해하는 방법을 가르치는 말들을 건네야 한다.

남자로 커가는 소년은 어떤 이유든지 아무 때나 아버지를 향해 나쁜 감정을 품을 수 있다. 궁극적인 진실을 위해서는 그런 과정을 겪는 게 차라리 낫다. 언제든 써먹을 수 있는 기술을 습득하게 하는 아픈 교훈의 순간들, 여성 중심적인 사회 질서(Feminine Imperative)에 속박된 형제들을 풀어주기 위한 거친 대화들, 여러분이 떠난 지 한참 후에 그리고 아들이 미래를 바라보고 끌어안을 때, 그의 영혼에 양식이 될 함께한 그 짧은 순간들이 도움이 될 것이다. '쓰레기'가 되어도 그런 쓰레기가 되어야 한다.

나무를 자르는 올바른 방법을 배우려면 톱밥이 생기는 것을 피할 수 없다. 그러나 부스러기가 싫어서, 그 기계의 작동법을 모르쇠하고 평생을 사는 것은 부스러기를 치우는 일보다 훨씬 고통스러울 것이다.

이 이야기는 여러분이 오늘날 만연한 '여성식 올바름'이라는 사회 규범을 두려워하지 않고, 그것에 거리낌 없이 맞서는 레드필 인식을 가진 남자와 아버지로 버텨야 하는 진정한 이유를 보여준다. '여성 지상주의 명령'(Feminine Imperative)이라는 서사, 여러분 아들의 남성성을 언제든지 없애려는 이 '공동체'는 이러한 이야기를 종교마냥 감정을 강화하는 순간 정도로 여기겠지만, 반대로 이런 남자들의 이야기는 여성향 질서가 획책한 계략 때문에 생기는 일들이 무엇인지 똑바로 보여주는 사례다. 이것은 경고다. 아버지와 아들 사이의 가슴 아픈 성찰의 순간을 말하려는 것이 아니라, 평생 사회적 질서의 그늘에서 벗어나지 못한 아버지들과 '여성식 올바름'의 길을 따르는 아들들이 마주할 서글픈 현실에 대한 경고다.

우선 아들을 편안하고 감정이 동요되지 않는 활동에 참여하도록 하자. '여자는 말하고 남자는 행동한다'는 말을 기억하라. 신중하게 숙고하고 계획된 목표를 끝까지 함께 공유하라. 요즘 시대의 아들들은 관습적인 남성성에 대한 개념이 전무하므로, '실천하는 것'에 불편함을 느끼고 심지어 비웃을 수도 있다. 그런 반항도 예상해야 한다.

엄마 이야기는 꺼내지도 말라. 그러면 여러분의 영향력과 엄마의 영향력 사이의 차이를 아들이 의식하게 한다. 아들은 남자가 어떻게 행동하는지, 남자가 어떻게 삶을 살아가는지, 자신을 연약하게 만드는 분노를 품지 않고 어떻게 최선을 다해 상황을 극복하는지 함께 겪으면서 배워야 한다.

아들에게 매노스피어를 접하게 하고. 내가 쓴 책들을 읽도록 하라는 말을 하지 않으면 내 입장에선 임무 태만이겠지만, 나나 다른 레드필 작가들이 남자들의 눈을 뜨게 하려고 만든 콘텐츠들을 아들이 받아들일 준비가 되었다는 확신이 설 때만 그렇게 하라. 아들에게 매노스피어를 너무 일찍 소개하면 여러분과 진정한 남성성에 대해, 여성주의에 입각한 부정적 편견만 오히려 강화할 수 있다. 차라리 아들이 여러분이 몸소 보이는 모범을 통해 남성성의 장점을 깨닫는 것이 더 낫다.

인내심을 가지고 아들들이 깨달을 때까지 마음의 문을 열어 놓고 끝까지 기다려야 한다. 지금까지 살면서 여러분이 큰 영향력을 발휘해 본 적이 없다면, 급하게 아들에게 아버지 노릇을 하려고 하지 마라. 당장 여러분은 아들에게 아버지가 아니다. 대신 여성 중심적인 사회 질서(Feminine Imperative)가 아버지인 셈이고, 아들의 목표와 계획도 아직 그들의 손아귀에 있다. 이 점을 반드시 기억해야 한다.

가능하다면 전화로 깊은 대화를 하지 마라. 내 생각에는 전화나 문자, 이메일은 면전에서 거절당하는 고통을 덜어주는 완충제일 뿐, 진지한 대화를 나누기에 적합한 매체가 아니다. 아들과의 관계를 다시 구축하려는 시도는 오랜 시간에 걸쳐 얼굴을 마주 보며 이루어져야 좋다. 말로 떠들지 말고 몸소 보여주라. 행동이 말보다 더 효과적이다. 여자에게도 마찬가지다. 남자가 논쟁이나 장황한 설명으로는 여자가 남자와 함께해야 할 이유를 여자에게 절대 확신시키지 못한다. 여러분의 인품, 이루어낸 업적, 그에 걸맞은 행동으로 여러분이 존경할 만한 가치가 있는 남자고, 함께 갈만한 남자임을 깨닫게 해 줘야 한다.

## 아버지 소외

이 주제와 관련해 여러분이 또 고려해야 할 사안이 있다. 여성의 중심적인 사회질서 덕분에 잘 알려진 '아버지 소외'라는 문제다. 아이들을 방치하지 않고 경제적 책임을 다한 아버지가 서서히 부모로서 역할이 줄어들다가 사라지는 모습을 의미한다. 짧게 말해 전처가 자녀들이 어릴 때 재혼하면, 새 남자가 아이들의 아버지 역할을 맡아 여러분을 완전히 대체할 것이다.

기본적으로 여러분이 아이들 주변에 있지 않으면 새로 들어온 남자가 아버지로 대접받는다. 여러분이 근처에 있더라도, 그러한 사실은 아이들에게 잘 알려지지 않는다. 아주 다양한 측면에서, 여러분은 자녀의 새아버지가 될 남자의 사고방식 및 기질이 여러분의 아들 또는 딸이 어른으로 성장할 때까지, 아이들의 성향에 미칠 영향을 신경 써야 한다.

만약 새아버지가 베타라면 여러분에게 레드필 관점이 있으니 아이들과 다시 관계 맺기가 훨씬 쉽겠다고 생각할 수도 있겠지만, 아이들이 레드필 기사단에 홀딱 빠지지 않은 이상, 새아버지와 엄마가 블루필, 즉 자녀 마음속에 자리 잡은 여성 중심적인 믿음을 오히려 이중으로 강화할 것이다. 두말할 필요도 없이, 이걸 막으려고 친아버지가 아들을 그런 환경에서 아들을 벗어나게 하려고 노력하면, 오히려 아들과 다시 관계를 회복하기가 더 힘들어진다.

그런데 흥미롭게도 딸과 관계를 다시 회복하려 할 때는 베타인 새아버지가 여러분에게 유리하게 작용할 수 있다. 그런 식으로 멀어진 대부분의 딸은 자신의 하이퍼가미가 요구하는 긍정적인 남성성의 지배력에 목이 마르다. 딸의 깊숙한 본능 어딘가에선 베타인 새아버지가 결코 하이퍼가미에 적합한 남성성의 모델이 아니라는 걸 은연중 알고 있다.

급진적 페미니스트들과 페미니즘에 철저히 세뇌된 소녀들조차 아버지에게 원했지만 찾을 수 없었던 지배적인 남성 권위를 여전히 갈망한다. 딸에게 남성성이 제거된 베타 새아버지와 여러분의 남성성을 비교하고 체감할 수 있게 하면, 친딸과 관계를 다시 회복하는 일이 아마 더 쉬워질 것이다.

## 아들을 위해 레드필로 살아라

이혼한 아버지는 자기 인생에서 더 강한 알파가 되어 리더십의 모범이 되고, 아들도 따르고 싶어 할 사회생활을 영위하며, 그런 삶에 아들을 초대하는 방식으로 아들을 도울 수 있다. 아버지가 남자처럼 행동해서 더 젊은, 더 멋진, 더 착한 여자친구나 새엄마를 얻었다고 솔직히 말해줘라. 아들이 아빠의 새 아내와 유대를 맺고, 그 여자가 얼마나 멋진지 알게 하고, '사랑의 대상'으로서 아들의 애착과 관심을 그 여자에게 이입하게 하라. 늘 말하지만, 말보다 직접 보여주라. 그런 현실이 아들에게도 일어날 수 있는 실현할 수 있는 현실이란 걸 직접 보여줄 필요가 있다.

아들의 오이디푸스 콤플렉스Oedipal Complex가 이 새 여자에게 맞춰 다시 설정될 수 있다. 아버지가 말로 구구절절 설명하지 않아도, 아들은 자기 엄마 또는 자기에게 영향을 끼친 '그 사상 공동체'에 찌든 여자들과 아버지의 여자를 비교하기 시작할 것이다. 결국 아들은 더 매력적인 쪽을 갈망하게 되고, 자신도 그런 여자친구를 얻기 위해 자기 삶을 그에 맞춰 개편하는 법을 아버지에게 배우고자 할 것이다. 아버지가 전통적인 남성성을 지니고 있으면서, 더 바람직한 인간관계를 생성하고 있다면, 아들도 아버지의 새 여자를 롤 모델로 갈망하고, 비슷한 관계를 획득하기 위해 아버지를 모방하면서, 오이디푸스 콤플렉스를 훌륭하게 극복해 스스로 남자다워지는 법을 배우게 될 것이다.

아들이 레드필 인식을 받아들이고 그것을 완전한 인생의 방식으로 만들려면 아버지가 스스로 일어서야 한다. 여러분이 맺는 여성과의 관계가 아들이 배워온 여성 우월주의 추한 부분과 선명한 대조를 이룬다면, 아들이 '스스로' 무엇이 진짜인지 깨닫는 일은 훨씬 더 쉽다.

## 멘토 되기

마지막으로 친아들이 아니더라도, 여러분은 젊고 어린 남자들에게 레드필 멘토가 되어야 한다. 나는 지금까지 한동안 젊은 남자들과 가볍고 간접적인 멘토링 관계를 맺어왔다. 여러분에게 딸만 있을 수 있고, 아니면 아들도 있을 수 있지만, 일상에서 만나는 다른 사내아이들의 친구들이나, 다른 젊은 남자들도 레드필을 깨달은 모범적인 남자와 교류를 통해 큰 도움을 얻을 수 있다. 이런 긍정적이고 관습적인 남성성을 몸소 보여주는 방식으로, 젊은 남자들에게 주입되고 있는 '그 사상 공동체' 의 해로운 영향력을 희석해야 한다.

이런 레드필 인식이 완전히 자리 잡아 삶 자체가 된 남자라면, 자신의 생활방식 과 버릇, 남자 및 여자와 교류에서 그런 인식을 주변 사람들에게 몸소 보여주는 것 이 일상이 될 것이다. 그러나 늘 기억해야 할 점은 다음과 같다. 젊은 남자들은 여성 향 사회(Feminine Imperative)가 학교와 매체를 통해 가르친 것들을 여러분의 태 도와 행동에 비추어 해석한다는 점이다. 여러분이란 예시가, 심지어 여러분의 아들 이 아니더라도, 그 아이에게 사회가 '길들인' 것들과 비교 대상이 된다. 이런 외부적 인 영향력을 알고 있어야 한다. 여러분이 자리에 없을 때, 그들은 여러분에 대해 이 야기할 것이다. 여러분은 젊은 남자와 젊은 여자, 그리고 여러분의 인격을 깎아내리 기에 안달인 '그 공동체' 여자들이 한가할 때, 뒷담의 대상이 될 것이다.

의식을 못하더라도 여러분은 결국 젊은 남자들의 멘토 역할을 하게 된다. 이것 을 인식하고 여러분이 미치게 될 레드필 영향을 인지하고 있는 편이 훨씬 좋다. 그 소년의 아버지가 아이에게 남긴 남성상과 비교할 대상을 여러분이 몸소 시연하고 있다는 사실을 제대로 자각해야 한다. 통계적으로 볼 때, 그 아이의 아버지는 블루 필에 길든 베타이거나, 베타 아버지지만 양육에 참여하지 않는(부재한) 아버지일 가 능성이 크다. 여러분이 남기는 남성성의 인상이 긍정적이고 관습적으로 남자다운 남성성이 무엇인지 보여주는 유일한 사례일 것이다.

베타 아버지가 보여줬거나, 싱글맘과 '공동체'의 엄마가 아들에게 주입한 블루 필 이상형에 따라 길러진 어린 남자에게는 당신의 존재가 극도로 대조되어 보일 것 이다. 또 명심해야 할 점이 있다. 레드필 부모는 스스로 하나의 '공동체'을 이루어, 여성향 '공동체'에 대항해야 한다. 반드시 기억해야 할 중요한 임무다. 여러분의 아 들들이 남자로 발전하는 데 직접 모범을 보일 수도 있지만, 다른 소년의 멘토가 되 어 아들과 같은 레드필 양육의 울타리 안으로 들인다면, 여러분이 직접 낳은 아들과 더불어 다른 남자들을 위한 레드필 스승이 될 수 있다.

멘토가 될 기회를 찾아라. 꼭 보이스카우트 단체의 지도자로 지원하라는 말이 아니다. 그냥 일상에서 눈에 띄는 기회가 있는지 늘 살펴보라.

# 딸을 어떻게 키워야 하는가?

내 딸이 15살쯤 되었을 때 자신이 레드필 아내(엄마)라고 주장하는 한 여성과 논쟁한 적이 있다. 그 여자는 단호하게 자기 딸들을 홈스쿨링으로 교육하고, 딸들이 현지의 주립대학에 진학하여 통학하는 경우에만 학비를 대주겠다고 했다. 여대생들이 고백하는 '기숙사 생활'과 술에 취해 난잡한 청춘을 보내는 여대생들에 대한 인터넷 이야기들이 이 엄마를 두렵게 만들었겠지만, 그보다 딸들의 독립을 주저하게 한 더 큰 요인은 딸들의 순수하고 백지 같은 머리에 사회주의, 페미니즘, 문화 마르크스주의 이념이 주입될 수도 있다는 염려 때문이었다.

내 입장에선 그러한 두려움을 바탕으로, 딸들이 외부 영향력을 뿌리칠 수 있도록 아무리 세심하게 홈스쿨링을 설계해도, 아이들은 기본적으로 '공동체'의 모든 가르침에 영향을 받을 수밖에 없다고 생각한다. 이 엄마는 TV와 인터넷, 음악, 영화 등 다양한 미디어에 담긴 문화적 서사가 딸들을 '타락'시키는 걸 막기 위해, 노출되는 콘텐츠를 꼼꼼하게 걸러내고 검열하는 사람이었다. 그러나 이런 모든 노력에도 불구하고, 딸들이 사춘기를 한참 지났을 때조차 엄마는 여전히 딸에 대한 거의 집착에 가까운 통제가 필요하다고 느꼈다. 그 두려움이 너무 커서 자기가 감시할 수 있다고 느끼는 같은 주의 두세 개 대학교가 아니면 학비를 대지도, 도움을 주지도 않겠다고 고집했다.

일단 겉보기에는 이러한 두려움은 일부분 '강간 문화'(그리고 여성 중 1/4명이 캠퍼스에서 강간당한다는 명백히 틀렸다는 게 확인된 도시 괴담)라는 밈이 지나치게 과장된 건데도, 흔하다고 믿어서 딸들이 성인이 되어 대학에 가더라도 부모의 감독이 필요하다는 발상 때문에 생긴다. 다른 한편으로는 엄마 본인이 대학 시절 했던 행동에 대한 암묵적인 인정이거나, 젊은 여자들이 구속에서 벗어나 자신의 본성과 성적인 성향을 마음껏 추구해도 될 때, 최종적으로 인생이 어떻게 꼬이는지 엄마의 직접 경험을 통한 깨달음에서 나오기도 한다. 엄마 스스로 대학에 가면 여자들이 어떤 일을 벌일 수 있는지 잘 알고 있을 거란 건 말할 필요도 없으나, 세월이 지난 후 그런 엄마는 그러한 자기 인식을 바탕에 둔 '인생의 방향감각 상실', '책임감 부재' 같은 요소들과 선명하게 선을 그었다.

유명한 토크쇼 사회자인 톰 레이키스Tom Leykis가 지상파 라디오 쇼를 진행할 때 이 주제를 다룬 적이 있다. 그는 엄마들이 라디오 쇼에 전화를 걸어서 자신이 과거에 성적으로 어떻게 '살았는지'(즉 얼마나 난잡했는지), 그리고 지금은 어떤 인생을 살아가고 있는지 이야기해 달라고 요청했다. 그는 방송국에 출근하는 도중 초등학교를 지나면서, 아이들이 하교하기를 기다리는 많은 젊은 엄마들을 보면서 이 아이디어가 떠올랐고, 아이가 없던 20대 때 이 엄마들의 인생이 어땠는지 궁금해졌다고 한다. 이 주제는 걷잡을 수 없이 인기를 끌었고, 남편들은 꿈에도 생각지 못할 과거에 관해 익명으로 털어놓을 기회를 이용해 모두가 오랫동안 기다렸다는 듯이 고백을 쏟아냈다. 그 여성들 한 명 한 명이 마치 지난날의 업적인 양 자랑스러워했고, 거의 향수에 빠진 듯했다.

오늘날의 엄마들은 딸들이 대학 시절 어떤 위치를 점하는지 잘 알고 있다. 엄마들도 줄곧 어린 딸들을 보며, 본인의 '파티 시기'를 간접적으로 복기하고 싶어 하기 때문이다. 그 좋던 시절을 당장 '재현'하지는 않더라도, 자신의 연애에 관한 생각이 이 시대에도 실현 가능하다고 확인하는 것이다. 엄마들이 어린 딸들이 난잡한 쾌락주의자가 되기를 바란다는 뜻이 아니다. 내가 예로든 엄마를 보면 알겠지만 여자들의 바람은 그것과 거리가 아주 멀다. 대신 딸들을 보면서, 자신은 결국 고르지 못해 아쉬웠던 선택지, 자신을 바람직한 길로 인도했을 신중한 선택, 여자의 삶을 건강한 미래로 이끌어줄 아직 닫히지 않은 기회를 딸에게서 본다는 뜻이다.

미국 인구조사국(The Cencus Bureau US)에 따르면, 1940년 조사가 시작된 이후 처음으로 학업 성취에서 여성이 남성을 앞섰다고 한다. 입시에서 발생한 '성별 격차'에 대해 다양한 분석이 있지만, 우리가 놓치고 있는 부분은 여성에게 주어진 사회적 특혜, 남자 수험생에게 요구되는 점점 과도해지는 조건들이다. 2017년 현재 40% 이상의 아이들이 싱글맘 밑에서 자란다. 그런 관점에서 여성의 고등교육 이수율 상승이 출산율 하락은 물론, 여자들이 늦은 나이까지 결혼을 미루는 현상과 대비되는 모습은 흥미롭다.

딸을 기르는 레드필 아버지로서, 우리는 아주 중요한 두 가지 요소를 반드시 이해해야 한다. 첫째, 여러분의 딸의 행태를 지배하는 생물학적 욕망이다. 둘째, 여성 중심적인 사회 질서, 즉 '공동체'가 사회의 층층별로, 기회가 있을 때마다 자연적인 순리를 뜯어고치려 한다는 점이다. '공동체'가 여러분의 아들을 길들이려는 의도와 비슷하게, 딸들도 공동체가 이끄는 아젠다에 맞게 길들이려고 할 것이다. 그것은 자연적인 진화에 따른 남녀 특유의 현실을 무시하는 것이며, 평등주의라는 인공적인 이념을 전제로 그 현실을 모두 왜곡하면서, '여성의 잠재력이 무한하다'고 딸들에게 확신시키는 것이다.

오늘날 평등주의란, '여성 특권(Fempowerment)' 서사를 의미한다. 이 문제에 대해서는 나중에 더 자세히 다루겠지만, 남자애들이 '여성식 올바름'이라는 맥락에서, 자신의 타고난 남성성에 결함이 있다고 세뇌받는 방식과는 반대로, 여자애들은 '강하고 독립적인 여성'이라는 슬로건에 따라 내린 개인적 선택과 그 대가에 대해 어떠한 책임도 지지 않고, 비난도 받지 않는 지위를 당연하게 받아들인다. 즉 여자애들은 자신들의 기본값이 '올바름'이라고 교육받는다.

무엇보다도 아버지들이 딸이 성장하는 모든 과정마다 잊지 말아야 할 점이 이런 사회적 역학이다. 레드필 아버지에게 아동심리학자가 되라는 게 무리한 요구라는 걸 나도 안다. 하지만 여러분의 딸에게 가해지는 '여성 특권' 세뇌가 얼마나 일찍 시작하는지 대부분의 남자들이 까맣게 모른다. 디즈니 영화에 나오는 공주들이 여성향 질서(Feminine Imperative)가 내리는 지상 명령을 대놓고 따르는 방식이든, 걸스카우트가 여자애들의 백지 같은 머릿속을 주물러 여성 중심적인 사회 질서에 맞게 사상을 바꾸는 방식이든 최종 목표는 똑같다. 현실적이고 생물학적인 한계와 무관하게, 여자들의 행동, 선택에 따르는 귀결, 대가와도 무관하게, 어린 여자애들의 기본값이 사회적 차원에서, 개인적 차원에서, 도덕적으로 남자애들(이후에 남자들)보다 우월하다는 개념을 주입하는 것이다.

레드필 아버지는 '공동체'가 호시탐탐 여러분과 딸에게 자신들의 이념을 주입하려 한다는 사실을 반드시 명심해야 한다. 많은 블루필 아버지가 딸과 딸의 엄마에 대한 프레임을 상실하는 것이 이런 외부의 영향 때문이다. 어떤 남자도, 특히 딸의 아버지라면, 학교, 매체, 아이 돌봄 서비스 제공자, 페미니스트 엄마가 딸에게 심어 주려는 세계관에 조금이라도 반대하려 할 때, 딸의 독립성과 '여성 특권'을 지지하지 않는다는 이유로 가차 없이 수치심 공격과 온갖 모욕을 뒤집어쓸 것이다. 블루필 남자들이 빠지는 악순환 중 하나는 여기에 굴종하여, '권위를 존중해야 하는 대상'을 자기 아내에서 딸로 매끈하게 넘어가는 것이다. '프레임이 없는' 베타 제공자형 유부남은 반드시 딸이 모든 것의 중심이 되어야 한다며, 그 의무마저 남자가 감당하도록 만드는 데 쉽게 동조한다. 그 과정에서 여성식 질서(Feminine Imperative)에 의한 딸 길들이기에 적극 가담하게 되는 것이다.

레드필을 떠나서 아버지들 대부분은 이 대목에서 뭔가 끓어오르는 것을 느낄 것이다. "이게 무슨 소리야? 아버지라면 당연히 딸의 삶에 긍정적으로 뒷받침하며 격려하고 힘이 되어줘야 하는 거 아니야?" 맞다. 그런데 딱 그 감정이 정확히 아버지들이 (자신도 모르게) 딸에게 '공동체'가 주입하는 이념을 허용하도록, '공동체'가 아버지들을 설득할 때 이용하는 부분이다. 딸을 위해 가장 좋은 것을 해주고 싶지 않은 아버지가 어디 있나? 나 역시 그렇다. 나도 그런 순진한 마음이 야기하는 대가를 무시하는 실수를 여러 번 저질렀다. 그러나 '여성식 지상 명령'은 당당한 딸과 굽실거리는 아버지란 가정 환경에서 여성 지상주의를 뿌리내리기 위해 이런 아버지의 사랑을 교묘히 이용한다. 오늘날 일반적인 아버지들은 죄책감이 너무 커서 딸과 나란히 서지 않고 딸을 지지하지 않았다는 오명을 반드시 피하고 싶어한다. 따라서 (주로 블루필) 아버지들은 딸에게 '세상의 모든 것'을 '주기' 위해 노력한다.

1부 초반에 우리는 '약속을 지키려는 남자들'에 관해 살펴봤다. 아들들이 커서 '나쁜 아버지'의 잔재를 피하려는 마음이 지닌 모순과 똑같은 역학이 이 상황에도 적용된다. 블루필 아버지들은 '여성의 사회적 우위'라는 이상향을 지지하지 않으면 자기도 '시대착오적인 꼰대'처럼 될 것이고, 본인이나 자기 어머니가 (본인 딴에) 겪은 고통을 딸 역시 겪을 것이라 걱정한다.

## 딸을 아들이 아니라 딸처럼 길러라

'공동체'는 우리에게 남녀 외에도 무수한 성별이 있다고 설득하기 위해 모든 노력을 들인다. 여러 구체적인 수단을 동원해, 남자들이 남녀라는 이분법적 세상에서 남성성을 발휘하지 못하게 막는 것과 반대로, 소녀와 여자들을 '남성'으로 만들려고 한다. 소녀가 소년보다 우월한 능력이 있다고 쉴 새 없이 선전하는 것은 소녀가 전통적인 남성성을 지니도록, 끝없이 부추기는 방법이다. 따라서 통념상 남자의 스포츠와 취미, 관심 분야인데도, 그 분야에 딸들이 참여하도록 열정적으로 격려하는 아버지들을 본다. 요즘엔 딸을 보이스카우트에 가입시키려 하면, 그런 조직들은 여자애를 받아주려는 적극적인 태도를 보인다. 말할 필요도 없이, 걸스카우트에는 남자애를 모집하려는 유사한 노력을 전혀 하지 않는다. 오히려 (아마도 사회 정의를 위해) 남자애의 가입을 적극 금지한다. 여자애들을 남자의 공간에 넣으려는 요구의 일환으로 딸아이를 축구에서 레슬링에 이르는 모든 팀에 허용하는 특별 프로그램들은 이제 흔하다. 그곳에서 여자애들은 남자애들에게 '남자가 할 수 있는 것은 뭐든지 여자도 할 수 있다'는 걸 몸소 보여준다.

물론 레드필 아버지에게도 전통적으로 남자들이 많은 분야에, 본인의 딸아이가 진출하도록 격려하고 싶은 구석이 있다. 그 과정이 어린 딸이 소녀로서 성장하는 자연스러운 과정에 방해되지 않는다면 꼭 나쁜 것은 아니다. 여러분이 딸아이를 관습적인 관점에서 '여성스러운' 분야에 참여하도록 격려하려 한다면, 이 '공동체'가 여러분과 딸아이에게 어떤 식으로 수치심을 안기려고 시도할지 두 눈을 뜨고 감시해야 한다. 심지어 관습적인 여성성으로 대표되는 모임이나 관심 분야라고 여겨지는 곳에서조차 '여성 특권' 서사가 영향을 미친다. 어떤 선발 대회(더 이상 '미인 선발 대회'가 아니다) 조직, 여학생 동아리, 특히 걸스카우트를 봐도 이런 여성 우월주의 메시지를 분명하게 발견할 수 있다.

뒤에 나올 〈남자들의 공간Male Space〉 장을 읽으면, 오늘날 이런 사회적 압력이 강한 이유를 더 잘 이해할 수 있다. 일단 지금은 이런 아젠다가 남자가 적합한 영역에 여러분의 딸을 슬그머니 앉히는 방향으로 설정되었을 뿐만 아니라, 그런 노력에 함께하지 않는 아버지를 굴종시키기 위해 수치심 공격을 이용한다는 걸 알아야 한다.

블루필 아버지는 딸이 타고난 여성적인 취향과 관심을 보통 '남자의 영역'으로 여겨지는 곳으로 돌리게 만드는 일, 그래서 아버지 본인이 얼마나 '최신 유행을 잘 따르는지' 입증하는 일, 그래서 페미니스트의 훈장을 받는 일을 자랑할 만한 일이 된다고 여긴다. 딸아이가 진짜 열정을 느껴서 남성의 공간에 참여하려고 한다면 문제가 되지는 않는다. 그러나 블루필 관점에선 그러한 열정이 문제가 아니다. 남성과 관련된 어떤 모든 분야에서 여자가 앞서려는 마인드가 문제다. 그러다가 결국 여자애를 신체적인 수준에서 남자와 대등하게 맞붙도록 할 때 진짜 문제가 발생한다. 나는 여자가 무술 같은 스포츠를 배우는 데 전적으로 찬성하지만, 스포츠 시합에서 성별을 분리하는 데는 다 이유가 있다. 여자애와 비교했을 때, 남자애의 신체적인 특징과 공격성의 차이는 정말 위험한 수준으로 격차가 크다. 그러나 '공동체'는 평등주의라는 오류를 바탕으로, 아버지들이 소년과 소녀 사이의 기본적인 생물학적 차이가 정말로 미미하다고 믿게 만든다. 그들은 성별의 평등을 바란다. 그러나 이것은 곧 남녀의 생물학적 특징을 무시하겠다는 뜻이다.

레드필 아버지에게는 딸과 관계를 마치 아들과 아버지의 관계처럼 형성하고 싶은 유혹이 있다. 여러 명의 아들 사이에 외동딸이 있거나, 아들은 없고 딸들만 있는 아버지에게는 이런 유혹이 흥미롭지만 문제가 될 수 있다. 여러분의 남성적 자아를 딸에게 투사하는 함정에 빠지기 쉽기 때문이다. 아내가 '여성 특권' 서사를 믿고 있다면 특히 이런 함정에 빠지기 쉽다.

심지어 선의를 가진 '레드필 엄마'도 자기도 모르게 심적 투자를 해온 '강하고 독립적인 여성' 서사에 빠진다. 소위 깨어난 엄마들도 이런 이념을 정상으로 여길 수 있다. 이런 엄마는 자기 일은 직접 처리하는 강한 레드필 아들을 바랄 수 있지만, 또한 여성 중심적인 사회 질서가 필요하다고 여기는 '소년만큼 강한' 딸을 원하기도 한다. 다시 말하지만, 이것은 '성별은 사회적 구조적인 산물이며, 성별이 가진 어떤 생물학적 본능도 단지 극복해야 할 장애물에 불과하다'라고 믿는 인공적인 평등주의 서사가 만들어낸 산물이다. 또 하나 지적하자면, 엄마가 자신을 '레드필'이라고 여긴다 해도, 여전히 자기 아들이 여자를 무조건 존중하길 바라며, 이러한 '조건 없는 존중'을 여러분의 딸과 엄마와 여성 전반까지 확장할 것이라는 점이다. 레드필을 전통적 보수 가치관(트래드콘, trad-con)과 융합하는 시각이 흔해지고 있다. 그만큼 레드필(전통적 보수관이 레드필을 뭐라 생각하든)은 남자에게 남성성이 있으면 좋지만, 또 여자들에게 유리한 부분에 대해서는 '프레임'을 여자에게 양보해야 한다고 믿는 보수 성향의 여자들에게 더 인기를 끌게 된다.

## 딸도 소녀에서 여자가 된다

우리는 남편감이 없는 게 여자들의 흔한 불만인 시대에 살고 있다. 여자들이 '평등한 관계'를 맺을 수 있다고 생각하는 남자, 적당한 남편감이 없어서 난자를 냉동시켜야겠다고 마음먹는 지경에 이르렀다. 이런 현실은 '과연 이 남자가 최선인가?'라는 하이퍼가미의 고질적인 의심이 반영됐다는 점을 우리는 모두 잘 알고 있다. 그러나 우리 눈앞에 벌어지는 현상은 한 세대의 성인 여자들, '공동체'에 의해 '여성에겐 특권이 있다'는 메시지를 끊임없이 주입받았으나, 정작 한창이던 20대를 한참 지난 여자들이다. 이들은 일단 자신에게 있는 '무한한 가능성'의 한계를 장기적으로 밀어붙일 때, '결국 본인을 위해 준비된 상태로 대기하는 게 남자의 의무'라고 교육받은 여성들이다. 사실 이런 레파토리는 얼마전까지만 해도 여자들이 애 아빠 없이 아이를 갖기 위해, 난자를 얼리거나 정자은행을 찾는 이유를 설명하는 좋은 대답이었다. '일에 집중하다 보니 지금까지 엄마가 되는 일에 관해 생각할 여유가 없었다'라는 것이다. 하지만 이제는 진실이 드러나고 있다. 여자들의 터무니 없이 거품이 낀 이상형에 맞는 남자, 그런 조건을 충족시키는 남자를 유혹해 장기적으로 정착할 수 있는 능력 자체가 그 나이대 여자들에겐 없기 때문이다.

그래서 '여성 중심적인 사회(Feminine Imperative)'는 괜찮은 남자를 만나 엄마가 될 가능성이 없어지는 바람에 생기는 고통을 달래기 위해, 다음과 같은 편리한 사회적인 통념을 지어냈다. 이 '공동체'는 어릴 때부터 여자들에게 '절대 마음을 주지 말라'고 가르친다. 소년들은 멍청하고, 성인 남자는 훨씬 더 멍청하므로 모든 남자에게는 여자만이 가진 '남자를 바로 잡는 능력'이 필요하다는 것이다. 이제 이 여자들이 매력이 떨어질 나이가 되면, 이들의 장기적인 성 전략을 위해 '남자들이 그 긴 시간 동안 충분히 준비하지 못한 게 잘못'이라며 또 남자 탓을 한다. 디즈니는 이 여자들이 '공주'라고 가르쳤지만, 이 여자들은 자신이 독립적이고, 자율적이며 자기실현을 이루고 있는 개체, 그래서 절대 남자가 필요하지 않은 '강하고 독립적인 여성®'으로 자랄 거라고 주입받았다. 그러나 정작 이 여자들은 정확히 이런 '독립성' 때문에 본인들의 난자를 얼리고 있다.

'공동체'는 여러분의 딸에게 이런 걸 가르칠 것이다. 여러분은 이런 상황을 미리 알아채도록 딸들을 대비시켜야 한다. 딸은 본인이 내린 선택에는 결국 치러야 할 대가가 있다는 진리를 배워야 한다. '공동체'는 딸들이 젊은 시절 내리는 선택엔 대가가 따른다는 사실을 여러분의 딸들이 까맣게 모르길 바란다. '공동체'는 여자애에게 '남자를 향한 호감'을 부정하고, 타고난 여성 특유의 유아론(solipsism, 자신만이 존재하고 타인이나 그 밖의 존재는 자신의 의식 속에 있다는 철학적 사고방식, 구체적인 내용은 뒷장에서 다룬다-옮긴이)을 그냥 끌어안으라고 가르친다. 남자를 위한 어떤 것도 하지 말고, 남자의 쾌락이나 남자에게 선택받기 위해 노력하지 말아라, 여자가 그 남자를 좋아하는 것조차 그 남자에게는 은혜라고 가르친다. '공동체'는 이런 굳어진 사고방식, 현실 감각도 없고, '남자의 경험과 관점도 존중받아야 한다'는 생각조차 하지 않는 여자들의 마인드가 종국에 어떤 파국을 야기하게 되는지 어린 여자들에게 일절 알려주지 않는다.

앞서 언급한 대로, 딸을 가르치는 최고의 길은 긍정적인 남성성을 가진 남자의 모델을 딸이 형성할 수 있도록 아버지가 그 모범이 되는 것이다. 모범이 되어 이끈다는 게 말은 쉽다. 모범이 된다는 근본 원칙은 레드필 인식과 실제 '게임'에서도 똑같이 적용된다. 존경받아 마땅한 남자가 되는 것, 더 좋은 딸이 되고, 아내가 되고, 엄마가 되고 싶은 여자의 열망 대상이 되어는 것, 그런 열망을 갖고 사는 게 여자로서 행복하다는 점을 딸에게 가르치는 가장 실용적인 방법이고, 실제로 실천으로 옮겨져야 한다. 레드필이 정확히 동일한 원리를 지향한다. 즉 여자친구나 아내에게 지배적인 남성성을 보여주는 남자가 되기 위해선, 먼저 남자들이 여성의 하이퍼가미를 정확히 이해해야 한다. 나중에 여러분은 여러분이 희망하는 사위의 모습을 겨냥한, 딸이 남자를 고르는 데 영향을 주는 건강한 남성상을 형성하도록 도울 수 있다. 긍정적인 남성성의 지배를 딸이 경험하게 하되, 그걸 딸에게 절대 말로 구구절절 설명하지 말라. 이게 된다면 딸은 '여자가 지배해야 해', '남자애들은 불쌍한 멍청이'라고 배우더라도, '남자는 얼간이야'라고 배우더라도, 우리 아버지는 절대, 결코 그런 남자가 아니라는 걸 알게 된다.

아버지가 없거나, 있어도 나약한 (베타) 아버지를 가진 여자들은 자라서 '아버지 문제(Daddy Issue)'를 가진 성인이 된다는 사실을 뒷받침하는 연구는 아주 많다. 이런 여자들은 소위 '상처받은 여자'가 된다. 이 여자들을 제대로 챙기는 사람들은 없다. 그래서 우리의 고정관념에 딱 맞는, 즉 어릴 때부터 성적으로 문란하고 우울하며 평생 불안감을 느끼며 사는 등의 현상을 보인다. 그리고 당연히 '공동체'는 이 여자들의 아버지를 비난하고(아니면 아버지가 애초에 쓸모없다고 주장하고) 여성의 기본값인 피해의식을 분출할 준비를 이미 마쳤다. 이런 아버지-딸 사이 역학에 대한 진실은 다음과 같다. 나약한 아버지가 그런 비난의 악순환 어딘가에 말려들어 가고, 소녀와 여자는 본인 인생을 연쇄적으로 파멸로 이끄는 '여성에겐 힘이 있다'는 미신과 그와 정확히 모순되는 '피해자 지위'란 악순환에 빠진다. 이것이 아버지인 여러분이 물리칠 각오를 해야 하는 주적이다. 동시에 여러분은 남자로서 남자답게 사는 모습을 딸에게 보여주지 않으면 딸은 절대 깨닫지 못할, '긍정적인 남성성'의 살아있는 모범이 되어야 한다. 아버지인 여러분은 딸이 여자로 성장하는 과정에 지극히 중요하다. 여러분은 결코 어떤 싱글맘도 딸에게 교육한답시고 흉내 내지 못할 남성성의 살아 있는 증거다. 그리고 여러분은 관습적인 남성성을 가졌다는 이유로 폭력적이고, '뻔한 남자'이거나, 남성 우월주의자이며 여성혐오자라고 공격할 세상에 두려움 없이 버티고 서야 한다.

## 결혼 생활에서 모범을 보여주기

마지막으로, 여러분은 본인의 결혼 생활에서 긍정적인 남성성의 모범이 되어야 한다. 여러분이 아이들의 엄마와 결혼했다는 것, 자신의 레드필 지식에 입각한 프레임을 바탕으로 남녀 관계의 모범이 되기 시작했다는 점을 생각하면, 여러분의 아내가 남성성의 모범인 여러분에게 적절한 반응을 보이는 게 매우 중요하다. 아들과 딸 모두가 여러분의 권위를 그만큼 인정하는 것이 중요하기 때문이다. 그러나 딸의 경우 두 배 더 중요하다. 여러분의 아내가 여러분과 어떻게 지내는지, 아내가 어떻게 여러분과 소통하고, 여러분의 판단에 따르는지, 여러분의 '즐거운 지배'에 아내가 어떻게 호응하는지, 남성성의 본보기에 대한 딸의 인식에 매우 중요한 영향을 미친다.

여러분이 아내에 대해 약한 '프레임'을 갖고 있거나, 아내가 내린 모든 판단과 권위에 따르는 '약한 남자'라면, 차라리 아버지가 없는 가정보다 아이들이 성별 인식을 배우는 차원에서 더 해로운 가정 환경을 만드는 셈이다. 연약한 베타, 블루필 남자 모델은 딸이 장차 어른이 되어 자신을 지배할 남성성을 가진 남자(알파)를 찾을 때는 물론, 반대로 엄마처럼 자신이 지배할 수 있는 남자(베타)를 찾을 때, 남성성에 대해 비뚤어지고 빈약한 인식을 갖게 만든다. 고삐 풀린 하이퍼가미가 딸에게 미치는 사회적 영향을 고려해 보면, 그런 딸은 결국 두 유형의 남자를 모두 쫓아다니겠지만...

# 관계 게임: 입문편

이 장을 마무리하기 전에, 남자들이 레드필 인식에 입각한 관계를 만드는 데 필요한 몇 가지 기초 개념을 정리해야겠다는 생각이 들었다. 결혼이든 연애든, 레드필에 입각한 관계를 맺기로(또는 맺지 않기로) 하는 것은 전적으로 여러분의 선택이다. 아무튼 레드필에 기반해 남자들이 관계를 시작하거나 발전시키는 데 도움이 될 몇 가지 근본적인 사항들을 이야기하고자 한다.

## 알파 되기

시작하기에 앞서, 결혼 또는 장기적인 연애에서 '상황은 변해도 게임의 원칙은 변하지 않는다'는 명제를 명심하라. 모든 일련의 행동, 모든 프레임 통제를 위한 지침, '즐거운 지배', 심지어 '건방지지만 흥미로운(Cocky & Funny)' 같은 픽업 아티스트의 기술이 앞으로 평생 얼굴을 볼 아내에게 굳이 필요 없을지도 모르나, 그런 유혹의 기술이 지닌 본질은 여전히 결혼 생활에 반드시 남아 있어야 한다. 유부남이 결혼 생활을 시작하면서 저지르는 가장 큰 실수는 시작부터 베타를 자처하는 것이다. 이런 사례에 해당하는 남자들을 너무 많이 만나봤는데, 그들은 아내를 '떠받드는' 순종적인 남편이라는 위치에서 장기 연애나 결혼 생활에 돌입했다가 나중에 '게임'을 접하게 되고, 자신이 세상을 보는 눈과 성격이 '뿌리부터' 급격하게 변했다는 사실을 아내가 받아들이도록 하는 데 애를 먹는다.

아내가 여태까지 여러분을 베타라고만 인식했다면, 여러분이 이제 알파가 되었다고 각인시키는 일은 시작부터 고난이다. 장기적인 관계에서 대뜸 중간에 여러분이 베타에서 알파로 확 바뀌게 되면, 베타에게 예측할 수 있는 것들을 중심으로 생활 방식을 구축한 아내에게는 이러한 변화 자체가 불쾌한 위협으로 느껴진다. 그것은 아내가 오래전 잊고 살았던 경쟁 불안을 일으키고, 여러분을 향한 진정한 욕망을 끌어내는 데는 도움은 되겠지만, 당장은 아내의 심리적 안전지대를 쑥대밭으로 만든다. 바로 이런 이유로 베타 유부남들이 프레임을 차지하려는 시도 자체를 피하고 싶어한다. 그들은 여자와 가까워지고 '성욕을 느끼게' 하기 위해서는 여자에게 편안함과 익숙함, 안정감을 제공해야 한다는 그릇된 믿음을 솔로일 때부터 쭉 갖고 있었다. 심지어 결혼 후에도 여전히 '섹스엔 원래 진정한 갈망에 따른 여자들의 불안감이 필요하다'는 점을 전혀 이해하지 못한다. 성적인 긴장감은 절박함을 낳는다. 그래서 여자에게 그 절박함을 부추기는 방법을 배워야 한다.

따라서 여러분의 기본값을 베타에서 알파로 바꾸려면 성급한 마음을 접고, 차분한 자세가 필요하다. 그리고 이러한 지침을 처음부터 깔고 시작해야 한다. 구제 불능에 터무니없이 오만한 알파를 장기적인 관계가 시작되면서 '순하게' 만든 사람이 바로 아내 본인이란 믿음을 아내에게 심어주는 게 최고의 시나리오다. 여자는 여성스러운 재간으로 포악한 야수를 매혹하는 능력이 자신에게 있다고 생각하게 되면, 자존심이 살아나고 스스로 흐뭇해한다.

## 큰 그림

이혼한(가끔 세 번이나 이혼한) 여자들이 바람직한 결혼 생활에 대해 타인에게 쉽게 조언하는 모습은 정말 볼 때마다 놀랍다. 심지어 베타남들이 이혼녀의 조언을 그대로 받아들이는 모습을 보면 경악스럽다. 그런데 이혼한 남자들의 경우, 그들이 해주는 결혼에 대한 충고는 보통 '그냥 결혼하지 마'다. 그러니 내가 한마디 거들어도 이해해주면 좋겠다.

오랜 세월 수많은 남자들을 상담했지만 미혼 시절, 또는 현재 아내와 데이트하던 시절보다 결혼한 뒤에 섹스를 더 많이 한다는 남자를 본 적이 없다. 그런데 중요한 건 섹스가 아니다. 이 모든 문제의 근원은 '욕망'이다.

이전에 쓴 수많은 글에서 이미 언급했듯이, 적절한 성적 자극을 받은 여자의 경우 그런 남자와 섹스할 수 있다면, 대륙 반대편으로 비행기를 타고 날아와 가시철사 아래로 기어들어 온 뒤, 2층 침대방 창문으로 기어 와서라도 한다. 결혼한 지 10년 된 여러분의 아내도 똑같다. 결혼 전에는 섹스하고 싶은 남자를 흥분시킬 방법을 궁리하고, 결혼 후에는 섹스를 피하려고 애쓰지만, 아무튼 여자를 자극하는 것은 바로 '원초적 욕망'이다.

크리스 락Chris Rock(미국의 영화배우 겸 코미디언-옮긴이)이 결혼 후 섹스에 관해 멋진 말을 남겼다.

> "섹스를 좋아하는 사람에게 결혼은 어울리지 않는다. 나는 8년 동안 섹스를 못 했다. '삽입'은 했겠지만, 결혼 이후 진정한 의미의 섹스는 해본 적이 없다. 8년 동안 블로우 잡blow job도 못 했다. '구강성교'는 했겠지만, 결혼 이후엔 '제대로' 빨려본 적이 없다."

이게 흔한 결혼 후 욕망의 상태다. 이제 섹스는 여자에게 'To do 리스트'에 추가해야 할 또 하나의 귀찮은 과제일 뿐이다. 자식들을 축구 교실에 데려다주고, 반찬을 사고, 남편과 한 번 하고, 빨래를 개는 거다. 거기다 직장까지 다니면 잠자는 게 섹스만큼이나 새로운 할 일이 된다. 체력이 부족하거나 일이 많아 허덕이는 게 문제의 본질이 아니다. 본능적인 욕망의 문제다. 내 아내는 과거 야간 근무를 한 적이 있었는데, 새벽 2시에 퇴근하고 섹스하고 싶다며 나를 깨우면, 나는 깊은 렘(REM) 수면에 빠져 있다가 깨서 아내의 욕망을 채워주고, 다시 2차전을 준비한다. 그쯤 되면 나도 섹스하고 싶기 때문이다. 여자들은 '나도 정말 하고 싶은데, 지금은 안 당겨'라는 카드를 내밀지만 늘 말하던 대로, 여자의 진실을 명확히 보여주는 것은 여자의 행동이지 말이 아니란 걸 절대 잊어서는 안 된다. 기억하라. 여자는 섹스를 원한다. 여자가 여러분하고는 안 하고 싶을지 몰라도, 또 나랑 안 할지 몰라도, 누군가와는 섹스하고 싶을 것이다. 여자에게 적당한 욕망을 일으키기만 하면 된다.

## 욕망의 강도
여러분의 프러포즈를 받아들이기 위한 전제 조건이라며, 여자들이 여러분에게 내놓는 것들은 다음과 같다. 좋은 직장을 다니기, 좋은 아빠 되기, 이야기 잘 들어주기, 유머 감각 갖추기, 높은 사회적 지위에 오르기, 신뢰를 주기, 균형 잡힌 몸매. 그런데 이상 나열한 요소들은 여러분과 섹스하고자 하는 여자의 욕망을 끓어오르게 하는 것과 딱히 관계가 없다. 미혼의 총각은 여자가 보이는 '흥미의 강도(Interest Levels)'에 많은 신경을 쓰지만, 유부남은 '욕망의 강도'를 주의 깊게 봐야 한다.

그렇다면 어떻게 이 '욕망'을 자극할 것인가? 지난 10년간 같이 보낸 세월 덕분에 여러분을 이미 구석구석 파악하고 있는 이 여자를 어떻게 20대에 처음 만난 것처럼 여러분과 섹스하고 싶어 미치게 만들 것인가? 이 질문에 대해 여자들은 오프라 윈프리가 지적한 것처럼 '로맨스가 더 필요해!'라고 말할 거고, 남자들은 얼굴을 찡그리며 '술에 안 취했으니까 그렇지'라고 투덜거릴 것이다. '불을 다시 지핀다(rekindle the fire)'라거나, 코스모폴리탄 잡지에서 주워 읽은 레파토리, 욕망으로 다시 이끌 비밀의 의식을 찾아야 한다며 여자들이 주장하는 방법론들을 모두 다 지금 당장 머리에서 지워버려라. 왜냐하면, 내가 다 해봤기 때문이다. '데이트의 밤(Date Night)'도 중환자실 환자에게 반창고 붙이는 짓이다. 이 중병의 진짜 원인은 해묵은 '욕망'의 결핍이다. 미리 계획하고 정해진 코스대로 '추억의 데이트'하는 시늉하다가, 결국 아내를 도마 위 죽은 생선처럼 침대에 눕히는 것만큼 끔찍한 체험도 없다. 그건 나무토막이랑 하는 섹스다. 그런 시도(철저히 계획된 데이트)를 아무리 해봤자, 그런 신중하게 계획된 데이트가 아내를 여러분과 섹스하고 싶어지게 만들지 못한다.

횟수 같은 양적인 문제가 아니라 질적인 문제다. 결혼 후 빈도는 줄어들고, 그것은 (특히 아이들이 생긴 뒤엔) 당연한 절차지만, 그렇다고 자발성마저 감소하면 안 된다. 아내가 과거 미혼 시절처럼 카섹스를 하려고 하는가? 함께 인적 드문 교외로 하이킹을 떠난다면, 탁 트인 야외에서 섹스하려고 하는가? 해본 적이 없거나 오랫동안 잊었던 특이한 방식으로도 섹스할 마음이 있나? 아니면 이제 오로지 '밍밍한' 섹스만 하는가? 남자의 입장에서 여러분이 해야 할 목록을 지금부터 나열해 보겠다.

## 아내가 원하게 만들어라

결혼한 지 오래되었다면, 아내는 아마 여러분과 하는 섹스의 패턴을 자신이 꿰고 있다고 생각해서, 꽤 심리적으로 안정된 상태일 것이다. 아내의 안정 상태를 흔들어라. 이상한 말처럼 들릴지 몰라도, 이것이 일단 여러분이 활용할 수 있는 가장 중요한 전술이다. 지난 10년 동안 아내가 장악했던 성행위의 주도권을 조금씩 되찾아오기 시작하라. 결혼 전에는 자신보다 더 예쁘고 섹시한 경쟁자 때문에 자신이 여러분의 관심에서 밀려날 수도 있다는 조짐만 보여도, 불안해진 아내는 여러분과의 섹스에 누구보다 더 열망적이고 욕망이 끓어올랐었다.

하지만 여기서 가장 중요한 것은 이런 걸 은밀하게 진행해야 한다는 것이다. "이제부터 내가 주도할 거니까, 여보의 태도를 바꾸는 편이 좋을 거야. 그렇지 않으면 내게 빠질 만한 다른 여자를 찾아보겠어."라고 입으로 떠들면 그건 와닿지 않는다. 말이 아니라 태도와 행동으로 여러분 내면에서 변화가 일어나고 있다는 걸 자연스럽게 아내가 느끼게 해야 한다. 결혼 생활에서 기억해야 할 제1원칙은 다음과 같다.

'전에 했던 대로만 계속한다면, 앞으로도 얻었던 것만 계속 얻을 것'.

## '덜어내기takeaway'의 힘

픽업 아티스트들은 여러 방식으로 자신이 원하는 여자의 행동을 끌어내기 위해 '덜어내기'를 이용한다. 이것은 기초 행동 심리학이다. 너무 많은 보상은 포만감을 만든다. 그런 포만감이 여자를 멈추게 한다는 점을 늘 기억하라. 여러분이 바라는 행동은 강화하고, 그렇지 않은 행동에는 불이익을 줘. 섹스를 위해 아내에게 꽃을 사주지 말라. 여자가 여러분에게 맞춰 행동하고 그 행동이 만족스러우면 그때 꽃을 사줘야 한다. 너무 많은 유부남들이(심지어 60대까지) 아내에게 비싼 물건을 사주면 '감사 섹스'로 이어지리라 믿는다. 아내에게서 섹스를 '구매'하려고 한다. 이러면 섹스는 결국 돈과 바꿔서 어쩔 수 해야 하는 욕망 없는 '채무 섹스'로 이어진다. 여러분 몰래 아내가 바람피우는 개인 트레이너는 아내와 섹스하려고 빌어먹을 비싼 무언가를 아내에게 사주지 않는다.

이 전술과 관련해 여러분이 손에 쥔 최고의 무기는 '관심'이다. 베타에서 벗어나고 있는 남자들에게 내가 건네는 충고는 첫 데이트에서 여자에게 너무 잘해주지 말라는 것, 여자는 선천적으로 관심을 갈구한다는 것이다. 여자가 아직 구하지도 않은 관심을 먼저 줄 때, 내 관심의 가치는 떨어진다. 이는 결혼 생활의 역설이기도 한데, 아내는 여러분의 관심이 항상 자신에게 '향해야 한다'라고 요구하지만, 시간이 흐르면서 당신에 대한 신비는 0이 된다. 익숙해진 여러분의 관심을 덜어내기 시작하면, 슬슬 아내가 관심을 구할 것이다. 다시 한번 말하지만 은밀하게 진행해야 아내도 은밀하게 반응한다. '이제 관심을 줄일 거야'라고 노골적으로 티를 내지 말고, 아내가 관심을 구하는 태도가 슬슬 일어나는지, 대화와 자세, 습관, 행동에서 드러나는 은밀한 반응을 포착해야 한다. 그러면 아내는 여러분의 관심을 다시 끌어내기 위해, 여러분과 섹스하고 싶은 욕망이 증가할 것이다. 이렇게 한 뒤에 하는 섹스는 아내의 관심 추구 성향을 더 강화한다. 그러면 여러분은 이 패턴을 아내에게 적절한 동기를 부여할 수 있는 수단으로, 이 경우에는 진정한 욕망을 끌어내기 위해 이용할 수 있게 된다.

오랫동안 적응한 나머지, 이제 아내가 당연하게 여기는 패턴들을 모두 덜어내야 한다. 그중 하나가 습관적인 키스다. 나도 내 아내에게 사용해 강력한 효과를 보았다. 나는 매일 비슷한 시간에 퇴근해 아내를 보자마자 키스하곤 했는데, 아내는 키스에 익숙해졌고, 나중엔 내 자신이 집에 오자마자 아내의 애정을 바라는 애완견처럼 느껴지기 시작해 이 습관을 덜어내기 시작했다. 결국 아내는 은밀한 변화를 알아차리고 언제부턴가 자기가 현관으로 와서 키스로 나를 맞이하기 시작했다.

## 건장함을 유지할 것

부부 중 한쪽, 또는 양쪽 모두 육체적인 매력을 잃는 것만큼 더 빠르게 결혼 후 섹스를 죽이는 것은 없다. 그렇게 육체적인 매력을 포기한 엄마들은 임신을 자기 관리를 하지 않는 근거나 비만의 원인으로 즐겨 지목한다. 이럴 땐 적절한 각성이 필요하다. 아내가 살을 빼서 비키니 모델 같은 몸매를 되찾는다면 아내와 섹스하고 싶은 욕망은 당연히 증가한다. 남편인 여러분도 마찬가지다. 매일 나는 마치 자기 목숨이 거기에 달린 것처럼 땀을 뻘뻘 흘리며 운동하는 30, 40대들을 무수히 만난다. 사실 그들의 섹스라이프가 정말 거기에 달려 있다. '정말 중요한 것은 내면이고 진짜 경이로운 건 내면의 아름다움'이라고 귀가 아프게 들었다. 그러나 정말 웃긴 건 남자고 여자고 일단 이혼하면 정말 열심히 운동한다. 우리가 가져야 할 의문은 다음과 같다. 도대체 무엇이 이들에게 결혼 생활 중에는 헬스장 근처에도 안 가다가, 갑자기 이혼 후에 열심히 몸을 만들게 하는가? 이혼 전에는 시간도 의욕도 없었지만,

이혼하니까 갑자기 둘 다 남아도는 것 같다.

신체적 건장함을 유지하면, 그래서 배우자보다 더 멋진 몸매를 가꾸면, 자신감뿐만 아니라 아내가 외간여자들을 상대로 여러분을 지키기 위해 '뇌 내 경쟁'을 시작해야 한다는 은밀한 신호까지 보내게 된다. 그러므로 신체적 각성을 통해 파트너의 진정한 욕망을 끌어내고, 동시에 아내의 본능적인 경쟁 불안 심리를 일으켜 심리적인 욕망(즉 상실의 공포 자극)도 창출할 수 있다.

## 음주 섹스는 금물

*"술이 욕망은 일으키겠지만, 성능은 빼앗아 간다."*

술은 최음제가 '아니다'. 12년간 주류 업계에서 일한 내가 이런 말을 하면 이상하게 들리겠지만, 그래도 아닌 건 아니라고 말한다. 술은 어색함을 덜어내고 어쩌면 아내에게 섹스하도록 준비시킬 수는 있다. 여러 해의 실험 끝에, 나는 술의 '매혹적인 양(pantydropper)', 그러니까 여자를 흥분시키기에는 충분하지만, 변기 위에서 정신을 잃을 정도는 아닌 마법의 공식을 찾았다. 그러나 섹스는 맨정신일 때 더 좋고, 알코올성 발기부전 때문에 물러나는 모습은 안 그래도 처음부터 애매했던 아내의 섹스 욕망을 더 떨어뜨린다. 아내의 성 전략의 역학도 이해해야 한다. 쇠도 달아올랐을 때 쳐야 하듯, 정신 차리고 준비하고 있다가 아내의 생리 주기가 정점에 있을 때 들이대야 한다. 아내가 기분 좋게 운동하고 난 직후, 그리고 여러분도 상체 운동을 하고 난 후에 아내를 낚아채라. 그때가 '진짜' 진정한 성적인 욕망의 정점이다. 둘 다 피에 술이라는 억제제가 함께 흐르고 있는데 욕망을 불어넣을 수는 없다. 무엇이든 혈액 순환을 방해하기보다는 빠르게 해야 좋다.

## 저절로 튀는 불꽃

예측이 가능한 것들은 재미없다. 그리고 10년 이상 함께 해온 사람과 하는 섹스만큼 예측이 가능한 것도 없다. 참 아이러니하게도, 바로 이 즉흥성의 원칙 때문에 마리끌레르 잡지에 '데이트의 밤'과 '새로움 유지하기' 같은 허접한 충고가 실리고 팔린다. 그러나 이런 조언이 여러분의 결혼 생활을 구제하진 못한다. 이런 '분위기 쇄신' 아이디어들은 모두 예측이 가능한 것들이기 때문이다. 여러분이 '참신한' 섹스를 위해 떠올릴 수 있는 별의별 아이디어들에도 불구하고, 결혼한 지 10년 된 똑같은 여자와 섹스하고 있기 때문이다. 아내가 예상할 수 있는 섹스의 한계를 기꺼이 뚫어야 한다. 전혀 예상하지 못한 시점에 아내를 덮쳐라. 해변이나 눈에 띌 수도 있을 듯한 장소에서 기회가 생길 때마다 가슴을 내보이거나, 다른 당황스러운 스릴을 느껴보자고 요구하라. 욕망의 조건을 만든다고 해서 꼭 직접, 그리고 당장 섹스로 이어질 필요는 없다. 아무 밤에나 저녁 먹으러 들어가기 전 주차장에서 블로우 잡을 요구하라. 그 요구마저 자극적이다. 아내가 거절하더라도 그 거절을 여러분에게 유리하게 이용할 수 있는데, 어쩌면 그런 요구 자체가 여러분 인생의 어떤 시점에 아내(또는 여러분의 다른 여자친구)가 원해서 그 짓을 하곤 했다는 걸 암시(즉, 이미 수법이 통할 것이라 예상)하기 때문이다. 아내에게 섹스를 제안할 때, 바로 그 순간에 막 머리에 떠오른 것처럼 보여야 한다. 다시 말하지만, 드러나지 않게, 은밀하게 진행해야 한다. 계획하면 티가 나고 예측할 수 있어서 지루해진다. 은밀함이 곧 즉흥성이다.

## 관계의 기본 규칙

*연애 관계, 친구 관계, 비즈니스 관계, 가족 관계 등 어떤 관계에서도, 상대방이 필요 없는 사람이 더 큰 힘을 가진다.*

권모술수처럼 들릴 수 있지만 특히 결혼 생활에서 이 말은 진실이다. 여러분의 경우, 관계에서 누구에게 더 큰 힘이 있는지 생각해 보면 항상 답은 '아내'일 것이다. 그러나 아내가 여러분에게 다가와야 한다. 여러분이 '로또'고 아내가 그것을 알고 있다면 진정한 욕망을 불어넣을 수 있다. 보통 유부남들은 결혼 생활 내내 아내 눈치를 보고 사는 경우가 많은데, 아내가 자기의 성 전략을 가로막도록 허용해줬기 때문이다. '아내는 하고 싶어 하지 않고, 나는 아내를 기분 상하게 하고 싶지 않아' 라는 말은 남자들이 자신과 타인에게 반복하는 주문이다. 그러면 이런 상황이 결혼 생활의 다른 영역까지 번지고, 아내를 결혼 생활에서 권력자 위치에 오르게 한다. 아내가 미혼일 때와 마찬가지로 남편에게 바라는 행동을 끌어내는 힘으로써 아내가 섹스를 이용한다면, 섹스는 아내에게 딱 그만한 가치를 지니게 된다. 아내의 성기가 더 이상 여러분의 행동을 조종하고 강화하는 수단이 될 수 없다는 걸 아내에게 입증하면, 여러분은 그 권력을 없애고 최소한 얼마간은 총각 시절처럼 관계를 끌어갈 수 있다.

# 제2부

여성의 본질

# 여성의 유아론

유아론(solipsism, '오로지 하나'라는 뜻의 라틴어 solus와, '자신'이라는 뜻의 라틴어 ipse의 합성어)이란 "존재하는 것은 자신의 정신세계뿐"이라는 철학 개념이다. 인식론의 차원에서 유아론은 '자신의 의식 외의 대상은 불분명하다'고, 즉 '외부 세계, 다른 사람의 정신세계는 자신의 의식 바깥에 있으므로, 알 수 없거나 존재하지 않을 수 있다'고 여긴다. 형이상학의 관점에서 유아론은 한 걸음 더 나아가는데, 유아론은 '세상과 다른 사람의 의식은 아예 존재하지 않는다'고 결론 내린다.

"전쟁에서 주로 희생된 사람들은 늘 여자들이다. 여자는 전쟁을 겪으며 남편과 아버지, 아들을 잃는다. 여자들은 친숙하고 유일한 안식처를 버리고 도망가야 한다. 전쟁은 여자를 난민으로 만들고, 전쟁은 수시로, 오늘날은 더 빈번하게 여자를 희생시킨다. 이제 여자들은 자식들을 혼자 키워야 하는 책임까지 떠맡게 된다." – 힐러리 클린턴

언젠가 여자의 타고난 유아론적 기질과 후천적으로 학습되거나 사회화된 나르시시즘을 구분하는 글을 쓰면서, 힐러리의 이 한심한 어록을 인용하려고 했다. 그러나 이번 장에서 힐러리의 망언을 훨씬 더 심오하게 다뤄보겠다.

본격적으로 시작하기에 앞서, 나는 힐러리의 정치적, 이념적인 관점에 결코 동조하지도, 지지하지도 않는다는 걸 밝힌다. 두말할 필요도 없이, 나는 힐러리가 던진 여성 중심적인 화두에 동의하지 않는다.

그러나 정작 여성 유아론의 실체를 설명할 수 있는 더 나은 예시가 필요할 때, 나조차 어떤 걸 예시로 내놓아야 할지 종종 당혹스럽다. 남자들, 심지어 레드필 인식을 가진 남자들도 여성의 선천적인 유아론이 여성의 머리에 박히게 된 메커니즘을 이해하는 데 어려움을 겪는다. 이미 우리에게 주입된, 평등주의 사고방식 때문에 남녀의 정서적 소프트웨어가 다르다는 발상은 불편한 감정을 느끼게 한다. 평등주의는 남녀의 욕망이 똑같다고 가르친다. 그 충동도 남녀가 비슷해서 차이가 있어도 하찮은 정도라고 생각하도록 가르친다. 그러나 이런 주장은 생물학적으로 그리고 사회적으로 거짓이라고 입증할 수 있다.

이 평등주의적 사고방식은 우리가 "에이, 모든 여자들이 다 그렇지는 않아."라고 생각하게 하거나, "남녀는 기능적인 차원에서 절대 동등한 수준이 될 수 없다."는 생각에 반발하게 만든다. 그 결과 누구나 쉽게 내뱉는 평등주의식 답변에 반박하면, 말을 빙빙 돌려 비위에 맞는 예시만 찾으면서 혼란만 가중된다.

가령 "글쎄요, 남자들도 할 수 있겠죠."나 그보다 못한 대답이 나온다. 사람들이 남녀의 심리가 다르고, 생명 작용과 사회적 기능이 다르며, 서로 다른 욕망과 동기를 충족하기 위해 동원하는 전략도 다르다는 사실을 부정하도록, 평등주의 사고에 반박하는 관점은 어떤 것이든 경계하라고 배웠다. 그리고 이런 길들이기 때문에 우리는 남녀, 두 성별에 잠재된 최고의 시너지를 내지 못한다.

## 차이 구별하기

『합리적 남성2: 예방의학』에서 다음 법칙을 자세히 설명했지만, 다시 한 번 다루어보자.

**성 전략의 절대 법칙**

*한 성별의 성 전략이 성공하려면*

*상대성별은 자기 전략을 훼손하거나 포기해야 한다.*

이 법칙은 남녀 각각의 필요, 사회화, 생물학적 작용 차원에서 생기는 근본적인 차이에서 비롯된다. 물론 남녀는 상호 간 이익(과 사랑, 즐거움)을 위해 함께 모여 가족을 이루며 오랫동안 인간종을 유지해 왔다. 그러나 이런 상호 호혜적인 결합은 두 성별 간 성 전략이 상호 호혜적이라서 가능했던 건 아니다.

첫 번째 저서인 『합리적 남성』에서 '여성의 사랑은 기회주의적이지만, 남성은 이상주의적'이라고 여러 번 설명했음에도 불구하고, 남자들이 이렇게 빤히 보이는 진실을 받아들이지 않는 이유는 '남녀는 근본적으로 같다'는 '남녀 백지 이론'이란 미신 때문이다. 따라서 힐러리 클린턴 같은 지위에 있는 여자가 저런 성명을 내면, 우리는 (남성의 니즈와 너무 반대되기 때문에) 저런 발언에 묻어 있는 '무식에서 나오는 용기'를 비웃거나, 정반대로 "여자의 필요에 가장 부합하는 건 '반드시' 남자에게도 제일 이롭다."라는 여성화된 믿음으로 힐러리의 발언에 동의한다. 물론 여자들은 남자들이 후자에 해당하길 바란다.

힐러리를 통해 인간 경험을 해석할 때, 성별 사이에서 나타나는 근본적인 차이점을 분명히 알 수 있다. 유아론에 빠져 다른 성은 고려하지 못하는 여성 중심적인 관점에서는 힐러리가 한 말은 전적으로 참이 된다. 여성의 하이퍼가미를 다른 무엇보다 중요하게 여기면, 힐러리의 주장은 현실적이고 완벽한 논리가 된다. 남자들이 전쟁에서 목숨을 잃었기 때문에, 그랬기 때문에 여자가 희생자(죽은 남자들보다 "더 큰" 희생자?)가 된다는 발상은 나중에라도 하지 못한다. 여자들에겐 오직 여자의 권익, 장기적인 안전, 여성의 니즈에 대한 지속적인 충족만이 중요하기 때문이다.

## 나르시시즘이 아니라 유아론

나는 '유아론'이란 단어를 즉각적인 실존적인 필요 외에 그 밖의 것들에 대해 무심하거나 덜 중요한 태도를 보이는 여성 특유의 무관심을 표현할 때 자주 쓴다. 그러나 레드필에 갓 입문한 남자들이 '여성의 유아론'이란 개념을 많이들 헷갈린다. 특히 여자도 남자와 비슷하게 '공정함에 대한 감각'을 갖고 있으며, 자기 행동에 도덕적인 책임을 질 거라 희망하는 남자들이 그런 혼란을 느낀다. 이런 경우 '자만', '오만', '이기심' 또는 '나르시시즘'이 더 적절한 용어 같을 수도 있지만, 나는 다르게 본다. 먼저 조금 전 나열한 단어들의 경우 일단 부정적인 의미를 지닌다. 또한 자기 행동에 대한 개인적인 책임을 여자가 (바라건대) 져야 한다는 의무감도 내포하는 단어들이다.

레드필을 깨달은 남자로서, 우리는 여성의 진화에 따른 특징, 즉 본능적인 성향으로 더 잘 설명할 수 있는 내용을 굳이 사회 구조주의(social constructivism, 남녀에 관한 현상과 그 의미가 생물학이 아니라 사회적 상호 작용과 문화적 맥락에서 형성된다고 보는 시각-옮긴이)로 설명하려는 접근법을 버려야 한다.

여성의 유아론적 본성은 인류의 생존과 진화라는 큰 그림에선 반드시 부정적으로만 볼 수 없다. 물론 마음에 안 들 수는 있으나, 여성의 유아론적 본성이 남성의 생물학적, 사회적 욕구와 충돌을 일으킬 때만 그렇다. 현대 여성의 유아론적 본질을 만들어내는 다양한 요소들은 진화에 따른 자기 보전(더 나아가 자식의 보호)에서 싹튼다. 이런 여성의 유아론은 거칠고 혼란스럽고 불확실했던, 근대 이전의 척박한 환경에서 여성과 자식을 지켜준 여성 특유의 생존 본능에서 탄생한 반드시 필요했던 진화의 산물이다.

이 주제를 다룰 때마다 적지 않은 남자들이 나를 비난하지만, 이 점을 기억해 주길 바란다. 우리가 여성의 유아론을 인정한다고 해서, 반사회적이고 종종 잔인하기도 한 유아론의 극단적인 사례들, 사건 사고들까지 정당화하는 것은 아니다. 여성의 유아론적 본성을 있는 그대로 살펴보는 것과 그런 행동이나 그것이 초래하는 부정적인 결과를 지지하고 허용하는 것은 별개의 이야기다.

당연하지만 여자들의 이런 본성에 심하게 데인 남자들은 여성의 유아론적 본성이 과하게 발현된 결과 필연적으로 발생하는 나르시시즘이라면 치를 떨 것이다. 나도 공감한다. 사회적인 차원에서 우리는 전례 없을 정도로 수많은 여자들이 (서구권에서) 나르시시즘을 대놓고 과시하는 시대에 살고 있다.

여자들은 역사상 어느 때보다도 개인적인 안정에 대한 권리를 강하게 주장하고, 사회적인 권력을 어디에서나 발휘하며, 자기 나름의 최고의 하이퍼가미 기회를 보장받는 일에 지금만큼 익숙한 적이 없었다. 어느 시대에도 여성의 성 전략이 이렇게 사회에서 중요한 지위를 장악한 적이 없었다. 그러나 이런 나르시시즘은 여자들에게 오만에 가까운 기대를 품도록 문화적으로, 사회적으로 주입한 결과물이다. 최근 몇 세대에 걸쳐, 이젠 나르시시즘이 여성의 장점처럼 대놓고 받아들여질 정도로 여자들에게 주입되고 발전하면서, 여자들은 이런 오만한 태도를 '오랜 성차별 끝에 마땅히 누려야 하는 보상'처럼 생각한다.

그러나 여성의 유아론적 본성은 진화 과정에서 필수 요소다. 유아론은 진화의 과정에서 선택된, 인류의 생존을 보장하고 자기를 보전하기 위한 산물이다. 남자 입장에서 우리는 여성의 요구를 자신의 정서적 기준점으로 삼는 호구 본성 때문에 좌절한다. 레드필을 갓 인식하게 된 남자라면 누구나 인정하겠지만, 이런 여성에 대한 깨달음은 받아들이기 아주 괴롭다. 그것은 잔인한 데다, '오래된 책'이 남자에게 기대하도록, 그런 기대를 토대로 인생을 살도록 가르친 내용과 정면충돌한다. 게다가 이런 유아론은 남자들이 자라면서 받아들인 낭만적인 블루필 환상과 충돌한다. 또한 그동안 사회적 길들이기를 통해 여자들도 똑같이 보답할 것이라 믿었던, 평등하고 공평하며 기울어지지 않은 운동장이란 이념과도 충돌한다. 이미 언급한 것처럼, 사랑을 대하는 남녀 간 서로 다른 관념을 맞추는 일은 힘들고, 때론 환멸의 과정이지만, 남녀가 지닌 사랑에 대한 개념의 근본적인 차이는 남자가 레드필 인식에서 마주하고 인정해야 하는 불편한 진실 중 하나에 불과하다.

내가 '여성에게 어떤 초자연적인 공감 능력이 있다'는 미신을 틀렸다고 반박할 때, 비판자들은 '여자들이 적어도 남자보다는 더 잘 공감한다'고 되받아친다. 여자가 (타인과 공유하는 경험을) 공감하지 못한다는 뜻이 아니다. 나는 여자가 남자보다 '공감 능력이 더 좋다'는 통념이 사실 여성의 본능적인 유아론을 숨기려는 은밀한 의도에서 탄생한 사회적 통념이라고 본다. 물론 나의 이런 통찰이 그렇게 대중적으로 알려진 생각은 아니다. 여자는 엄마이자, 양육자라는 개념에 대해서는 줄줄 읊어대지만, 여자의 남자를 향한 공감 능력이란 맥락, 자식을 키워야 한다는 맥락에서 만약 남편이 다치거나 장애를 입거나 죽는다면, 여성의 근본적인 관심은 남편보다는 자신과 아이들의 안전과 행복으로 쏠린다. 다시 한번 말하지만, 이것이 잔혹한 진실이면서 또한 현실적이고 생존에 기반한 사실이다.

## 여자들의 정서적 기준점

여자들의 정서적 기준점은 자존감, 자신과 자녀의 생존을 가장 중요하게 생각하는 심리에 있다. 많은 여성 독자들이 '여자는 자기보다 자식의 안녕을 더 중요하게 생각하므로 유아론에 그렇게 큰 영향을 받을 수가 없다'며, 나를 맹비난한다. 그런데 정작 이렇게 '여자들이 자식을 자기 정체성의 연장으로 보는 성향'을 띠게 만드는 게 바로 유아론이다. 일단 인정하자. 그런 유아론 덕분에 우리 인류가 이렇게 번영하게 되었다.

*여자는 이성적 사고에는 약하지만, 합리화에는 강하다.*

조금만 더 깊이 생각해보자. 일단 이성적 사고 능력이 없으면 합리화도 불가능하다. 그런데 여자들이 정말 이성적 사고에 약하다고? 아니다. 사실 강하다. 다만 차이가 있다면, 여자들은 진실보다는 자기 보전에 더 많은 무게를 둔다. 따라서 자기 모순과 인지부조화가 발생해도, 여자들의 '이성적' 사고가 멈춰서 그런 게 아니다. 그런 모순이 들키면 거기서 빠져나오는 논리를 동원할 것이다.

결국 이런 합리화가 보여주는 남녀의 근본적 차이는 이성적 사고 능력 자체보다는 두 성별이 두는 가치의 차이에 있다. 여자들은 자신의 유아론을 바람직한 방향으로 돌리는 법을 후천적으로 배울 수 있고 실제로 배운다. 사실 각종 문화와 발전한 사회의 규범들은 여자들의 유아론을 바람직하게 승화하고자 만들어졌다. 여자들은 비판적 사고를 통해 배울 수 있고 실제로 배운다. 여자들은 자신의 성 전략을 승화하게 만드는 사회, 유아론이 남성(과 자신)에게 벌처럼 내렸던 최악의 결과를 예방하는 사회에서 더 잘 발전하고 기능할 수 있다. 여자들은 상호 간 정의롭고 공정한 사회 질서에서 사는 법과 남자들에게 공감하는 법도 후천적으로 배울 수 있다.

그런데 여자들이 이런 문명적인 기질을 인위적으로 학습해야 한다는 바로 그 사실이 여성의 유아론이 여성의 정서적 기준점이며, 유아론이 생물학적으로 진화된 결과물이라는 사실을 더 뒷받침할 뿐이다. 여자들은 예측할 수 없는 환경에서 안정을 확보해야 했기 때문에, 여성의 유아론은 진화 과정에서 선택된 자기 보존을 위한 적응의 결과물이 되었다. 이런 여성의 펌웨어는 후천적 학습에 의해 우회할 수 있다. 우리는 똑같은 현상을 남자에게서도 볼 수 있다. 남자들이 친사회적인 성향을 강화하기 위해 남성의 고유한 기질, 기본적으로 남자의 성 전략을 승화하는 방법을 학습하는 모델이 그렇다.

여자들은 자신의 존재가 '유아론'이란 단어로 물드는 것을 싫어한다. 듣기에도 싫고, 스스로 타인을 돕기 위해 희생한다고 믿었던 자아 이미지와도 반대되기 때문이다. 물론 그럴 수 있다. 그리고 나도 분명히 그러한 가치를 깎아내리고 싶지 않지만, 그런 여자들의 희생도 타고난 유아론을 극복해야 하는 학습된 동정심에서 나오는 것이다. 또한 '나와 내 아기가 먼저다'라는 정서적 기준점이 꼭 나쁜 건 아니다. 그러나 그런 정서적 기준점이 학습된 동정심과 겸손까지 뒤집어버릴 때, 여자들 특유의 반사회적 행동과 오만이 드러난다.

물론 '남자도 이기적이다'라는 주장, 더 나아가 '그냥 모든 인간이 원래 선천적으로 이기적이야'라는 반박이 당연히 있을 것이다. 나중에 더 자세히 설명하겠지만, 지금은 여성의 유아론적 본성이 단순한 '이기주의'보다는 '실질적인 생존 본능'과 더 깊게 관련되어 있다 점을 이해해 주길 바란다.

두 번째 저서 『합리적 남성2: 예방의학』의 〈사랑의 체계Hierarchies of Love〉를 읽은 독자 중에, 남자는 여자를, 여자는 자식을, 자식은 강아지를 사랑한다는 전통적인 사랑의 모델에 떨떠름한 반응을 보인 남자들이 많았다. 이 사랑 모델은 남편이 아내에게 들인 호혜적인 감정 투자를 외면하는 듯한, 여성 특유의 유아론을 그대로 보여주기 때문이다. 따라서 베타 남자들이 오랫동안 투자해 온 '연애에서의 남녀평등'이라는 그릇된 믿음과 충돌한다. 그런데 여성의 유아론 때문에 여자는 자신의 환경을 단호하게 통제하는 남자, 자신을 성적으로나 감정적으로 지배할 수 있는 남자를 원한다는 걸 알아야 한다.

## 유아론적 사회

한 독자가 다음과 같이 질문했다.

롤로, 여성 유아론에 대한 몇 가지 사례와 구체적인 증거를 제시해 주면 좋겠습니다. 제 경험을 돌이켜보면 유아론적 성향의 여자들이 몇 명 떠오르긴 하지만, 그런 남자들도 그만큼 꽤 있었고, 그것이 여자에게 한정되는 특징이라거나 심지어 남자보다 여자에 더 만연하다는 확신은 전혀 들지 않습니다.

나는 이러한 의문이 당연하다고 생각한다. 그리고 고맙게도, 나를 강경하게 비판하는 여성 독자들은 가끔 극단적인 예시로 반박하며, 언제나 내 예상에 부응해 준다. 이제 여기서 인용하게 될, 다른 독자가 들려준 여성의 유아론의 훌륭한 실제 예시를 보여주겠다.

> 내 여자친구가 자기를 어디에서 태워야 할지 설명할 때, 나는 여성의 유아론적 세계관이 뭔지 눈이 번쩍 뜨였다. 대화는 대충 이런 식이었다.
>
> 여자친구: "저 신호등에서 내 쪽으로 와."
> 나: "무슨 말이야?"
> 여자친구: "그냥 내 쪽으로 차를 돌리라고."
> 나: "그게 어느 쪽인지 도대체 내가 어떻게 알아?
>     왼쪽이야, 오른쪽이야?"
> 여자친구: "나는 모르지. 그냥 내가 있는 곳으로 와."
>
> 결국 여자친구는 어찌저찌 나에게 길을 알려줬지만, 여자가 다른 사람의 입장에서 무언가를 보는 일이, 심지어 본인이 원한다고 해도 얼마나 어려운 일인지 새삼 깨닫고 깜짝 놀랐다.

여성이 가진 정서적 기준점(유아론)은 자기 외의 모든 세상이 자신의 요구에 응하고, 그것의 중요성과 우선순위에 대한 감각까지 공유한다고 믿는다.

'레드필 렌즈' 같은 통찰이 다소 요구되지만, 여러분이 마음 먹고 관찰하기로 한다면, 살면서 쉽게 이런 유아론의 실제 사례를 금방 찾아낼 수 있을 것이다. 평등주의의 탈을 쓴 여성 중심적인 사회화를 통해, 남자들은 이런 유아론의 징후를 '정상'처럼 받아들이도록 미리 학습됐다. 따라서 남자들은 그것을 그냥 못 본 체하거나 제대로 고민하지 않고 넘어간다. 아직 블루필에 빠진 남자들은 여성의 유아론을 그냥 정상적인 기본값으로 인지하기 때문에, 애초에 여자의 유아론적 본성을 의식적으로 알아차리지 못한다.

이게 딱 여자들의 방식이다. 여자들은 남자가 자신의 유아론을 그냥 고유한 여성의 본성으로 받아들이게 하고는 더할 나위 없이 기뻐한다. 이런 게 '여자는 해도 괜찮다', 즉 자기 생각을 바꿀 권리를 늘 가진다는 바로 그 차원에서 용납할 수 있다. 남자들이 여자들의 이러한 집단적 요구를 받아들이도록 사회적인 틀이 설정될 때, 여자들의 더 큰 모순조차 사회 분위기 속에 묻어가는 게 가능해진다.

남녀 모두 '여성의 성 전략에 가장 이로운 것은 남자에게도 반드시 이롭다'고 믿도록 길든다. 사회적 그리고 개인 차원에서, 여자들의 유아론적 오만은 여자들의 성 전략에 이익이 되는 어떤 대상에 남자들이 대놓고 반발할 때조차, '남자에게도 도움이 되는 거야'라고 그냥 믿게 한다. 여자의 세계관에선 여자의 실존적인 욕망이 여자 개인이 의식적으로 인정하는 수준보다 훨씬 더 크다는 사실을 명심하라. 여자의 사고방식에 따르면, 여자들은 어떤 남자가 여자의 필요를 충족시키는 데 쓸모 있다면, 남자도 여자의 목적에 도움이 된다는 점에 '반드시' 동의할 거라고 전제한다. 따라서, 여자는 '남자의 요구가 자신의 요구와 같다'고 그냥 믿는데, 백지상태의 남녀 평등을 믿는 사회 풍조는 이러한 여자들의 오류를 더 굳어지게 만든다.

## 사회적 차원의 강화

여성의 유아론적 본성은 영속적인 자기 순환을 반복하며, 그런 순환을 통해 사회적 차원에서 더 강해진다. 여성 중심적인 사회에서, 여자들은 자발적으로 유아론을 있는 그대로 보여주고 지켜나간다. 레드필을 인식한 남자들은 요즘 여자들의 지나친 권위 의식 덕분에, 이 유아론적 순환의 실체를 알아채기 시작했다. 그러나 남자들이 알아야 할 훨씬 더 중요한 내용이 있다.

만약 남자들이 여성의 유아론을 집단 차원에서 받아주고 보상해 주면, 여성의 유아론적 본성을 더 깊게 뿌리내리게 하고, 그것이 우리 사회의 주된 서사를 좌우하도록 허락하게 된다. 가령 블루필 남자들이 믿는 '남자다운 남자의 조건'을 다른 남자들에게 설득하고, 동시에 여성의 유아론적 행동이나 징후를 변호할 때(또는 거기에 '힘을 실어줄 때'), 이런 유아론을 인정하는 순환의 고리가 완성된다.

유아론이 사회적 수준으로 커지면 '자매 연대(Sisterhood)'가 작동하여, 여자들의 자기 보전 아젠다가 집단의 최우선 과제가 된다. 이것이 여성주의 강령(Feminine Imperative)이 다른 사회 문제나 규범보다 우선시 되는 세상, 내가 '세상 무엇보다 우위에 있는 자매 연대(Sisterhood Uber Alles)'라고 부르는 것이다.

'자매연대'는 유아론의 또 다른 사례다. 여성의 제1명령은 종교적인 신념, 결혼 서약, 선호하는 개인적인 사상과 정치적 이념 전에 먼저 '여성의 이익을 보호해야 한다'는 것이다. 이것이 입체적이고 실질적으로 표현한 유아론의 실제 규모다. 이를 다시 여성들이 집단 차원에서 계속 재생산하며 강화한다. 사회적 차원에서 발현되는 '여성 지상주의 명령', 그 동력을 지탱하는 근본적인 힘은 어디서 오는가? 다름 아닌 '여성의 유아론'이 그 에너지의 원천이다.

## 의사소통

여성의 유아론적 본성은 여성의 소통 방식에서 가장 잘 드러난다. 구체적으로 말하면, 그 소통 방식은 무의식적으로 내심 자기에게 집중하는 내면의 대화이다. 여성의 대화는 은밀하고, 속마음을 드러내지 않으며, 맥락적 단서와 뉘앙스에 따라 의미가 달라지는 반면에, 남성의 대화는 분명하고 직설적이며, 내용과 정보 중심이다. 여자들이 내면을 바라보는 존재라는 사실은 여자가 자기실현을 위해 외부의 힘에 의존하지 않고, 스스로 떠 있는 섬이 될 수 있다(되어야 한다)는 사회적으로 형성된 이상적인 이미지에서도 드러난다.

나는 외롭지 않아, 고독을 즐길 뿐이지…

나는 남자는 물론 타인의 도움 없이도 나를 완성할 수 있는 완전한 사람이야. 세상이 규정하는 남성과 여성의 특징들… 그 모든 것이 내 안에 있어. 그것을 구별하려는 집착은… 어리석은 짓일 뿐이지.

나는 수차례 글을 통해 여성의 소통 방식에 대해 심도 있게 다루어 왔다. 여성의 유아론적 본성은 여자가 남자 또는 다른 여자와 소통할 때 부여하는 우선순위에서 가장 뚜렷하게 드러난다.

여자들과 여성화된 남자들이 성 역학과 관련해 반발하는 내용을 다룰 때, 일단 그들이 '나는 안 그래요'라고 반박하는 모습을 정말 자주 볼 수 있다. 나는 이런 모습을 볼 때마다 재미있고 한편으론 뻔하다. 언제나 개인의 일화, 특수한 경험이 알고 보면 꼭 보편적인 관념에 반례가 될 수 있다는 생각, '내 경우에는 그렇지 않다'라는 소리다. 정도의 차이야 있겠지만, 기본적으로 여자들은 유아론적 성향을 타고나기 때문에, 어떠한 성 역학 개념이든, 먼저 자신에게 적용되느냐에 따라 해석하고, 그다음에 더 큰 규모에서 그것이 참인 명제인지 생각한다.

남자들은 더 큰 규모로, 합리적이고 실증적이며 고차원적인 관찰을 통해 참과 거짓을 결정하는 경향이 있지만, 여자들은 거의 보편적일 정도로 개인적 경험에 의지하고, 그러한 개인적 경험이 절대적 진리인 양 그것에 매달린다. 자신에게 진실인 것이 모두에게 진실이고, 자기가 내린 판단에 반하는 다른 경험, 데이터는 '나는' 그렇지 않기 때문에 의미 없다는 식이다. 여자들의 정신세계에서 더 큰 규모의 인간 체험은 모두, 그리고 반드시 자기 참조(self-reference)라는 여자들의 개인 경험 저장소 필터를 거친다.

매노스피어에서 오랜 시간 누적되어 온 토론과 논쟁을 방금 막 접한 여자들이 제일 먼저 반박이랍시고 내놓는 게 이런 개인적 경험에 근거한 반박이다. 이런 반응은 이제 진부할 정도로 뻔한데, 여자들은 객관적으로 관찰할 수 있는 증거도 자신의 일화 하나로 반박할 수 있다고 믿으며 반사적으로 반응한다.

레드필 남자들 입장에서는 여자들이 반박할 때 가져오는 개인적인 사례들을 진지하게 검토해 볼 수도 있지만, 여자들이 반박할 때 '나는 I'이나 '나를 me'을 얼마나 많이 쓰느냐 따위는 중요하지 않다. 우리가 눈여겨 봐야 할 핵심은 이거다. 여자의 사적인 반박을 듣는 사람들이 여자의 개인 경험을 보편타당한 진리로 받아들일 것이라 기대하는 여자들의 '당연한 듯한 태도'다. '나는'이나 '나를', '나 자신 myself'은 여성 펌웨어의 최초 명령값, 즉 유아론적 정서적 기준점이 가동되는 수단이자 징후이며, 이런 자만에 대한 어떤 반박도 그 여자의 자기중심적인 태도에 의해 묵살된다. 이런 여성 특유의 정서적 기준점은 대뇌변연계(limbic)에 깊이 스며든 잠재의식이 되어, 결코 재고나 반성의 대상이 되지 않는다.

이는 여자들(과 여성식 소통 방식에 길든 남자들)이 흔히 선호하는 소통법이다. 여자들은 주로 소통의 맥락(소통하면서 자신의 기분이 어떤가)에 집중하지만, 남성은 소통의 내용(전해지는 정보의 중요성)에 주로 초점을 맞춘다. 남자들이 요점을 설명하기 위해 개인적 경험을 절대 예로 들지 않는다는 뜻이 아니다. 소통하려는 의도, 동기가 다르단 이야기이다. 남자가 개인화된 이야기를 꺼내는 동기는 어떤 사안의 내용과 정보를 더 잘 이해하려는 노력의 일환이지, 본인이 심적으로 집착해 온 대상(유아론적 정서적 기준점)을 지키기 위해 유아론이 원하는 자기 확인을 위한 행동이 아니다. 여성의 원초적 유아론이 가장 잘 드러나는 징후는 '여자의 개인적 경험이 가장 타당하고 정당하며 보편적'이라는 인식이며, 어떤 논쟁에서도 분명한 진리로 간주 될 거라 기대하는 오만한 태도다.

## '이야기의 중간' 증후군

내가 살면서 만나본 모든 여자에게 느낀 공통된 좌절의 순간이 있다면, 그 여자들이 대화 도중 어떤 이야기를 중간부터 시작하는 것이다. 여자들은 대화 내내 남자들이 모든 뉘앙스를 포착하고, 말하지 않아도 배경을 이루는 섬세하고 '감정적인' 디테일을 알아차려 주기를 기대한다. 맹세컨대, 내가 아는 모든 여자가 최소 한 번씩은 그랬다. 그들은 자기 이야기가 너무 중요해서, 숨은 의미를 찾기 위해 고민하거나, 여자가 어떤 감정을 느끼게 만든 매우 중요한 요소로 이어지는 중간 사건이나 정보를 요약하고 설명하는 것이, 화자가 아니라 듣는 상대방이 해야 할 일이라고 생각한다. 여자들은 자기들끼리 수다를 떨 때, 이런 행동을 묵인하는 묘한 풍조가 있다. 한 여자가 계속 말하는 동안, 다른 여자들은 이야기의 배경이 되는 부수적인 세부 사항을 각자 스스로 알아낸다.

'남자들은 경청할 줄 모른다'라거나, 여자가 말하고 있는 것을 '남자들이 귀 기울이지 않는다'라며 불평하는 사회적 레퍼토리도 이러한 특징을 잘 보여준다. 우리는 이런 사회적 관습, '소통'이란 주제를 통해, 여성 특유의 유아론적 사고방식을 잘 파악할 수 있다.

남자들이 여자의 말에 귀를 기울이지 않는 것이 아니다. 남자의 소통 스타일이 여자가 전하는 말에 담긴 맥락적 '느낌'이 아닌, 내용과 정보에 초점을 맞추는 것일 뿐이다. 여자들은 자기가 한 말을 또 되풀이하는 걸 아주 싫어한다. 귀찮아서 그런 게 아니라 '듣지 않고 있다가' 그 정보를 다시 말해달라는 남자의 태도가 여성의 유아론적 기질을 거스르기 때문이다. 여기서 '경청하는 남자'라는 여자의 이상형이란, 여자가 제일 중요한 대상이란 점을 확인시켜 주는 남자, 굳이 따로 요구할 필요 없이 그 우선순위를 인정해주는 남자를 향한 바람이다. 그리고 저런 확인 과정에서, 그 여자가 중요하게 느끼는 사건의 배경을 따로 설명할 필요가 없어야 한다.

여자에겐 늘 자신에게서 대화가 시작되어야 하는 고유한 구실이 있다. 사실 여자들 대부분은 자신의 유아론적이고 개인적인 진실에 너무 몰입한 나머지, 선명한 객관성이라는 게, 최소한 처음에는 그들의 머릿속에 자리 잡지 못한다. 물론 여자들도 이성과 합리성, 실용적인 관점을 충분히 가질 수 있다. 단지 그것들이 당장 필요한 상황에서, 머릿속에 제일 먼저 떠오르지 않는다는 뜻이다. 남자애들이 무언가를 점점 더 정확하게 던지는 것처럼, 여자애들도 그렇게 사고하도록 '배울' 수 있다. 그러나 여자들이 자신의 유아론을 극복하는 것, 다른 사람들에게도 각자 고유한 체험이 있다는 걸 고려하는 일에는 인위적인 학습과 훈련을 통한 노력이 필요하다.

## 여자가 먼저다

내게 다음과 같은 훌륭한 실제 사례를 들어준 독자도 있었다.

전처에게 아이가 먼저인지 내가 먼저인지 물어본 적이 있습니다. 전처는 잠시 생각하다가 "정말 모르겠어. 어려운 질문이야."라고 답했습니다. "아이가 먼저라는 말이네."라고 제가 말했지요. 이혼하겠다고 분명히 선언한 뒤, 저는 전처가 결혼 생활을 유지하는 방법에 관한 책을 읽던 모습이 생각납니다. 그 책 속의 한 구절을 읽어주면서 자기가 어떤 점을 잘못했는지 알겠다고 말하더군요. 읽어준 문장은 이랬습니다. '끈끈한 결혼 생활을 유지하려면 남편이 먼저라는 것을, 심지어 아이들보다 우선임을 알아야 한다. 엄마인 여러분이 아이들에게 아버지가 가정의 중심이며 존경받아야 한다는 사실을 가르쳐야 한다. 아이들에게 그것을 알게 하는 방법은 엄마인 여러분이 행동을 통해 그 사실을 입증하는 것뿐이다.'

그럼에도 저는 이혼했습니다.

이 내용은 겉보기엔 여자를 겸손으로 이끄는 이야기처럼 보이지만, 여전히 남편이 '남자'가 되도록 '허락'하는 지위, 자격을 부여하는 근본적인 힘이 이미 여자에게 있다고 전제하는 역설을 품고 있다. 나는 복음주의 목사들이 반항적인 아내에게 남편과 아버지의 '지배적인 권위를 인정하라'며 지나치게 낙천적인 태도로 비슷하게 충고하는 모습을 본다. 그러한 충고가 지닌 본질적 모순은 이미 여자들이 이의를 제기할 수 없는 최고의 위치에 있단 뜻이고, '남자'가 되기 위해서는 여자들의 동조가 필요하다는 전제가 깔려 있다는 것이다.

어떤 점에서 이런 남자들은 무의식중에 여성의 유아론(과 그것의 영원한 순환)을 그 권위의 근본적인 원천으로 인정해 주고 있다. '아내가 남편에게 권위를 양보하도록 여자들을 설득할 필요가 있다'는 사고방식 자체에 두 가지 모순이 깔려 있다. 첫째, 여성의 유아론적 정서적 기준점이 관계를 지배한다는 것, 둘째, 남편이 여자의 자발적인 순종을 바칠만한 남자가 아니라는 것이다.

베타 남자가 여성의 유아론적 기질을 자연스럽게 거스르지 못한다는 부분은 이해하기 쉽다. 베타 남자의 입장에서는 (나는 그 남자가 적어도 걸음마를 배우던 시절에는 알파 기질이 있었다고 생각한다) 여자와 직접 대면해야 하는 갈등 요소가 부담스럽다.

여성의 유아론을 당연한 권리처럼 취급하는 사회 분위기가 더 강화될 때, 하이퍼가미를 충족시키려는 여자들의 욕망과 유아론을 고집하려는 고집 사이에 내적 갈등이 심해진다. 여자가 '나이의 벽'에 부딪혀 점점 성적인 매력을 잃기 시작하고, 하이퍼가미의 양극단(알파는 섹스하고 베타는 돈을 준다)을 모두 충족할 수 있는 경쟁력이 줄어들면서 이 갈등은 절정에 이른다. 장기적인 안정을 향한 욕망과 유아론의 오만이 뒤엉켜 싸움을 벌인다. 결국 이도저도 못하다가 알파와 베타, 양쪽 모두를 충족하는 데 실패하는(남자가 그냥 그 여자를 차버리는) 위험한 상황에 빠지게 되는 것이다.

# 여자의 공감 능력

여자는 남자가 극단적인 분노, 두려움, 절망, 허탈, 우울 같은 부정적인 감정을 오랫동안 드러내는 모습을 눈 뜨고 보지 못하더군요. 말로는 남자를 위해 '곁에 있어 줄 것'처럼 하지만 실제로 불가능해요. 그런 부정적인 감정이 오래 지속되면 남자의 매력을 죽입니다. 결국 하이퍼가미가 경보를 울리고, 여자로 하여금 현재 남자를 대체할 만한 남자를 사냥하게 만들죠.

남자의 저런 모습을 직면하면, 여자는 그 남자를 당장 갈아치우려고 합니다.

여자들은 데이트, 섹스, 인간관계 문제에 대해, 남자가 하는 이야기나 제안에 귀 기울이지 못해요. 여자들은 그런 사안에 관해 이야기하는 남자들을 '징징대거나', '불평하거나', '억울함' 또는 '오기'를 드러낸다고 반사적으로 느끼거나, '네가 자초한 거야, 이 불쌍한 놈아' 또는 '받아들여, 너가 불평하는 걸 듣고 싶은 사람은 아무도 없어'라고 생각합니다.

위의 두 가지 내용에 남자가 해당할 때, 즉 이 두 가지 일을 남자가 하거나 겪는 것을 보면 여자가 느끼는 경멸과 혐오는 5배 증가합니다.

—데티Deti

2013년 8월 첫째 주쯤, 나는 흔히 '무용수 골절'이라 불리는 피로 골절상을 입었다. 평생 위험한 짓을 많이 하고 다녔지만, 과거에는 뼈에 실금 간 것보다 심하게 다친 적은 없었다. 그런데 진짜 뼈가 부러지니 정말 아팠다. 침대 모서리에 누워 있는 것처럼, 아슬아슬하게 조금만 잘못 몸을 돌려도 몸서리칠 정도로 고통스러웠다. 4-6주 동안은 발을 세게 디딜 생각조차 하면 안 된다. 하필 옘병할 우리 집은 2층짜리였고, 침실이 2층에 있는 것도 고역이었다. 의사가 설명하기를, 댄서 골절은 따로 뼈를 접합할 방법도 없어서 '어금니 꽉 깨물고 참으면서', 쉬엄쉬엄 지낼 수밖에 없다고 했다. 나는 (바이코딘 등) 환각성 진통제는 모두 거절했고, 첫 달 대부분 동안 소염진통제인 이부프로펜과 타이레놀로 견뎌야 했다.

첫 주가 지나자, 이제 고통은 '빌어먹을'에서 '좋아, 오우, 에이 제기랄, 그래, 이 악물고 견디는 거지'로 변했다. 만약 야생동물이 나를 잡아먹으려 했다면 그대로 먹이가 된 것이다. 살다가 처음으로 문자 그대로 다리를 절었으니까.

### 야이 덩치만 큰 겁쟁아, 남자답게 굴어!

내가 덩치만 큰 겁쟁이처럼 보이나? 나도 한때 스쿼트로 180kg을 한참 넘겼고, 벤치 프레스는 140kg, 젊었을 때는 레그프레스로 소형차 한 대 정도는 올렸다. 운동을 하다가 뼈가 부러져봤거나, 이두박근이 찢어져 봤거나, 디스크가 탈구돼 본 남자라면 내가 주절주절 설명하는 게 무엇인지 정확히 알고 공감할 것이다. 그러나 내 17년 된 사랑하는 아내와 15살 딸의 첫 반응은 "남자들은 덩치만 큰 아기야! 모두 아파 죽겠다고 고래고래 소리를 지르지. 네가 보기에도 그렇게 아플 것 같아? 아니 안 아파 보여!"였다. 마치 이 여자들이 내가 다쳤다는 현실을 무시하면, 내가 벌떡 일어나서 "그래, 그렇게 썩 아픈 건 아니야."라고 말하며 잔디를 깎거나 다른 일을 하러 가야 할 것 같은 기분이 들었다.

이것은 내 아내와 아내를 만나기 전에 나와 사귀었던 모든 여자에게서 볼 수 있는 꽤 일관성 있는 반응이다. 여자들은 남자들도 옴짝달싹 못 하게 될 수 있다는 사실을 받아들이려 하지 않는다. 내가 '게임'을 인식하기 전에는 이런 이야기를 대충 걸러 들었다. 내 아내는 20대 초반부터 의료계에 종사했고, 다양한 트라우마 센터에서 꽤 끔찍한 것들을 많이 봤기 때문에 그런 배경을 참고해야 한다. 그런 직종에서는 그런 광경을 견디지 못하면 직업 자체를 포기해야 하므로, 아내가 인간의 고통에 대해 냉담해야 하는 점을 나도 이해한다. 그러나 이런 아내의 특수한 환경이 정당한 신체적 고통을 겪는 남자를 향한, 내 딸과 어머니를 포함한 내가 아는 모든 여자들이 가진 '남자의 고통에 대한 근본적인 무관심'을 반박하지는 못한다.

## '어머니=보호자'라는 편견

여자는 물론이고 지극히 선한 의도를 가진 남자들조차 버리지 못하는 고전적인 오류가 바로 '여성은 인류를 보살피는 성별'이라는 편견이다. 여자는 자녀를 양육하고 가정을 챙긴다. 여자의 돌봄은 개인의 영역이고, 남성의 돌봄은 공적인 영역인데, 사실 이게 초기 페미니즘이 타깃으로 삼은 대상으로, 페미니스트들은 여자가 개인적인 영역과 공적 영역 모두에서 돌보는 쪽이 되기를 바랐다. 낙태에 대한 통계에도 불구하고, 또한 하이퍼가미라는 현실, 전쟁 신부(War Bride, 본인을 위해 남자를 갈아타는 행동을 정당화하는 여성의 심리적 기제를 의미-옮긴이) 역학에도 불구하고, 여성을 어머니, 양육자, 간호인, 돌봄 제공자의 이미지로 여기는 고전적 관점은 여전히 살아남았다. 이러한 관념은 페미니즘이 여성에 대해 재해석했던 '강하고 독립적인®'이라는 이미지를 보완하는 역할도 했다.

하이퍼가미의 중요성이 여자들의 심리적 펌웨어에 깊숙이 새겨졌기 때문인지, 여자들은 어떤 남자도, 특히 하이퍼가미를 충족한 남편이 다치거나, 아파서 꼼짝도 못 할 수 있다는 발상을 받아들이지 못한다. 여자들은 그런 가능성조차 무의식적으로 거절한다. 종을 영속하고, 자식을 안전하게 키우는 게 여자가 가진 바꿀 수 없는 본능의 한 부분이겠지만, 자기 짝의 생존을 보장하고 남자에게 필요한 것을 공급하는 것은 여성의 본능에 해당하지 않는다. 여자들이 남자 파트너를 돕는 법을 (필요에 의해) 배우지 못한다는 뜻이 아니라, 진화가 여자를 그렇게 설정했기 때문에, 남자를 도우려면 의식적인 노력이 필요하단 뜻이다.

이런 설명을 하는 이유는 여성의 (하이퍼가미에 근거한) 유아론적 본성 때문에 여자들은 남자의 입장을 잘 공감하지 못하기 때문이다. 이런 성향은 남자들이 겪는 정당한 고통까지 확대되어 적용된다. 여자를 보호하고 생계를 유지하는 임무를 맡은 남자, 하이퍼가미가 유전적 유산을 걸고 배팅을 한 남자가 다쳐서 움직일 수 없는 상태가 됐을 때, 여자가 '그 남자'를 보호하고 생계를 유지해줘야 한다는 사고방식은 '여성 지상주의(Feminine Imperative)'에 너무나도 반대되는 발상이라서, 여자의 본능이 그럴 가능성조차 고려하지 않도록 심리적 방어기제('고통에 관해서라면 남자들은 그냥 덩치 큰 아이들이다')를 발전시킨 것이다. 따라서 종 차원에서 혜택을 주려는 하이퍼가미 때문에, 여자들은 근본적으로 남자의 체험과 고통에 공감하는 능력이 부족하다.

## 공감(empathy) VS 동정(sympathy)

나는 여성의 심리적인 대처 작용을 설명하면서, '동정'이라는 단어보다는 의도적으로 '공감'이라는 단어를 선택했다. '공감'과 '동정' 사이에는 보편적이고 상대적인 차이가 있다.

'공감'이란, 타인의 생각과 감정, 직접적인 경험을 같이 느끼는 능력이다. 공감은 돌봄이나 타인의 고통을 이해하는 느낌인 '동정'을 뛰어넘는다. 두 단어 모두 비슷하게 쓰이지만 감정적인 깊이 차원에서 차이가 있다.

'동정'이란, 본질적으로 타인의 고통을 인정하는 느낌을 뜻하지만, 공감은 타인의 고통을 짧게라도 실제로 경험한다는 뜻이다. 공감의 특징은 주로 '자신의 입장을 타인의 입장에 둘 수 있는' 능력이다. 따라서 공감이 동정보단 더 깊은 감정적 경험이다.

공감은 무언의 이해와 당연히 서로에게 도움을 주는 의사결정으로 발전한다. 공감 능력은 공동체의 기초를 이룬다. 동정은 자신의 자아 정체성에 가치를 부여하거나, 불우하거나 어려운 사람에게 사랑과 도움을 준다는 의미에서 긍정적일 수도 부정적일 수도 있다.

여자들은 남성의 고난이나 고통을 '동정하는 능력'은 부족하지 않다. 그러나 고유한 남성 체험에 공감하는 능력은 확실히 부족하다. 이 점은 남녀 모두에게 분명히 해야 한다. 여자들도 무용수 골절의 고통을 체험할 수 있다는 사실을 의심하지 않지만, 남자로서 그 고통을 겪은 적은 절대 없고, 따라서 그 경험에 공감할 수는 없는 것이다. 이제 이 고통을 남자 삶의 다른 측면이나, 여자가 남자를 어떤 식으로 사랑해주기를 바라는지에 관한 남자의 이상으로 확장하여 생각해 보라.

여자들이 계속해서 '동정'이라는 단어 대신에 '공감'이라는 단어를 즐겨 사용하는 모습을 본다. 마치 특유의 여성스러움이 고통에 빠진 타인의 슬픔이나 연민을 능가해서, 그 사람이 느끼는 고통을 마술처럼 똑같이 느끼는 듯 보인다. 여자들은 자신의 하이퍼가미에 관한 불편한 진실을 덮기 위해, 그들의 '동정'을 진짜 '공감'이라고 스스로 설득한다. 여자들의 타고난 유아론은 남자들에게 실제로 공감해 보려는 호기심조차 생기지 않도록, 심리적으로 한 층 더 분리한다.

이것은 『합리적 남성』에서 다룬, 여자들이 '말하지 않아도 아는(Just Get It)' 남자를 원한다는 개념과 통한다. 다만 더 무의식적인 수준에서 작용한다. 만약 어떤 여자가 남자에게 정말로 '공감'하려고 노력해야 하는 상황이 생기면, 남자가 여자에게 자기 입장을 직접 말로 해줘야 하는 상황이라면, 여자는 남자의 상황을 외면하고 자신에게 공감을 요구하지 않는 알파를 찾아 하이퍼가미 본능을 계속 추구할 것이다.

이런 '여성의 공감 능력이란 환상'은 여성스러움, '여성의 신비'라는 비논리적인 신화 때문에 생긴 '어머니=보호자' 오류로 거슬러 올라간다. 만약 '여성의 신비'가 진짜 끝도 없이 퍼진 나머지, 대중의 인식에 심어진 '신비한 대자연의 힘'이 여자에게 분명 존재한다면, 신비로운 여성의 직관이 거의 초능력처럼 발휘되어 타인의 고통을 있는 그대로 경험하고 받아들인다는 발상도 과장은 아닐 것이다. 여성이 '생명을 주는 자'라면(어머니 여신) 어떻게 그들이 탄생시킨 것과 초능력 수준의 연결이 이루어지지 않겠는가?

이 모든 것이 가설로는 그럴듯해 보일 수 있다. 그러나 '고통에 관해서라면 남자는 그냥 덩치 큰 아기야'라고 말하는 우리의 현실 속 여자들과는 거의 들어맞지 않는다. 그렇지 않은가? 여자들이 남자에게 '정말 아픈 것'과 '엄살'을 규정할 수 있는 권한을 갖는다면, 사회가 여자들에게 진정한 공감 능력이 있다고 여기기 때문에, 궁극적으론 '어떤 남자가 여성의 하이퍼가미에 가장 적합한지' 여부를 더 확실하게 규정할 권력을 얻게 된다. 다시 말해, 여자가 정말 '남자를 아프게 하는 것'과 '아프게 하지 않는 것', '아프면 안 되는 것'을 안다고 남자들을 설득할 수 있다면, 결국 여자들이 짝짓기 선택(selective-breeding)이란 게임 전반을 지배하게 된다.

# 여자의 이성에 호소하기

*"사랑에 빠진 여자는 이성적일 수 없다. 이성적이라면 사랑에 빠지지 않은 것이다." - 메이 웨스트Mae West(미국의 배우, 극작가, 가수-옮긴이)*

(이전에는 로이시Roissy라고 알려졌던) 전설적인 픽업 아티스트인 샤토 하티스트Chateau Heartiste가 여자들이 자신의 고백을 거절하는 이유를 공개적으로 묻는 한 베타 남자에 관한 글을 올린 적이 있다. 그 베타 남자는 베타남들 대부분이 쓰기 좋아하는 전형적인 연역적 논리를 활용했는데, 여자와 친해질 수는 있었지만 고백을 거절당하는 원인에 관해 묻는 체크리스트를 만들었다. 그는 여자 네 명에게 부탁해서 '본인이면 어떻겠냐?'고 질문을 던졌고, 네 명의 여자 모두가 여자 입장에서 아주 열심히 답해줬다.

1) 당신은 누군가와 빠르게 진도가 나가기를 원하나요?

   아니면 천천히 타오르는 편입니까?

2) 내가 한 행동 중에 정떨어지게 하거나 잘못한 게 있나요?

3) 연애를 원하는 남자에게 하고 싶은 충고가 있다면 어떤 것이 있을까요?

4) 당신은 무엇을 매력적이라고 느낍니까? 특별히 원하는 유형이 있나요?

5) 당신보다 키가 작은 사람은 절대 만날 수 없다고 생각하시나요?

6) 저는 여러분에게 매력이 없나요?

그 베타 남자는 여자들에게 이런 흔한 질문을 던졌고, 예상대로 여자들은 그 남자를 거절할 경우 생기는 죄책감을 덜어주는 표준화된 답안을 내놓으면서, 자신들의 꾸밈없는 본색을 평생 절대 볼 일이 없을 것 같은 그 남자의 기분을 상하지 않게 하려고 애썼다.

이런 식으로 여자들에게 던지는 질문이 섹스도 못 해본 자기 팔자를 고쳐보려고, '논리'를 적용하려는 블루필 환상에 빠진 안타까운 남자들이 보여주는, 내가 예상할 수 있는 전형적인 모습이다. 하지만 베타 남자가 계속 매트릭스에 갇히게 되는 진짜 원인은 이 남자가 여자들에게 이렇게 대놓고 닦달하는 모습 때문이 아니다. 이런 질문을 준비하는 예비 작업, 그 질문에 따라 행하는 후속 조치가 본질적인 문제다. 베타 남자는 섹스 문제를 해결할 수 있는 '진짜 해답을 알아내기 위해' 여자들을 인터뷰한 것이 아니다. 여자들이 스스로 뱉은 대답에 따라, 여자들이 자기에게 매력을 '느껴야 한다'라는 사실을 여자들에게 상기시키려고 애쓰면서, '가정문if then'의 논리로 여자들을 설득하려고 한 게 문제다.

위 사연의 베타 남자는 모든 잠든 남자들이 저지르는 가장 어리석고 기초적인 실수를 저질렀다. 바로 여자의 이성에 호소하는 것이다.

**여자들은 왜 '당최 못알아' 듣는가?**

여성의 논리에 호소하는 것, 그 논리를 위해 연역적 추론에 의지하는 것은 전형적인 베타 남자의 사고법이다. 여자를 유혹하는 데 실패하는 최고로 기상천외한 방법이 있다면, 바로 여자의 이성에 호소하는 것이다. 성적인 자극과 성적인 끌림, 성적 긴장감, 욕망과 관련한 비언어적 소통, 이 모든 것이 여자들에겐 간접적으로, 그리고 사회적인 가면 뒤에서 일어난다. 이 이야기를 '여성에게 논리적 추론 능력이 없다'거나(하이퍼가미는 철두철미하게 이성적이다), '본능을 통제하는 후뇌(hind-brain) 때문에 여자들의 이성적 판단 기능이 고장 났다'는 뜻이 아니다. 만약 여자에게 매력적인 남자가 되는 방법을 묻고 있다면, 그런 짓을 하고 있다는 것 자체로 여러분이 '여자를 모른다'는 신호를 보내는 것이다. 남자의 매력은 질문이 아니라 행동에 녹아 있다. 유혹의 과정은 여자들이 기계적으로 따르는 논리적 단계로 분석할 수 없다. 그 과정은 남자들이 여자를 성적으로 유혹하고 자극하는 방법을 그냥 알고 그냥 행하는 것일 뿐이다.

여자는 본능적이고 무의식적인 차원에서, 자신의 진정한 욕망과 그것을 자극하는 과정이 자연스럽게 이루어져야 한다는 걸 안다. 어떤 남자가 나타나서 "여자는 이성적 판단에 따라 (그리고 그 남자의 추론에 설득당해) 그와 은밀한 관계를 '맺어야' 한다."라고 확신시키려는 노력을 기울인다면, 여자는 남자의 그런 사고 과정 자체를 불쾌하게 느끼고 그런 생각 자체를 차단해 버린다.

여자의 하이퍼가미가 요구하는 알파의 자질 중 하나는 남자가 '말하지 않아도 아는(Just get it)' 것이다. 알파는 여자의 성적 자극과 끌림의 신호를 누가 말해주지 않아도, 그리고 그 신호에 관해 굳이 물어볼 필요도 없이 육감적으로 알고 있다. '여자가 원하는 것'을 직접 확인하려는 남자의 모습은 사실 여자를 육감으로 파악하지 못한 베타 남자의 기권 행위다. 그리고 예상대로, 이런 베타 남자들의 그다음 논리적인 최후의 무기는 자신의 자격을 여자에게 다시 확인시키면서, 여자가 (이왕이면 자신의 논리에 동조해) 자기에게 끌리도록 논리적으로 설득하려는 것이다.

이런 베타 남자들은 보통 비참한 '일회용 감정 탐폰 생리대(우리말로 감정 쓰레기통-옮긴이)'가 되거나, 자기 외모로 끌어들일 수 있는 최고의 알파 남자와 섹스하고 다니는 여자의 '땜질용 남자친구'로 끝난다. 그럼에도 남자들은 이런 이성에 호소하는 전술을 다양한 방식으로 전개한다. 남자가 바라는 논리적 사고의 진행은 섹스하고 싶은 여자(사실상 하이퍼가미 본능의 요구 사항)에게 더 잘 맞춰주는 것, 즉 여성이 요구하는 조건을 받아들이고 은밀하게 인정을 받는 쪽으로 기운다. 유부남이거나 한 여자만 만나는 남자에게 이런 '이성 호소 전략'은 '집안일을 더 많이 하면, 더 많은 (또는 어떻게든) 섹스의 기회가 생길 것이다' 같은 그릇된 믿음으로 발전한다.

(『합리적 남성』의) 〈관계의 평등〉이라는 오류가 발생하는 원인은 남자가 여자의 이성에 호소하는 데 있다. 남편이 자식들이 (고상함을 유지하며) 더 잘 살게 하고자

하는 마음으로 아이의 숙제를 도와준다고 해서, 아내가 침대에서 더 뜨거워지지 않는다. 아내가 이혼을 결심했을 때, 어떤 협상 수단도 효과가 없다. 여자는 당신이라는 존재와 사랑에 빠지는 것이 아니라, 당신에 대한 인상과 사랑에 빠진다. 아무리 여자의 논리에 호소해도 딱히 여자들을 설득할 수는 없을 것이다.

늘 그렇듯, 여자에게는 입 아픈 설명보다 행동이 낫다. 여자들은 게임에 대한 설명을 듣는 것보다는 게임에 빠지는 데 더 관심이 많기 때문에, 성적인 호감을 가져달라고 여자에게 이치를 따지며 설명하는 식으론 절대 목적 달성이 불가능하다. '열린 소통이 좋은 남녀 관계의 핵심'이라고 믿는 남자들이 너무 많은데, 이번 장 초반에 질문지를 준비한 남자가 딱 그런 사고방식을 보여주는 대표적인 사례다. 남녀평등주의는 여자가 기능적으로 남자와 동등한 시스템을 갖고 있고, 마찬가지로 더할 나위 없이 이성적인 존재라고 남자들에게 가르친다. 따라서 남자들은 평소 비지니스에서 협상할 때 사용하는 논리와 합리적 주장을 내세우면, 이성 관계에서도 통할 거라 믿는다.

이건 말도 안되는 소리다. 이런 착각 때문에 베타 남자가 게임과 여자의 본성에 관한 설명을 들으면 반감이 들고, '여자의 이성에 호소하는 건 바보짓이다'는 이야기가 그들의 직관에 반하는 것이다.

## 여자의 연애 조언

*먹이는 사냥꾼에게 자신을 더 잘 잡는 방법을 가르쳐 주지 않는다.*

왜 여자들은 연애 상담을 할 때 남자들에게 나쁜 충고를 할까? 여러분이 '여자의 말이 아니라 행동을 믿어라'라는 말에 즉각 동의하면서, '여자도 다른 남자들에게 쓸만한 연애 조언을 해줄 수 있다'고 진짜로 믿는 모습을 보면 아이러니하다.

남자들이 여자들에게 '여자는 남자에게 뭘 원해?'라고 물을 때, 여자들이 하는 대답을 남자들은 그냥 있는 그대로 받아들이면서, 확실한 소식통에게 직접 들었기 때문에 그 조언이 실제로 효과가 있을 거라고 믿는 것 자체가 문제다. 불행히도, 특히 최근까지 여자들이 오랫동안 반복해 온 연애 조언을 믿고, 그 말이 자신을 연애 시장에서 유리한 입지로 올려 줄거라 착각하는 남자들이 너무 많다. 하지만 여자들의 연애 조언은 그 조언을 들은 남자뿐만 아니라 그런 조언을 다른 남자에게 전파하는 악순환을 일으키는 남자들, 불쌍할 만큼 잘 속는 다른 남자들까지 연애 시장의 탈락자로 만들 뿐이다.

이런 '여자의 연애 조언'은 여성의 성 선택 과정에서 더 바람직한 (경쟁할 가치가 있는) 남자들과 덜 바람직한 후보를 걸러내도록 고안된 사회-진화적인 차원의 안전장치라는 것이 내 견해다. 조금만 생각해 보면, 대중매체에 나오는 여자들은 저마다 자신만의 '인간관계에 대한 충고 레파토리'를 갖고 있다. 예외로, 눈에 띄게 여성화된 남자(예를 들어, 닥터 필Dr. Phils)들도 일부 있지만, 자신의 사상과 생각을 여성 중심주의적인 세상에 맞추지 않는 남자들에게는 '여성혐오자'라는 꼬리표가 슬쩍 붙고 사회적 낙인과 수치심 공격을 당한다.

어느 정도 의식적으로, 여자들도 '표준화된' 여자 버전 레파토리를 인터넷에 올리면서, 그런 여자들의 조언이 순 거짓말이라는 사실을 알고 있다. 정도의 차이는 있겠지만, 이런 여자들의 조언과 충고가 자기 행동과 계속 모순되는 모습을 보면서 본인이 남자들에게 해주는 조언이 절대 진실하지 않다는 걸 아는 것이다. 여자들(과 이제 남자들)도 여자의 소통 능력이 어떻게 발달했는지에 관한 논문이 계속 나오고 있다는 것을 안다. 따라서 고의로 거짓말을 하지는 않더라도, 그런 충고가 남자들에게 전혀 도움이 안 된다는 사실을 어쩌면 잠재의식 차원에서 어느 정도 알 수밖에 없다는 결론이 나온다. 자기 아들이 가장 잘되기를 바라는 엄마들조차, 이런 표준적인 연애 조언 레파토리를 아들에게 여전히 반복한다. 이건 마치 종교 수준의 '여성 지상주의 강령(Female Imperative)' 같다. 왜 이런 것일까?

온라인 데이트 사이트에 있는 미혼 여성의 자기 소개서만 읽어도 답이 나온다. '바람직하다고 느끼는 남자의 성격이 무엇인가요?'라는 질문에 여자들의 가장 흔한 대답은 '자신감'과 '단호함', '독립심'이다. 남자에게 '진짜 남자'가 되고, 상황을 액면으로만 보지 않는 신중함과 인내심을 가지도록 요구한다. '여자가 내게 가치 있는' 게 아니라, '내가 여자에게 가치 있는 거야'라는 마인드가 깔린 자신감을 겸비한 남자, 여자의 허풍을 간파하고 진정한 본색을 드러내게 만드는 능력을 갖춘 남자가 바로 여자들이 경쟁할 만한 가치가 높은 진짜 남자다. 본질적으로 '여자의 말'이나

'여자의 충고'라는 사회적 현상은 남자의 수준을 평가하는 필터가 된다. 그리고 여러분의 친엄마와 누이들도 여러분이 언젠간 '그냥 알아서 깨우치기'를, 대놓고 말하지 않아도 여자들의 실체를 이해하고, 그 메시지를 알아내기를 기대하면서 그러한 집단적 현상에 동조한다.

남자들은 대부분 타고난 실용주의자이다. 두 점을 연결할 가장 짧고 효율적인 방법을 찾는다. 따라서 남자가 섹스를 원하고 남자가 원하는 섹스의 열쇠를 여자가 가지고 있다면, 그것을 얻기 위해 여자들이 뭘 원하는지 물어봐야겠다는 연역적 추론에 도달한다. 문제는 여자들이 대답하기를 꺼린다는 점인데, 대답을 해주면 남자가 그 여자의 성적 호감을 얻으려는 노력이 줄어들고 (그리고 남자를 게으르게 만들어) 남자에 대한 믿음이 떨어지기 때문이다. 이는 여자들이 진정으로 원하는 단호하고 독립적이며 남자다운 '남자'와 반대되는 모습이다. 그리고 그런 반대되는 모습이 '무엇을 매력 있게 느끼나요?'라는 질문을 던지는 남자의 행동에서 분명히 드러난다. 남자는 여자에게 물어볼 필요가 없이, 여자가 원하는 바를 알아야 한다. 그런 남자는 여자들을 그만큼 자주 관찰했고, 그만큼 자주 유혹에 성공했으며, 특히 여자들의 모순된 말로 가득한 혼란 속에서도, 여성의 행동을 단서 삼아 스스로 결정을 내리려는 노력을 기울였기 때문이다. 그것이 여자 본인은 물론, 다른 여자들의 다른 의도가 깔린 립서비스, 여자의 행동에서 보이는 지속적이고 분명한 모순 속에서 그 남자를 빛나는 존재로 만든다.

여자들은 방법을 말해주지 않아도 여러분이 스스로 '알아차리기'를 바란다. 그런 능력을 개발하는 데 필요한 지능과 경험이 여러분을 다른 여자와 경쟁할 만한 가치가 있는 '진짜 남자'로 만드는 것이다. 여자들은 '관계를 주도하라'고 굳이 말을 해 줘야 하는 남자를 경멸한다. 이런 말을 남자에게 대놓고 해야 한다면, 그가 진정 지배적인 남자인지 전혀 믿을 수 없게 된다. 여자가 섹스하고 싶어 하는 남자가 지배적인 이유는 '지배해 줘'라고 여자가 부탁해서 그런 게 아니다. '그냥 그게 그의 방식'이기 때문이다.

이런 과정을 관찰하다 보면 여러분도 변할 것이다. 이것이 여자가 설계하는 모든 남자를 향한 쉿 테스트의 기본 원리다. 남성성을 설명해 줘야 하는 남자는 여자에게 남자로 보이지 않는다.

# 여성의 발정기

2014년, 미국의 진화 심리학자 스티븐 갱스터드Steven W. Gangestad 박사와 유전학자 마티 헤이즐턴Martie Haselton이 〈인간의 발정기Human Estrus: 관계 과학에 미치는 영향, Implications for Relationship Science〉이라는 논문을 발표했다. 〈합리적 남성〉 블로그를 1년 이상 읽은 독자라면, 내가 여러 번 헤이즐턴 박사를 인용했기 때문에 이 이름이 익숙하겠지만 (그녀의 연구 목록은 내가 블로그를 시작한 이후로 계속 사이드바에 링크되어 있다), 그녀와 갱스터드 박사 모두 인간의 성 전략과 응용 진화 심리학 분야에서 가장 주목받는 학자들이다. 여성의 발정 조건에 관한 이 논문의 내용을 가볍게 살펴보자.

『합리적 남성』의 도입 부분에서 내가 레드필 인식을 형성하던 시기에 어떻게 점들 사이를 연결해 큰 그림을 그리는 사람이 되었는지 들려준 바가 있다. 행동 심리학과 성격 연구 분야를 공부할 때, 행동 심리학 원칙이 남녀 관계에 어떻게 적용될 수(이미 적용되고) 있는지 보여주는 다양한 개념들이 눈에 띄었다. 예를 들어, 간헐적 강화(intermittent reinforcement)와 행동 수정(behavioral modification)의 기본 원칙은 '간헐적인' 섹스로 베타 남편에게 주기적으로 보상(강화)을 해주면서, 남자의 행동에 영향을 미치는 여자들의 학습된 습성과 분명한 연관이 있어 보였다. 조작적 조건 형성(Operant conditioning)과 동기 설정 조작(establishing operations)도 내가 학위를 마치기 전 몇 년 동안 발전시켰던 레드필 개념과 인식에 매끄럽게 들어맞았다.

그 뒤로, 내가 생각해 낸 개념들이 더 발전하고 정교해졌다. 다만 내가 실수를 통해 배운 게 하나 있다. 내 눈에는 분명하게 보이는 이치들이 학생들과 교수들 눈에는 그렇지 못하다는 것이었다. 행동주의의 기초와 대인 관계 사이의 상호작용에 관한 논문을 쓰고 학위 논문을 제출할 때마다 내 단호한 의견은 끈질기게 무시당했다. '남자들은 자기에게 유리하도록 다양한 수단을 사용한다(남자들은 성에 관해 속임수를 쓸 것이다)'라고 제시하면 반응이 괜찮았지만, '여자들이 하이퍼가미 목표를 달성하기 위해 행동 수정을 자주 사용한다'고 말하면 쌍욕이라도 한 것처럼 반응했다.

여자들에게 이런 일련의 (집단적 여성 경험에 기반한) 잠재적 차원의 사전 설정 값이 있다고 말하려고 하면, 동료들의 저항은 특히 심해졌다. 이처럼 불편한 주제를 꺼낼 만큼 내가 배짱 있는 사람이라고 생각해 본 적은 절대 없었고, 솔직히 순진하게도 나는 내가 내놓는 이런 주장들이 이미 오래전에 학계에서 누군가가 이미 다루었을 거라고 생각했다.

이 시기에 마티 헤이즐턴 박사의 연구를 소개받았다. 그녀는 워런 패럴 박사와 함께 남녀 간 역학에 관한 실용적이고 진화된 기능을 다루는 이론을 창시했다. 이들의 연구는 현대 행동학의 '점들' 사이를 연결할 때, 지금까지도 내가 가장 의지하는 정보의 출처다. 내가 '합리적 남성'에서 제시하는 많은 개념들이 이런 학문적인 교류 덕분에 영감을 받아 탄생했다. 헤이즐턴 박사가 나나 매노스피어가 제안하는 관점에 모두 동의할지는 의문이지만, 내가 그동안 발견한 것들을 정리하는 데 이들의 연구가 많은 도움이 되었다.

매노스피어 내에서도 여전히 진화 심리학에 대해 회의적인 사람들이 있다는 걸 잘 알고 있다. 그러나 나는 '회의주의'로 귀결하는 많은 단편적인 아이디어들이 결국 편안한 블루필 이상에 끈질기게 집착하려는 욕망 때문이라고 생각한다. 물론 나는 그 어떤 독자도 내가 이 책에서 제시하는 것들을 무턱대고 그냥 쉽게 받아들일 거라 생각하지 않는다. 그러나 개인적으로 진화 심리학이 내놓는 질문과 답들이 내가 대학 시절에 제시했던 의견을 상당 부분 뒷받침한다고 생각한다.

174

## 하이퍼가미의 이중성

'여성 지상주의(Feminine Imperative)'라는 사회적 매트릭스의 입장에서, 지난 50년 동안 심리학에서 발생한 가장 짜증 나는 발전은 진화 심리학의 탄생이었다. 진화 심리학을 다룰 때, 여성 중심적인 사회의 기조는 여성에게 호의적이지 않은 심리학 개념은 모두 (당연히 여성혐오적인 학자가 내놓는) '추측에 근거한' 것이거나, '긍정 편향'이라고 공격하는 것이다. 반면 여성에게 힘을 실어주거나 여성 우위를 확실하게 돋보이도록 해주는 모든 진화 심리학적 연구는 열심히 지지하는 식의 유리한 알맹이만 빼먹는 이중잣대였다.

2년 전쯤까지만 해도, (진화 심리학에서 '성 다원주의'라고 알려진) 하이퍼가미 개념과 여성의 성 전략의 이중적 본성을 부정하는 저항이 아주 거셌다. 그전에는 '알파는 섹스하고 베타는 돈을 댄다'라는 개념도 '편파적이다'라며 공격당했고, 하이퍼가미에 대한 사회학적, 생물학적 영향이나 동기들도 '과학적으로 입증된 바 없다'면서 여성 편향적인 미디어에 의해 무시당했다.

그러나 최근 4년 전부터 '고삐 풀린 하이퍼가미' 풍조가 사회적인 차원에서 정상으로 받아들여지면서 이런 분위기가 완전히 뒤집혔다. 자신의 성적인 다원주의를 공개적으로 밝히는 걸 아주 불쾌하게 여겼던 여자들에게 정작 성 권력이 부여되자, 이제 여자들은 새로운 권력을 쥐고, 그 속에서 자신의 권력을 당당하게 누리진 못하는 여자들이 있더라도 '공개적인 하이퍼가미' 풍조를 지지한다.

## 베타의 기질은 이제 더 이상 공식적으로 가치가 없다

'레드필 레딧' 토론방에 한 여성 독자가 다음과 같은 댓글을 남겼다.

아직 잘 모르는 사람이 있을까 봐 말하는데, 이제 여자가 남자보다 돈을 더 잘 버는 경우도 흔하고, 이제 대졸도 여자들이 더 많아요. 요즘 남자들을 돕는 사회적 프로그램은 사실상 전혀 없습니다. 이런 추세가 계속된다고 가정하면 남녀 간 연애에서 어떤 일이 일어날까요? 내 생각에는 이제 연애 시장에선 아무튼 매력적인 여성들에게 선택권이 생길 것 같아요.

하지만, 대학에서 한 남자를 애인으로 만들고, 나만 바라보게 하는 일은 많은 여자들에게 여전히 중요할 거예요. 하룻밤 사랑을 나누는 문화가 사라지지는 않겠지만 분명히 잦아들긴 할 거예요.

현 남자친구를 제외하고, 그동안 만났던 어떤 남자보다 늘 내가 더 잘 벌었어요. 그게 문제였던 적은 한 번도 없었습니다. 내가 남자친구들의 경제적 상황에 대해 걱정할 필요도 없고, 나는 그들의 외모와 성격에 끌려요. 앞으로는 더 그럴 거라고 생각해요.

이 여성 독자의 말이 갱스터스-헤이즐턴 논문에서 제기한 발정기 이론과 흥미로운 대조를 이룬다고 생각한다. 이 독자는 다소 성적으로 자의식 과잉이고, 학력과 경제력에서 얻는 승리감도 모래 위에 쌓인 것이라 곧 허물어지겠지만, 잠시만 이 여자의 말을 자세히 살펴보자. 이런 말을 하는 여자든, 공개적인 하이퍼가미를 받아들이는 다른 여자들이든, 결국 중요한 것은 자신의 이중적 성 전략을 잘 다듬고 최적화하는 것이다.

이전 수많은 글들을 통해, 나는 여자가 성적인 다원주의를 합리화하는 논리와 이중적인 성 전략의 실체를 여자의 입지가 가장 단단해질 때까지 남자들이 모르게 만들기 위해 동원하는 사회적 통념에 대해 자세히 다루었다. 과거에는 그런 전략이란 게 30세 정도의 여자가 여러 알파 남성들에게 차인 후, '줄 서서 기다리는 베타 남자'를 언제든 남편으로 삼았던 미묘한 조작, 예쁜 거짓말이었다. 반면 요즘엔 '알파는 섹스하고 베타는 돈을 댄다'에 대해, 여성이 사회적 우위를 차지했다는 완전한 자기 확신 속에서, '나는 케이크를 먹으면서 동시에 그 케이크를 손에 쥘 거고, 내 케이크에는 단 것들도 뿌리고 초콜릿 시럽도 잔뜩 끼얹을 거야'라고 신나게 선언하는 모양새다.

## 배란기 연결고리

매노스피어가 오늘날 '고삐 풀린 하이퍼가미'와 그 사회적 영향에 대해 많은 연구를 해 왔지만, 먼저 여자들의 이런 이기적인 자만심을 자극하는 생물학적 원리를 제대로 이해하는 게 중요하다.

〈인간의 발정기: 관계의 과학에 미치는 영향〉이란 논문에는 다음과 같은 내용이
있다.

포유류 종 대다수에서, 암컷은 일반적인 발정 또는 성적 흥분의 시기, 즉 배
란기 혹은 가임기 직전 한정된 며칠 동안, 수컷의 접근을 반기는 성적인 수용성
(receptivity)과 적극적으로 교미를 추구하는 교태성(proceptivity)을 띠는 별개
의 기간이 존재한다. 결국 오직 이 시기에만 암컷은 새끼를 가지기 위해 수컷과
교미한다. 영장류는 예외다. 원원류(prosimian, 여우원숭이와 안경원숭이)는 전
형적인 발정기를 보이지만 유인원 영장류(simian primate, 원숭이와 유인원)는
가임기 외에도 최소한 며칠 동안은 성적으로 적극적인 모습을 보인다. 인간은 극
단적인 사례로, 여성은 잉태할 수 없는 시기(예를 들어 황체기)뿐만 아니라, 월경
주기의 어느 때에도 성적인 수용성과 교태성을 보일 수 있다.

그렇다면 인간 여성에게 뚜렷하게 구별되는 가임기가 있는가?

점진적인 성 반응: 여성의 성적 활동은 발정기에만 한정되지 않는다. 그러나
여성의 성적인 관심이 정말 월경 주기 전체에 걸쳐 똑같이 유지될까? 많은 암컷
영장류(예를 들어 리서스원숭이와 마모셋)는 가임기를 벗어나도 수컷의 성적인
접근을 받아들이지만, 교미는 덜 한다.

사실, 여성의 성적인 관심은 월경 주기에 따라 실제로 변화하는 것으로 보인
다. 여성은 여포기(follicular phase, 월경 시작부터 배란 전까지 기간-옮긴이)에
성애물을 보면 더 큰 생식기 흥분을 보이고, 자극에 대해 성적으로 더 쉽게 반응
한다.

최근 연구에서 43명의 여성을 오랫동안 추적해 타액 호르몬을 분석한 결과
이런 변화와 호르몬 간 상관관계를 발견했다. 여성의 성적 욕망은 가임기 동안 더

커졌고, (배란 직전에 가장 높은) 에스트라디올estradiol(발정 호르몬의 일종–옮긴이) 수치에 비례했지만 (배란 후부터 다음 월경이 시작되기 전까지인 황체기에 뚜렷이 증가하는) 프로게스테론(황체 호르몬) 수치와는 반비례했다.

성적인 관심을 일으키는 남성의 특징 변화: 1990년대 이후 일부 연구원들은 월경 주기 전체에서 가장 뚜렷한 변화는 성적 욕망 그 자체가 아니라, 특정한 남성의 요소, 구체적으로 말해서 우월함과 적극성, 발육상의 건강함과 관련된 남성의 행동과 신체적 특성에 따라 여성의 성적인 관심이 생긴다고 주장했다. 50개 이상의 연구에서, 월경 주기 동안 이런 남성적 특징과 관련한 여성의 성적 끌림의 변화에 관해 탐구했다.

행동적 특질은 여기서 얼마나 중요한가? 초기 연구에선 선호의 변화를 일으키는 주요한 관심 요소가 남성의 신체적 특징(예를 들어, 남성적인 얼굴과 냄새)과 관련되었지만, 최근의 일부 연구에 따르면, 남성의 행동과 성향에 대한 여성의 반응에 초점을 맞췄다. 이전 연구에서는 심지어 오만하기까지 한 남성의 자신감이 가임기 여성에게 성적인 매력으로 느껴진다는 결과가 나왔다. 최근 연구에서 그 결과가 반복되면서 더 확장되었는데, 가임기 여성이 ('착한 아버지'나 덜 남자다운 남성과 비교해) '섹시한 나쁜 남자' 또는 사내답게 행동하는 남성에 성적으로 끌린다는 사실뿐만 아니라, 가임기 여성이 그런 남자에게 접근해 관계를 맺을 가능성이 높다는 결과가 나왔다. 영장류를 포함한 다양한 종의 암컷들은 생리 주기 중 가임기에 우월하거나 서열이 높은 수컷을 선호한다. 이런 수컷들은 아마도 물리적인 혜택(예를 들어, 새끼 보호)을 제공하고, 동시에 새끼에게 유전적인 혜택도 물려줄 수 있을 것이다. 여자가 가임기에 남성성을 향해 느끼는 성적 끌림이 행동으로 드러나는 현상은 진화에 깊은 뿌리를 둔 것으로 보인다.

나는 위 연구내용 중 상당 부분을 2권의 〈월경주기와 하이퍼가미, Your Friend Menstruation'(『합리적 남성2: 예방의학』)〉에서 게임 용어로 설명했다. 여성의 월경 주기와 생리가 촉발하는 여자들의 행동이 뜻하는 바를 파악하면, 발정기 같은 특정 시기를 예측할 수 있다고 했다. 이런 발정 사이클과 레드필 인식을 기반으로 남자들의 게임 기법이 발전했다. 이러한 내용은 '알파는 섹스하고 베타는 돈을 준다'는 여성의 이중적 성 전략, 즉 하이퍼가미 역학을 이해하는 데 핵심이다. 아울러 드러나거나 은밀한 방식을 통해 여성이 사회적 패권에서 우위를 확보하고 싶어하는 욕망까지 설명할 수 있다.

여자들이 '공개적인 하이퍼가미'가 기본값이 된 사회적 질서를 수용할 때, 이런 여성의 발정과 관련된 진실이 대놓고 드러난다.

과거 하이퍼가미를 비밀로 유지하던 사회 질서 하에서는 이런 과학적인 내용이 '지어낸 생각(그리고 남성적 편견에 의한 사고방식)'이거나 '고차원적인' 인간의 잠재력을 실현한 이성적인 여자들에게 거의 해당 사항이 없다며 무시당했지만, 이제는 그렇지 않다. 고삐 풀린 하이퍼가미 풍조 덕분에 여성의 발정과 관련한 진실을 여자들이 집단 차원에서 인정하면서, 지난 16년 동안 픽업 아티스트들과 게임에서 주장해 온 모든 기초 원리가 확실한 팩트로 드러났다.

## 이중적인 성 전략

이중적인 성 전략 (알파는 유전자를, 베타는 부양을 제공하라는 명령) 안에서, 가임기의 성 전략과 비가임기의 성 전략에는 교집합도 있지만 개별적 특징이 있다. 여러 영장류들이 특이한 성 전략을 발전시킨 이유, 즉 가임기가 아닌데도 암컷들이 수컷을 받아들이거나 교태를 부리는 이유는 우월하지 않은 수컷도 성적인 접근을 가능하게 하면서, 부성을 보완하도록 하는 것 같다. 이런 수컷들은 자신의 부성을 없애지 못하는데, 덕분에 암컷의 새끼를 해칠 가능성이 줄어든다. 반대로 인간에게는 확장된 성 전략을 통해, 남자가 아내와 자녀에게 심리적, 경제적 투자를 계속하도록 유도하는 기능을 할 수도 있다.

이런 역학을 최근 일어나는 '유전자 친부 확인 검사'를 향한 집단적 저항과 비추어 볼 때 특히 더 흥미로워진다. 대놓고 드러내는 하이퍼가미에 기반한 여성 우위의 사회 질서에선, '여성향 지상 명령'이 법을 통해 유부녀의 간통을 사실상 합법으로 만들 수밖에 없다. 만약 베타 부양자가 (고삐 풀린 하이퍼가미 역학 속에서 자신에게 주어진 역할을 깨닫고) 아내의 장기적인 안정을 보장하는 의무를 거절하려고 한다면, 법이나 사회 또는 둘 다 동시에 베타 남자에게 그 책임을 떠맡도록 강요해야 한다. 남자에게 성적 접근을 허가해 주고, 합리적인 부성을 확보하던 옛 질서가 요즘엔 그냥 아내의 느슨한 간통을 정상으로 보는 사회 풍조로 대체되었다. 따라서 '남자답게' 애 딸린 싱글맘과 결혼하고, 자기 씨가 아닌 아이를 기르면서 '아버지로서 투자'라는 책임을 떠맡는 영웅적인 남자에게는 높은 사회적 훈장이 수여된다. 여성 중심적인 사회는 이런 방법을 통해, 결혼 전으로 '소급되는(retroactive) 간통*'을 사회적으로 보상할 가치가 있는 대상으로 만들려고 애쓰는 중이다.

(*소급 간통: 싱글맘이 재혼 등으로 전 알파 애인의 자식에 대한 부양 책임을 새 베타 남자에게 전가하는 것, '간접 간통,' '느슨한 간통' 등으로 번역-감수)

외간 남자를 향한 여자의 성적 관심은 가임기와 비교해서 황체기(하강기 '베타 단계')에 현저히 줄어든다고 주장하는 연구 논문들이 많다. 다른 연구에 따르면 조정 효과(moderating effect)를 발견했는데, 예를 들어 자기 파트너가 성적인 매력이 부족하다고 여기는 여자는 외간 남자에게 더 많은 성적 끌림을 체험한다. 그리고 현 파트너에게는 덜 만족하고 더 비판적 태도를 갖는데, 가임기일 때만 유독 그렇다. 한 연구에 따르면 가임기에 있는 여자들은 특히 파트너 말고 외간 남자에게 끌릴 때, 남자 파트너의 필요가 아니라 자신의 필요에 더 적극적으로 관심을 가졌다.

'월경 주기에 따른 여성의 변화'에 관한 대부분의 연구는 가임기 여성 특유의 성적 관심에 관한 이론에서 영감을 얻었다. 한 연구에 따르면, 과학자들은 황체기 여성의 성적 관심에 영향을 미치는 요인들을 명시적으로 알아내고자 했다. 연구 결과 가임기가 아닌 황체기에 남자보다 여자 쪽에서 둘 사이의 관계에 더 많이 투자했을 때, 여자가 주 파트너와 더 많이 섹스를 시도한다는 사실을 발견했다. 이런 패턴은 '여성의 확장된 성 전략은 가치 있게 여기는 남자 파트너의 관심을 유지하는 기능을 부분적으로 수행한다'는 가설과 일치한다. 여성의 발정기 사이클이 파트너와의 유대 형성에 의해 어느 정도 조정된다고 보는 연구들도 있었다.

여자들이 황체기(배란 주기상 성욕이 낮아지는 때)에 섹스를 주도하거나, 남자의 성적 관심을 수용하는 건 이 기간에 여자가 성적인 관심이 강해져봤자 임신할 가능성이 거의 없지만, 동시에 섹스(간헐적 강화)를 통해 남자가 가정에 계속 투자하도록 강화(보상)할 수 있다고 생각하면 합리적으로 보인다. 이것은 아주 중요한 작용이다. 여성의 사회적-성적인 다원주의 관점에서, 즉 '알파는 섹스하고 베타는 돈을 댄다'는 패턴을 생물학적 규모에서 더 크게 보여주기 때문이다.

이러한 현상을 여자들의 베타 섹스를 대하는 심리와 비교해 보고, 동시에 사회적으로 받아들여진 '공개적인 하이퍼가미'라는 더 큰 규모의 역학과 대조해 보자. 하이퍼가미에 따르면, 여자가 연애 시장에서 정점에 이르고, 그중에 임신 가능성이 가장 높을 때 알파 유형의 남자와 섹스하고, '깨달음의 단계' 이른 이후에는 듬직한 (그러나 성적으로는 확실히 덜 동하는) 베타 부양자 유형의 남자를 꽉 쥐고 갈 필요성이 생긴다. 여자들 월경 주기에 따른 발정 사이클을 인생 전반에 걸친 장기적인 성 전략으로 확대해 보면, 페이스북의 CEO 셰릴 샌드버그가 주창한 '샌드버그 방식'의 성 전략과 매우 비슷하다는 점을 알 수 있다.

> "인생의 동반자를 찾을 때는 나쁜 남자, 멋진 남자, 한 여자만 바라보는 것을 거부하는 남자, 미친 남자 등 다양한 남자와 사귀어보세요. 하지만 이런 남자들과 결혼하지는 마세요. 나쁜 남자가 섹시하다고 해서 그들이 반드시 좋은 남편감은 아닙니다. 정착할 때가 되면 평등한 파트너십을 원하는 남자를 찾으세요. '여성은 지적이고 자기주장이 강하며 야망이 있어야 한다'고 믿는 남자, 매사에 연인 사이에서 평등의 가치를 중요하게 생각하고, 가정에서 책임을 분담하기를 자처할 뿐만 아니라 진정으로 원하는 남자를 찾으세요. 이러한 남자들은 실제로 존재하고, 시간이 지나고 나면 이보다 더 매력적인 남자는 없을 겁니다."
> – 『린 인Lean In: Women, Work, and the Will to Lead』, 셰릴 샌드버그 Sheryl Sandberg

**이처럼 사회적 차원에서 여성의 성 전략을 잘 살펴보면, 개인 차원에서 발생하는 발정기 성 전략의 패턴이 유사하게 드러난다.**

　　지구상에 존재하는 동물 중 암컷들 대부분은 발정기가 오면 수컷들이 매력적이라고 여기는 신체적·행동적 변화를 겪는다. 육식동물과 설치류, 일부 영장류는 체취를 통해, 개코원숭이와 침팬지의 성기 팽창처럼 외모의 변화를 통해, 설치류와 많은 영장류는 마음을 끄는 행동의 변화를 보인다. 인간 여성은 월경 주기에 따른 변화가 겉으론 불분명한데, 일반적으로 월경 주기에 따라 외적인 매력이 변화하는 현상이 어쩌면 일부일처로 발전하는 과정에서 사라졌으리라 추정한다.

　　1975년에 선구적인 한 연구에 따르면, 여성이 배란기에 이르면 질에서 매력적인 냄새가 증가한다고 발표했다. 25년 후, 인간이 감지할 수 있는 여러 가임기 징조를 알아내는 연구가 나오기 시작했는데, 여성의 상체에서 좋은 향이 나고, 음색이 바뀌면서 매력적으로 들리며, 옷을 입는 스타일과 행동이 세심하게 변한다는 것이다. 이런 문헌을 메타 분석하면 월경 주기에 걸친 여성 매력의 변화가 미묘하긴 하나, 왕성하다는 점이 분명해진다.

　　주목할 만한 한 최근 연구에선, 인간을 제외한 동물에서 나타나는 매력 변화와 관련된 호르몬에 대한 연구를 토대로 인간의 매력 변화도 예측할 수 있다는 점을 입증했다. 먼저 과학자들은 상승기와 하강기, 두 가지 주기를 거치고 있는 여성 202명의 사진과 동영상, 타액의 에스트로겐과 프로게스테론을 모았다. 여성의 프로게스테론 수치가 낮고 에스트로겐이 높을 때 (여포기, 특히 가임기의 특징) 남자들이 여성의 외모와 목소리가 가장 매력적이라고 응답했다.

　　이런 변화가 남성과 여성 사이의 상호작용에 영향을 미친다는 증거도 나오고 있다. 여자들은 자신이 가임기일 때, 남자 파트너가 질투를 많이 한다고 응답했다. 월경 주기 중 임신 가능성이 낮을 때보다 높을 때 수거된 여성의 티셔츠 냄새를 맡은 남성은 그런 변화의 매개 물질이라 볼 수 있는 테스토스테론 testosterone(남성호르몬의 일종-옮긴이)수치가 더 높았다. 최근 한 연구는 부부를 실험실로 데려와 친밀한 상호 활동(예를 들어, 서로를 껴안고 느린 음악에 맞춰 춤추기)을 하게 하면서, 이와 관련된 현상이 이미 자리를 잡은 남녀 관계에서 어떻게 드러나는지 연구했다. 일련의 활동이 끝난 후, 남편이 매력적인 다른 남자들의 사진을 보고 자신의 경쟁 상대가 될지, 아니면 매력이 별로라 경쟁 상대가 안 될지 판단하게 했다. 이 경우 남편이 경쟁 상대가 될 만한 남자 사진을 봤을 때, 그리고 파트너가 가임기일 때만 테스토스테론이 기준치를 넘어섰다.

아직도 불분명한 것은 매력의 변화를 이론적 관점으로 정리하는 것이다. 여자들이 월경 주기 중 가임기를 남자들에게 알리도록 진화한 것 같지는 않다. 반대로 여성이 배란의 단서를 적극적으로 숨기는 선택을 한 것 같고, 그러면 다른 종과 비교해 유독 인간종이 이러한 변화가 미세한 점이 쉽게 설명된다. 그런 은닉 본능이 자기에게 투자하는 남성들이 베푸는 혜택을 누리도록 성 전략을 확장하거나, 여성이 자기 파트너가 아닌 남자와 짝짓기할 수 있도록 도왔을 수도 있다. 어쩌면 미묘한 신체 변화가 그저 끊임없이 '슬쩍 흘리는 단서들'일 수도 있는데, 아예 완전히 숨겨버리면 생식 가능성이 없어질 만큼 남성의 호르몬 수치를 억누르기 때문이다. 반면 '행동 변화'는 여성의 성적 호기심이 증가했거나 또는 호감 가는 남자를 차지하기 위해 다른 여자와 경쟁하려는 심리와 밀접한 연관이 있을 수 있다.

보통 내 글을 처음 접한 남자 독자들이 2권의 〈월경 주기와 하이퍼가미〉의 내용을 처음 이해하고 난 후, 제일 먼저 좌절을 느끼는 순간은 실전에서 언제 여자가 발정 상태에 있는지 확실히 알아내려고 할 때다. 그런데 대부분의 남자들은 이미 본능적인 차원에서 이런 사회적이고 성적인 단서에 민감하다. 그러나 여자에게 과감하게 접근하지 못하도록 설계된 사회적 장치들이 남자들을 억눌렀다. 다시 말해, 남자들은 외모나 음색, 몸가짐을 단서로 포착해서, 여성이 섹스를 원하는지 여부를 추측하는 것조차 성적 수치심을 느끼는 베타 남자가 되도록 교육받았다. 여성의 발정기에는 교태를 넘어 남자친구의 파트너 보호 반응(레드필에선 '메이트 가딩'이라고 부른다-감수)을 유발하는 행동 양상이 겉으로 드러날 뿐만 아니라, 페로몬(동종 유인 호르몬-옮긴이) 자극도 일어난다.

그러나 나는 여자들이 발정기를 숨기려는 이유에 관해, 진화의 흐름, 그런 흐름에 수반되는 여자들의 여러 행동 양식을 관찰해 봤을 때, 우월한 알파 자격을 갖춘 남자로 하여금 여자가 발정 상태에 있다는 걸 '말하지 않아도 알게'하고, 그에 따라 남자의 구애와 여자의 수용으로 접근 자격을 부여하는 모종의 '필터링'이라고 주장한다. 여자가 발정기를 감추는 것은 알파와 번식할 가능성을 높이기 위한 여과 작용이 진화한 형태란 뜻이다.

또한 여자가 발정을 숨기면, 자신을 향한 성적인 접근을 허락하는 대신 여자에게 필요한(필요했던) 장기적인 부양을 담당할 베타를 선정하는 데도 도움이 된다. '여자를 본능적으로 알지 못하는' 베타 남자도 여전히 (특정 기간 동안) 여자에게 유용한데, 이런 남자들은 여자의 배란 주기의 작용과 이중적 성 전략이 뭔지 잘 모르기 때문이다. 여자의 일관성 없어 보이지만, 사실 교묘하게 통제된 이러한 성적 접근성이 사실상 자기 자식인지 불확실한 아이의 아버지가 되려는 '바람직한 행동'을 장려하도록 하는 요소, 즉 남자의 '베타 부양'을 향한 관심을 끌어내는 간헐적 강화 요소로 작용하는 셈이다.

이런 간헐적 강화 현상의 증거는 아톨 케이Athol Kay가 『유부남의 섹스 라이프 Married Man Sex Life』에서 아내가 남편에게 섹스를 '찔끔찔끔 먹이는' 모습으로 묘사하는 데서도 찾아볼 수 있다. 일부일처제라는 시스템이 고안해 낸 규제들도 발정기의 성-심리적인 영향력을 완전히 제어할 수는 없다. 따라서, 덜 '섹시'하지만 아버지 역할에 충실한 남편에게 섹스를 보상처럼 (완전히 끊지 않고) 찔끔 던져주면서 달래는 현상은 당장 아내가 베타 부양자 남편을 붙들면서, 앞으로 알파와의 성적인 경험의 가능성을 높이기 위해 반드시 필요한 행동이다. 그러므로 여자의 하이퍼가미 성 전략의 이중적 본성이, 최소한 아내가 느끼기엔 흡족한 수준으로 충족된다.

'공개적인 하이퍼가미'를 사회적으로 받아들이는 현 상황에 이를 대입했을 때, 여성의 발정기가 개인과 사회적 수준에서 여성에게 미치는 영향의 중요성은 아무리 강조해도 지나치지 않다. 하이퍼가미라는 지니는 이미 마술 램프 밖으로 나와버렸을 뿐만 아니라, 여자들은 어쩌면 자기 이익에 반하는 줄도 모르고 열정적으로 '지니'가 풀려났다는 사실에 호응하고 있다.

블로거이자 작가인 복스 데이Vox Day는 '이젠 남자들이 포르노가 흔한 여자와 연애하는 것보다 더 낫다고 생각한다'는 글을 게시한 적이 있다. 나는 '공개적인 하이퍼가미'의 시대에 남자들의 이런 방침이 그저 실용적인 접근법이지, 그만큼 논리적인 심사숙고를 통해 나온 선택이라고 생각하지 않는다. 이제 남자들은 따로 레드필 교육을 받지 않아도 레드필의 진실을 깨닫고 있다. 요즘 남자들은 여자의 저런 보상(간헐적 강화 섹스)을 얻으려고, 여자들의 성 전략에서 베타남이 맡았으면 하는 역할의 실체를 생각 없이 대놓고 떠벌리는 여자들에게, 남자의 시간과 돈을 투자하는 일이 아주 쓸모없다는 점을 잘 알고 있다.

마지막으로, 레드필을 깨달은 남자들은 여성 발정기의 생물학적인 특징이나 '하이퍼가미 본능'이란 게, 흔히 게임을 잘 아는 남자들이 믿는 것처럼, '여자들 스스로 절대 통제할 수 없는 것'이 아니라는 사실을 아는 게 중요하다. 가령 여자들이 생리 중에 남자와 섹스하는 게 드문 일이 아니다. 대부분 여자들은 월경 주기 중 배란기에 섹스를 선호하겠지만, 높은 연애 시장 가치를 가진 남성을 확보할 기회가 오면, 배란기까지 기다릴 여유가 없다.

나는 여자의 하이퍼가미 사이클이 여자에게 미치는 영향이 알파 남자가 등장하면 바뀔 수 있다고 본다. 어떤 남자가 충분히 높은 알파 가치를 보여주면, 여자는 황체기로 인해 성욕이 억제된 상태를 무시하고, (바라건대) 앞으로 그 남자와 꾸준히 성관계 파트너가 될 가능성을 확실히 하기 위해서 그 남자와 즉각 섹스한다.

여자들은 성적으로 더 우월한 남자와 있을 때, 오르가슴을 연기하는 경향이 있다는 연구도 있다. 베타 남자들은 이런 현상을 알파 남자들이 '성적으로 여성을 흥분시키는 방법을 모른다'라는 증거로 해석하고 싶어 하지만, 여자들 입장에서 더 베타인 남자에게는 그냥 '오르가슴을 연기하려 애쓸 가치도 없다'고 여긴다는 게 더 진실에 가깝다. 여자가 가치 있는 알파 남성을 얻기 위해 하이퍼가미 주기를 무시하고 뛰어넘을 수 있는 것처럼, 마찬가지로 여자는 그 멋진 남자의 성적인 상대가 되기 위해, 아직 때가 아닌데도 가짜로 오르가슴을 지어낼 수도 있다.

레드필을 깨달은 남자들이 잊지 말아야 할 교훈은 여성의 발정을 이미 확고부동하게 굳어진 패턴이라고 생각지 말고, 자기에게 유리하게 작용하도록 세부 사항들을 잘 파악해야 한다는 것이다. 여성의 생리 주기와 발정의 단계, 그에 따른 행동 변화, 거기서 드러나는 여자들의 사회적 전략 등을 전체적으로 이해하는 게 여자관계와 게임을 개선할 수 있는 길이다.

# '깨달음의 단계' 복습하기

레드필을 인간행동학으로 생각할 때 가장 좋은 점은 어떤 내용도 절대 불변의 진리로 확정되지 않는다는 것이다. 다른 전통적인 과학처럼, 새로운 정보가 생길 때마다 늘 새로운 해석의 여지와 최신 버전의 아이디어를 위한 공간이 생긴다. 때론 어떤 정보가 간과되었다가, 나중에 종전의 해석을 바로잡는 중요한 정보나 진술이 되기도 한다. 플레이돈페이Playdontpay라는 독자가 내가 이전에 쓴 글을 다시 생각하도록 멋진 댓글을 남겨주었다.

나는 30세 이하의 어린 여자를 상대로 삼진 아웃 규칙을 적용하는 데에는 동의한다. 하지만 여자가 일단 32살쯤 되면 무언가가 머릿속 버튼을 누른 것처럼, 섹스를 원하지만 더 오래 저항하기로 마음먹은 것처럼 군다.

아마도 그 나이에는 여자의 생체 시계가 째깍째깍 흘러가고, 장기적인 관계로 이어지지 않을 자유분방한 연애에 시간을 낭비할 여력이 없기 때문일 것이다. 그래서 자신이 장기적인 관계(결혼)를 이어갈 만한 여자라는 확신을 남자들에게 심어주길 희망하며 '조신한 여자'로 변신한다.

데드라인을 넘어 최대 대여섯 번까지 이 여자들과 데이트를 해볼 것인지에 대한 결정은 여러분이 하는 것이다. 하지만 나라면, 여자의 섹스 저항이 남자에게 관심이 없어서 그런 게 아니고, 성 경험이 많은 여자처럼 보일까 봐 일부러 섹스를 거부하는 게 확실한 경우에만 그렇게 하겠다.

대여섯 번까지 기다렸는데 섹스가 수준 이하라면, 여러분 손에 남은 것은 레몬이고 더 짜낼 것도 없으므로, 상황이 더 좋아지기를 기다리면서 그 여자 주변에 머물면 안 된다.

이 악의 없어 보이는 댓글 덕분에 내가 이전에 썼던 내용과 새 독자들이 그것을 해석하는 방식에 대해 깊이 고민하게 되었다. 사실 이 짧은 댓글만 해도 펼칠 이야기가 많기 때문에, 10년 이상 묵은 뒤늦은 깨달음을 빌어 힘 있게 설명해 보겠다.

'…여자가 일단 32살쯤 되면 무언가가 머릿속 버튼을 누른 것처럼, 섹스를 원하지만 더 오래 저항하기로 마음먹은 것처럼 군다.'

내 블로그를 오래 봐온 독자라면 누구든지 즉각 이런 현상을 '깨달음의 단계(더 어린 여자들과 경쟁에서 밀리기 시작한 현실을 무시할 수 없게 된 여자들이 접어드는 시기, 『합리적 남성2: 예방의학』 참고)'와 연관 지을 것이다. 보통 이 단계는 29-31세쯤 오지만, 상황에 따라서 어떤 여자(본인이 그렇게 예쁘지 않다는 걸 깨달은 여자)는 더 빨리 올 수도 있고, 다른 여자(자신의 현재 매력에 대해 메타인지가 떨어지거나, 기죽지 않고 '무한하다'는 착각에 빠진 여자)에게는 훨씬 늦게 오기도 한다. 나는 '깨달음의 단계'에 대한 글을 많이 썼고, 『예방의학』에서는 총 두 장에 걸쳐 할애해서 설명했다. 이 시기는 여자가 나이를 먹으면서 성 전략상 '우선순위'를 어떻게 바꾸는지 잘 파악한다면 현실에서 알아보기도 쉽고, 머리로 이해하기도 참 쉽다.

'깨달음의 단계'는 여자들이 '나이의 벽(the Wall)'을 무의식적으로 깨닫고 인정하는 시기다. 그러나 도대체 왜 이 단계에 접어든 여자들이 남편감에 부합하고, 아버지로도 손색이 없고, 그림에 맞는 남자들에게 마음을 잘 안 주는지 그 이유를 이해하기는 쉽지 않다.

몇몇 사례에서 나는 정반대의 현상을 이야기했다. 가령 '여자가 섹스하기 전에

이 남자가 알파인지 100% 확인할 시간이 하이퍼가미 차원에서는 없다'는 것이다. 이런 여자들의 조급한 마음은 사실 남자들이 잘 설계된 게임에 참고할만큼 여자들이 지닌 대표적인 약점이다. 배란 주기상 황체기(보살핌과 안정을 추구하는 상태, 베타 남성의 관심이 주는 친밀한 관계를 추구해야 하는 때)에 있는 여자조차, 알파로 인식되는 남자와 섹스하고 더 나아가 그 남자를 확보할 가능성까지 확인하면, 여자는 성적으로 더 긴박해지고 다급해질 것이다. 이전 장에서 언급했듯이, 이때 자신을 알파로 어필해서 여자를 제대로 유인하면, 배란 주기가 야기하는 여자들의 선천적인 하이퍼가미 성향을 완벽히 우회하는 게 실제로 가능하다 (내가 직접 해 봤다). 이것이 여성이 타고난 성 전략상 우선순위가 지닌 특징이다. 사실 알파로 인식한 남자를 유혹하기 위해 당장 느끼기 어려운 오르가즘을 연기하거나, 황체기인데도 교태롭게 섹스하는 여자들이 있다는 것 자체가 최적의 남성을 확보할 기회가 왔을 때, 여성의 하이퍼가미가 얼마나 적극적인지 보여주는 증거라고 생각한다.

그러나 아무리 살펴봐도 이해가 어렵다. 이제 남자를 유혹하는 능력이 떨어지고 있다는 사실을 깨달은 여자가 섹스를 고집스럽게 미루는 이유는 무엇일까? 여자들 대부분이 어린 시절 거치는 '파티 시기'에는 섹스에 규칙을 거의 또는 전혀 설정하지 않은 채, 남자들과 그렇게 열심히 섹스했다는 사실에 비추어보면 이상해보인다. 매노스피어에서는 "여자들이 20대 초반부터 후반까지 많은 남자들과 '무분별한 섹스'를 하다가, 30대부터 연애 시장에서 베타남을 물어 현금화하고 시장에서 '엑시트' 한다."는 생각이 흔하다. 자신을 꾹 참고 기다리고 있던 베타 남자에게 만족하는 여자의 이야기로 마무리되는 것이다. 하지만 한창일 때는 섹스에 규칙과 조건을 고집하지 않다가 왜 이제 와서 갑자기 그렇게 비싸게 구는 걸까?

## 여성기와 윤리적 잣대

2017년 허핑턴 포스트의 한 기사는 여배우 케이트 블란쳇Cate Blanchett의 '내 윤리적 잣대는 내 성기에 달려 있다My moral compass is in my vagina'라는 말을 인용했다. 허핑턴 포스트가 클릭을 유도하려는 선정적인 낚시 기사일 수도 있지만, 하이퍼가미와 여자들의 성이 지닌 힘, 그리고 그 힘을 평생 활용하는 여자의 능력이 여자의 인생을 좌우하는 원리를 저 한마디로 요약할 수 있다. 케이트는 자기 말이 이렇게 받아들여질지 몰랐을 것이다. '여전히 여자들은 억압받는다'는 믿음으로 여자들을 위한 지침을 표현하고 싶었겠지만, 그러는 사이에 여자들의 진짜 생각, 행동에 대한 도덕적 해석과 여자들이 품고 있는 진짜 윤리적 기준이 무엇인지 실토했다. 만약 무언가가 하이퍼가미라는 여성의 성 전략을 충족시키거나, 최적화하거나, 또는 이롭게 한다면, 그것이 여자의 도덕관에 따라 '합리적인 것'이 된다. 쉽게 말해, '하이퍼가미를 최적화하는 데 도움이 된다면, 그건 옳다'는 뜻이다.

남자인 우리는 쉬운 답이 최고의 답이 되기를 원한다. 그래서 남자 눈에는 장차 결혼하길 바라는 남자를 상대로 '새로운' 규칙을 내세우는 여자의 모습을, 흡사 여자가 어떤 깨달음을 얻어 문란한 과거의 잘못과 실수를 반성하는 '조신한 여자'가 되려고 노력하는 것처럼 보려고 한다. 그만큼 여자의 질적인 수준이 올라갔으니까 남자의 질적인 수준도 급이 맞아야 할 것이다. 그리고 남자의 질적인 수준은 여자가 시간을 들여 차근차근 살펴봐야 하는 게 된다. 이게 바로 20대 시절엔 봄 방학 파티에서 만난 '아주 핫한' 남자에게는 아무런 규칙도 내세우지 않았다가, 이제 와서 '질적인 수준이 맞는' 남자에게 섹스를 기다리게 만드는 여자들의 개인적, 집단적인 합리화의 실체다.

여자는 알파 남성을 위해서는 규칙을 깨뜨리지만, 베타남에겐 더 많은 규칙을 만든다. 알파가 아무 노력도 없이 섹스할 수 있는 (나이가 먹고 가치가 줄어든) 수준의 여자랑 사귀기 위해, 베타 남자는 더 많은 장애물을 넘어야 섹스 자격을 갖추게 된다.

요즘 남자들은 29살을 먹고 갑자기 '종교를 가져서 경건해지거'나, 남자와 '올바르게 관계를 맺으려' 마음먹은 여자의 이런 논리를 당연히 여기도록 주입받았기 때문에, 이렇게 애매하게 '조신한' 여자를 믿고 싶어 하는 마음이 가슴 한구석에 있다. 이 여자는 '그 모든 나쁜 남자들을 겪으며 깨달았고', 이제는 '좋은 남자'에게 정착하기를 원한다는 식으로 논리가 전개된다. 사회적으로 만연한 이러한 인식 덕분에 남자들은 (샌드버그 식의 성 전략에 따라) 일단 여자가 '한바탕 해볼 걸 다 해보고 나면', 젊은 시절 무분별했던 과거의 잘못을 깨닫고 마법처럼 '참한 여자'로 변신한 거라고 믿는다. 남자는 그렇게 믿고 싶어 하고, 실제로 그렇게 믿는 바람에 여자의 성 전략에 자기도 모르게 휘말려 최고의 이익을 제공한다.

대부분의 베타 남자들(과 적지 않은 수의 자칭 레드필 남자들)이 여자들의 '개과천선'을 믿고 싶어한다. 이 남자들은 이 여자들이 마침내 '철이 들어서' 어린 시절 남자들과 저지른 무분별한 과거에 대해 정신을 차렸고, 그 (알파)남자들을 '나쁜 새끼들'이라 비난하며 환골탈태한 포르노 스타 서사를 제일 좋아한다. '이 세상'이 그 여자를 몰아가고 유혹하지만 않았다면, 그 여자도 '착한 남자'들과 섹스했을 거라고, 이제 이 여자도 진실을 깨달았기 때문에, 이 '깨달은' 여자는 베타 남자를 위해 섹스를 참는 거란 식의 희망이다. 남자들은 그런 논리(환상)를 계속 발전시킨다.

'과거엔 난잡했다가 개과천선한 여자'를 베타 남자들이 용서하고 '싶어하는' 이유는 그것이 베타 남자들의 자아상, 블루필 환상, 그리고 (그들은 절대 그 여자를 끝내 포기하지 않았다는) 그간의 인내심을 정당화 해주고 입증하는 상징이 되기 때문이다. 그런데 정작 이런 시나리오에 딱 맞는 과거를 가진 여자들은 블루필 남자가 가진 경제력과 장기적인 안정성을 확보하는 데, 남자들의 이런 심리가 얼마나 효과적인지 꿰고 있을 정도로 남자를 잘 파악한다.

사회적 차원에서, 이런 여자들을 남녀불문 모두 신나서 '당당한 여성(go grrrl)'으로 치켜세우는 도덕적 강화 기제들이 아주 많이 널려 있다. 사실 내가 '남자'로서 이런 이야기를 꺼내는 것 자체도 이미 여자들에 의해 옳고 그름이 규정되는 문화 풍조 때문에 그런 문란한 여자를 '비판했다는 이유로' 죄책감을 느끼도록 몰아간다. 그리고 바로 이런 사회적 풍조가 '깨달음의 단계'에 도달한 여자들을 위해 늘 준비되어 있던 안전장치다. 이러한 사회적 안전망은 29세에 자신의 성적인 한계와 타협하고, '개과천선한 문란한 여자'부터 책임감 있는 (그러나 전혀 성욕이 돋지 않는) 베타 남편과 경솔하게 이혼했다가 '먹고 기도하고 사랑하는(Eat, Prey, Love)' 삶에 빠져 있는 이혼녀를 포함하여, 이 모든 여자들이 하이퍼가미에서 게임에서 추락하더라도, 즉각 건져줄 수 있는 편리한 논리를 사회적 안전망으로 제공한다.

## 버티기

그러나 '여전히' 결혼적령기가 지난 여자들은 베타 부양남에게 자신을 완전히 맡기길 주저한다.

우리는 이런 여자들이 남자에 대해 '더 확신하고 싶어서'라며 머뭇거리는 행동을 용인한다. 그 여자가 거리낌 없이 달려들었던 알파 남자들은 모두, 당연히, 양의 탈을 쓴 늑대(예를 들어, "남자는 모두 악마다.")였으므로, 이제 깨달은 여자가 조심스러워지는 게 당연한 것 아닌가? 그리고 만약 여자의 행동에 다른 동기가 있다고 의심하는 사람이 있다면, 그 사람은 여성혐오자니까 입을 다물어야 한다.

사실 이 나이대 여자들이 남자의 성적인 접근에 튕기는 건 도덕적인 깨달음을 얻어서 그런 게 아니다. 과거에는 결코 섹스할 일이 없었을 그런 유형의 남자와 성적인 접촉을 위해 정서적으로 타협 중인 그 여자의 후뇌, 그러니까 충동을 관리하는 뇌가 깨달은 것이다. 우리는 이제 '조신한 여자'가 된 이 여자가 당연히 결혼할 남자의 자격을 검증해야 한다고 생각하고, 그런 여자의 태도를 '신중한 태도'라고 믿고 싶어한다. 그러나 사실 여자가 그 남자와 섹스하길 머뭇거리는 이유는 그 남자가 훌륭한 부양자가 될 수는 있지만, 성적인 절박함을 일으키는 섹시한 남자가 아니라는 뿌리 깊은 인식 때문이다.

나중에 이 여자는 '매력 없는 남자와 사느니 차라리 쓰레기 같은 놈의 어깨에 기대 울기나 할 걸'이라고 한탄하겠지만, '깨달음의 시기'에는 미래의 '안정'을 보장하기 위해 이런 불편한 진실을 잠재의식 뒤로 깊숙이 치워야 한다.

이렇게 본능적인 뇌 속에 잠복해 있는 태도, 나이의 벽을 마주한 여자들이 섹스에 대해 보이는 미적지근한 태도는 '조신한 여자'에 맞는 '완벽한 남자'를 찾기 위한 신중함이랑 아무런 상관이 없다. 그것은 한 여자가, 어쩌면 태어나서 처음으로 장기적인 안정을 확보하기 위해 성적 본능을 억지로 무시해야 할지, 타협해야 할지 결정해야 하는 난관에 부딪혔을 뿐이다. 따라서 우리는 이런 비슷한 상황에 놓인 여자들이 자신을 안달하게 하는 알파 남자와 엮일 기회가 생기면 지금도 당장 규칙을 깨지만, 베타 남자들에겐 자신과 섹스하기 위해 따라야 하는 훨씬 더 많은 규칙들을 내세우는 모습을 본다.

"남자라면 누구든지 여자의 섹스라는 '선물'을 받을 자격이 있다."는 발상에 대해 잘 곱씹어 보라. 심지어 선의를 가진 남자들도 이런 사고방식에 동조한다. 여성의 하이퍼가미, 즉 '알파는 섹스하고 베타는 돈을 댄다'는 성 전략이 20대 내내 늘 반복해서 드러나는 데도, 베타 사고방식을 가진 남자들은 아직도 갑자기 '조신해진 여자'에 걸맞은 자격을 스스로 갖춰야 한다고 생각한다. 때문에 늘 기꺼이 여자에게 더 많은 것을 해주고자 저마다 준비하게 된다. 연애 시장에서 유통 기한이 끝나가는 여자 입장에서 여자의 문란한 과거에도 불구하고 '너는 대접받을 가치가 있는 여자야'라는 말을 남자에게 듣는 것, 남자에게 그런 발상을 부추기는 것보다 더 좋은 일은 없다. 하지만 앞서 보았듯, 정작 그 여자는 본인의 모든 과거를 눈감아줄 준비가 된 '완벽한' 남자와 섹스를 주저한다.

이것은 여자의 안정을 추구하는 이성적 판단과 자신을 흥분시키는 알파 성욕 사이에서 일어나는 내적 갈등이다. 여자의 머리에서 뭔가 탁 '막히면서', 그 여자는 자기 눈에 차지 않는 남자와 억지로 함께 살아야 하는 상황에서, 성 전략 차원의 결단을 내리지 못한다. 지금까지 여자가 섹스할 남자를 선택할 때 늘 본능에 맡겼기 때문이다. 이런 과정은 모종의 품질 관리일 뿐, 우리가 믿도록 세뇌당한 것처럼 여자들이 '고상해서' 그런 게 아니다.

이성이 원하는 장기적인 안정과 본능이 원하는 단기적인 성욕을 조화시키려 애쓰면서, '깨달음의 단계'에 접어드는 여자들에게는 내적으로 타협해야 할 것들이 많다. 관점에 따라선 여자의 알파 성욕을 충족시킬 수 있던 자신의 성적 매력이 더 이상 그 가치를 유지할 수 없게 되고, 따라서 자기를 기다리던 남자가 그 여자의 요구 조건에 응하기 위해 제시하는 최고의 절충안과 그것을 받아들이는 과정, 그리고 그 남자 없이 장기적인 안정을 확보할 수 있는 경제력이 현실적으로 본인에게 있는지 따져보고 타협해야 하는 시기가 오는 것이다.

베타 남자를 여자의 이러한 내적 협상의 그림에 끼워 넣어 보자. 사회화로 만들어 낼 수 있는 가장 쓸 만한 베타 부양자가 되기 위해 평생을 준비해 온 남자가 있다. 남자는 그런 패를 가지고 협상 테이블에 앉지만, 여자의 본능은 결코 협상 조건에 만족하지 못한다. 따라서 이 협상 과정은 남녀가 하는 협상이 아니라, 결국 여자의 욕망과 이성이 벌이는 협상이다. 여자의 이성이 원하는 대로 장기적인 안정을 남자 쪽에서 제안했기에, 이제 여자는 본능적인 알파를 향한 성욕을 접어두고, 베타 남자를 받아들이도록 스스로를 설득해야 하는 것이다.

'깨달음의 단계'를 이렇게 다시 자세히 복습하는 과정에서 좀 더 다루고 싶은 게 많지만, 딱 하나만 덧붙이고 싶다. 선한 의도를 갖고 있는 남자들이 여자들을 상대할 때 느끼는 혼란은 사실 그렇게 대단한 게 아니다. 여자가 알파 남자에겐 규칙을 쉽게 깨고 섹스하면서, 유독 베타 남자에게는 살짝 매력이 식은 자신과 섹스를 허락하기 위해 넘어야 할 장애물을 내세우는 이유는 여자가 무의식적으로 알파와 베타, 두 유형의 남자에게 서로 다른 기대치를 갖고 있기 때문일 뿐이다.

여자는 '섹시한 알파와 섹스할 기회야!'라며 처음 본 알파 남자와 기꺼이 하룻밤을 보내지만, 여자는 그런 남자가 '진지한 연애 대상'이 될 거란 기대는 전혀 하지 않는다. 이런 레파토리는 이제 레드필 남자들에겐 클리셰처럼 여겨지고, '여자들 특유의 논리'라고 비웃는다. 그러나 블루필 남자들이 이 '착한 남자라는 환상'에서 더 많이 깨어날수록, 아예 '연애 대상'으로 고려조차 못 할 여자들은 물론, 과거가 좀 복잡해도 눈을 감아줄 만했던 여자들에 대해서도 다시 생각하는 남자들이 많아질 것이다. 어쩌면 베타 남자들조차 '찌질하게 굴지 말고 남자답게 이 여자들이랑 빨리 결혼 해!'라고 부추기는 사회적 풍조에 관해, 다시 한 번 생각하게 되지 않을까?

# 플랜B 남자

| | | |
|---|---|---|
| **2000**명 <br> 여성 응답자 중 | **43%**의 응답자는 <br> 현재 관계가 끝날 경우를 <br> 대비한 예비 남성이 있음 |  |
|  **2/10**명은 <br> 예비 남성과 <br> 지속적 연락 중 | **15%**는 <br> 예비 남성에게 <br> 더 강한 감정을 <br> 느낀다고 답변  | **50%**는 <br> 파트너가 <br> 예비 남성의 <br> 존재를 알고 있다고 답변 |
| **1/5**명은 <br> 예비 남성이 파트너의 <br> 친구라고 인정 |  **1/10**명은 <br> 예비 남성이 이미 영원불멸의 <br> 사랑을 고백했다고 답변 | |

## 독점 아닌 독점

나는 이제는 진부해진 허수아비 논법(straw men argument, 처음부터 상대방의 주장을 왜곡해서 논지를 흩트리는 논법-옮긴이)과 맥락에서 벗어난 반박들이 '사회 관습상 필요한 일(de rigueur)'이 되었다고 주장해 왔다. 남자가 여성의 성 전략에 관해 객관적으로 관찰을 하는 것은 늘 '여성혐오'와 동의어였다.

『합리적 남성』1권에 나오는 접시돌리기 이론(Plate Theory, 동시에 여러 사람과 데이트하기-옮긴이)을 비판하는 블루필 남자들을 보며, 늘 재미있게 생각하는 점은 남자가 자유로운 데이트(와 섹스)를 추구해야 한다고 주장하면 그 개념은 늘 범죄에 가까운 취급을 받지만, 여자에게 같은 개념을 적용하면 자유롭고 생각이 깊거나 동시에 가상의 '가부장제'의 억압에 맞서는 전사처럼 응원한다는 것이다.

물론 여자가 자유 연애나 자유분방한 섹스를 할 경우 사회적으로 '비난'당한다며 빠르게 반박하겠지만, 그것도 여자의 진짜 성 전략에 대한 남자들의 시선을 분산시키기 위해, 남자에게 죄책감을 안기기 위한 편리하면서 해묵은 회피법일 뿐이다.

'공개적인 하이퍼가미'가 여자들 사이에 더 많이 수용되었기 때문에, '걸레라고 비난하기(slut shaming)'를 예로 들며 반박하는 게 이제 더 이상 의미가 없다. 게다가 저런 식의 변호가 오히려 여자들이 대놓고 드러내는 하이퍼가미를 정당화하는데 방해가 된다. 셰릴 샌드버그처럼 세간의 주목을 받는 여자의 말이 이렇다.

> "인생의 동반자를 찾을 때는 나쁜 남자, 멋진 남자, 한 여자만 바라보는 것을 거부하는 남자, 미친 남자 등 다양한 남자와 사귀어보세요. 하지만 이런 남자들과 결혼하지는 마세요. 나쁜 남자가 섹시하다고 해서 그들이 반드시 좋은 남편감은 아닙니다. 정착할 때가 되면 평등한 파트너십을 원하는 남자를 찾으세요. '여성은 지적이고 자기주장이 강하며 야망이 있어야 한다'고 믿는 남자, 매사에 연인 사이에서 평등의 가치를 중요하게 생각하고, 가정에서 책임을 분담하기를 자처할 뿐만 아니라 진정으로 원하는 남자를 찾으세요. 이러한 남자들은 실제로 존재하고, 시간이 지나고 나면 이보다 더 매력적인 남자는 없을 겁니다."
>
> – 『린 인Lean In: Women, Work, and the Will to Lead』, 셰릴 샌드버그 Sheryl Sandberg

샌드버그가 뱉은 이 길이 남을 발언은 아무리 봐도 이 '분야'에서 발견할 수 있는 어떤 어록만큼이나 인간을 '대상화(objectifying)'한다. 그러나 차이가 있다면 다른 성적 대상화와는 달리, 샌드버그의 남자를 향한 성적 대상화는 '여자에게 성적으로 풍요로운 인생을 살라는 실용적이고, 참신하면서 진보적인 충고'라고 생각해야 한다는 점이다. 전에도 말한 것처럼, 여자들이 하이퍼가미의 추한 측면을 더 당당하고 공개적으로 껴안기 시작하면서, 레드필이 그 오랜 세월 동안 주장했던 내용들이 타당했다는 사실을 이제는 여자들이 남자들보다 훨씬 더 잘 입증하게 되었다는 걸 상기하고 싶다. 겪을 수 있는 최대한 많은 남자를 겪어보고(알파는 섹스한다), 성적으로 동하는 남자를 더 이상 유혹할 수 없을 때, '평등한 파트너'(베타는 돈을 댄다)

부양자가 기꺼이 인생의 동반자가 되어 준다는 발상이다.

나는 〈접시돌리기 이론 5: 여성의 게임Plate Theory V: Lady's Game〉이란 기고문을 통해서 "여성의 성 전략의 자연스러운 확장은 최소한 '정말' 풍요로울 수 있을 때 가장 효과적이다."라고 말했다. 그리고 그만큼, 이 여성 중심적인 사회적 관습들은 '여자에겐 이용할 수 있는 다수의 남자들이 있다'는 풍조를 조장하는 데 집중한다. 대중문화, SNS, 여성 중심적인 스토리 텔링은 여성의 연애 시장 가치를 지나치게 부풀리고, 여자들의 자존감을 과잉 상태로 만들지만, 추가로 여자가 성적으로 풍족한 인생을 거의 한평생, 무제한으로 계속할 수 있다고 확신시키는 작용도 한다.

결혼을 약속한 상황에서조차, 이런 '성적으로 무한한 풍요'라는 개념이 여자의 잠재의식 속에서 여전히 들끓는다. 우리는 이혼 후에 이런 성적 풍요를 추구하는 여자의 용기를 칭찬하고, 심지어 결혼 생활 중에도 바람을 피우며 성적 풍요를 추구하는 여자에 관한 글을 쓰면 인기를 얻고 영화로 제작되는 모습을 본다.(『먹고 기도하고 사랑하라』). 아니면 계속 골대를 옮기는 능력(여기선 성 선택과 관련된 목표나 기준을 여자의 현실에 맞게 계속 바꾸는 것을 의미-감수)을 칭찬하거나, 비혼비출산이 자신의 평생 꿈이었다며 자신과 타인들을 설득한다.

모든 경우의 수에서 저 말이 '참'이든 '거짓'이든, 여자들은 성적 자원이 넘치는 현실을 영원히 지속할 수 있고, 연애 시장에서 살아남을 수 있는 데드라인이 한참 지난 후에도 풍족한 성생활을 여전히 실현할 수 있다고 생각한다. 많은 블루필 남자들과 여자들이 내 글을 읽고 분노하는 이유는 간단하다. 여자의 연애 시장 가치, 하이퍼가미의 이중성에 관해 여자들이 드러내는 예측할 수 있는 패턴을 분석한 나의 자료가, 그들이 이미 일련의 선택을 내린 상황에서, 여전히 성적으로 풍요로운 삶을 영원히 지속할 수 있다는 환상을 정면으로 반박하기 때문이다.

그리고 이 지점에서 여자들이 따르는 사회·심리적 관습의 가장 창피한 모순, 즉 '하이퍼가미 본능에 따른 선택이 만들어낸 부정적 결과에 대한 책임 회피'라는 문제가 드러난다. 로이시는 '페미니즘의 최종 목표는 남성의 성 전략을 최대한 억누르면서, 여성의 성 전략을 최대한 가능하게 하는 것'이라는 명언을 남겼다. 물론 '여성의 성 전략을 최대화한다'는 말에는 여자가 성 전략을 달성하는 과정에서 생기는 불안감, 여자가 저지른 중대한 실수에 대해 사회적 면죄부를 주는 것까지 포함한다.

196

## 안전장치

세대 불문 다수의 남자들은 여자가 연애 시장에서 경쟁력이 떨어지기 시작하는 나이에 접어들면, 자기가 나서서 그 여자의 인생을 구해주는 남자(부양자)가 되어야 한다는 사고방식을 갖도록 길들었다. 『합리적 남성2: 예방의학』을 잘 읽은 독자라면, 이 시기에 여자의 하이퍼가미 우선순위가 '단기적인 알파 섹스'에서 '장기적인 베타 부양'으로 변동한다는 걸 잘 알고 있을 것이다.

나는 〈바로 지금이다This is now〉라는 기고문을 통해, 이런 전략을 수행하는 기본 계획도 설명했다.

> 바로 지금이다. 30대에 이른 지금 (바라건대) 성공적인 커리어, 좋은 평판, 성격, 상당히 잘 관리한 몸을 얻게 된 남자는 자신이 아주 특별한 위치에 있다는 사실을 알게 된다. 여자를 선택할 수 있는 능력과 여자의 관심을 즐길 수 있는 능력이 갑자기 정점에 이른 것처럼 보인다.

> '서른 살까지 나를 기다려 달라'고 말하며 19살에 여자들이 세웠던 장기 계획은 이제 본인들이 나이의 벽에 다다랐음을 본능적으로 분명하게 인식하면서 더 급하게 진행된다. 사실 그 여자는 연애 시장 가치의 정점에 막 접어들었을 때부터, 결국 이날이 올 줄 알고 있었다.

> '깨달음의 단계'에 발생하는 내적 갈등에 빠진 여자들에게 흑심을 품고 있는 이 남자들은 아직 철모르는 베타들이다. 그래서 이 남자들은 깨달음의 시기가 여자들에게 매우 혼란스럽다는 사실과 그런 여자와 결혼하는 일생의 결단이 일으킬 장기적인 여파를 까맣게 모르기에, 남자 입장에선 위험한 시기이기도 하다. 이 시기의 남자들 대부분은 여자의 거대한 성 전략에서 자신이 중요한 주인공이라고 착각하는데, 그들의 오랜 기다림이 결국 결실을 보았다고 생각하기 때문이다. 그 모든 희생, 개인적인 성공이 마침내 '조신한 여자'의 진정한 호감을 얻는 자격을 갖추게 했다고 믿는다.

레드필을 깨우치지 못한 남자들이 까맣게 모르는 사실은, 그들이 결혼하려고 고민 중인 (이제 깨달음의 단계에 이른) 여자들의 성 전략을 완성시켜 주기 위해, 정작 남자의 성 전략을 포기하도록 요구받는 그 순간이 바로 이때라는 것이다. 여자에게서 서른 살이 될 때까지 기다려 달라는 요청을 실제로 받았더라도 본질은 똑같다. 이 남자들은 자기 차례를 기다렸고, 여자에게 도움이 되려고 기다렸으며, 여성 중심적인 성 전략을 충족하기 위해 인내한 것이다.

이제 이 장의 첫 부분에서 봤던 도표의 수치에 주목해 보자. 사실 비슷한 연구가 더 있지만, 이 표는 여자가 베타 부양자로 진화하길 바랐던 알파 남자친구가 자신의 성 전략에 협조하지 않는 뜻밖의 이변에 대비하여, 여자의 잠재의식이 마련하는 안전장치를 전형적으로 보여준다.

과거에 아쉽게 놓친 남자든, '오피스 남편'이든, 헬스 파트너든 간에, 그 남자는 여자가 함께 도망갈 환상을 품은 '플랜 B' 남자일 가능성이 크다. 보험처럼, '플랜 A'가 무산될 때를 대비해 여자가 예비한 남자친구거나 남편의 대체재다. 온라인 시장 조사 기업인 원폴닷컴OnePoll.com의 설문조사에 따르면, 이미 결혼했거나 연애 중인 여자 중 절반이 아직 '마무리 짓지 않은 관계'로 인해 '준비된 상태로 대기하고 있는' 플랜 B 남자를 갖고 있다.

이 책을 읽고 있는 남자 독자들은 반드시 처음부터 이 상황을 조목조목 분석해야 한다. 왜냐하면 여자들이 여자의 본성에 대해 숨김없이 쓴 글들이 늘 그렇듯, 이 서사의 결론이 결국 '남자 때문이야'로 마무리되기 때문이다. 이 서사에 따르면 '플랜 A' 남자는 늘 여자가 바라는 선택이다. 따라서 처음부터 여자에게는 잘못이 없다고 미리 포석을 둔다. 그리고 '플랜 A'가 여성의 성 전략을 만족스럽게 충족하는 일을 망칠 때만 '플랜 B'를 고려해야 한다고 가정한다.

여자들이 이런 짓을 하는 건 '남자를 놓칠 수도 있다는 공포(Dread)' 때문이다. 반대로 남자가 이 기법을 연애에 응용하면 악마 같은 사기꾼 취급받는다는 사실을 기억하는가? 그러나 '놓칠지도 모른다'는 공포는 늘 어떤 인간 관계에서든 발견할 수 있는 흔한 요소란 사실에 주목하라. 단지 요즘 세상에는 '여성의 이익이 사회적으로 올바른 것'이므로, 이런 공포에 대응할 때 오직 여자들만 비난을 피할 뿐이다.

천국 같던 인생에 문제가 생기고 마침내 남녀가 헤어지면 여자는 다시 출발선에 서게 된다. 여자들은 남자들에게 둘러싸이고, 매일 밤늦게까지 로맨틱 코미디를 찍고, 엄청나게 술을 마시게 된다는 뜻이다. 그러나 이렇게 또 많은 남자를 겪고 필요한 모든 과정을 다시 밟지 않기 위해, 여자들은 플랜 B 남자와 함께 즉각 결승선으로 돌아가는 지름길을 택한다.

원폴닷컴의 대변인은 데일리 메일과 인터뷰에서 다음과 같이 답변했다.

"'남의 떡이 항상 큰 것은 아니다'라는 말만 가지고 요즘 여자들을 단념시키지는 못합니다. 여자들은 인생에서 어떤 일이든 일어날 수 있다는 걸 알고 있고, 지금 남자와의 관계가 틀어질 상황에 대비해 든든한 백업 플랜을 반드시 마련합니다."

『예방의학』에서 이미 설명한 것처럼, '알파 미망인'은 보통 '파티 시기'에 형성되기 시작한다. '파티 시기'는 여자의 연애 시장 가치가 정점에 이르렀을 때다. 하이퍼가미는 항상 실용주의적인 기질을 지닌다. 이 플랜 B 보험 전략은 하이퍼가미가 무엇인지 보여주는 또 다른 증거일 뿐이지만, 그래도 여전히 실용적이다. 여성의 본능을 통제하는 두뇌는 본인의 연애 시장 가치가 언젠가 소멸하는 자산이란 걸 알고 있고, 따라서 백업 플랜을 준비하는 건 타당하다. 이 연구에서 분명히 하지 않은 것은 다음과 같다. 여자들이 장기적인 안정을 보장하는 용도로 고른 플랜 B 남자가 언젠가 자신을 정서적 미망인으로 만든 알파남의 기억을 잊게 해줄수 있다는 희망을 붙들고 있으며, 실제로 그런 희망이 플랜 B 남자가 레드필을 깨닫고 더 알파 성향으로 거듭나면서 실현될지, 아니면 여자가 인생 후반즈음 남자에게 감정이 식으면서 희망으로만 끝날지는 두고 볼 일이다.

그러나 나는 후자의 경우가 훨씬 더 흔하다고 생각한다. 때문에 여자는 그다음엔 '플랜 C 전략'를 사용할 가능성이 더 높으며, 이렇게 반복되는 현상이 하이퍼가미의 술책을 노골적으로 드러낸다고 생각한다.

이런 연구에 내포된 레파토리는 결국 '남자의 자격'이라는 진부한 여성 중심적인 관점이고, 더 나아가 '여차하면 갈아탈 수 있으니 상황을 망치지 않는 게 좋을 거야'라는 남자를 향한 모종의 경고다. 그러나 마지막 세 가지 통계 수치는 더 흥미롭다. 조사에 응한 남자들의 최소 절반이 여자친구에게 플랜 B 남자가 존재한다는 걸 알았는데, 플랜 B 남자의 5명 중 1명은 플랜 A의 친구였다. 또한 플랜 B 남자 10명

중 1명은 그 여자와 어떻게 잘 되보려고, 즉 여자의 현 남자친구를 재껴보려는 시도를 이미 해 봤다.

이 부분에서 몇 가지 분명한 사실이 드러난다. 베타 남자가 전체 남자 인구의 최소 80%를 구성하는 사회에서, 여자들은 굳이 애쓰지 않아도 그냥 자동으로 일어나는 '상실 공포(dread)'를 이용해, 즉각 본인의 자존감을 끌어올릴 수 있다. 요즘 세대 남자들에겐 이런 식의 '느슨한 간통'이 그냥 사회적 기본값을 넘어 그냥 뻔한 일상이 되어버렸다.

이 모든 상황의 요점은 다시 한번 하이퍼가미 의심을 종식시키고자 하는 여자들의 욕망으로 돌아온다. 여성 중심의 사회 질서 하에서 플랜 B 역학과 저런 행동을 정상으로 간주하는 현상은 하이퍼가미의 알파 측면과 베타 측면 모두를 확보하도록 보장하려는 하나의 보험인 셈이다.

이제 다음 주제로 넘어가기 위해 몇몇 실천 가능한 조언으로 이 장을 마무리해야겠다. 늘 그렇듯이, 남자들은 제일 먼저 이런 역학이 현실에서 작동하고 있다는 사실을 눈으로 볼 수 있어야 한다. 플랜 B 보험 전략이 섹스 리스 유부남에게만 한정된 일은 아니다. 총각 시절에도 다양한 형태로 겪을 수 있다. 주변을 맴도는 남사친들을 이용해 자존감을 채우는 여자와 섹스해 본 남자라면, 누구든지 여자가 지닌 플랜 B 전략이 얼마나 유용한지 잘 이해할 수 있다. 요즘 여자들에겐 남자의 베타 성향을 이용해, 자신의 연애 시장 가치를 올릴 수 있는 다양한 방법이 널려 있다.

마지막으로, 아내가 플랜 B를 갖고 있는 유부남이라면, 아내가 생각하는 여러분과의 관계, 여러분을 향한 인식에 관해 진지하게 재고할 필요가 있다. 여러분은 아내의 플랜 B가 누구인지 알고 있는 50% 남자에 해당하나? 심지어 그 남자가 여러분의 친구인가?

이런 상황에서 알파 남편이 되기 위해 유부남이 할 수 있는 건 무엇일까? 어쩌면 더 적절한 질문은, '이 여자가 그렇게 노력할 만한 가치가 있나?' 의심할 여지 없이 '이딴 결혼 생활에 노력을 들일 필요가 없다'는 대답을 예상할 수 있다. 어쩌면 여러분은 아내가 플랜 B 남자를 위해 비워둔 알파남의 왕좌를 차지하기 위해, 끊임없이 투쟁하고 있는 바보일 수도 있다.

## '깨달음의 시기' 이후의 망령

2권 『예방의학』에서 점점 더 흔해지고 있는 '플랜 B 현상'을 겪는 남자들에 대해 자세히 다루었다. '깨달음의 시기'나 그 시기를 막 지난 여자를 지켜보는 베타 남자는 자신의 20대를 견뎌낸 인내심이 드디어 결실을 보았고, 여자들도 과거에는 자신을 무시했지만 결국 자신을 '섹시'하다고 인정할 만큼 성숙해졌단 식의 잠재적인 수준의 기대를 갖고 있다.

이 지경에 이르기 전에 남자 스스로 뭔가 깨닫는 순간을 겪어봤거나 레드필에 입문하지 않는 이상, 남자들은 이런 기대가 결국 여자들이 '파티 시기'에 누리던 '알파 섹스'를 향한 경쟁력이 떨어지는 상황을 대비해 준비한, 계산된 술책이라는 불편한 진실을 부정한다. 여성 중심적인 사회 풍조는 베타 남자에게 그런 여자와 '진정으로' 화끈한 섹스를 할 수 있다고 가르친다. 이런 남자들이 그 여자가 정착할 수 있는 최고의 선택지가 아니라면, 왜 그 여자가 혼인신고서에 도장을 찍냐는 얘기다. 그 여자가 일생을 함께 보내면서 자녀를 함께 기를 남편에게, 과거의 스쳐 지나간 남자들보다 훨씬 더 큰 성욕을 느끼는 건 당연한 거 아니냐는 논리다.

바로 이게 여성 중심적인 사회가 '스탠 바이 중인 베타 남자'에게 미묘하고 간접적으로 암시해 온 메시지다. 이런 메시지는 이제 '공개적인 하이퍼가미'가 깔아준 편안한 분위기를 발판 삼아, 높은 사회적 지위를 차지한 여자들이 쓴 책으로 출판되어 표현되며, 베스트셀러가 된다.

*'… 시간이 지나면, 그것보다 더 섹시한 것은 없어요.'*

샌드버그를 또 끌고오고 싶진 않으나, 저게 우리가 플랜 B 남자를 위해 읽어줄 수 있는 핵심 문장이다. 베타 남자들이 겪는 문제는 그가 샌드버그가 말한 '공개적인 하이퍼가미'의 짝짓기 단계 중 '더 섹시한 것은 없다'는 부분을 마음에 새기고 믿었다가, 나중에 아내가 달리 설득하지 않는다면, 사실 과거의 다른 남자가 '더 섹시'했다는 사실을 깨닫게 되는 것이다. 내 생각에 이제 평범한 여자들은 하이퍼가미에 관해 레드필이 불편한 진실을 폭로하는 것을 두려워할 상황이 아니다. 일반 대중들에게 하이퍼가미를 신나게 설명하며, 자신의 자존심을 채우며 제멋대로 구는 높은 사회적 지위를 차지한 여자들을 훨씬 더 걱정해야 할 판이다.

'공개적인 하이퍼가미'가 상식이 되고, 여자들 다수가 그것을 더 당당하게 수용할수록, 남자들에게 수치심 전략을 사용하며 하이퍼가미의 성 전략에 협조하도록 시도하는 평범한 여자들의 노력은 효과가 떨어질 것이다. 나는 하이퍼가미가 남자들 대부분이 인정하고 싶은 것보다 훨씬 더 만연하다고 생각한다. 결혼한(또는 연애 중인) 여자가 전 남자에게 가장 좋은 것을 줬고, 현 남자가 그 사실을 깨달은 후에도 사적으로, 가정에 너무 많이 투자한 나머지 그 여자에게서 벗어날 수 없다고 암묵적으로 인정하는 시나리오를 떠올려보자. 그럼 이제 훨씬 더 흔한 게 된다. 이런 매몰 비용 때문에 여성 지상주의가 이런 남자들을 위해 미리 준비한 합리화 작업이 효과를 본다. 남자들은 이런 인지 부조화를 머릿속에서 억지로 억누르기 위해, '남자답게 해야 할 일을 한다'며 자신의 처지를 정당화한다.

'대기 중인 베타 남자들' 가운데, 여자들의 무분별한 알파 추구 성향을 깨닫거나, 어쩌다가 직접 보게 되는 바람에 '환상에서 깬' 뒤, 연애 시장 내 가치상 이제(또는 과거에) 여자 자신과 급이 비슷해졌다고 믿으면서, 그 여자와 성공적으로 결혼하고 자녀를 갖는 일을 정당화하는 남자들이 많다. 어떻게 보면 그들의 주장이 옳다. 자신의 상승 중인 연애 시장 가치와 그 여자의 하락하는 시장 가치의 그래프가 만나는 순간, 그 여자가 보이는 적극적인 태도를 감사한 마음으로 받아들이는 남자들이 아주 흔하기 때문이다. 나는 이 교차점을 연애 가치 도표에서 '상대적 연애 시장 가치의 교차점'(relative SMV point)이라고 부른다.

연애 시장 가치가 하락하고 있는 여자들조차 '깨달음의 시기' 이후 내린 결정(오랫동안 주변을 맴돌던 플랜 B 베타 남자와 결혼하겠다는 결정)을 '새로운 자기 발견을 통한 성숙한 여성의 모습'으로 치장하고 싶어한다. 과거엔 얼마나 어리석었기에 이토록 완벽한 (베타) 남자가 주변에서 기다리고 있었다는 걸 알지 못했을까? 이런 발상이라면, 그때까지 베타 남자가 겪었던 여자들의 고백 거절, 그저 그런 여자랑 해온 연애 경험으로 바닥을 친 베타 남편의 자존심도 충족될 만하다.

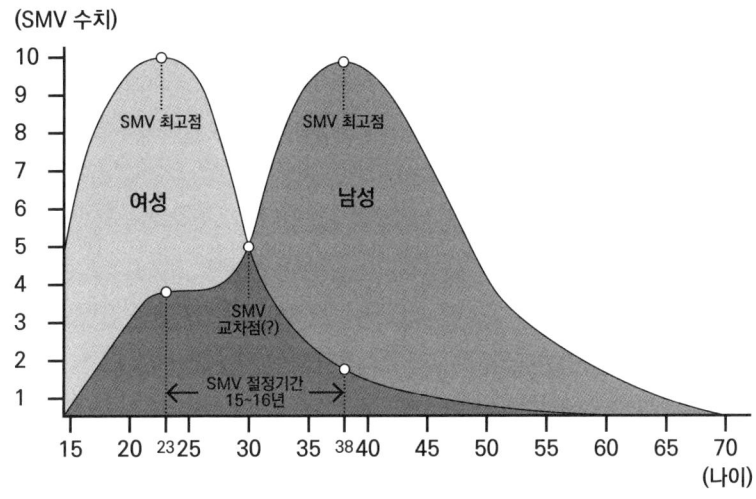

출처 : THERATIONALMALE.COM

내가 『예방의학』을 쓴 이유는 남자들이 여자가 나이를 먹어가며 도달하는 각각의 성숙 단계를 구별하는 것을 넘어서, 그것들을 이해하고, 연애나 결혼 생활을 하면서 즉각 응용할 수 있는 통찰력을 주기 위해서다. 오랫동안 섹스나 친밀감이 결핍되면 (갈망하게 되면) 남자들은 '여성향 지상주의(Feminine Imperative)'가 내세우는 사회적인 관습에 따라 여자들이 남자들에게 '해야 한다고 주입한 역할'을 받아들인다. 이런 남자들이 마침내 '나한테 최선을 다할 여자'라는 보상을 받으리라 믿을 때, 이들이 현실과 마주하면서 겪는 인지부조화는 결국 치러야 할 대가 중에선 작고 무시할 만한 것에 불과하다.

내가 이 글을 쓰게 된 계기는 페이스북에서 본 예쁘게 꾸민 밈 때문이다. 장미한 송이와 함께 아이들의 흑백 사진을 합성한 사진이었다. '내 유일한 후회는 너를 일찍 만나지 못해 함께 인생을 나눌 시간이 줄어든 것 뿐이야'라는 감성 돋는 메시지가 적혀 있었다. 이 메시지는 한 남자가 여자친구에게 쓴 거다. 남자는 두 번째 이혼 절차를 끝내고 그 여자를 만났다. 그녀를 더 일찍 만났더라면... 그런데 그녀는 그동안 '자신을 발견하느라' 너무 바빠서, 그와 만나지 못한 거란 사실을 이 남자는 절대 떠올리고 싶지 않을 것이다.

# 제3부

사회적 명령
(Social Imperatives)

# 적응

성 혁명 시대 이전에 살던 남자들은 남자의 '성취를 해야 하는 숙명(the burden of performance)'을 받아들이고, 그런 마음가짐으로 사회적 현실과 연애 및 결혼 생활에 적응했다. 기고문 〈두 번째 책(사회 규범) The Second Set of Books〉에서 인용하여, 이러한 시대상을 개괄적으로 설명해보겠다.

> [···] 남자들이 편안한 블루필 환상에서 레드필이 제시하는 냉혹한 현실을 바라보는 시각으로 전환할 때 겪는 일련의 체험은 다음과 같다. 모든 사람이 따르고 있다고 믿었던 책(본서에 등장하는 "첫 번째 책(오래된 책), 두 번째 책(새로운 책)"은 각각 '과거'와 '현대'의 사회적 규범, 규칙들을 상징한다.–감수)을 자기 혼자 따르고 있었다는 사실을 발견하는 흡사 대포로 얻어 맞은 것 같은 충격이다. 여자들도 똑같은 규칙들을 열심히 따른다고 태어날 때부터 믿도록 세뇌된 남자들도, 실은 남자들에게만 해당하는 규칙을 따르고 있다. 이 남자들은 남성을 여성화하는 작업이 이 '두 번째 책'을 근거로 이루어졌던 사실을 눈치채야 했지만, 안타깝게도 그 속셈을 '본능적으로 간파하지 못했다.'

성 혁명 이전 시대에는 '첫 번째 책(규범)'이 어느 정도 이상적 질서로 자리 잡고 있었다. 당시 남자들은 어느 모로 보나 요즘 남자들만큼 이상주의자였으나, 이상을 구체적으로 실현하는 방식(실제로 가능하다면)은 이미 정해져 있었다. 최악의 아버지(또는 부모)조차 자기 아들과 딸이 그들처럼 '오래된 책'의 질서를 따를 거라는 기대를 품고 살았다.

남자들에게는 가정을 부양하는 책임이 요구되었지만, 그 부양 능력이 남자의 알파 매력에 있어서 필수 요소였다. 물질적, 심리적 안정을 제공하기 위해, 남자가 짊어지는 성취에 대한 부담은 남자의 알파 사고방식의 일부거나 적어도 부분적으로라도 연관되어 있었다.

이런 사고방식은 한 남자의 정체성이 가정을 책임지기 위해, 자기가 수행하는 일(보통 직업)에 갇히기 쉽다는 위험을 안고 있었다. 따라서 남자가 일자리를 잃으면, 결혼 생활이 자신에게 요구하는 성취 책임을 이행하지 못하게 되고, 동시에 남자의 정체성의 일부가 붕괴한다. 말할 것도 없이, 이런 메커니즘은 남자가 어려운 상황에서 다시 재기하도록, 정체성과 (비록 이 남자와 사는 게 여자의 필요 때문이라 하더라도) 아내의 존경을 되찾도록 동기를 부여하는 데 도움이 되었다.

이런 낭만적인 모습은 주로 성 혁명 이전 시대의 이야기다. 마치 그때가 황금기였고, 남녀가 각자 본인의 역할을 알았고, 하이퍼가미의 영향력이 하찮아서 그때가 요즘 우리가 속한 세상보다 나아 보인다. 성 혁명 이후 발생한 문화적 변화가 그런 오래된 질서의 사회 계약을 파괴하고 훼손했다는 역사적 사실을 부인할 수는 없다. 그러나 남자들은 시대를 초월해서 자신의 성 전략을 달성하기 위해 언제나 새로운 환경과 조건에 늘 적응해 왔다.

이 글을 쓰는 지금도 매노스피어에는 이런 '좋았던 시절'의 향수를 그리워하는 남자들이 많다. 매노스피어의 남자들이 '게임'을 마스터하고, 성숙해지고, 인생에서 더 참다운 것에 대한 갈망을 느끼기 시작하면 더 그런 경향을 보이는 것 같다. 남자들은 섹스에 있어서는 정말 낭만적인 존재라서, 그들이 가진 사랑에 대한 낭만을 곱씹으며 좋았던 과거로 돌아가기를 희망하거나, '좋았던 시절'을 미화하는 것도 크게 놀라운 일은 아니다.

이런 모습은 페미니즘과 여성 중심적인 사회 질서가 이 시대를 물들이는 방식과는 약간 흥미로운 차이를 드러낸다. 페미니스트들은 그 시절을 '여자가 남자의 가치를 알아주던 소박한 때'가 아니라 '여성을 착취하는 남자들의 독재 정권'처럼 과장해 조롱한다. 마치 출애굽기의 유대인처럼 성 혁명이 일어난 셈이다. 그러나 사람들은 요즘 남녀가 과거나 지금이나 인간의 본성(레드필이 묘사하는 인간의 본성)에 취약하다는 사실을, 그리고 남녀가 각자의 성 전략을 충족하기 위해 시대 정신과 사회적 환경에 적응하는 건 매한가지란 진실을 잘 인식하지 못한다.

1940년대에 콘돔이 널리 사용되었다. 전쟁을 할 때 남자들은 폭격기의 기수에 반쯤 벗은 미인의 모습을 공들여 그려 넣었다. 여자들도 2차 대전이란 환경에 적응했다. 아래의 인용문은 존 코스텔로John Costello(아일랜드의 수상을 역임한 정치인-옮긴이)의 『공격받는 가치Virtue Under Fire』와 『사랑, 섹스 그리고 전쟁Love, Sex, and War』에서 발췌한 것으로 전쟁 당시 여성의 본능이 너무 잘 묘사되었다.

'1939년부터 1945년 사이에 태어난 530만 명의 영국 신생아 중에 1/3 이상이 사생아였다. 그리고 이런 현상은 당시 전쟁을 겪은 사회의 일부 특정 계층에만 국한되는 현상이 아니다. 한 연구에 따르면, 사생아들은 연령을 막론한 전반적인 계층에서 고르게 태어났다.

이들 중 어떤 엄마들은 높은 수준의 교육을 받지 못하거나, 따뜻함, 안전 등 어떤 것도 제공하지 않던 집을 떠난 가출 청소년이었다. 다른 엄마들은 남편이 군 복무 중이었던 여자로, 외로움을 견디지 못했다. 그런 엄마들 중에는 품위 있고 경건한 여자, 천박하고 변덕이 심한 여자, 책임감 없고 구제 불능인 여자가 있었다. 남자에게 진지한 애정을 갖고 결혼을 꿈꾸던 여자도 있었다. 단 한 번의 실수를 술김에 저지른 여자도 있었다. 물론 돈 잘 버는 외국 군인에 들러붙던 '바람둥이 여자'도 있었고, 윤리적 자제력이 거의 없는 반 매춘부도 있었다. 만약 전쟁이 없었다면 이 중 많은 여자들이 유형에 상관없이 사생아를 낳지 않았을 것이다. (276-277 페이지)'

'전쟁 막바지에 이르러, 전쟁으로 인한 성적인 풍기 문란이 최고조에 달했다고 지적하는 영국과 미국의 통계 수치가 보고되었다. 그러나 이 통계 중 어디에서도 난잡하게 임신했다가 불법으로 낙태한 수치를 조사하지는 않았다. 전쟁 당시 낙태 시술에 대한 수요가 엄청났을 것으로 보인다. 모든 임신 중 1/5이 그렇게 끝났을 것이며 같은 비율로 계산해 보면 미국의 전시 상황 당시 낙태아의 수가 100

만을 거뜬히 넘길 것이라는 영국의 공식 추산도 있다.

이런 추정치는 2차 세계 대전이 여자들의 간통을 일으키는 무시무시한 자극제였음을 보여주는 가설에 가까운 지표일 뿐이다. 사생아 출산을 가장 많이 기록한 연령대는 흔한 예상과는 반대로 10대 여자애들이 아니다. 영국과 미국 양쪽의 기록에서 모두 20세~30세 사이의 여자가 거의 두 배에 달하는 전쟁 사생아를 낳았단 사실을 지적한다. 더 성숙한 여자들이 전쟁으로 느슨해진 윤리 의식이 부추긴 '즐거움'에 빠진 것으로 보아, 나이 든 유부녀가 전쟁 시기에 전반적으로 유행하는 성적으로 문란한 풍조에 참여하고 싶은 욕망을 정조 관념이 크게 억제하지 못했다고 본다. (277-278 페이지)'

'가장 위대한 세대(the greatest generation, 1900년대에 태어나 대공황과 2차 세계 대전을 겪은 미국 세대-옮긴이)의 여자들도 여전히 여자들에 불과하고, 오늘날과 마찬가지로 그때에도 하이퍼가미는 사회적인 규범에 억압받지 않았다. 동료 블로거인 달록Dalrock이 한 게시물에서 표현한 멋진 어록을 재구성해 보았다.

'모든 기성 세대 사람들은 자신의 위 세대와 다르게 데이트했다. 여러분의 아버지는 할아버지는 물론, 할아버지의 부모님과도 매우 다른 사회적 환경에서 데이트했다. 이 시대에 살고 있는 그 누구도 흔히 말하는 '행복한 시절(Happy Days, 2차 세계 대전 이후 중산층의 이상적인 모습을 보여준 TV프로그램-옮긴이)'처럼 데이트하지 않을 것이다.'

이런 세대 간 미시적인 차이에 주목하는 관점도 중요하다. 그러나 시대를 막론하고, 남자와 여자의 성 전략이 그들을 이끄는 근본적인 힘으로 작용했다는 보편적 사실을 고려하는 것도 중요하다. 시대에 따라 변한 것은 남녀 모두 그들이 처한 당시의 상황에 맞춰 적응하는 방식일 뿐이다.

## 성 혁명 이후의 적응 - '자유연애' 시대

베이비붐 세대를 향한 비판은 많다. 그러나 그런 세대를 탄생시킨 사회적 상황도 참고해야 한다. 평등주의 사상과 (여자가 통제권을 가진) 피임약을 쉽게 구할 수 있는 환경이 결합하고, 이후 '편견 없는 사회적 구성주의'라는 철학까지 섞이면서, 이론상으론 남녀의 성 전략이 변화할 수 있는 아주 좋은 환경이 조성되었다.

'하이퍼가미를 최적화할 기회'는 물론, '하이퍼가미에 대한 통제'라는 차원에서도 역사상 처음으로 도덕적/사회적 규제가 풀렸다. 남자들에게 '자유연애'라는 새로운 개념이 매력적이었던 이유는 이 개념이 남자들의 성 전략, 다시 말해, '무한한 섹스에 대한 무한한 접근'을 최대화할 것을 약속했기 때문이다.

새로 생긴 자유연애 패러다임은 '비배타적 관계(1:1을 고집하지 않는다-감수)'라는 가정에 근거했지만, '비소유 관계(상대를 통제하지 않는다-감수)'라는 암묵적 조건에 더 무게를 두었다. 남자들은 예상했던 방식으로 이 패러다임에 적응했으나, 이런 환경에서 (먼저 지르든 대응 차원이든) 남자들의 우발적인 간통이 오히려 여자들의 하이퍼가미를 최적화하는 데 도움을 주는 거란 사실을 전혀 예상하지 못했다.

'자유연애'라 불리는 사회 계약은 남자들의 성 전략이 지닌 방임적 성향을 노렸거나, 최소한 그런 가능성이 실현될 것을 보장할 것처럼 암시했다. 더욱 중요한 것은, 자유연애는 남자들에게 '성취에 대한 부담(performance-based love)'에서 해방시켜 줄 것을 약속하는 듯했다. 이 '자유'연애는 겉으로는 인간의 내적 가치라는 개념에 얕게 뿌리내린 사상이었다. 남자를 사랑스럽게 만드는 것은 남자 내면의 자질이고, 여자의 성욕을 일으키는 섹시한 신체, 사회적 지위, 경제력 등 '오래된 책(규칙)'의 이성 간 역학이 보여주는 그런 조건들은 필요없다고 여겨졌다.

또한 '자유연애'가 '남자의 능력을 기반으로 한 사랑'이라는 구속에서 자유로운, 이상적 사상을 추구하는 남자들에게 잘 먹혔다는 점도 지적한다. 모두가 똑같은 평등주의 사상의 바탕에는 '사랑이란 상호 합의된 작용이다'라는 발상이 있었고, '남녀가 사랑에 각각 다르게 적용하는 실제 성 전략'은 여기에 포함되지 않았다. 따라서 남자들의 이상주의는 성취에 따르는 부담에서 해방된 사랑, 그러한 '사랑 그 자체를 위한 사랑'을 위해 물병자리 시대의 여자들이 화답할 것이라는 희망을 품게 했다.

이것이 새로운 사회 계약의 큰 그림이었다. 그래서 (베타) 남자들이 이런 새로운 성적 풍조에 열심히 적응했던 것도 놀랍지 않다. 이전 세대 사람들에겐 믿기지 않을 정도로 좋아 보이는 방식으로, 시대적 유행에 따라가기 위해(또는 여자랑 섹스하기 위해) 순응했다. 그렇게 남자들은 새로운 사회 환경에서, 어쩌면 이 새로운 질서가 남자들에게 섹스를 더 많이 보장해 줄 수도 있다는 희망을 품었다.

여자들의 입장에서 이런 자유연애를 사회적으로 체계화하는 것은 아직 완전히 이루어진 현실은 아니었지만, 도덕이나 사회적 압력에 지장 받지 않고 나중에는 남자의 경제력에 의존하지 (또는 최소한 무시받지) 않으면서 하이퍼가미를 최대한 충족할 수 있는 세상을 의미했다. 역사상 처음으로 '알파 섹스'와 '베타 부양'을 위한 샌드버그 방식의 성 전략을 여자들이 충분히 검토하고, 최소한 비유적으로나마 실행할 수 있는 여유도 갖게 되었다.

자유연애 패러다임이 갖는 본질적인 결함은 남자와 여자가 기능적으로 동등하다는 생각, 따라서 두 성별이 상대의 이익을 곧 자신의 이익으로 여긴다는 상호 신뢰를 전제로 하는 것이다. 두 성별이 성 전략 차원에서 논리적으로 마음이 통한다는 상호 신뢰를 토대로 다음 세대를 위한 연애 환경이 조성되었다. 남자에게 이런 신뢰가 의미하는 바는 여자들이 남자들을 고를 때, 남자가 "무엇을" 제공할 수 있는지가 아니라 남자가 "어떤 사람인지"에 근거해서 선택할 거란 기대고, 이 '평등을 믿는' 여자들이 정말로 그런 식으로 연애할 것이란 믿음이다.

## 패턴은 바뀌지 않는다

몇 년 전, 연애 시장 가치 도표를 처음 세상에 공개했을 때(『합리적 남성』 참조), '남자와 여자 사이의 나이 비교가 너무 요즘 시대에만 해당한다'는 비판이 가장 먼저 날아왔다. 그땐 이 점에 대해 양보하려고 했고, 첫 번째 책을 쓸 당시에는 이 도표에 대해 그렇게 진지한 의도를 가진 건 아니었다. 요즘도 나는 비판자들이 내용을 너무 극단적으로 받아들인다는 점을 감안해서 글을 쓰려고 한다. 그때나 지금이나 사람들은 "… 그래, 틀은 잘 잡았네. 하지만 연애 시장을 2012년의 관점에서만 보고 있어. 50년, 70년, 100년, 2,000년 전의 사회는 전혀 달랐고 그러니까 이 도표는 틀렸어…"라고 생각한다는 점을 잘 안다.

내 연애 시장 도표는 전능한 존재가 내려 준 계명이 아니다. 나는 그때나 지금이나 그 도표를 남녀의 상대적인 연애 시장 가치를 서로 비교해서 보여줄 수 있는 유용한 수단이라고 여긴다. 이러한 점은 도표를 공개한 뒤 독자들이 스스로 찾아내거나 이것저것 자료를 연구해서 정리한 통계수치에 의해 증명되거나, 내가 관련 연구를 읽어보고 확신을 갖게 되었다. 그럼에도 그 도표가 사회적 환경과 과거 그리고 어쩌면 미래의 변화하는 환경에 따라 달라질 것이라는 비평가들의 지적이 아주 틀린 말은 아니다.

나는 역사학자가 아니므로, 여기서 이야기하는 것들을 적당히 걸러서 듣기를 바란다. 나는 남북 전쟁 당시 인물 중에 로버트 굴드 쇼 대령Colonel Robert Gould Shaw을 가장 좋아한다. 『영광의 깃발Glory』이라는 영화를 봤다면, 그가 누구인지 알 것이다. 이 젊은이는 23세에 입대해 25세에 소령과 대령으로 진급했다. 당시 쇼는 앤티텀Antietam 전투를 겪으며 아주 끔찍한 장면들을 목격했다.

나는 그 영화를 1989년에 개봉했을 당시에 봤지만, 학교 과제를 위해 다시 본 후에 로버트 쇼라는 실존 인물을 새롭게 보게 되었다. 나는 그 영화를 당시 막 새롭게 얻은 레드필 렌즈로 시청했다. 남북 전쟁 시대의 남자들은 시대적인 환경 때문에 요즘 남자보다 훨씬 더 빨리 '진짜 남자'가 될 수밖에 없었다는 생각이 머리를 쳤다. 요즘 남자들이 쇼가 살던 시대의 남자들을 이해하기 어려운 이유가 있다. 당시의 현실 상황이 막대한 책임이라는 무거운 짐을 견딜 수 있도록, 남자를 빨리 성숙하게 했다. 그 짐들의 무게는 훨씬 더 무겁고, 사회적 명령은 막강했다. 그러나 그 당시 23살짜리 남자는 요즘 남자들과 똑같이 생물학적으로 23살이다.

80년대 후반과 90년대 초반 사이 할리우드에서 한창 세미 록 스타를 쫓아다니던 23-25세 시절의 나는 문득 내가 어떻게 자랐는지 되짚어봤다. 1860년대와 1980-90년대의 사회적 환경과 물리적 환경의 차이에 대해 깊이 사색해 보았다. 나는 늘 남자는 30살이 되어야 '진짜 남자'가 된다고 농담처럼 말했다. 심지어 연애 시장 가치 도표에서도, 남자의 연애 시장 가치가 정점에 이르러 남자가 실제적 우위에 오르는 시점도 30살쯤이라고 했지만, 과거에도 늘 그랬던 것은 아니다.

남자들은 건강 관련 지식, 의료 기술의 발달로 (적어도 서구 문화에서는 비교적) 더 오래 살지만, 남자가 개인적인 잠재력을 실현하는 데에는 훨씬 더 많은 시간과 개인적인 투자, 문화적 차원의 적응이 필요하다. 과거 남자들의 성취에 대한 부담은 오늘과 크게 다르지 않았지만, 남자가 최고의 잠재력에 도달하는 나이대는 훨씬 더 빨랐다.

따라서 연애 시장 가치 도표에 대한 비판처럼, 도표가 19세기 남녀에게는 약간 다르게 그려질 수도 있다. 그 시대의 수명과 당시의 사회 상황을 고려할 때 남녀의 성적인 가치가 정점에 이르는 시기는 여자는 17세쯤, 남자는 25세쯤일 수 있다. 그러나 전체적인 종 모양의 패턴이 급격하게 바뀌진 않는다. 남자는 그때도 성 혁명 전후와 거의 같은 방식으로 환경이 그들에게 요구하는 조건에 맞춰 적응했다. 그리고 그러한 적응은 당시 '성취에 대한 부담'이란 이름으로 남자에게 요구되었던 책임과 사회적 조건, 심적 공간이 허락했던 요소들의 합작품이다.

## 아메리칸 스타일로 사랑하라

70년대에 들어서면서, 자유연애 세대가 맞이한 새로운 사회 계약이 또 다른 형태로 발전하기 시작했다. 이 새로운 평등주의 계약은 두 성별이 '인간 내면의 중요성'을 서로 인정한다는 희망찬 가정을 전제로 했다. 이런 계약 아래에서 여자의 하이퍼가미 본능은 번창할 수 있지만, 남자의 '무한한 섹스'라는 성 전략은 겉으로만 실현될 수 있었다.

물론 '내면이 중요하다'는 식의 숭고하고 고차원적인 대전제는 생물학적인 인간의 본성과 진화에 따른 성적 자극을 대신할 목적으로 만들어진 것이다. 오늘날 겉으론 이상적으로 보이는 페미니즘을 여전히 발목잡는 한 가지는 페미니즘이 추구하는 정신세계와 인간이 진화한 결과 생긴 선천적 본능 사이에 발생하는 충돌이다. 이런 모순은 페미니즘에 협력하지 않는 남자들을 향한 비난으로 떼워진다. 그러나 가장 광적인 페미니스트조차 자신의 사상을 부정하는 생물학적 본능과 그에 따른 자극을 감당해야 한다.

생명 작용은 사적인 신념을 이긴다. 내가 이 원칙을 종교적인 맥락에 적용하면 사람들이 당황하지만, 페미니즘뿐만 아니라 인간의 본성이나 인간 본성을 구성하는 조건들의 힘을 과소평가하는 사실상 어떤 이념에도 이 원칙을 똑같이 적용할 수 있다.

새로운 성 풍조가 자리를 잡기 시작하면서, 남자들은 자신의 성 전략을 이렇게 앞뒤 안 맞는 모순적인 환경에 억지로 맞추기 시작했다. 디스코Disco 세대 직전에 하드코어 포르노가 퍼지기 시작했고, 오늘날 어디에서나 접근 가능한 무료 포르노 시대까지 이어졌다. 피임약의 광범위한 사용과 (더) 안전하고 합법적인 낙태의 도움으로 이전 세대가 만들어낸 성적인 규제가 느슨해졌다.

실제로 하이퍼가미는 해방되었다. 그러나 자유연애 시대의 여자들은 그것의 한계선, 즉 하이퍼가미가 어디까지 갈 수 있는지 알지 못했다. 사회적으로 수용된 혼전 섹스, 낙태, 정자은행, 일방적으로 여자들이 통제하는 피임 문화는 하이퍼가미 의사결정에 전례 없는 지배력이 여자들에게 주어졌다는 표식이다. 당시 이 그림을 이해한 여자들이 많았는지 모르겠으나, 여자들의 섹스와 출산에 대해 남자들이 가졌던 (그리고 지금도 여전히 가지고 있는) 유일하고 실질적인 영향력은 심리적(게임)이거나 신체(자극)적인 측면에 뿌리를 두고 있었다. 심리적 안정, 경제력도 여전히 여자들의 고려 대상이었지만, 연애용 남자친구와 장기적인 남편감의 구분이 더 뚜렷해졌다.

이 장을 시작할 때 언급한 것처럼, 우리 세대의 성숙 속도가 느려진 것은 여자들이 자유롭게 하이퍼가미에 입각한 결정을 내리면서 생긴 불가피한 결과다. 단기적인 알파 섹스는 더 이상 피임약이 발명되기 전 과거 여자들에게 그랬던 것처럼, 사회적으로나 개인적으로나 큰 위험 부담을 안겨주지 못한다. 따라서 여자들의 장기적인 짝의 선택(베타 공급자)이 뒤로 미뤄지기 시작했다. 그러면서 여자들이 동원한 서사란 자꾸 먹어가는 나이, 그와 더불어 누적된 심적인 굴레, 점점 살이 불어나는 신체에도 불구하고 남자들이 '여자의 내면을 사랑해 줄 거야'다.

여자가 부딪히는 '나이의 벽'에 대한 부담은 자유연애라는 사회적 계약 덕분에 상당 부분 줄어들었다. '이성의 매력은 내면의 자질을 기반으로 한다'고 서로 합의한, 고상해보이는 평등주의적 이상을 남자들도 따르는 게 계약의 내용이었기 때문이다. 그러나 두 성별의 실제 생물학적인 현실은 완전히 달랐다.

여자는 사회적 낙인 없이 성적으로 '자유로워질' 수 있다고 믿었지만, 현실에서는 결국 하이퍼가미가 '공개적인 성 전략'이 되면서, 하이퍼가미의 베타적 측면을 선택하는 시점이 뒤로 미뤄졌다. 당시 알파 성향이 더 강한 남자들(여자와 자신의 본능적인 속성을 자각하고 있는 남자들)은 이런 상황이 자신에게 얼마나 유리한지 잘 알고 있었다. 자유연애 시절까지만 해도, 하이퍼가미가 요즘처럼 대중적인 개념이 아니었다는 걸 기억해야 한다. 따라서 당시에 하이퍼가미의 암묵적이고 비밀스러운 속성을 '말하지 않아도 알았던' 남자들은 본능적으로 상황을 파악했고, 여자들도 이런 남자들에게 흥분했다.

## 상남자 전성 시대

70년대에 '마초Macho' 남자들은 이 새로운 패러다임에 적응하기 시작했다. 그들은 여자들이 자유연애 패러다임과 성적 본능 사이에서 갈등하던 환경에 적응했다. 이 남자들은 성적인 개방을 받아들이고, 사랑에 대한 새 사회 계약이 겉으론 '내면의 아름다움'에 대해 떠들더라도, 실제로 여자들은 여전히 외적으로 성욕을 일으키는 남자들과 (자유분방하게) 섹스를 원한다는 사실을 잘 알고 있었다. 결국 진화에 따른 성적 본능이 이상주의적인 허세를 이기기 시작했다.

마초남의 스타일은 다양하다. 남부 지역의 좋았던 옛 시절의 남자든, 스튜디오 54의 토니 마네로Tony Manero(영화 『토요일밤의 열기Saturday Night Fever』에서 주인공 토니 마네로는 '스튜디오 54'라는 클럽에서 젊음을 발산한다-옮긴이)였든, 여기서 중요한 건 이들의 마인드다. 이땐 관습적인 남성성이 자유연애라는 가짜 포장지에 싸여 있던 연애 시장을 견인하는 힘이었다.

70년대 디스코텍과 키 파티key party(자동차 열쇠로 짝을 정해 벌이던 섹스 파티-옮긴이)를 즐기던 마초남들은 불과 10년 전 히피 운동으로 버려졌던 남성성을 (디스코 시대의 열정과 함께) 다시 받아들이면서, '피임과 짝을 이룬 자유연애'라는 옛 패러다임에서 '게임'을 벌일 수 있다는 점을 알아냈다. '무한한 성 경험을 향한 무한한 접근 추구' 성 전략은 자유연애가 제시한 조건(내면의 가치)을 무시했던 남자들이 실컷 누렸다. 이 남자들은 여전히 자유연애 사회 계약(내면의 가치)에 충실했던 베타 남자들의 풍조를 무시하고, 여성의 진짜 기대에 부응했으며 여자들이 건네주는 보상을 즐겼다.

이 시대는 흥미롭게도 우리 시대와 유사하다. 여전히 블루필 사고방식에 갇힌 남자들이 내뱉는 레드필에 대한 분노 중 많은 부분이 비슷한 인식, 즉 그들은 일련의 규칙을 따르지만 '게임을 장악한 남자들'이 자신만의 이기적인 목적을 위해 그 규칙을 악용한다고 생각해서 터져 나온 거다. 그들은 자신의 블루필 사고방식이 여성 우위 사회를 지지하는 패러다임의 일부분이고, 그런 목적으로 설계된 인공적인 사상이란 사실을 깨닫지 못한다. 게임이 잘 작동하는 이유는 70년대 마초 남성들이 이미 알고 있던 것처럼, 게임이 여자의 타고난 심리를 이해하고, 선천적인 자극 유도하며, 여자의 생물학적 충동이라는 본능적인 실체에 근거하고 있기 때문이다.

70년대 베타 남자들은 자유연애 사상이 남자를 성취의 부담에서 자유롭게 하고, 여자는 '성적인 억압'과 '나이의 벽'이라는 현실에서 (은근히) 자유롭게 한다고 생각했다. 그래서 이 남자들은 이런 패러다임이 남녀 모두를 위해 평등하고 서로에게 도움이 된다고 여전히 믿고 있었다. 그러나 현실은 달랐다. 자유연애 패러다임은 여자에게 하이퍼가미에 대한 거의 전적인 지배력을 부여했다. 여자들에게 단기적인 섹스를 추구하고, 장기적으로 책임질 남자를 고를 수 있는 시간을 더 많이 벌어주는 바람에, 정작 다수의 남자들이 불리한 상황에 놓였다.

따라서 남자의 외모가 아닌 내면을 보고 이상적인 사랑을 '해야 하는' 여자들이 정작 그 시대의 알파 남자들이 가진 외모와 행동에서 드러나는 본능적인 매력에 흥분했다는 점을 생각해 보면, 그런 알파 남자들을 향한 베타 남자들의 분노가 이해되기도 한다. 이 마초 남자들의 존재 자체가 베타 남자들이 자유연애 계약을 통해 해방되길 바랐던 '성취에 대한 부담'이 전혀 죽지도 않고 또 돌아왔다는 사실을 상기시키기 때문이다.

이런 알파 남자들은 여자의 원초적인 본능을 잘 알았고, 그것이 '말하지 않아도 잘 아는' 섹시한 남자의 필수 요소가 되었다. 그러나 오늘날에는 이 마초 남들마저 여성 지상주의의 흐름이 80~90년대에 절정에 이른 '여성 특권 운동(Fempowerment)'으로 무게추가 이동하면서, 결국 조롱의 대상이 되어버렸다.

여자들에게 성적 자극을 일으키던 '마초' 남자들, 즉 당대의 알파 남자들은 그들의 힘을 여자들이 간파하고, 베타 남자들도 나름의 방식으로 이들에게 보복하기 시작하면서, 결국 알파의 남성성이 조직적으로 풍자되고 희화화되는 등 가장 격한 조롱의 대상이 되었다. 그리고 언제나 그랬듯, 성적 본능과 생물학적인 현실에 따라 남자들 역시 이 새로운 패러다임에 적응하기 시작했다.

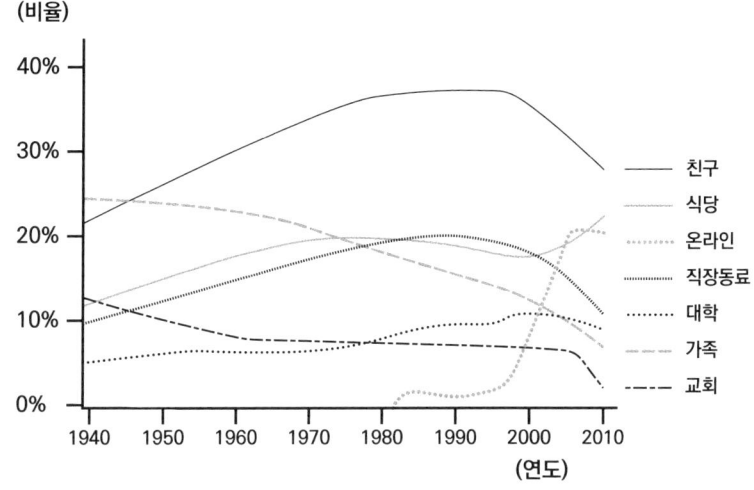

**이성애자 미국인들이 배우자 및 연인과 만난 방법**
(복수 응답 가능)

(비율)

범례:
- 친구
- 식당
- 온라인
- 직장동료
- 대학
- 가족
- 교회

(연도)

출처 : 스탠퍼드대학교 마이클 J. 로젠펠드 교수

이 도표는 미국인이 배우자를 만난 방식을 분석한 2014년 자료다. 타임Time의 허락을 받아 올린다. 블로거인 하티스트(로이시)가 이 통계에 관해 아주 통쾌한 추론을 제시한다.

모든 연애의 계보는 술집과 인터넷을 제외하면 70년 이전까지 내려간다. 남녀가 전통적인 경로를 통해 만날땐 일어나지 않지만, 술집과 인터넷에서 만나면 꼭 생기는 현상이 있다면 그게 뭘까?

그렇다. 술에 취한 데다 사교성이 떨어지는 남자들이 던지는 과하고 끈질기고, 재미도 없지만, 여자들의 어깨에 들어간 힘이 머리 위까지 올라가게 하는 유혹의 몸부림이다. 우리는 마블링이 가득 찬 머릿속에서, 스테로이드를 맞고 페이스북을 먹고 살면서 자신이 실존의 중심인 양 빙글빙글 쳇바퀴를 타고 있는 햄스터를 머리에 키우고 있는 여자들, 자기애 가득한 여자들의 시대에 들어왔다.

좋은 지적이다. 그러나 윗글에는 남자들이 자신의 성 전략을 달성하기 위해 현실에서 적응하는 방법이 빠졌다. 위 도표는 지난 70년의 기간 동안, 두 성별이 펼쳐온 '적응에 따른 성 전략'이 무엇인지 생생하게 보여준다.

현대 사회에서 여자들 특유의 '관심을 받고자 하는 욕망'과 '분노 드라마를 만들고자 하는 욕망'은 남자들의 성욕(인터넷 포르노)만큼이나 SNS를 통해 어디에서나 충족할 수 있다. 당연하게도 이런 상황은 다수의 여자들을 자신의 사회적 지위와 연애 시장 등급을 실제보다 훨씬 더 부풀려 인식하도록 만든다. 그리고 그렇게 부풀려진 연애 시장 가치가 현실과 충돌할 때, 이 현실이 그녀들이 믿고 있는 상상이랑 다르지 않다며, 여자들의 정서를 보호하고 동시에 남자들을 여자들에게 협조하도록 설득하기 위해 확립된 사회적인 관습들이 아주 많다.

이런 점들을 여러분이 꼭 명심해야 하는 이유는 남자들이 새로운 연애 환경에 적응하는 전략을 짤 때, 여자들이 스스로 생각하는 연애 시장 등급(과 자존감)에 남자들이 맞춰주기 때문이다. 오늘날 우리가 겪는 혼란스러운 환경은 결국 과거 남자들이 썼던 적응 전략과 그에 따른 여자들의 반응이 빚어낸 결과다.

## 주도권을 여자에게 양위(讓位)하라

하이퍼가미의 뿌리에는 언제나 의심이 있다. 하이퍼가미는 최적의 번식 유전자, 장기적인 경제력, 자녀를 향한 부성애, 그리고 남편이 될 남자가 가정을 보호할 수 있는지 끊임없이 검증하고, 평가하고, 재검증하고, 재평가하길 반복하는 본질적으로 불안이 깔린 시스템이다. 심지어 가장 확실한 남자와 정착한 뒤에도 하이퍼가미는 이런 의심을 멈추지 않는다. 이렇게 진화를 통해 발전한, 지속해서 의심하는 기능이 자연 선택에 따른 본능이겠지만, 하이퍼가미가 남자를 채점하는 과정은 아주 많은 정신적 노력을 요구하며, 여자들은 이런 불안을 잠재의식 저편으로 완전히 묻어버릴 수 없다. 그래서 여자들은 하이퍼가미의 필터링을 더 효율적으로 만들고, 남자들이 이런 필터링에 잘 협조하도록 사회적으로 길들이는 환경, 그리고 이러한 점을 다른 여자들에게 확실히 공유할 수 있는 사회적인 풍토를 원한다.

여자들의 성 선택이 오로지 여자의 독점적인 지배력 아래 놓이게 된 시대, 하이퍼가미가 온 세상에 고삐가 풀린 채로 내달리는 시대에선, 하이퍼가미 특유의 의심이 훨씬 더 심해진다. 따라서 여자들이 이러한 의심을 제대로 진정시키기 위해 탄생한 사회적인 관습들도 존재한다. 그리고 여자들의 이런 의심은 평생을 함께 사는 일부일처제 시스템에서 더 제대로 드러난다. 남녀 불문 집단으로 주입받은 생각, '아내가 행복해야 인생이 편안하다Happy wife, happy life'라는 인식이 대표적이다. 마치 사람들이 "좋아, 하이퍼가미. 우리는 모든 관계에서 여자들이 주도권을 가져야 하는 게 당연하다고 믿으니까, 모든 게 다 괜찮을 거야."라고 말하는 것 같다.

우리 사회에서 발견할 수 있는 모든 여성 중심적인 사회적 관습을 뜯어보면, 가장 뿌리부터, 본능적인 수준에서, 그 목적은 다름 아닌 여자들의 성 전략인 하이퍼가미에 부응하거나, 그것이 지닌 불안 심리를 달래는 거란 사실을 깨닫게 된다.

## 자유연애의 계승자들

앞서 '자유연애' 운동에 대해 설명했다. 이 단어를 접하는 사람들은 아마 우드스탁Woodstock에서 대마초를 피우고 있는 히피들의 풍경이 제일 먼저 떠오를 것이다. 이후 자유연애는 70년대의 사회가 방임한 '문란한 성'이라는 모습으로 바뀌었다. 여기서 짚고 넘어갈 사실은 '자유연애'라는 70년대의 사회적인 움직임이 인류 역사상 처음이 아니라는 것이다.

오늘날 자유연애에 대해 우리가 가지는 이미지는 베이비 붐 세대의 영향을 많이 받았지만, 더 먼 과거에도 자유연애 '운동'이 많이 있었다. 동성 결혼에 대해 최근에 내려진 입법 판결을 보면 흥미로운 내용이 있다. 다음은 자유연애에 대한 위키피디아의 내용이다.

역사를 통틀어 유토피아를 꿈꾸는 여러 사회 운동들을 살펴보면, 거기서 공통으로 드러나는 희망이 바로 '자유연애'였다. 기원전 1세기에서 기원후 1세기까지, 중동 지역에 살던 에세네Essenes파는 남자들끼리 살면서 섹스와 결혼, 노예 제도를 분명히 거부했다. 또한 사유재산을 포기하고 공동체에서 살았으며 채식만 하던 평화주의자였다. 기원후 1세기에서 4세기에 걸쳐 북아프리카에 있던 아담 Adamites파라는 초기 기독교 종파도 결혼을 거부했다. 그들은 나체주의를 실천했고 스스로 원죄가 없다고 믿었다.

6세기, 무슬림 지배 이전 페르시아 지역의 마즈다키즘Mazdakism 신자들은 결혼 대신 일종의 자유연애를 분명히 지지했고,[15] 다른 다양한 자유연애 운동과 마찬가지로 채식주의와 평화주의, 공동체 생활을 선호했다. 사유재산을 부정하고 '상대방을 소유하는 결혼제도'를 거부하는 풍조 사이에서 모종의 연관성을 인정하는 작가들도 있었다.

[…] 계몽주의 시대(The Age of Enlightenment)와 프랑스 혁명 이후 해방 정치로 인해 발생한 전통적인 윤리와 종교를 향한 도전은 자유연애 같은 사상이 번성할 수 있는 환경을 조성했다. 프랑스 혁명을 지지했던 (영국 자코뱅Jacobins 파라고도 알려진) 영국의 한 급진적 지식인 집단은 현대 페미니즘과 자유연애에 관한 초기 개념을 발전시켰다.

그들 중 눈에 띄는 인물은 낭만주의 시인 윌리엄 블레이크William Blake로, 『앨비언 딸들의 환상Visions of the Daughters of Albion』(1793) 같은 작품에서 결혼제도의 성적인 규제를 노예제에 비유했다. 블레이크는 당시 결혼법을 비판했고 순결을 미덕으로 보는 전통적인 기독교 개념을 크게 비난했다. 결혼 생활 중 아내 캐서린의 불임이 부분적인 원인이 되어 엄청난 중압감에 시달리던 시기에 두 번째 아내를 집안에 들일 수 있어야 한다는 주장을 하기도 했다.[19] 그가 쓴 시들은 결혼 생활 중에 정조를 지켜야 한다는 형식적인 요구 때문에, 사랑이 진정한 애정이 아닌 단순한 의무로 축소되며, 질투와 자기중심주의가 결혼법의 밑바탕이라고 말한다. 『사랑스러운 머틀나무, 왜 나는 너에게 묶여 있어야 하지?Why should I be bound to thee, O my lovely Myrtle-tree?』와 『대지의 대답Earth's Answer』 같은 시들은 은연중에 다수의 섹스 파트너를 지지한다. 또한 『런던London』에서는 '앳된 매춘부의 저주'로 고통받는 '결혼-무덤'에 대해 언급하는데, 거짓 정숙과 매춘이 번갈아 일어난 결과다. 『앨비언 딸들의 환상』은 브러미언Bromion과 우툰Oothoon의 관계가 사랑이 아니라 법으로만 유지되기 때문에, 자유연애를 향한 헌사라고 (보편적인 관점은 아니더라도) 널리 해석된다.

블레이크의 관점에서 법과 사랑은 대립한다. 그는 '얼어붙은 부부의 침대'를 혹평한다.

많은 매노스피어 작가들이 흥미롭게도 우리가 인류 역사상 전례 없는 '사회적 퇴락'을 겪고 있다고 믿는다. 물론 그 누구도 기성 세대와 똑같은 방식으로 살았던 세대는 없다. 그럼에도 우리 세대는 인류의 역사에서 잠깐씩 등장했던 자유연애가 재연되는 속편에 불과하다. 그리고 이 모든 역사의 흐름은 인류를 늘 지배해 온 뿌리 깊은 생물학적인 본능과 충동으로 촉진된다.

그럼에도 가장 최근에 일어난 자유연애 사건이 남긴 사회적인 후유증의 실체를 알긴 알아야 한다. 나는 과거와 대화를 하지 못하지만 이건 확신한다. 자유연애 사상은 요즘 문화에 뿌리내린 평등주의 사상의 한 갈래다. 어떤 곳에 서구식 문화가 퍼지면 자유연애에 기반한 평등주의도 같이 퍼진다.

## 여성 특권 (Fempowerment) 운동의 출현

80년대가 시작될 무렵, 관습적인 의미에서 남성성(여성의 알파 성 전략을 이용하는 데 적응한 남성성)을 다시 규정하는 흐름이 기틀을 잡기 시작했다. 80년대 중반쯤에는 커크 선장Captain Kirk (스타트렉 시리즈의 지도자-옮긴이)과 한 솔로 Han Solo (스타워즈의 등장인물-옮긴이)로 대변되는 전형적인 상남자 캐릭터의 시대는 끝났다. 그들의 자리는 감수성이 풍부하고, 잘 도와주며, 섹스에 관심이 없고, 위협과는 전혀 거리가 먼 헉스터블 박사Dr. Huxtable(코스비 쇼The Cosby Show 의 등장인물-옮긴이)가 대체했고, '상남자'들은 남성성에 대한 조롱성 패러디로 점점 더 우스운 존재가 되었다. 헉스터블 같은 모델은 이전 남성성의 개념과 그런 남성성을 수용하려는 모든 남자에게 수치심을 안겨줬고, 그런 남자들이 연기처럼 사라지게 만드는 데 알맞도록 재구성되었다. 그 시대에도 액션 스타는 많았지만, 새로운 전형, 즉 강력하고 독립적인 잘나가는 여성(Strong Independent Ass Kicking Woman®)을 받아들여야 한다는 목소리가 힘을 발휘하고 있었다.

이런 여성화 작업은 하루아침에 이루어지지 않는다. 80년대를 쭉 거치면서, 70년대의 성적인 기회주의자였던 '마초남'의 칼날을 견뎌낸 베타 남자들(또는 여성스러운 남자들)이 주로 이런 여성화 작업에 적극적으로 협조했고, 이 남자 중 상당수가 나중에 자녀의 아버지가 되는 경우가 많아졌다. 디스코 세대 이후의 베타 남자들과 이런 부류의 남자와 동질감을 느낀 여러 남자들이 여성과 자신을 더욱 동일시하는 그들만의 베타 게임을 만들어냈고, 따라서 여성에게 힘을 실어주는 운동(feminine empowerment), 즉 '여성 특권(Fempowerment)'의 시대가 열렸다.

새로운 패러다임이 진화를 거듭하는 역사적 순간이었다. 자유연애 세대(들)와 똑같은 조건, '더 고상한 인간성'이란 토대 위의 '거짓 평등주의'에 기반한 사회 환경이 조성된 건 비슷했으나, 여성 중심적인 요구를 남자들이 열광적으로 떠받들면서 창조된 환경이었다. 자유연애의 서사는 결국 차츰 '남성은 부양 의무에 따라 희생하고 자신을 여성과 동일시해야 한다'는 일방적인 요구로 변했다.

다음은 내 블로그의 글 『정체성의 위기Identity Crisis』의 한 대목이다.

요즘 너무 많은 젊은 남자들이 원하는 여자의 마음을 얻기 위해, 자신의 인격을 여자처럼 바꿔야 한다고 생각한다. 기본적으로 자신의 정체성을 사귀고 싶은 여자와 더 잘 어울리게 만들면 호감을 얻을 거란 발상이다. 따라서 친밀감(그러니까 섹스)을 향한 욕망을 채우기 위해 자기가 갈망하는 여자의 이익을 더 잘 챙겨주고, 정작 남자 본인의 이익은 포기하는 남자들을 여럿 볼 수 있다. 남자들뿐만 아니라 여자들도 '섹스할 수 있다면 남자들은 뭐든 한다'라는 오랜 속담을 너무 잘 알고 있으나, 여기서 이 말은 단지 개인적인 정체성만 바꾸는 데 그치지 않고 그것을 더 확실히 하기 위해 환경까지 바꾼다는 뜻이다. 가령 남자가 대학을 고를 때 자신의 야망에 맞는 진로가 아니라, 그 대학에 가면 만날 수 있는 여자들을 먼저 고려하는 모습, 심지어 '여존남비' 관계를 더 잘 유지하기 위해 남자가 여자친구를 따라 대학을 고르는 모습이 너무 흔하다. 남자들은 이런 짓을 합리화하고 자신의 결정이 옳다는 것을 입증할 이유를 지어내거나, 새로운 정신세계를 지어내면서까지 자신의 정체성과 인격을 바꾼다. 남자들은 자신을 위해 이런 선택을 내렸다고 착각하는데, 이런 방어 기제는 어느 정도 자아를 보호할 수 있긴 하다.

'베타 게임'은 여성의 이상향에 더 가까워지고, 여자들의 이상향을 더 잘 알고자 하는 남자들의 노력 그 자체다. 남자들은 여자의 이상향이 남자들 버전의 사랑 개념과 일치할 것이고, 덕분에 여자의 섹스로 보상받을 거라고 믿도록 길든다. 90년대에 접어들면서, 남자들은 본인이 여성성을 더 많이 구현할 수 있다면, 어머니 세대 여자들은 결코 구경할 수 없었던 성평등을 위한 노력을 통해 여자친구와 아내를 지지할 수 있다고 믿기 시작했다. 이를 통해 '쓰레기같이 비열한 인간'으로 놀림감이 된 허수아비들보다(알파남을 지칭한다-감수) '여자들에게 더 잘해 줄 수 있다'는 '자존감 높은' 희망을 토대로 자신들의 세계관을 구축했다.

자유연애 시대의 남자들은 사랑이란 관점에서, 이런 식의 '더 높은 자존감'을 내세워서 '성공해야 하는 부담'을 피하고자 했다. 그러나 이런 베타남들의 여자 떠받들기가 너무 흔해져 버렸고, 결국 경쟁성이 떨어지는 바람에 이것 자체가 베타남들에겐 또 다른 짐이 되어버렸다. 따라서 90년대에는 '누가 여자를 더 잘 떠받드는가'가 남자들의 연애 시장 내 주된 경쟁 거리였다. '전업주부 남편'이 되는 것은 사회적으로 칭찬받으며 뿌듯해할 수 있는 일생의 선택지가 되었다. 투씨Toosie, 미스터 마마Mr. Mom, 프렌즈Freinds, 그리고 여성 동질화의 끝을 보여준 영화 미세스 다웃파이어Mrs. Doubtfire는 남자들이 직면한 사회적, 성적인 환경, 즉 '여자 떠받들기 경연대회'에 완전히 적응한 모습을 보여주는 사례였다.

미세스 다웃이어는 특히 남자가 여성화되는 모습을 노골적으로 묘사한다. 극악의 베타 아버지와 사회적으로나 성적으로 모두 알파인 '새 아빠'가 베타의 자녀들에 대한 친권을 놓고 대결을 펼친다(베타가 결국 타협하고 결과에 승복한다). 이런 서사는 "그 시대에 적응한 남자라면, 여자의 사실상 '느슨한 간통'을 사회적 차원에서 용인해야 한다."는 식의 은밀한 메시지를 전형적으로 퍼트린다. 즉 베타가 자기 자식과 어떤 인간관계라도 유지하고 싶다면, 여자가 '되어야' 하는 것이다.

요즘 남자들은 남자가 여자의 역할을 떠맡고, 본인들에게 진짜 결핍됐다고 믿어온 여성성과 하나가 되는 방식을 통해, 여자들의 '지지받을 권리'가 사회적 기본값으로 자리잡도록 분위기를 부추긴다. 단순히 여자를 향한 지지와 부양만이 아니다. 필요와 편리에 따라 어떤 경우에는 관습적인 남성성을 요구했다가, 또 입맛에 안 맞으면 성평등에 근거한 여성의 자주적인 권리를 주장하는 것이다.

매노스피어에는 요즘들어 오히려 여자들이 더 남성화되었다는 시각도 있다. 사실이긴 하지만, 여자를 좌우하는 하이퍼가미 본능은 지금이 다른 어떤 시대보다 더 강력하다. 남자가 여자에게 제공하는 경제력, '가정의 보호자'가 여자에게 의미하는 바, 성 전략을 최적화하려는 여자의 욕망보다 더 잘 여자를 정의하는 것은 없다. 남자인 우리는 우리가 더 여성스러워지면 여자들이 더 남자다워질 것이라 믿는 경향이 있지만, 진짜로 그런가? 아니면 세뇌된 남자들의 베타스러운 수동성에 여자들이 대응하는 과정에서, 여자가 대신 남자의 역할을 해치워야겠다고 생각하게 된 걸까?

그러나 열정적이고 자기 신념에 확신이 가득한 페미니스트들조차, 관습적인 남성성을 지닌 당당한 남자들에게 성적 흥분을 느낀다.

# 남자들의 공간

　지금까지 매노스피어에서 줄기차게 이어져 온 흥미로운 논의가 있다. 전통적인 '남자의 공간'이 여자들로 물들거나, 동시에 페미니즘 사고구조로 개조된다는 이야기다. 오늘날 서양의 직장이 대표적인 사례지만, 원래 남성 회원만 받던 오거스타Augusta 골프 클럽이 최근에 여자를 받기로 한 결정이나, 군대에서 여성의 전투 수행 금지 철폐(와 여성의 전반적인 신체적 열세를 수용하는) 현상이 던져주는 메시지는 분명하다. 여성 중심적인 사회가 모든 개인적, 사회적인 차원에서 남성들이 독점하던 환경에 여자들이 끼어들 수 있는 분명한 권리를 원한다는 것이다.

　이런 '남자들의 공간'은 남성 전용 클럽이나 남초 집단(예를 들면 성별을 구별하는 팀 스포츠)처럼, 특유의 강인함과 합리성, 단호함, 과감함, 심지어 성급함이나 저급함 등, 일반적으로 남성에게만 있다고 여겨지는 성향을 요구한다. 그러나 여성 지상주의(Feminine Imperative)는 여자 개인은 물론, 자매 연대를 통한 집단적 차원의 수단을 통해, 여자들이 남초 환경으로 들어가도록 여자들을 부추긴다. 상의를 탈의하고 군중 앞에 모습을 드러내 남녀평등을 주장하는 스카우트 윌리스Scout Willis(브루스 윌리스의 딸)가 대표적인 사례인데, 이러한 '행동주의자'들은 평등주의가 펼쳐진 유토피아에서는 "남자가 할 수 있다면 여자도 '당연히' 할 수 있다."고 주장하며, 여성과 남성의 동질성을 극단적인으로 주장한 대표적인 예다.

## 여성 '최초'라는 타이틀
　여자들이 남자의 자리로 밀고 들어오고 싶어 하는 이유를 살펴보면, 순수하게 전통적인 남성만의 단체나 환경에 소속되어 도움이 되려는 진정성이 있는 의도를 가진 경우는 거의 없다. 여자들은 그저 '성별 장벽'을 넘는 첫 번째 여자가 되면 이 세상에 어떤 금을 낼 수 있다는 믿음을 갖고 있기 때문에 저런다. 그러나 이러한 믿음은 대체로 외부의 무언가가 부추긴 것이다. 해당 조직이나 인류에게 정말로 도움이 되려는 것이 아니고, '어떤 것을 한 최초의 여자'라는 타이틀을 얻고 싶은 것이다.

여러분은 언제나 귀가 아프게 '남자들이 여자들을 억누른다. 남녀는 성기가 생긴 것만 빼고 완전히 똑같은데도, 이런 평등에 맞서는 성차별이 제도적으로 존재한다'는 사회적인 규모의 궤변을 들어봤을 것이다. 말할 필요도 없이, 이런 주장은 양 성별이 겪는 물리적 현실과 자주 충돌한다. 그러나 여자들의 기본값인 '피해의식'은 어린 여자아이가 나무 꼭대기에 있는 오두막에 오르지 못하는 이유가 '성차별주의자인 남자들 때문'이란 논리를 '상식'이라고 주장한다.

평등을 향한 바람이 이상한 길로 들어서면서, 이런 여자들에게 중요한 일은 우주비행사가 되는 것이 아니라 '최초의 여성 우주비행사'가 되는 것이고, 더 나아가 군에서 전투 수행 의무를 부여받은 '최초의 전투군인'이 되고, 오거스타에서 뛴 '최초'의 여성이 되는 것이다. 진짜 평등을 원했다면, 어떤 업적을 이루고자 하는 노력 자체를 위한 열정 때문에, 성별은 담론에서 아예 무의미해지는 게 맞지 않을까? 그러나 여성 중심적인 사회는 여자들을 선동하여 (그리고 사회적 차원에서 남성의 저항 의지를 꺾어가며) '최초의 여성'이 되는 목표를 추구하게 하면서, 그 과업이나 노력에서 진짜 쓸모 있는 업적, 성취, 탁월함을 추구하도록 장려하지는 않는다. 이런 여자들이 개척한 길은 '최초의 여성 개척자'가 되는 것 이상으로 중요하지 않다. 사실 이런 '업적들'은 이미 오래 전에 남자들이 다 해낸 것들일 수도 있다. 그러나 '여자로서' 최초로 이룬 업적이라면 계속 높은 평가를 받게 될 것이다.

이들의 목표는 전통적인 남성의 공간에 여성으로 존재하는 것이다. '성차별'이라고 따지기 전에, 그 공간이 왜 오랜 세월 동안 전통적으로 남성의 영역이었는지 그 이유에 관해서는 아무런 고찰도 하지 않는다.

'성평등을 향한 노력을 절대 멈추지 않을 것'이라는 말은 여성 중심적인 사회(와 그리고 그것의 사회적 무기인 페미니즘)가 매번 유용하게 쓰는 슬로건이다. 그러나 실상을 살펴보면, 여자들이 남자의 자리에 들어가는 건 두 가지 목적 때문이다. 하나는 전통적인 남자의 공간에 사회적 통제력을 행사하는 것이다. 두 번째는 여자 개개인에 의한 감시를 수행하는 것이다.

두 가지 목적 중 사회적 통제는 이해가 쉽다. 남자들이 이룬 과업들이 얼마나 어려운지, 이에 대한 이해가 부족한 여자들을 받아들이려고 게임의 규칙을 바꾸면, 결국 그 게임의 본질이 변한다. 예를 들어, 미국 여자프로농구 협회가 만들어질 때, 농구 골대 위로 손이 올라가는 여자 선수가 거의 없어서 농구 골대의 높이를 낮춰야 한다는 사회적 압력이 있었다.

그런 남자들만의 게임에 참여하도록 허락받은 최초의 여자들은 신기하다는 찬사를 받는다. 그러면 여성 중심적인 사회가 가진 사회적 통제력을 남자들만의 세계 안으로까지 확대할 수 있다('요즘에는 여자들도 그걸 해'). 전미 개조 자동차 경기 연맹(NASCAR)이 대니카 패트릭Danica Patrick 같은 선수를 받아들인 게 좋은 예다. 그녀가 뛰어난 레이서인지 아닌지는 중요하지 않다. 나스카를 향한 그녀의 진정한 열정을 내가 입증할 방법은 없으나, 우리가 주목할 점은 그녀가 명목상으로는 남자만의 공간인 나스카 드라이버들 사이에서 (과하다 싶을 만큼) 진지하게 받아들여지는 최초의 여자라는 점이다. 그리고 목표가 성취되고 난 후, 이제 남은 건 남자들만의 공간을 향한 여자들의 감시와 검열이다.

## '탈의실'의 감시자들

여자들이 남성들의 공간에 들어가려는 두 번째 목적은 그곳의 남자들이 가진 생각과 태도를 실제로 감시하는 것이다. '탈의실'에 여자들의 접근이 허락되면 그곳의 역학이 바뀐다. '탈의실'은 현실에서 직장, 스포츠팀, 남성으로만 이루어진 프로그래머 집단, 주로 남자로 구성된 과학 커뮤니티, '남자들만의 모임', 동네 게임 방의 게임광 모임, 심지어 스트립 바와 '남성 위주 공간'이라 여겨지는 은신처 등 다양한 형태일 수 있다. 정리해보면, 사회적으로 '여성 지상주의'라는 명령을 실행하기 위해, 여자 한 명이 남자의 공간에 들어가는 것이다.

여성 지상주의의 힘이 주로 남자들과 남자들의 공통된 관심사로 이루어진 환경으로 유입되면, 그 조직의 목적과 역학이 바뀐다. 힘든 과업을 향한 목표 의식이 약해진다. 오히려 그 과업에 계속 여자들을 포섭하려는 의식만 강해진다. 자신이 하는 일에서 최고가 되거나 가장 뜨거운 열정을 품는 것이 중요해지지 않고, 그 과업을 향한 관심 수준을 종전 상태로 유지하려 애쓰면서, 조직의 모든 걸 여성 중심적인 사회적 잣대에 맞추는 게 더 중요해지기 시작한다.

남자들끼리 있다가 여자가 나타나는 게 익숙하지 않은 남자들은 보통 두 가지 반응을 보인다. 대부분의 남자들은 베타남이 되어 페미니즘에 적절히 길든 방식으로 행태가 변한다. 그들은 새로운 여자 감시자를 적극적으로 환영하고 인정해서 (가까워지길 희망하면서) 이런 '개척자' 여자들의 성적인 관심을 끌 기회를 엿본다. 더 나아가 조직 내에서 이런 식으로 '영리하게' 사교하지 않는 남자들의 경우, 여자가 침투하는 바람에 조직 내 새롭게 자리 잡은 '우리 집단in-group'이 교묘히 이름 붙인, '시대에 뒤떨어진 사고방식의 표본'으로 낙인찍힌다. (본서에서는 여자에 의해 행동양식이 변해 버린 조직 내 다수의 패거리를 '우리 집단'이라 번역한다-감수)

일단 여성 중심적인 '우리 집단'이 조직 내에서 주도권을 차지하면, '여성식 올바름'이라는 사회적인 틀이 뒤따라 조직에 들어온다. '여성식 올바름'이 조직의 목표와 우선순위를 뒤바꾸고, 전반적으로 '여성의 니즈를 얼마나 반영하는가'에 따라 업적의 달성 여부가 좌우된다. 따라서 새 '우리 집단'이 이루어낸 모든 성공이 마치 남자의 자리에서 여자들이 해낸 업적처럼 여겨진다. 그러나 조직이 목적 달성에 실패할 경우, 또는 시시한 결과가 나온다면 그걸 완전히 모르는 척 무시하거나, 조직 내 '시대에 뒤떨어진 집단out-group'의 남자들이 '진보적인 분위기'를 풍기는 '우리 집단'이 제시하는 '올바름correcting'에 호응하지 못했기 때문이라며 책임을 전가하고 비난한다.

## 브로(Bro) 문화 (*남자들이 여자를 배척하는 카르텔을 형성한다는 믿음)

'브로 문화'는 프로불편러(Social Justice Warrior) 사고방식이 만든 모욕에 가까운 표현이다. 페미니즘이 관습적인 남성성을 망가뜨리려는 노력이 실패했음에도 불구하고, 여전히 관습적인 남성성의 기질을 가진 남자들을 쉽게 식별하기 위해 만들어진 개념이다. 끊임없이 자기 이미지를 바꾸는 페미니즘은 정작 위협으로 여기는 대상을 향해 말끝마다 '강간 문화', '남성 특권 문화', '브로 문화'처럼 '문화'라는 단어를 갖다 붙이는 걸 좋아하는 것 같다. 분명하게 말하지만, '브로 문화'라는 개념은 여성 중심적인 사회적 관습이 지어낸 것이다. 브로 문화라는 고정관념을 남자들이 만들었다고 생각하면 마음이야 편하겠지만, 이런 관점은 여성주의 세력이 남자의 공간에 침입하고, 남자의 공간을 통제하고자 하는 탐욕이 낳은 직접적인 결과물이다. 따라서 이런 관점에선, 남자다운 남자들의 어떠한 노력도 프로불편러들이 고등학교 시절 싫어했던 잘나가는 운동부 양아치 같은 인상을 늘 풍기게 된다.

이것 말고도 본색을 숨기고 있는 여성 중심적인 사회적 관습들이 많지만, '브로 문화'라는 밈은 사실 이중으로 모멸감을 주려는 전략이다. 이전에 남자로만 구성되었던 공간에 여자의 영향력이 일단 자리 잡는 데 성공하면, 남자들의 전통적인 유대를 느슨하게 만들고, 그 세계를 통제하면서 '우리 집단'과 '그들 집단'으로 이간질하여 남자들 사이에 내분을 조장하려는 의도가 드러난다.

관습적인 남성성이 이러한 움직임에 위협이 될 수 있다면, 그건 남자들이 뭉치면서 생기는 저항 덕분일 것이다. 남자로만 구성된 '우리 집단'이 조직 내 형성되면, 팀 조직력 강화, 목적 의식, 남성 우위의 환경이 그 집단을 규정하는 특징이 된다. 내가 주장하는 바는 간단하다. 여자들이 남자로만 구성된 공간에 끼어들려는 행위가 '여자식 올바름'을 사회적으로 확립하기 위한, 남자들의 유대와 결속을 약하게 하려는 노력의 산물이라는 것이다. 남자들을 고립시키고 남성성에 대한 개념을 헷갈리게 하려는 목적이 분명 뒤에 깔려 있다.

이런 영향을 직접적으로 미치는 주체가 그 서클에 존재하는 한 명의 여자가 아닐 수도 있다. '여성식 올바름'이란 분위기를 조성하기 위해서는 '우리 집단'에 이런 여성향 아젠다에 공감하는 남자(익명의 백마 탄 기사)가 한 명만 있어도 충분하다. 심지어 말끝마다 '성차별' 타령하는 풍조에 반기를 드는 걸 꺼리는 분위기가 형성되고, 같은 집단 내 남자들조차 어떤 여자가 조직 내 분위기를 좌우할 수 있다고 느끼면, 그 여자의 눈치를 보고 여성 중심적인 풍조에 편승하기도 한다.


## 내분

'남자가 남자답게 구는 게' 비정상적이라는 생각, '구시대적' 남자들, '꼰대 같은 남자들'이 하는 짓이라는 사고방식은 여성화된 베타남의 전형적인 특징이다. 나는 남자들이 서로를 비방하는 모습이 진화에 따른 (따라서 유용한) 동족 의식의 흔적이며, 남자들이 자신들이 속한 집단의 권세와 존속 가능성을 확보하기 위해, 이런 '상호 간 갈구기'를 사용하는 메커니즘을 자세히 설명할 수 있다. 하지만 이걸 설명해봤자 '성별은 사회구조적인 산물일 뿐이다'라고 생각하는 베타 남자를 비위 상하게 할 뿐이다.

'남자다워지는 것'에 불편함을 느끼는 것은 '전형적인 베타남'의 기본 성향이다. 여자와 더 비슷해지면 나중에 자기에게 돌아올 성적인 이익이 더 커질 것이라는 믿음을 가진 남자들이 특히 그렇다. 이들은 남자들이 주고받는 욕설과 탈의실(여자들이 침략한 남성의 공간)에서 벌이는 힘담들이 남성의 건강함을 보여주는 표식일 뿐만 아니라, 남자 개인과 부족 집단에 이익이 되는 더 나은 기준을 만들고, 그 기준에 따라 살면서 부합하려는 마음, 성장을 촉진한다는 사실을 결코 '직감하지' 못하는 남자들이다.

'브로 문화'가 하나의 집단으로 이루어진다는 점, 즉 전형적으로 운동만 좋아하는 남자들, '무례한 남자들(douchebags)', 팀 스포츠의 탈의실에서 브로 문화의 원형이 되는 사례를 찾을 수 있다는 사실은 그 자체로 '남자들만의 네트워크 방식'이 여성 중심적인 사회 질서에 위협이 될 수 있다는 사실을 잘 보여준다. 만약 '성평등'이라는 명분으로 여자가 남자의 영역을 마음대로 침범할 수 있다면, 남성적인 소통 방식을 억누르고, 압력을 가해 집단 내 여자들의 안정 욕구를 책임지도록, 남자들을 선동하는 일이 훨씬 더 쉬워진다. 쉽게 말해, 집단 내에 여자의 영향력이 스며들면, 훨씬 더 수월하게 미래의 베타 부양자들을 양산할 수 있다. 또한 여성 중심적인 사회 질서와 여자들의 성 전략의 명령에 따라, 남자들에게 따르라고 권장하는 이가 다름 아닌 다른 남자라면, 이 작업은 한층 더 쉬워진다.

나는 여러분이 서로를 시험하고 자극하며 성장을 촉진하는 남자들의 소통 방식이 주로 '브로 문화', '무례한 남자들', '팀 스포츠' 등으로 대표되는 남자들의 사회적 맥락에서 탄생한다는 점을 여기서 놓치지 않는 게 중요하다고 생각한다. 이런 남자들의 역학이 다양한 사회, 인종, 문화 계층에 널리 퍼져 있다면, 여성 중심적인 사회 질서에 가장 큰 위협이 된다.

여자들은 '남자들끼리 싸우게 하는 전략'을 이용해 자신과 권력을 다투는 경쟁자에게 맞선다. 이런 전략이 남녀 간의 경쟁에서도 발생하는 요소이기도 하지만, 이런 사회적 관습의 목적은 남자들을 내분에 빠지게 해서, 여자들을 향한 영향력 자체를 약하게 만든다.

남자들이 성적인 경쟁자를 '우리 집단'이 아닌 '그들 집단'으로 생각하면 남자들끼리 싸움을 붙이는 일이 쉬워진다. 남자의 영역에 들어온 여자들의 영향력은 남자들끼리 간접적인 (때로는 적극적인) 내분이 일어나도록 조장한다. 남자의 결속, 심지어 그 결속의 가능성을 훼손하면, 남자들이 연합할 힘을 꺾고 여자에게 이익이 되게 할 수 있다. 이런 내분과 분노가 남자만의 공간과 '우리 집단' 내에서 일어나는 사례가 많지만, 시험, 격려, 서로 까대는 남자만의 소통 방식은 운동부 탈의실에서만 일어나지 않는다. 심지어 몸보다 머리를 쓰길 좋아하는 체스 동아리의 남자들도, 적어도 여성 중심적인 사회 질서가 영향을 미치기 전까지는 서로 욕을 주고받으며 논다.

## 격퇴시키기

나는 이 장을 마치기 전에 남성 독점적인 공간으로서 매노스피어에 관해 이야기하고 싶다. 매노스피어는 엄밀히 말해 '남성들의 공간'으로, 남자들이 공동의 목표를 위해 함께 모여 경험을 나눌 때, 무엇을 이룰 수 있는지 보여주는 실질적인 증거다. 다른 남자들을 돕기 위해 남성 경험을 응집하고자 하는 열망은 남자들의 유대가 만들어낼 수 있는 다양한 형태의 결과물들을 보여준다.

당연하게도, 이러한 남자들의 소통과 결속을 향해, 여성 중심적인 사회와 그것에 동조하는 남녀의 저항이 있을 것이다. 거기다 레드필 인간행동학, 그 이론 및 실제에 대한 담론에 여자들을 포함하려는 시도들이 분명히 있는데, 이 또한 내가 여기에서 설명한 것과 동일한 목적, 즉 여성 중심적인 통제력을 매노스피어에까지 확대하고, 여성의 감시를 위해 여자들이 남자의 영역에 들어오려는 시도라고 본다.

아무리 여자가 좋은 의도를 가지고 매노스피어에 들어온다고 해도, 여전히 이 여자들의 동기를 추동하는 것은 하이퍼가미다. 하이퍼가미는 안정 보장을 요구하고 추구한다. 따라서 여성의 본능이 일으키는 심적 영향력 때문에, 여자들이 남자로만 이루어진 공간에 참여하려는 동기가 생기는 것이다. 이는 곧 여성향 아젠다를 달성할 수 있도록, 여자들에게 게임에서 불리한 부분을 제거하고, 게임에 참여하게 될 남자들의 사고방식을 검열, 감시하고 싶은 마음이 들게 만든다.

다른 모든 남성만의 공간처럼, 매노스피어도 내가 이 장에서 설명한 '여성 지상주의(Feminine Imperative)'의 정화 대상이다. 이런 아젠다는 여자들뿐만 아니라, '여성 우선주의(feminine-primacy)'에 동조하는 남자들의 손으로도 실행된다.

# 여성 특권 강화
## (Femepowerment)

'여성으로서 힘이 실린fempowered' 여자 평론가들이 종종 내게 페미니즘이라는 사상이 사회적으로 더 받아들여져야 한다고 '믿는지' 묻는다. 예를 들어보자. 가령 "여자가 투표권을 가져야 한다는 생각에 찬성 혹은 반대하시나요?", 또 흔한 질문인 "여자들은 자기 몸으로 자기가 선택한 일을 할 권리를 가져서는 안 되나요?" 같은 질문이 있다. 이런 질문의 특징은 늘 이분법적 답변을 요구한다는 것이고("예/아니오로만 대답하세요!"), 조금이라도 반대하거나 '적당히' 대답을 조심스럽게 하는 기미만 보여도, '여성혐오자'라는 낙인과 함께 린치당하는 분위기로 내던져진다. 만약 여러분이 정말 '아니오'라고 대답하는 순간 여러분은 가증스러운 여성혐오자가 된다. '예'라고 대답하더라도 조심스럽게 "예, 그런데…,"라고 운을 뗄 경우, 맨스플레이닝mansplaining(남자가 잘난 척하면서 여자를 가르치려 든다고 비꼬는 표현-옮긴이)으로 인식되어, 대답하는 사람이 남자라는 이유로 대답할 자격조차 박탈당하는 황당한 상황이 벌어진다. 최근까지 이런 질문은 여성향 아젠다에 관한 불편한 진실을 말하려는 자들의 입을 막는 효과적인 전술이었다.

페미니즘은 '사회 문제에 대한 합리적이고 이성적인 고민이 우리를 평등이라는 이상향으로 이끌 것'이라는 평등 이념에 기반한다. 그런데 정작 어떤 합리적이고 이성적인 진실이 여자들에게 호의적이지 않은 낌새가 조금이라도 보이면, 양자택일의 극단적인 이분법적 선택지로 사람을 몰아가는 모습이 참 아이러니하다고 생각한다. 여러분을 지배하고 있는 사람이 누구인지 알고 싶은가? 누구를 비판할 수 없는지 또는 비판의 암시조차 흘릴 수 없는지 찾으면 된다.

이런 페미니스트들의 질문에 내가 어떤 입장을 취할 경우 (아마도 여러분도 예상하듯이) 페미니스트들은 주로 얕은 수준에서 담론을 받아들인다. 나는 여자가 투표권을 가지거나 심지어 합법적으로 (상대적으로 안전하게) 낙태할 수 있는 권리에 굳이 반대하지는 않는다. 여자가 특정 방식으로 투표하는 이유에 깔린 의도, 여자들이 낙태하도록 이끄는 진짜 동기에 반대할 뿐이다. 많은 경우에 해당하는 이야기지만, 여자들이 모르는 모종의 이유로 과거 여자들은 갖지 못했다고 느끼는 여러 '권리'들은 대게 남자들이 자신과 무관한 결정까지 책임을 지며 희생한 덕분에 주어진 것이다.

내가 동의할 수 없는 부분은 다음과 같다. 여자의 진짜 본성을 억지로 바꾸기까지 하면서 여자의 약점을 더 잘 수용하기 위해, 사회적 규범이나 합격 기준의 문턱을 낮추는 것에 반대한다. 더 나아가 근본적으로 사회적 규칙 자체를 바꿔야 한다는 여자들의 요구 때문에 남녀의 행복이 위협받는 상황, 그 자체를 반대한다. 남자들에게는 하등 이익이 되지 않지만, 우리가 오직 여자들만을 위해 마련해 준 선택 (거의 일방적인 하이퍼가미 선택), 성적 권리와 자유에 따라 본인들이 선택한 결과에 대해, 그 책임까지 남자에게 떠넘기는 현실에 반대한다.

오늘날 남자들은 과거 여자들이 부당한 대우를 받았다는 주장에 동조하는 문제에서 아주 곤란한 위치에 놓여 있다. 남자들은 오직 남자로 태어났다는 이유만으로, '여성 지상주의(Feminine Imperative)'가 여자들이 과거에 겪었다고 주장하는, 딱히 일관성 없는 '피해'에 대해 책임지라는 요구를 당연한 듯이 받는다. 오늘날 남자로 존재한다는 것, 여성의 사회적 우위를 용납하지 않으려는 행동이, 또는 남성성의 본질을 훼손하려는 음모에 남자들이 협조하지 않는 게 마치 여자들에겐 영원한 '상처'가 되고, 여자의 '발전'을 가로막는 장애물 취급을 받는다. 여자들은 수천 년 동안 남자의 '성취에 대한 부담' 심리를 이용하는 방법을 알아냈다. 그리고 인류 역사를 통틀어 지금만큼 여자들이 자유롭고 여유롭게 그 힘을 발휘한 시기가 없었다.

따라서, '남자의 특권'이 무슨 의미인지 고찰하지도 않은 채, 저런 개념을 사회적으로 당연한 상식처럼 추종하거나, 아니면 여자가 '당연히 옳다'는 인식을 퍼트리거나, 여자의 결정과 그 근거에 대해 남자들이 토를 다는 걸 원천 차단하고 싶은 여자들이 '맨스플레이닝' 같이 귀에 쏙 들어오는 차별적인 단어를 만들어낸다. 여성향 아젠다에 부역하는 편리한 방식은 여기가 끝이 아니다. 기준이 불분명한 '비동의 간음', 즉 '남자는 성적 죄책감을 기본적으로 느껴야 한다'는 풍조가 생긴다. 페미니즘의 진정한 목적이 남녀 간 합의된 '성평등'을 확립하는 데 있었던 적은 단 한 순간도 없다. 오히려 자매연대(Sisterhood)차원에서 '여성 집단'에게 가해졌다고 여자들이 느끼는 '과거 남자들의 억압'에 대한 복수와 보상이 늘 진짜 목적이었다.

페미니즘에 대해 이야기할 때마다 동시에 언급되는 '성평등'에는 늘 숨겨진 진짜 목적, 즉 숨겨진 이야기가 있다. 그것은 '가장 적대적인 인간들이, 가장 반사회적인 미친놈들만 남녀평등에 반대한다'는 레파토리다. 따라서 페미니즘에 대한 반대는 곧 평등에 대한 반대가 된다. 그러나 여러분이 남자들의 이익 추구에 죄책감을 심어 주어 강제로 교정하고자 하는 이런 선동에서 일단 벗어나면, 페미니즘의 실체가 남녀 불문 동의할 만한 고상한 개념인 '평등'의 탈을 뒤집어 쓴, 사실상 '여자의 특권을 강화하는(펨파워먼트)' 운동이라는 실체를 쉽게 간파할 수 있다.

## 누런 진주

'이코노미스트'에서 이런 아슬아슬한 현실의 모순을 잘 보여주는 흥미로운 기사를 발견했다.

### 까다롭게 고른 오늘의 주제: 중국 내 여성 인권이 후퇴하고 있는 이유

2007년 중국의 국영 뉴스 기관 신화사는 '잉여 여성의 덫에서 빠져나오는 8가지 간단한 방법'이라는 제목의 칼럼을 통해, 27세까지 결혼하지 않은 여자들에 관한 논평을 실었다. 중국 공산당은 중국의 젊은 여자들이 지나치게 까다롭고 '3고', 즉 고학력, 고지위, 고임금을 달성하는 데에만 너무 집중한다고 결론을 내렸다. 다른 신문사들도 이후 비슷한 사설을 계속 발표해 왔다. 2011년의 한 사설은 '여자는 나이가 들수록 가치가 점점 떨어지고 석박사 학위를 받을 때쯤이면 이미 누런 진주처럼 늙는 비극을 맞이한다'며 우려를 표했다.

위 기사의 내용은 여성향 아젠다가 세계적으로 확산한 분명한 사례다. 매노스피어는 미국 여자들이 펌프 앤 덤프Pump and Dump(섹스하고 버린다, 한국에선 '먹버'라는 비속어와 뜻이 유사하다-옮긴이) 외에는 고민할 가치가 없을 만큼 완전히 가버린 상황에 관해 오랫동안 다루어왔다. 이 여자들은 너무 멀리 가버렸다. 구제 가능성이 없을 만큼 자기중심적이기 때문에, 남자들은 더 여성스럽고 상냥하고, 적어도 관습적으로 남성적인 남자의 가치를 인정하는 여자들이 사는 경제가 다소 열악한 다른 나라로 이민을 가야 할 지경이다.

좋다. '여자 천국(Pussy Paradise, 남자가 여자를 쉽게 사귈 수 있는 곳으로, 보통 라틴아메리카, 동유럽, 동남아시아를 칭한다–옮긴이)'이나 여자들이 여전히 전통적으로 여성스러운 모습으로 자라서 남자를 존경하고 사랑하는 약속의 땅을 향한 남자들의 로망을 이해한다. 또한 여전히 이런 게 통하는 문화들이 남아 있다는 사실도 알고 있다. 하지만 그럼에도 나는 이런 문화에서조차 여성향 아젠다가 힘을 발휘하기에, 우리가 그것의 저의를 반드시 간파해야 한다고 생각한다. '페미니즘은 암이다'라는 밈이 트위터에서 유명하지만, 이 말이 진짜 와닿는 이유는 따로 있다. 서구식 '여성 지상주의'라는 여성 우월주의가 암세포처럼, 상상 속 '가부장제의 억압'을 요즘에도 여전히 당하고 있다고 여겨지는 나라, 사회, 문화로 '전이되고' 있다는 것이다. 가부장제는 여자가 기본값처럼 품고 있는 '피해의식'의 서사를 영원히 존속하는 데 꼭 필요한 미신이다.

당장은 아니더라도, 페미니즘이란 암에서 안전하다고 여겨지는 사회에서조차 여성향 아젠다가 지배력을 발휘할 시점이 언젠간 온다. 소녀와 여성을 끔찍하게 억압하는 그림을 쉽게 연상할 수 있는 저개발 국가에서조차, 소녀(소년이 아니라)가 글을 읽고 '스스로 생각하도록' 배우는 모습을 당당한 모범 사례로 홍보한다. 여성향 아젠다가 자리 잡은 서구화된 문화에서는 한 사우디아라비아 여자가 자기 사업체를 운영하거나 심지어 자동차 운전을 허락받을 때조차, 마치 남성의 폭압에 맞서 강력한 한 방을 날린 것처럼 축하한다.

차츰, 또는 성큼성큼, 여러분이 꿈꾸던, 두 번째 또는 세 번째 약속의 땅, '여자 천국'이 결국 여성향 아젠다의 손아귀로 들어갈 것이다.

내가 이런 문제를 꺼낸 이유는 중국 또한 여성의 사회적 우위를 오랫동안 받아들인 바람에 요즘 대가를 치르고 있기 때문이다. 대중적인 관점에서 보면, 우리는 여전히 '공산주의' 국가인 중국이 얼마나 끔찍하게 한 자녀 정책을 집행했는지, 그 결과 얼마나 무자비하게 '아들은 살고 딸은 죽는' 사회 현상이 생겨났는지에 관한 이야기를 최근에도 듣는다. 하지만 이 상황을 이성적으로 살펴보면, 중국도 여성의 이익을 우위에 두는 문화를 받아들인 결과 이제는 '누런 진주' 문제를 안고 있다는 걸 알게 된다. 또한 우리는 이런 사회적, 문화적 변화가 여성향 아젠다를 자신의 아젠다인 것처럼 받아들이고 수용한 남자들 때문에 실현할 수 있었다는 점에도 주목해야 한다.

중국 여자들이 처한 문제는 '동등한' 결혼 자격을 갖춘 남자가 없어서 한탄하는 미국 여자들이 겪는 난관과 비슷하다. 마찬가지로 여자에게 권력을 준 바로 그 공산당조차, 이제 여자들이 현실에 맞지 않는 눈높이를 낮춰야 한다고 말만 꺼내도 경멸스러운 여성혐오주의 공범이 되어버린다.

과거 중국 공산당이 여성의 진보를 지지하던 모습을 떠올려보면 '누런 진주' 기사의 논조는 다소 충격적이다. 마오쩌둥이 중국은 박살 냈지만, 여성의 지위를 격상하는 데는 성공했다. 1950년 중국 공산당이 시행한 최초의 입법 중 하나가 '결혼법'으로, 그 법에 따라 '이혼할 권리'와 '사유재산 권리'를 등 다양하고 새로운 권리가 여자들에게 주어졌다.

이런 역사적 사실이 여자들, 심지어 동시대의 여자들이 중국의 한 자녀 정책을 빌미로 '제도화된 성차별'을 운운하며 선전한 '악마 같은 중국'의 이미지와 아주 동떨어져 보이지 않는가? 참고로 중국의 여성 권리 향상은 문화혁명 이전에 일어났다.

공산화 때문에 사유재산 권리는 대체로 무의미해졌지만, 여자들은 현재까지 마오쩌둥의 중국에서 적극적인 역할을 맡고 있다. 2010년 무렵, 중국 도시 여성 인구의 26%가 대학을 졸업했는데, 10년 전보다 두 배 오른 수치다. 현재 중국의 대학교 입시에서는 여학생의 성적이 남학생을 완전히 앞섰으며, 그 결과 남학생 정원을 채우기 위한 성별 할당제가 생겼다. 그러나 최근에 전통적인 가부장적 분위기가 차츰 다시 출현하면서 이런 '진보적인 결실' 중 많은 부분이 쇠퇴했다.

위 내용을 다른 선진국들이 기본적인 사회 질서로 '여성 지상주의'를 채택한 결과, 여자들의 사회·정치적 입지가 향상된 상황과 비교해보자. 여전히 여성을 '탄압하는' 문화가 있는 것으로 유명한 나라에서조차, 여자들이 서구(화된) 문화와 유사한 수준의 교육 및 사회·경제적 지위에 있는 모습을 볼 수 있다. 또한 똑같이 그에 따른 부정적인 귀결과 그에 대한 책임, 비난이 남자에게 전가되는 모습도 본다. '누런 진주'라는 중국 사회가 낳은 부정적 결과에 대한 책임은 여성의 선택을 장려해놓고 그 대가는 용서하는 풍조 속에서 '성취에 대한 부담'이라 불리는, 여자들 입맛대로 정의되는 '남자의 자격'에 부응하지 못한 '루저' 남자들에게 던져진다.

중국 공산당은 이 문제를 진지하게 다루기 위해 부동산 기업, 데이트 웹사이트와 제휴했다. 결혼과 재산에 관한 정보 조사는 결혼 중개 기관의 후원을 받았다. 그리하여 '잉여'가 되는 것이 여자에게 일어날 수 있는 최악의 일이라는 인식을 중국 여자들에게 계속 주입했다. 또한 '남자는 결혼하기 전에 집 한 채는 있어야 한다' 같은 여타 터무니없는 믿음도 환기했다.

예상대로 이 기사는 여성향 아젠다가 일으킨 문제들, 또는 되돌리기 어려운 대가를 남자들보고 책임지게 하는 현실은 무시하고 평등주의에 입각한 관점만을 부각한다. 이들 관점에선 여자가 적령기가 지난 나이까지 결혼하지 못해서 기분 나쁜 게 남자 탓이다. 여자들이 남자가 결혼에 관한 고민을 할 나이가 되기도 전에, 경제력 측면에서 탄탄하게 자리를 잡아야 한다고 생각하는 것도 남자 탓이다. 또한 요즘 여자들이 '결혼하기 전에 남자는 집 한 채 정도는 있어야 한다'는 '터무니없는 생각'을 버리지 못하는 것도 남자 탓이다.

중국 법은 여성주의에서 멀어지는 변화도 보여주고 있다. 1950년에 제정된 결혼법과 관련해, 2011년 대법원은 "부부가 이혼할 때 재산이 평등하게 분할되어야 하지만, 각 당사자는 자신의 명의로 된 것만 가져야 한다."고 해석했다. 이 판결은 심각한 결과를 초래한다고 중국의 성 불평등을 다루는 작가인 레타 홍 핀쳐Leta Hong Fincher는 주장한다. 중국의 대도시에서는 부부 세 쌍 중 한 쌍이 이혼하지만, 최근 레타가 진행한 인터뷰 결과, 기혼 여성의 약 30%만 부부가 사는 아파트 명의가 아내 이름으로 되어 있다는 것을 알아냈다. 레타 홍의 주장에 따르면, 공산당이 '잉여' 여성에 관해 내놓는 급진적인 주장을 여자들이 너무 지나치게 심각하게 받아들인 나머지, 여자들이 결혼에 적합하지도 않은 남자와 불행한 결혼에 뛰어들거나, 신부는 부동산 계약서에 자기 이름을 넣지 않는 데 동의하는 남편의 조건까지 받아들인다고 항변한다.

## 남자들만 협조하면 페미니즘은 성공 수 있어

몇 년 전 동료 블로거이자 친구인 달록은 한 게시물에서 '남자들이 자신의 이익을 포기하고 생물학적 욕구를 승화한 뒤, 페미니즘 이념에 협조할 때만 페미니즘이 성공한다'는 페미니스트들의 믿음에 대해 자세히 다뤘다. 변함없는 사실은 페미니즘과 평등주의는 그 근본부터 남자들이 자기 파멸에 자발적으로 동참하라고 요구하기 때문에 실패한 이념이라는 것이다. 그뿐만 아니라, 페미니즘은 다음 세대 여자들 또한 본인들의 퇴행을 이어받아 그 파멸의 과정에 참여하도록 여자들을 가르치고, 양육하라고 요구한다.

이런 페미니스트들의 서사는 남자들이 '누런 진주들'을 귀하게 여기거나 '독신녀'를 존중하고 쿠거Cougar(젊은 남자와의 성적 관계나 연애를 원하는 나이든 여성-옮긴이)의 삶을 살도록 방조하길 요구한다. 동시에 남자가 자신의 성 전략을 포기하도록 강요당한다는 사실에 흐린 눈을 하고, 남자의 욕망을 승화해야 한다고 주장한다.

앞서 '성 전략의 절대 법칙'에서 언급한 것처럼, 한 성별의 성 전략이 성공하려면 상대 성별은 자기 전략을 훼손하거나 포기해야 한다. 여자들이 남자들에게 수치심 공격을 하고, 금전적인 책임을 전가하는 등 사회적 차원의 압력을 동원하는 것만큼, '남자는 여자를 위해 자기의 성 전략을 포기해야 한다'는 아젠다를 더 잘 실현할 방법이 있는가?

나는 오랫동안 지난 4-5세대에 걸친 어린 남자아이들이 여성향 아젠다를 지지하고 강화하는 남자로 자라도록 길들었다고 주장했다. 이 남자들을 '더 나은 베타'가 되도록 훈련됐으며, 이러한 사회적 차원의 재조작 행위가 실제로 있었다고 자세히 설명했다. 지금까지 이런 작업은 대부분 서구 사회에 사는 어린 남성과 성인 남성을 대상으로 주로 이루어졌다. 나는 논란의 여지가 있더라도, 서구 문화가 '여성 특권 강화'라는 사회적 계약을 실현할 수 있는 유일한 문화적 토양이라고 말하고 싶었다. 그러나 이런 상황이 급변하는 중이고, 어쩌면 애초부터 내가 잘못 본 것일 수도 있다.

매노스피어의 남자들은 추상적인 개념인 이 '사회'라는 게 남성성을 파괴하기 위해 다양한 작업을 진행한 결과 발생한 현대 남성의 '계집화(pussification)' 현상을 다루길 좋아한다. 그러나 이 현상의 동전의 뒷면에는 여성 특권 강화(펨파워먼트) 아젠다가 자리하고 있다. 이 아젠다는 여성의 본성에 대해 어떠한 비평도 금지하는 동시에 사회 구조의 층층마다 '여성의 권력을 강화'한다.

사람들은 사회적 역학, 학문적 성취, 떠올릴 수 있는 모든 사회·경제적 이점을 누리도록, 매체에서 다루는 모든 형태의 서사를 동원해 여자들을 떠받들고, 여자들의 입맛에 맞춘다. 반대로 남자가 조금이라도 남성성에 가까운 모습을 보이면 '여성을 지지하지 않는 사람', '여성혐오자'라는 낙인을 찍는다. 이것은 어린 남자들과 성인 남자들을 대상으로 하는 중성화 작업의 또 다른 형태다. 남자를 무력화하고 여자에게는 권력을 부여해 '여성 지상주의'라는 비현실적이고 끔찍한 모델을 완전히 굳히려는 것이다.

## 어떻게 대응할 것인가?

나는 이런 사회 현상을 잘 묘사한다는 점에서 늘 칭찬받지만, 이런 문제들을 해결할 수 있는 구체적인 대응 방법을 제시하는 부분에서 시험에 든다. 많은 '자신만의 길을 가는 남성들(MGTOW)'이 다른 남자들에게 그냥 더 이상 '게임'에 끼지 말라며, '고립주의가 가야 할 길'이라고 주장하지만, 이는 결국 여성 특권 체계(Feminine Imperative)에 권력을 넘겨주는 데 도움만 줄 뿐이다. 여러분은 게임을 부정해도 게임에서 벗어나지 못한다.

나긋나긋한 여자들이 있는 유토피아와 비슷한 세상을 찾아서 잘 알려지지 않은 곳으로 떠난 남자들이 있다. 그러나 그들조차 페미니즘의 물결이 목가적인 그곳의 분위기를 배리고 있다고 증언할 것이다. 그리고 자발적으로 금욕을 지키면서 '여자를 상대하는 일을 아예 거부한' 모든 남자들에게, 하이퍼가미의 욕망을 충족하도록 제도적으로 고안된 법들을 통해 여성의 권리 증진이 야기한 대가를 타인들이 대신 치르는 과정에서, 절식남들이 낸 세금이 이 여자들을 위해 쓰이는 그림을 보여줄 수도 있다.

조만간 여러분은 여성 지상주의가 내리는 명령을 이상향으로 여기는 남자와 여자들, 그것에 헌신하는 게 자신의 사명이라는 확신에 빠진 남녀와 조우하게 된다. 그리고 여러분은 이들을 여러분의 인생 밖으로 밀어내야 할 것이다. 이 '바닥'에 있는 남자 중에 저런 세계관을 가진 사람들을 '사회 정의를 위한 투사들(Social Justice Warriors, 한국에선 '프로불편러'에 가까운 의미—옮긴이)', 즉 SJWs라고 부른다. 사람들은 자신이 똑똑하다고 생각하는 경우가 많다. 그러나 머리를 화려하게 염색하고, 자기 성 정체성을 혼동하는 자웅동체 인간이 트위터에 한 명 있다면, 트위터의 주장과 유사한 관점, 자기도 모르게 무의식적으로 일반화까지 한 '유사한 관점'을 은연중 공유하는 '정상적인' 사람들이 수백 명씩 교회 옆자리에 앉아 있거나, 직장의 옆 칸막이에 앉아 일하고 있다.

누누이 말한다. 남자들의 변화를 원한다면, 뿌리까지 완전히 레드필을 받아들이게 해서, 남자들의 심장과 머리에 차원에서 모두 변화를 일으켜야 한다. 하지만 더 중요한 것은 우리가 레드필을 몸소 실천하고, 레드필의 모범이 되는 것이다. 그리고 살면서 우리가 내리는 선택, 자녀 양육, 가정, 그리고 직장에서 열망하는 일들, 업무 처리, 유혹하고 싶은 여자들, 고용하는 직원 등, 모든 측면에서 우리는 다음과 같은 점을 살펴야 한다. 이들은 남성성과 그 힘에 관련된 것이라면 뭐든 포기하도록 요구하는 여성 중심적인 질서를 이겨낼 수 있는 인간인가? 이런 관점으로 사람들을 살펴야 한다.

남자로서 우리는 우리의 항복을 받아내려고 작정한 여성 중심적인 사회 질서에 맞서, 우리에게 남은 모든 힘을 당당하게 발휘해 이번 세대와 이어질 세대에게 레드필 진리를 효과적으로, 그러나 강한 확신과 함께 전할 필요가 있다.

삶은 방법을 스스로 찾아낸다. 페미니즘과 여성향 아젠다를 고착화하려는 시도는 남자들이 이들의 정신적 지배를 받아들이도록 진화하지 않았기 때문에 실패했다. 마찬가지로 진화적 차원에서 여자들 또한 전통적인 남성성의 지배를 기대하도록 진화했다. 이것이 페미니즘과 평등주의가 궁극적으로 실패하는 이유다. 자연은 결코 자발적으로 자신을 후퇴시키지 않는다. 남자로서 우리는 이 자연적인 질서가 만들어준 이점을 이용하여, 레드필 인식의 장점을 살릴 수 있다.

# 정치적인 것이 개인적인 것이다.

내 친구 달록Darlock은 〈흑인 아버지는 중요하지 않다〉라는 제목의 글을 올린 적이 있다. 그의 글을 인용하면서 내가 중요하게 본 부분을 진한 글씨로 표시했다.

보건사회복지국이 '현재 엄마와 동거 중인 남자는 그게 누구든 아버지로 간주하겠다'고 선언했다. **인구조사국도 아이의 엄마와 함께 동거 중인 남자는 엄마가 '그렇다'고 동의만 하면, 누구든 아버지로 간주한다고 선언했다.** 어떤 방식으로든 '친아버지'와 '요즘 엄마랑 섹스하는 남자' 사이의 구별이 무의미해져도 괜찮다고 여기는 걸 보니, 미국 정부는 친아버지가 누구인지가 그렇게 중요한 게 아니라고 생각하는 것 같다.

다르게 말하면 '아버지는 중요하지 않다'(따라서 흑인 아버지도 중요하지 않다)고 말할 수 있다. 현재의 가족 제도에서 아버지란 일종의 '권한대행' 부모나 마찬가지다. 보안관 권한대행이 보안관의 뜻에 따라 일하듯, **멀쩡한 아버지도 엄마의 뜻에 따라 일한다.** 우리의 가정 법원 체계는 엄마가 '아버지를 가족의 구성원으로 더는 원하지 않는다'고 마음만 먹으면 가정에서 아버지를 쉽게 제거하도록 설계됐다. 엄마를 도와 아버지를 집 밖으로 내쫓을 일을 전문으로 하는 거대하고 잔혹한 정부 시스템이 있는 현실에서, 아버지가 친아버지인지 여부가 중요하게 여겨질 수 있긴 하겠나?

달록의 지적은 단순히 '정부가 아버지라는 지위를 규정하는 다양한 방식'에 대한 논평을 넘어, 훨씬 더 깊은 주제를 담고 있다. 여성 중심적인 질서(Feminine

Imperative)를 정의하는 내 방식을 비판하는 사람들은 이것을 음모론이라고 주장한다. 하지만 그동안 입 아프게 설명한 대로, 나는 굳이 음모론을 만들 이유가 딱히 없다. 왜냐하면 '여성향 아젠다'를 따로 집행하는 중앙 집권적 조직 같은 게 굳이 필요 없기 때문인데, 이는 여성 우선주의(feminine-primacy) 사고방식이 우리의 집단의식에 너무 깊게 스며들었기 때문이다. 여성향 아젠다를 전담하는 중앙화된 권력체가 없는 이유는 여성의 사회적 우위가 문자 그대로 '여자들이 본인들에 대해 생각하는 방식' 그 자체고, 더 나아가 '남자가 여자에 대해 사고하는 방식' 그 자체며, '여자들이 남자에게 기대하는 것들'이 뒤섞여 자연스럽게 창조된 것이기 때문이다.

따라서 하이퍼가미에 호응하는 사회적 잣대 덕분에, 우리는 남성을 향한 대상화는 못 본 체하면서, 여성에 대한 대상화에는 분노를 뿜는 모순을 보게 된다. 메시지는 분명하다. '성적을 내야 하는 쪽은 남자들이다', '여자의 인정을 받을 만큼 스스로 바뀌어야 하고, 가장 알맞게 자격을 갖춰야 하며, 최고의 이상적인 몸을 갖기 위해 애써야 하는 존재도 남자'란 소리다. 여자들은 외모와 다른 측면까지 포함하여, 남자들의 취향이나 이상형과 상관없이 무조건 남자들이 호감을 가져야 하고, 존중해주고, 그 정도면 남자들에게 진정한 성적인 욕망을 일으킨다고 해줘야 한다.

나는 여성 우위의 사회에서 보이는 이런 현상들이 사실 여성의 성 전략을 뚜렷이 드러내는 거라고 본다. 여자의 비만을 정상으로 보는 문화, 고체중을 정상으로 받아들이는 문화, 기타 성별 간 차이를 드러내는 자연적인 현상을 '여성의 개인적 가치'라는 자아 이미지를 핑계로 부정해야 한다고 우기는 문화를 볼 때마다, 나는 여성의 하이퍼가미에 내재한 만성적인 불안감을 사회가 감싸고 도는 모습을 본다.

여성화된 사회, 페미니스트가 지배하는 사회란 남자들을 여성의 하이퍼가미가 내린 명령에 따르도록 길들이면서, 가장 자격 없는 여자조차 '여자라는 이유만으로' 최고의 하이퍼가미 선택권을 부여받고 보장받는 사회다.

남자들은 여자들이 '남자를 향한 투쟁'이라 부르는 이 권력 다툼이 이미 사회 운동 차원을 넘어 종결 단계로 넘어왔다는 사실을 제대로 인지해야 한다. 여자가 딱 한 마디, '이 남자가 아이의 아빠입니다'라고 말하면, 누구든 아버지가 되는 현실이 도래했다면, 그것 자체가 이미 여자들이 사회 권력을 집행하는 매우 강력한 권력을 손에 쥐었단 뜻이다.

· 엄마가 '아버지'라고 주장하면 그 남자가 아버지가 된다.

· 아버지는 자기 친자식이 아닌 아이에게 법적으로 구속된다.

· 아버지는 자기 아이가 아니라고 의심되는 아이의 친자확인 DNA 테스트를 신청하지 못하도록 엄청난 법적, 사회적 차원의 방해를 받는다.

· 아버지는 아내/여자친구가 다른 남자와 바람피워서 생긴 아이에 대해 법적 책임을 진다.

· 아버지는 다른 남자의 아이, 또는 출산에 관해 아무런 결정권도 없었던 아이에 대해 경제적 지원을 할 의무가 있다.

위에 나열된 명제들은 양육에서 남자의 결정권이 전혀 없다는 현실을 보여주는 사례들일 뿐만 아니라, 남자의 개인적 삶의 방향이란 관점에서 남자가 발휘할 수 있는 통제력의 한계를 보여주는 사례이기도 하다.

'진정한 힘(Real Power)'이란 한 사람이 자신의 환경을 통제할 수 있는 것이다. 또한 진정한 힘은 우리 삶의 방향을 통제할 수 있는 것이다.

하이퍼가미 본능을 최적화해야 한다는 부담이(알파 본능과 베타 본능 사이에서 저울질하여 최적의 남자를 인생에서 찾아내야 하므로 '최적화'라고 표현한다-감수) 여자들에게 심어주는 본질적인 불안감은 여성의 행복이 달린 너무나도 중요한 화두고, 여자 인생의 자원을 죄다 쏟아야 하는 문제다. 따라서 성 혁명이 일어난 무렵, 여자들이 남자의 경제력에 의존하는 일에서 (명목상으로) 해방되고, 하이퍼가미에 대한 통제력을 발휘하도록 사회적으로 인정받았을 때, 최적의 하이퍼가미 충족을 사회적 차원에서 보장하는 일이 여자들이 집단 차원에서 설정한 최초의 아젠다였다. 여성의 생물학적 본능으로 생긴 하이퍼가미 욕구를 최대한 충족할 수 있도록 보장하는 것이 말 그대로 현재 사회 질서의 토대다. 요즘 남자들은 사회·정치적 차원의 명령, 하이퍼가미의 '알파 섹스'와 '베타 부양'을 더 원활하게 하는 법률적·문화적 차원의 명령을 직접 경험하는 중이다.

평론가인 드라이버Driver는 다음과 같은 멋진 말로 이러한 여성 권력 강화 현상의 다른 측면을 생생하게 묘사한다.

"뚱뚱한 여자가 아무리 '자기 몸매에 만족한다'고 주장하더라도, 그 몸으론 절대 남자들의 성욕을 일으킬 수도, 남성을 성적으로 자극하는 다른 여자들의 훌륭한 몸매를 대체할 수 없다."

여자들은 운동과 식단으로 자기 몸을 관리하는 남자에게 그렇게 끌리면서, 남자는 여자들이 뚱뚱하든 말랐든 '있는 모습 그대로' 사랑하라고(또는 그들에게 매력을 느끼라고) 강요하는 모습이 참 웃긴다. 이런 뚱뚱한 여자들이 지금쯤 현실을 파악했으리라고 생각할 수도 있지만, 정작 여자들(그리고 더 많은 여자들)이 해가 갈수록 더 비대해지고 있다.

## 여성 위주의 사회 정책은 하이퍼가미 본능의 연장선이다

여성 중심적인 사회 질서에서 여자들은 자신들의 까다로운 취향을 만족시키고 그것을 뛰어넘는 매력을 갖추기 위해 노력하는 남자들을 차지할 자격이 있다고, 앞뒤 재지도 않고 믿는다. 동시에 그 과정에서 남자의 취향이나, 여자 본인과 남자의 수준 차이에는 아랑곳하지 않으며, 그런 건 필요 없고 (성적으로) 매력적인 남자에 대한 자신들의 절대적인 권리를 요구한다. 여자들은 모호하게 부풀린 자신의 자존감에 호소하는 일 외에 어째서 자기가 그런 남자를 얻을 자격이 있는지에 관해서는 생각하지도 않으며, 그런 권력을 요구하기만 한다.

현재 애매하기 짝이 없는 성관계에 관한 법을 생각해 보면, 그 법이 은밀하게 수행하는 하이퍼가미의 목적, 즉 모든 남녀의 성적인 접촉에서 여성의 하이퍼가미 전략을 절대적으로 유리하게, 공고히 하고자 하는 숨은 목적을 파악할 수 있다. (한국의 '성인지 감수성', 즉 '알파남이 하면 유혹, 베타남이 하면 성희롱', '합의로 섹스했는데 알파남이 잠수탔으니 강간이다'처럼 여성의 성 전략을 법으로 보장하는 걸 의미-감수)

게다가 여자들은 오직 여자로 태어났다는 이유만으로 남자의 재산을 직접적으로 또는 간접적으로 받을 권리가 있다고 주장한다. 여기에서 조금만 어긋나는 남자는 여자의 자격에 걸맞게 여자를 부양해야 하는 남자의 책임을 받아들이라고 설득당하거나,

그것을 강요하도록 설계된 문화적 차원의 공격을 당하게 된다. 남자가 이런 사회적 규범을 지키지 못하거나 지킬 능력이 없을 때, 여자들은 '최적화된 하이퍼가미를 향한 여자들의 권리'에 남자들이 강제로 따르도록 하는 법을 제정하라고 호소한다.

## 하이퍼가미의 법제화

여자의 성 전략 중 알파적 관점에서 하이퍼가미의 법제화를 바라보면, 이러한 법들은 남성의 성욕에는 사회적인 수치심을 안기면서 동시에 여자들의 단기적인 성 전략(알파 추구)에 힘을 실어준다. 그 결과 남자들이 사회적으로 여성의 문란함을 정상으로 받아들이는 분위기가 조성된다(하이퍼가미를 공개적으로 드러낸 샌드버그의 글이 대표적인 예다). 이런 상황은 여성의 하이퍼가미에 따른 여자들의 기대를 최대한 충족하기 위해 만들어낸 '성관계 동의에 관한 법률'이나, 기준이 애매한 '성추행 처벌' 법률 제정을 통해 한층 더 심각해진다.

입맛대로 바뀌는 성폭행과 성추행의 기준과 정의에 관한 사례들을 읽어보면(실제로 추행당하지 않았는데 성적 수치심을 느낀다고 우기는 여자들의 가짜 피해의식은 말할 것도 없이), 이는 '위계에 의한 강간'으로 상정된 법률로 이어진다. 하이퍼가미 본능은 그것이 추구하는 목적이 최대한 달성될 거라는 절대적 확실성, 절대적인 보장을 원한다. 그리고 여자 개인이 하이퍼가미를 자각할 수만 있다면 그것을 막을 수 있는 게 전혀 없는 시대인데도, 하이퍼가미는 그것의 욕구를 최대로 충족하려고 남자들이 법적인 책임을 지게 만든다.

여자들이 안전하고 합법적으로 낙태할 수 있는 권리조차, 그 내막을 잘 살펴보면 그 뿌리에는 자신의 하이퍼가미 본능 충족을 최대한 보장받기를 원하는 여자들의 갈망이 깃들어 있다. 자궁 안에 있는 한 남자의 유전적 유산을 취소할 수 있는 일방적인 힘은 그냥 '그 남자는 내가 원한 남자가 아니다'라는 말 한마디에서 나온다.

페미니즘은 늘 똑같은 레파토리로 강간의 정의를 점점 확장한다. 페미니스트들은 이런 작업을 '여성 신체에 대한 남성의 지배력에 재갈을 물리려는 노력'이라는 명분으로 우리를 설득하려 한다. 그러나, 강간의 정의를 확장하려는 진짜 숨은 목적은 최고의 하이퍼가미 충족하지 못하면 어쩌나 하는 불안감, 모든 여자들이 느끼는 그 공통된 불안감을 하나의 법으로 통합해서 관리하려는 것이다.

하이퍼가미가 베타 측면(남자의 부양)을 보장하려는 모습은 결혼이나 남녀 관계에서 발생하는 모든 의사결정에서 '남편이 아내의 권위를 존중해야 한다'는 문화적 차원의 기대로 드러난다. 그리고 다시 말하지만, 이런 '존중'에 대한 여자들의 당연한 기대는 여자가 하이퍼가미에 따라 남자를 선택했으나, 그 남자가 여자들의 변덕스러운 장기적인 기대치에 부응하지 못할 때, 상황을 여자 뜻대로 통제할 수 있도록 보장하기 위한 탐욕이다. 이것은 평등주의에서 나온 발상, '남자가 여자와 동질감을 느끼고 여자를 부양해야 한다'는 다소 이상한 전제의 도움을 받아 은밀하게 실현된다.

그 외에도 이혼과 재정 지원, 양육비, 가정폭력에 관한 흔히 널려 있는 법률적 장치들이 여성의 이익을 극도로 옹호하기도 한다. 여러분은 이 또한 하이퍼가미 특유의 불안감에 기반한 여성의 단기적인 알파 짝짓기 전략의 리스크를 만회하기 위해, 그걸 법으로 해결하려는 거란 속셈을 간파해야 한다. (알파 남자의 성향상 여자의 충동적 혼외임신과 남자의 결혼 거부 가능성이 높고, 호전적인 성향이 높기 때문-감수)

결국 공개적인 하이퍼가미 본능 추구가 여성향 아젠다에 따라 더 일상적인 사회 규범이 된다. 따라서 레드필 인식을 가진 남자들이 (우리의 노력으로 또는 필연적 결과로) 더 많아지면, 바로 그 이유로 여성 지상주의도 남자들이 그녀들의 질서에 강제로 따르도록 새로운 법을 만들고, 명령으로 강제해야 할 필요성이 더 커진다.

## 그 무엇보다 우위에 있는 자매 연대 (Sisterhood Über alles)

나는 『합리적 남성』에서 정치색을 드러내지 않는다. 내가 인종이나 다문화주의, 종교에 대해서 절대 길게 말하지 않는 데에는 그만한 이유가 있다. 정치색이 레드필 메시지를 오염시키기 때문이다.

나는 매노스피어가 정치적 양쪽 진영으로부터 동시에 공격당하는 과정에서 이런 오염의 대가가 어떤 건지 생생하게 목격했다.

예를 들어, 그레첸 칼슨Gretchen Carlson(보수 언론 폭스 뉴스의 CEO를 성추행으로 고소해 미투 운동을 이끈 미국 방송인-옮긴이)과 레이첼 매도Rachel Maddow(커밍아웃한 미국의 방송인이자 진보적인 정치 평론가-옮긴이)를 같은 방송에 초청해, 여성 본능, 게임에 관한 레드필 지식을 마주하게 하면, 이 여자들은 진보와 보수라는 정치색의 차이를 잠시 잊고, 똘똘 뭉쳐서 힘을 모아 여성향 아젠다를 대변해 여러분과 싸울 것이다.

그 정도로 여성향 아젠다는 서구의 문화 구조 속에 틈틈이 스며들었다. 바티칸의 가톨릭 여자들은 유타주의 모르몬교 여자들과 겉보기엔 공통점이랄게 거의 없다. 그러나 모르몬교 여자가 '여성향 아젠다의 입맛에 맞춘 사회적 강령에 따라, 교회도 여성과 관련한 신앙적 입장을 바꿔야 한다'고 주장한다면 종교가 전혀 다른 여자들도 같은 편이 된다.

이 정도로 여성향 아젠다는 뿌리 깊게 박혀 있어서, 여성 중심적인 사고는 여자의 이익을 먼저 생각하도록 정치적, 종교적 신념마저 다시 쓰게 한다.

종교 강령, 법적·정치적 입법, 문화 규범, 노동 및 경제 사안들, 여자들에게 이 모든 것보다 우선하는 게 '여성의 이익'이다. 여자들은 모든 것들의 위계질서를 뒤집어 최종적으로 여성향 아젠다에 순종하게 하며, '여자는 학대에 따른 피해자'라는 기본값으로 부여된 여자들의 피해자 지위는 물론, 은밀하게 퍼져 있는 이들의 권력 기반을 영속화하는 데 필요한 모든 요소들을 보호한다.

여자들에겐 상대 진영이 어떤 세계관이나 이념, 신념, 정치적 성향을 품고 있는지 중요하지 않다. 남자와 남성성을 포함한, 여성 우위의 사회적 서사에 반대하는 그 어느 것도 여성 특권 체제(Feminine Imperative)에게는 늘 공공의 적이다. 자유 진영과 보수 진영, 좌파 우파 모두 여성과 여성을 위한 사회 질서를 보호하기 위해서라면, 서로를 딛고 올라가 서로를 대신해 여성향 아젠다의 적에게 주먹을 휘두를 것이다.

그래서 조금이라도 남성성으로 기우는 어떤 것이든 주류 사회의 공격을 받는다. 친남성적인 모든 것이 늘 쉬운 먹잇감이 되는 이유는 여성 중심적인 사회에선 그것을 정의롭지 않은 것으로 여기고 대놓고 혐오할 수 있기 때문에, 정치와 이념의 차이로 서로를 적대하는 사람들끼리도 쉽게 결속할 수 있기 때문이다.

레드필 인식은 근본적으로 정치와 무관하다. 레드필은 인종과 종교적 신념과 무관한 상태를 유지해야 한다. 레드필이 어떤 사회나 종교 운동과 관련되는 순간, 레드필은 특정 이념과 연루된 이름이 되고, 그 이념에 대한 편견과 함께 레드필이 지닌 타당성이 훼손될 것이기 때문이다.

게다가, 결국에는 레드필은 그렇게 연루된 정치 이념에 단호하게 버려진다. 여성향 아젠다가 이미 어떤 정치사상 이념이든 그 근본까지 스며들어 지배하고 있기 때문이다. 매노스피어와 친남성적인 사상, 레드필 인식, 또는 이와 관련된 사안들은 그 자체로 독립적이어야 한다는 게 여러분의 기본 원칙이 되어야 한다.

지금까지 나열한 사실들, 즉 사회, 인종, 정치, 또는 종교적인 구속으로 억누를 수 있는 것보다 매노스피어, 레드필 인식이 더 거대하다는 특징 때문에, 매노스피어, 레드필을 멋대로 규정하고, 억누르며 쪼개려고 시도하는 비평가들조차 레드필이 포괄하는 그 규모에 깜짝 놀란다. 레드필 인식은 여성향 아젠다가 그러한 만큼, 모든 사회 층위의 문화 체계에 퍼져있다. 매노스피어의 존재를 심각하게 받아들이고, 공격을 가하기 시작한 여성화된 주류 매체는 이제야 이러한 점을 깨닫고, 매노스피어의 남자들을 다시 여성 중심적인 길들이기로 속박하려고 하는데, 이는 램프에서 튀어나온 지니를 다시 램프로 욱여넣으려는 시도만큼 부질없다.

우파든 좌파든, 자기가 속한 현실이 곧 레드필 인식이다. 우리가 '현실'이라는 단단한 진영에 발을 딛고, 레드필 인식을 다른 사람들에게 가르치고 있다는 사실은 양쪽 정치 이념에 이미 튼튼한 기초를 마련한 여성 특권 체계(Feminine Imperative)를 충분히 불안에 떨게 만들고 있다.

# 공개적인 여자의 간통

2015년 9월, '잘나가는 남자' 회의에서 연설 이후 이어진 질의 문답 시간에 '공개적인 하이퍼가미'라는 사회 역학이 결국 어디로 갈 것인지에 대한 질문을 받았다. 질문자는 하이퍼가미에 기반한 여성의 성 전략을 철저히 우선시하는 사회 질서에 대해 논리적으로 생각해 봤을 때, 사회가 여자의 간통을 대놓고 수용하라는 쪽으로 이어질 것이라는 의견을 제시했고, 나는 이에 동의했다. (알파에겐 씨를 얻고, 베타랑 결혼해서 사는 형태의 느슨한 간통을 뜻한다-감수)

이런 발상은 아직 사회적인 차원에서 본격적으로 드러나진 않았다. 그러나 여성의 간통을 '정상'인 것처럼 취급하려는 적극적인 시도를 보여주는 사회적 차원의 지표들은 많다. 그 지표들을 이제부터 다루려고 한다. 일단 당장 주목해야 할 것은 다음과 같다. 이 지표들이 가리키는 메시지의 핵심은 '은근한 간통'을 바탕으로, 여자들이 더 대놓고 바람피우는 걸 남자들이 받아들이게 할 수 있다는 희망을 품고 있으며, 이것은 곧 전통적인 일부일처제에서 멀어지려는 것이다.

또한 남자들은 이런 사회적 차원의 인식 변화에 대해서 몇 가지 근본 원칙들을 반드시 사전에 숙지해야 한다. 첫째, 여자들이 주도하는 '공개적인 간통'은 절대 '간통'이나 '바람' 같은 단어로 표현되지 않을 것이다. 사회적으로 (칭찬까진 아니더라도) 받아들여지는 '공개적인 하이퍼가미'를 하나의 모범 사례로 이용하기 위해 다음과 같은 것들이 등장할 수 있다. 남녀가 결코 평생 한 사람에게만 헌신하도록 진화하지 않았다는 점을 보여주는 이혼 통계 수치를 홍보하거나, 권태기에 관한 과학 연구를 인용하여, 여자들의 '공개적인 간통'이 남녀 모두에게 더 논리적이고 더 '인간적인' 성 전략으로 받아들여지는 그림이 될 것이다. 이미 다자간 연애를 정상으로 만들려는 사회적 시도가 이루어지고 있다.

둘째, '공개적인 간통'은 결국 여자들이 일방적으로 통제하는 하이퍼가미의 연장선이라는 사실이다. 하이퍼가미 충족이 더 당연한 사회적 니즈가 되면서, 그런 성 전략이 남녀 두 성별을 아우르는 수준에서 시작했다가, 결국 하이퍼가미를 최적화하는 것으로 귀결될 것이라는 말이다. (앞선 장에서 다룬 '자유연애'가 처음엔 남녀 모두에게 이익이 될 것처럼 보였다가 나중엔 여자의 하이퍼가미에만 도움이 된 것과 원리가 같다–감수) 만약 이런 식의 '하이퍼가미 최적화 과정'이 사회적 차원에서 최종 결론이 되어버리면, 이제 남자들이 여자의 '사실상 간통'을 정상으로 받아들일 뿐만 아니라, 남자들끼리도 이러한 여자의 '느슨한 간통'에 협조적인 남자에게 사회적 차원에서 보상해 줘야 한다고 주장하게 될 것이다.

## 간통의 또 다른 얼굴들

이미 언급한 대로, 이들은 이 과정에서 '간통'이라는 단어를 절대 사용하지 않을 것이다. 단어의 부정적 의미 때문에, 어쩌면 더 부드러운 이미지를 풍기도록 단어의 용례를 바꿔버릴 수도 있다. 정 경멸적 의미를 지울 수 없다면, 여성 지상주의 사회는 여자의 간통을 영구적인 성 전략으로 굳히기 위해 남자들을 굳이 설득하지 않을 것이다. 대신 기존과 다른 생활 양식처럼 보이도록, 가령 '열린 결혼'이나 '디자이너 관계(Designer Relationship, 특정한 목적에 따라 합의한 관계–옮긴이)', '다자간 연애(polyamory)' 등 완곡한 표현을 쓸 것이다. 이 모든 표현은 결국 여자들의 공개적인 간통을 건전하게 홍보하는 선전 문구가 될 것이다. 온라인 뉴스 미디어 살롱닷컴 Salon.com에 '일부일처제를 뜯어고치는 방법: 더 많은 선택권, 더 나은 섹스, 더 나은 결혼(This is how we remake monogamy: More choices, better sex, better marriages)'이라는 제목으로 다음과 같은 글이 실렸다.

우리는 모든 것을 자신의 취향에 맞춰 만들 수 있는 세상에 산다. 인간관계도 예외가 아니다. 조상들의 일부일처제 관습을 계속 따르는 사람도 있고, 아마도 대부분이겠지만 연달아서 일부일처제로 이성 관계를 맺는 사람들도 있다. 앞서 언급한 한

두 가지 측면을 아우르는 '비일부일처제' 형태를 시도하려는 사람도 있을 것이고, 필요에 따라 '독점 관계'를 넘어서는 사람들도 있을 수 있다(우리가 이렇게 해 왔다). 자신에게 맞도록 이성 관계를 새롭게 창조하는 능력은 곧 변화무쌍한 삶에 대응할 수 있는 자유다.

'느슨한 다자간 연애(soft polygamy)'라는 개념을 처음 접했을 당시, 나는 현대의 결혼 관습을 연구하고, 그것을 남성과 여성의 장기적인 성 행동과 비교하는 행동 심리학을 공부하고 있었다. 예상대로 연구 분위기는 '연쇄 일부일처제(serial monogamy)'에서 '연쇄 결혼(serial marriage)'으로 변화하는 남자들의 '나쁜 행동'에 모든 초점을 맞추고 있었다. 하나의 장기적인 관계에서 다른 장기적인 관계로 넘어가는 과정에서 남자들이 느슨한 형태로 남성의 성 전략을 충족한다는 게 핵심 주장이었다.

그러나 사회와 경제적인 측면에서 볼 때, 이러한 연속적인 결혼을 통해 남자가 겪는 손실이 여자보다 훨씬 더 크다. 이혼으로 생기는 경제적 리스크는 이미 유명하지만, 더 나아가 남자의 심리적인 부담감, 자녀나 가족에 대한 책임과 의무감도 그 못지않게 크다. 그러므로 엄밀히 말해 남자의 관점에서 '연속적인 결혼'을 통한 성 전략 충족은 위험부담이 크다. 반면에 여자의 입장에서는 '샌드버그 방식'의 성 전략으로 얻는 '연속적인 다자간 연애'라는 느슨한 간통의 형태가 오히려 여성의 하이퍼가미를 최적화하는 데 실용적인 전술이 된다.

이쯤에서 페미니즘에 관한 허티스트Heartiste의 명언을 인용해 본다.

*페미니즘의 목표는 남성의 성 전략을 최대한 억압하면서 여성의 성 전략에 대한 모든 억압은 철폐하는 것이다.*

일상에 너무 깊게 스며든 나머지, 당연한 것처럼 여겨지는 여성의 느슨한 간통은 남성의 성 전략을 억압하는 유용한 수단이다. 그러나 그런 억압이 여자들을 위해 어떤 작용을 하는지 잘 생각해야 한다. '알파 섹스', '베타 부양'이란 하이퍼가미의 관점에서 여자들의 계획은 간단하다. 여자에게 필요한 남자의 유형에 맞춰 남자의 성 전략을 억누르는 것이다. 여자들이 다자간 연애를 하자고 남자에게 설득하면 겉보기엔 남자의 성 전략에 부응하는 것처럼 보인다. 그러나 사실 이미 미혼 남성은 굳이 결혼하지 않고도 얼마든지 다자간 연애를 즐길 수 있다. 반면 다자간 연애가 여자들에게 진정 상징하는 것은 '최고의 유전자'를 가진 남성과 교배하고 '최고의 부양자' 남성과 여생을 살아가는 하이퍼가미 차원의 보험 설계다.

## 다이아몬드와 녹

이런 예언을 하기 싫지만, 미래 세대의 남자들은 사회화를 통해, 이런 여성의 느슨한 간통 전략에서 자신에게 주어진 역할(남의 씨를 키우는 역할-감수)에 순응하게 될 것 같다. '공개적인 하이퍼가미'와 그것을 수용하는 일은 주류 미디어와 상품 광고에서 이미 성황리에 첫선을 보였다. 마찬가지로 공개적인 간통도 막 사회적인 기반을 다지고 있다.

이런 상황이 사회적으로 더 확대되고 있다. 이런 아젠다를 위한 사회적인 움직임을 제대로 간파하기 위해서는 '레드필 렌즈'가 필요하다. '공개적인 하이퍼가미'를 퍼뜨리는 유명한 광고는 유머 코드가 삽입되거나, 귀엽게 보이도록 제작된다. 이런 광고는 알파 미망인, 하이퍼가미와 장기적인 성 전략, 그리고 거기서 여자들이 바라는 남자들의 역할에 관한 더 심오하고 더 가슴 아픈 진실을 망각하게 만든다.

트위터의 한 독자가 포에버마크Forevermark사가 내보낸 다이아몬드 광고를 공유해줬을 때, 나는 순간 광고물처럼 합성해서 패러디한 인터넷 유머라고 생각했다.

*약혼녀는 꿈에 그리던 그 모든 소방관, 선장, 록스타를 잊을 것입니다…*

이 광고는 여자에게 포에버마크 다이아몬드를 선물한다면, 아내는 자신을 차버린 과거의 모든 알파 남자들을 잊을 거라고 은밀하게 말한다. 레드필 렌즈의 도움 없이도 남자들은 이 광고를 보고 대부분 웃어넘기고, 여자는 가소롭다는 듯 피식거리겠지만, 영리한 카피라이터가 사람들을 웃게 만드는 성적인 역학을 잘 알고 있다는 점에는 변함이 없다.

평론가 데티는 다음과 같이 말한다.

'우리가 점점 더 멀어지는 모습을 앞으로 계속 보게 될 것이다.'

임계점에 도달할 때까지 작금의 상황은 계속해서 지금의 방향 그대로 가리라고 생각한다. 그 임계점이 무엇이고, 임계점에서 어떤 일이 일어날지, 언제 그 지점에 도달할지는 모른다.

우리는 자본주의와 사회주의가 섞인 대체로 자유로운 사회에 산다. 당장 우리에게는 최대한으로 보장되는 자유와 자율이 있으며, 남녀 모두 원하는 것을 원하는 만큼 추구할 자유가 있다. 이것이 현대 사회의 기본적인 특징이다. 게다가 세금으로 걷거나 빌리거나 훔쳐서, 이런 세상을 지탱할 자금도 충분히 확보했다.

원하는 만큼 섹스하지 못하는 남자들이 늘어나고 있다. 원하는 방식으로, 원하는 시기에 평생을 같이할 원하는 남편감을 얻지 못하는 여자들이 늘어나고 있다.

상황은 계속 이렇게 흘러갈 것이다. 남자들은 점점 더 많이 떠나고, 남아있는 힘을 다른 곳, 즉 일이나 맥주, 친구, 엑스박스 게임, 포르노, 여행, 여가에 쓸 것이다(참 이상하게도 이러면 여자에게 더 매력적으로 보이는 남자들이 많은데, 그만큼 여자에 대한 관심이 줄기 때문이다). 결혼할 계획도 없고 아버지가 되는 일도 불가능하므로 혼자 살 만큼만 버는 남자들이 늘어나고 있다. 이런 남자들에겐 삶을 개선할 기술이 부족할 것이다. 원하는 만큼 섹스할 수는 없지만, 주로 포르노, 이따금 하룻밤, 가끔 성매매를 통해서 살아가는 법을 배울 것이다. 성매매 비용은 수요가 증가하면서 천정부지로 오를 것이고, 부업으로 고급 매춘업에 들어가는 여자들도 조금 늘 것이다.

일과 여행, 여가, 남편 없이 자녀를 가지는 일에 관심을 두는 여자들이 점점 더 많아질 것이다(이러면 남자에게 매력 없어 보이는 여자들이 많아진다. 잠깐 즐기다가 사라지는 섹파를 원하는 남자를 제외하고). 원하는 남자의 장기적인 헌신을 받지 못하겠지만, 그렇게 사는 법을 배울 것이다. 점점 더 크고 새된 목소리로 불평하겠지만 그렇게 사는 법을 배울 것이다.

흐름을 뒤집는 일이 일어날 때까지 그럴 것이다. 다시 말하지만, 무엇일지, 언제일지, 어떻게 가능할지는 모른다. 그러나 그 일은 일어날 것이고 원래대로 되돌릴 것이다. 또한 모든 이에게 뼈저린 고통일 것이다. 나는 그 일이 일어나기를 바라지도 않고 그것을 즐기지도 않는다. 그것이 가지고 올 아픔을 생각하면 그날이 오길 바라거나 기대할 수 없다. 그러나 그날은 올 것이다. 내가 죽기 전이나 내 아이들 세대에선 일어날 것 같지 않다. 우리는 이렇게 또 50년에서 100년을 태평하게 보낼 것이다.

이런 남녀 갈등이 야기하는 여러 현상 중에는 여자의 느슨한 간통을 사회적으로 평범하게 받아들이는 관습도 포함될 거라 생각한다. 그런 관습이 자리를 잡는다면 다른 명칭이 필요하겠지만, 사실상 여자가 한 남자의 아이를 배고 다른 남자가 아버지로서 그 아이에게 투자하는 일을 여자들은 당연하고 천하태평한 태도로 남자들에게 기대할 것이다. (자의는 아니더라도) '나만의 길을 가는' 남자들이 많아지면서, 어떤 남자에게든 아버지 대리 역할을 기대할 수 있겠다는 생각이 흔해질 것이다.

현 상황을 있는 그대로를 보자. 주류 매체는 사회학자들처럼 간통의 정의를 '혼외정사로 임신해 놓고 아무것도 모르는 남편에게 친자식이라고 고의로 속이는 사악한 아내'를 기준으로 규정한다. 이렇게 간통을 좁은 의미에서 정의하고 '간통 비율'을 보여주는 DNA 통계를 들여다보면, '실제' 간통 발생률은 현저히 낮아진다. 페모스피어(Femosphere, 여성 중심적인 온라인 커뮤니티를 지칭, 한국의 '여초 커뮤니티'와 어감이 비슷하다-옮긴이)의 모든 작가는 '여자가 출생 사기를 저지르는 경우는 거의 없다'며, 이 통계 수치를 남자들 눈 앞에 기쁘게 흔들어 대겠지만, 혼외 출산 비율(41%), 여자가 아버지라고 주장하면 마음대로 법적인 부권을 할당하는 비율, 남자에게 DNA 테스트를 허용하면 안 된다는 저항, 피가 섞이지 않은 자녀를 생물학적 아버지가 아닌 남자에게 책임지도록 법원이 명령하는 사례들을 고려한다면, 여러분도 간통의 정의가 지금보다 훨씬 더 넓어져야 한다는 사실에 동의할 것이다.

간통에는 '직접(proactive) 간통'과 '간접(retroactive) 간통'이 있다. 이제 레드필을 깨달은 남자로서 이것들을 모두 다룰 때다. 페미니즘 또는 여성의 사회적 우위로 인해 갈라진 남녀들은 다음과 같은 방향으로 갈 것이다. 이제 사람들은 하이퍼가미의 알파 섹스 욕망과 베타 부양 욕망이 각각 요구하는 조건, 각각의 조건에 맞는 서로 다른 남자들을 얻어서 함께 조화를 이룰 수 있게 하는 '개인 맞춤형 간통'을 요구할 것이다. 그것은 결국 남자가 진화 과정을 통해 얻은 본능, 본인이 아이의 아버지임을 확인해야 하는 본능이 인공적으로 조작되어 억압되고, 사회가 용인하는 방법론을 통해 타도되는 결과를 야기할 것이다.

### 핑크색 알약(여성용 비아그라*)

이 장을 이온닷컴Aeon.com에서 읽은 〈리비도 충돌The Libido Crash〉이라는 글로 마무리하고자 한다. 이 글은 여성용 비아그라의 악영향을 다루었다.

2001년 뉴요커The New Yorker에 실린 저질 만화에서 한 여자가 술김에 친구에게 고백한다. "2년 동안 호르몬 대체요법을 받은 후에 내게 정말로 필요한 것은 스티브Steve(이 글에선 맥락상 베타남을 대표하는 남자 이름-감수) 대체 요법이라는 사실을 깨달았어." 그동안 의학계는 일부일처제와 장기적인 유대 관계가 성기능 및 성욕에 얼마나 큰 영향을 미치냐는 질문에 답을 회피했다. 결국 '스티브' 문제는 암묵적으로 인정하지만 충분히 논의되지 않은 사안으로 남아있다. 점점 늘어나는 줄리Julie(전형적인 여성향 자기 계발 작가들-감수)가 쓴 자립 안내서로 돌아가 보면, 그 글들에 적힌 내용이 모든 걸 되돌리고, 되살리고, 회복한다고 약속하지만 애초에 욕망이 사라지는 이유에 관한 실질적인 부분을 파고들지는 않는다. 줄리가 말한 대로 신혼의 행복감이 서서히 바닥을 드러내지만, 그렇게 몰아가는 원인을 규명하는 건 간단하지 않다. 마음과 몸이 대중문화와 신념, 결혼 같은 사회 구조에 반응하는 방식에 관한 이해 자체가 부족하다.

이 와중에 여자의 없는 성욕을 부추기기 위해 약을 개발하는 것은 돼지가 밟고 서 있는 똥 때문에 돼지에게 항생제를 먹이는 짓이다.

미국의 심리학자 크리스토퍼 라이언Christopher Ryan은 연애 감정의 사랑으로 묶인, 다른 잠재적인 이성을 배척하는 현대 결혼제도가 장기적 관점에서 성욕과 정반대 지점에 있다고 주장한다. 아내 카실다 제타Cacilda Jethá와 함께 쓴 『왜 결혼과 섹스는 충돌할까Sex at Dawn(한국 번역판 제목)』로 유명한 그는 일부일처제가 인간의 본성과 정면으로 충돌한다고 주장한다.

그를 포함한 많은 과학자들이 '무한하다'고 알려진 여성의 성적인 잠재성과 성생활이 쪼그라든 결혼 생활 사이의 균열을 만드는 게 '익숙함' 때문일 수 있다고 주장한다. 따라서 부부의 침대는 욕망이 줄어드는 현장이고, 줄어든 욕망의 근원인 셈이다. 사랑을 강화하는 상호 신뢰, 친밀감, 정서적 안정감 같은 요소들이 바로 성욕을 질식시키는 원인이 될 수도 있다. 사랑은 친밀감과 눈높이를 맞추지만 정작 욕망은 저기 혼자 멀리 동떨어져 끓어오른다.

글 전체는 약간 우울하면서도 통찰력이 넘치지만, 레드필 렌즈를 통해서 보면 메시지 이면의 숨은 목적을 분명히 이해할 수 있다. 나는 그동안 여자들이 자신의 하이퍼가미를 통제하는 데 직접적인 위협이 될 수 있다는 이유로, 핑크 필(여성용 비아그라-감수) 사용 허가에 반대하는 이유에 관해 다뤄왔다. 리비도를 자극하는 약물이 맑은 정신으로는 거절했을 섹스로 여자들을 유도하기 위해 사용될 수 있다는 점이 표면적인 우려다. 사실상 '강간' 약물이 될 수 있다는 것이다.

지금 이 부분에서 다루는 이야기들은 내가 여성 흥분용 약물 실험에 대한 이야기를 접한 뒤로, 쭉 주장해 온 내용들이다. 즉 여성의 리비도를 자극하는 약이 여자들의 성 선택권을 제거하고, 하이퍼가미를 훼손한다는 것이다. 이 글을 쓴 작가가 자신이 드러내고 있는 요지를 자각하고 있는지 확실히 알 수는 없지만, 이 여자 작가는 제도화된 간통(또는 분명히 여성을 위해 '설계된' 일처다부제)을 간접적으로 주장한다. 그러면서 동시에 여성의 성 통제력을 빼앗는 바람에, 자연스러운 선택이었다면 하지 않았을 섹스로 이끄는 약물로 인해 하이퍼가미가 오염되지 않도록, 순수한 하이퍼가미의 통제력을 여자들이 유지해야 한다고 주장하고 있다.

여자들의 낮은 성욕에 대한 '치료'는 생물학적 방법이 아니라 전인적인 방식이어야 한다. 여성의 성욕 결핍은 '망가진' 생물학적 작용 때문이 아니라, 적절한 동기의 부족이라고 생각한다. 그리고 이 모든 내용이 '상실에 대한 공포(dread) 전략이 결혼 생활에서 남자에게 유용한 게임이 된다'는 내 주장을 뒷받침한다는 점도 지적하고 싶다.

적절한 동기 부여를 일으키는 전인적인 치료법(남편의 관심과 사랑을 잃을지도 모른다는 공포, dread game)을 사용하는 것이 심지어 페모스피어 작가들까지도 암묵적으로 지지하고 있는 해결책인 것이다.

사랑을 강화하는 상호 신뢰와 친밀감, 정서적 안정감 같은 요소들이 성욕을 질식시키는 원인일 수도 있다.

성욕 문제를 제약 기술로 해결 가능해졌지만, 정작 실제 '치료'는 거부된다. 왜일까? 깊은 본능적 수준에서 여자들은 하이퍼가미 선택을 없애는 약으로는 최고의 하이퍼가미를 달성할 수 없다는 사실을 알기 때문이다. 여자들은 핑크 필과 안정적이지만 뜨겁지 않은 결혼, 둘 다 원하지 않는다. 대신 그들은 공공연한 형태의 '느슨한 간통'이 사회적 표준으로 인정받기를 원한다.

실제로 해결책은 전혀 바뀌지 않았다. 여자들은 '속궁합이 안 맞는다' 또는 '결혼 후에 섹스는 당연히 줄어드는 거다'라는 뻔한 명분을 내세웠지만, 결국 느슨한 간통이 하이퍼가미를 충족을 위한 실질적인 계획이라는 점을 공개적으로 인정해야 하는 상황에 처했다. 성욕을 돋게 해주는 약이 손에 쥐어져도, 자신에게 평생 헌신해 온 남편에 대한 낮은 수준의 성욕을 치료할 수 있는 치료제를 받아도, 여자들은 그것을 먹지 않을 것이다. 여자들에게 중요한 것은 섹스를 하는 남자지, 낮은 성욕이 아니기 때문이다.

하이퍼가미에 대한 의심은 고작 알약 하나로 잠재울 수 없는 법이다.

# 제4부

긍정적인 남성성

# 남자들의 무리
## (Tribes)

롤로, 당신의 글을 읽고, 남녀 간의 근본적인 역학을 이해하는 데 큰 도움이 되었습니다. 몇 년 동안 남녀 사이에 일어나는 역학들을 일상에서 관찰할 수 있었지만, 그 바탕에 깔린 이유와 이 지식을 제게 유리한 쪽으로 돌리는 방법은 잘 모르겠습니다.

당신의 중기적인 관심은 남자 대 남자, 특히 아버지와 아들 사이의 역학에 집중된 것 같습니다. 그러나 저는 남자들 사이의 유대와 지지가 약해지고, 사회적 차원에서 남자들의 인간관계를 회의적으로 보는 이 시대에 좋은 유대가 남자의 삶에 뿌리내릴 방법에 대해서 글을 쓰실 생각은 없는지 궁금합니다. 얼마 전부터 남자는 본능적으로 자기가 아는 남자를 신뢰하고 모르는 남자는 신뢰하지 않는 경향이 있다는 생각이 들었습니다(그리고 여자들의 경우 반대로 작용한다는 생각도 듭니다). 따라서 우리는 여자들이 과거에 자신을 나쁘게 대했던 다른 '나쁜 남자'를 욕하는 걸 들으면 쉽게 믿고, 동시에 여자들은 진짜 성격도 모르고 잘 알지 못하는 다른 여자의 저런 일방적 주장에 공감하고 잘 믿어주는 것 같습니다.

요즘 세상엔 많은 남자들이 남자들 사이에 강한 연대가 없어서 결핍을 느낍니다. 우리가 친구들을 소규모 그룹 단위로 사귄다는 게 곧 우리가 본능적으로 신뢰하는 남자의 숫자는 더 적고, 신뢰하지 않는 남자들이 더 많다는 걸 의미합니다. 여자들은 남자의 우정을 좋게 봐도 사치라고 여기는 듯합니다. 우리는 직장과 가족, 그리고 여자들의 요구에 집중해야 하니까요. 반면에 여자들의 우정은 완전히 미친 것처럼, 무슨 일이든 일어나도 세상의 생명줄처럼 여깁니다. 사실 아내 또는 여자친구의 우정을 말리는 남자의 행동은 애인을 향한 데이트 폭력의 전조 현상처럼 그려지고, 성별이 바뀌면 '관계를 위한 노력'으로 존중받지요.

이런 주제는 아주 깊지만 아직 아무도 파볼 생각을 하지 않은 우물이라고 생각합니다. 여자와 아이들이 이런 남자의 삶에 어떻게 자리를 잡든 그것은 둘째 치고, 일단 남자가 자랑스럽고 건설적인 레드필 삶을 살기 원한다면, 이를 위한 핵심 지침을 제공할 수 있을 것 같습니다. 나중에라도 통찰력 있는 의견을 달아주시면 대환영입니다.

과거 2016년 2월에 루시라는 블로거가 일종의 '무리들의 모임(gathering of the tribes)'이 될 전 세계적인 행사를 제안(하고 시작하려 시도)했다. '비슷한 생각을 가진 남자들끼리 맥주나 한잔 마시면서 이야기를 나누기 위해' 소규모의 지역 모임으로 남자들을 모으려는 의도였다. 이런 모임에 대해 어떻게 생각하는지 내 의견을 묻는다면, 나는 그게 나쁘다고 보진 않는다. 그러나 이런 종류의 '남자 무리들의 모임'이 지닌 문제는 '맥주 한 잔 마시며 이야기하는 것' 외의 다른 목적 없이 '낯선 남자들을 한곳에 모으려는 생각뿐'이라는 점이다. 처음 보는 남자들을 함께 모아 그저 만나서 어울리게 하는 일도 훌륭하지만, 남자들이 소통하는 근본적인 방식 때문에 이런 부류의 모임이나 행사는 남자들에게 본능적으로 어색하다.

## 여자는 말로, 남자는 행동으로

나와 가까운 남자 인맥을 살펴보면, 이 친구들은 나와 스포츠나 취미, 음악, 예술, 낚시, 헬스, 골프, 설상차 타기처럼 공통의 관심사를 하나 이상 공유하고, 이런 친구들과 어떤 활동이나 행사에 참여하는 게 가장 좋은 추억거리로 남는다. 심지어 친구가 새집으로 이사를 가더라도, 그것 자체가 다 같이 달성해야 할 일이 되어 그 시간에 나눈 이야기는 무엇이든 의미 있는 대화가 되었다. 내가 플로리다에 살 때도 프로젝트를 위해 1-2주 동안 공동 작업하던 남자들과의 대화가 제일 좋았다.

반면에 여자는 동성 친구들과 대화를 나누기 위해, 대화를 나누겠다는 목적을 위해 시간을 낸다. 커피를 마실 수도 있지만, 대화라는 '행위'가 사건이나 활동보다 더 중요하다. 심지어 여자들이 모여 교제하는 '뜨개질하며 수다 떠는 모임'도 함께 이야기를 나누기 위해 뜨개질을 구실 삼아 만든 조직일 뿐이다. 여성에게 소통의 핵심은 '분위기'이다. 그들은 본래 소통할 때 느끼는 기분으로 보상받는다. 남성에게 소통의 핵심은 내용이고, 정보 교환, 문제에 대한 해결책, 아이디어로 보상받는다.

진화의 관점에서 보면 수렵 및 채집을 하던 부족에서 나뉘는 남녀의 역할 때문에, 남녀 사이에 서로 다른 소통 방식이 생긴 것 같다. 남성은 함께 사냥을 나가서 공동의 목표를 위해 잘 조직된 활동을 실행했다. 동물을 사냥하고 공동 거주지를 지을 땐 정보가 아주 중요했을 것이다. 사실 초기의 동굴 벽화는 성공한 사냥에 대한 기록이며, 다른 남자들도 따라 할 수 있게 그린 안내서였다. 초기 남자들의 소통은 반드시 내용과 정보 위주의 토론이었고, 그것이 없으면 먹고살지 못했다.

마찬가지로, 여성의 소통은 공동 작업과 육아 중에 일어났을 것이다. 더 집단적인 역할 때문에 당연히 여성의 소통법은 목표 지향이 아니라 더 직관적이고 분위기 중심으로 진화한 것 같다. 매노스피어에서도 여자들이 집단주의적 성향을 타고났으며 자원 분배에 대해 고민하는 사회주의적 성향을 더 띤다는 인식이 공감받고 있다. 남자는 기본적으로 성과에 기반해 보상과 자원을 분배하지만, 여자는 성취에 상관없이 똑같이 자원을 나누는 경향이 있다. 다시 말하지만, 이런 성향은 여성의 심리 회로가 부족 사회에서 맡은 역할에 맞도록 진화한 산물일 것이다.

이런 관점에서, 남자들이 낯선 (그들 집단) 남자를 신뢰하지 않는 경향은 생존 위협에 대한 대응이라고 볼 수 있다. 반면에 여성이 '자매 연대'의 어느 구성원도 암묵적으로 신뢰하는 경향은 양육 투자와 상호 지지를 요구하는 여성에게 생긴, 종 차원의 생존을 위한 선택이라고 보는 것이 매우 타당한 결론이다. 또한 초기 남성에게 경쟁자의 아이를 살해하려는 성향이 있었고, 부족 집단 내에서 누가 아버지인지 불확실했기 때문에, 여자들이 여성 무리 내에서 은밀하게 소통과 공모를 벌이는 게, 여자들의 생존을 위한 필수사항이 되었다는 견해도 있다.

## 분열시킨 뒤 정복하라

남성성의 시대 이후 등장한 여성 우위의 사회적 질서에서, 우리는 군이 레드필 렌즈가 없어도 '여성 지상주의(Feminine Imperative)'가 남성의 '동족 주의'를 파 괴하기 위해 얼마나 노력해 왔는지 그 사례들을 쉽게 떠올릴 수 있다. '성 혁명' 이 후 퍼져나간 평등주의 사상은 사회적 압력을 통해, 일반적인 성적 구분을 무시하는 사상을 남자에게 주입했다. 그건 바로 남자들의 인간관계 방식을 무시하고, 여자식 사교법이 사회적으로 '올바른' 방식이라는 생각을 조장하여, 남자들끼리도 여자처 럼 어울리고 교류하도록 압박하는 것이다.

당연하게도, 이런 '평등을 향한 노력'이 담고 있는 숨은 의도는 모든 평등주의 의 사회화 작업에서 볼 수 있는 것과 똑같다. '평등'이라는 이름으로 남성성을 거세 하는 것이다. 2015년에 이런 사회적 압력을 명백히 보여주는 사례가 하버드 대학교 에서 있었는데, 여학생 200명 이상이 학내의 단일 성별 동아리 가입에 관한 새로운 교칙에 반대하는 시위를 벌였다. 여자들은 남성 독점적(보통의 경우 남자의 공간인) 인 조직에서 여성 가입 금지를 철폐하면 '성차별을 없애는 것'이라고 여긴다. 따라 서 여자들은 그런 시위는 아주 적극적으로 지지한다. 그러나 똑같은 기준을 여자들 이 독점하는 동아리에 적용하면, '성인지 감수성이 결핍되었다'며 비난하고 울부짖 고 '여성들만 있는 집단은 여성을 안전하게 한다'라는 현수막을 내건다.

위 하버드 대학 사건은 이러한 역학을 설명하는 아주 신선한 일이었지만, 우린 그 속에 담긴 '우린 괜찮지만, 너희는 안 돼'라는 뼛속까지 이중적인 여자들의 의도 를 간파해야 한다. 그것은 남자에게 여자와 같은 방식으로 소통하기를 요구하면서, 남자의 소통 방식을 분열시키고, 정복하려는 속셈이다. 또한 여성의 소통 방법을 보 편적 규범으로 삼아 옳은 방법으로 받아들이도록, 남자들을 길들이는 완벽한 전술 이고, 남자들이 자발적으로 여성의 방식을 따르게 만드는 것이다. 어떠한 사회적 관 습이든지 사회 구성원들이 기꺼이 동참하고, 또 기꺼이 다른 사람에게 그런 규범이 옳다고 믿게끔 격려할 때 가장 효과를 낸다.

## '남자의 무리' 대 '자매 연대'

남자들에게는 다양한 관심과 열정, 그에 기반해 노력을 기울일 만한 일들이 워낙 많기 때문에, 남자들이 스스로 나뉘어 하위 무리(tribe)를 만드는 모습을 쉽게 볼 수 있다. 팀 스포츠(거의 예외 없이 남성 위주의 노력이 요구되는 분야)나 협력적인 사업, 공동 예술 작업, 그저 남자들과 함께하는 취미 등 어디든지 남자들은 상위 집단인 전통적인 남성성의 총체 안에서 자연스럽게 하위 집단(무리)을 형성한다.

> 과학자들은 네 번의 실험을 통해, 여자들의 무의식적인 우리 집단 편향이 남자들보다 훨씬 더 강하다는 사실을 확인했고, '암묵적 태도'라는 잠재적인 요인을 통해 생기는 이런 성별 차이를 설명하기 위해 해당 연구를 진행했다.

윗글은 2004년 루드먼Rudman, L. A.과 굿윈Goodwin, S. A.이 〈인격과 사회 심리에 관한 학술지Journal of personality and social psychology〉에 '무의식적 우리 집단 편향에서 성별 차이: 남자가 남자를 좋아하는 것보다 여자가 여자를 더 좋아하는 이유'라는 제목으로 발표한 실험 결과를 요약한 부분이다.

남자들이 세상과 교류하는 방식이 외부로 나가 부딪히는 특징을 지녔기 때문에 여자들의 집단적인 자매 연대처럼 '일원화된 남성 연대' 같은 건 사실상 존재하지 않는다. 여성 지상주의(Feminine Imperative)가 가진 근본적인 힘은 여자들끼리 통합을 추구하는 동족 주의에서 나온다. '여성의 요구'가 주류 사회를 층층이 장악한 방법과 여자들이 완전히 반대 파벌 속에도 자신을 끼워 넣는 모습을 관찰해 보면 이러한 특징들이 분명해진다. 단지 여자라는 사실이 주는 공동의 혜택을 끌어안고 그들의 기본값인 피해자 정체성과 보호받는 입지를 이용할 때, 여자들이 맺는 모든 (다양한 하위 집단에 대한) 정치적·사회경제적·종교적 신념은 '여성이란 인류(womankind)'의 보편적 이익 앞에선 부차적인 게 되어버린다.

그러므로, 여자가 어떤 사회적, 정치적 사상이나 세력에 대해 적대적으로 반대하면서, 동시에 적대 세력이 제공하는 '자매 연대'라는 더 큰 집단적 차원의 혜택을 거리낌 없이 누리는 모습에서 알 수 있듯, 자매연대는 본질적으로 분열되지 않는다. 자매 연대는 통합이 우선이고 그다음 하위 파벌로 나뉜다. 가족과 일, 이해관계, 정치적/종교적 정체성은 여성 인류의 공동 이익을 키운다는 대의를 위해 뒤로 밀린다.

이론적으로, 나는 진화 과정에서 이런 심리 작용이 여자들에게 주는 혜택을 이해할 수는 있다. 그러나 하이퍼가미 최적화를 위한 여자들의 자유로운 움직임을 지지하는 이상적인 사회를 만들 때, 여자들의 이러한 집단적 사고법이 얼마나 효과적인지 지적해야만 할 것 같다. 이렇게 일원화된 여자들의 동족 의식은 과거나 현재에도 여자들의 사회적 권력이 탄생하는 원천이며, 여자들이 실제로 억압당하는 환경 속에서조차 자매 연대는 정상적으로 작동할 것이다.

이런 집단의식체를 이룬 여성들(sisterhood)과 모래알 같은 남자들의 무리(tribe)의 특징을 비교해 보면, 남자들이 여자들과 비슷한 '남성 연대'를 조직하는 일이 왜 그렇게 어렵고 좌절 속에 중단되는지 깨닫게 된다.

## 위협 분석

일원화된 남성 동족 주의는 그것을 창조하는 시늉만으로도 여성 중심적인 사회 질서(Feminine Imperative)에 직접적인 위협이 된다.

*연애 시장에서 자신의 가치를 알고 있는 남자들만큼 여자들에게 가장 큰 위협이면서 동시에 매력적인 존재는 없다.*

내 첫 책 『합리적 남성』의 〈위협The Threat〉 장에서 인용한 문장이다. 이 글은 여자들을 상대로 자신이 얼마나 가치 있는지, 동시에 그것을 이용하는 방법까지 알고 있는 남자와 연애할 때 쉽게 흔들리는 여자들을 묘사한 것이다. 여자들이 자매 연대까지 동원해서, 남자들의 '게임'을 그토록 비난하고 조롱하며 깎아내리는 이유는 게임이 남자들에게 자신의 가치에 대한 이해를 드높여주고, 그러한 깨달음을 연애에 적용하게 하고, 여자들의 하이퍼가미의 최적화 과정에서 여자들의 통제권을 어느 정도 빼앗아 오기 때문이다. 레드필 인식과 게임은 작금의 상황에서 여자들의 힘을 견제하고 그 힘에 대항하는 역학을 만든다. '말하지 않아도 아는' 남자들은 본인이 연애 시장 내에서 시장 가치가 높다는 사실을 잘 알고 있으므로, 여자들은 이 남자들이 섹시하다고 느낀다. 반면에 여자의 장기적인 안정이 결국 남자들이 여자가 휘두르는 '프레임'과 통제력을 묵인하는 데 달려 있다는 점도 여자들에게 위협적인 요소다. 여자들은 남자들이 우스운 존재고, 믿을 수 없고, 능력이 없다고 믿도록 남자들을 길들이므로, 여자들은 남자가 연애 시장에서 자신의 진짜 가치를 인식하고, 남자가 지닌 가치에서 나오는 힘을 남자가 바라는 대로 이용할 수 있다는 발상에 난감할 수밖에 없다.

지금까지 '게임'은 여자들의 하이퍼가미 통제권을 남자 한명 한명이 개인적으로 위협하는 형태였다. 사실 본인에게 힘이 있다는 사실을 순진하게도 모른 채 지내는 베타 남자들이 많다. 그러나 더 큰 그림에서 보면, 여성 중심적인 사회는 남자들이 오직 남성의 이익과 권력 강화에 기반을 둔 일원화된 무리, 즉 남성 연대를 구축할 때 발생할 위협을 잘 알고 있다. 매노스피어는 여전히 남자들에게 하부 집단(sub-tribe) 차원의 역할에 머물러 있지만, 매노스피어의 존재 자체로 여자들의 이러한 이익에 위협이 된다. 여성 중심의 사회 질서에서 남자들이 자신의 진짜 가치와 위치를 깨닫게 만드는 게 매노스피어의 근본적인 기능이자 목적이기 때문이다.

그 결과 (남성 인권 운동처럼) 오직 남성만의, 남성에게 힘을 싣는 조직을 만들고자 하는 어떤 시도도 사회적으로 여성혐오(경멸)라는 낙인이나 동성애(수치심 공격)로 낙인찍히고 공격당하게 되었다. 웃기게도 여성화된 현대 사회에선 정작 동성애를 놀리는 사람들을 차별주의자나 혐오자라고 비난한다. 그러나 정작 페미들이 동성애로 수치심 공격을 하는 건, 남자들로 이루어진 이성애자 집단을 공격하는 데는 효과적이고 치욕적인 전술이 된다. 남성 중심의 동족 주의는 그런 게 태동할 기미만 보여도, 동성애랑 연관이 있다는 식의 의심과 조롱을 받는다. 그리고 이런 식의 동성애로 몰아가는 수작은 남자들이 모인 집단 내에서도 발생한다.

우측 페이지의 사진은 런던의 UCL에서 열린 〈매체를 통한 페미니즘 운동(Mediated Feminisms): 디지털 시대의 젠더 폭력과 성폭력에 대한 행동주의 및 저항Activism and Resistance to Gender and Sexual Violence in the Digital Age〉이라는 '학술' 회의 모습이다. 사진의 내용은 강단 페미니스트들이 매노스피어의 하위 그룹을 모아 체계적으로 분류해놓은 것 이상의 더 많은 함의를 담고 있다.

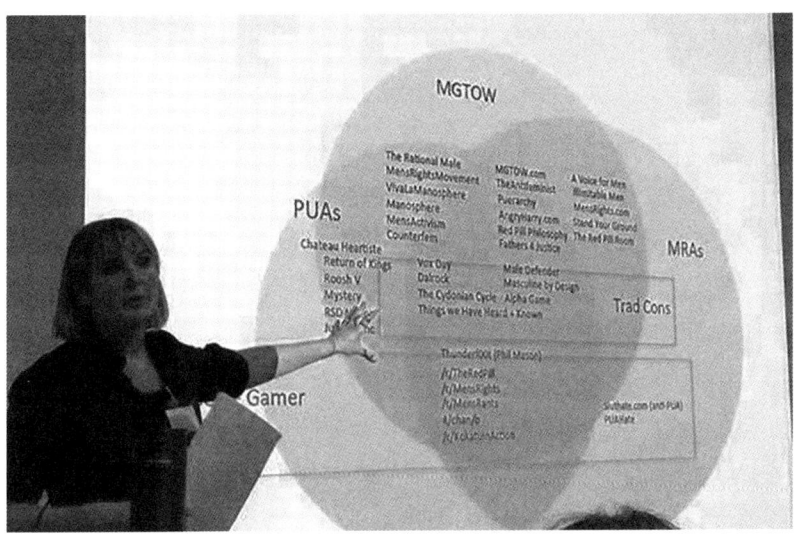

　지금 보니, 이 학술회의는 요즘 페미니스트들에게 쉽게 예측할 수 있는 행동 (고의로 그러는 건 말할 것도 없고), 즉 비판 대상에 대해 뭘 제대로 알지도 못한 채 던지는 우려의 목소리로 가득하다. 사실 우리는 여기서 페미니스트들이 남자들이 오직 남자들의 이익을 위해 결집하는 것을 '여성혐오'는 물론이고, 이런 남자들의 결집을 '잠재적 폭력'과 동의어로 여기는 사고방식을 분명히 볼 수 있다. 일원화된 남성 집단으로서 매노스피어의 성장과 발전은 여성 중심적인 사회 질서에 위협이 된다. 그러나 그 두려움은 폭력의 가능성이 진짜라서 생기는 게 아니다. 현대 남성들이 처한 현실과 그 실체, 다시 말해 여성 중심의 사회 질서를 영속하기 위해 남자들에게 부여된 역할이 무엇인지, 그 실체를 남자들이 더 잘 '깨달을' 가능성 때문에 두려움이 엄습하는 것이다. 남자들의 '사회적 책임이라는 탈을 뒤집어 쓴 무지' 덕분에 여성들이 누릴 수 있었던 권력을 잃을까 봐 두려워하는 것이다. 하위 집단을 만들어 동성 간 경쟁을 벌이는 (남자들끼리 싸우게 만드는) 남자들의 본성은 항상 여자들이 잘 이용해 온 은밀한 전술이었다. 그럼에도 여전히 여성 중심적인 사회는 그 영향력과 감시의 눈을 남자들 집단에 침투시켜, 남자들을 이용할 수 있어야 한다. 따라서 '여성 지상주의 = 보편적인 평등주의'라는 사상을 주입하는 전술을 통해, 모든 '남자의 모임'은 사실상 '남녀 공용'이 되어야 하는 것이다. 반면 여자들로만 구

성된 하위 집단들은 계속해서 여자들로만 구성되어야 한다. 쉬운 예로, 앞서 예시로 든 하버드 대학의 학내 동아리 성별 평등 교칙 제정에 대한 여학생들의 반응과 2016년 2월 루시Roosh(미국에서 신남성을 주창한 블로거-옮긴이)가 조직하려 시도만 했을 뿐인 남자들의 '동족(Tribe)' 콘퍼런스를 향해 쏟아진 전 세계 페미들의 공격적인 반응과 선제공격을 떠올려 보라.

## 남자 만들기

여성 중심적인 사회는 같은 남자들 사이의 소통을 통제하고, 남성성이나 남자 방식의 경험을 공유하는 통일된 집단을 허락하지 않는다. 여성 우위의 사회는 남성이 스스로 남성성을 규정하고 선언하는 상황을 ('유해하다'고 규정할 정도로) 싫어하면서 동시에 두려워한다. 남자들 사이에서 유대가 강해지면 남자들이 서로의 경험을 전파하는 방법과 남자들의 서사를 억압하기 위해 이들은 더 노력할 것이다.

나는 이미 여러 기고문들을 통해서, 여성 중심적인 사회가 남성성의 정의를 일부러 왜곡하고 혼란을 야기하는 이유와 방식을 설명했다. 이러한 혼란을 통해 남자들이 '남자다움에서 느끼는 안정감'을 흔들고 남성성을 계속 의심하게 만든다. 그리고 이러한 행태는 '여자들이 내리는 남성성의 정의가 올바른 정의'고, 건강하며 '유해하지 않은 유일하게 정당한 남성성'이라고 주장하기 위해 고안된 것이다. '진정한 남성성'에 해당하는 요소들을 일부러 헷갈리고 모호하게 만드는 짓은 남자들이 진정한 남성적인 잠재력을 깨닫지 못하게 통제하는 또 다른 전술에 불과하다. 여자들이 두려워하는 것은 남자들의 이러한 잠재력이고, 이것은 곧 여자들이 자신의 하이퍼가미 본능에 따라 사회와 개인을 통제하지 못하고 남자들의 힘을 추종한다는 뜻이 된다. 따라서 이들은 남성성의 정의에 해당하는 내용 중 여성 지상주의와 '여성 특권 강화'를 조장하지 않는 모든 것에 '유해한 남성성'이라는 딱지를 직설적으로, 때로는 비유적으로 붙인다.

이것이 여성 중심적인 사회가 극단적으로, 그리고 종종 이중잣대까지 억지로 강요하며 전통적인 남자들의 공간을 침범하고 지배하려고 애쓰는 가장 중요하고도 숨겨진 이유다. 남성의 하위 집단에 침투하고, 감시하고, 그런 남자 집단에 존재하는 문화, 서사를 남자들이 스스로 감시, 검열하는 문화를 형성하는 데 성공하면, 여성 중심적인 사회 질서는 말 그대로 영속할 수 있기 때문이다.

## 더 나은 베타남 만들기

서구(또는 서구화가 진행 중인) 사회가 대대적인 변화 끝에 결국 고삐가 풀린 하이퍼가미 사회가 된 뒤로, 남자들 대다수에게서 (노골적인 여성화는 아니더라도) 남성성을 제거하려는 다양한 노력과 시도들이 있었다. 요즘 우리는 성전환 지향 통계에서 드러나는 남녀 간의 적나라한 대비를 통해, 그러한 시도의 결과와 그런 결과에도 여전히 계속되는 여성화 작업을 실시간으로 목격한다. 더 나아가 사회적 차원에서 남성 혐오를 남자애들에게 억지로 주입하는 현상도 일상이 되었다. 아이들이 아주 어린 나이에 성 정체성이나 성별을 직접 '선택'할 수 있는 풍조를 정당화하는 서사를 의도적으로 홍보하는 모습은 요즘 여성 중심적인 사회에서 점점 더 흔한 광경이 되었다.

그 결과, 요즘 태어나는 남자들은 아마 가까운 미래에 '남자'라는 사실이 불편해지도록 길들 것이다. 이런 감정은 여성 중심적인 사회가 어린 남자들에게 관습적인 남성성의 개념을 흐릿하게 만들고 왜곡하는 바람에 생겨난 직접적인 결과물이다. 이런 여성화 작업은 결국 남성성에 대한 혐오를 낳는다. 이런 남자들의 자기 혐오감은 여자들이 허락한 '유해하지 않은 남성성'과 남자들이 생물학적으로 타고나서 적절히 표출할 필요가 있는 진짜 남성성이 부딪혀서 생긴다.

사실 이렇게 성적인 혼란을 야기하는 진짜 목적은 남자들만으로 구성된 소집단에 소속된 남자들에게 불편한 감정을 일으키려는 것이다. 이렇게 남성성에 혼란을 느끼기 시작한 남자들은 혈족이나 '우리 집단'과 연합해야 하는 하위 집단 내에서 남자들끼리의 소통하는 데 어려움을 겪는다. '남성 유대'라는 개념조차 조롱의 대상(전형적으로 광대 같은 남성)이 되거나 동성애가 의심되는 장소로 묘사된다. 그러므로 기본값이 여성식 동질감으로 설정된 현대의 '여자 같은 남자(mangina)'에게는 대개의 경우 여자 사람 친구가 더 많고 여자처럼 소통할 때 더 편안함을 느끼는 현상이 벌어진다. 이런 남자들은 오직 남자들끼리 교류하는 조직은 태생적으로 잘못된 것이라고 믿거나 느끼도록 완전히 길든다. 그런 조직이 육체적인 노력을 요구한다면 불편하거나 부자연스럽고 어쩌면 위협적이라고도 느낀다. 따라서 '남자로' 교류하는 일은 우스꽝스럽거나 껍데기에 불과한 모습처럼 여기게 된다. 지난 60년간 사회적 차원의 여성화 과정으로 인해, 남성으로만 이루어진 유대와 연결은 사실상 억압된 셈이다.

## 반발

그렇다면 이런 여성화 작업에 맞서 남자들이 할 수 있는 일은 무엇인가? 여성 중심적인 사회는 남성들의 연대를 파괴하거나 통제하기 위해 숱한 노력을 기울였지만, 여자들처럼 내면세계에 정착하는 대신 외부 세상과 교류하려는 남성의 진화론적 성향과 여전히 부딪히고 있다. 여성 중심적인 사회는 남자들의 연대가 이미 파괴됐다고 생각하거나, 그것을 여성 억압 수단처럼 취급하지만, 이러한 남성 연대, 남성 동족 주의를 발전시키는 더 나은 방안, 몇 가지 일원화된 실천 가능한 방안들을 정리했다.

· 남자들이 정서적 기준점을 자신에게 두는 것은 매우 중요하다. 그러나 남자들은 그와 동시에 행동에 중점을 둘 필요가 있다. 여자들은 말하고, 남자들은 행동한다. 남자들에게는 조직 차원에서 노력을 집중할 수 있는 공동의 목표가 필요하다. 남자들은 다른 남자들과 건설하고, 통제하고, 승리하고, 경쟁하며 문제를 해결해야 한다. 한 조직의 '목표'는 비슷한 성향의 남자들이 그냥 함께 모이는 것에 그치면 안 된다. 그냥 목적 없이 모인 남자 집단은 종종 여성 중심적인 질서를 서로에게 권하고 수용하는 집단으로 변질될 수 있다. 남자들에게는 하나로 뭉칠 수 있는 공동의 목표, 뜨거운 목표가 필요하다.

· 진정 남성 독점적인 집단이라면 남자들은 사실상 모든 상황에서 서열을 자연스럽게 형성한다는 사실을 이해하고 인정해야 한다. 이런 현상에 반사적인 반발이 있겠지만 남자들이 서열을 인정할 때 느끼는 불편한 감정은 남성적인 권위가 기미라도 보이면 그것을 유해한 남성성으로 만들고 싶어 하는 여성 중심적인 사회 질서가 만들어낸 신기루란 점을 깨달아야 한다. 여성적인 길들이기와는 반대로 남성의 서열이 꼭 세 가지 어두운 성향(Dark Triad-범죄자에게서 공통으로 나타나는 세 가

270

지 성격. 마키아벨리즘, 나르시시즘, 사이코패스-옮긴이)의 조종과 기만에 기반한 것은 아니다. 남자가 만든 그 어떤 권력 서열도 '사악한 가부장제의 잔재'라고 생각한다면, 그게 곧 '페미니즘적 사고'다.

· 기존의 남성 하위 집단들을 있는 그대로 인정하되, 말로만 이름을 붙여서는 안 된다. '파이트 클럽'에 대해서 이야기하지 말고, '파이트 클럽'을 실행해야 한다. 다른 대부분의 레드필 인식이나 게임과 마찬가지로 항상 설명보다 실천이 더 좋다. 남자로 이루어진 어떤 집단을 '남성 집단'이라고 칭할 때, 항상 관찰자 효과가 발동한다. 남성 집단은 '이 집단은 남자들의 만남을 위해 존재한다'는 수준의 개념이 아니라, 구성원들이 공유하는 실제 목표를 위해 존재해야 한다. 내가 속한 모든 하위 조직, 내가 다른 남자들과 함께하는 모든 이익 집단, 심지어 눈앞의 공통적인 필요와 목적을 위한 집단을 급하게 꾸릴 때도, 모든 집단은 단순히 남자들의 모임이 '되는 것' 그 이상이다. 전 세계 '남자들 모임의 날'도 '굿 맨 프로젝트Good Men Project' 같은 조직도 같은 이유로 실패했다. 그저 '남자니까' 남자들의 모임에 참여하라고 광고했기 때문이다.

· 여러분이 열정적으로 실행하고 계획한 일에 대해 단호한 태도를 가져야 한다. 남자의 공간을 침범하려는 여자들을 밀어내야 한다. 여러분이 만들거나 가입하는 모든 남성만의 공간에 여자를 허용해서는 안 된다. 남자로만 구성된 공간에 여자를 받아들이고자 하는 바람, 동시에 여성 중심적인 사회적 분위기를 수용하지 않는 데에 대한 구성원들의 두려움이 늘 있을 것이다. 그것은 종종 익명의 '백마 탄 기사'라는 미묘한 형태일 수도 있고, 다른 남자들이 자기 자신이나 조직 내 다른 남자보다 늘 여자 구성원을 먼저 배려하려는 블루필 마인드 때문에, 조직의 열정에 악영향을 미치는 형태일 수도 있다. 이런 태도를 초장에 진압하는 것이 무리의 생존에 매우 중요하다. 정확히 이런 모습들이 무리를 내부로부터 파괴하기 위해 여성 지상주의가 획책한 전술이기 때문이다. 남녀가 함께 있는 조직이나 환경에 있다면 모임 내부에서 여자에게 권한을 허용해서는 안 된다. 심지어 미군도 이 글을 쓰고 있는 최근까지 여군과 함께하기 위해 전투병 자격 기준을 낮추는 죄를 범하고 있다. 아버지이

거나 소년 혹은 젊은 남성의 멘토 역할을 하고 있다면, 그들과 그들이 직접 만드는 집단 안에서 절대 이런 행태를 허용하지 않는 태도를 불어넣어야 한다.

· 여자에 대해 여러분이 배운 레드필 인식과 게임 교리는 여성향 사회가 미치는 영향력에 저항할 때 더 큰 규모로도 완벽하게 적용할 수 있다. '프레임 장악'과 집단 차원의 남성 독점적인 '정서적 기준점'을 회복하는 게 여성 중심적인 사회 질서에 대항할 때 적용해야 할 두 가지 근본 교리인 셈이다. 현상을 객관적으로 관찰하고 레드필 관점을 완전히 받아들여라. 사회적 규모에서도 여러분이 남자 및 여자와 교류하는 방식에 긍정적인 변화가 일어날 것이다.

초 사회적인 규모에서, 여성 중심적인 사회가 미치는 영향력에 저항하는 나의 전술은 블루필에 길든 남자들을 끄집어낼 때 동일하게 사용하는 상향식 접근법이다. 남자들이 일단 레드필 인식에 발을 디디면, 이 새로운 관점은 남자가 괜찮아 보이는 여자를 유혹하는 것을 넘어, 더 큰 사회적 통찰과 그에 따른 응용을 직접 해보도록 남자들의 인식을 확장하는 경향이 있다. 레드필 인식은 그 남자의 생활방식이 된다. 그러나 더 나아가 남성 중심적인 개인과 집단으로서, 남자가 자신을 가장 잘 관리하는 방법을 집단 내 다른 남자에게 전파해 준다.

남자들 개개인은 경쟁심이 강하다. 이기고자 하는 열망은 우리의 생존 본능에 박혀 있다. 우리가 다른 사람이나 상황을 넘어 승리자가 될 때, 테스토스테론이 분출된다는 사실을 증명한 연구들도 있다. 여자들도 승리한 남자에게 민감하게 반응하고 성적으로 호감을 갖는 현상도 원리가 아주 비슷하다. 그렇지만 우리는 승리 가운데 협력한다. 역경을 뛰어넘고 인류를 위한 장엄한 성취를 이루기 위해 함께 유대를 맺는 남자들의 모습도 관습적인 남성성의 특징이다.

지난 60년 동안 여성 지상주의의 사회적인 영향력이 확대되면서, 남자들을 이런 전통적인 협력 체제에서 분리하고 고립시키려는 노력이 날로 분명해졌다. 적지 않은 레드필 블로거들이 남성성을 박탈당한 남자들, 비디오 게임이나 인터넷 포르노로 만족하며 살아가는 젊은 남성들인 '도태 세대'를 걱정하며 안타까워한다. 이 젊은 남성들은 자신의 남성적인 잠재력을 억누르게끔 의도적으로 세뇌당했다는 사실은 깨닫지 못하고 있다. 그 결과 이 청년들에게는 자신을 바칠 남성적인 목표나 노력의 대상이 없다. 목표가 없으면 남성 사이의 소통과 참여가 없어지고 따라서 서로 교류할 수 있는 남성적인 방법에 대한 경험과 이해도 줄어든다.

# 통과의례

언젠가 요즘 젊은 남자들이 자신을 '남자'라고 부르거나, 남성성에 대한 '관습적인' 개념으로 볼 수 있는 요소들조차 제대로 받아들이기를 머뭇거리는 현상에 관해 이야기한 적이 있다. 전에도 이런 표현을 들어봤을 것이다. 나는 '관습적인(conventional)'이라는 단어를 사용하는데, 이 단어가 남성성이 남자가 진화한 방향에 따라, 자연의 법칙에 따르는 그 무언가를 더 잘 상징하고, 전달한다고 느끼기 때문이다. 가끔 독자들이 남성성과 관련해 왜 '전통적인(traditional)'이라는 단어를 사용하지 않는지 묻는다. 나는 이 두 단어가 진정으로 같은 의미를 지닌다고 보지 않는다.

전통적인 관점으로 남성성을 생각하기 쉽다. 그런데 어떤 전통을 말하는 건가? '전통적인 남성성'이라는 표현은 작금의 여성 중심적인 사회에서 경멸적인 의미를 지닌다. 이 표현은 남성성을 '구시대적' 유물로 조명하는 부정적 의미를 담고 있다. 이것은 남성성이 자신에게 어떤 의미인지 고민하는 남자들, 남자가 될 소년들을 조롱하고 수치심을 주며, 혼란에 빠뜨리려 애쓰는 사회적 관습의 한 부분이다. 그런 이유로 나는 남성성에 '관습적'이라는 표현을 선호한다. 이 단어는 이분법적인 관점에서 남성성이라는 게 남자들만이 타고난 고유한 측면을 진화시켰다는 뜻을 포함한다. 따라서 문화에 따라 다양한 전통과 다양한 남자의 역할이 있겠지만, '보편적인 남성', '남자다움' 전반을 아우르는 개념을 통합하는 '관습적인 남성성'이란 개념은 시대와 문화를 초월해 단 하나만 존재한다.

그러나 여성 중심주의는 이런 개념을 좋아하지 않는다. 남성적인 특징과 행동이 생물학적 남성에게만 독자적으로 어울린다는 사고방식을 싫어한다. 따라서 관습적인 남성의 특징, 사고방식, 공격성, 열정 혹은 열망을 '유해하기 때문에' 해롭거나 반사회적인 것처럼 묘사하면서, 동시에 자신들의 권력을 안전하게 지키는데 쓸모 있다면, 일부 여자들도 그런 특징을 가진다고 주장할 수 있으므로, 어떤 게 (가령 '힘') '꼭 남성적인 특징은 아니다'라고 반박한다.

소년들이 어릴 때부터 자신의 남성성에 대해 혐오하도록 교육받는 방식을 설명한 바 있다. 그것은 블루필 길들이기의 일환이다. 블루필에서 헤어 나오지 못하는 남자들은 관습적인 남성성의 개념을 모호하게 만들거나, 남성성을 철지난 미신처럼 매도하거나, 입맛에 따라 마음대로 정의할 수 있는 개념처럼 만드는 게 왜 여성향 아젠다에 이익이 되는지, 그 이유와 메커니즘을 명확히 파악해야 한다. 특히 마지막 부분이 중요하다. 요즘 대부분의 남자들이 갖고 있는 남성성은 여성 지상주의의 관점에서 '건강하고 옳다'고 허락된 버전이기 때문이다.

## 숨은 의도

일단 남녀가 (원칙적으로) 근본적인 차원에서 평등하다고 주장하는 사회에서, 굳이 왜 어린 남자들에게 '전통적인' 남성성이 유해하다고 가르쳐야 하는지 그 이유를 잘 생각해 봐야 한다. '남자들을 통제하려고 그러는 거죠'라고 쉽게 대답할 수 있지만, 더 정확하게는 남자들이 자신의 남성성을 확실히 혐오하도록 만들기 위해서다. '관습적인' 남성성에는 여전히 여자들의 이익, 즉 하이퍼가미를 충족하기 위해 입맛대로 쓸 수 있는 요소들이 많다. 여기서 '사회화'란 남성성의 요소들 중 여자들에게 유용한 측면을 '건강한' 것으로, 그렇지 않은 측면을 '유해한' 것으로 구분하는 것에 불과하다.

여기에서 제일 심각한 문제는 미래에 남자가 될 어린 소년을 양육하는 평등주의 공동체가 '남자는 스스로를 정서적 기준점으로 삼아야 한다'는 생각을 없애려고 한다는 것이다. 내 경험상 대부분의 블루필 남자들이 세뇌에서 빠져나올 때 '정서적 기준점' 때문에 가장 고생한다. 이런 남자들은 '나의 행복을 여자의 행복보다 우선해선 안 된다'라는 뿌리 깊이 박힌 생각을 버리기 어려워한다.

'오래된 책', 즉 관습적인 통념에 따르면, 남자는 남자라는 이유로 자기 인생과 가족 내에서 어느 정도 권위를 기대할 수 있었다. 한 남자가 직장에서 사장이 아니더라도, 퇴근 후에는 가장이 될 수 있다는 전통적인 인식이 있었다. 평등주의 사상을 등에 업은 여성 지상주의는 몇 세대 만에 남자들을 길들였고, 이런 사고방식을 사실상 지워버렸다. 남녀가 기능적으로 동일한 백지상태의 존재라면, 이론적으론 남녀 관계에서 '남자의 권위' 같은 건 절대 존재하지 않아야 하기 때문이다.

관습적인 관점, 즉 진화적 관점에서 볼 때, 이런 원론적인 평등주의는 거짓일 뿐만 아니라, 남자의 타고난 본성을 조련하는 기능도 수행한다. 남녀는 세상을 인지하는 방식은 물론, 신경학적으로, 생물학적으로, 심리적으로도 다르다. 그러나 소년이 남자로 길러질 때, 우리의 여성화된 사회는 뻔뻔스럽게도 '남녀가 똑같다'고, 최소한 기능적인 차원에서 똑같다고 믿도록 고의로 길들인다.

## 남자라는 죄

레드필에서는 이런 길들이기에 반발하는 사람들이 있기도 했으나, 그런 남자들의 반발이 꼭 매노스피어를 통해서만 표출된 건 아니다. 하이퍼가미가 더 큰 사회적 차원에서 더 대놓고 수용되면서, 새로운 질서를 억지로 받아들이게 하려는 수작을 자각하게 된 남자들이 많아졌다. 그런 깨달음 이후 어떤 선택을 내릴지는 남자들 각자의 몫이지만, 이러한 남자들의 깨달음을 향해 여성향 사회는 남자들이 관습적인 남성성을 지키려는 걸 범죄로 간주하거나, '유해한' 것으로 몰아가며 대응한다. 관습적인 남자의 속성을 표현하면 '혐오범죄'가 되지만, 더 나아가 그런 속성을 소년 또는 남자 안에서 키우는 것도 '혐오범죄'가 되어버린다.

블루필 남자들이 남자다움을 표현할 때, 한 편으로는 그 모습이 여자들이 본능적으로 바라는 모습일 수 있지만, 만약 그 표현이 '여성 인류'를 불쾌하게 한다면, 자신의 평판이나 생계까지 위협받을 수 있다는 점에서 잠재적인 리스크가 된다. 레드필을 깨달은 남자는 그러한 위험을 우회할 만큼 여자들의 본성을 잘 알고 있는 유리한 입장일 수 있다. 그러나 블루필 남자는 관습적인 남성성을 지닌 남자가 되고자 했다는 이유로 애초에 자신을 위험에 빠뜨리는 패러다임에 갇힐 수도 있다.

다시 말하지만, 평등주의에 입각한 블루필 프로그램의 목적은 남자가 자신의 정서직 기준점을 자신에게 두지 못하게 막는 것이다. 그러나 일단 한 남자가 여자를 인생에서 가장 중요한 대상으로 두는 짓을 중단하려고 하면, 여성 중심적인 사회는 그에 대응하여 다시 그 남자를 순종적인 상태로 되돌린다. 그러한 되돌리기에는 '남성성을 범죄'로 몰아가는 프레임, 즉 남성성에 죄책감을 씌우는 방법이 동원된다.

## 떠받들기

'떠받들기(Pedestals)'는 한동안 매노스피어에서 중요한 주제였다. 남자가 이성 관계에서 성공하려면, 그 여자를 반석에서 끌어내려야 한다는 말이 있었다. '떠받들기(pedestalization)'라고 부르는, 남자가 자기보다 여자를 높은 위치에 놓는 일이 남자들 사이에 만연한 이유가 바로 '평등주의'에 입각한 길들이기 때문이다. 이런 길들이기 작업은 딱 '그 소녀', '그 여자', '우리 엄마', '그 여자 사장'을 남자의 정신 세계에서 가장 중요한 존재가 되도록 내면화 작업을 거치는 일이다. 이런 태도가 곧 그 남자의 정체성이 된다. 이는 다양한 심리적인 차원에서 남자 본인보다 여자의 이익을 우선으로 삼아야 한다고 어린 시절부터 가르친 결과다. 겉보기엔 자신보다 타인을 먼저 생각하면서 '여자를 존중할 줄 아는' 남자가 되라고 교육하는 것처럼 보인다. 그러나 이런 풍조의 실체는 '타인을 봉사하는 일'이 아니라 '여성을 떠받드는 일'이다. 심지어 이런 행태는 너무 흔해서 '타인을 봉사하는 일'이 지닌 가치까지 떨어뜨린다. 그리고 남자들은 '여성혐오자'로 낙인찍히는 리스크 때문에 여성의 이익을 대변하게 된다.

한 남자가 일단 레드필 깨달음을 얻게 되면, 누가 그 남자를 끄집어냈든지, 개인적으로 또는 사회적인 수준에서도 여자들을 '반석'에서 끌어내린다. 그리고 여성 중심적인 사회질서가 지닌 힘은 그 여파의 수준에 따라 반발한다.

블루필 길들이기의 실체는 소년 또는 남자들에게 자신의 남성성을 의심하라고 가르치는 것이다. 그렇다면 남성성은 무엇인가? 남성성은 남자들이 쓰는 가면이거나 과장된 연기인가? 그것은 자랑할 만한 것인가? 아니면 억눌러야 할 어떤 문제 또는 우월 의식인가? 소년 또는 남자들은 남성성에 대해 불안감을 느껴야 하는가? 아니면 안정감을 느껴야 하는가? 여성 중심적인 사회는 끊임없이 이런 의심을 미래의 남자가 될 세대에게 퍼붓는 전술을 통해 남성성을 흐리멍덩하게 만든다. 그 결과 남자들이 여자들을 계속 반석 위에 둔다. 이런 사회적 패러다임에서는 "남자가 남자다워지는 바람에 생기는 '문제'에 대한 해결책은 오직 여자에게만 있다."는 식의 서사가 튀어나온다.

블루필은 소년 또는 남자들이 감히 자신을 '남자'라고 여기지 못하게 길들인다. 남자는 절대 남자가 되는 것이 아니고, 그저 '덩치만 큰 남자애'가 될 뿐이라고 놀린다. 이런 풍조는 남자를 계속 덜 자란 상태로 취급하려는 사회적 장치이다. 따라서 여자들이 개인적인 판단에 따른 결정을 내릴 수 있는 유일한 어른처럼 인식하도록 유도한다. 이런 조롱에는 남성에게 '남자다움'의 지위를 주지 않으려는 의도가 숨어 있다. 남자가 끝내 소년으로 남는다면, 남자가 될 때 얻는 '리더'라는 지위를 절대 맡을 수 없기 때문이다.

이것이 바로 여자를 인생의 반석 위에 두도록 남자들을 길들이는 또 다른 이유다. 오직 여자만이 그 남자의 의식 내면의 (정서적으로) 권위적인 위치에서 '남자다움'을 승인할 수 있다는 식이다. 여자가 한 남자의 정서적 기준점의 머리 꼭대기에 있을 때, 그리고 그것이 특정 한 여자가 아니라 보편적인 여성 인류를 포함할 때, 그 남자에게 남자의 지위를 결정하고 부여하는 것은 '여자'가 된다. 이들의 속셈은 남자가 남자다움이나 관습적인 남성성과 같은 건강한 성 정체성을 의심하고, 그 의심이 내면 깊숙히 뿌리내리도록 기르는 것이다.

레드필 깨달음에 이르려는 남자들은 여자들을 반석에서 끌어내리는 걸 어려워하지만, 스스로 남자가 되도록 허락하는 과정에서도 어려움을 겪는다. 겉보기엔 꽤 단순한 문제 같다. 그러나 인생에서 여자를 먼저 내세우도록 습관이 든 남자들에게는 이런 내적 허용의 과정 자체가 고난의 여정이 된다. 블루필 길들이기는 소년에게, 성장한 뒤엔 성인 남자에게 자기 의심을 쏟아붓는다. 그 결과 남자들은 다양한 층위마다 자기를 억누르고, 자신의 이익과 관심사를 타인, 주로 여자들의 관심사보다 밑에 두도록 길든다. 자신이 진정한 '남자'가 되도록 절대 허락하지 못하게 '나대지 말라'는 취지의 가르침을 받는 것이다.

## 토마시의 아홉 번째 철칙(Iron Rule of Tomassi #9)

남자는 어떤 상황에서도 자신을 업신여겨서는 안 된다. 이것은 자신에게 '죽음의 키스Kiss of Death'를 선사하는 것이나 마찬가지다. 이것은 '나란 존재가 곧 여자에겐 포상이다Prize Mentality'의 안티테제다. 일단 자신을 '완전히 불쌍한 인간'으로 인식하고 표현하면, 여자에 대한 자신감을 회복할 방법이 없다. 여자의 동정심에 호소하지 말라. 여자의 동정심은 여자의 마음에서 우러나는 것이지, 남자가 간청한다고 생기는 게 아니다. 여자는 동정과 연관된 의무감을 경멸한다. 그리고 연민의 감정만큼 성적 흥분에 찬물을 끼얹는 것도 없다. 남자가 사실 자신을 진짜로 불쌍히 여기지 않는다 해도, 여자에게 자신을 가엾게 묘사하면 아무런 이득도 되지 않는다. 남자가 자신을 업신여기는 길은 '좌절한 흔남들'(AFC, Average Frustrated Chump)이나 효과가 있다고 믿는 방법이고, 알파 남자의 정신세계로는 상상도 할 수 없는 일이다.

이런 '철칙(『합리적 남성』 참조)'을 세운 중요한 이유는 요즘 남자들이 거의 기본값처럼 자신을 우습게 취급하는 걸 당연하다고 여기기 때문이다. '남자가 그렇게 진지할 필요가 없다'라며, 때에 따라선 자신을 웃음거리로 만드는 능력도 있어야 한다는 대답이 당연한 듯 즉각 돌아온다. 물론 그런 발상도 괜찮을 때가 있고, 건강한 자아의식을 위해 일부 필요하다. 그러나 자신을 편할 정도로 업신여기는 태도가 남자로서 자신을 우습다고 생각하도록 길든 사회화의 산물이라는 사실을 자각하는 남자들은 거의 없다. 때문에 '남성성'이라는 개념은 곧 '우습다'와 동의어가 되어버렸다.

레드필을 깨달은 남자들은 여러 세대에 걸쳐 블루필 환상이 남자를 어떻게 길들이고 그 과정이 어떻게 발전했는지 제대로 추적하기 어렵다. 이 모든 아젠다의 숨은 목적(남자들이 자신을 정서적 기준점으로 삼지 못하도록 막는 것)은 변함이 없다. 그러나 그것을 집행하는 방법과 사회적인 분위기는 그때그때 여자들의 요구에 가장 효율적으로 맞춰 유동적으로 변한다. 그리고 이 힘은 지난 20년간 남자들이 스스로에게 남성성을 허용하고, 그것이 무엇인지 결정하지 못하도록 막는 데 총력을 기울였다.

## 남자를 지워라

2013년, 제이 인즐리Jay Inslee 워싱턴주 주지사는 방대한 주법을 모두 성별 중립적인 언어로 바꾸는 6년의 노력에 마침표를 찍었다. 그 법안을 제안한 지니 코올-웰스Jeannie Kohl-Welles는 6년의 여정을 시작하게 된 이유를 이렇게 설명했다.

'지금 시대가 어느 시대인데 아직도 편견이나 고정관념 또는 차별을 반영할 수 있는 단어를 법에서 사용해야 하는가?'

그 때문에 신입생은 'freshman'에서 'first year student'로, 소방관은 'fireman'에서 'fire-person'으로, 어부는 'fisherman'에서 'fisher'로, 심지어 습자도 'penmanship'에서 'writing skill'로 바꾸는 방식으로 단어에서 성별을 없앴다. 문장에서 'm-a-n' 철자를 연속으로 가진 그 어떤 명사나 동사도 'person'으로 바꾸거나, 기분 나쁜 'm-a-n' 철자를 배제한 단어로 대체했다고 생각해 보면, 아마도 6년간의 활동에서 이 위원회가 취한 조치가 결국 무엇인지 여러분도 쉽게 이해할 수 있을 것이다.

법률을 통한 편견 조장을 막을 필요가 있다는 구실로 영어에서 성별을 없앤 노력은 여기가 끝이 아니었다. 노스캐롤라이나 대학교는 대학 내규에 비슷한 작업을 시작했다. 켄트 대학교 및 마케트 대학교를 포함한 사실상 미국의 모든 주립 대학교가 단어에서 'man'을 빼진 않더라도, 남녀를 모두 포괄하는 단어를 사용하도록 열심히 부추기고 있었다.

워싱턴주의 이러한 조치는 사실 성별의 구분을 없애려는 노력 중에서도 예측할 수 있는 수순이지만, 이러한 6년간의 행보는 그보다 더 고질적인 적대감을 여실 없이 보여준다. 여성주의 지상 명령(Feminine Imperative)이 자체적으로 지닌 절망적인 불안감을 해소하기 위해, 사회가 사용하는 언어 자체에 조작을 가한 것이다.

영어가 세상에서 두 번째로 많이 사용되는 언어라는 점을 생각해 볼 때, 여성 지상주의(Feminine Imperative)가 얼마나 넓게 퍼져 있는지, 그리고 그것이 여자들의 심적 안정을 향한 욕구를 채우기 위해, 아무런 방해도 받지 않고 저지를 수 있는 일을 제대로 이해하기 위해서, 레드필 남자는 언어가 인류에게 상징하는 중요성, 언어에 내포된 남성적인 영향력이 아니라, 그 '남성의 영향력'을 사회에서 그냥 없애 버릴 때 발생할 결과를 알아야 한다.

라틴어에서 파생된 모든 언어에는 정관사와 관련된 성별 구분이 존재한다. 명사 (와 많은 형용사)는 구체적으로 남성 또는 여성이 정해져 있다. 스페인어에서 집이 라는 의미인 'La Casa'는 여성이다. 황소라는 뜻의 'El Toro'는 남성이다. 라틴어에서 파생된 언어를 기본적으로 이해하는 사람이면 누구나 수천 년 전 라틴 문화는 성별의 차이를 매우 중요하게 여겨서, 추상명사와 일반명사를 쓸 때와 말할 때조차 성별을 부여했다는 사실을 알고 있다.

언어에서 성별을 제거하려는 노력은 언어와 사회를 교정하려는 시도처럼 보인다. 그러나 이 과정에서 '여성주의 강령'이 조장하고 싶어 하는 것이 도대체 무엇인지, 그리고 '여성 친화적인 시스템' 지닌 불안감이 얼마나 큰지 그 본질을 이해하는 것이 더 중요하다. 워싱턴주 주법에서 성별을 없애려는 6년간의 집념은 여성 지상주의가 사회를 조작하기 위해 들인 노력을 대표적으로 보여준다. 어떤 물건 또는 특질과 관련된 단어에서 남성성을 말살하는 방법으로 인간의 소통, 즉 언어의 기반부터 사람들의 인식을 조작하려는 것이다. 여성향 사회는 편리할 때는 '남성성'의 혜택을 누리지만, 동시에 자신들만의 이상적인 환경과 사회를 위해 남성성을 없애려 무수한 노력을 기울인다.

> '사상이 언어를 훼손할 수 있다면, 언어 역시 사상을 훼손할 수 있다. 틀린 용법을 관행과 모방을 통해 확산시킬 수 있는데, 심지어 지식인으로서 그래선 안 되는 이들 사이에서도 퍼져나간다.' - 조지 오웰

## 남자가 되어라

일부 문화에는 '남성'으로 들어가는 문, 즉 성인의 책임을 맡고 남자로 존중받기 시작하는 통과의례가 있던 시절이 있었다. 라틴 문화에는 15번째 생일에 소녀가 숙녀가 되는 퀸세녜라(quinceñera)가 있다. 유대인 소년에게는 바르 미츠바(Bar Mitzvah)가, 아메리카 원주민 부족에도 비슷한 전통이 있다. 남자가 영원히 청소년으로 남는 현상이 현대 사회의 질병이라면, 그 원인은 우리가 '남성성'을 충분히 존

중하지 않았기 때문에 남자에게 기대할 수 있는 것, 성인 남자로서 남성에 대한 존중이 생겨야 하는 분기점을 정하지 않은 것이다.

나는 남성성이라면 무엇이든 무시하고 조롱하려는 여자들의 부단한 노력에 대해 블로그와 다른 많은 곳을 통해 수많은 글들을 써왔다. 과거 50년 동안의 대중 매체와 영화, TV 시트콤, 음악 등에서 일관적으로 드러나는 이런 사례를 쉽게 찾을 수 있다. 하지만 남성성이 조롱당하는 것보다 더 주목해야 될 부분이 있다. 여자들을 '강하게' 만드는 남성적인 속성 및 특질이 남자를 강하게 만드는 남성적인 속성 및 특질과 똑같기 때문에, 이게 단순히 남성성을 향한 조롱만이 아니라는 점이다. 중요한 건 여자들이 이를 이용하는 방식이다. 여성 지상주의(Feminine Imperative)는 남자들에게 남성성에 대한 자기 의심을 심는 것만으로는 부족했는지, 꼭 남성성만이 아니라, '남자란 존재 자체'를 해결해야 할 '문제'로 만들어야만 했다.

대중문화가 남성성에 관한 인식들을 훼손하는 모든 사례를 살펴보면, '유일한 문제는 남자이고 그 문제를 바로잡을 자원과 지혜와 직관은 오직 여자에게만 있다'는 식이다. 오늘날 남자들은 50년대 루시Lucy와 리카르도Licardo(미국 시트콤 『왈가닥 루시I Love Lucy』의 주인공-옮긴이)로 묘사된다. 이 경우 보통 서로를 망가뜨리는 재앙을 피하기 위해서 남자들에겐 여자들의 지도가 필요하다. 그러나 흥미롭게도 '오직 남자만 일으킨다'고 묘사되는 이런 '문제들'을 해결하는 여자의 방법론은 정작 남성스러운 사고방식과 기술, 그것의 적용법이다.

## 남자인 사람 vs 남자

나는 26세의 아가씨와 18세의 어린 남자애와 대화를 나눈 적이 있다. 대화 내용 자체는 중요하지 않았는데, 도중에 남자애가 자신을 '남자'라고 불렀다. 그는 "나는 남자고, 남자들은 행동으로 보여줍니다." 같은 취지의 말을 하고 있었다. 그 '남자'라는 단어를 듣자마자, '남자'란 단어를 향한 여성적 조롱에 길든 젊은 여자는 자기도 모르게 키득거리면서 남자애의 말을 잘랐다. 남자가 스스로 '남자'라고 부르기만 해도 여자들의 조롱 충동을 일으킬 수 있다. 남자가 자신을 남자라고 여겨도 우스운 일이 되는 것이다.

나는 이 일을 겪고 내가 나를 언제부터 '남자'라고 부르게 되었는지 되돌아보았다. 끊임없이 남성성을 조롱하도록 길든 상황에서 자신을 '남자'로 구분하고 인식하는 일은 참 편하지 않은 일이다. 자신을 그저 성별만 '남자인 사람'으로 여기고 주제넘게 자신의 남자다움을 절대 내세우지 않는 게 편하다. 소녀의 세계에서 '남자'라는 선언은 자신의 오만한 태도를 인정하는 일, 성격에 결함이 있다고 인정하는 일이된다.

이제 여러분이 자신의 지위를 '그냥 남자 인간'이 아니라 '남자'로 받아들일 때, 고차원적인 쉿 테스트(meta shit-test)를 통과하는 것이다. 스스로 남자답다고 인정할 때, 여러분이 대항하고 있는 세상이 여러분 자신에 대해 믿게 만들려는 메시지를 거부하게 된다. 즉 여성 중심적인 사회가 기본값에 가까운 작업으로 남자들에게 자기 자신과 남성성과 남자다움의 개념을 모호하게 만들고 의심을 심으려 해도, 남자가 확신을 품고 스스로를 '남자'라고 천명하는 것이다.

자신을 '남자'라고 분명히 선언하라. 그런 방식으로 '그냥 생물학적인 남자'를 뛰어넘는 쉿 테스트를 통과하라. 겉으로는 그냥 '나는 남자야'라고 선언하는 것 같아도, 사실 그것은 '나는 이게 테스트라는 걸 다 알지'라고 말없이 표현하는 셈이다.

## 제거된 남자

여성식 지상 명령은 우리의 '남성성'을 '위협'으로 인식한다. 자신을 '남자'라고 천명하면, 여러분이 '남자'로서 자신의 개인적인 가치를 알고 있다고 암시하게 된다. 그것은 자신이 여자에게 매력적이면서 동시에 위협일 수 있다는 자기 인식의 표현이지만, 여성 지상주의의 끊임없는 영향력 아래에선 그저 오만하고 이기적이며 교만하다고 낙인찍힌다. 심지어 전혀 악의 없는 상황에서도 자신을 '남자'로 선언하면, 여성 중심적인 사회(Feminine Imperative)가 규정한 규칙에 따르면 '시대착오적인 성차별주의자'가 되는 것이다.

그러나 여성향 질서와 여성 중심적인 사회에는 남성성이 필요하다. 여성향 사회에서 (잠깐이라도) 확실한 안정을 확보하려면 남성적 요소가 필요하기 때문이다. 힘과 자신감, 결단, 위험을 감수하는 능력, 지배력, 여자들이 이런 남성적 속성에서 자연스럽게 얻는 안정과 편안함은 여자에겐 필수 요소이다. 그러나 여성향 지상 명령(Feminine Imperative)은 모든 여자들에게 '너희는 여자니까 너희의 매력과 가치와 무관하게 남성이 제공하는 안정감을 얻을 자격이 된다'고 가르쳤다. 그러한 남성적인 안정감을 이 짐승 같고 우스우며, 어리석은 남자들이 모두 제공할 수 있다고 믿을 수는 없는 노릇이다. 그래서 결국 남자와 남성성을 '분리'해야 하는 것이다.

이렇게 되면 더 이상 남자들만 '남성성'을 독점할 수 없게 된다. 이런 믿음으로 남녀 관계에서 주도권을 쥐고 군림하는 소위 '상여자'들은 남성성을 자신의 속성으로 삼고 있다. 실제로 성적으로 '곧잘 역할이 바뀌는' 레즈비언 커플에서 지배적인 남자 역할을 맡는 여자들도 비슷하게 묘사된다.

이런 예들은 찾기 쉽다. 매노스피어에서도 현대의 인간관계에서, 여성의 지배적인 풍조 속에서 여자들이 남자의 경제적 부양까지 직접 해결하고, 이미 자유로운 하이퍼가미를 훨씬 더 많이 해방하는 모습에 대해 쓴 글들이 많다. 그러나 '남자를 제거하려는 노력'은 남자의 역할을 대체하는 이런 자잘한 사례들을 훨씬 뛰어넘는 담론이다. 생각을 전달하는 방법인 언어에서 성별에 입각한 단어를 뿌리부터 삭제하는 행위는 현재 진행형으로 일어나는 '남자'를 박멸하려는 시도의 일환이다. 그리고 실제로 그 일이 벌어지는 중이다.

## 남성성이 불안하신가 봐요

이전 직장에서 동료들이 유방암에 대한 인식을 높이기 위한 걷기/달리기 행사를 준비한 적이 있었다. 그러던 중 어떤 '여성스러운' 남자 직원들이 모두 분홍색 옷을 입고 행사에 참여하자고 제안했다. 두말할 것도 없이 나는 분홍색의 물결 속에서 혼자 검은 티셔츠를 입고 도착했다. 성적인 자존감과 관련된 진부한 비난이 튀어나왔다. "핑크색을 거부할 정도로 남성성이 불안하신가 봐요?"라고 묻길래, "그런 걸 신경쓰지 않을 정도로 확신이 있죠."라고 답했다.

그 남자는 지난 60년간 여성향 강령(Feminine Imperative)이 사용해 온 것과 똑같은 전술을 자기도 모르게 그대로 썼다. 남성성에 의심을 불어넣는 전술이다. 여자들이 규정하는 '남성성의 자격'에 동조하는 방식으로, 남자들은 남성성이 무엇인지 정할 힘을 여성향 질서에게 넘겨준다. 그에게 던진 내 대답은 '그 힘을 그냥 되찾아오라'는 것이다. "남자다움이 무엇인지 내가 말해주지. 세뇌된 당신의 머리로는 나에게 남자다움이 무엇인지 가르칠 수 없어."

284

남성성을 멋대로 규정하는 데서 오는 여성 지상주의의 영향력은 사람들이 자기도 모르게 은근히 비꼬는 말에 그치지 않는다. 남성성을 마음대로 규정하는 건 남자에게서 남성성을 제거하려는 더 큰 노력의 일부에 불과하다. (매노스피어 안팎의) 특정 블로거들이나 심리학자들이 '더 나은 베타남'들을 만들기 위해 들이는 노력이 백마 탄 기사들 눈에는 품위 있게 보일지도 모르겠다. 그러나 '더 나은 베타남 만들기'란 노력의 이면엔 단 하나의 목적이 있다. 여성 중심적인 사회가 필요로 하는 남성적 측면을 당장 충족하기 위해, 변질된 '남성의 권위'를 남자들에게 하사하는 것이다. 즉 이 관점에서 남자들은 여자가 필요할 때만 알파가 되고, 나머지 모든 상황에서는 여자가 남성을 지배하고 관계의 주도권을 차지할 수 있도록 베타가 되어야 한다.

『합리적 남성』(〈명예 체계〉the Honor System)의 '남자의 딜레마The Male Catch22'에서 이미 설명했지만, 남성성이 남자가 물려받은 달갑지 않은 유산이 전혀 아니라는 점을 요즘 남자들이 꼭 깨달아야 한다. 이것은 여성향 질서가 굉장히 신중하게 짠 전략이다. 이것의 실체는 남자에게 '남자의 책임'을 전가하면서, 동시에 남성성이 여성향 질서의 이익과 충돌할 땐 '남성 특권'이란 프레임으로 죄책감과 수치심을 안기는 것이다. 이것을 간파하는 게 가장 핵심이다. 이런 역학은 남자들이 가지고 있는 남성성에 대한 자기 의심에서 힘을 얻어 작동한다.

여성 지상주의의 패권이 존속하기 위해서는 절대 남자에게 남성성의 규정할 힘을 넘겨줘서는 안 된다. 그렇다면 그것을 달성할 방법은 남자들이 직접 남성성을 규정하지 못하게 하고, 필요에 따라 여성들에게 유리한 만큼만 남성성의 권한을 남성에게 '허락'하는 것이다.

## 통과의례

길들이기에서 벗어나는(unplugging) 방법은 여러분이 자신에 관한 생각을 바꾸는 것이다. 그렇지만 이게 남자들이 레드필을 통해 새로운 현실을 받아들일 때 겪는 가장 큰 난관이다. 남자가 '남성성'을 스스로 부정하는 것, 그래서 남자가 남성성을 긍정적인 것으로 받아들이기 어려워하는 건 원래 정상적인 현상이 아니다.

소년이 통과의례를 거치면 가족과 동료들에게 '남자'로 인정받던 시절이 있었다. 레드필 남성은 일련의 방식으로 남자라는 걸 확인하는 전통적인 의식들이 지닌 중요성이 왜 고의로 격하됐는지, 어쩌다가 이런 통과의례 자체를 남자들이 창피한 것으로 여기게 되었는지 그 이유를 깨달아야 한다.

남성의 통과의례 대부분은 여자의 시선에서는 잔인하고 미개한 신고식처럼 묘사된다. 그런 이미지는 쉽게 대중에게 퍼진다. 그러나 '남성성'을 박탈하려는 이러한 노력에는 남자를 여성향 질서에 부응하게 하고, 여성 지상주의에 순응하도록 길들이려는 투쟁에 가까운 의도가 깔려있다.

레드필 깨달음으로 접어드는 남자는 자기가 '남자'라는 걸 받아들여야 한다. 레드필 남성에게는 모종의 통과의례가 필요하다. 매노스피어에서 사람들은 가끔 한 남자가 마침내 레드필 인식으로 들어오는 정확한 순간이 언제인지 질문한다. 그때 우리는 여전히 블루필 패러다임 안에서 살아가는 모습과 트라우마 덕분에 남자가 블루필 환상에서 탈출하는(또는 깨어나지 못하는) 계기가 된 이야기들을 비교해 본다. 남자가 과거 블루필 이상주의와 허무주의, 분노, 만연한 불신 등 힘들고 슬픈 과정에 관해 이야기하고, 이후에 레드필 깨달음을 수용하는 과정, 뒤이어 새로운 열정, 그리고 그러한 열정이 열어주는 가능성을 논의한다.

그러나 블루필 단계에서 레드필 인식으로 도약하기 위한 통과의례가 필요하다. 통과의례에는 남자가 스스로 남자가 되도록 허락하는 것, 심리적으로 받아들이는 과정이 포함된다. 그것은 관습적인 남성성의 관점에서 자신이 지닌 영향력을 더 잘 자각하면서, 자신에 대한 관점부터 바꾸는 결단이다. 여성 중심적인 사회 질서뿐만 아니라 다른 블루필 남자들과도 스스로 선을 긋는 형식적인 세례식이 필요하다.

(베타) 남자들 대부분은 관습적인 남성이 될 때, 자신에게 주어지는 권위와 그에 따르는 마땅한 권위를 손에 쥐길 어려워한다. 이 남자들은 이런 지배적 남성 역할을 받아들이면서 생기는 높은 자아 인격을 불편해하는데, 남성성이 상징하는 지위가 여성향 양육 및 성장 환경이 그들에게 심어준 모든 사회 규범과 교리에 위배되기 때문이다.

물론 남자의 권위에는 책임이 따른다. 나는 많은 블루필 남자들이 평등주의라는 거짓말에 위안받는 이유가 평등주의 덕분에 남자와 여자가 어떤 점에서 기능적으로 똑같은 존재라는 인상이 생기고, 이런 기대감이 남자에게만 주어지는 '성취에 대한 부담'과 '남자의 책임'을 면제해 준다고 믿기 때문이라고 본다. 그러나 이러한 위안을 찾는 베타 남자조차 여전히 자신이 사람이기 전에 남자로서 업적과 성취에 따라 인정받고 평가받는 사실을 은연중 의식하고 있다. 그리고 그러한 남자의 기량은 관습적인 남성성을 지닌 남자들의 통과의례에서 싹튼다.

# 두 번째 책
## (The Second Set of Books)

레드필 진실을 받아들이는 첫걸음은 남자가 자기 인생의 (대부분의 경우에) 절반가량 영향을 미친 여성향 길들이기와 담판을 짓는 것이다. (성 혁명 이전에) 남자아이가 성장 과정에서 여자를 무조건 존중하거나 내면의 여성성을 느끼도록 교육하지 않던 시절이 있었다는 점을 떠올리면 요즘 세상이 참 흥미롭다. 여성 중심적인 사회 질서(Feminine Imperative)가 소년을 길들이는 다양한 교육법들에 대해 자세히 다루는 매노스피어 블로거들이 넘쳐나지만, 그 모든 것을 관통하는 핵심은 '소년이 더 소녀 같아지도록 기르고 길들여야 한다'는 사고방식이다. 성인 '남자'가 되면 마침내 여자들이 원한다고 여기는 더 나은 베타 부양자가 되도록, 기억이 시작되는 아주 어린 시절부터 남자들을 길들여야 한다는 것이다.

트라우마, 인생의 위기는 인간을 자기가 처한 상황에 대한 답을 찾도록 몰아간다. 덕분에 이런 여성향 길들이기를 자각하게 된 남자의 입장에서, 우리는 이 기간을 '블루필 시절'이라고 부른다. 이 시기에 대한 구별을 분명히 하는 건 중요하다. 왜냐하면 한 남자가 알파 또는 베타남이라고 해서 블루필 길들이기의 영향을 자동으로 피할 수 있는 게 아니기 때문이다. 이는 알파 성향에 가까운 남자가 레드필을 받아들이지 못한단 뜻이 아니다. 여성 중심적인 사회가 남자를 길러내는 방법론 때문에 한 남자가 굳이 알파 또는 베타로 성장하는 건 아니라는 뜻이다.

내가 이런 구분을 강조하는 이유는 남자가 블루필(자신에게 자행된 여성향 길들이기를 남자가 모르고 지내는 상태) 상태에 있을 때, 그 남자는 반드시 베타일 거라고 가정하는 사람들이 많기 때문이다. 물론 여성향 길들이기는 남자애들을 여자 입장에서 더 유순한 남자로 길러내고, 여자의 연애 시장 가치가 감소하고 더 어린 여자와 경쟁에서 밀릴 때쯤 좋은 베타 부양자 역할을 맡을 수 있도록 준비시킨다.

그러나 여성식 규범에 굴종하도록 길든 알파 남자들도 많다. 이들은 여러분이 만나게 될 어떤 남자보다 더 확고한 백마 탄 왕자들이다. 이들은 보통 제대로 알지도 못하는 여자들과 그녀들의 '명예를 보호하기 위해' 제일 먼저 나서는 남자들이다. 백마 탄 왕자들의 이분법적 절대론(남자는 가해자, 여자는 피해자 등-감수)과 여성 친화적 사상으로 가득한 양육 환경은 결국 지독하게 독선적인 인식으로 귀결된다. 이러한 블루필 알파 남자들의 인생 목표는 여성향 길들이기가 주입한 모든 가치들을 수호할 기회를 찾는 것이다. 블루필 알파에게 모든 여성의 기본값은 '피해자'이며, 모든 여성은 동일한 역사적 고통을 공유한다. 여자들을 비판하는 남자(백마 탄 기사의 연애 시장 경쟁자)라도 나타나기만 하면, 내면의 여성성을 향한 자신의 열정을 여자들이 조금이라도 더 섹시하게 생각해 줄 것이라 믿고, 가까운 여자에게 자신의 그런 가치를 입증할 기회로 삼는다.

## 두 번째 책

2011년 6월 15일에 토마스 볼Thomas Ball이라는 남자가 아주 악질적인 이혼 소송 절차에 시달린 이후, 뉴 햄프셔New Hampshire의 체셔Cheshire 고등법원 앞에서 분신했다. 자살하기 전 그는 사법 절차에 대해 느낀 환멸을 보여주는 긴 성명서를 남겼다. 이 성명서는 그가 레드필 인식이 보여주는 더 거대한 불편한 진실에 눈을 뜬 과정을 담았다는 점에서 중요한 의미를 갖는다. 인터넷에서 그의 유언을 찾아보길 권한다. 안타깝게도 볼의 선언은 여기에 온전히 담기에는 너무 길어서 중요한 부분만 일부 인용한다.

> 휙 들어 올려졌다가 이런 쓰레기 법에 처박혀본 사람이라면 누구나 눈앞에 펼쳐진 광경에 경악할 것입니다. 여러분은 경찰과 검사, 판사들이 하는 짓거리들을 믿지 못할 겁니다. 참 뻔뻔스러울 정도로 글러 먹었습니다. 물론 그들이 하는 일은 모두 논리와 규칙(book)을 따릅니다. 그렇지만 그들에게 혼란을 느끼는 이유는 그들이 여러분과는 다른 규칙들(books)을 사용하기 때문입니다. 여러분은 과

거의 첫 번째 책, 즉 헌법, 일반법, 판례와 관습법을 사용합니다. 그러나 그들은 새로운 두 번째 책, 즉 내부 지침, 행정 절차, 정책들로 이루어진 책을 사용하고 있습니다. 각자 사용하고 있는 진짜 규칙이 무엇인지 안다면, 그들이 하는 모든 일이 논리적이고 정의로운 것처럼 보입니다. 두 번째 책 따위는 없다며 굳이 나와 논쟁할 생각은 하지 마십시오. 내가 그 책의 존재를 입증할 모든 걸 갖고 있으니까. 아니면 최소한 그 책의 핵심이 되는 아주 중요한 부분을 갖고 있으니까.

나는 그가 분신자살을 한 부분에 대해선 격렬히 반대한다. 그러나 그가 느낀 허망함을 진심으로 이해한다. 살면서 쏟은 모든 개인적인, 감정적인 투자를 송두리째 잃었을 때 자살이나 살인이라는 결론에 이르는 모습에 대해, 레드필에 비판적인 많은 이들이 나를 불러내 다음과 같은 야단을 친다.

그렇지만 롤로, 당신이 '삶이 흔들리는 게 이 남자가 목숨까지 걸만한 동기'라고 설명하면, 생명을 끊는 행위를 '논리적'이라는 말로 정당화하는 겁니다. 그런 선택은 이를 공감하는 사람들의 관점에서는 이해할 법도 하고, 당시에는 그에게 자살이 당연한 결론처럼 보였을 수도 있으나, 그것은 전혀 논리적이지 않습니다. 당신은 극단적인 베타의 처지를 점점 더 정신병처럼 보이게 만들고 있습니다.

그런데 분명히 밝힌다. 나는 과거에 원아이더스ONEitis, 즉 소울메이트 환상이라는 개념에 기반한 삶은 그 정도와 수준과 상관없이 사실상 '정신 질환의 한 형태'라고 주장했다. 그렇지만 나는 살인 또는 자살 중 어떤 것이라도 정당화하지 않았다. 인생에서 모든 것을 쏟은 가장 중요한 가치가 현실에서 사라지는 모습을 마주한 남자 내면의 사고 과정을 설명했을 뿐이다. 그들은 여자들이 어떤 규칙에 따라 게임을 한다고 믿도록 길들었다. 그렇게 확신하며, 그 규칙과 조건들을 존중했다. 하지만 평생을 바쳐 그 규칙의 올바름과 정당성에 자신의 자아를 투자하고 난 이후에야, 사실은 여자들이 전혀 다른 규칙에 따라 게임을 한다는 사실을 깨닫게 된다. 그러면 모든 사람이 똑같이 지킬 것이라고 기대했던 바로 그 규칙을 믿은 자신이 얼마나 멍청했는지 까무러치게 된다. 비평가들이 레드필 남자의 특징을 언급하며, '화가 나 있다', '억울해한다'라는 꼬리표를 붙일 때, 이것이 그런 억화심정의 근원인 셈이다. 남자들의 분노는 사실 여자를 향한 것이 아니다. 통찰력이 없던 자신을 향한 것이다.

자살이나 살인은 일부 남자들에게는 확실히 논리적이고 실용적인 해결책인 것처럼 보일 수 있으나, 그것은 결코 정당화될 수 없으며 지지하지 않는다. 토마스 볼은 미국 이혼 산업의 추악한 시스템을 들춰내기 위한 그의 세세한 노력을 생각해본다면, 상징적인 자살보단 살았을 때 훨씬 더 세상에 도움이 되었을지도 모른다. 이제 시간이 흘러, 그는 어쩌면 그가 기대했을 순교자가 되지 못했고, 이 책에서 인용되었을 뿐이다. 여성 중심적인 사회가 낳은 또 한 명의 사상자가 되었다.

그럼에도, 토마스 볼과 그가 우리에게 던진 마지막 메시지는 한 남자가 자신을 세뇌해 온 현실과 담판을 지은 대표적인 사례다. 유언에서 그는 법적인 시련에 관해 아주 중요한 점을 언급한다. 모든 사람이 따라야 한다고, 즉 모든 사람이 공유한다고 믿은 '규칙'이 사실 한 권이 아니라 두 권이란 진실을 깨닫게 된 것이다.

볼은 자신이 겪은 사법 시스템과 그 과정에서 쓰라리게 배운 교훈들을 설명하면서 주로 정치적인 메시지를 전한다. 그러나 남자들이 익숙한 블루필 관점에서 레드필이 제시하는 가혹한 진실로 전향할 때 겪는 경험은 볼이 모두가 따른다고 믿었던 책(일련의 규칙)이 알고보니 모두가 사용하는 건 아니란 사실을 발견했을 때 받는 충격과 매우 비슷하다. 마찬가지로, 여자들도 똑같은 규칙 즉, 특정한 기대를 갖고 '남녀 간 공정 거래가 약속되었다'고 믿도록 태어난 순간부터 길든 남자들은 알고보니 자신들만 그 규칙을 따르고 있었다는 걸 깨닫는다. 더욱이 이 남자들은 남자를 여성 친화적으로 길들이는 현실이 두 번째 책에 근거했다는 것, 그런 진실을 '본능적으로 눈치채지 못했다'.

내 생각엔 첫 번째 책, 즉 오래된 책의 규칙은 성 혁명 이전 시대의 사회 계약을 담고 있다. 성취에 대한 부담은 그 자체로 이러한 규칙의 연장선이었고, 이러한 성취 부담을 남자가 받아들이면 그 보답으로 여자와 다른 남자들의 존경을 기대할 수 있다고 알려진 규칙이다.

두 번째 책, 즉 새로운 책의 규칙은 남자가 알든 모르든 지키고 있는 진짜 규칙을 담고 있다. 이것은 성 혁명 이후의 규칙이다. 여성 중심적인 질서와 자유로운 하이퍼가미에 기여하고, 여성 우월 체제에 필요한 사회 질서 재편의 연장선에 있는 규칙들이다.

남자는 이렇게 둘로 나뉜 규칙과 반드시 담판을 지어야지 환상에서 해방되고, 레드필 인식에 눈을 뜨게 된다. 요즘 남자들은 두 번째 책에 따라 살라고 요구받는다. 그러나 동시에 첫 번째 책에 담긴 의무를 여전히 이행해야 한다. 기사도 정신이라는 개념에 대해 남자들이 느끼는 환멸감은 상당 부분 이렇게 두 명의 주인을 섬기는 바람에 생기는 것이다. 남자들은 과거의 사회적 계약이 시대착오적이지만, 여전히 그것을 존중해야 한다고 배우고 있다. 그런데 그 과정에서 선명함과는 아주 거리가 먼 애매한 선을 넘으면 두 번째 책에 따라 박해당한다.

젊고 어린 남자가 블루필 환상이 인생이나 여자에 대해 심어준 믿음을 극복하고, 자신의 가장 생산적인 청춘을 낭비하기 전에 미리 깨달음을 얻어서 스스로 깨치고 나오는 일은 어렵다. 그러나 나이가 좀 든 성숙한 남자가 첫 번째 책에 담긴 희망에 인생 대부분을 저당 잡히고 시간을 투자했다가, 두 번째 책에 의해 모든 것을 빼앗길 때, 바로 그 순간이 남자가 첫 번째 책을 토대로 그가 확립했다고 믿었던 모든 '평등이란 가치'가 아무짝에도 쓸모없어지는 순간이다. 말 그대로 (그때까지) 그의 삶 전체가 쓸모없어지는 것이다. 이것이 내가 쓴 첫 책에서 '관계 내 평등의 오류 Fallacy of Relational Equity'라고 부른 개념의 바탕을 이룬다.

남자가 아주 오랫동안 거짓말에 속아서 인생을 산 뒤, 즉 그가 한평생 쌓아 올렸다고 믿었던 모든 것이 헛것임이 드러난 후에, 다시 자신을 되찾기로 마음먹는다면 실제로 두 가지 선택지가 남자 앞에 나타난다. 자신을 재창조하거나 자신을 파괴하는 것이다. 두말할 필요도 없이, (여성보다 5배 많은) 남성의 자살 통계 수치를 살펴보면 대다수의 보통의 남자(베타)들은 자신의 삶을 재창조할 개인적인 힘이 없다고 여긴다. 토마스 볼도 여기에 해당한다.

많은 남자들이 레드필 인식에 눈을 뜰 때 환멸감을 느낀다. 남자들은 지금에서야 눈에 들어오는 것이 과거에도 늘 거기에 있었다는 사실에 화가 난다. 하지만 이 남자들의 허무한 감정은 실제로 만나본 여자나 여성화된 사회에서 발생하는 사건들이 레드필이 예측한 대로 전개되는 모습을 직접 목격하는 바람에 화가 나는 게 아니다. 지금까지 낭비해 온 시간과 자원 때문에 터지는 분노다.

292

남자들이 소위 '정당한 분노'를 경험하는 가장 큰 이유는 두 번째 책이 그토록 오랫동안 막후에서 그들의 삶을 조종했기 때문이 아니라, 첫 번째 책에 많은 것을 투자하는 바람에 그만큼 잃은 것도 크기 때문이다.

그런데 여기 좋은 소식이 있다. 남자들은 자신을 재건할 수 있다. 레드필과 허무주의에 관한 글이 많으나, 그러한 감정은 양쪽의 규칙을 모두 알게 된 뒤에도 남자가 자신을 긍정적으로 재창조할 수 있다는 사실을 모르기 때문에 생긴다. 레드필 레딧 토론방에서 자주 올라오는 한 가지 공통적인 의견은 '게임을 깨닫고 나면 한 남자의 세계관이 완전히 파괴된다'는 것이다. 나도 안다. 나도 그것이 힘든 과정이라는 사실을 알지만, 그 남자들에게 우울증이 생기는 이유는 오히려 이런 새로운 인식 덕분에 블루필 시절보다 훨씬 더 상황이 좋아질 수 있다는 사실을 전혀 모르기 때문이다.

긍정적인 남성성을 새롭게 세우는 일, 그러한 남성성을 완전히 자기 것으로 만드는 일의 시작은 일단 자기 현실과 담판을 짓는 것이다. 그리고 이 과정의 난이도는 두 개의 모순되는 규칙들이 지금까지 자신의 인생에 어떤 영향을 미쳤는지와 상관이 있다. 다시 일어서는 건 쉽지 않다. 나도 살면서 충분히 겪었고 상실감도 느꼈다. 그리고 나이를 먹을수록 상실감은 더 커 보인다. 그러나 우리가 받아야 마땅하다고 느끼는 보상과 대우를 얻기 위해선 일단 우리가 먼저 우리의 가치를 인정해야 한다. 그 가치라는 것은 고정불변이 아니고, 상황과 맥락에 따라 달라진다.

오래된 책의 맥락에서 우리가 직접 받아들인 어떤 가치가 두 번째 책의 맥락에서는 어떻게 대접받는지 비교해 봐야 한다. 블루필에서 가치 있다고 믿었던 것, 즉 블루필의 이상주의가 속삭인 목표에 우리를 더 가까워지게 해준다고 믿었던 평등주의 신념들은 현대 사회에서는 당연한 것으로 취급하기 때문에 오히려 그 가치를 인정받지 못한다. 그런데 우리는 그것을 (그렇게 부를 수 있다면) 새로운 사회 계약 속에서 탄생한 '최악의 사태에 대비할 수 있는 일종의 보험'이라고 착각한다.

여러분은 관습적인 남성성의 요소 중에 어떤 측면이 자신에게 가치 있는지 결정해야 한다. 동시에 여전히 사방에서 추종하는 두 번째 규칙을 간파하고 그런 환경에서 살아가야 한다. 나는 글을 쓸 때 '오래된 책'과 '새로운 책'을 비교해 왔는데, 이러한 비교는 사색에 있어서 정말 편리한 도구이다. 알파, 베타, 레드필, 블루필처럼,

'오래된 책'과 '새로운 책'은 우리를 지배하는 두 개의 질서를 설명하는 핵심 키워드 이다.

　나는 남자들이 소위 '좋았던 옛 시절'로 돌아가길 바랄 필요는 없다고 생각한다. 그런 발상은 사실 존재한 적이 없었던 시절을 향한 노스텔지어일 뿐이다. 오히려 블 루필이 우리를 길들인 방법을 본질적인 차원에서 이해하고, 블루필에서 자신을 해 방하고, 두 번째 책을 우리에게 최대한 유리하게 이용해야 한다. 여러분이 기존 사 회 계약의 거짓말을 간파하고, 즉 실은 아무도 따르지 않는 규칙을 믿어서 생긴 환 상에서 벗어나게 되면, 여러분은 긍정적이면서도 새로운 관습적인 남성성을 효과적 으로 받아들이게 될 것이다.

# 레드필 균형 잡기

한 독자가 '두 번째 책'이란 제목의 블로그 포스팅에서 내가 제안한 주제와 아주 딱 들어맞는 고차원적인 레드필 질문으로 나를 놀라게 했다.

롤로가 쓴 글 중 많은 부분에서 꼭 내 마음을 읽은 것처럼 공감되는 내용이 많습니다. 나도 전적으로 동의합니다.

내 생각엔 당신이 말하고 있는 주제가 '선이나 정의의 고유한 가치'에 관한 주제와 비슷한 것 같습니다. 플라톤이 『국가The Republic』에서 이 질문을 꺼냈고 누구보다 잘 답변했다고 생각합니다.

플라톤은 시작부에서 '정의란 무엇인가?'라는 질문을 던집니다. 하지만 뒤이어 바로 '정의가 지닌 가치가 무엇인가?'로 질문이 바뀌지요. 다시 말해, 선이 우리에게 아무런 보상을 가져다주지 않는다면, 그게 무슨 가치가 있겠습니까? 그 자체로 가치가 있나요? 만약 선이 우리에게 희생을 요구한다면, 또는 사실상 모든 걸 희생하라고 요구한다면 그게 가치가 있을까요?

글라우콘Glaucon(플라톤의 형-옮긴이)은 이런 의문을 제기합니다(쉽게 바꿔서 표현함). '모든 사람이 완벽하게 정의로운 사람을 완전 부당한 인간으로 취급하고, 아주 부당한 인간을 완전히 정의로운 사람처럼 여긴다면 어떤 일이 벌어질까?' 그다음에 그는 이 질문을 소크라테스에게 던져주고, 이 시나리오에서도 과연 '정의'라는 게 가치가 있는지 효과적으로 입증하라고 요구합니다.

우리도 이 질문을 인용해서 이렇게 물을 수 있겠지요? '여자들이 완벽하게 좋은 남자를 완전 매력 없다고 여기고, 아주 쓰레기 같은 남자를 완전히 섹시하다고 여기면 어떻게 될까?'

선은 성적으로나 사회적으로 이익이 없어도 가치가 있을까? 이것 역시 같은 질문입니다.

우리가 개인적인, 사회적인 기준에 따라 좋다고 여기는 것이 보상받지 못할 (또는 겨우 마지못해 보상받을) 때, 반면에 '나쁘다'라고 여기는 것이 여자들에 의해 진정한 갈망과 친밀감으로 열광적인 보상을 받을 때, 우리가 '좋은' 남자가 되어야 하는 이유는 무엇일까? 다시 말해, 여성의 하이퍼가미 본능은 남자들이 좋게 혹은 나쁘게 여기는 가치에 관심이 없는 것이죠.

이런 딜레마는 과거 베타남으로서 우리가 지녔던 가치관을 떠올릴 때마다 빠지게 되는 것 같다. 베타남을 베타로 만드는 것은 당연히 남자가 지닌 약점이다. 동시에 남자의 유순한 성향 때문이기도 하다. 우리가 살면서 사랑과 공감, 진실, 우정, 친절, 그리고 무엇보다도 신뢰를 원하고, 심지어 그것들을 바란다고 해서 우리에게 결함이나 문제가 있는 건 아니다. 그냥 우리를 인간답게 만들 뿐이다. 만약 우리가 이런 가치들을 높게 산 뒤 세상에 투영하고, 우리가 대접받고 싶은 대로 타인을 대접한다면, 사회가 더 살만해지지 않을까? 그런데 이게 '바로 이 여자야'라는 생각이 드는 여자와 만날 때, 그 여자를 간절히 원하는 충성스러운 베타 남자가 갖는 마음가짐이 아닌가?

## 인정사정 볼 것 없다

내가 쓴 게시글(합리적 남성 1권의 한 장을 차지한) 〈사랑과 전쟁 중, Of Love and War〉에서 남자의 숙명인 '성취에 대한 부담'에서 벗어나고 싶다는 희망을 요약한 독자의 댓글을 인용한다.

> 우리는 쉬고 싶다. 마음을 열고 솔직해지고 싶다. 고생이 없는 곳, 힘과 휴식을 빼앗기는 곳이 아니라 얻을 수 있는 안전한 안식처를 원한다. 계속되는 경계심을 내려놓을 수 있길 바란다. 우리 내면의 인간적인 면을 못마땅해하지 않고 이해할 수 있는 누군가와 그저 함께할 기회를 원한다. 싸움을 멈추고 게임을 멈추길 바란다. 잠시만이라도. 너무나도 간절히 바란다. 하지만 그렇게 해버리면, 다시는 일어설 수 없게 되겠지.

남자들의 이런 사고방식이 내 눈엔 아주 역설적으로 보인다. 남자가 성취에 대한 부담을 줄이거나 잠깐 멈추기를 바라는 경우, 그것 자체가 실패의 원인이 되는 경향이 있다고 보기 때문이다. 너무 깊게 다루지는 않겠지만, '자신만의 길을 가는 남성들(Men Going Their Own Way, 줄여서 MGTOW, '믹타우'라 부르며 일종의 미국식 절식남 운동이다-감수자)'의 슬로건이 남자들에게 그토록 매혹적으로 보이는 한 가지 이유가 있다면, 마찬가지로 '성취해야 한다'는 압박감을 완화해주는 희망찬 약속 때문이다. 그냥 포기하라. 경쟁을 거부하고 부담감을 완전히 거부하라. 일본의 초식남 위기 현상은 이런 사고방식의 장기적인 결과물이자 생생한 사례다.

그런데 남자들은 블루필의 베타 길들이기에 빠져 있을 때에도 똑같은 실수를 저지른다. 천생연분인 여자를 만난다면, 특별한 '그 여자'와 조우하면 남자가 성취 부담을 내려놓고 걱정하지 않으며 마음을 놓아도 된다고 믿는다. 그러면서 딱 '그 여자'를 행복하게 하는 데 필요한 최소한의 노력만 기울인다. 베타는 블루필 길들이기를 통해 세상이 평생 세뇌한 거짓 광고에 넘어간다. "네 성공이나 업적에 상관없이 너를 받아주는 천생연분을 만나. 그러면 이제 긴장을 풀 수 있고 '나약'해질 수 있고 레드필도 잊을 수 있어. 그 여자는 너에게 사랑과 공감, 친밀함, 수용, 너를 향한 진정한 욕망에 그 어떤 조건도 달지 않는 특별한 모범 사례이기 때문이지."

이것은 '남자가 업적을 이루어야 하는 부담을 잠시 내려놓아도 괜찮다'는 믿음을 품도록 길든 베타남에게 아주 달콤한 메시지일 뿐더러, 아주 효과적인 슬로건이다. 독자는 이야기를 이렇게 이어 나간다.

내 인생도 그렇게 돌아가는 것 같다. 되돌아보면 나는 전 여자친구, 내가 만났던 단연코 가장 매력적인 여자에게 너무 감사한 마음을 가진 나머지 그녀 대신 죽을 수도 있었다. 다른 여자는 그 누구도 원치 않았다. 다른 여자는 눈에 들어오지도 않았다. 연애에서 그런 일이 일어난 건 처음이었다. 그녀가 살이 쪄도, 매력을 잃어도, 늙어도, 난 여전히 그녀를 원할 거라고 생각하던 모습이 지금도 생생하다. 나는 영원히 그녀를 '사랑'했을 것이다. 내가 가진 모든 것을 털어서 연애 시장에서 빠져나와 완전히 은퇴할 마음을 먹었다. 내 인생 전체는 그녀의 행복을 중심으로 돌아갔고, 내가 그런 특권을 누릴 수 있다는 게 행운이라고 생각했다.

당시엔 그 모든 게 고귀하고 대단하게 느껴졌지만, 지금 돌이켜보면 한심하고 비정상적으로 보인다. 결핍의 마인드가 가득한 모습이었다. 그러나 문제는, 만약 그녀가 나의 노력에 화답했다면 어땠을까? 이어나갈 만한 인연이지 않았을까? 그녀가 내 노력에 보답했다면, 어떤 여자든 그런 모습에 화답한다면, 디즈니 영화에 나오는 내용이 헛소리가 아니라 현실이 되지 않았을까? 우리는 그런 일이 가능하다고 생각해야 하고 그래서 계속 그러한 믿음에 맞추는 척하는 것이다. 레드필의 핵심은 그런 일은 불가능하다고 인정하는 데 있다고 생각한다. 연애에서 평등은 불가능하다. 틀림없이 여자는 이론상으로 당신에게 충성하고 헌신할 수 있지만, 현실에선 가장 쓰레기 같은 남자에게 그 충성을 갖다 바칠 뿐이다. 잔인하면서도 중대한 코미디다.

별것 아닌 건데도 그녀는 내게 거짓말을 했고, 내가 나약해진 나머지 그녀를 가장 필요로 하던 순간 나 몰래 다른 남자를 만났다. 참 놀랍지 않나? 레드필 인식을 얻은 지금에야 저런 게 뻔해 보이지만, 당시 나는 허를 찔렸다. 저런 결과를 전혀 예상하지 못했다. 내가 그렇게 많은 것을 그녀에게 쏟았고 늘 그토록 원했던 모든 것을 기꺼이 그녀에게 내줬는데, 그녀는 어떻게 그럴 수가 있는지 이해할 수 없었다. 그녀도 나와 똑같은 것을 원할 거라고 생각했다. 남자나 여자나 똑같으니까. 그게 남녀평등이니까. 어떻게 그 모든 것들이 그렇게 깡그리 내다 버릴 수 있을 만큼 그녀에게 아무런 가치가 없었는지 이해가 안 되었다. 내가 그녀에게 내준 것들은 아주 조금도 소중하지 않았다.

나는 가끔 남자들에게 영화 『블루 발렌타인Blue Valentine』을 보라고 권유한다. IMDB(미국의 영화 정보 사이트-옮긴이)에서 줄거리를 확인할 수 있지만, 내가 여기서 말하려는 내용을 제대로 이해하려면 그 영화는 직접 시청할 필요가 있다. 영화의 주인공도 윗글과 똑같은 낭만적인 연애 이상주의에 빠졌다. 주인공은 한 싱글맘과 완벽한 사랑의 개념을 공유할 수 있기를 바라며 결혼한다.

이 이야기는 남자 대다수가 운명적 사랑을 믿으면서 겪는 이야기, 즉 미혼일 때는 알파였지만 결혼 후 베타가 되는 익숙한 시나리오로 이어진다. 종종 아내나 오래 사귄 여자친구가 생각하는 '알파'란 나중에 보니 그 여자가 나이를 먹으면서, 그 시절에 수반되는 필요를 충족시키는 남자를 가리키는 표현일 뿐이었다.

그 정도로도 이 영화를 추천하기에 충분하지만, 이 이야기는 훨씬 더 가치 있는 교훈을 들려준다. 딘Dean(라이언 고슬링)은 이상주의에 빠져서, 남녀 각자의 성 전략이나 타고난 본성과는 무관하게 '동일한 사랑의 개념'을 갖고 있다는 블루필의 환상에 사는 모습을 보여준다. 이런 그릇된 믿음 때문에 딘은 남자가 지닌 성취에 대한 부담을 내려놓는다. 야망을 내려놓고 소울메이트 여자와 함께 느긋해져, 평범함, 낮은 목표, 사랑과 관해 미화된 블루필 이상을 여자들도 공유하고 유지할 것이라는 이상주의적 믿음, 다시 말해 '성취를 안 해도 괜찮아'에 안주하게 된다.

그는 여자와 가까워지면 남자의 업적이나 성취 따위는 필요 없다는 거짓된 생각에 빠져, 느긋해지고 경계심을 늦추면서 여자가 바라거나, '여자는 ~이 필요하다'라고 어릴 때부터 주입받은 것들을 믿는 나약한 남자가 된다. 자신에게 점점 흥미를 잃어가는 아내에게서 떨어지지 못하는 유형의 남자들은 보통 자신의 야망과 열정을 그저 그런 일상의 삶과 바꾼 이들이다. 아내나 여자친구의 (원초적 욕망이 아닌) 사랑이라는 겉모습이 마치 안전한 담요처럼 무난하게 이어지는 한, 남자는 계속 그렇게 살 것이다.

아내나 여자친구가 꽤 편안하게 느껴지기 시작하거나, 또는 여자친구가 '그렇게 까지 할 필요가 없다'고 할 때, 남자는 점점 성취에 대한 부담에 무뎌진다. 그렇지만 이런 거짓된 안정감은 일시적이고 결국 남자를 파멸과 후퇴로 이끈다.

## 자비는 없다

그 이후 나는 내 친구에게 비슷한 일이 한 번이 아니라 두 번씩이나 일어나는 것을 봤다. 교과서적일 정도로 뻔하고 엿 같은 현실이다.

인간의 성향상 '조건 없이 베푸는 베타 측면'을 함양하는 사람들이 큰 규모로 늘어나면 그 사회는 살기 좋은 곳이 된다. 교양 있고 품격 있는 사회를 실현할 수 있다. 양 당사자가 서로를 챙겨주고 그만큼 보답하리라고 충분히 기대할 수 있는 정말 가치 있는 인간관계가 형성된다. 이를 위해 믿음과 신뢰가 필요하나, 우리는 그렇게까지 어리석지 않다. 성 혁명 이후 우리는 더 똑똑해야 살아남을 수 있게 되었다. 여자들은 그렇게 믿을만한 가치가 있는 존재가 아니었고, 그럴 자격도 전 혀 없었다. 앞으로도 여자를 믿을 수 없을 것이다. 우리는 여자를 믿을 가치가 있 다고, 그리고 그런 여자에게 가치 있는 존재가 되기 위해 우리 본성 차원에서 더 나은 측면을 길러야 한다고 그저 믿어야만 했다.

불편한 진실은 여자들은 우리를 갖다 바칠 만큼 가치 있는 존재가 전혀 아니 었다는 사실이다.

여성의 성 전략은 '정의'나 '선'에 반응하지 않는다. 만약 여자가 그런 식으로 보상했다면 남자에게도 당연히 보상이 돌아올 것이고, 우리 중 누구도 합리적으 로 여기는 '남녀평등'이란 가치에 대해 혼란을 느끼지 않을 것이다. 여자는 선이 아니라 힘에 보상한다. 그리고 힘은 도덕과 관련 없다. 힘은 정의라는 관점에서 부당할 수도 있고, 선하거나 악할 수도 있다. 힘을 가진 남자는 악당 또는 영웅이 될 수 있지만 여자에게 그 둘 사이엔 큰 차이가 없다. 여자는 그 둘을 구분할 줄 모르며, 사실 신경도 쓰지 않는다.

내가 '초토화'라고 부르는 전략을 쓰는 남자들, 레드필 커뮤니티에 존재하는 일련의 풍조가 있다. 여성의 기회주의적 사랑과 '남자가 성취 부담에서 벗어날 수 있다'는 남자의 이상적인 사랑을 조화시키는 건 몹시 어렵다. 그래서 남자들은 곧잘 포기하고 싶어 한다. 이런 남자들은 우리의 말을 자르며 '여자란 족속들은 가장 비열하고 이기주의적이고 자기밖에 모르는 소시오패스나 사이코패스 같은 남자에게만 끌린다'고 주장한다. 그래서 이 남자들은 자신의 이상향을 박살 내고 믿을 수 없을 정도로 부정적 인격을 발전시킨다. 그리고 종국에는 그런 특성이 겉으로만 보이도록 펼친 연기가 아니게 된다.

이런 사례는 남자가 레드필이 제시하는 불편한 진실을 거의 복수심에 불탄 모습으로 받아들이는 경우다. 그리고 이를 통해 다시 한번 왜 초토화 작전을 펼치는 픽업 아티스트들의 태도가 여자에게 매력적으로 보이는지 알게 된다. 사실 여자들은 눈에 밟힐 정도로 뻔하게 나쁜 남자나 지나치게 지배적인 알파 남자에게 진정한 욕망과 성적 갈망으로 보상한다. 남자의 상냥함과 겸손함은 섹스 파트너로서 부정적인 지표로 간주한다.

남녀 관계에서 호혜적인 정책을 쓸 때 생기는 고질적인 문제는 그런 정책이 남녀 각자의 이해관계, 그 사이의 균형점을 향해 어떤 식으로든 나아갈 거란 착각 때문에 생긴다. 이에 대한 해결책은 하나, 남자가 나쁜 남자의 기세로 급선회하는 것이다. 남자가 일단 여성과 교전 수칙을 이해하고 그 수칙을 이용할 정도로 잘 파악하게 되면, 그런 전술이 주는 관계 장악력을 남자가 굳이 이용하지 '않을' 이유가 있나?

그런데 여기에는 두 가지 위험 요소가 잠재되어 있다. 첫째, 그런 전략은 실제로 지속 가능할 수 없다. 결국 믹타우가 더 성애적으로 변한 모습이 될 뿐이다. 둘째, '우연한 사고'가 일어난다. 믹타우들은 여자랑 교제하는 게 죄다 성희롱이나 미투의 위험이 내재된 거라고 경고하는데, 정작 초토화 전략을 가진 남자에겐, 알파라고 확신하는 남자를 붙잡으려고 여자 쪽에서 고의로 '예기치 못한 임신'을 하며 남자를 몰락시킬 가능성이 훨씬 더 크다. 아이에 대한 의무, 부양책임은 초토화 전략을 펼치던 남자의 인생에 찬물을 끼얹는다.

여자들이란 철학적으로나 영적으로 그리고 도덕적으로 성장이 멈췄다고 말해도 딱히 틀린 말이 아니다. 그들은 고차원적인 이상에 매달리는 능력이 부족하고, 그런 이유로 실질적인 정의나 선이 무엇인지 모르고 신경도 안 쓴다. 쇼펜하우어의 말처럼 여자들은 '껍데기만 보고 그것을 안다고 착각한다'.

여자들의 진짜로 열등한 부분들을, 즉 '여자는 심각하게 열등하다'는 사실을 받아들일 수 있을 때까지 참 오래 걸렸다. 그리고 그것이 진실이라는 걸 깨달을 때, 마치 공동체를 우선하는 남자의 우월성을 내세우고 있는 것 같아서 딱히 즐겁진 않다. 사실 이런 받아들임의 과정은 진심으로 기분이 좋지 않다. 이런 상황을 감정적으로 처리하는 일은 우리가 각각 남자로서, 그리고 한 사회의 구성원으로서 마주해야 하는, 궁극적으론 성취에 대한 부담의 일종이다. 어느 순간에 결국 우리는 '여성의 도덕적 열등'을 반드시 마주해야 한다. 만약 지금 사방에서 무너지고 있는 전통, 제도들을 본다면, 이전 남자 세대들은 이미 이런 불편한 진실을 간파했다는 걸 알 수 있다. 우린 그들이 알았던 것을 잊었을 뿐이다.

그렇다면 해답은 무엇인가? 정의는 그 자체로 가치 있는 것인가? 우리는 어쩌면 '예'라고 대답하고 그 근거를 제시하길 바란다. 그러나 내가 설득력 있는 주장을 할 수 있을지 나조차도 모르겠다.

이 부분에 대해 나는 당신에게 동의하지만, 그러면서도 '엿 먹어. 그건 아니지.'라고 생각한다. 하지만 그러면서도 '사실, 맞긴 하지'라고 생각한다. 나도 내게 해답이 있으면 좋겠다.

'자기의 진짜 모습이 아닌 다른 존재가 되어야 한다'는 사고방식을 고치려는 남자들이 있다. 여성향 사회는 남자들에게 '실존적 가짜'라는 꼬리표를 붙여서, 관습적 남성성을 남자들의 무의식적인 나약함을 숨기기 위해 쓰는 '가면', 즉 가식이라고 말한다. 남자들이 자기를 의심하게 하고자 혈안이 되어 있는 것이다. 그러나 불행히도 남자들 상당수가 이런 프레임을 객관적 진실로 받아들인다. 그것은 블루필 길들이기의 일환이고, 남자들을 향한 여자식 '감수성 훈련'과 남성혐오 길들이기의 핵심이다. 남성성이란 게 고작 남자가 쓰는 위선적 가면에 불과하다면, 남자란 존재에 대한 '진실'은 결국 유일하게 '진실된 존재'인 여자가 정하게 된다.

우리는 힘, 독립성, 금욕, 그리고 감정의 절제를 향한 우리의 갈망이 타당한지 고민하지 않는다. 여자의 본성에 맞서는 방어막을 치고자 하는 욕구, 여성의 타고난 본성에 관한 레드필 진실을 견딜 수 있는 심리적 갑옷을 두르고자 하는 욕구는 정당하며 남자들에게 필요하다. 남성의 나약한 부분이 가치 있는 순간이 있다면 그것을 드러낼 때, 평소 그의 강한 모습과 반전이 되는 경우다. 약자나 시시한 애어른에게서 볼 수 있는 나약한 모습이나, '그만큼 남자는 강해야 한다'는 사실을 남자에게 설명하지 않아도 제발 남자가 좀 알아주기를 기도해야 하는 상황을 여자들은 눈에 보일 정도로 경멸한다. 여자들은 남자에게 남자다워지는 법을 설명해야 하는 상황을 진심으로 경멸한다.

그러나 여성의 하이퍼가미 본능이 원하는 것과 사회적, 집단적인 차원의 여성향 질서(Feminine Imperative)가 던지는 메시지는 충돌한다. 여성향 질서는 남자에게 '다정하라', '솔직하라', '연약함을 드러내라', '울고, 도움을 구하고, 아파하고, 약해져도 괜찮다', '우리는 모두 똑같아서 공감할 수 있다'라고 설파한다. 이것들은 새로운 책의 규칙이다. 하지만 정작 하이퍼가미 본능은 남자에게 반대로 말한다. '남자가 되어서 말이야!', '뭐라고? 엄마가 필요하다고?', '자기주장을 좀 펼쳐', '쓰레기 같은 남자가 너보다는 섹시하겠다', '남자가 왜 그렇게 자제력이 없어?'. 이런 것들은 오래된 책에 등장하는 남자를 향한 여자들의 기대다. 그래놓고 우리보고 남성성은 '진정한 자신을 숨기기 위해 남자들이 쓰고 있는 가면'이라고 말한다.

나는 남자로 살아가면서 많은 역할을 맡고 있고, 과거에도 다른 다양한 역할을 맡았다. 나는 매노스피어의 롤로 토마시이고, 내 딸의 아버지이며, 내 아내의 남편이자 연인이고, 내 직장에선 뛰어난 예술가이자 실용적인 브랜드 창작자이다. 때론 스노모빌을 타면서 모험을 추구하는 사람이고, 낚시에 빠질 때면 삶과 신에 대해 조용히 명상하는 사람이 된다. 이 모든 역할은 내가 맡기로 선택한 만큼 정당하다. 내게도 불확실한 순간들이 있을까? 나도 가끔 결심을 포기할까? 당연하다. 하지만 그렇다고 나는 나를 그런 인간으로 규정하지 않는다. 그런 것을 자신의 정체성과 연결하면 힘을 잃기 때문이다. 그리고 무엇보다, 힘이 가장 중요하기 때문이다.

## 레드필 균형

레드필은 남자에게 축복이자 동시에 저주다. 레드필 깨달음과 과거의 블루필 이상주의 사이에서 균형을 잡는 일은 중요하며, 꽤 요령이 좋아야 가능하다. 이상을 꿈꾼다고 그게 죄는 아니다. 오히려 남자의 '이상주의적인 사랑'은 여자의 기회주의적 사랑과 대비되는 남자의 특징이다. 여러분에게서 생길 수 있는 일에 대한 이상적이고 독창적인 경이감을 냉정하게 없애버리는 건 여러분 인생에 도움이 되지 않는다. 이상주의적인 기질을 받아들이는 건, 곧 여러분의 남성적인 측면을 인정하는 것이다.

만약 남자들이 영웅적 행동을 높은 이상으로 삼지 않는다면, 우리 인류는 오늘날의 입지를 차지하지 못했을 것이다. 같은 원리로 만약 여자들이 본인의 생존을 더 중요하게 삼지 않는다면, 우리 인류는 생존하지 못했을 것이다.

남자의 이상주의, 즉 사랑을 향한 이상주의적인 개념과 여성의 현실적인 하이퍼가미에 기반한 기회주의, 즉 사랑에 대한 기회주의적인 개념은 서로를 보완하면서 자연스러운 균형을 이룬다. 이런 상반된 개념은 아주 부정적이고 잔인하게 작용할 수도 있고, 훌륭하게 조화될 수도 있다. 이것은 우리가 실존하는 현실 그 자체다.

레드필 인식에서 중요한 점은 여성의 타고난 본능과 행동을 이해하는 것, 더불어 여러분 자신의 남성적 본능을 이해하고 그것이 어떻게 삶에 대한 새로운 관점과 새로운 패러다임 속에 잘 조화되도록 적용할지 터득하는 것이다.

'공정함' 같은 게 그 자체로 가치가 있을까? 나는 '그렇다'고 대답하겠지만 '공정함'이라는 개념은 남녀에게서 기대할 수 있는 것들을 다루는 레드필의 틀 안에서 조화(또는 실현)되어야 한다. 레드필 인식을 가진다는 게 곧 우리가 가진 이상주의나 고차원적인 열망을 포기해야 한다는 뜻이 아니다. 더군다나 그것으로 인해 여성 중심적인 사회에서 우리의 운명을 그저 수동적으로 받아들이라는 뜻도 아니다. 레드필 인식이 진정으로 우리에게 의미하는 바는 우리가 그만큼 실용적인 방식으로 남자의 이상주의와 레드필이 우리에게 보여주는 불편한 진실 사이의 균형을 잡아야 한다는 것이다.

## 이상주의

닐 스트라우스Neil Strauss가 『더 게임The Game』을 쓸 때, 책의 마지막 부분에 그가 다룬 곁주제가 있는데, 내용이 상당히 흥미롭다. 그는 픽업 아티스트 기술을 배워 난생처음 괜찮은 여자를 유혹하는 데 성공한 남자들이 그가 이름 붙인 '소셜 로봇Social Robot'이 될 수도 있다고 우려했다. 게임을 모르던 남자들이 대본대로 떠들고 과장되게 행동하다가 여자가 거절하는 행동이나 말을 하면, '그렇다면'이라는 말과 함께 계산되고 준비된 수정 대응을 하는, 게임 기계가 될 수도 있다는 생각이었다.

그가 우려했던 것은 이런 소셜 로봇들이 '자기답게 행동하지 않고', 『미스터리 메소드Mystery Method』이나 『실제 사회 역학Real Social Dynamics』 과 같은 픽업 기술이 그들에게 프로그래밍한대로 행동하고, 남자들이 그런 기술로 효과를 보면 오히려 그런 '로봇화'를 더 강화한다는 추론이다. 그런데 내가 나의 블로그와 소스와브, 다른 포럼에서 실제로 겪어본 남자들은 완전히 달랐다. 오히려 레드필 사고방식으로 전환 중인 남자 대부분은 정반대로 '그냥 나답게 행동하면 적절한 여자가 따라온다'는 생각을 완강히 고수한다.

남자들이 레드필에 대해 강한 저항심이 생기는 이유는 레드필이 남자들에게 늘 '허장성세를 부려야 하고', 여자와 관계에서 사소한 성공이 영원히 이어지려면 일련의 인위적 노력을 계속해야 한다는 인상을 주기 때문이다. 이런 남자들은 자신이 아닌 다른 사람으로 영원히 살기를 바라지 않는다. 그건 자신에게 진실한 행동도 아니고 여자의 관심을 얻기에 적당한 성격으로 자신을 바꿔야 한다는 발상을 모욕처럼 받아들이거나, '그런 연기'를 영원히 계속하는 게 불가능하다고 생각할 수도 있다. 어느 쪽이든 남자들에겐 여자에게 선택받기 위해 자신을 바꿔야 하는 데서 나오는 거부감이 존재한다. 그냥 적당한 여자를 얻는 데는 자신의 진짜 모습이면 충분해야 한다고 생각하기 때문이다.

나는 이런 역학과 레드필 인식에 대해, 그리고 게임을 내면화하는 과정을 다루는 글을 여러 번 썼다. 일단 여기서 집중하고 싶은 부분은 이상주의적인 남자들이 본능적으로 게임에 대해 가지고 있거나, 내려놓지 못하는 사고방식의 뿌리엔 무엇이 있는가다. '오래된 책'과 관련해서, 남자들이 집착하는 것 중 상당 부분이 남자의 타고난 이상주의에서 자랐다. 사실 이런 인식은 상당 부분 여성 중심적인 사회 질서(Feminine Imperative)가 키워낸 결과물이지만, 동시에 남자들이 강하게 집착하는 이상주의적인 사랑 개념 때문에 그 길들이기의 효과가 더 커진다. 따라서 남자는 블루필에서 탈출하는 과정에서 '오래된 책'에 등장하는 '이상주의에 대한 남자의 집착'과 '새로운 책'이 섬기는 '여자들의 기회주의'가 야기하는 현실 사이에서 갈등을 겪게 된다.

## 당신의 게임은 무엇인가?

모든 남자에게는 저마다 게임이 있다. 그 남자가 누구든, 문화나 배경이 무엇이든, 모든 남자에게는 여자에게 접근하고, 교제하고, 관계를 발전시키는 가장 좋은 방법에 관한 자기만의 철학이 있다. 그 '게임'이 실제로 효과가 있는지 여부는 주관적이다. 아무 남자나 붙잡고 여자를 유혹하는 방법이 뭔지 물어보라. 그러면 저마다 다른 게임에 대한 설명을 들을 수 있을 것이다.

블루필 사고방식에 빠진 남자들은 아마도 여성 중심적인 사회가 주입한 명제들을 그대로 외울 것이다. '자기답게 행동하라', '여자를 존중하며 대하라', '여자를 성적 대상화하지 말라', '다른 사람이 되려고 애쓰지 말라'. 이런 전술들이 여자를 유혹하는 데 효과적일 거란 발상은, 자신들의 이런 믿음이 실은 여성향 사회의 영향을 받은 거란 사실을 전혀 모르는 블루필 남자들의 입에서 나온다.

이런 남자들이 갖고 있는 유혹에 대한 믿음은 여자와 사귀고 싶을 때, '여자를 상대하는' 가장 좋은 방법에 관해, '여자 사람 친구'들이 들려준 충고에 귀를 기울이고 내린 논리적 추론이다. 블루필 사고방식의 특징은 '여성과의 동질성'이다. 따라서 이 관점에서 여자와의 동질성에 반하는 모든 것은 다 '거짓'이 된다.

이를 잘 살펴보면, 결국 블루필 남자들의 '베타 게임'이란 여자가 남자의 잠재력을 정확히 측정하려고 탄생된 것이다. 여자가 남자를 채점할 때 도움이 되는 그 어편 것이든, 하이퍼가미를 최고로 활용할 수 있는 수단이 된다. '사회적 입증(social proof, 집단 내 다수가 한 남자를 긍정적으로 평가하면서 생기는 유혹상 이점을 이용하는 기술-감수)'과 사전선택(preselection, 다른 동성 집단이 매력을 느끼는 이성을 선호하는 현상-옮긴이) 같은 역학은 여자가 남자의 가치를 판단할 때, 기본적으로, 의식적으로 사용하는 쉬운 수단이다. 마찬가지로 '블루필 게임'이 남자의 진정성을 유독 강조하는 것도 똑같다. 즉 하이퍼가미 필터링을 용이하게 하는 길들이기의 일환인 것이다. 남자가 자기가 누구인지, 무엇을 가졌는지 솔직하게 밝히게 만들 수 있다면, 남자가 여성 지상주의에 순종하도록 스스로 프로그래밍한다면, 그리고 남자가 '정말 솔직히 행동하면서' 여자에게 기본적으로 모든 것을 그대로 까발리도록 다른 남자들을 설득한다면, 여자들은 그만큼 훨씬 더 효율적으로 어떤 남자가 하이퍼가미를 충족시킬 수 있을지 평가할 수 있게 된다.

대부분의 블루필 남자들이 게임에서 실패하는 가장 큰 이유가 바로 이거다. 자기가 누구인지 쉽게 탄로 나고, 블루필 남자 특유의 여자에 대한 존경은 흔한 데다가, 이런 존경이 여자들이 노력하지 않아도 그냥 얻어지므로 별 가치가 없다. 그 남자의 있는 그대로의 모습은 여자가 남자에게 원하는 특성이 아니다. 따라서 아주 완벽한 블루필 환경에서조차 베타 남자는 여전히 여자의 마음에 드는 모습을 마지못해 연기하는 셈이다. 이런 남자에게 진정성이란 '여자와 자신을 동일시'하는 것이다. 블루필 베타 게임은 사실 외운 대본과 상남자의 모습을 연기하는 '소셜 로봇'의 훨씬 더 음흉한 형태다. 그러나 이런 식의 '진정성'이 '남녀 모두에게 이익을 주는 사랑법'이라는 이상적인 발상에 여전히 남자들이 속고 있다는 점을 꼭 명심해야 한다.

'베타 게임'은 여성향 질서가 자기 입맛에 맞게 뜯어고친 '오래된 책'의 이상주의에서 유래했다. 그것은 남자에게 이런 메시지를 보낸다. "남자들이여, 이상주의를 고수하라. 하지만 하이퍼가미의 관점에서 유용한 것만 여자에게 표현하라."

하이퍼가미가 여성에게 기회주의적 성향을 끌어내듯, 남자의 이상주의적 사랑 개념은 진정성을 향한 갈망과 '혹시 모를 가능성'을 향한 남자의 갈망에서 탄생한다. 나는 남자의 이상주의적 성향이 '성취에 대한 부담'에서 자연스럽게 파생한 거라고 본다. 여자란 존재가 남자의 정서적 기준점이 되는 베타의 인생관에서 그러한 부담은 필요해서 견딜 수는 있으나, 게임의 규칙을 바꿀 수만 있다면 이왕이면 벗어 던지고 싶은 부당한 굴레다. 반면에 자신을 정서적 기준점으로 만드는 알파에게 그런 부담은 그것을 극복하는 과정에서 스스로 강해질 수 있는 도전 과제다. 관점의 차이가 있긴 하나, 결론적으로 알파와 베타 남자 모두 '성과에 대한 부담'이 그들에게 요구하거나 제시하는 것보다 더 '나은' 현실을 추구한다.

　남자의 이상주의는 그 자체로 힘의 근원이자 가장 큰 약점이 될 수 있다. 고삐 풀린 하이퍼가미에 내포된 기회주의 성향으로 인해, 많은 여자들이 남자들에게 끔찍한 짓들을 저지를 수 있던 원흉이기도 하다. 그러나 하이퍼가미 그 자체는 인류가 진화한 틀이다. 하이퍼가미는 그 자체로 좋거나 나쁘지 않다. 그러나 그것을 바라보는 방식에 따라, 적용하는 방식에 따라 좋거나 나빠진다.

　남자가 가진 이상주의적 사랑 개념은 여성의 기회주의적 사랑 개념을 품어주는 완충제다. 그런 이상주의가 베타 사고방식으로 구현되면 여성의 기회주의가 남자를 지배하게 되며, 남자의 이상주의는 무너진다. 하지만 알파 사고방식을 통해 남자의 이상적 사랑이 표현되면, 여성의 기회주의가 가진 주도권을 남자가 회수하고, 대신 그러한 이상적 마인드로 여자를 품어주며, 남녀 관계를 이롭게 한다.

## 길들여진 이상주의

　다시 한번 영화 『블루 발렌타인』을 예로 들어본다. 남자 주인공은 아내의 기회주의에 넘어가 모든 권위와 야망을 버린다. 남자 주인공은 '오직 사랑만 중요'하고, 아내를 즐겁게 하고, '진짜 나 답게 되는 일'이 가장 큰 목표라는 이상적 믿음을 갖는다. '그거면 충분하다'는 가르침에 길들었기 때문이다. 그의 베타적 사고방식은 자신의 성취나 업적 없어도 아내가 이상적으로 자신을 사랑할 거라는 믿음이다. 그러나 아내는 바로 그런 이유로 주인공을 경멸한다. 아내가 관계 내 실질적인 권한을 쥐게 되고, 남자는 야심찬 알파 이상주의로 아내를 돌보는 역할이 아니라 부속품(아내의 돌봄이 필요한 또 다른 아이)이 되어버린다.

　남자의 사고방식이 알파라면, 그의 완강한 이상주의는 그가 더 큰 야망을 품어서 여자의 하이퍼가미를 압도하도록 몰아붙이고, 여자가 자신을 정서적 기준점으로 삼도록 만든다. 여자가 이를 받아들일 때, 관습적인 남성성의 모델이 실현된다.

알파 남자의 이상주의는 여자의 직접적인 이해관계와는 무관하게, 남자가 생각하고 적용하는 방식에 따라 실현된다.

남자의 이상주의적인 본성이 굽신거리는 베타 사고방식으로 표현될 때, 남자의 이상주의적 사랑의 개념은 남자를 가장 나약하게 만드는 원흉이 될 수 있다. 만약 그 이상주의의 핵심에 '여자도 남자랑 똑같은 이상을 갖고 있어서 화답할 것'이라는 헛된 믿음이 존재한다면, 그 믿음 자체가 결국 그를 박살 낼 것이다. '여성화된 사회'라는 작금의 환경에서, 우리는 주로 저런 파괴적인 방식으로 이상주의가 실현되는 현실을 목격한다.

알파의 관점에서 이런 이상주의는 오히려 반대로, 베타 남성을 파괴할 수도 있는 여성의 기회주의적 사랑을 품어줄 수 있는 완충제다. 남자의 이상주의적 사랑 개념이 (하이퍼가미에 기초한) 여자의 기회주의적 사랑의 개념보다 존중받던 시절이 있었다.

'오래된 책'이 지배한, 남자의 매력(성적 흥분까지는 아니더라도)이 남자의 부양 능력에서 파생됐던 시절에는 남자의 이상주의가 남녀 관계의 성질을 규정했다. 따라서 우리는 기사도 정신이나, 전통적인 연애관, 전통적인 사랑의 위계 모델 등의 개념에 집착한다. 이런 것들은 '오래된 책'의 이상향이다. 남자들이야 말로 '진정으로 낭만적인 성별'이라고 내가 늘 주장해 온 이유가 정확히 남자의 사랑에 대한 이상주의적인 개념을 잘 보여주는 이러한 특징 때문이다.

남자의 이상주의적 사랑이 남자를 독려해서, 사회적으로 가치 있고 인정받는 성취로 이어지던 시절이 있었다. 그런 이상주의가 남자와 사회의 원동력이 아니었다면, 오비디우스Ovid(로마의 시인-옮긴이)와 셰익스피어, 비틀스도 지금처럼 인도주의의 상징이 되지 못했을 것이다. 마찬가지로, 여성의 하이퍼가미에 기반한 사랑 개념도 극단으로 가면 잔인하긴 하나, 그럼에도 적절한 성 선택을 위한 필터이면서 동시에 남성의 이상주의적 사랑을 유도하는 강렬한 자극제였다.

'새로운 책'이 지배하는 여성 중심적인 사회 질서 하에서는 남자의 이상주의, 명예에 대한 사랑, 고결함에서 발생하는 힘이 여성주의 강령(Feminine Imperative)에 굴종하고 부역하도록 압력을 받는다. 여자가 기회주의적 성향이 아닌, 남자와 똑같은 이상주의적 사랑이란 개념을 공유한다고 남자들이 착각할 때, 남자의 이상주의적인 사랑은 모종의 '짐'이 된다.

남자들은 '사랑이 그 자체로 중요하다'고 믿는다. 여자들은 기회에 따라 사랑한다. 레드필 인식을 가진 남자들은 '남자는 현실주의자인 척하는 낭만주의자'이고 '여자는 낭만주의자인 척하는 현실주의자'임을 깨닫는다.

오늘날 우리는 자신에게 여성성이 있다고 생각하도록 길든 나머지 여성화된 남자들의 세대들을 보고 있다. 이들은 '남녀가 똑같고, 모든 가치는 상대적'이라는 평등주의가 설파하는 거짓말을 깊게 받아들인 세대다.

평등주의 세계관에선 남녀 모두 동일한 사랑 개념을 공유한다는 게 '당연하다'. 하지만 이런 착각은 남자가 자신의 이상주의가 화답 받기를 기대하도록 만들고, 결국 스스로에 대한 착취와 학대를 허용하게 한다.

남자가 '남녀는 사랑에 대해 동일한 개념을 공유한다'고 믿으면서 여성의 기회주의적인 프레임에 종속될 때, 이상주의는 남자에게 약점이 된다. 그러나 남자와 여자는 다르다. 두 성별은 차별화된 경험과 세계관, 성찰, 욕구를 통해 서로 다른 사랑 개념을 가질 때 둘 다 보상받는다. 남녀가 사랑에 대해, 서로 공생하고 상호 존중을 할 수 없다는 뜻이 아니다. 다만 남녀는 다른 생각에서 출발한다는 뜻이다. 남자가 여자도 이상적인 사랑 개념을 똑같이 갖고 있다고 믿을 때, 남자가 여자들의 조건과 경험만이 '유일하게 유효한 사랑의 정의'라고 세뇌됐을 때 문제가 발생한다.

이런 상황은 남자들이 '오래된 책'에 따른 기대와 '새로운 책'의 여성 중심적인 사랑에 대한 정의 사이에서 균형을 맞추려고 애쓸 때, 남자들을 다시 원점으로 되돌리고 혼란스럽게 한다. 그런데 이런 모든 딜레마는 '평등주의'라는 맥락 때문에 발생한다. 평등주의가 남자와 여자가 겪는 체험의 '차이'를 인정하지 않기 때문이고, '사랑'이란 개념이 여자의 경험에서 시작되어서 여자의 방식으로 마무리되는 것 외에 다른 형태는 절대로 인정하지 않기 때문이다.

# 상호 보완성

몇 년 동안 나는 〈사랑의 체계, 『예방의학』〉과 〈긍정적인 남성성 대 평등주의 『합리적 남성』)에서 '평등주의 남녀관계'와 '상호 보완적인 남녀관계' 사이에 어떤 차이가 있는지 최선을 다해 설명했다. 남자들이 남녀평등 사상에 빠지는 바람에 겪게 되는 사회적인 역학과 심리적인 영향에 관한 내용도 반복되는 주제다. 가끔 상호 보완성과 대조해서 설명하기도 했지만, 이 책에 실린 '레드필 양육' 시리즈에 이르러서야 만족스러울 정도로 자세히 다루었다.

많은 독자들이 언급한 것처럼, 자녀를 더 높은 성공의 기준을 추구하도록 독려하는 쪽은 보통 아버지다. 이것은 아이가 사회에서 훌륭한 성인으로 자라 성공하는 데 매우 중요한 요소다.

자녀를 애지중지하며 정답게 대하는 쪽은 보통 엄마다. 이 또한 필수 요소인데, 아이들이 부모의 사랑을 느끼고 인정을 받는 것도 매우 중요하기 때문이다. 이는 아이의 발달에서 엄마와 아버지 모두의 역할이 필요하다는 점을 보여준다. 아이가 비난만 받으면 자존감에 영구적인 상처를 입을 수 있다. 하지만 한 번도 혼나지 않으면 커서 제구실을 하는 성인이 될 수 없을 것이다.

아이를 너무 애지중지해서 생기는 부정적인 결과도 잘 알려져 있다. 그것을 여실히 보여주는 표현인 '엄마 말고는 도저히 사랑하기 힘든 놈(A ___ Only a mother could love)'이 대표적이다.

'남녀 간 상호 보완성'을 잘 이해하려면 먼저 평등주의 사상의 밑바탕에 깔린, 사실상 종교에 가까운 개념을 알아야 한다. 나는 평등주의에 해당하는 두 개념, '남녀 백지주의(egalitarianism)'와 '평등주의(equalism)'를 번갈아 쓴다. 이 두 단어 모두 '백지상태에서 출발하는 인도주의(blank-slate humanism)'라는 개념에 뿌리를 두고 있다고 보기 때문이다. 나는 첫 장 '레드필 양육'에서 아이를 편부모나 한 성별로 이루어진 부모가 양육하는 상황에 대해 다음과 같은 이유로 반대했다.

> 오만한 자기 확신에 빠져서 인위적인 출산법을 선택하고, 이성의 마땅한 모습이라고 '어른들이' 믿고 꾸며낸 이상주의적인 이미지로 아이를 기르려고 하는 것은 극단적 성별 지상주의다.
>
> 그런데 싱글맘들이 자주 이런 짓을 한다. 그리고 사회는 그런 그들의 행위를 칭찬하고 보상한다. 우리 사회는 이 싱글맘들이 엄마와 아빠, 두 성별 측면을 효과적으로 자식에게 가르칠 수 있다고 믿으며, 싱글맘들을 격려하고 돕는다. 이것 자체가 의도적인 편부모 양육을 고민하는 모든 사람에게, 오히려 '여성 지상주의 강령'에 따라 제도적 차원에서 이루어진 사회 조작의 실체를 선명하게 폭로해 준다. 60년 이상 정자은행과 여성 전용 임신 시설이 사회의 표준이 되었다는 사실을 생각해 보면, 여성의 하이퍼가미와 그것이 본질적으로 요구하는 '보장'이 지금까지 양육에 관한 모든 것을 지배해 왔다는 사실을 깨달을 수 있다.
>
> (60쪽)

싱글맘에게 아빠 역할까지 맡을 능력이 있다는 발상은 인간의 성이란 '진화를 통해 발전시켜 온 정신적 펌웨어의 물리적·심리적 결과물'이 아니라, '인공적인 개념'이며 '모든 인간은 태어날 때 백지처럼 똑같다'는 믿음에서 나온다. 이 '백지상태 이론'의 토대는 17세기의 존 로크John Locke가 다졌고, 이후 칼 융Carl Jung의 아니마 아니무스anima animus(남자 안에 여성성, 여자 안에 남성성) 이론을 통해 평등주의에 입각해서 성을 바라보는 관점을 민중의 의식에 정착시켰다.

타불라 라사Tabula Rasa(백지상태)란 한 개인의 머리엔 태어날 때부터 타고난 내용이 없으며, 따라서 모든 것들이 경험과 인식에서 탄생한다는 인식론 개념을 일컫는다. 20세기와 21세기의 과학과 기술 발전으로, 지금 우리는 융이나 로크보다 훨씬 더 진보된 관점에서 남성과 여성의 두뇌가 작동하는 방식을 과학적으로 더 잘 이해하게 되었다. 객관적으로 말해서, 융은 한 인간이 남성과 여성 모두의 능력을 타고났다고(따라서 페미니스트들이 비유적으로 남자들에게 '당신의 여성적인 측면에 닿아보라'라고 말한다) 가정한다. 그러나 이들이 주장하는 인간의 그런 '잠재력'은 가설로 여겨지는 평등주의 사상의 부산물일 뿐이다.

큰 그림에서 보면 서구(화가 진행 중인) 문화는 로크와 과거 다른 '타불라 라사' 사상가들이 영감을 준, 융의 '백지 인간 모델'을 여전히 내려놓지 못하고 있는 것이다.

왜 그런 걸까? 우리는 인간 신체에 대한 생체역학과 그것이 인간의 행동에 미치는 영향에 관한 더 다양한 지식을 얻었다. 그런데도 과학적으로 거의 반박당한 시대착오적인 타불라 라사 모델에 사람들이 집착하고, 남자와 여자에게 거의 동등한 성적 기량이 있다는 믿음을 고집하는 이유가 뭘까?

내 생각엔 '진화를 통해 성별의 차이가 발전해 왔다'는 내용을 담고 있는 더 분명하고 진실에 가까운 모델이 사람들에게 '생물학적 결정론'을 연상시키기 때문인 것 같다.

융이 서양 문화 전반에 소개한 개념의 핵심은 '아니마와 아니무스'라고 불리는 개념이다. 이는 '남녀불문 각 개인에게 내재된 남성성과 여성성이 심리적인 역학을 일으킬 수 있고, 그 결과 발생하는 인간 행동, 암시적 행동과 명시적 행동이 있다'는 이론이다. 2017년 현재, 6살 난 여자애가 또래 남자애를 자기가 원하는 대로 말을 듣게 하려고 '너는 너의 여성적 측면과 이어져야 해'라고 말하는 것을 들었을 때, 우리는 이런 사고방식이 집단의식에 얼마나 깊게 파고들었는지 깨닫게 된다.

이런 유의 이론은 아주 오랫동안 철저히 반복되고 끊임없이 이어지는 바람에 기원조차 추적하기 어렵다. 남녀에게 다양한 수준의 남성 에너지와 여성 에너지가 있다는 이야기가 그냥 기정사실처럼 받아들여진다. 1차, 2차 페미니즘 물결은 융의 사상을 기반으로 성별에 대한 심리적인 대전제를 마련했고, 이어서 오늘날 우리가 알고 있는 집단 차원의 여성화를 촉진하기 위한 논리로 발전시켰다. 현재 우리가 당연히 여기는 여성 중심주의의 씨앗은 결국 여성 환자와 한번 자보려고 애쓰던 1900년대 초기 스위스의 정신과 의사가 심은 것이다.

'한 개인의 인격에는 남성성과 여성성이 동시에 존재한다'는 사고방식은 로크의 타불라 라사 이론의 맥락에서 살펴봐야 한다. 두 사람의 이론이 페미니즘과 현재 우리가 겪고 있는 '여성향 길들이기'가 작동할 수 있는 사상적 토대를 구성하기 때문이다. 현대 평등주의 사고방식에 따르면, 사회적 역학과 성별 갈등, 경제적 격차에서 드러나는 불평등은 타인도 갖고 있는 '동등한' 능력을 억압하려는 사람들이 고의로(악의는 아니더라도) 의도한 결과처럼 해석된다. 따라서 이들의 시선에서 사회적 병폐는 '한 명의 이기적인 욕심'과 '다수의 평등을 위한 바람' 사이에 벌어지는 대결인 셈이다.

한 개인이 타고난 신체와 그 원리에 대해 주목하는 사람들은 거의 없다. 타고난 재능, 유전적 능력, 선천적 성향, 진화에 따른 차이에서 발생한, 환경에 적응하는 데 유리한 장점들은 그게 요긴하든 부담스럽든 상관없이 평등주의 사고가 지배하는 사회에선 일단 배제되거나 무시된다. 평등주의는 표면적으론 아주 인간적으로 보인다. 그러나 이런 사상은 인간 발달과 관련해 '후천적으로 학습된 행동'이란 모델에 전적으로 의존한다. 그것이 타불라 라사, 즉 '사회 구성주의'이며, 그들 시선에서 사회란 '태어날 때 무에서 시작하는 인간'이란 평등주의 이상에 반대하는 반동분자들이 가득한 곳으로 여겨진다.

## 상호 보완성

그러나 우리에겐 다른 모델, 즉 '상호 보완성'이란 모델이 있다. 상호 보완성은 평등주의가 배척하거나 완강히 부인하는 남녀 간 선천적 차이와 그 중요성을 인정하며, 그 차이가 상징하는 강점과 약점을 인정하고 받아들인다.

남녀간 뇌 구조상 신경학적 차이에 대해 관련 증거를 토대로 동료의 검증까지 받은 과학 연구가 많다. 이런 남녀 차이를 가장 쉽게 보여주는 증거는 여성의 성 전략이 일정한 사이클을 갖는 특징(시도 때도 없이 발동하는 남성의 성 전략과 대조된다)과 신경 또는 호르몬이 여성의 믿음과 행동을 합리화하는 것은 물론, 하이퍼가미 본능을 추구하는 과정에서 벌이는 행동을 합리화하는 것까지 아우른다.

여자가 부정적인 감정을 경험하는 방식은 남자와 다르다. 남자의 뇌는 음식보다 섹스를 먼저 추구하도록 진화했다. 여성 중심적인 사회는 '평등'이라는 이름으로 남자애들이 여자애들과 똑같은 양식을 억지로라도 습득하게 해야 한다고 우긴다. 그러나 과학은 남자애들의 뇌가 근본적으로 여자애들과 다른 양식을 갖고 태어난단 사실을 보여준다.

그렇다. 남성과 여성 두뇌의 회로에는 뚜렷한 차이가 존재한다. 2013년 미국의 새로운 백 년을 위한 프로젝트(PNAC, Project for the New American Century-미국의 외교정책을 주로 다루는 신보수주의 싱크 탱크-옮긴이)의 두뇌 연구에서 발표한 신경 회로 지도에 따르면, 평균적인 여성의 뇌는 좌뇌와 우뇌가 매우 잘 연결되어 있지만, 반대로 남성의 뇌는 보통 전방 구역과 후방 구역이 강하게 연결되어 있다는 차이점을 보여준다.

펜실베이니아 대학교의 라지니 버마Ragini Verma 신경학 연구원에 따르면, 놀랍게도 남자의 뇌는 선천적으로 인식이나 신체 공동 작용을 통한 행동에 확실히 더 적합하다. 반면 여자의 뇌는 선천적으로 사교 기술이나 기억력이 뛰어나 멀티태스킹에 더 적합하다는 오랜 고정관념을 연구 결과를 통해 정확히 뒷받침했다.

"기능에 관한 부분을 살펴보면, 좌뇌는 주로 논리적 사고, 우뇌는 주로 직관적 사고에 관여한다. 따라서 그 둘 모두를 포괄하는 과제는 여성이 더 잘하도록 타고난 것처럼 보인다."라고 버마는 주장한다. "여성은 직관적 사고에 뛰어나고, 사물 기억이 뛰어나다. 여성은 더 감정을 담고, 더 잘 듣는다."

"우리가 가지고 있는 성적인 고정관념과 크게 일치해서 놀랐다. 요리사나 헤어 스타일리스트를 보면 주로 남성이다."

아이러니하게도 평등주의가 지배하는 성 중립적인 사회에서, '남자가 수학적 사고에 더 능숙하다'고 공개적으로 말한 남자 교수는 대학에서 종신 재직권을 박탈당했지만, 사실상 같은 발언을 한 여자 연구원은 포상과 보조금이라는 보상을 받았다.

예상대로 이 연구의 초점은 주로 '여성 두뇌 구조의 훌륭한 장점'을 밝히는 데 있었다. 그러나 연구 결과는 평등주의에 입각한 세간의 믿음과는 다르게, 남성과 여성이 기능적으로 똑같은 존재가 아니라는 과학적인 증거를 제시한다.

정밀 검사 결과 여성은 좌·우 두뇌가 더 잘 연결되어 있었지만, 남성 두뇌의 연결은 주로 개별 반구에 국한되어 있었다. 남성의 좌·우뇌 사이에서 더 많이 연결된 유일한 구역은 운동제어에 결정적인 역할을 하는 소뇌였다. "스키를 배우고 싶으면 소뇌가 강해야 한다."라고 버마는 말한다. 이 연구의 상세한 내용은 전미과학아카데미(National Academy of Sciences)의 학술 회보에 게재되어 있다.

"여성과 남성의 두뇌가 실제로 얼마나 상호 보완적인지 정말 놀랍다. 뇌의 연결을 자세히 보여주는 지도는 남성과 여성의 사고방식 차이를 더 잘 이해하도록 도울 뿐 아니라, 주로 성별과 관련된 신경 질환의 원인에 대한 통찰을 제공할 것이다."라고 그 연구 논문의 공동 저자인 루벤 구르Ruben Gur가 발표했다.

남성과 여성 사이의 뚜렷한 신경학적 차이는 진화에 따른 이성 간 상호 보완성의 증거다. 이는 수천 년의 세월 동안, 이성 관계의 개인적 역학과 사회적 역학 양쪽에서 모두 드러났다. 남녀 사이의 분명한 상호 의존성이 깃든 관습적인 성 역할은 남성과 여성의 신경 회로를 연구한 과학자들이 발견하고 충격받은 '종래의 고정관념'을 정확히 그대로 반영한다.

## 재능과 약점

사람들이 종종 '상호 보완적 모델'이 뭔지 묻는다. 요즘 사람들은 과거 수 세기 동안 계승된 남녀의 성 역할을 규정하는 게 흡사 '편견을 조장하는 것'처럼 보이기 때문에 그것을 피하고 싶어한다. 평등주의 모델을 규범으로 받아들이도록 길든 사회에서는 여성스러운 여자와 남자다운 남자는 '충격적인' 고정관념이나 마찬가지다. 진실은 간단하다. 평등의 기준은 어떤 것을 평등하거나 불평등하게 만드는 조건이나 환경에 따라 달라진다. 즉 타고난 능력이 유리할지 불리할지는 주어진 도전과제에 따라 다르다.

남녀는 생물학적으로, 생리, 심리, 호르몬, 생식 차원에서 모두 다르다. 이 사실이 평등주의 사고방식에선 매우 난감한 문제다. 남자와 여자는 그런 조건이 정한 대로, 각자 다른 임무와 환경, 사회적, 정신적 또는 감정적인 요구에 성공적으로 대응하도록 타고났으며, 조건에 따라 더 잘 해낼 수 있고, 신체적으로도 더 뛰어나다.

우리는 성별 간 공생을 위해 진화했을 뿐이다. 한 성별의 강점은 다른 성별의 약점을 보완한다. 이는 인류가 직면한 도전 과제에 따라, 우리의 상호 보완성 속에서 남자와 여자 사이의 차이점이 '불평등'할 것이라는 뜻이다. 현대 사회가 겪는 성별 갈등 중 많은 부분이 주로 이런 진화에 따른 공생적 상호 보완성을 거부하고, 대신 백지상태의, 편견 없이 남녀에게 각각 동등한 특질이 부여된다는 식의 평등주의 관점을 강요하는 바람에 생긴다. 평등주의 사고방식에서 남자와 여자는 각각 독립적으로 자족할 수 있다고 여겨지며, 따라서 두 성별에 상대성별이 꼭 필요하지 않게 된다. 즉 여성 중심적인 사회 질서 하에선, 주요 행위자인 여자에게 남자란 '쓸모없는 존재'가 된다.

평등주의자들의 착각과 반대로, 상호 보완성은 '한 성별이 다른 성별보다 보편적으로 우월하다'는 뜻이 아니다. 오히려 당면한 과제에 따라서, 한 성별이 그 과제를 더 잘 성취하는 성향이 있다는 의미다. 더 나아가 한 성별이 지닌 '상대적인 단점'이 동일한 목표를 성취하기 위해 학습이나 연습, 뇌 가소성으로도 극복할 수 없는 절대불변의 한계란 뜻도 아니다. 남녀의 두뇌가 특정 임무에 대한 적응 효율이 다르기 때문에, 같은 목표를 두고 경쟁하더라도 성별에 따라 더 잘 성취하는 경향성을 띠게 한다는 뜻이다.

## 본성과 싸우기

나는 여성 지상주의(Feminine Imperative)가 남자들을 길들여 '여성스러운 측면'을 더 받아들이게 하고, 깔끔하게 준비된 베타 세대를 양산하는 과정을 이미 모두 설명했다. 블루필 남자들은 앞서 언급한 남성성의 특징에 공감하지 못할 것이다. 만약 여러분이 자신의 타고난 성별 회로를 뭉개려고 한다면, 남성성과 거리가 먼 기질을 더 강화하고자 하는 노력이 정말 순수하게 자발적인 선택이 맞는지 의심해 봐야 한다. 특히 평등주의를 믿는 어머니와 아버지를 뒀다면 더 그렇다.

최근 성전환자를 수용하려는 사회적 차원의 노력을 살펴보면, 사람들은 성별이 완전히 인공적인 개념이라고 생각한다는 걸 알 수 있다. 또한 사람들은 진화에 따라 발생한 남녀 간 신경 구조적 차이를 무시하라는 강압적 요구와 마주하게 된다. 물론 두뇌 가소성은 진화가 낳은 기적이다. 그러나 뇌가소성은 인위적인 조작과 그 조작을 주도하는 이들의 이념에 의해 악용되기 쉽다.

대표적으로 타고난 기질은 후천적 학습에 의해 꺾일 수 있다. 남자애들보고 여자애처럼 되라고 강요하는 서구 공교육의 풍조에 대한 비판이 일었다. 교육계가 마치 남자애들을 살짝 모자란 여자애처럼 취급한다는 것이다. 이것은 사회적 차원의 조작일뿐만 아니라, 남자애들이 타고난 신경학적인 남성성을 뭉개도록 다시 재프로

그래밍하려는 시도를 가장 노골적으로 보여주는 사례다. 결국 남자애는 '살짝 덜 떨어지는 여자애'처럼 되는데, 그들의 뇌가 타고나지 않은 방식으로 생각하고, 감정을 드러내고, 반응하도록 외적 압력이 가해졌기 때문이다.

반대로 여자애들에게 남성적 사고 구조를 갖추라고 격려하는, 그래서 여성을 남성화하려고 대중적 차원에서 부추기는 풍조가 분명 존재한다. 평등주의 사회는 수학과 공학을 훨씬 더 남녀평등한 분야로 만들고 싶어한다. 그래서 여자애들이 자신의 고유한 정신적인 약점을 뒤집고 남자의 기질을 갖출 때, 그렇게 하도록 내적 동기를 부여한 여자아이들, 스스로 훈련한 여자아이들을 따로 보상하는 배타적인 학업 인센티브를 제공한다. 그리고 여자들이 남성적 기질에 관심을 보이지 않을 경우, 언제나 '남자들이 조장한 성차별적 분위기 때문'이란 말이 나올 것이다.

평등주의 사고방식은 진화 심리학, 진화 생물학, 인류학이 수십 년간 연구해 온 팩트를 부정한다. 평등주의자들은 이성 관계에 대해 밝혀낸 근본적인 진실을 부정하기에 급급하다. 그러면서 자연스러운 상호 보완적 모델을 거부하고, 이상주의에 입각한 남녀평등 모델을 고집한다. 평등주의자들은 진화 심리학이 생물학적 결정론을 야기하고, 따라서 개인에게 자기 행동에 대한 책임을 면제해 준다고 우기는데, 이는 명백한 오류다. 오히려 진화 심리학은 남녀의 타고난 정신 상태, 성 전략, 그리고 남녀가 조화롭게 존재하는 사회적 환경을 더 정확히 설명하는 틀을 제공한다.

'여자도 남자만큼 성욕이 많다'라는 말은 '여자들도 남자들만큼 아버지 노릇을 잘할 수 있다'라고 가르치는 평등주의와 그 뿌리가 같다. 모두가 똑같다고 주장하는 여자들, 이러한 평등주의를 믿는 여자들은 유독 '남자의 성 전략'만 보면 갖고 싶어 미치는 모습을 보인다. 따라서 남성성이 본인들에게 뭔가 요긴하고 유리해 보이면, 여성향 지배에 가장 도움이 될 만한 남성성의 요소들을 이득이 되냐 아니냐에 따라 '평등한 것'과 '불평등한 것'으로 마음대로 정한다.

페미니즘이 '평등'이라는 매력적인 가면으로 쓰고 있는 단 한 가지 이유는 남자들의 성 전략을 희생시켜서, 모든 여자들이 '하이퍼가미를 최적화'라는 최종 목표를 달성하도록, 연애 시장의 운동장을 평평하게 만드는 것이 주된 목표이기 때문이다. 만약 남녀가 정말로 평등하다면, 만약 남자의 본능적인 생물학적 충동을 치욕스러운 범죄나 정신병으로 매도할 수 있다면, 만약 여자들이 혼자 지어낸 가치 기준에 남자들이 동의하고 성적으로 흥분할 거라고 기대할 수 있다면, 여자들이 지닌 모든 물리적·생리적 열세가 사실상 무효가 되기 때문이다.

'평등주의'라는 탈을 쓴 페미니즘은 지금까지 반세기 이상 '여성의 사회적 지배'라는 목표를 달성하고 그 권세를 유지하는 데 성공했다.

마찬가지로, 평등주의는 진화 심리학을 폄훼하는 사람들을 끌어모은다. 평등주의를 믿으면, '남자들이 성취를 해야 하는 부담에서 벗어날 수 있다'고 유혹하기 때문이다.

이들의 전제는 이렇다. 만약 남자의 고상한 신념처럼, 인간적이고 내적인 가치가 여자들에게 성적인 매력으로 인정받을 수 있다면, 남자에게 부과되는 '성취를 이루어야 하는 부담'을 없앨 수 있게 된다. 게임, 외모, 성격, 사회적 지위, 세속적 성공 및 업적 등, 한 남자를 여자들에게 매력적으로 만드는 사실상 모든 관습적인 남성성의 측면들을 그 남자의 평등주의 신념 하나로 대신할 수 있게 된다. 그리고 이런 발상은 '여자들이 그런 남자를 매력적이라고 생각하게 될 것'이라는 '새로운 세상'이라는 이름으로 남자들에게 팔린다. 남자들이 남녀평등에 동조하는 이유는 아마도 여자의 마음을 얻기 위해 뭔가를 이루어야 하는 부담을 평등주의 사상이 면제해 주기 때문일 것이다.

상호 보완성이란 결국 진화를 통해 발생한 성별 사이의 상호 의존을 의미한다. 이러한 상호 의존성은 인간종을 지구 생태계에서 정점으로 오르게 만든 요소이지만, 그렇다고 남녀 모두를 위한 최적의 성 전략을 보장하는 건 아니다. 우리 모두 남녀 사이에 존재하는 심리적 차이, 오랜 세월 진화를 거듭하면서 생긴 차이를 부정하는 함정에 빠진다면, 남은 선택지는 평등주의를 수용하는 것밖엔 없게 된다.

페미니즘이 레드필을 혐오하는 이유는 단순히 사실에 근거해서 볼 때, 레드필이 페미니즘이나 평등주의가 지금까지 할 수 없었던 성과를 이루었기 때문이다. 즉 레드필이 그 어떤 것보다 더 정확하게 인간의 행동 패턴을 예측해 왔기 때문이다. 남녀를 위해 '상호 보완적 모델'로 돌아가자는 것이 레드필의 요지다. 이 상호 보완적인 모델을 택하는 것이 여자를 유혹하는 '게임'은 물론, 이성과 성공적인 교제를 하기 위한 열쇠다.

# 레드필 렌즈

레드필이 남자들에게 주는 이득이 있다면, 남자들이 살고 있는 현대 여성 중심적인 사회를 더 정확히, 똑바로 인식하게 되는 것이다. 레드필을 접하고 남녀 간 역학에 대해 더 큰 통찰을 얻은 이후, 대중 매체, 정치, 일상의 대화에서 드러나는 여러 현상을 '레드필 렌즈'로 포착하는 일이 내게는 거의 일상이 되었다.

내 딸이 화장실에서 듣는 최신 히트 가요의 가사, 최근 유행하는 영화나 책, 일상적 대화에서 누군가 뱉는 오래된 블루필 레파토리를 들을 때, 나는 우리 (서구) 사회가 여성 중심 서사에 얼마나 푹 빠져 있는지 보여주는 단서들을 향해 날카로운 촉을 세운다.

매노스피어의 몇몇 남자들은 레드필 렌즈를 농담삼아 80년대 B급 영화 〈They Live〉에 나오는 사람들 틈바구니에 숨어 있는 외계인이나 선전물의 숨은 메시지를 볼 수 있게 해주는 특수 안경에 비유하곤 한다. 재미있는 농담이긴 하지만 이 말은 꼭 해야겠다. "안경과 달리 레드필 렌즈는 한번 쓰면 절대 벗겨지지 않는다."

연말 크리스마스 시즌이 되면, 이러한 자각은 더욱 뚜렷해진다. 친척이나 가족이 모이면, 그들 대부분이 여성 중심적인 사회 질서라는 매트릭스 안에 깊이 몰입되어 있으면서도, 자신이 거기에 속해 있다고 의식하지 못한 채, 그러한 사회적 밈과 주제를 그대로 입으로 되풀이하기 때문이다.

그래서 명절에 모여 최근 사회의 세대·정치·이념적 차이를 두고 친척들이 다투는 모습을 상상하면 약간 아이러니하다는 생각도 든다. 그 모든 것이 사방에 퍼진 '친여성적 사회 서사'라는 토대 위에서 발생하기 때문이다. 삼촌의 정치색이 여러분과 다를 수 있지만, 같이 맥주를 마시다가 '여자들 말이야? 우리는 여자들을 이해하지 못할 거야'라고 말하면서, 정치색의 차이에도 불구하고 여자 문제에 있어서는 여러분에게 공감을 기대할 것이다.

내가 명절 이야기를 꺼낸 이유는 이렇게 명절마다 찾아와 상기시켜주는 레드필 인식 덕분에, 명절이면 늘 틀어주는 명작 『멋진 인생It's a Wonderful Life』을 레드필 관점에서 더 잘 이해할 수 있게 되었기 때문이다.

크리스마스 일주일 전 출장에서 돌아오자 딸이 그 영화가 크리스마스 이브에 동네 대형 극장에서 상영된다고 알려주었다. 물론 나는 그 영화를 중간마다 끼어드는 광고와 함께 TV로 이미 보았고, 정말 지루했지만(1946년에 나온 영화치고는 정말 긴 영화다), 딸도 고집하고 가족과 함께 휴일을 크리스마스답게 보내고 싶기도 했다. 나는 그 영화를 처음부터 끝까지 집중해서 제대로 본 적이 없었다. 당시 TV에서 본 장면을 떠올려 봤자, 그땐 내게 레드필 인식이 생기기 한참 전이었다.

두말할 것도 없이 그 영화의 내용이 정말 철저히 '레드필적'이라는 사실에 나는 신선한 충격을 받았다. 성 혁명 이전의 세상이 어떤 모습인지 알고 싶다면 이 영화를 꼭 봐야 한다. 그렇다. 다소 목가적이긴 하지만 그 영화는 새로운 여성 중심적인 사회가 어떻게 생겼는지 폭로하는 과거 '오래된 책'의 사회 질서를 보여준다. 그 영화 덕분에 지금은 무엇이 변했는지 체감할 수 있다. 그러나 안타깝게도 현대 사회의 거대한 전체 그림을 보게 도와주는, 이런 차이를 바로 직관하게 해주는 특수 안경 같은 건 존재하지 않는다.

눈에 띄는 영화 속 장면들을 소개하면 다음과 같다.

· 조지 베일리와 택시 기사 어니, 경찰 버트는 섹시한 바이올렛 빅에게 추파를 던지는데, 바이올렛은 조지와 시시덕거리다가 붐비는 거리로 흘러들어가 거리에 있는 모든 남자가 던지는 눈길을 한층 더 즐긴다. 요즘 관점에서는 남자 인물들이 모두 성희롱에 해당하는 죄를 범하고 있지만, 1928년(이 영화가 시작된 시간적 배경)과 당시 1946년의 관점에서 보면 희롱일 게 딱히 없다. 당시 사회 관습상 필요한 일이었고, 바이올렛은 그런 관심을 즐긴다. 그 장면을 요즘 관점에서 본다면, 영화에 나오는 캣콜링은 영화 상영 반대 운동을 일으키기에 충분한 수준의 성희롱이다.

· 조지의 동생 해리의 졸업 파티 직전에 조지와 해리, 어머니와 아버지가 함께 있는 장면이다. 어머니를 대할 때는 점잖게 순종하지만, 그래도 조지와 해리는 남자애고 그들이 '차분해'질 거란 기대는 없다. 두 형제는 애쓰지 않아도 자연스럽게 건방지고 웃긴 아이들이다. 억지스럽지 않고 긍정적으로 사내다우면서 동시에 재미있다. 또한 그들의 아버지도 가정의 존경받는 가장이다. 단지 '아버지'라서 그런 게 아니라 사회적 지위와 성실함 덕분이다. 당연히 그는 결코 성 혁명 이후의 사회 질서에서 묘사되는 광대 아버지 이미지로 조롱받지 않는다. 사실 아버지는 조지의 인생 후반에 도움이 되는 지혜를 나누어 준다.

· 졸업 파티 후에 조지와 메리는 학교 수영장에 빠지고 난 뒤, 어디서 구해 온 이상하지만 마른 옷을 입고 집으로 걸어온다. 메리는 목욕 가운을 입고 있고 조지는 축구 복장이다. 이런 가벼운 연애와 접촉이 내가 성 혁명 이전 질서의 게임 형태라고 여기는 모범 사례 중 하나다. 조지는 건방지고, 웃기고, 자신감 있고, 야심 차고, 장난으로 잘 놀리기도 하지만, 힘들이지 않고 긍정적인 남성성의 분위기를 뽐으면서 자신에 대한 메리의 마음을 잘 알고 있다. 다시 한번 말하지만, 이 영화는 다소 목가적이다. 낭만적인 남자들은 메리 같은 이상적이고 '좋은 여자'가 헷갈리거나 오해하지 않고 남자의 그런 호감 표현을 그대로 받아들일 수 있다는 희망을 품는다. 그리고 그런 남자들의 기대 자체가 이 영화가 만들어진 시대를 반영하는 분위기를 구성한다. 어떤 것도 전혀 억지스럽지 않고, 우리는 메리가 여성으로서 권위를 내세우는 게임을 동원하여, 조지의 남성적인 측면과 경쟁할 거라곤 생각하지 않는다. 그녀는 오늘날 여성화된 할리우드 각본에서 흔하게 보는 것처럼, 스스로 남자처럼 행동하면서 조지보다 '한 발 앞서거나' 자신의 투지를 증명하려 하지 않는다. 영화에선 메리를 "강하고 독립적인 여성®"(strong independent woman)으로 만들려는 생각은 없으며, 자기 남자를 존중하는 여자, 헌신적인 엄마라는 역할 내에서 강한 힘을 보여준다. 레드필 관점에서 우리는 메리 같은 여자를 원하지만, 2017년에는 그런 여자를 찾을 수 없다.

예시로 든 장면들은 눈에 띈 장면들 중 일부에 불과하다. 이 영화는 여러 선의를 가진 레드필 지지자들이 오늘날에도 여전히 실현 가능하다고 믿고 싶어 하는 내용이 담긴, 구질서에서 쓰인 에세이인 셈이다.

알파 남자도 베타 남자처럼 '제공자'가 될 수 있는지 질문을 자주 받는다. 매노스피어에 쏟아진 비난들을 뜯어보면, 상당 부분 '알파 남자란 여성의 하이퍼가미 본능을 이용해 섹스만 하고 버리는 비열하고 쓰레기 같은 나쁜 남자'로 과장되어 묘사되는 게 사실이다. 베타는 그 반대로 그냥 경제력만 쓸만한 남자다. 계속 수레를 끌도록 간간이 보상 삼아 미적지근한 '의무' 섹스, 즉 형식적인 서비스만 아내에게 제공받고 가족과 자녀 양육에 힘을 쏟도록 이용당하는 바람기 든 아내를 둔 남자처럼 묘사된다. 따라서 '베타 제공자'란 그런 남자에게 붙이기 편한 이름표다.

만약 세간에 알파와 베타를 조롱하는 이미지들이 생겨나고 있다면, 그건 여자들이 공개적인 하이퍼가미를 편안하게 받아들였기 때문이고, 그 결과 여자들이 내건 조건을 남자들이 논리적으로 추측해 가며 그런 조건에 어울리는 자아 이미지를 만들어낸 게 더 큰 원인이라고 말하고 싶다. 그럼에도 저런 알파에 대한 비판은 틀린 게 아니다. 전형적인 알파 남자가 성숙한 사회 구성원이 되고, 가족을 부양하며, 동료와 아내(또는 인생에서 만난 여자들) 모두에게 충분히 존경받는 시나리오도 가능하다. 조지 베일리라는 캐릭터가 정확히 이런 부류의 남성을 대표하는 오래된 질서의 모범이다.

요즘 여자들은 자신의 안정 욕구를 과거 어느 세대 여자들보다 쉽게 채울 수 있다. 그러나 그렇다고 해서 알파 부양자를 통해 자신의 하이퍼가미를 최고로 충족하고자 하는 원초적 본능이 없어진 건 아니다. 하지만 대부분의 요즘 여자들은 한 남자에게서 하이퍼가미의 양 측면을 동시에 충족시킬 수 있을 거라고 전혀 기대하지 않는다. 섹스하고 싶은 남자가 따로 있고, 결혼해서 쭉 가고 싶은 남자가 따로 있다. 같은 남자에게서 두 가지 만족을 채우는 일은 너무 희귀하고, 기대하기 어렵고, 그런 남자를 찾아볼 수도 없어서, 그런 남자가 실존한다고 믿기 어렵다. 1928년의 조지 베일리는 2017년에는 여자들이 상상할 수 없는 남자다.

이전 글에서 수시로 설명했듯, 알파는 남자의 마음가짐이지 특정 인구학적 집단이 아니다. 구질서에 등장하는 건달은 특유의 알파 에너지 덕분에 힘들이지 않고 여자와 섹스할 수 있다. 그러나 여자들은 조지 베일리 같은 유형에도 흥분하고 끌릴 수 있다. 상황이 물론 가장 중요한 변수다. 남자의 자기중심적인 알파 사고방식도 중요하다. 조지와 메리가 처음 만날 때 나눈 대화가 조지의 입장에서 자연스럽고 억지스럽지 않은 '즐거운 지배'를 시연해 내는, 아주 교과서적인 픽업 아티스트의 '건방지고 웃긴 게임'의 모범이다.

전과가 있는 흉악범이 알파적 기질을 가졌다는 이유로 일부 여자들의 성적인 관심을 받는 경우가 많다. 그러나 나는 남자들에게 그런 알파 에너지를 긍정적으로 자신에게 도움이 되도록 쓰라고 권하고 싶다. 알파 에너지를 친사회적인 방향으로 끌어내는 일은 충분히 가능하다. 요즘에 와서 우리가 가진 레드필 인식을 적용하는 가장 자연스러운 방식은 '시그마Sigma(기존 알파 남성을 완전히 뛰어넘는 이미지의 남성-옮긴이)', 즉 '외로운 늑대'가 되는 것이다. '어둠의 3요소'(Dark Triad, 마키아벨리즘, 나르시시즘, 사이코패스를 의미한다-감수)가 지니는 성격적 특질이 여자들에게 성적 흥분과 끌림을 얼마나 잘 일으키는지 알게 되면, 남자들은 더 쉽게 악역을 맡으려고 할 것이다.

그렇긴 하더라도, 남자가 자신을 정서적 기준점으로 삼아 프레임을 유지하기만 하면 '긍정적인 알파 마인드' 같은 전략도 여전히 효과적일 수 있다는 점을 여러분께 상기한다.

나는 여러분에게 요즘 사회에서 레드필 렌즈를 얻게 된 후 본 것들 중 어떤 게 무시하고 지나칠 수 없는 장면이었는지 질문하고 싶다. 다른 사람이 이런 통찰을 갖게 하는 시도는 늘 위험이 따르지만, 그래도 한번 시도해 보자.

내가 『멋진 세상』에서 발견한 것처럼, 여러분에게도 오래된 질서의 좋은 예시가 눈에 밟히는가? 그 속에 담긴 이상향을 이해하면, 오래된 질서의 다른 사례도 알아볼 수 있겠는가? 장기간 주입된 블루필 길들이기의 흔적을 미디어나 대중문화에서 분명히 알아볼 수 있는가? 대중음악에서 그런 사례를 쉽게 찾을 수 있겠지만, 더 나아가 여러분이 레드필 인식을 갖게 된 후에도 여전히 사라지지 않는 세뇌 작업들, 현재 진행형인 더 미묘한 블루필 길들이기 작업이 눈에 보이는가?

'알파 부양자'란 개념은 분명 이상적인 캐릭터지만 실제로 존재 자체는 가능하긴 하다. 그런데 과연 그게 현실적일까? 남자가 그런 역할을 온전히 받아들일 때, 그 모습이 너무 비현실적으로 보이기 때문에 요즘 여자들은 오히려 그런 남자를 그냥 베타로 여기는 경우가 많다고 말해주고 싶다. 남자의 낭만적인 성향은 남자들로 하여금 '알파 부양자'란 캐릭터를 충분히 실현할 수 있다고 믿게 만드는 걸까? 또한 그런 낭만주의 때문에 남자들은 여자가 자신의 이런 노력을 알아보고 고맙게 여겨 주길 바라는 걸까? 이런 남자들의 기대 심리는 '남녀 평등한 관계'란 믿음에 오랜 세월 헌신했기 때문에 생기는 건 아닐까?

# '좋은 남자'라는 미신

내가 그동안 온갖 노력을 들여 여성의 하이퍼가미를 구성하는 요소를 설명하려고 할 때마다, 레드필 비판자들은 물론 심지어 새로 들어온 나쁜 의도가 전혀 없는 레드필 지지자들까지 하이퍼가미를 일종의 '여자들의 성가신 특징을 대충 설명하고 싶을 때 들먹이는 편리한 표현'처럼 이용하는 경우를 많이 봤다.

"뭐? 그 여자가 너에게 쉿 테스트하고 있다고? 그거 하이퍼가미야!"
"뭐? 그 여자의 손톱이 부러졌다고? 그거 하이퍼가미야!"

어떤 개념을 최대한 쉽게 이해하고 싶은 바람도 있겠지만, 여성의 하이퍼가미는 단순하게 정의할 수 있는 메커니즘이 아니다. 초기 픽업 아티스트 운동의 선구자들이 자신들만의 이론을 정립할 때 어려움을 겪었던 이유는 '학생'들 상당수가 여자 문제를 해결할 '쉬운 해답'을 찾기 때문이다. 내가 『합리적 남성』의 〈드림 걸 Dream Girls〉과 〈다이너마이트를 가진 아이들Children with Dynamite〉에서 설명한 것처럼, 이런 남자들은 '세 줄 요약 아니면 안 읽어요(TL;DR)', '꿈에 그리던 여자를 어떻게 해보고 싶어요'라고 하거나, '핫한 여자와 섹스하기 위해' 무엇부터 해야 할 지, 세 줄로 요약한 특효약이나 마법 공식을 바라는 부류다.

여자의 개인 차원과 사회적 차원에서 하이퍼가미를 이해하고 그것이 작동하는 방식을 이해하려고 할 때, 남자들이 좌절을 겪는 가장 큰 이유가 바로 남자들의 저런 조급한 사고방식 때문이다. 하이퍼가미는 '수학이 어려워요'같은 밈이 아니다.

하이퍼가미는 광범위한(그리고 점진적인) 이해를 요하기 때문에 그런 쉬운 공식 같은 접근법은 하이퍼가미를 이해하는 데 전심을 다 할 인내심이 없는 (보통 레드필 신참자인) 남자에게 여성의 행동과 정신 구조에 관한 쉬운 답을 내주는 것 같다.

나는 블로그에 하이퍼가미에 대한 정의를 워낙 여러 번 설명했기 때문에, 구글에서 '하이퍼가미hypergamy'를 검색하면 〈합리적 남성The Rational Male〉 블로그가 위키피디아가 내린 정의에 이어 두 번째로 뜰 정도다. 『합리적 남성』 두 번째 시리즈를 써나가면서, 여성의 하이퍼가미를 깔끔하고 정확하게 이해하는 것이 그것이 초래하는 사회적·심리적 역학의 아주 많은 부분을 파악하는 데 반드시 필요한 토대라는 사실을 깨닫게 되었다. 모든 픽업 아티스트 기술, 모든 믹타우(MGTOW)가 공통으로 겪는 좌절, 모든 남성 인권 운동가들이 맞서고 있는 부정의, 우리는 이 모든 것의 뿌리를 여성 지상주의가 하이퍼가미를 최적화하기 위해, 그러한 질서를 최대한 지속하려고 동원하는 사회적·법적 노력에서 찾아낼 수 있다.

## 외모 vs 성격(게임)

내 블로그에서 많은 회원들이 토론하는 주제는 결국 '외모 대 성격'(게임을 배우는 게 성격에 영향을 주는 경향이 있으므로, 성격을 '게임'으로 볼 수도 있다)이라는 근본적인 문제로 돌아간다. 남자들의 '알파' 기질을 구성하는 요소가 무엇인지에 관한 토론은 남자의 외모가 여자들에게 얼마나 중요한지에 관한 논쟁만큼 뜨겁다.

무엇보다 먼저 여러분은 여성의 생물학적 특징이 하이퍼가미에 미치는 영향을 이해하고, 그 생물학적 특성이 여성의 성 전략을 이끄는 시작점이라는 걸 알아야 한다. 복습 삼아서 두 번째 책 『예방의학』의 제1장 〈월경 주기와 하이퍼가미〉를 참조 바란다. 여성의 성적 다중성의 근거는 건강한 배란의 결과 발생하는 자연스러운 성욕에서 찾을 수 있다. 그래서 이것을 '배란기 변화(Ovulatory Shift)'라고 한다.

(번식을 위한) 여성의 월경 주기 중 배란의 상승 주기에서, 여자는 심리적으로 그리고 행동 차원에서 다른 성적인 조건들보다 남자다운 신체가 주는 성적 흥분을 더 중요하게 여기게 된다. 반대로 하강 주기(배란 후 황체기)의 여자는 양육 투자를 보장하고, 생존에 도움을 주는 심적 편안함, 친밀감, 장기적인 안정감을 더 중요하게 여기도록 자극받는다.

지금까지 간단히 설명한 내용은 '배란에 따른 여성들의 욕구 변화'란 주제에서 정말 기초적인 부분이다. 10년이 넘는 연구에서 나온 심리학적·생물학적 증거가 이 이론을 뒷받침한다. 생물학적·심리학적 영향으로 인해 여자들은 접근할 수 있는 가장 좋은 남자와 임신 가능성을 높이려고 한다. 그 뒤에는 장기적인 부양 능력, 최고의 아버지가 될 가능성을 가진 남자를 확보하는 쪽으로 자기도 모르게 기울게 된다.

여자들의 일련의 행동들, 가령 더 남자다운 남자 얼굴형과 체형을 원하거나, 화장에 더 신경 쓰거나, 목소리가 더 섹시해지는 등 배란기 여성의 선호가 분명해지는지, 아니면 더 편하고, 보살펴주고, 지지하는 남자들을 원하는 황체기 여성의 선호가 분명해지는지 간에, 최종 목표는 이 둘 사이에서 하이퍼가미를 최적화하는 것, 그리고 결국엔 번식이다. 진화적 관점에서 볼 때, 이것이 여성의 이중적 성 전략을 이루는 근본 구조고, 매노스피어에서는 이를 가리켜 '알파는 섹스하고 베타는 돈을 댄다'라고 부른다.

'배란기 변화'에 대해 더 자세히 알고 싶으면 마티 헤이즐턴의 연구를 찾아서 읽어보기를 바란다.

## 흥분 대 끌림

여성은 남성을 통해 딱 두 가지 진화적 가치를 얻는다. (자식의 생존과 장기적인 유대에서 발생하는) 직계 후손과 관련된 혜택과 (남편의 신체적인 매력 수준에서 얻을 수 있는) 유전자에 따른 혜택이다. 그런데 요즘 여자들은 좋은 남자의 유전자를 일부일처 결혼 제도 밖에서(다시 말해, 남편 말고 다른 남자를 통해) 얻을 수도 있고, 또 더 이상 자식의 생계를 위해 남편의 경제력에 기댈 필요도 없으므로, (장기적 관점에서) 섹시한 남편이 될 가능성이 없는 남자랑 끝까지 타협하며 살아가야 하는 압박이 없다.

현대의 이런 세태는 남자들의 짝짓기 성공률의 편차를 크게 확대했다. 여자들의 성적 선택은 늘 소수의 남성 번식 개체(남성 표현형phenotype의 좁은 범위)로 향하는 경향이 있지만, 남자들의 여성을 향한 '선호'는 편차의 범위를 넓게 포괄하기 때문이다.

이런 아이디어가 살짝 자극하는 주요 논쟁은 앞서 설명한 바와 같이, 여자들의

(실제 또는 상상의) 사회적 권력이 가져다주는 사회적 차원의 편익 덕분에, 장기적인 안정을 남자에게 보장받는 일이 지닌 가치를 깎아내린다는 점이다. 나는 남자의 부양 측면(베타 측면)을 전반적으로 경시하는 사회 풍조를 완전히 수용하지는 않는다. 수천 년에 걸쳐 심리적으로 진화한 펌웨어를 즉각 바꿀 수는 없기 때문이다. 그러나 남자의 베타적 측면(경제력)의 필요성을 깎아내렸기 때문에, 장기적인 안정을 최고로 보장해 줄 수 있는 남자를 여자들이 완전히 무시하지는 못하더라도, 예전보단 덜 중요하게 여기게 된다.

아무 여자나 골라잡아서 그 여자가 온라인 데이트 사이트에 등록한 자기 소개란을 쭉 훑어보라. 그 여자의 남자친구 후보가 되기 위해 지원자가 갖춰야 할 필수 자격을 나열한 '483가지 주요 체크리스트' 같은 항목을 보게 될 것이다. 체크리스트가 뭐가 그렇게 많아야 하는지도 잘 모르겠지만, '남자친구가 되기' 위해 갖춰야 하는 공통적인 속성들이 있다. (무엇보다도) 자신감, 유머 감각, 친절함, 지능, 창의성, 결단력, 감수성, 존중, 숭고한 영혼, 인내심 같은 것들이다.

여기서 요점은 여자들이 '매력적'이라며 나열한 이 특징들이 여자들을 성적으로 '흥분시키는' 알파적 특징이랑 전혀 상관이 없다는 것이다. '게임'이나 '성격'이 물론 여자를 더 흥분시키는 요소가 될 수는 있다. 그러나 애초에 그 남자가 여자의 성적 흥분을 일으킬 가능성이 높은 유형이 아니라면, 겉으로 드러나지 않은 내적 자질은 그 자체로는 '여자의 성욕을 자극하는' 힘이 없다.

베타 남자들 대부분이 여자가 '매력적'이라며 올린 저런 목록이 '반드시' 남자를 '성적으로 흥분시키는 힘'을 가진 남자로 만들어 줄 거라고 착각하는 바람에 혼란스러워한다. 그래서 남자가 저러한 자질을 갖추기 위해 (종종 평생에 걸쳐) 자신을 창조하고 나면, 정작 여자들은 항상 더 좋은 외모를 가진 다른 남자와 섹스하는 걸 보게 된다. 그러면 남자는 본인이 해낸 개인적인 발전은 전혀 도움이 안 된다는 사실을 깨닫고 절망하고 분노한다. 여자들의 이런 행동은 이중적이지만, 한편으론 일부러 남자들을 헷갈리게 만드는 전략이기도 하다.

물론 여자들이 의식적으로 이런 혼란을 야기하는 게 아닐 수도 있다. 그러나 이런 인위적인 혼동 작전은 여자들이 하이퍼가미를 최적화하기 위해 동원하는 효과적인 필터 기능을 한다. 하이퍼가미는 '알파 섹스'만 원하는 게 아니고, '베타 양육'에도 가치를 둔다는 점을 기억해야 한다. 물론 '알파 섹스'를 최대한 누리기 위해 '베타 양육'이 중요해지는 시점이 여자의 인생에서 꽤 뒤로 미뤄질 수도 있지만 말이다. 그러니 여자가 스스로 생각하는 남자의 '매력'을 남들에게 설명할 때, 그 매력 목록은 앞서 예시로 나열한 속성들을 포함할 것이다. 그 이유는 간단하다. 그것이 '착하게 들리기 때문'이다. 즉 그 목록이 여자를 빛나게 만들어 주기 때문이고, 또한 남자들이 그런 가치를 추구하는 남자가 되길 바라면서, 장기적인 미래를 함께하고 자식을 키우기 '좋은 남자'를 구하는 '올바른' 계획을 여자가 따르고 있다는 생각을 투사할 수 있기 때문이다. 결국 그것이 여자들이 저런 목록을 데이팅앱에 전체 공개로 올리는 진짜 이유고, 저런 행동의 실체를 진화에 따른 논리로 아무리 설명해 줘 봤자 대다수의 남자들이 여전히 저런 목록을 믿는 이유다.

## 그때와 지금

자기 자랑처럼 들리겠지만 참고 들어줬으면 한다. 내가 20대일 때, 섹스는 정말 쉬운 것이었다. 야외, 차 안, 호텔 룸, 뜨거운 욕조, (운영 시간 이후) 여성 전용 체육관의 사우나, 심지어 한 번은 (불편할까 봐 말해 주자면 주위에 아무도 없었고 개방 시간이 지난) LA의 교회 발코니에서도 여자친구와 했다. 내 이름으로 된 재산은 한 푼도 없었지만, 섹스 파트너 둘 중 한 명은 일주일에 한두 번씩 내가 다녔던 커뮤니티 칼리지에 등교하기 전, 아침에 나와 섹스하려고 말 그대로 내 원룸 침실 창문으로 기어들어 오곤 했다.

여기서 말하고자 하는 핵심은 당시 나의 연애에서 서로 뜨거운 시간을 보낸 여자와 나, 이 둘의 존재 말고는 '매력'이라는 부를만한 그 어떤 겉치레도 없었다는 것이다. 여자를 유혹하려고 미리 준비해야 하는 '체크리스트' 같은 건 없었다. 장기적인 비전을 고려한 남편감의 자질 같은 건 나중에도 생각나지 않았다. 다시 말해, 여자들이 남자랑 만나고 싶어 하는 결정적인 요소라고 공개적으로 언급되는 '하이퍼가미의 베타 부양/성격/고결' 측면은 알파 섹스의 성적인 긴급함보다 우선순위가 한참 아래였다.

과거의 내가 섹스에 걸신들린 여자들만 만났을 뿐이라고 우길 수 있다. 그러나 장담컨대, 지금 그 여자들의 SNS를 살펴보면 이 여자들이 과거에 그랬을 리가 없다

고 생각할 거다. 지금 그 여자들은 '대학 시절과는 완전히 다르다.'

여자가 자신의 연애 시장 가치가 하락한다고 느끼는 시기인 '깨달음의 단계'가 지나고 나면, '베타 부양'의 체크리스트를 섹스를 위한 조건 또는 사귀는 조건으로 남자에게 걸어야겠다는 마음을 먹기 시작한다. 그러나 이런 여자들의 '깨달음'도 남자들의 착각과 달리, 여자의 갑작스러운 개과천선 때문이 아니다.

지금은 아무리 찾으려고 해도 찾을 수 없지만, '디어 애비Dear Abby(독자들에게 인생 상담을 제공하는 연재 칼럼-옮긴이)' 같은 종류의 조언을 구하는 기사를 읽은 적이 있다. '완벽한 남자'를 찾았지만, 지금 당장은 이 남자랑 어떻게 할 수 없어서 안달이 난 20대 초반의 젊은 여성의 이야기였다. 그 여자의 말은 대충 이랬다. "그 남자애는 너무 훌륭해요. 성격도 좋고, 재미있고, 제게 빠져 있고, 저를 지지하고. 그런데 걔를 냉동인간으로 만들어서 제가 29살이나 30살이 될 때까지 기다리게 할 수 있으면 좋겠어요."

다른 여자들과 마찬가지로, 저 여자도 하이퍼가미 본능에 따른 자신의 욕구를 어느 정도 의식적으로 인지하고 있다. 하이퍼가미의 장기적인 측면을 충족하며 함께 살기 위해 결국 '완벽한 남자'가 필요하다는 걸, 자신을 지지하고 자기에게 빠진 남자가 필요하다는 사실을 알고 있다. 하지만 그 여자의 하이퍼가미가 추구하는 알파적 측면, 즉 당장 섹스하고 싶은 섹시한 남자를 유혹할 수 있는 성적 매력이 모두 고갈된 후에야 그렇게 할 것이다.

## 섹스 대비 vs 부양 대비

요즘 연애 시장에선 여성의 하이퍼가미 본능 상 단기적인 알파 성욕과 장기적인 베타 안정 욕구 사이의 균형추가 전자의 방향으로 강하게 기울었다. 이런 현실을 요즘엔 높은 사회적 지위를 가진 남자들이 잘 체감한다. 매력적인 남자가 되기 위해서는 이제 '오래된 책'에 있는 사회적 지위나 세속적 성공이 아니라, 섹시한 좋은 몸을 만들려는 노력이 중요하다.

나는 〈공개적인 하이퍼가미〉라는 기고문을 통해 여자들이 한 남자가 장기적으로 적합한 상대인지 고려할 때, '오래된 질서'에 근거한 베타 부양의 측면이 한때는 '매력적인' 요소였지만, 이 가치가 현대에 와서는 여자들의 안정 욕구를 보장하는 외적인 다른 수단들로 대체되고 있다고 주장했다. 사회적 기금을 통해서든, 다른 사회 제도(이혼 수당, 양육 수당)를 통해서 여성의 안정을 남자가 보장하도록 하는 계약서를 쓰는 방식이든, 결국 여성의 성 전략의 이중성 사이의 균형이 흐트러졌다.

그러나 이제 상황이 단순한 사회적 차원을 훨씬 뛰어넘었다는 인상을 받는다. 당분간 얼려두었다가 여자가 필요할 때 녹일 수 있는 남자, 나중에야 여성의 편의에 맞춰 봉사할 준비가 된 순종적인 남자를 '완벽'하다고 부르는 여성식 길들이기로 인해 대부분의 남자들이 여전히 혼란에 빠져 있기 때문이다.

더 나아가, 이를 위해 남자들은 정해진 타이밍에 '완벽한' 남자가 될 준비가 되도록 '매력적인' 요소가 '성적 흥분'을 일으키는 요소라고 믿어야 한다. 그리고 이런 착각을 남자들이 당연한 사실처럼 받아들일 필요가 있는 쪽은 바로 여자들이다.

## '좋은 남자'라는 미신

내가 쓴 초기 블로그 기고문인 〈짝짓기의 일정Schedules of Mating〉의 시작부에서, 나는 여성의 하이퍼가미 욕망을 최대한 충족시킬 수 있는 이상적인 남자에 관해 짧게 다루었다.

자신이 유혹할 수 있는 남자들 중 최선의 부양 조건과 최고의 신체적 유전자를 가진 남자를 찾아내고 반드시 확보하기 위해, 수 세기 동안 여자들이 사용한 전략과 사회적인 수준의 장치들이 많다. 이상적인 '최고의 남자'란 하이퍼가미의 양극단 모두를 아우르는 전형이어야 한다. 하지만 한 남자에게 알파와 베타가 혼재하는 경우는 (특히 요즘에는) 거의 없고, 따라서 여자들은 생물학적 요구를 달성하기 위해서, 그리고 안정을 추구하는 타고난 욕망을 원동력으로 여자들은 (여자의 주변 환경과 개인적인 상황에 따라 변하는) 사회적인 제도와 전술을 만들어내고 발전시켰다.

이런 관점에 따르면 남자들은 분명 양립하기 어려운 두 가지 상반된 요구를 여자로부터 받지만, 남자들이 여자들에게 이에 상응하는 요구를 하는 경우는 없다.

일부 (과거에는 레드필이었던) 작가들이 '좋은 남자'의 전형을 남자들이 이상적으로 열망하고 추구할 수 있는 롤 모델로 권하는 경우가 있다. '비열한 알파 남자'의 전형은 노골적이고 불쾌한, 도가 지나친 남성성을 가진 '버거운 남자'처럼 취급된다. 반대로 감정 쓰레기통이고 여자에게 굽신거리는 '베타 아버지'의 모습도 남자들 입장에선 불쾌하긴 마찬가지며, 베타의 '매력'이 꼭 여자를 '성적으로 흥분시키는 게 아님'을 상기해 보면, 남자 입장에선 그걸 마냥 옹호할 수도 없는 노릇이다.

　이런 관점에 따르면, '좋은 남자'의 전형은 더불어 살 수 있는 절충된 이상향으로 제시된다. 만약 남자들이 알파의 가장 좋은 점을 갖추고, 베타의 미덕으로 여겨지는 요소를 조화시킬 수 있다면, 당연히 어떤 여자라도 원하는 '완벽한' 남자가 될 것이다.

　이렇게 '좋은 남자', 즉 '알파와 베타 양쪽 모두의 자질을 지닌 최고인 남자'라는 개념에 문제가 있는 이유는 남자들이 알파와 베타의 균형을 맞추는 게 불가능하거나, 그럴 생각이 전혀 없기 때문이 아니다. 오히려 여자 쪽에서 애초에 한 남자에게서 그런 균형을 원하지도, 기대하지도 않기 때문이다. 우리 사회의 연애 환경은 여자들이 오래된 책의 '좋은 부양자'를 더 이상 원하지 않거나 예전보단 덜 원할 뿐만 아니라, 남자를 '알파'와 '베타'라는 양 극단으로 갈라놓는 지경까지 이르렀다. '하룻밤용'과 '연애(결혼)용'으로 남자를 나눈 것이다.

*"알파와 베타, 양쪽의 경계선 위를 달리는 남자는 믿을 수 없다."*

　이는 다시 '그냥 아는 것(Just Get it)' 원칙으로 이어진다. '완벽한 남자'가 되기 위해, 여자가 원하는 남자가 되기 위해 의식적인 노력을 기울여야 하는 남자는 여자를 '본능적으로 알지' 못하는 남자다. 여자가 바라는 '완벽한 남자'란, 따로 설명할 필요도, 또 남자의 의식적인 노력도 필요 없이 애초에 '그런 남자'인 남자다.

　조금 전 남자들에겐 여자들을 향한 이와 유사한 이분법적 유형이 없다고 했다 (있다 하더라도 성모/창녀 이분법 정도다). 마찬가지로 남자의 성적 이상향을 충족시키기 위해, 여자들이 서로 '좋은 여자'가 되도록 장려하는 문화, 여자들의 사회적 차원의 노력 같은 건 존재하지 않는다는 사실도 지적하고 싶다. 오히려 여자들은 남자들의 여자 취향에 대해 적대적이거나 저항한다고 보는 게 현실적이다. 여자들은 남자를 더 기쁘게 하는 그 어떤 것도 절대 하지 않도록 길든다. 그렇다. 가끔 남자를 기쁘게 하는 여자들도 있다. 그러나 그것은 여자가 사회화 작업을 이겨낸 경우다.

　여자들은 '좋은 남자'에겐 믿음이 가질 않아서 기대하지도 바라지도 않는다. 여자들은 그런 유니콘 같은 남자의 진정성을 늘 의심한다. 자꾸 언급해서 지겨울 수도 있지만, 남자들은 "알파와 베타 사이의 균형을 잡은 '좋은 남자'가 되겠다."는 생각을 갖다 버려야 한다. 베타적 측면에서 '좋은' 요소들은 남자들 사이에서 워낙 널리 퍼져 있고 너무 흔해서, 요즘 여자들 입장에선 그냥 기본값이 되었기 때문이다.

이 주제에서 지속 가능한 중간 지점은 없다. 삶의 전반적인 시선과 무게가 먼저 자기 자신을 향한 남자, 자신을 위해 투자하는 남자, 그것이 자신의 본모습이고 진정 그 남자가 믿는 가치이므로, 그러한 프레임을 오만할 정도로 강하게 유지하는 남자만이 존재한다. 자신의 이익을 추구하고, 그러고 나서야 그 관계가 지닌 가치에 따라 그가 사랑하는 사람과 친구를 위해 상황을 개선하는 '남자'만 존재할 뿐이다. 그것이 여자를 '본능적으로 아는 남자(just gets it)'다.

## 알파로 올라서기

과거 위와 같은 주장을 했다가 거센 비난을 받은 적이 있다. '좋은 남자', 즉 알파와 베타 사이의 균형을 완벽히 맞춘 남자가 되겠단 발상은 지속 불가능하며, 착각이란 주장은 언제나 남자 독자들의 심기를 건드린다. 특히 거듭나서, 여자들이 꿈꾸는 이상에 맞게 자신을 창조하겠다고 굳게 다짐한 남자들이 그렇다.

여자들을 위한 최고의 길은 알파와 베타 특징 모두를 가진 남자가 되는 거 아닌가요?

다시 말해, 경제력과 배려심뿐만 아니라 훌륭한 유전자, 신체적인 섹시함, 알파의 자신감을 가진 남자가 여자를 위한 '완벽한 남자'가 아니란 소린가요?

그래야 여성의 단기적·장기적 짝짓기 전략을 모두 충족시키지 않을까요?

여자들이 알파와 베타, 두 가지 서로 다른 자질을 서로 다른 남자에게서 구하는 이유는 양쪽 자질을 모두 가진 남자가 잘 없기 때문이라고 생각합니다.

물론 핫한 알파남과 가정에 헌신하는 베타남의 완벽한 결합에 대한 갈망은 여성의 뇌에 단단히 뿌리내리고 있다. 가장 원초적인 수준에서, 하이퍼가미의 내적 갈등은 한 남자가 흥분을 일으키는 알파적 측면과 매력적인 베타적 기질을 함께 뒤섞길 바라는 '갈망'으로 인해 생긴다. 여성의 이중적 성 전략은 이런 식으로 진화했다.

그러나 하이퍼가미를 당황하게 만드는 현실적인 문제는 성욕이 동하는 알파와 매력적인 베타가 한 남자에게, 가장 적절한 시기에 딱 맞춰 등장하는 경우가 거의 없다는 것이다. 현실에선 여자들이 연애 시장 가치상 절정기를 지나가는 동안, 주로 알파 성욕 충족에 가장 높은 우선순위를 부여하고, 그런 남자와 우선 섹스한다는 뜻이다. 이것이 '지금 당장 나와 섹스해'라고 외치는 '파티 시기(Party Phase)'이고, 여자의 입장에서 알파의 씨뿌리기(Alpha seed)가 베타의 필요 충족(Beta need)보다 훨씬 더 가치 있게 여겨지는 시기이다.

〈짝짓기의 일정〉에서 설명한 것처럼, 큰 그림에서 이런 행태는 사실상 결혼 전으로 소급되는 간통이나 마찬가지다. 알파와의 섹스가 굳이 임신으로 이어지지 않는다 해도, 전성기 시절 여자들의 우선순위는 '먼저 씨앗부터 찾고, 나중에 공급자를 찾는 것'(다시 말해, 초장기적인 간통)이다.

물론 여자들에게는 남자가 성숙하고 이왕이면 세속적으로 성공하고 있을 때 '사나운 알파남을 길들여' 베타 파트너로 바꾸고 싶어 하는 환상이 있다. 이런 모습은 연애물에서 주로 등장하는 환상이다. 가령 알파남 입장에서 달리 기억할 가치가 없는 평범한 여자가 길들지 않은 거친 알파 남자의 욕망 대상이 되고, 알고 보니 그 여자가 그를 세련되게 다듬을 힘을 가진 유일한 여성이었다는 식의 스토리 텔링이다.

좌절 속에 살아가는 싱글맘들 중 상당수가 한 때 '나쁜 알파 남자'를 '좋은 아버지'로 고치려고 시도했다가 실패하는 삶이 얼마나 허망한지 잘 안다. 그러나 이런 경우도 여자가 전성기에 특정 알파남 한 명에게 모든 걸 투자한 경우에나 해당된다. 여자들의 기본 전략은 알파를 더 매력적인 베타 부양자로 바꿔서, 알파의 성적 흥분을 여전히 유지하여, 알파 남자가 주는 뜨거운 흥분을 계속 경험하는 것이다.

여자의 연애 시장 가치가 하락세로 접어들고 장기적 안정이 필요해지면 하이퍼가미의 우선순위가 바뀐다. 그렇게 되면 하이퍼가미 본능이 베타 남자의 양육자 자질을 선호하기 시작한다. 이제 여자는 장기적인 안정을 보장하기 위해, 그 여자에게 필요한 모든 매력의 잣대가 친절하고, 믿을 만하고, 그리고 반드시 경제력이 탄탄한 남자를 선호하는 대본으로 바뀐다. 여자가 더 이상 알파의 신체적 특성과 카리스마에 흥분을 느끼지 않는다는 뜻이 아니다(특히 배란기에는 더더욱). 여자가 알파를 유혹할 수 있는 성적 매력이 감소한 상황(나이의 벽 the Wall에 부딪힌 이후)에서, 우선 자신과 자식을 부양할 수 있는 남자와 결혼해야 하는 필요성이 더 커지고, 더 중요해진단 뜻이다. 여자들은 모종의 정신 승리나 '내가 더 성숙해진 거야' 같은 합리화로 알파의 성적 흥분과 베타의 매력 사이에 발생하는 불균형을 완화하려 한다. 그러나 본질적으로 하이퍼가미 본능이 여자들에게 심어 놓는 '이 남자가 진짜 최선인가?'라는 의심을 자기 억압, 또는 남편의 애정과 관심을 잃어버리는 것에 대한 두려움(dread) 등으로 눌러 줘야 가능하다.

이런 사례에서, 대개 베타에 해당하는 남편이 알아서 스스로 더 '남자다워지고', 여자를 '본능적으로 알게 되어' 시간이 지날수록 아내를 흥분시키는 알파 남편으로 발전할 거란 환상이 생길 수 있다. 여기서 여자들이 추구하는 전략은 부드러운 베타 부양자의 역할을 유지하면서, 아내의 원초적 욕망이 요구하는 대로, 더 흥분을 일으키는 알파로 남편을 변화시키는 것이다.

## 알파 기질을 가진 베타남

여러분은 여자들이 알파와 베타 사이의 완벽한 균형이 실제로 실현 가능하다고 믿거나, 믿길 바라면서 남자들의 혼란을 가중한다는 점도 명심해야 한다.

여자들은 진짜 '매니콘Manicorn'(전설로만 전해지는 완벽한 남자, 유니콘의 남자 버전-옮긴이)이 존재할 수 있다고 믿고 싶어한다. '대마초를 물고 있는 더 나은 베타', 그 남자를 통해 자신의 하이퍼가미 욕망을 충족하고, 하이퍼가미의 뿌리 깊은 의심을 영원히 종식할 수 있을 거라 희망한다.

여자들은 매니콘 같은 남자를 믿지 못하면서, 또 한편으론 그런 균형을 원한다고 말한다. 여자들은 자신들이 정말 무엇을 바라는지 잘 모르는 것 같다. 열심히 같이 살아온 '지나치게 예민한 남편'에 대해 불평불만을 입에 달고 사는 유부녀들도, 한때 남편에게서 알파와 베타의 균형을 원했을 것이다. 나는 지금 매노스피어를 통해 남녀 관계에 관한 지혜를 찾는 유부남들 대다수가 어느 시절엔 스스로를 '알파 측면을 가진 멋진 베타'라고 생각했을 거라 본다.

때가 된 여자들은 이제 베타 부양자 남편감이 훨씬 더 실용적인 선택지라고 생각할 수 있는 나이에 이른다. '깨달음의 시기' 무렵, 여자 개인들이 처한 조건에 따라, 연애 시장에서 본인이 지닌 가치의 수준에 따라, '남자의 매력'과 '좋은 연애'에 관한 정의가 조금씩 달라진다. 여자의 나이와 연애 시장 등급, '그 여자에게 당장 무엇이 필요한가'라는 관점에 따라 살펴본다면 이런 것들을 파악할 수 있다. 그러나 당연히 여자가 전성기를 보내던 시절엔 저런 관점을 갖고 살지 않았다.

이쯤에서 '더 좋은 베타 만들기'라는 역설이 등장한다. 이 역학의 핵심은 남자에게 권력을 주지 않고 '여자에게 쓸만한 남자'로 개조하는 것이다. 성별이 반대로 바뀌어서 이런 식으로 작용하는 경우는 없다. 즉 여자들을 남자에게 더 적합하게 개조하려는 노력 같은 건 존재하지 않는다. 만약 그런 노력이 있다면 거세게 저항받는다. 여자를 노예로 부리냐는 공격을 받는다. 현실이 이렇다. 반면 남자가 '호감 가는 여자'의 도움을 받아, 여자에게 인정받을 수 있는 더 나은 자격을 갖출 방법을 연구하느라 평생을 보낸다는 개념은 아주 혁신적이다. 이게 바로 여자들이 만들고자 하는 '더 나은 베타'다. 상황과 쓰임새에 따라 남자답게 알파가 되도록 허락받지만, 여성향 질서에 순종할 만큼 베타 기질도 유지되어야 한다. 여자는 대외적으로 자랑할 수 있고, 그 남자와 사귄다는 사실만으로 자신의 됨됨이를 과시할 수 있을 정도로 멋있지만, 뒤로는 여전히 은밀하게 통제할 수 있는 남자를 찾는 것이다.

이처럼 여자들이 내놓는 논리와 근거는 윤리, 권위, '명예와 연관된' 이상향 중 그 어디에 뿌리를 두던지 상관 없이, 여전히 최종 목표는 '여성 지상주의를 달성하는 것'이다. 여자들에게 유리한 부분에 대해선 '남자가 남자다워야 한다'는 말을 내뱉지만, 그 말에 숨은 의미는 '여자가 수용할 수 있는 기준에 맞춰 남자들이 더 제대로 자격을 갖추게 하는 것'이다. 여자들이 난감해하는 부분은 남자가 더 알파(그걸 어떻게 정의하든지 간에)가 되면서 생기는 장점들이 정작 베타 남자에게 요구되는 굴종의 마음가짐을 붕괴시키는 것이다.

그런 이유로 '진짜 효과가 있는 게임'이나, 남자의 진정한 깨달음(unplugging)을 여자들이 동의할 수 있도록 예쁘게 포장하는 게 어렵다. 정말 솔직히 말해서 게임에 담긴 내용은 남녀 모두 덥석 받아들이기 쉽지 않다. 사회적 규범, 사회적 분위기상 남자들은 계속해서 여자의 진짜 본능에 대해 전혀 몰라야 한다. 더 강한 알파 기질, 더 많은 자신감을 가진 깨어난 남자들은 여성 중심적인 사회 질서에 위협이 되기 때문이다. 여자들은 이렇게 경고하고 싶을 것이다. "연애의 기술을 터득해서 남자로서 결국 거듭나는 데 성공한 건 분명 멋진 일이야. 그렇지만 기억해. 누가 여성기를 갖고 있는지, 누가 규칙을 만드는지 말이야."

남자들의 '알파와 베타 사이의 균형을 잡겠다'는 발상은 그러한 발상이 여성 중심주의에서 싹텄다는 사실, 그 자체로 문제다. 연애 성공 가능성을 높이는 방법에 대한 조언을 구하는 남자들은 대체로 처음부터 알파 요소가 자신에게 잠재하여 있었다고 생각하는 부류로, '알파로 거듭나야 한다'는 레드필 깨달음을 얻었던 베타 남자들이다.

여전히 관계를 통제하길 바라는 여자들은 자기가 편리할 때만 잠깐 알파가 되는 베타 남자를 원할 뿐이다. 그러나 '일부만 알파인 남자' 같은 건 없다.

알파는 지배한다. 그러나 이런 알파의 기질은 여성 지상주의(Feminine Imperative)가 근간으로 삼는 평등주의라는 가짜 종교에 들어맞지 않는다는 사실을 여자들 대부분이 모른다. 어떤 관계에서도 한쪽은 지배적인, 다른 한쪽은 순종적인 위치를 점한다. 동성애자 커플에서조차 이런 위계질서를 관찰할 수 있다. 그러나 여성식 사고방식의 틀에 갇힌 남성은 '성별 간 평등 유토피아'라는 망상에 빠져 이런 사실을 부정하고 진실에 저항한다.

따라서 알파와 베타 특징 사이의 균형을 잡는 '완벽한 남자'를 향한 갈망에 관한 글들을 읽어보면, 결국 여성 친화적인 평등주의자들이 원하는 '두 성별 사이의 균형'이란 망상의 연장선이란 걸 깨닫게 된다. 그것은 사실 완벽한 안정을 원하는 여자들의 바람이 투영된 것이다.

여자들은 관계에서 통제권(우위)을 요구하면서 동시에 완벽한 남자를 통해, 완벽한 때에, 여자의 전 생애를 통틀어 하이퍼가미의 충족이 보장되고 확립되기를 원한다. 그 과정에서 남자란, 그게 여성향 질서에 동조하는 남자든 다른 형태의 남자든, 성 전략을 달성하기 위한 수단에 불과하다. 그 목표는 완벽한 남편과 함께, 또는 간접적인 간통을 통해, 또는 여성들의 정신 포르노(로맨스 또는 이혼 포르노)를 통해, 또는 하이퍼거미의 이중성이 반영된 여타 다른 수단을 통해 달성할 수 있다.

이미 언급했지만 반복할 만한 가치가 있는 얘기다. 인생과 연애 경험을 바꾸고 싶은 남자들에게 말해주자면, 베타에서 알파로 올라가는 일은 개인적인 과정이다. 알파 남자가 베타스러움을 억지로 짜내서 알파의 본성을 억누르는 일보다 훨씬 더 지루하고 고생스러운 과정이다. 여자들이 답답하게 느끼는 베타남들, 억지로 웃으면서 사회화에 협조해 온 베타 남자들 중에 얼마나 많은 남자들이 실제로 레드필 깨달음을 얻고 진짜 알파로 변신할까? 여자들은 그 결과를 느낌으로 판단한다. 여자들은 알파와 베타로 남자를 이분화하는 사고방식과 유아론적인(solipsism) 기질을 지녔기에, 베타를 알파처럼 만들려는 시도 자체에 본능적으로 만족하지 못한다. 그래서 남자는 그냥 여자를 '본능적으로 아는' 경지에 올라야 한다.

차라리 자연스러운 알파의 지배력을 발휘해 여자에게 알파 인상을 남기는 게 훨씬 더 나은 방법이다. 알파란 그저 어떤 한 남자가 타고난 성격일 수 있다. '알파 측면을 가진 베타' 같은 건 없다. 처음부터 전반적인 정신상태가 '베타'에 고정되어 있다면, 남자 본인도 알파의 기질을 '진심으로' 믿고 받아들일 수 없기 때문이다.

'알파 사고방식'을 무엇보다 강조하는 이유가 이것 때문이다. 여자는 여러분을 알파로 인식할 때, 베타의 감수성을 가끔 살짝 드러내는 일은 남자에게도 쉽고 여자 입장에서도 사랑스럽다. 반대로 여러분의 주된 기질이 베타인데, 이따금 알파의 모습을 내비치면 좋게 봐줘도 감정적으로 성질을 냈거나, 최악의 경우 성격에 결함이 있는 인간처럼 보인다.

여자가 베타를 사랑할 수는 있다. 그러나 존경할 수 있는 것은 알파뿐이다.

# 완벽한 남자

배란기가 여자에게 미치는 생물학적·행동 차원의 영향력을 이해하면, 결국 하이퍼가미가 개인 차원부터 사회적인 차원까지 어떤 식으로 드러나는지 이해하게 된다. 매노스피어에서 쓰는 표현으로 쉽게 비유하자면, 알파는 섹스하고, 베타는 부양하는 여성의 성 전략이 수면 위로 드러난다는 뜻이다. 이 주제에 관해 더 자세한 설명을 원한다면 두 번째 책, 『합리적 남성2: 예방의학』을 읽어보길 권한다.

하이퍼가미가 여성에게 영향을 미치는 방식을 개인과 사회적 관점에서 모두 이해하면, 남자가 2세 계획 등 장기 연애, 동거(그 길을 간다고 가정할 때)를 고려했을 때, 가장 논리적인 해결책은 여성의 양극단을 달리는 전혀 다른 두 가지 지향점을 남자가 혼자 모두 충족하는 게 된다. 남자가 하이퍼가미의 양 측면에서 최고의 수준에 도달하는 게 최고의 계획처럼 보인다. 물론 그런 짓은 정말 헛고생이지만, 그게 헛고생인 이유를 더 잘 이해하기 위해 일단 이 헛고생을 자세히 뜯어봐야 한다.

그렇다면, 남자들은 여성의 성 전략에 내포된 두 가지 극단을 어떻게 조화시킬 수 있을까? 알파와 베타 특징 사이에 어떤 균형점이란 게 존재할 수 있는가? 여성의 월경 주기에 따른 욕구를 계산해 가면서 매번 적절한 타이밍에 여자에게 알파와 베타의 특징을 시연해야 하는 건가? 결혼 또는 장기 연애뿐만 아니라 순수하게 '게임' 관점에서도, 심지어 직장에서 공적으로 여자 동료를 상대할 때조차, 남자가 여자의 배란 주기 변화에 따른 여성의 행동 변화에 맞게 자신의 태도를 바꾸는 게 늘 유리하다. 더 큰 그림에서 본다면, 우리는 위 질문의 대답을 '여자가 남자의 매력을 느끼는 방식'과 '성적으로 흥분을 느끼는 방식'을 대조해 봤을 때 찾을 수 있다. 많은 베타 남자들이 이쯤에서 길을 잃는데, 이들이 베타의 '매력'이 알파의 '흥분'과 동의어라고(또는 동의어야 한다) 믿기 때문이다. 이 두 가지 개념은 '알파의 씨뿌리기'와 '베타의 자원 충족'이라는 여자들의 다중적 성 전략의 두 극단을 상징한다. 여성의 성욕은 여자의 장기적인 성 전략이 단기적인 성 전략을 정당화하거나 상쇄하는 정도에 따라 그 수준과 방향이 정해진다. 그리고 이것조차 여자가 나이를 먹어가면서 마주하는 시기마다 당장 가장 급한 필요에 따라, 그리고 그중 어떤 것을 여자가 우선하는지에 따라 바뀔 수도 있다.

여자들이 보기에, 또는 레드필을 깨닫지 못한 남자들 눈에는 이런 내용이 어쩌면 별 것 아닌 차이를 구분하느라 애쓰는 모습처럼 보일 수 있다. 그러나 남자들은 여자가 성적으로 흥분한 상황이나 단서를 단순한 매력 신호와 반드시 구별할 수 있어야 한다.

## 남자의 매력(Attraction)은 성적 흥분(Arousal)이 아니다

여자들은 '남자들에게 무엇을 바라나요?'라고 누가 질문해 주면 좋아한다. 마치 로또 당첨금으로 할 일을 상상하는 것 같다. 로또에 당첨된다면 저택과 요트도 좋지만, 당연히 고상한 모습도 보여주기 위해 일부는 기부할 거라고 말할 거다. 이처럼 여성의 본능을 관장하는 뇌는 자신의 방종에 가까운 욕망을 신중하고 현명해 보이는 겉모습으로 억눌러서 연출해야 할 필요성을 잘 알고 있다. 이는 일종의 고차원적인 '반-걸레 방어기제(Anti-Slut Defense, 문란하고 난잡한 여자라는 이미지를 피하기 위한 여자들의 방어기제-옮긴이)'이다. 이 방어기제는 여자의 내면에서 은밀하게 작동한다. 대외적으로는 '천박한 여자'라는 이미지를 피하고, 동시에 남자에게 '매력'을 대신 설파하면서 참한 여자 이미지를 보여주려는 노력의 일환이다.

여자들이 이상적인 남자의 조건을 나열할 때, 당연히 알파 측면에서 정말 여자를 성적으로 흥분시키는 요소들에 대한 언급을 절대로 피한다. 반면 안정, 경제력 등 장기적인 남자 파트너, 베타적 차원에서 이 질문에 대답한다는 사실을 여러분은 잘 알고 있어야 한다. 여자들은 이런 식으로 '알파-섹스'와 '베타-부양' 측면을 조화시킨다. 본능적으로 여자들은 자신의 성 전략이 이중적이라는 점을 알기 때문에, 두 극단 중 더 친사회적인 '베타-부양(매력)'을 말로 언급하고, 성욕에 충실한 성 전략, '알파-흥분 측면'은 숨긴다.

여자들이 남자의 '매력 포인트'라며 공개적으로 떠드는 것들의 대부분을 레드필 남자들은 '베타 남자의 특징'으로 본다. 사실 이런 매력 요소들은 여자들이 월경 주기상 황체기에 있을 때 가장 잘 반응한다. 따라서 여자들은 남자의 감수성, 공감 능력, 친숙한 태도, 유머, 짜릿함, 칭찬, 돌봄, 등 편안하고 사랑스러운 특성, 다시 말해, 여성 중심의 문화에 동화된 남자들에게서 많이 볼 수 있는 베타남의 특징을 원한다고 말한다.

하이퍼가미 본능을 대놓고 받아들이자는 분위기가 요즘 사회 전반에 퍼지고 있지만, 여자들은 늘 '매력' 신호를 성 선택 과정에서 기본값으로 설정한다. 결국 섹시한 남자와 섹스할 기회보다는 안정을 보장해 줄 남자의 경제적 부양 능력이 더 오랜 기간 필요하다는 걸 여자들이 알기 때문이다.

## 좌절한 흔남 세대(Average Frustrated Chump Generation)

매노스피어에서 가장 널리 언급되는 주제가 '남자들 태반이 좌절한 베타 남자들'이란 이야기이다. 매노스피어 바깥의 수많은 여자들과 남자들이 연애 시장의 파레토 법칙Pareto Law(상위 20%남자가 지배한다-옮긴이)에 열받는 이유는 기고만장한 알파들이 베타 남자들을 지나치게 냉정하고 신랄하게 조롱하기 때문이다.

그러나 이 남자들이 더 큰 분노를 느끼는 이유는 따로 있다. 압도적인 다수를 차지하는 절망에 빠진 흔한 남자들(AFC)들이 처한 처지가 알고 보니 결국 남자들 스스로 인류를 위해 좋은 일이라 생각하고 동조한 '여성화 아젠다'의 직접적인 결과물이라는 사실을 깨닫는 것이다. 이 남자들의 믿음은 정말 단순하다. "그냥 지금부터 운동장을 평평하게 해서 여자의 기준에 맞춰 경기하자. 여자들이 원하는 남자의 모습을 알아내고, 더 여성성을 갖추자. 그러면 당연히 이 세상은 더 좋아질 것이다."

하지만 이 세상은 전혀 좋아지지 않았다. 여자들은 남성성의 본질에 대해 (여성 특유의 유아론적인 무관심으로) 제대로 이해하지 못하기 때문에, 어떤 가치들이 남자에게 최선인지 모른다. 여성화된 남자들이 '남성의 여성화'에 대해 한탄하며 쓴 글들이 이런 현실을 압축해서 잘 보여준다. 여자들의 대리인으로, 이들이 창조한 '여성스러운 남자'는 이제 여성성이 너무 강해진 나머지, 여자들에게 성적 흥분은 고사하고 베타 차원의 매력도 느낄 수 없다며 남녀 모두가 불평하기에 이르렀다.

보다시피, 세상은 베타 남자들이 넘쳐난다. 모두 자신의 여성적인 측면과 이어지도록 잘 길든 나머지, 남자들에게 삶의 방향을 제시해 줄 (의식을 하든 못하든) 남성화된 여자들의 지배와 리드를 원한다. 이들이 벌이는 '베타 게임'은 (가끔은 말 그대로) 막다른 길과 마주하게 되고, 결국 단호하게 불편한 진실을 받아들인 남자들 대다수는 심적 고통을 겪는다. 동시에 본인들이 창조한 남자가 어떻게 됐는지 바라보는 여자들, 그 여자들 수준에 딱 알맞은 순종적인 남자들만 남았다는 현실이, 우리들 눈에는 그 여자들에게 내려진 신랄한 응징처럼 보일 것이다.

## '더 베타스럽게 되기'는 성 전략이 아니다

'더 나은 베타 남자들을 양산하자'고 주장하는 페미니스트 블로거들이 있다. 이들의 발상은 정작 본인들이 불만삼는 '여자 같은 남자들'을 만들어낸 '여성화'란 개념이 뭔지 몰라서 나오는 것이다. 이들은 남성적인 알파남들이 지배하는 세상으로 돌아가면, 남자가 중성화되어야 (꼭 매력은 아니더라도) 여자들의 호감을 산다고 믿고, 여자들을 성적으로 흥분시킬 거라고 착각하는 베타남 특유의 여자를 떠받드는 기질 따위는 전혀 없는, 새로운 '오만한 쓰레기 남자 세대'가 등장할 거라며 두려워한다. 그런데 동시에 '요즘 남자들에겐 지배적이고 흥분을 일으키는 남자다운 측면이 전혀 없다'고 또 불평한다. 요즘 여자들이 베타의 특질을 '사랑'한다고 말하면서, 그런 남자들에게서 절대 성적 흥분을 느끼지 못하는 모순을 우리는 지겹도록 계속해서 볼 수 있다.

이런 레파토리는 결국 여자가 남자들을 상대로 느끼는 '매력'과 '흥분' 사이의 갈등으로 요약된다. 여자들이 '모든 면에서 완벽한 남자를 바란다'라고 말할 때, 그들은 장기적인 부양에 도움이 되는 베타 특징을 열거한다. 그러나 이 목록은 여자들을 성적으로 흥분시키는 요소와 충돌한다. 교과서적인 베타 남자와 전형적인 알파 남자는 여자를 만나는 과정 자체가 다르다. 이 부분이 여자들이 '베타의 특징이 알파의 자극과 똑같다'고 남자들을 속일 때, 남자들이 마주하는 모순이다. 이것이 '여자를 좀 아는 남자'들이 본능적으로 알고 있는 바로 그 부분이고, 여자들은 남자들이 이걸 아는 경지에 오르길 바란다. 여성 특유의 유아론적 사고방식 덕분에, 여자들은 남자들이 여자의 이런 특징을 당연히 알고 있다고 가정하면서, 그냥 남자들을 계속 속인다.

전업주부 남편은 자신이 맡은 새로운 역할이 체질에 잘 맞는다고 합리화할 수 있지만, 그러한 노력이 아내를 성적으로 흥분시킬 것이라는 생각은 큰 오산이다. 여자 입장에선 '모든 면에서 완벽한 남자'라는 차원에서 그런 남자를 '매력적'이라고 생각할 수는 있지만, 하이퍼가미 본능은 궁극적으로 여러분이 얼마나 여자 말을 잘 듣는 착한 남자인지 신경 쓰지 않는다.

지난 70년 대부분 동안, 남자들은 '더 베타다워지면 더 많은 여자가 꼬일 거야'라고 믿도록 길들었다. 그런데 실제로 사회적 실험을 진행한 결과, 이제 여자들까지 이런 남자들을 '한심한 계집애 같은 남자들'이라고 불평한다. 그러나 여자들이 직면한 더 큰 난관은 정작 그렇게 많은 남자들이 정말로 알파로 변한다면 벌어질 현실을 받아들여야 하는 것이다.

여자들은 지배적인 태도를 가진 나쁜 알파 남자를 길들인다는 개념을 좋아한다. 여자가 자기를 흥분시켜 팬티를 젖게 하는 이 반항적인 바보에게 유일한 위로의 힘이 되어주는 것이 흔한 연애 소설에 등장하는 환상이다. 여자의 알파 슈퍼히어로가 자신의 베타 측면을 그 여자에게만 보여준다면, 그것은 곧 그 여자의 가치를 입증하는 일이다. 안타깝게도 현실은 정반대다. 대다수의 현실 속 남자들은 베타 태생에서 알파로 거듭나는 힘든 사투를 벌여야 한다. 알파로 변신하는 데 도움을 주는 것이 바로 게임과 레드필 인식이지만, 남자에게서 베타남의 여린 측면을 기대하라고 교육받은 여자들, 남자들이 자기한테 복종하는 게 정상이라고 믿고 살아온 여자들에게는 대체로 이런 남자의 변신이 여전히 가식처럼 보일 것이다.

여자들은 충성스러운 루저를 떠안느니, 차라리 가치 높은 남자를 다른 여자랑 공유하려 할 것이다. 여자들에게는 베타로 타고난 남자를 포기하고, 성욕을 일으키는 알파 기질의 남자를 끝까지 인내심을 갖고 길들이는 게 더 쉬운 길이다.

### 미스터 퍼팩트

'여자들은 자신도 한심하다고 생각하는 남자랑 도대체 왜 같이 살고 사귀나요?'라고 묻는 남자들이 있다. 도대체 어떻게 이 여자들은 베타 같은 남자친구 또는 남편과 잘 지내는 걸까? 돈 때문이라고 대답하는 남자들이 나올 것이다. 이에 레드필 남자들은 "에이, 요즘 여자들은 관계 주도권을 꼭 쥐고 섹시한 남자하고만 사귄다는 사실을 다 알잖아? 이제 경제력은 크게 안 중요해!"라고 말할 것이다. 우리가 잘 알다시피, 여자 관계가 좋아지고, 섹스하기 위해서 굳이 돈을 많이 벌 필요는 없다. 가진 게 변변찮아도 예쁘고 섹시한 여자와 장기적인 관계를 이어 나가는 남자들도 차고 넘쳐나니 돈은 문제가 아니다. 그렇다면 처음부터 베타 성향을 타고난 이 남자들은 도대체 어떻게 이런 여자를 얻은 걸까?

왜 여자들은 '베타' 남자와 잘 사귀는 걸까? 설명할 논리야 많지만 꼽을 만한 몇 가지 대표적인 이유가 있다. 첫째, 잠깐 나쁜 남자여서, 남자다워서 만났는데, 여자가 남자를 '바꾸는 데' 성공한 경우다. 또는 여자가 남자(와 여자 본인)를 설득하는 데 성공했고, 남자가 애인의 요구에 더 잘 부응하는 과정에서 원래 다고난 태생인 베타로 되돌아간 경우다. 여자 입장에선 본인이 원했던 남자로 변했기 때문에 불평할 수는 없다. 그렇지만 만약 싱글일 때 지금 상태로 만난다면 절대 끌리지 않을 남자로 변했다. 그래서 성욕이 동하는 다른 나쁜 남자를 만날 때까지 베타화된 남자와 함께 지낸다.

둘째, 돈 많고 외모가 출중한 남자 중에서도 여러분이 상상할 수 있는 블루필 길들이기의 교과서나 마찬가지인 최악의 사례가 있다. 말도 안 되는 소리처럼 들리는 걸 안다. 그러나 재력이 좋거나 잘생긴 남자는 여자와 관련해서 자기 행동에 대해 다시 생각하게 만드는 사건을 잘 겪지 않는다. 이런 남자들은 관계 초반에 더 쉽게 여자들의 관심과 호감을 얻기 때문에, 남녀 간 관계 역학, 동시에 그들을 베타남으로 만드는 성향과 기질, 그 조건에 대해 진지하게 고심해 볼 동기가 적다.

한때 제이크Jake라는 모델급 외모를 가진, 방금 이야기한 예시에 해당하는 남자와 동업한 적이 있다. 제이크는 여자를 유혹하는 데 아무런 어려움이 없었고, 늘 여자들이 먼저 그에게 다가왔다. 그러나 제이크는 감히 말하건대, 내가 만난 최악의 블루필 꼭두각시였다. 그는 2주에 한 번은 예쁜 여자와 섹스할 수 있었지만, 연애로 이어지는 게 어렵다며 불평했다. 일단 첫 데이트의 식사 자리에서 그가 입을 열어 자기 인생 이야기를 쏟아내면, 여자들은 그를 가엾게 대하다가 점점 멀어졌다. 그는 당시 만나고 있던 '어떤' 여자에게든, 말 그대로 '원아이더스 환상(이 세상에 정해진 딱 한 명의 짝이 있다는 사고방식-옮긴이)'을 가진 나머지, 소울메이트라는 그릇된 믿음에 빠져 살았다. 그는 여자에게 친구가 되기 위해, 섬세해지기 위해, 웃기기 위해, 구세주가 되기 위해 지금까지 책에서 언급한 모든 베타 게임 기술을 총 동원했다. 그러나 그런 노력은 여자들을 더 식게 만들 뿐이었다. 여자들은 그와 하는 섹스는 즐겼지만 섹스 후 그가 진지한 관계로 진도를 나아가려고 하자 다른 남자에게 가버렸다.

베타 남자라고 해서 모두 찐따나 괴짜는 아니다. 타고난 잘생긴 외모가 여성향 낭만주의 환상에 빠지는 것을 막아주는 것도 아니다. 마찬가지로 '착한 남자'들이 끝에서 출발하긴 하지만, 그렇다고 그들이 결승선을 통과하지 못하는 것은 아니다. 그들은 가끔씩 어떻게든 여자와 섹스를 하고, 연애를 한다.

## 미스터 퍼팩트

제이크 같은 남자는 여성 중심적인 이상향에 자신을 맞추려고 애쓴다는 것 자체가 문제다. 이런 남자들은 이제 여자들에게 '완벽'해지길 원한다. 그러나 미스터 퍼팩트Mr.Perfect는 비현실적이고, 정작 그걸 바라는 여자들도 없다. 2015년 '텔레그레프Telegragh 조사에 따르면, 여자들 3/4명이 '완벽한 남자는 없다'고 믿었고, 대부분 장기적인 파트너의 완벽함을 69% 정도로 평가했다. 2,000명을 대상으로 한 조사에서도 75% 이상의 여자들이 '완벽한 남자는 존재하지 않는다'고 믿었다. 여성은 자기 파트너에 대해 완벽성이란 관점에선 꽤 현실적이다.

"여자는 자기 남자의 몇 가지 결점은 기꺼이 눈감아 줄 수 있지만, 그냥 넘어가지 않는 단점도 있다." 조사 결과에 따르면, 여성 5명 중 1명이 파트너가 자기 말을 듣는 척만 하면서, 침실 바닥에 옷을 벗어두거나 코를 골아서 불만이라고 한다. 완벽한 남자라면, 여자친구의 친구들에게도 잘해주려고 노력하고, 여자친구의 칫솔을 쓰지 않고, 말끔하게 면도하고, 게으름을 부리지 않을 거라고 여자들은 기대한다.

## 완벽한 건 재미없어

다시 말하지만, 완벽한 건 재미가 없다. 언뜻 틀린 말 같지만, 사람을 매력 있게 만드는 건 그 사람의 결점이다. 여자가 말하는 이상적인 완벽이 뭔지 알면서도, 여자친구를 위해 그것에 맞추기를 거부하는 남자가 발산하는 은근한 자신감이 있다. 그런 남자가 여자에게 보내는 드러나지 않는 메시지 다음과 같다. '변기 뚜껑 안 닫는 걸 질색하는 줄 알아. 그런데 다른 여자들도 내게 끌린다는 사실을 잘 알기 때문에, 그런 멍청한 불평거리에 맞춰주느니 그냥 무시할 거야'다. 자신에게 대체재가 전혀 없다는 메시지를 여자에게 보내는 남자들은 가만 보면 여자가 말하는 이상형이 되기 위해 여자들의 요구에 하나하나 맞추려 애쓰는 남자들이다. 그러면 고차원적 쉿 테스트에 걸리는 것이다. 남자가 직접 여자에게 자신을 조종해도 되는 남자라고 홍보하는 꼴이다.

많은 글에서 썼다시피, 여자들은 여성 중심적인 세상을 만들기 위해 남자가 들이는 노력을 절대 고마워하지 않는다. 여성 중심적인 현실이란 여성의 니즈를 충족하기 위한 모든 남자들의 노력이 그냥 당연한 새로운 사회 규범이 되는 세상이다. 그 현실에서 남자는 여자들의 요구 사항에 따르기만 하면 되는데, 그것이 남자가 해야 할 일이기 때문이다. 그러나 여자의 성적 관심을 가장 많이 받는 남자는 일부러, 또는 당연한 듯이 여자를 달래려는 노력을 거절한다. 알파 기질을 보여주는 단적인 특징이 있다면, 여성 중심적인 사회 규범이 남자들에게 요구하는 사항들을 안중에 두지 않는 모습이다.

완벽한 남자는 그 '완벽'이라는 게 결국 예측할 수 있는 요소가 되기 때문에, 완벽해졌다고 해서 추가 점수를 얻지 못한다. 완벽했던 요소는 이제 당연한 게 되어 지루해진다. 여자의 입맛을 맞추는 행동이 지닌 문제점은 남자들이 '여성과의 동질성'을 본인들에게 이상적인 상태로 여긴다는 것이다.

'남녀의 특징을 모두 가졌다'는 말은 결국 남녀가 신체는 다르지만 정신은 똑같다는 말이다. 이런 발상은 생물학적인 이유로 생긴 남녀 간 차이 덕분에 당연히 서로에게 끌린다는 사실을 일부러 또는 자기도 모르게 무시한다. 남녀가 비슷해질수록, 즉 남자가 여성스러워지고, 여자가 남성스러워질수록, 우리에게 있는 고유한 매력이 더 많이 사라진다. 이런 점은 이성을 좋아하거나 싫어하게 되는 측면에도 동일하게 적용된다.

이렇게 남자들이 타고난 남자의 매력을 부정하고, 여성식 감수성에 더 적응하도록 자신을 사회가 제시한 틀에 맞추고 고치려고 시도하는 과정에서, 우리는 각자 성별이 지닌 진정한 특질을 갈아 없애고 있다. 자연스러운 세상에서는 남자는 그냥 남자가 된다. 그리고 비록 겉으로는 그것에 저항하더라도, 사실 여자들도 그걸 바란다.

# 알파 단서

　내가 이 일을 시작해서 지금까지 가장 자주 다루었고 뜨거웠던 질문은 바로 '알파란 무엇인가?'이다. 나의 블로그와 첫 책 『합리적 남성』에 알파 남자의 본질에 대해 많이 이야기했기 때문에 여기에 그대로 옮기지는 않겠다. 알파 기질에 관한 내 생각을 알고 싶다면 나의 블로그나 첫 번째 책을 참조하기를 바란다.

　하지만 이번 책에선 사람들이 '알파'라는 용어에 대해 가장 흔하게 오해하는 부분을 다루려고 한다.

　내가 블로그를 시작하기 한참 전인 매노스피어의 태동기 당시, 레드필 '커뮤니티'에서 막 탄생하고 있던 추상적인 신개념들을 설명할 새로운 용어들이 필요했다. 이런 용례 중 일부는 여전히 현재까지 사용되고 있고, 몇몇 개념은 더욱 발전했다. '알파 미망인', (더 넓은 의미의) '하이퍼가미', '여성 지상주의 강령(Feminine Imperative), 심지어 '레드필 인식'이란 단어도 대표적인 예다. 그 가운데 '알파'와 '베타'라는 남자의 유형을 설명하는 개념이 있다.

　남자들이 맨 처음 레드필을 접하고 가장 자주 막히는 부분이 '알파'라는 용어를 사자나 늑대, 실버백 고릴라의 짝짓기 습성을 설명할 때 쓰는 '알파'라는 단어와 용법이 같다고 생각하는 것이다. '알파 남성'을 너무 편리하게 단순화한, 문자 그대로 어원에 따른 용례에 따라 규정하면, 다소 불편하지만 중요한 내용을 담고 있는 레드필 진실을 웃음거리로 여기거나 그냥 무시하기 쉽다.

　블루필 남자가 레드필을 맨 처음 마주하고 드는 반발심을 이런 식으로 표출하기도 한다. 그들은 오랜 세월 감정적 투자를 해온 블루필 개념들을 이해하는 데는 어려움이 없으면서, 정작 레드필 진실이 그들의 신념을 반박하기 시작하면, 블루필 남자들이 쓰는 최초의 수단은 알파(와 하이퍼가미)라는 단어를 최대한 좁고 이분법적이며 문자 그대로의 개념으로 고집스럽게 정의하고 우기는 것이다.

## '당신 내면의 여성성에 닿으세요'

두 번째로 가장 흔한 오해는 '알파', '베타'라는 개념을 각각 남성적인, 여성적인 특징과 연결 지어 생각하는 것이다. (종종 고의로) 이렇게 왜곡하는 바람에 '알파', '베타'의 개념이 '남자다움' 또는 '여성스러움'과 동의어가 된다. 이것은 많은 퍼플필(레드필의 물탄 버전-감수) '인생 멘토'(그냥 블루필 옹호자)들이 자기들 입맛대로 재규정한 '알파'와 '베타'에 대한 사적인 기준이다.

이런 퍼플필은 사실상 칼 융의 저주 – 아니마와 아니무스 – 의 손쉬운 재탕일 뿐이다. 완벽한 남자가 '알파'와 '베타', '남성성'과 '여성성'이 고르게 섞인 남자라면 그 남자에게 있는 모든 최악의 '베타 특질'이 다 나쁜 것만은 아니게 된다. 이런 사람들은 완벽한 자웅동체나 마찬가지인 모습을 '가장 균형 잡힌 상태'라고 해석한다.

안타깝게도, 그리고 블루필 환상에 빠진 남자들이 언젠가 때가 되면 입증하겠지만, 여성성은 남성성과 짝을 이뤄 균형을 찾고 싶어 하지, 남자 안에 남녀를 가둬둔 평등주의적 이상형을 바라지 않는다. 여자들은 본능적으로 남자가 남자답기를 바란다.

평등주의 사상이 보내는 메시지는 다음과 같다. 인간 내면의 '아니마와 아니무스'가 균형 잡힌 모델이 진화에 따라 남자다운 남자와 여성스러운 여자가 짝을 이뤄 자연스럽게 보완하는 '상호 보완적 모델'을 대체해야 한다는 것이다.

퍼플필이 주장하는 '중용'이란, '남자가 내면의 '여성성'과 닿을 필요가 있으며 만약 이를 거부할 경우 도태될 위험이 있다'라는 20세기의 페미니즘 밈을 21세기인 오늘날 재탕하는 것이다. 성 혁명 이후 60여 년의 사회 조작의 결과, 우리는 이러한 가정에서 출발한 사회실험이 얼마나 처참하게 실패했는지 잘 알고 있다.

이런 사람들은 '알파 사고방식'이 곧 '남성적인 특질'과 꼭 동의어가 아니라는 점을 이해하지 못한다. 사회적 지위가 높고 평소엔 상남자 같지만, 정작 여자와 교제할 때 여자에게 굴종하는 태도를 보이며 비굴하게 굽신거리는 베타 같은 남자들도 많다. 이러한 기질상 단절 현상이 여성을 향한 학습된 순종적 베타 프로그램(백마 탄 기사) 때문인지, 여자한테 거부당하는 게 너무 두렵기 때문인지, 그냥 그 남자가 원래 타고난 성품인지는 여기서 중요하지 않다. '알파'라는 추상적 개념이 꼭 남성적인 특질과 절대적이고 확정적인 연결고리가 있는 게 아니라는 점을 여러분이 깨닫는 게 중요하다.

같은 원리로, 베타의 특질도 '여성스러움'이 아니다. 매노스피어에서 무한히 반복해서 논의되고 있다시피, 현대 남성들 중 80% 정도가 여성 중심적이고, 여성을 보좌하는 베타 남자가 되라며, 다른 남자들에게도 그게 모범인 것처럼 권장한다. 베타 사고방식이란 남자가 여성스러운 사고방식을 갖고 있다기 보다는 '여성 중심적인 사회 질서에 순종하고 그것을 지지하는 사고방식'을 뜻한다.

퍼플필(희석된 레드필) 이념을 따르는 자들이 '알파=남성성', '베타=여성성'으로 연관 짓고 싶어 하는 이유는 따로 있다. 이 남자들이 엄청나게 많이 갖고 있는 '당신의 여성적인 측면과 닿으세요' 같은 베타 기질이 여자를 (성적 흥분까지는 아니더라도) 유혹할 수 있을 거란 착각과 더불어 자신을 더 멋진 중성적인 남자로 만들어 줄 거라 생각하고, 그렇다면 자신들을 '진짜' 알파남인 것처럼 쉽게 묘사할 수 있기 때문이다.

## 알파 단서

남자의 '알파 단서'는 연애에서 여자가 남자를 기쁘게 해주려는 모습을 통해 드러난다. 남자의 '베타 단서'는 남자가 여자를 기쁘게 해야 하는 모습에서 드러난다. 분명하면서도 간단하다. 다만 남자의 알파 기질은 '보답으로 나도 여자를 기쁘게 해야 해'라고 여기지 않는다(다르게 표현해서 알파 본성은 그런 식으로 작동하지 않는다). 마찬가지로 남자의 '베타 본성'도 여자친구 쪽으로 전달되지 않는다. 즉 베타 남자가 여자에게 잘해줬다고 해도, 여자 쪽도 베타 남자에게 그만큼 잘해주고 싶은 마음이 쉽게 생기지 않는 것이다.

또한 남성의 지배 서열이란 관점에서, 한 남자의 사회적 지위와 그의 성적인 '알파 본성' 사이에는 연관성이 거의 없다. 전자가 후자를 일으키지 않는다. 빌 게이츠나 나폴레옹 보나파르트, 호레이쇼 넬슨 같은 예시가 아주 많다. 나는 사회적 지위와 알파 본성이 무관하다는 걸 입증하는 훨씬 더 많은 예시를 가져올 수 있다.

이쯤에서 실용적이고 중요한 내용을 알려 주겠다. 여성의 지배 서열에서 여성의 사회적 지위는 확실히 연관성이 있다. 쉽게 말해, 다른 여자들이 비위를 맞춰 주는 여자는 거의 매우 확실한 확률로 남자들도 자기에게 비위를 맞추길 요구한다. 그렇기 때문에 여자들은 '남자를 기쁘게 하는 여자'는 '가치가 낮은' 여자라고 믿는다. 또한 여성의 서열에서 사회적 우위를 가진 여성과 교제하는 성향이 있는 남자들이 거의 항상 베타남들인 이유도 거기에 있다. '여자들 사이에서 서열이 높은 여자는 자기가 기쁘게 해야 하는 남자를 선택하는 경향이 있다'는 명제는 절대 거짓이다.

알파/베타 이분법을 비판하는 사람들이 숨기는 불편한 속셈은 다음과 같다. 그들이 논쟁하고 싶어 하는 그들만의 기준, 그들이 '알파'와 '베타'에 대해 자기들 멋대로 내린 해석은 현실이 아니라 그들의 상상 속에서나 성립한다는 것이다.

남자 입장에서 우리는 우리가 생각하는 알파(알파는 추상적인 용어다)를 구성하는 요소에 관해 각자 개인적인 편견에 따라 끝없이 논쟁할 수 있다. 우리는 여자들이 그런 '알파의 특징'에 어떤 식으로 반응할 거라는 기대도 갖고 있다. 하지만 '이 남자가 알파냐 베타냐?'란 주제에서, 정말 유효한 단서는 알파 남자(또는 여자가 맥락상 알파라고 인식하는 남자) 주변에서 여자들이 실제로 보이는 본능적인 반응과 행동이다.

남자들끼리 추측한 '알파란 무엇인가'에 맞춰서 여자들이 반응해야 한다고 고집부려봤자, 그리고 여자들도 자기들끼리 모여서 정한 '알파남의 정의'에 대해 떠들어 봤자, 늘 그렇듯이 여자들의 본능적인 진실을 드러내는 실질적 증거는 여자들이 알파라고(또는 자신보다 연애 시장 가치가 더 높다고) 인식하는 남자가 주변에 있거나, 그런 남자와 사귈 때 드러내는 여자의 행동과 반응이다.

남녀가 똑같이 합리적인 사고를 한다고 믿도록 주입하는 사회에서, 남자들은 자신의 내적 자질을 여자가 알아봐 주고, 여자가 자신의 장점과 태도, 지능, 유머, 그 외에도 인간적인 매력에 해당하는 자질을 섹시하게 느낄 거란 믿음을 신념처럼 붙든다. 그러나 여자들의 성 선택에 관한 진실은 결국 알파 남자 주변에서 여자들이 보여주는 본능적이고 길들지 않은 행동과 그런 여자의 자연스러운 반응을 자연스럽게 파악하고 있는 남자의 모습을 통해 더 잘 드러난다.

여자들이 알파 남자랑 함께 있을 때 드러내는 반사적 행동 유형은 다양하다. 몇몇 사례를 여기서 설명하겠지만, 추후 독자들이 훨씬 더 많이 제시할 수 있으리라 기대한다. 알파 단서를 보여주는 여자들의 행동에 관해 남자들 사이의 논의가 활발해지면 좋겠다. 레드필 블로그를 오랫동안 운영했던 로이시와 허티스트는 '알파 찾기'라고 불리는 요즘도 진행 중인 시리즈를 일종의 게임처럼 만들었다. 이들은 여자들이 분명 알파로 인식하는 남자를 향해 비언어적인 반응을 보이는 사진이나 영상을 분석한다. 이런 콘텐츠에 대해 흔히 쏟아지는 비판은 레드필 남자들이 여자들의 반응에 대해 너무 집착한다는 것이다. 그러나 이러한 비난 뒤에 숨은 진짜 속내는 사람들이 사실은 알파남이 무엇인지 본능적으로 느끼고 있지만 그것을 의도적으로 무시하고 싶은 것이다. 우리는 알파 남자를 보면 바로 알아본다. 그러나 사람들은 각자 자기가 알파라고 믿고 싶기 때문에, 진짜 알파가 무엇인지 가려내는 저런 분석이 싫은 것이다.

## 진짜 선택

여자는 '성 선택자'라는 지위를 뽐내고 그런 '권력'을 즐긴다. 그러나 본인보다 더 높은 연애 시장 가치를 가진 남자에게 받아들여질 수 있을지, 그러한 불확실성 때문에 생기는 불안감도 같이 느낀다. 여기서 '유유상종 짝짓기 모델(assortive mating, SMV 수준이 비슷한 남녀끼리 사귄다는 모델-감수)'이 환상이란 게 드러난다. 만약 '여성 중심적인 성 선택'이 연애 시장에 유일하게 존재하는 모델이라면, 여자가 알파라고 여기는 남자의 관심과 인정을 받고 싶어서 '여자가 드러내는 행동 패턴' 같은 개념은 애초에 존재하지 않을 것이다.

여자들이 자연스럽게 순종하는 남자를 향해 뽐어내는 겉모습과 태도, 자태가 있다. 이제 거의 진부해진 것들, 가령 자기도 모르게 아랫입술을 깨물기, 머리를 꼬는 것 같은 뻔한 비언어적 표현을 말하는 게 아니다. 그런 모습을 너머, 일종의 고차원적 매력이나 흥분 지표가 있다. 여자가 알파를 향해 성적으로 절박해지면 스스럼없는 행동들이 드러나지만, 좀 더 고차원적인 매력은 남자를 향한 복종이나, 남자가 인정해 주기를 바라는 무의식적인 갈망으로 드러난다.

재미있게도 베타 사고방식이 잘 장착된 남자들이 마음에 드는 여자와 함께 있을 때, 이런 여자들과 유사한 행동적 단서를 자주 보여준다. 이 남자들의 여자를 대하는 행동은 여자가 자기보다 더 높은 연애 시장 가치를 가진 알파 남자를 대하는 모습과 비슷하다. 베타 남자가 보여주는 일련의 행동은 '질척댐'이나 '결핍된 태도' 등으로 드러나는데, 우린 이를 '베타 단서'라 부른다. 반면 여자가 자연스럽게 까닭 없이 남자에게 기대는 행동, 남자의 인정을 받고 순종하고자 하는 갈망은 알파 매력을 확인해주는 지표다.

제3의 관찰자 입장에서, 우리는 남자가 저런 짓을 하면 본능적으로 역겹게 생각한다. 남녀 사이의 가치 불균형을 무의식중에 느끼는 것이다. 여자가 미묘한 말과 의도하지 않은 초롱초롱한 눈맞춤, 몸의 배치 또는 자세로 남자를 기쁘게 하고자 자발적인 노력을 기울인다면, 여러분은 여러분을 알파로 여기고 순종할 수밖에 없는 여자를 상대하고 있다.

물론 여자 쪽에서 속임수가 전혀 없는 건 아니다. 사실 스트리퍼들은 그냥 성욕을 일으키는 것 이상으로, 대다수 남자들이 결핍감을 느끼는 부분, 여자들이 내비치는 알파 순종 신호를 향한 갈망을 채워준다. 남자들이 단지 성욕을 채우는 걸 넘어서, 스트리퍼에게 그토록 끌리고 빠지는 이유는 남자들 대부분이 매력적인 여자는 고사하고 어떤 여자든 그녀들이 부리는 애교, 자신이 알파가 된 듯한 관심(비록 가식이라 하더라도)에 극심한 갈증을 느끼기 때문이다.

이것은 남자들이 그토록 작위적이고 그냥 거래나 마찬가지인 가식적인 행동, 여자들의 저런 '연출된 끼 부리기'에 노출될 때, 그런 여자를 상대로 곧장 소울메이트 환상에 빠지는 이유이기도 하다. 이 남자들은 '진정한 낭만파'들이다. 이 남자들은 여자가 자신에게 알파를 향한 '순종 신호'를 보낼 때, 여자의 그런 행동이 진심이라고 믿고 싶어한다.

## 여자가 오는가, 아니면 당신이 가는가?

나는 지금까지 수년 동안 남자들에게 프레임을 확립하고 유지해야 한다고 강조했다. 그러나 프레임을 쥔다는 것의 의미가 남자들 대부분에게서 퇴색된 게 아닌가, 가끔 의심스럽다. 평등주의 사상에 따르면, 이런 '관계 속 프레임 확립'이란 곧 '남자가 연애를 좌우해야 하며, 관계를 남자의 뜻대로 이끌고 싶은' 음침한 심리적 조작을 권장하는 것처럼 보일 수도 있다. 그런데 나는 그런 제안을 하지 않는다. 그런 짓은 너무 에너지가 많이 들고, 여자의 진정한 욕망을 그런 끊임없는 남자의 발버둥 속에서 유지하는 게 불가능하기 때문이다. 남자가 프레임을 유지하기 위해서는 여성의 자발적이고 자연스러운 바람에서 나오는 순응이 필요하다.

나는 여러분에게 여자친구가 여러분을 알파로 인식하지 않거나, 그런 확신이 없거나, 연애 시장 가치상 불균형이 너무 심해 쉽게 흔들리는 여자에게 모든 걸 걸지 말라고 권한다. 그러나 이런 권고는 이상적인 연애를 꿈꾸는 남자들의 갈망과 충돌하기에 대부분의 남자들이 따르기 어렵다. 남자들은 남녀가 서로 합의한 '진정한 의미의 사랑'을 원하기 때문이다. 그러나 상당수 여자들은 그런 식의 사랑을 할 수 없거나, 최소한 남자들이 원하는 방식으론 불가능하다. 그런 이상적인 갈망 때문에 남자는 여자친구와 관계에서 프레임을 잃고, 여자친구가 자길 알파로 대하지 않아도 그냥 받아들인다.

## 맥락이 '곧' 메시지다(The Medium IS the Message)

『합리적 남성』에 〈미디엄이 곧 메시지다〉라는 장이 있다. 그 책이 있다면 다시 읽어보면 좋을 것 같다. 어느 정도 의식적인 차원에서, 남자들은 여자가 보내는 전반적인 신호, 즉 남자를 향한 여자의 태도와 행동을 통해, 여자와 관계에서 자신이 어떤 위치에 있는지 알 수 있다.

· 여자를 찔러보지 않아도 알아서 다정한가, 아니면 여자가 어떤 상황 때문에 당신의 위로가 필요할 때만 살갑게 구는가?

· '즐거운 지배(Amused Mastery)'가 여자와의 대화 도중 물 흐르듯이 쉽게 이루어지는가? 아니면 장난스러운 주도권 행사 시도에도 여자가 불쾌해하는가?

· 여자 쪽에서 먼저 섹스를 유도하는가? 아니면 당신이 이끌어야 여자 쪽에서 섹스의 기미라도 보이는가?

· 당신과의 섹스가 여자의 우선순위에 있나?

· 여자가 당신을 위해 특별히 매력적으로 보이려고 노력하는가, 아니면 당신이 알파남이 될 자격이 있는지 평가하면서 당신의 노력을 채점하는 편인가?

남자 대다수가 여자의 '모순적 메시지(mixed message)' 또는 '혼란스러운 행동'이라고 생각하는 것들은 실상 그냥 남자가 (어떤 이유에서든) 왜 여자가 그렇게 행동하는지 정확히 파악하지 못한 것에 불과하다. 쉽게 말해 남자가 여자에게 너무 빠진 나머지, 여자들의 행동을 있는 그대로 보느니 차라리 억지로 자기가 믿고 싶은 대로 믿는 것이다. 다시 말해, 남자들이 현실적인 가능성이 있는 대체 후보 여자가 없어서, 그 여자의 어장에 들어갔다는 게 간단하면서도 불편한 진실이다. 그러나 그런 여자들의 행동을 '모순적인 태도'라고 부르거나, '여자의 마음은 갈대 같고 예측할 수 없는 존재다'라며 뻔한 레파토리로 합리화하는 게 남자 입장에선 훨씬 심적으로 편할 것이다. 한 남자에게 지대한 관심을 가진 여자는 그 남자와 관계를 망칠 수 있는 도박을 하지 않는다. 물론 남자에게 관심이 있든 없든 여자들은 남자를 테스트한다. 남자들은 쉿 테스트에 통과하거나 떨어지겠지만, 아무튼 여자의 관심이 드러나는 맥락을 잘 관찰하면, 여자들의 쉿 테스트를 훨씬 더 쉽게 간파할 수 있다.

여러분은 자신을 한 번도 알파로 대우하지 않는 여자친구의 비위를 맞춰가며 억지로 양보하며 살고 있는가? 만약 여자친구가 당신을 알파로 대했다면, 지금 관계에서 무엇이 달라졌을까?

# 베타 단서

여러분의 여자친구나 아내의 생리 주기를 알고 있으면 상당히 도움이 된다.

월경 기간 중 가임기에는 수천 년 동안의 진화에 따라 설정된 프로그램으로 인해 여자의 몸이 알파 남자와 섹스하라고 외친다. 여자가 당신을 알파 남자로 간주하는지 확인하는 간단한 방법은 가임기에 먼저 섹스를 주도하지 않고, 가만히 여자를 관찰하는 것이다. 여자가 먼저 섹스를 원하는가? 가임기에 여러분을 대하는 여자의 몸짓과 행동이 묘하게 변하는가? 어쩌면 더 자주, 더 따뜻하게 당신을 만질 수도 있다. 또는 유혹하는 여자를 연기할 수도 있다. 평소와는 다르게 속옷만 입고 침대로 오는가? 평소 여자의 성욕이 낮고 섹스를 먼저 주도하는 편이 아닌 여자더라도, 가임기에는 최소한 남자의 성적인 접근에 더 뜨겁게 반응하거나, 더 쉽고 강하게 오르가슴에 이르는가?

주기 한 번만으로 확실한 결론을 내릴 수 있는 건 아니다. 그러나 결국 패턴을 보게 될 것이다. 가임기에 여자가 당신에게 성적으로 더 적극적일수록 좋다. 만약 여자가 가임기인데도 평소와 비슷하게 행동하거나 시큰둥하다면, 뭔가 문제가 생긴 것이다.

이 테스트에서는 거짓 음성 반응은 가능하지만, 거짓 양성 반응이 생기진 않는다. 쉽게 말해, 당신이 축구 경기를 보는 도중 여자친구가 갑자기 당신 위에 올라탔는데, 여자친구가 당신을 알파로 보지 않는 경우의 수는 없다는 뜻이다. 하지만 여자가 섹스에 적극적이지 않더라도, 여전히 당신을 알파로 여기는 '거짓 음성 반응'은 가능하다. 가임기에 (당신이 여자의 반응을 확인하기 위해 일부러 가만히 있고) 여자가 섹스를 요구하지 않는다면, 여자가 스트레스가 많거나, 시간이 부족하거나 또는 당신이 먼저 섹스를 주도하는 상황에 너무 익숙해졌기 때문일 수 있다. 그러나 이런 경우에도, 일단 섹스하면 여자가 가임기에는 더 열정적이거나 성적인 황홀감이 섞인 반응을 보여줄 것이다.

  * 최고의 시나리오: 가임기에 네가 먼저 섹스를 주도하지 않을 때, 여자쪽에서 주도하기 시작함. 말 그대로 당신의 성기를 갈망하게 됨.
  * 괜찮은 시나리오: 가임기에 여자가 더 뜨겁게 반응하고, 더 쉽게 오르가슴을 느낌.
  * 뭔가 엿된 걸지도 모르는 시나리오: 가임기인데도 여자의 태도가 똑같음.
  * 베타 시나리오: 섹스 없음. 넌 도대체 그 여자랑 뭘 하는 건데?
              (이미 결혼해 버려서 탈출 불가라면 미안ㅋㅋ)

물론, 여자가 극단적으로 섹스에 환장한 경우, 그래서 위의 사례가 하루 24시간 일주일 내내 당신의 성생활을 묘사한다면, 그어떤 경우의 수도 본인에게 해당 사항이 없다.

※면책 조항: 다시 한번 말하지만, 이 테스트는 높은 성적 적극성을 가진 (가임기일 때 정말 섹스하고 싶은) 여자에게 잘 들어맞는다. 가령 결혼한 지 15년 된 37세의 아내가 당신이 원할 때 섹스하고, 외도하지 않는다면 당신은 괜찮다. 이 테스트가 모든 여성에게 해당한다고 생각하지는 않지만(레딧 게시판 규칙을 어기지 않기 위해 쓴 거ㅋㅋ) 그래도 유용하다.

위 내용은 레드필 레딧 토론방에서 한 남자가 올린 글이다. 표현이 다소 거칠지만 남자 친구나 남편을 향한 여자들의 본능을 인식 지표로 표현했는데, 괜찮은 통찰을 보여준다. 당분간 이 내용을 기억하자. 교회 목사, '인생 멘토'나 '연애 전문가'의 다른 말이 아무리 설득력 있게 들리더라도, 결혼, 일부일처, 한 명의 파트너를 향한 헌신은 결코 연애 시장 가치와 분리된 영역이 아니고, 법과 제도가 여자들의 하이퍼가미 본능을 막는 보험이 될 수도 없다.
여기서 잠깐, 여성의 하이퍼가미 본능을 검증하는 통제실험이나, 문서로 기록된 실전 연구가 한 번도 이루어진 적이 없다고 가정해 보자. 여러분이 20세기 이전, 심리학이 탄생하기 전에 남자로 태어나 살고 있다고 상상해보자. 파블로프, 스키너, 프로이트, 칼 융이 없던 시절이다.

오직 여러분의 관찰력만 사용한다. 즉 아버지나 형제, 동성 친구들과 또래로 이루어진 (요즘 기준에) 사회적으로 매우 고립된 집단 내에서 겪어본 여자 경험에만 의존해서, 기독교 성경 외의 모든 고전 철학에 접근할 수 없는 상황이라고 가정했을 때, 모르고 있다면 남자에게 불리할 여성의 본능이 무엇일까?

어떠한 이론적 교육 없이 여러분의 직접 경험과 관찰, 직관, 아버지나 형제 또는 다른 동성 친구나 남자 친척이 가르쳐 주는 것들이 하이퍼가미가 무엇인지, 하이퍼가미가 여자들을 어떻게 추동하는지, 남자가 하이퍼가미를 어떻게 통제하거나 이용할 수 있는지 통찰을 제공할 수 있을까?

나는 그렇다고 믿는다. 그뿐만 아니라 성 혁명 직전까지, 그리고 지난 약 60년의 세월 동안, 남자들은 하이퍼가미가 무엇이고 그것의 작동 원리는 무엇인지, 그것을 어떻게 통제할 것인지에 대해 직관적 이해와 후천적 지식을 가지고 있었다고 주장한다.

물론, '하이퍼가미'라는 공식적인 표현이 사용되진 않을 수도 있다. 사실 최근까지도 '하이퍼가미'라는 단어는 고상한 대중 심리학계에서 '결혼을 통해 자신의 사회경제적 수준을 높이려는 성향을 가진 여자'만을 엄격하게 정의하는 표현이었다. 남자들은 매노스피어가 그 용어의 진짜 의미를 (재)폭로하기 전부터, 이미 하이퍼가미의 진짜 정체를 '알고' 있었다.

### 하이퍼가미 투쟁

여성의 본능에 대한 불편한 진실을 여자들이 부정하는 건 당연하다. '공개적인 하이퍼가미'가 사회적으로 받아들여질 때까지, 여성주의 강령(Feminine Imperative)에 따라 하이퍼가미를 비밀로 하기 위해 자매 연대의 차원의 단합이 필요했고, 여자들이 하이퍼가미를 숨기는 과정에서 모순에 빠져 인지부조화에 이르는 지경에 와도 그 비밀을 철두철미하게 지켜야 했다. 여러분은 레드필을 공격하는 여자들이 최소한 하이퍼가미의 기본 개념엔 동의할 수 있다고 생각할지 모르겠다. 그러나 하이퍼가미의 생물학적 본성을 부정하면, (주로 잠재적인) 하이퍼가미가 드러나는 사회적 현상, 심리적 기제, 행동까지 모두 부정해야 한다는 것을 여자들이 알고 있을지 의문이다.

> *"여자가 '깨달음의 시기(나이의 벽에 부딪힌 시기)'에 접근하고, (젊은 여자와 비교해) 자신의 연애 시장 가치가 감소하고 있다는 사실을 깨달으면서, 차츰 하이퍼가미의 베타 측면, 장기적인 안정을 가장 잘 충족시키는 남자가 매력 있다고 느끼게 된다."*

당신의 여자친구가 '자기는 내가 전에 만난 남자들과 (정말) 다르다'라거나 '내가 똑똑해졌나 봐, 마침내 이렇게 좋은 남자를 찾다니' 같은 발언을 하는가? 그렇다면 당신은 여자친구에게 '베타(부양) 남자'라는 분명한 신호다. 아마도 그 여자는 소싯적엔 DJ, 미식축구 선수, 마약 딜러 따위를 만났을 것이다. 만약 당신이 이런 남자들과 전혀 다른 유형이라면 그 여자를 멀리하라. 여자친구는 본인 자신도 까맣게 모르겠지만, 이미 무의식적으로 머릿속에서 여러분을 고른 자신의 선택을 합리화하는 중이다. 여러분은 나중에 그 여자친구가 바람을 피우거나, 끊임없이 여러분의 머리를 돌게 만들거나, 갑작스러운 이별 통보 등으로 혹독한 대가를 치를 것이다. 늘 당신 같은 남자들과 연애했던 여자를 만나라. 그 여자가 소싯적 잠깐 밴드의 리드 기타리스트에 반했을 수는 있어도, 20대 초반의 꽃다운 시절을 그런 남자에게 환장해서 청춘을 다 보내지만 않았다면 그런 여자는 괜찮다.

## 베타 단서

상담하다보면 남자들이 수시로 자신의 행동이 '베타'인지 아닌지 묻는다. 보통 그런 남자는 연애에서 프레임은 물론, 지금 만나고 있는 여자친구가 자신을 어떻게 인식하는지 의식하며, 자기 행동이 어떤 신호를 주는지 매우 예민하다. 대부분의 경우 남자들은 연애에서 주도권을 놓쳤다는 생각이 들 때, 제3자의 확인을 바란다. 그 후에 자기 행동이 왜 베타가 아니었는지 합리화하는 작업이 이어진다. 남자들은 여자들도 남자처럼(자기처럼) 똑같이 논리적으로 사고하고 관대하다고 믿기 때문에, 여자 쪽도 남자가 베타가 아니라는 똑같은 합리화 작업을 거쳤을 거라 믿고 싶어 한다. 그러나 이건 그냥 '남자들이 그러니까 여자도 그럴 거다'라고 넘겨짚는 것일 뿐이다.

뭔가 아주 잘못되었다는 직감이 온다면, 그것은 잠재의식이 주변 상황에서 모순된 일들이 일어나고 있음을 알리는 경고 신호다. 우리는 이성적 사고가 '더 잘 알고', '사실 상황이 보이는 것만큼 나쁘지 않다'고 정당화하면서, 이런 본능적 경고 신호를 무시하는 경향이 있다. 상황이 생각만큼 나쁘지 않은데, 자신을 믿지 못한다는 생각 때문에 부끄러움이나 죄책감마저 느낄 수 있다. 그러나 우리의 잠재의식이 경고하고 있는 불편한 사실을 보지 못하게 막는 것이 바로 이런 내적 합리화다. 인간은 타인의 행동에서 익숙함을 찾으려는 끝없는 욕망을 가진 습관의 동물이다. 따라서 그 예측할 수 있는 행동 패턴이 아주 살짝만 변해도, 우리의 본능적 레이더에서 온갖 경고 신호를 보낸다. 그중 일부는 실제로 드러나기도 한다.

바로 이 지점에서 대다수 남자들은 '여자랑 터놓고 소통하면 모든 것이 해결된다'라는 여성화된 믿음에 따르는 실수를 저지른다. 남자들은 주로 본인이 느낀 바들을 여자에게 털어놓는다. 그 결과 더 많은 합리화, 실제로 일어나고 있는 일을 감추는 것으로 이어질 뿐이다. 그들은 '맥락이 곧 메시지'라는 사실을 깨닫지 못한다. 여자의 행동, 미묘한 어조 변화, 여자의 말과 행동의 부조화(그리고 그것에 대한 여러분의 본능적인 감지)가 진짜 메시지다. 여러분의 의식은 인식하지 못하거나 인식하려 하지 않지만, 무의식이 경고하고 있는 평소와 다른 여자들의 행동과 분위기가 있다.

앞선 〈알파 단서〉 장은 여자가 알파로 여기는 남자가 있을 때, 여자들의 행동을 여러분이 의식적으로 알게 하려고 썼다. 많은 남자들이 당당한 알파가 보여주는 행동 단서들을 (나중에 완전히 진짜 본인의 모습이 되길 바라면서) 흉내 내고 알파를 '연기'하는데 몰두한다.

그 결과 남자의 가식적인 알파 연기와 자연스러운 알파의 모습에 관한 논쟁이 많다. 그러나 나는 무엇이 진짜 '알파 단서'인지 감정할 수 있는 최고의 척도는 남자가 보여주는 행동이 아니라, 그 남자를 상대하는 여자의 행동과 태도에 있다고 생각한다.

여자들이 본능적으로 알파를 대할 때 드러내는 신호가 있다면, 그것은 자신이 만나는 남자가 알파라는 점을 여자가 무의식적 차원에서 인지하고 있다는 것을 보여주는 행동 단서들이다.

남자들이 알파 단서라고 생각하는 것들을 찾아내는 건 쉽고 재미있다. 그러나 남자가 베타라는 걸 보여주는 '베타 단서'를 살펴보는 일은 훨씬 불편하다. 앞으로 설명할 내용이 다수의 남자들에게 불편 감정을 일으킬 수 있으나, 늘 그랬던 것처럼 얼마든지 동의하지 않아도 괜찮다.

나는 베타를 비판하려는 게 아니다. 오히려 베타를 대하는 여자들의 반사적 행동들을 남자들이 인지했으면 좋겠다. 여자들의 다음 행동들을 하이퍼가미 맥락으로 생각해 보고, 여러분의 말, 강한 감정적인 어조에서 드러나는 베타스러움이 무엇인지, 그리고 그런 베타 행동을 감지하도록 본능적인 감각을 키워온 여자들이 그것들을 인식하는 방식을 고찰해 보자.

앞서 언급한 '알파 단서'를 갖고, 그저 반대되는 목록을 만들면 된다고 생각하기 쉽다. 그러나 이런 베타 단서의 본질을 이해하는 게 훨씬 더 중요하다.

· 여자친구가 섹스나 애정 표현을 자발적으로 먼저 시작하는가?

· 여자친구가 주변에 많은 '남자 사람 친구'를 유지하면서 당신에게 그걸 받아들일 만큼 '남자답게 쿨해져라'고 요구하는가?

· 여자친구가 당신보다 더 중요하다고 고집하는 중요한 '여자 패거리 친구들'이 있는가? 여자가 습관적으로 그 여자들과 '한밤중 여자들끼리의 만남'을 즐기는가?

· 여자가 대학 시절에는 지금과 매우 달랐으며, '이미 다 지나간 시절이라 의미없다'는 식의 발언을 한 적이 있는가?

· 여자의 나이가 현재 '깨달음의 시기'를 겪을 때인가?
(*한국 나이로 빠르면 약 27세부터 시작-감수)

· 여자친구가 당신과 결혼하거나 동거한 뒤 (결혼 전 당신 또는 이전 연인보다 더 나은 섹스를 해본 후에도) 섹스가 줄어드는 이유로 '성욕의 변화'를 언급하는가?

· 여자가 몸 위에 하는 사정이나, 구강 사정을 싫어하거나 역겨워하는가? 또는 섹스하면서 침대 시트를 더럽힐까 봐 지나치게 걱정하는가?

· 여자가 침대 외의 어느 장소에서든 당신과 섹스하려 하는가?

· 삽입 섹스를 하는 횟수보다 여자만 오르가슴을 느낄 수 있는 오럴 섹스를 여러분이 해주는 횟수가 더 많은가?

· 섹스할 때 여자는 눈을 크게 뜬 순진한 연인이 되는가, 어니면 가느다란 눈으로 탐탁지 않은 모습인가? 여자에게 당신과 하는 섹스는 어쩔 수 없이 하는 그저 귀찮은 '할 일'인가?

· 결혼했다면, 아내는 당신의 성을 따르는가, 아니면 하이픈으로 연결한 자신 원래 성씨를 고집하는가?

· 함께 있을 때, 여자의 평소 의도하지 않은 바디 랭귀지가 당신에게 열려 있는가? 아니면 당신이 항상 여자친구와 좋은 분위기를 위해 힘들여 노력해야 하는가?

· 여자가 당신보다, 자기 가족, 식구나 애완동물을 더 중요하게 여기고 몰두하는가?

· 여자가 당신보다 연애 시장 가치상 1-2등급 정도 더 높다고 여기는가? 그리고 그런 마인드가 행동에서 드러나는가?

· 여자가 당신과의 관계에서 주도권을 쥐고 있다고 생각하는가? 당신은 (남녀 평등적인 믿음에 따라) 그런 여자의 권위를 용인하는가?

물론 베타 단서들은 이것보다 훨씬 더 많을 것이다. 여자들이 베타를 상대하고 있을 때, 여자들이 드러내는 이런 행동과 태도를 남자들은 반드시 숙지해야 한다.

덧붙여, 여자의 인생의 어느 순간부터 여자가 필요하다고 느껴서, 베타 남자에게 잘해주는 기간이 존재한다. 이 기간에 남자의 베타스러운 행동과 사고방식을 더 잘 받아들이기 위해 여자들이 합리화 과정을 거치는 중이란 걸 남자들이 똑바로 알고 있어야 연애에서 프레임을 유지하는 문제와 관련된 함정을 피할 수 있다.

'깨달음의 시기'가 한창인, 어중간하게 매력적인 29세 여자가 남자에게 순수한 호감을 보여줄 때, 베타 남자들은 본인들이 나름 성장해서 알파가 되었다는 시나리오를 너무 믿고 싶어한다. 한참 뒤에 여자가 남자를 통해 장기적인 안전을 확보한 후에야, 이 남자들은 여자들의 성 전략에 따른 큰 그림이 뭐였는지 뒤늦게 깨닫는다.

## 파트너 지키기(Mate Guarding)

가장 분명한 베타 단서는 '메이트 가딩(남자가 자기 여자를 다른 남자로부터 보호하려는 행동-감수)'이란 차원에서, 그 남자가 보이는 방어적인 태도의 강도다. 알파 유형의 남자들은 여자친구에게 거의 집착하지 않는다. 무의식적으로 자신에게 성 선택권이 있다는 사실을 알기 때문이다. 그것은 결혼생활뿐만 아니라 연애에도 모두 적용된다. 내가 지금 이런 말을 해주는 이유는 베타 단서(그리고 사실상 베타 사고방식)의 가장 큰 특징이 '결핍의 정신상태(scarcity mentality)'를 다루는 남자들의 대응 방식에서 드러나기 때문이다. 베타는 자신이 사귀는 여자를 뺏기지 않게 지켜야 한다고 믿는다. 그리고 믿음에 따른 과민 반응이 여자친구는 물론 여자친구가 속한 무리에게도 자신을 베타처럼 보이게 만든다.

메이트 가딩과 부정에 대한 잠재적인 의심, 그에 따른 대응 행동은 베타 부양자의 부성을 보장하기 위해 만들어진 오랜 진화의 산물이다. 이런 남자들은 자원 등 물질적인 혜택을 여자에게 제공하고, 대가로 여자의 정조를 보장받는 방식에 의존해야 한다. 베타 남성이 경제적 책임을 지고 여자를 감정적으로 챙겨주는 대신, 여자는 진정한 욕망으로 보답해야 한다는 무언의 인식인 셈이다. 베타 남자들은 본능적으로 여성의 성 전략이 '알파 섹스/베타 부양'이란 점을 알고 있다. 따라서, 특히 아내나 여자친구의 월경 주기 중 가임기 근처에서 여자가 알파 섹스를 선호한다는 사실을 베타 남자가 날카롭게 인식하기에, 무의식적인 '메이트 가딩'의 심리가 진화한 것이다.

역설적으로, 여성의 정조를 보증할 수 있는 가장 좋은 방법은 여러분이 한 여자와의 독점적인 1:1 관계를 철저히 지키는 것이 아니다. 오히려 여자친구나 아내가 당신을 다른 여자들로부터 지켜야 하는 상황에서, 여자가 당신의 관심을 유지하려고 애쓰게 만드는 것이다. 여자는 자신이 알파라고 여기는 남자에게 로맨스를 요구하지 않는다. 오직 그의 성적인 관심만 필요하다. 이게 여자의 최고 선택지가 누구인지, 하이퍼가미가 확인해 주는 방식이다. 섹스 파트너라는 역학, 즉 서로를 향한 감정적 투자는 배제하고, 오직 섹스에만 관심 있는 남자의 기세는 강력한 알파 단서다.

여자가 여러분을 알파 유형으로 여기는지 아니면 베타 유형으로 여기는지, 그 결정적인 기준을 알고 싶다면 자기 행동과 태도를 돌아보라. 여러분이 여자친구를 다른 남자로부터 지키거나 맞춰줄 필요를 느끼는지, 또는 좋은 관계를 위해 여자친구가 내건 조건에 따르려고 자기 행동을 교정할 충동을 느끼는지 살펴보면 된다. '결핍의 정신 상태'는 베타적 사고방식을 가진 남자가 지닌 정서적 기준점의 특징이다. 저런 식으로 내면화된 정신 모델은 자연스럽게 베타스러운 행동으로 드러난다.

알파 성향이 강한 남자들도 가끔 베타처럼 행동한다는 말이 있다. 알파 남자도 사람이니 그 말이 맞긴 하다. 그런데 그렇다고 해서 여자가 알파 또는 베타를 식별하는 정신 모델을 가지고 있다는 사실을 반박하지는 못한다. 주로 알파인 프레임과 사고방식(그리고 외모)과 더불어, 남자 본인이 여자친구보다 높은 (그게 실제든 또는 여자가 그렇게 느끼든) 연애 시장 등급을 가졌다고 여자 쪽에서 인식하면, 남자가 가끔씩 보여주는 베타스러운 약점을 덮을 수 있다. 그러나 베타가 주된 기질인 남자들은 자신이 여자들이 생각하는 것보다 더 알파란 점을 끊임없이 의식적으로 선전해야 한다.

그러므로, '제가 한 행동이 베타인가요?'라고 묻는 남자에게 답을 알려 주겠다. 그 해답은 여러분이 했던 '베타스러운' 행동의 동기가 뭐였는지, 그리고 여자친구가 평소 당신을 어떤 유형의 남자로 생각했고, 그래서 그 행동을 어떻게 인식했느냐에 달려 있다.

# 관계 재건

레드필을 접한 남자들이 품는 가장 흔한 소망은 레드필 지식과 게임을 이용해 예전 여자와 관계를 회복하는 것이다. 주로 자신을 차버린 여자와 관계를 '바로잡고' 싶어한다. 이것이 블루필에 빠진 남자들이 레드필에 마음을 여는, 확신컨대 가장 큰 이유일 것이다. 이 남자들은 레드필이 제시하는 남녀 간 진실이 아니라, 특정 한 여자 때문에 상처받은 마음을 치료할 기적의 알약을 더 절박하게 구한다.

이 남자들의 머리와 가슴이 여전히 내다버리지 못한 (또는 버려야 할 이유를 아직 찾지 못한) 블루필 이상주의로 여전히 꽉 차 있다는 것, 그 이상주의 때문에 정작 그 여자에게 버림받았다는 사실을 깨닫지 못하는 점을 떠올려보면, 저런 행동을 이해는 할 수 있다. 그들은 자신에게 '유일한 존재'였던 '그 여자'와 다시 이어지기를 간절히 바랄 뿐이고, 비로소 레드필에서 그 해답을 찾을 정도로 절박해진 것이다.

흥미로운 점은 가장 심하게 레드필을 부정하는 사람들조차, 모든 걸 바친 전여자친구를 다시 만날 가능성을 레드필이 열어준다면, 레드필에 마음을 열고 귀를 기울이려 한다는 것이다. 이런 현상 자체가 '원하는 여자와 다시 연결될 수만 있다면, 자신의 신념도 기꺼이 뜯어 고친다'는 '블루필 이상주의'가 얼마나 남자들의 머릿속을 제대로 장악하고 있는지 보여주는 좋은 사례다.

안타깝게도, 레드필은 블루필 환멸에 바르는 연고 같은 게 아니다. 레드필은 치료법이지만 반창고는 아니다. 나는 '토마시의 일곱 번째 철칙'에서 이 주제를 간결하게 다뤘다.

### 토마시의 7번째 철칙

*실패한 관계를 고치려고 노력하지 말고, 새롭고 신선하며 미래가 보이는 여자와 관계를 발전시키는 데 시간과 노력을 들이는 게 언제나 더 바람직하다. 한번 길가에 내놓은 쓰레기를 다시 찾아오지 마라. 당신도 더러워지고, 그런 모습을 이웃이 볼 것이며, 애써서 되찾을 만하다고 여겼던 것이 절대 생각만큼 가치 있지도 않다.*

관계를 회복하고자 하는 욕망의 본질은 결국 남자가 블루필 사고방식에 빠져 있던 시절, 유혹에 실패한 여자를 '다시 유혹하는' 것이다. 가장 먼저 떠오르는 이미지는 복수심에 가득 찬 남자가 블루필에 절어 있던 자신을 차버린 여자를 다시 유혹한 뒤, 이번엔 남자 쪽에서 섹스하고 차버리는 이야기이다. '남자들이 쉽게 상처받는다'는 믿음을 확인하고 싶어 하는 여자들이 이런 상상을 좋아하지만, 나는 이게 항상 해당하는 이야기는 아니라고 생각한다.

과거에 자길 차버린 핫한 여자가 레드필과 게임을 잘 이해한 덕분에 더 매력 있게 변한 '새로워진 남자'에게 호감을 느끼는 건 실제로 가능하다. 과거 자신의 원아이더스('소울메이트 환상에 해당하는 여자를 지칭하는 말'-감수)를 다른 여자들과 더불어 돌리는 접시들 중 한 개로 만들어버린 이야기를 내게 들려 준 남자들도 있다. 이러한 경험은 종종 남자들에게 레드필 및 게임에 대해 확신을 갖게 만든다. 과거 '소울메이트 여자'를 이제는 '돌아가며 만나는 여자들' 명단에 올리는 것은 과거 여자를 이상적으로 떠받들던 여신의 위치에서 끌어내리고, 그 과정에서 여자를 그냥 인간의 지위로 되돌리게 하는 데 도움을 준다.

또한 남자가 이런 경지에 오르는 데 시간이 걸린다는 점도 강조하고 싶다. 레드필과 게임을 이런 기적 같은 변화를 순식간에 일으키는 마법의 공식으로 여기는 남자들이 너무 많다. 그러나 남자의 행동이 너무 갑자기 과거와 확 달라지면 여자의 반감만 더 살 뿐이고, 따라서 남자는 더 낙담하게 된다.

## 모든 걸 완벽하게 해내기

레드필을 통해 관계 회복을 구하는 세 번째 유형의 남자는 다음과 같다. 섹스리스를 고치려는 유부남이나 장기 동거남이다. 이런 남자들이 섹스에 시큰둥한 아내나 여자친구와 금술 문제를 입 밖으로 내는 것조차 꺼리던 (인터넷이나 레드필이 없던) 시절이 있었다. 과거 남자들이 이런 문제에 대해 침묵하던 몇 가지 이유가 있다.

첫째, 블루필 남자들 대부분이 어릴 때부터 여자가 아니라 늘 자신에게서 문제를 찾도록 길들었기 때문이다. 섹스의 경우 특히 그렇다. 여자를 만족시키지 못하면 그건 남자 잘못이 된다. 여자가 여러분에게 흥분하거나 끌리지 않으면 여러분 잘못이다. 따라서 결혼 전에 아내와 (아마도) 서로 끌렸던 시절처럼, 불을 다시 붙이기 위해서 자신을 뜯어고치는 방법 밖에 없다고 생각한다.

옛 시절에는 이런 '개선법'이라는 게 한마디로 '오래된 책'의 내용과 비슷했다. 가령 직장에서 승진해서 지위와 연봉이 올리기, 살 빼기, 어쩌면 잘할 수도 있는 분야를 찾아 경쟁력을 키우는 방법이 있었다. 신념을 바꾸고 아내에게 더 맞춰주기, 집안일을 더 많이 하기, 아이들을 더 잘 돌보기, '심야 데이트'를 더 자주 하는 법도 있었다. 결혼 생활 전문 상담 코칭을 받거나, 자신의 '성장'을 보여주기 위해 교회에서 개최하는 '남자 영성 수련회'에 참석할 수도 있었다.

꺼진 불을 다시 붙이려는 남자들의 위와 같은 일련의 시도들은 여자의 진정한 욕망을 얻기 위해 협상을 벌이면서, 아내의 프레임에 따르려는 전략이다. 레드필 렌즈를 통해 이런 구조를 대번에 간파할 수 있다. 아내가 과거처럼 진정한 욕망으로 섹스하도록, 모든 일을 '완벽하게' 하는 데 남자들이 열중하던 시절은 그리 멀지 않은 과거의 이야기다.

그 시절 남자들이 가졌던 두 번째 두려움은 아내나 오랜 시간 동거해 온 여자친구를 성적으로 만족시킬 수 없다는 현실을 인정하는 일이었다. 다시 말하지만, 여기서 핵심 키워드는 '여성 주도적인 프레임'과 '여자를 만족시킬 남자의 자격'이다. 일단 지금은 남자들이 자신의 남성성에 대해 늘 의심하던 시절에 관해 이야기하는 중이다. 인터넷 이후로 세상이 어떻게 변했는지 살펴보면 재미있다. 가령 옛날엔 교회에서 섹스에 관해 직접 언급하는 게 금기시되었던 시절이 있었다. 그러나 지금은 그런 언급이 불가피하고, 심지어 목사들도 남편과 섹스에 시큰둥한 아내들을 자극하기 위해 매달 섹스 할당을 채우라고 신도들을 부추기는 설교까지 한다.

블루필 사회 속에서, 남자는 늘 여자의 기준에 걸맞은 자격을 갖추는 법을 배운다.

그래서 당연히 남자식 논리에 따른 해답은 섹스라는 샘물이 마르지 않도록 '모든 일을 똑바로 하는 것'이 된다. 남자의 꿈을 희생하고, 야망을 포기하고, 수준에 맞는 지위의 수준에 맞는 일자리를 구하고, 여자가 섹스해 주길 바라는 남자가 되는 것이다. 이 모든 것은 베타들의 '여자에게 맞추는 부양자 원형'이라 불리는 '오래된 책'의 발상이다. 그러나 요즘 남자들도 조심해야 한다. 똑같은 만트라, '모든 일을 똑바로 하라'는 메시지가 오늘날 남자들에게 여전히 전파되고 있기 때문이다.

유부남 레드필 레딧에 이런 게시물이 있었다.

제 얘길 해볼게요…

저는 결혼 후 제게 딱 맞는 레드필 진로를 따랐지만, 부부 관계에 진전이 거의 없자 화가 나서 몇 달 전에 집을 나왔습니다. 저는 과거엔 절대 생각지도 못한 방식으로 저를 '뜯어고쳤고', 집을 나온 것은 사랑스러운 아이들의 인생을 날려버릴 수도 있는 최종 결단을 잠시 미루기 위해서였습니다.

'집'에 들어가면 고요하고 평화롭고 따스하며, 어느 정도 인생의 즐거움이 있긴 하죠. 하지만 모든 노력에도 불구하고 성생활은 전혀 나아지지 않았습니다. 급기야 어떤 방식으로든 섹스할 수 없는 상황에 이르렀고, 하루하루가 지나면서 저는 이 모든 상황에 대해 애증의 감정이 더 커졌습니다.

여기까지도 오래 걸렸지만, 지난주에 결국 일이 터졌습니다. 그 사건은 아주 오랜 세월 동안 제 인생이 얼마나 엿 같았는지, 제 인생의 유일한 '문제'가 바로 아내이며 저는 아내를 '고칠 수 없다'는 사실에 눈을 뜨게 해주었습니다.

잠깐 되돌아보면, 저는 오랫동안 뚱뚱한 베타 쓰레기였고, 약 2년쯤 그렇게 살았습니다. 지금은 군살 없는 근육질 몸매에 사는 곳에서 상위 5-10%에 든다고 자신 있게 말할 수 있을 만큼 자신을 '고쳤습니다'. 잘생겼고, 유능한 사업가에, 옷도 잘 입습니다.

지난주에, 아이들을 잠자리에 들게 하고 집에서 할 일을 마무리하면서 아내와 섹스를 시도 했습니다. 몇 달 동안 그랬던 것처럼 아내는 매몰차게 거절했고요. 어떻게 섹스는 했지만, 그런 섹스는 참 개 같았습니다.

저는 웃으며 아내에게 작별 인사를 하고 제 집으로 돌아왔습니다. 사실 이제 이곳이 더 좋습니다. 외로움과 아이들에 대한 그리움이 조금씩 줄어들면서 이런 고독을 사랑할 수 있게 되었습니다.

운동을 하고 잠시 책을 읽다가 지루해졌고, 문득 제가 아내를 인생에서 치워버린다면 어떤 일이 벌어질지 거리낌 없이 알아보고 싶어서 데이팅 앱인 범블Bumble과 틴더Tinder를 깔았습니다. 저는 여자들의 많은 관심을 받아왔지만 제가 사는 동네는 좁아서 그대로 받아 주면 결국 문제가 생길 테니까요. 또 아내의 엿 같은 싱글 친구들에게 검색되지 않도록, GPS 위치 조작 앱까지 다운받아 제 위치를 아주 멀리 있는 주로 설정했습니다.

형제들이어… 나흘이 지났고 지금까지 온갖 여자들이 내게 60통의 선톡을 보냈습니다! 메신저 수신함에는 아내보다 훨얼씬 핫한 여자의 쭉쭉빵빵한 사진으로 가득해요! 5명은 문자 그대로 한번 하자고 빌고 있고, 다른 5명 정도는 장담컨대 내가 원하기만 하면 일주일 안에 섹스할 수 있을 거예요!

제 GPS 위치를 멀리 설정해서 다행입니다. 안 그랬으면 유혹이 너무 강해서 참을 수 없었을 거예요. 아직 가정을 날려버릴 준비는 안 된 상황이라 오늘 아침에 그 앱들은 지웠고, 아이들을 위해 제 결혼 생활 마지막 날까지 지푸라기라도 잡고 싶어요. 저는 저를 잘 아는데, 일단 새로운 맛을 보고 나면 되돌아갈 수 없습니다. 또 버너폰burner phone(잠시 사용하다가 폐기하는 휴대전화─옮긴이)이 쉴 틈 없이 울려서 일도 제대로 못 할 지경입니다.

결국 이 모든 경험 덕분에 원아이더스를 향한 마지막 집착조차 끊어졌고, 이대로 간다면 제 삶은 어떻게 흘러갈지 눈을 떴습니다. 제 아내는 괜찮은 여자고 꽤 핫하지만, 베타 쓰레기 시절을 뛰어넘은 저를 알아보지 못하는 것 같습니다. 그래도 상관없습니다.

제 자랑을 하고 싶어서가 아니라, 여러분의 삶을 바꾸고 결정하는 일은 오직 여러분에게 달려 있다는 걸 재확인하기 위해 이 이야기를 전합니다. 정말로 저는 (2년 전만 하더라도) 엉망진창이었고, 아내가 저를 아주 질색하는 가운데 결혼 생활의 지푸라기라도 잡으려고 애썼어요. 제 아내는 다음 몇 달 사이에 제가 원하는 섹시한 여자로 바뀔 수도, 그렇지 않을 수도 있지만, 이제 제겐 전혀 상관없어요. 과정은 고통스러웠지만 어느 쪽이든 세상이 아주 좋게 취급할 남자로 저를 다시 창조했기 때문입니다.

요즘 유부남들이 아내와 더 화끈한 섹스를 하고 싶어 하는 모습이 레드필 커뮤니티에서 자주 보인다. 감히 말하건대 레드필과 게임, 매노스피어는 지금까지 약 10년 동안 유부남의 섹스 라이프를 개선하는 문제에 관해 결혼 상담사들보다 더 많은 업적들을 이루어냈다. 그것만으로도 칭찬할 만한 일이다. 그러나 남자들의 현실은 저마다 다르며, 남자마다 아내(여자)와의 관계도 결코 똑같지 않고, 그 현실이 이상과 거리가 멀다는 사실을 기억해야 한다.

레드필과 게임을 이용해서 '모든 일을 완벽하게' 하려고 애쓰는 (주로 결혼한) 레드필 유부남들도 있으나, 위 사연의 남자의 이야기를 읽고 나면 이들의 상황이 여전히 '충분치' 않다는 결론에 이른다.

이런 남자들은 레드필을 깨닫고, 과거와 단절하고, 블루필에서 스스로 빠져나오면서 현실을 받아들이기 위해 애쓴다. 통찰을 갈구하고, 영혼을 좇는 일에 시간을 들이고, 평생 자신을 좌우했던 불편한 진실을 마주한다. 그것들이 일으킨 분노를 처리하고, 다른 쪽으로 헤치고 나와 자신을 다시 바꾸기 시작한다. 그들이 스스로 나아진다는 뜻이다.

로이시는 자기 계발이 남자에게 미리 설정된 불교의 선(禪) 과정이며, 따라서 남자들이 스스로 나아지는 일에 근심을 가져선 안 된다는 영상을 보고 어떤 깨달음의 순간을 얻었다고 한다. 그러나 나는 그런 관점 자체가 완전한 해석은 아니라고 본다. 내가 보기에 남자의 존재 상태란 '자기 계발 그 자체'다. 일단 남자가 전심을 다하면, 이전보다 더 많이 자신에게 투자하면, 자신에 관한 생각을 바꾸면, 본인이 자신만의 정서적 기준점(mental of origin)이 된다.

이런 남자들은 자기가 들인 노력의 결과를 보기 시작한다. 그 노력은 대계의 경우 여자들은 인지하지 못한다. 여자는 표면상의 변화를 볼 수야 있겠지만, 남자 내적 변화는 남자만 안다. 그는 과거 오랜 블루필 정체성 속에선 이질감을 느꼈던 새로운 인생을 이제부터 누려야 한다. 어떤 경험은 처음엔 불편하고, 전에는 한 번도 필요하지 않았던 판단력을 요구한다. 또 다른 체험은 과거엔 그 남자가 절대 접할 수 없었던 여자들의 유혹과 성적인 기회들과 조우하는 것이다.

이런 모든 변화를 위해, 남자 본인을 향한 엄청난 노력과 투자가 필요하다. 이때 남자는 레드필 관점에서 '모든 일을 똑바로' 한 셈이다. 이런 극적인 변화는 남자에게 일종의 '관계적 자산'이 된다. 아내, 전처, 과거 그를 무시했던 고등학교 여자 동창이 이젠 그 가치를 똑바로 인정해야 마땅한 자산 말이다. 마치 경력을 쌓고, 내면의 여성성과 더 맞닿는 것이 '모든 일을 똑바로' 하는 거라고 믿었던 '오래된 책' 시절 남자들처럼, 레드필 남자들도 깨닫는다. '결국 문제는 자신이 아니라, 여자였다'는 사실 말이다.

## 남자는 왜 그럴까

읽었던 책 중에 내게 가장 큰 영향을 미친 책은 24살쯤에 아버지의 서재에서 꺼낸 워런 패럴 박사Dr. Warren Parrell의 『Why Men Are The Way They Are남자는 왜 그럴까』이다. 당시엔 아버지의 책장에 이 책이 있다는 게 그다지 이상하지 않았다. 우울증 환자이자, 제3세대 페미니즘을 믿고, 나이 든 히피였던 새어머니가 90년대 초에 아버지와 함께 가입했던 유니테리언 (삼위일체 교리를 거부하고 예수 그리스도의 신성을 부인하는 기독교 교파-옮긴이) 교도들의 독서 모임에서 사람들이 그 책을 읽도록 기어코 꾀었기 때문이었다. 나는 그 책을 여전히 갖고 있다. 책 가장자리에는 그 책이 일으켰을 페미니즘의 분노를 담아, 새어머니가 휘갈겨 쓴 주석도 담겨 있다. 새어머니에게 분노를 지핀 그 책이 나의 기고문과 나의 온라인 브랜드에 아주 중요한 역할을 했다는 사실은 어찌 보면 엄청난 아이러니다.

사람들이 가끔 내게 블루필을 끊어낸 시점이 언제인지 묻는다. 솔직히 말하면, 과거에서 빠져나오는 일은 부정적 경험을 통해 많은 것을 배워야 하는 점진적 과정이었다. 여기서 패럴의 책이 전환점이 되었다. 안타깝게도, 레드필을 깨달은 뒤로 패럴 박사에 대한 생각이 바뀌었다. 여전히 패럴 박사는 아주 심각한 블루필이고, (초기 페미니스트에게 배운 대로의) 평등주의에 대한 믿음에 눈이 멀어 레드필을 받아들이지 못했다는 사실을 절대 깨닫지 못한 채, 아마 무덤까지 갈 것이다. 내가 과거를 끊어낸 시점이 있다면, 그 직접적인 계기가 바로 저 책을 접하게 된 순간이라고 말하고 싶다.

당시 이 책에서 가장 눈길을 끈 부분은 그가 이 책을 쓰기 위해 자료 조사를 하는 동안, '남자들의 모임'에서 함께 했던 이들이 전하는 여러 이야기였다. 이 책은 1986년 (내가 읽기 7-8년 전)에 출판되어서, 내가 읽을 때쯤엔 이미 약간 시대에 뒤처진 내용이었다. 책에 등장하는 남자들이 다른 남자들과 함께 앉아서 이야기를 나눈 주된 이유는 서로 유대를 맺기 위해서였다. 이 책의 〈남자들의 무리〉 장을 읽었다면, 이런 식의 뉴에이지 모임을 내가 아주 부자연스럽게 보는 이유를 여러분은 잘 알 것이다. 아무튼 이 남자들이 80년대 초중반에 나눈 이야기들은 내 아버지의 입에서 나오리라 예상할 수 있는 것들이었다.

이 남자들은 '모든 일을 똑바로' 했다. 이들의 행태 중 일부는 자유연애 세대, 즉 향락적인 70년대의 산물이기도 했지만, 전반적으로 이 남자들은 여전히 '오래된 책'의 사회 계약과 영적으로 '진화된' 남성이 되어야 한다는, 제3차 페미니즘 물결의 요구에 붙들린 최악의 환경에 노출되어 있었다. 꽤 많은 남편들이 권력을 틀어쥔 아내의 명령에 따라 이런 유의 남자 모임에 참석하고 있었고, 아내들은 남편이 내면의 여성성과 닿는 법을 익히거나, 적어도 여자들의 '요구'를 충족할 더 나은 방법을 찾길 희망했다. 나는 내 아버지도 이런 남자들 중 한 명이었다고 본다. 파파 토마시는 당시 현실에서는 어쩔 수 없이 여자에 대해 매우 혼란스러운 남자였지만, 여성 지상주의가 이제 막 역량을 발휘하기 시작하고, '모든 일을 바르게 하라'는 사회적 명령의 등장과 이후 수십 년 뒤 처참하게 실패할 신념 체계가 막 기틀을 잡는 역사적 전환점에 서 있던 것이다. 나는 그 시절 남자들이 겪은 엄청난 혼란을 이해한다. 그 책에 등장하는 한 남자는 이렇게 당시 시대상을 묘사했다.

*'나는 사십 평생을 뼈 빠지게 일했지만, 이젠 나조차 좋아할 수 없는 사람 이 된 것 같다.'*

이 책의 남자들은 각각 비슷한 절망을 이야기한다. '오래된 책'의 사회적 계약, 즉 아내와 가족, 아이들, 어쩌면 손자, 손녀들과 함께 살기 위해 바른 일만 해야 했던, 그 방식을 완수하기 위해 수십 년 동안 뼈가 빠졌지만, 그 모든 것이 남자에게는 더 이상 아무런 의미가 없었다. 이 책을 읽던 24살의 나는 '진짜 하이퍼가미'가 무엇인지 그때 는 몰랐다. 그러나 이젠 안다. 저 남자들이 겪은 혼란의 실체는 다음과 같다. 그것은 사 회 주도권을 차지한 하이퍼가미가 오래된 사회적 패러다임을 파괴하고 있다는 사실을 제일 먼저 피부로 체감하기 시작한 남자들의 무기력한 모습이었다.

## 투자 실패

『합리적 남성』에서 '관계 내 평등'이란 오류를 이미 다뤘다. 그러나 공개적 하이퍼 가미와 여성 지상주의 시대에, 이 개념이 최근에도 여전히 남자들의 삶을 훼손하는 원 리를 이해하기 위해 이 주제를 다시 가져왔다. 이제 아마 70대에 들어섰을 저 책에 등 장하는 남자들은 '모든 일을 바르게 한다'라는 말의 의미를 오해한 것 같다. 그것의 의 미는 '여자들 입맛에 맞고, 여자들이 따르자고 동의한 규칙에 따라 경기한다'는 뜻이었 다. 게다가 이 남자들은 새로운 권력을 쥐고 진화하고 있는 여자들이 평등적인 이성적 사고방식을 갖고 있다고 교육받았다. 만약 남자들의 필요가 충족되지 않으면 여자들과 허심탄회하게 대화만 하면 해결되고, 여자도 남자와 똑같으니까, 여자와 이성적으로 협상하면 모든 게 다시 정상으로 되돌아갈 거란 식이다. 이것이 페미니즘이 70년대와 80년대 남자들에게 약속한 황금 같은 평등주의, 성 평등이 있는 미래였다.

'관계 내 평등'이란 결국 남자가 '모든 일을 올바르게 하면' 여자를 유혹할 수 있고, 여자와 아내, 장기적인 여자 파트너의 부정을 막을 수 있으며, 여자가 자기 남자와 함 께 계속 행복하게 사는 현실을 보장한다는 잘못된 믿음이다. 두말할 필요도 없이, 우리 는 레드필이라고 불리는 인간행동학의 토대가 된 남자들의 집단 경험을 통해 저 말이 거짓말이라는 걸 안다. 남자인 우리는 우리의 업적에 대해 인정받길 바란다. 우리는 자 기가 하는 일이 다른 남자들에 의해 존경까지는 아니더라도 최소한 가치 있는 것으로 인정받기를 기대한다. 그래서 평등주의 사회 계약이 확장되면 남자들은 '여자를 남자와 동등한 인간으로 여기라'는 교육을 받았기 때문에, 여자들이 하이퍼가미 본능을 극복하고 상호 동의한 약속에 따라 '특정 남자에게 끌려야 한다'는 '논리적인' 결론에 도달하게 되는 건 너무 당연해 보인다.

물론 이런 발상은 터무니없는 헛소리이다. 인간의 욕망이 협상의 대상이 될 수 있다는 기대가 터무니없기 때문이다. 그러나 이런 '헛소리'가 당시 사회 계약을 믿던 자들이 남자들에게 심으려고 애썼던 신념이다. 그리고 그 헛소리를 간파할 통찰을 가졌던 남자들은 말 그대로 '이 모든 게 남자를 통제하고 착취하기 위한 여자들의 기회주의'에 불과하다는 걸 알았다. 비록 마흔의 나이에 결국 변해버린 자기 모습을 혐오하게 되었지만.

나는 〈관계 내 평등〉이란 기고문에서 이렇게 썼다.

이는 남자들이 받아들이기 정말 힘든 진실이다. 하이퍼가미가 어떻게 작동하는지 알게 되면, 그들이 전심을 다 하고, 인생을 바칠 예정인 여자와 평등한 관계를 이룰 수 있다는 믿음이 무조건 박살 나기 때문이다. 관계 내 평등을 믿는 남자들은 (진정한 욕망이 아닌) 욕망을 협상하는 게 관계를 안정적으로 유지할 수 있는 타당한 수단이라고 믿고 싶어한다. 정확히 동일한 이유로 대부분의 부부 상담이 실패로 끝난다. 애초에 그런 상담 자체가 '진정한 욕망(하이퍼가미)을 협상으로 끌어낼 수 있다'는 전제하에서 효과가 있기 때문이다.

일단 남자가 레드필 인식을 갖게 되면, 받아들이고 관리해야 하는 일종의 관계적 자산이 하나 생긴다. 남자가 과거의 믿음에서 빠져나오면, 이제는 게임을 안다는 이유로, 시련을 겪었다는 이유로, 본인이 생각보다 더 높은 가치를 가진 남자라고 생각한다. 더 이상 남자에게 가해진 블루필 환상과 그것이 조장하는 불안감에 휘둘리지 않는다고 생각한다. 따라서 아내나 여자친구, 클럽에서 꼬셨던 여자들이 의식적으로 또는 암묵적으로 자신의 가치를 이제는 인정해야 한다고 생각하는 경향이 있다.

그런데 이런 변화와 그에 따른 벅찬 감정은 우리 마음속에 담아둬야 한다. 그래서 레드필 깨달음을 얻은 남자에게 이런 인내의 시간이 약간 힘들 수 있다. 여자들에게 자신이 레드필을 깨달았다고 광고하는 것 자체가 게임을 공개적으로 노출하는 것이기 때문에, 그런 짓은 문제를 키운다. 여자들은 게임을 하길 원하지, 게임에 관해 남자의 자랑을 듣고 싶어 하지 않는다. 여러분은 참고 관망할 필요가 있다. 그렇지 않으면 게임 자체에 악영향을 미치는 위험을 감수하게 된다.

남자 입장에서 여자들이 당연히 인정해야 한다고 여기는 부분들을 공개적으로 떠벌리면, 그것들을 바라보는 여자의 인식에 영향을 준다. 여자들이 알아 주고, 똑바로 가치를 인정해야 한다고 믿는 자신의 (그게 진짜든 남자 혼자의 생각이든) 자질을 모두 까발리면서, 여자들보고 인정하라고 재촉하려는 남자들은 사실 '관계 내 평등 오류' 또는 '오래된 패러다임'에서 여전히 벗어나지 못했다는 점을 드러낼 뿐이다. 사실, 자신이 잘 지키고 있다고 믿는 사회적 규칙들을 떠벌리며 돋보이려고 하는 남자들은 결국에는 여자들에게 망신을 당한다. 그런 자질을 가진 남자들이 이제는 흔한 데다가, 애초에 여자들 입장에선 당연한 거라 이미 가치가 떨어졌기 때문이다.

여러분이 자식들에게 훌륭한 아버지이고, 여자라면 누구나 끌릴 수밖에 없는 남자로 자신의 이미지를 구축한 헌신적인 남편이라면, 당연히 여러분은 탐나는 남자로 여겨질 거 아니냐는 식이다.

그러나 그런 자질은 훌륭하지만, 한편으론 '남자라면 당연히 해야 할 것들'이다. 그리고 여러분이 당연히 해야 하는 그 모든 것들이 여자들의 원초적 욕망을 일으키지는 않는다. 여성 중심적인 사회에서, 남자의 남성성을 고의로 왜곡하는 바로 그 사회 풍조 속에서, 남자가 해야 할 일이란 끊임없이, 조금씩 더 여자들의 기준에 따라 '모든 일을 바르게 해야 하는 것'일 뿐이다.


## 깨달음

유부남들이 모인 레드필과 믹타우 레딧 토론방에서 '결혼 생활 도중에 찾아온 깨달음'을 주제로 많은 토론이 있었다. 이런 말하기 좀 그렇지만 젊은 미혼 남자든, 나이 든 유부남이든, 결국 여러분은 여러분의 인생에 실제로 영향을 준 사회적 길들이기의 실체를, 그리고 이성 간 패러다임에 관한 진실을 깨닫는 시점이 언젠가는 온다. 나는 솔직히 빨리 깨닫는 젊은 남자들이 부럽다. 그러나 깨달은 남자로 사는 긴 여생 동안 감당할 진실의 무게를 생각해 보면, 빠른 깨달음도 나름 큰 부담이 될 수 있다. 결혼하고 나서야 깨달은 남자들은 최소한 '인생의 대부분을 블루필 길들이기에 속아서 보냈다'는 핑계라도 댈 수 있다.

깨달은 젊은 남자들은 인생을 함께할 신붓감을 만날 때마다, 레드필이 제시하는 난제를 마주하게 된다. 레드필 깨달음을 얻은 유부남은 오랜 시간에 걸쳐, 이미 자신의 페르소나를 낱낱이 알고 있는 아내를 상대로 레드필 패러다임으로 바뀐 자신을 인정받는 어려움을 겪는다. 나는 늘 말했다. 일단 남자가 레드필 인식을 갖게 되면 돌아갈 길은 없다. 레드필을 완전히 부정하더라도, 주변에서 일어나고 있는 사회적이고 성적인 게임에 대해 일단 한번 주위들은 것 때문에 느끼는 묘한 인지부조화는 물론이고, 그런 블루필 모순과 더불어 살기로 선택한 남자들에게도, 불현듯 '레드필'이란 단어를 다시 떠오르게 할 현상들이 늘 일상에서 눈에 밟힐 것이다.

결혼 중에 자신의 현실을 깨달은 남자는 블루필 고용 계약이 자신을 어떤 남자로 만들었는지 머릿속에서 생각이 떠나질 않을 것이다. 패럴 박사의 모임에 있는 남자들처럼, 블루필 유부남들은 스스로를 좋아할 수도, 그렇지 않을 수도 있는 남자, 여성향 사회가 요구하는 남자가 되려고 애쓰면서 평생을 보낸다. 그러나 그런 남자가 되는 과정은 블루필 길들이기를 통해 유도된 것이다. 그런 남자가 일단 레드필을 깨달으면 두 가지 문제에 부딪힌다. 첫째, 자신을 어떻게 바꿀 것인가? 둘째, 그 변화를 아내는 어떻게 받아들일 것인가?

나는 블로그 초창기부터, 남녀 관계에서 남성의 지배적인 프레임이 그 관계가 똑바로 기능하는 데 가장 중요한 요소라고 늘 강조했다. 안타깝게도 결혼 중에 레드필을 깨달은 유부남들 대다수는 확고한 베타 포지션으로 아내와의 관계를 시작했다. 남자가 요즘 같은 시대에 결혼을 했다는 것 자체가 남자가 베타인 걸 인증하는 것인지에 대해서는 논쟁의 여지가 있다. 그러나 남성성을 향한 조롱 풍조, 대놓고 드러내는 하이퍼가미, 알파 미망인이 범람하는 시대에, 아내들은 현 남편을 차갑고 도도한 알파의 자신감을 풍기는 남자로 여기지 않을 가능성이 높다.

레드필 인식을 가진 유부남은 이렇듯 난제와 마주하게 된다. 가끔 유부남의 베타 인상이 아내에게 너무 깊게 각인됐거나, '불쌍한 베타남'이라는 인식을 토대로 시작부터 아내가 결혼 생활을 시작했을 수도 있다. 인간은 타인에게서 일관성과 유사성을 끊임없이 원하는 습관을 지닌 동물이다. 여러분이 예측할 수 있는 존재가 되면, 여자 쪽에서 통제력을 갖게 된다. 이 예측 가능성에 대한 기대와 예상은 베타 남편에 대한 아내의 인식에만 한정된 게 아니다. 남편을 베타라고 생각하는 남자의 가족, 친구에게까지 확장될 수 있고 실제로 자주 확장된다. 그러면 결혼 생활 바깥의 인간관계에서조차, 레드필 인식에서 탄생한 새롭고 지배적인 남자로 자신을 바꾸는 과정에서 타인들의 저항이라는 어려움과 마주하게 된다.

과거 2000년대 내가 동료로서 상담했던 남자들이 원한 것은 단 하나였다. 아내가 그들이 한 번도 체험하지 못했던 (그러나 가능하다고 믿었던) 열정적인 섹스를 자기와 하고 싶다는 진짜 욕망을 갖게 하는 것, 또는 결혼 전 시절 아내와 즐겼던 진정한 성적인 욕망을 다시 경험하는 (그리고 가능하면 유지하는) 것이었다. 이 남자 중 누구도 (최소한 처음에는) 결혼 생활을 포기하고 싶다는 말은 하지 않았고, 그저 자신이 '똑바로 해서' 아내가 그들과 섹스하고 싶어 하고, 진정으로 사랑하고 자기를 존경하기를 원할 뿐이었다. 정말 상황이 좋아지길, 아주 좋아지길 바란 나머지 "여보가 나를 사랑하고 존경하고 나와 섹스하려면 내가 뭘 해야 해? 내가 다 할게!"라고 아내에게 대놓고 묻고 싶어 했다. 물론 그런 직설적인 질문은 당연히 아내의 성욕을 훨씬 더 식게 하겠지만.

남자가 대놓고 표현하고 좌절을 드러낼수록, '베타남이랑 결혼했다'는 아내의 인식만 더 강화하고 확인시켜 줄 뿐이다. 이 남자들은 '열린 소통이 모든 부부 문제를 해결한다'는 가정교육을 받고 자란 세대고, 부부 문제에 대해 마음을 열고, 직접적이고 합리적으로 협상할 수 있는 해결책을 기대하며 협상 테이블에 앉았지만, 결과적으로 이미 그들을 혐오하는 아내의 마음을 더 멀어지게 만든다.

남자에 대한 여자의 인식이 '베타남'일 때, 하이퍼가미는 그 남자의 처지를 신경 쓰지 않는다. 레드필 인식이 남자에게 가져올 변화를 여자 쪽에서 받아들이는 방식은 남자가 처한 구체적인 상황과 맥락에 따라 달라진다. 유부남들은 일단 레드필 깨달음에 기반한 삶을 선택하면, 자신에 대한 아내의 인상이 혁명적으로 바뀌길 바란다. 그러나 레드필을 접한 유부남들은 자신을 향한 아내의 인식이 절대 바뀌지 않을 수도 있다는 현실 감각을 가지고, 아내를 향한 감정적·개인적 투자 대비 효용을 저울질해야 한다. 유부남이 레드필을 깨닫게 되면, 결국 이런 결혼 생활이 개선을 위한 압도적인 노력을 들일 가치가 있는지, 어쩔 수 없이 재고 따지고 결정해야 하는 시점에 오게 된다.

## 존재하는 가장 섹시한 남자?

서구 문화권이 여성 지상주의, 여성의 요구 사항들을 우선하여 모든 사회적 역학을 해석하는 관습을 굳혔다는 사실을 상기해보고, 개인적인 수준부터 사회적인 수준까지 여자들이 왜 저런 짓을 하는지 속셈을 자세히 뜯어 보면 현 상황을 조금 더 쉽게 이해할 수 있다. 여성의 본능을 좌우하는 모든 성적 흥분(알파) 및 매력 요소(베타)들이 빤히 밝혀졌는데도 불구하고, 여자가 느끼는 '섹시함'에 대한 정의를 사회적, 문화적 차원에서 인공적으로 바꾸려는 시도를 심심찮게 본다. 이러한 발상은 '매력은 사회적 구성물이기 때문에 인위적으로 바꿀 수 있다'는 믿음에 근거한다.

남자들은 즉각 모순과 직면한다. 여자와 '잘 돼야' 한다며 임의로 조작된, 그러나 고의로 현실과 충돌하게 만든 사회적 규범에 억지로 따라야 하는 딜레마에 빠진다. 여성식 서사에 따르면, 남자가 사회적 성 규범에 따르고, 모든 일을 '똑바로' 하고, 여성 지상주의가 남자에게 요구하는 책임을 받아들이면, 남자로 인정받고 여자들, 특히 아내가 남편을 '섹시'하다고 생각할 가능성이 생긴다. 남자가 이런 믿음을 갖고 인생을 살아갈 때, 여자들이 반드시 그 남자가 '남녀평등의 가치'를 준수해 온 공을 인정해 줄 거라 교육받는다. 만약 남자가 '오래된 책'의 패러다임을 고수하고, 결국 여자들이 '파티 시기(10대 후반부터 20대 초중반까지의 시절-감수)'에 남자와 저지른 경솔한 짓들을 '머리에서 지운다면', 여자들이 그런 평등주의를 고집하는 남자를 '섹시'하다고 여길 거란 식이다.

레드필 관점에서 우리는 이 상황을 있는 그대로 본다. 우리 눈엔 저게 여러 세대 남자들이 '남자의 인생을 망가뜨리는 거짓말'이라고 점점 깨달아가고 있으면서도, 여전히 나름 먹히고 있는 '오래된 책'에 근거한 사회 계약처럼 보인다. 남자들은 성인이 되려면 결혼하고, 아버지가 되고, 열심히 일해서 집을 사야 한단 소릴 듣는다. 나는 이제 세상에 준 클리버June Cleaver(TV 시트콤 『비버는 해결사Leave It To Beaver』에 나오는 두 아들의 아버지-옮긴이)같은 남자는 이 세상에 존재하지 않는다고, 결혼은 '고위험-저수익 도박'이라고 주장한다. 요즘 세상에 아버지가 되면 대중문화가 만들어낸 우습고 멸시받는 남자가 될 뿐이라고 주장할 수도 있다. 주택 시장의 위험성에 대해서는 굳이 말을 꺼내지도 않겠다.

이 모든 조건과 상황에서, 남자들은 아직도 '모든 일을 똑바로 하면 보상을 받을 수 있다'고 속삭이는 사회 계약으로 돌아가고 싶어한다. 그러나 이 철 지난 개념은 지난 3세대에 걸친 베타남들을 성공적으로 낚아낸 미끼에 불과하다.

'결혼 도중 깨달은' 유부남들 대부분은 '그냥 더 남자다워지면 편하게 살 수 있지 않을까?'라는 안일한 태도로 레드필을 인생에 적용하고 싶어한다. 대부분의 유부남들은 자신의 결혼 생활이 유지되길 바란다. 아내와 자식들, 그간 결혼 생활에 쏟은 것들, '모든 일을 바르게 하려고' 희생한 것들을 아내가 제대로 인정하게 만드는 것을 가장 중요한 목표로 삼는다.

미혼 레드필 남자들이 종국엔 불행하게 끝날 '꿈에 그리던 여자'랑 사귀려고 (초반에) 레드필과 게임에 집중하는 모습은 흡사 결혼 생활 도중 레드필을 깨달은 유부남들의 모습과 아주 비슷하다. 이 두 그룹의 차이는 한 쪽은 이미 꿈꾸던 여자와 결혼했다는 것, 자신과 아내에게 멋진 삶을 선사할 거라 속삭이는 블루필 이상을 실현하기 위해 그 비법을 레드필에서 찾는 것 정도다.

앞서 언급했지만, 유부남들이 레드필을 접하고 과거의 자신과 결별할 때, 이 남자들의 새 목표는 아내와 이혼하고 클럽을 다니며 접시들을 돌리는 게 아니다. 이 남자들은 제일 먼저 '어떻게 아내의 마음을 바꿔서 내 가치를 인정하게 하지?', '어떻게 하면 우리가 좋았던 시절 했던(또는 할 수 있다고 생각하는) 섹스를 다시 하지?'를 고민한다. 미혼/유부남 남성 모두에게 가장 중요한 것은 레드필을 통해 블루필의 목표를 이룰 수 있다는 착각에서 벗어나는 것이다. 이런 말을 해주는 이유는 많은 남자들이 레드필을 블루필 이상을 실현할 마법이라고 생각해 버리기 때문이다. 과거의 정체성에서 갓 빠져나온 남자가 새롭게 손에 넣은 레드필 인식이라는 막강한 힘을 '좋은(악하지 않은) 일'과 아내를 위한 '올바른 일'을 하기 위해 사용하기를 바라는 마음은 겉보기엔 고귀해 보일 수 있으나, 그런 갈망은 아내가 그런 마음을 받아들일 거고, 남편의 가치를 인정할 거라고 가르치는 블루필 망상에 여전히 근거하고 있다.

유부남이 아내에게 새롭게 심어주고 싶은 '알파남이라는 인식'을 아내가 실제로 남편의 정체성으로 받아들이지 않을 수도 있다. 이런 좌절스러운 시나리오가 결혼 생활 도중 계속 이어진다. 그러나 남편이 새롭게 장착한 게임에 즉각 신선한 반응을 보여줄 수 있는 뉴 페이스, 남편의 과거 베타 모습을 잘 모르는 제3의 여자들이 존재한다. 남자들은 다른 여자들이 보여주는 새로운 긍정적 피드백과 아내가 보여주는 부정적 피드백을 비교하게 되고 내적 갈등을 일으키게 된다.

만약 남자가 한 여자를 괜찮은 신붓감으로 여기고, 기쁘게 해주고 싶은 마음이 간절한데(사실 이미 여러 번 기쁘게 해줬는데), 여자 쪽에서 절대 똑같은 수준으로 화답하지 않을 거란 사실을 깨닫는다면, 그 남자는 어떻게 될까? 결코 가질 수 없는 것을 탐내느라 남자 인생의 전성기를 낭비해야 하는가?

차라리 본인의 이상형에서 살짝 아쉬운 여자를 즐겁게 해주고, 그 여자에게 최고의 남자가 되는 편이 더 낫지 않을까?

아내가 더 이상 적극적이지도 않는데, 여전히 남편에게 과거와 같은 수준의 투자를 요구할 수 있는가? 남자가 바깥으로 돌 때, 남편의 행방을 묻지 않는 방식으로 아내가 보내는 암묵적인 방조를 남편은 여전히 고마워할 수 있는가? 아니면 아내가 다른 방식으로 애정과 지지를 보이는가? 진실을 말해주겠다. 여성 지상주의(Feminine Imperative)의 영향을 받은 여자들 대부분은 남자친구, 남편을 지지하지 않는다. 그리고 이 여자들은 커플이나 부부가 겪고 있는 성 생활의 한계에 대해 서로 이해하고 맞춰가려고 노력하지도 않는다.

남자들 역시 자기들 딴엔 시간과 환경만 주어진다면 여자친구나 아내와 섹스가 언제나 가능하다는 환상을 품고 산다. 그러나 현실은 전혀 다르다. 우리의 생물학적 본능은 그런 상황을 견딜 수 없다. 상상 가능한 모든 방법으로 늘 쉿 테스트하고, 남자를 무력하게 만드는 여자를 상대할 때는 더욱 그렇다.

여자는 끊임없이 여러분의 약점을 찾아내 공격하지만, 정작 여자가 지닌 약점에 대해서는 남자들이 관대하길 바란다.

## 흔한 이야기

레드필을 통해 새롭게 거듭나고자 하는 유부남의 아내(또는 장기 연애 중인 여자친구)가 '새롭게 변신한 남편'을 받아들이는 게 아예 불가능하다는 견해가 있다. 즉 '상실에 대한 공포(dread)' 심리 덕분에 부부 관계가 일시적으로 좋아질 수는 있으나, 한 남자가 레드필 깨달음으로 더 나아졌다고 해서 결혼 생활이 남자가 바라는 대로 흘러가진 않는다고 한다. 그 이유는 아내가 처음부터 여러분의 알파 모습을 원한 적이 없기 때문이란 것이다.

나는 이런 견해에 완전히 동의하진 않지만, 이런 견해가 어디에서 나왔는지는 알겠다. 결혼 중에 레드필을 깨달은 대부분의 유부남들은 〈때를 기다리는 베타들Betas in Waiting〉에서 설명한 남자들과 똑같은 시나리오를 따른다. 그들은 인생 대부분을 '모든 일을 똑바로' 하는 데 보낸 남자들이다. 셰릴 샌드버그가 여자들에게 이야기하는 시기, 여자의 외모가 처지기 시작하고 연애 시장에서 슬슬 청산하고 나와야 하는 때가 왔을 때, 이 여자들을 위해 대기해 온 완벽한 베타 부양자들이다. 이 남자들은 본인들이 장기적인 안정과 양육 투자를 위해 이 여자들을 구원하러 나타났으므로, 본인들의 그간의 노력과 인내가 결국 여자들이 자신을 압도적으로 섹시하다고 느끼는 식의 보상으로 이어지리라 믿는다.

'깨달음의 시기(약 20대 후반에서 30대 초반 시절)'에 진입하는 여자들 대부분은 '파티 시기(10대 후반에서 20대)'가 끝나가기 때문에 자신을 돌봐줄 베타남을 반드시 찾는다. 이 시기의 여자들은 (말로는) 나쁜 남자들(애초에 이 여자들이 이제는 그런 남자들과 급이 맞지 않는다)과 결별하고, '바르게' 살아보려고 한다. 물론 이런 환경 조건이 '때를 기다리는 베타'와 아주 잘 맞는다. 블루필 길들이기를 통해 베타남들이 '모든 일을 똑바로' 하고 싶어 하도록, 그리고 이젠 조신하게 살아보려는 이 여자들을 신화 속에 등장하는 '좋은 여신'임에 틀림없다고 믿게끔 준비시켰기 때문이다.

이 베타 남자들은 마침내 자신의 전성기가 왔다고 믿는다. 그런데 바로 그런 이유로 이 남자들은 베타 정체성에서 빠져나오기가 정말 힘들다. 이런 남자들은 레드필 인식을 받아들이면서 정말 힘든 시간을 보낸다. 결국 그 모든 과정에서 그 '좋은 여자'와 결혼까지 가게 된 게, 사실 블루필 사회가 자신들을 길들인 결과였다는 사실을 인정해야 하기 때문이다. 이 남자들은 베타 게임과 블루필 신념에 아주 많은 심적 투자(ego-investment)를 해 왔는데, 비슷한 수준의 노력을 '나는 모든 일을 바르게 했고 이제 보상 받았다'고 자신을 억지로 설득하는 데도 쏟는다.

그래서 아내가 섹스를 찔끔찔끔해 주거나, 아내가 경험한 최고의 섹스는 본인이 아닌 과거 다른 남자를 위한 거란 걸 깨달았을 때, 또는 아내가 그를 사랑하지만 '홀딱 반한' 것은 아니라고 말할 때, 현실을 받아들이기가 고통스럽다. 심지어 노골적으로 무시 당하고 쉿 테스트에서 실패해서 베타 남편으로 낙인찍혔는데도, 여전히 자신의 현실을 인정하지 않으려 할 것이다. 종종 섹스리스 시기가 길어지고 나서야, (그것도 오랫동안 합리화를 하느라 애쓰고 나서야) 레드필에서 답을 구할 마음이 생긴다.

'때를 기다리는 베타'는 연애나 결혼 생활에서 프레임을 가진 적이 없다. 사실 프레임이 없다는 바로 그러한 사실 때문에, 그 남자는 아내 입장에서 좋은 남편감이 된 것이다. 그는 아내에게 '알파'인 적이 없다. 그는 자신의 베타스러운 평등주의 신념이 본인을 다른 남자들과 비교해서 돋보이게 만들고, 더 매력적으로 보이게 한다고 믿는다. 따라서 이런 남자들은 아내에게 아주 강하게 각인된 신혼기 베타 인상에서 지배적인 알파 위치로 이동하는 일이 거의 불가능하다. 특히 스스로 확립한 본인의 지위가 애초에 '자랑스러운 베타'였다면 더 그렇다.

미혼일 땐 알파였는데 결혼 생활을 하다 보니 언제부턴가 자기 자신을 잃었다고 이야기하는 남자들도 꽤 있다. 그들은 일종의 알파 '추락자(backslider)'로, 지배적인 프레임을 갖추고 결혼 생활을 시작했지만, 프레임에 대한 남자의 불확실한 태도가 부부관계를 오염시키면서 자신의 프레임이 무너진 남자들이다. 남자가 결혼 생활 중 레드필을 깨닫게 될 때 아마도 가장 편하게 받아들일 수 있는 시나리오일 것이다. 과거의 인상(또는 남편이 되찾길 아내가 바라는 인상)으로 돌아가는 상황이므로, 실제 레드필을 통해 남편에게 변화가 일어날 때, 아내도 더 잘 받아들일 수 있다. 그런 '온순해진' 알파남들의 경우 남편의 새로운 변화가 미치는 영향을 적당히 조절하기 위해 아내가 적극적으로 간섭한다. 이런 아내는 남편의 알파 지배력이 되살아나면서 다시 성적 흥분을 느끼지만 동시에 자신을 (어쩌면 그게 사실일 수도 있는) 실패한 투자 대상으로 여길까 봐 두려워한다. 물론 그게 아닐 수도 있지만, 아내에게는 남편에게 허락된 이 지배력이 '적당히' 발휘되도록 그것을 소유하거나 통제하려고 하고, 그래서 결국 빼앗으려는 마음이 일어날 것이다.

*레드필은 여성 본능의 어두운 면을 드러낸다. 여자들에게 반감을 갖게 하려는 것이 아니라 여자들을 똑바로 이해하려는 것, 여자에게 없는 모습이 아니라 여자들이 가진 모습 그대로 남자들이 이해하게 하려는 취지를 갖고 있다.*

결혼 중(또는 연애 도중) 레드필을 깨달은 남자들이 받아들이기 가장 어려운 부분이 있다면, 실제 아내의 행동과 사고방식을 통해 블루필 이상주의가 환상에 불과했다는 걸 확인하는 순간이라고 생각한다. 과거의 정체성에서 벗어난 미혼 남성이 블루필에 대한 집착을 끊는 일도 어렵긴 하다. 그러나 (그게 진짜든 남자 혼자만의 상상이든) 인연이라고 생각한 여자를 향한 어린 남자들의 투자 대비 위험은 결혼한 지 4-5년이 넘은 유부남보다 훨씬 낮다.

반면 상황이 정 아니면 그냥 여자를 차버릴 수 있는 미혼 레드필 남자들은 주로 '혹시 모를 가능성' 때문에 내적 갈등을 겪는다. 잠재된 미래의 가능성을 블루필 이상(애초에 빠져나올 때 갖다버려야 하는 망상)에 견주어 계속 저울질하는 것이다. 미혼 남자들이 벌이는 투쟁의 대상은 '혹시 모를 여러 가능성'이다. 여기서 핵심은, 블루필이 남자를 길들이는 수단인 '결핍의 정신상태'에서 탈출하는 것이다. 하이퍼가미는 본래 '이 남자가 진짜 최선인지' 끈질긴 의심을 품도록 여성을 추동한다. 반면 블루필 망상은 남자에게 '좋은 여자'를 향한 희소성 심리, 즉 단 하나의 인연인 '소울메이트'와 관계를 유지할 수 있는 능력에 대한 불안감을 자꾸 남자에게 주입한다.

반면 결혼 생활에 상당한 감정적·사회적·재정적·가정적 투자를 해온 유부남에게는 '부정하기'라는 쉬운 저항법이 있다. 문제는 부정의 초기 단계에서조차, 아내에 관한 레드필 진실이 남편의 눈에 밟히기 시작한다는 것이다. 지난 수 년간 한 침대를 써온 아내의 행동에서 레드필 진실을 확인하게 되는 건 고통스럽다. 남녀의 서로 다른 사랑에 대한 관념, 여성의 하이퍼가미의 기회주의적인 성향, 대놓고 드러내는 공개적인 하이퍼가미를 아내가 숨기지 않는 모습, 아내가 은연중 드러내는 사고방식, 남자가 블루필이었을 시절 아내와 결혼 생활을 위해 희생해 온 모든 기억의 순간들, 이 모든 것이 남자가 레드필에서 배운 개념을 실제로 삶에 적용해 볼 때, 하나하나 수면 위로 드러나게 된다.

불순한 비평가들이 레드필을 공격할 때 들먹이는 소위 '남자들의 분노'가 치솟는 이유는 하이퍼가미와 여성 지상주의(Feminine Imperative)가 남자들에게 완수하라고 요구했던 (또는 지금도 계속 요구하는), 남자들이 평생 맡아온 역할의 실체를 남자가 깨달았기 때문이다. 블루필 정체성을 벗어던진 유부남을 떠올려본다면, 이런 현상이 여성 중심적인 사회 질서에 얼마나 큰 위협이 되는지 알 수 있을 것이다. 환상에서 깨어난 남자는 블루필에 자신도 모르게 동조하느라 허비한 인생을 재평가해야 한다. 더 나아가 옛날의 본인처럼 잠든 채로 인생의 중대한 결정을 내릴 젊은 총각들에게, 이렇게 깨어난 유부남의 존재 자체가 계속해서 울리는 경고음이 된다.

결혼에서 남편이 아내에게 종속되는 이유에 관해 여성 중심적인 사회가 떠드는 레파토리를 유부남들이 그대로 앵무새처럼 읊는 소리를 듣는 것만큼 슬픈 일도 없다. 이 유부남들은 남성성의 기미라도 보이거나, 남자의 즐거움을 위한 어떤 일을 하도록 (스스로) 허락하기 전에, 반드시 '모든 일에는 내무부 장관의 승인이 필요하다'라는 말을 미혼 남성들에게 웃으며 한다. '아내가 시킨 일' 목록을 늘어놓는 남자들, 주말에 하키나 축구 경기를 보도록 허락해주는 '좋은' 와이프를 만나서 스스로 행운아라고 생각하는 남자들이다.

나는 이런 남편들을 보면 맥이 풀린다. 블루필 환상과 여성 중심적인 사회화 전략 내에서 이들의 역할이 뭔지 그대로 드러나기 때문이다. 이 유부남들은 (남녀평등이란 구실 아래) 결혼 생활의 프레임을 주도하는 아내의 권력을 위해, 기꺼이 백마 탄 기사가 될 것이다. 이 남자들은 권한은 없고 책임만 있는 자기 처지를 공유하면서, 웃으며 서로를 위로한다. 또 웃기지도 않는 결혼 생활의 에피소드를 공유하는 페이스북 유머 밈을 퍼오겠지만, 그런 자신의 '운명'을 묵인한다. 이들의 실체는 여성 중심적인 사회가 그들 대신 세워 준 인생 계획과 목표에 거의 다 도달한 남자의 모습이다.

남자들은 살다가 어떤 시점에 이르면, 자기에게 주어진 역할에 관해 모종의 자각에 이른다. 그게 레드필 인식이든, 중년의 위기감에 따른 통찰이든, 남자들은 어떤 면에서 '깨어나게' 된다. 그런 경험이 없는 극소수의 남자들은 블루필이 현재의 자신을 빚어냈다는 사실을 부정하는 일에 말 그대로 '인생이 걸려 있다'. 남자들이 이런 위화감을 느끼게 되는 가장 흔한 방식은 중년의 통찰이다. 그러나 그런 불편한 진실을 피하고 자아를 평온하게 유지하기 위해 쉽사리 아내와의 관계에서 프레임을 포기하는 쪽을 선택한다. 사실 이 남자들은 블루필이 그들에게 주입한 것 외에는 아무것도 모른다. 따라서 '부정하기' 상태로 들어가, 그것에 자조적인 유머를 더하면서 삶의 대부분을 여성 중심적인 사회가 시킨 대로 살았다는 사실을 알게 될 때 생기는 인지부조화를 외면한다. 그렇게 '알았어 자기야 남편('Yes Dear' husbands)'이 생긴다. 이 남자들은 진실을 너무 늦게 깨닫는다. 그러나 마찬가지로 '결핍의 마인드' 때문에, 그냥 '좋은 게 좋은 거지'라며 그런 현실에 순응한다.

인터넷에서 남녀 간 역학에 대한 레드필 인식이 퍼지자, 이런 진실을 부정하는 게

역겹다고 생각하는 남자들에게 많은 도움이 되었다. 이 남자들은 여성 중심적인 사회와 아내 주도적인 관계 프레임에 순응하기보다는 그런 상황을 바로잡기 위해 레드필 지식과 게임을 습득한다. 가끔은 '아내와 더 자주 섹스하기'를 목표로 삼기도 하고, 아내의 존경을 얻기 위해 레드필 맥락에서 자신을 개선하려는 모습이기도 하다. 이미 여러 차례 언급한 것처럼, 레드필은 그 자체로 여성 지상주의에 위협이다. 여성 지상주의는 하이퍼가미 본능이 그린 큰 그림과 그 속에서 남자들이 맡는 역할의 실체에 대해 남자들이 계속 모르길 바란다. 그러나 그러한 '위협적인' 변화는 남자들에게 결혼 생활에서 결실을 안겨준다.

어떤 식이든 결국 남자들은 자신이 떠맡았던 역할의 실체를 알게 될 것이다. 진실을 알게 된 뒤 남자들이 각자 뒷일을 어떻게 처리할지는 다른 이야기다. 남자들 대부분은 (블루필이므로) 관계에 머물며 자신의 무기력한 모습을 그냥 묵인하고 받아들인다. 그러나 자신을 속이지 않고, 다시 일어서기로 선택한 다른 남자들을 위해 레드필은 언제나 대답을 준비할 것이다.

## 아내와 끝내기

내 블로그와 레드필 레딧 토론방의 독자들 사이에서 "어떻게 '모든' (최소한 현대적 의미의) 결혼이 항상 남편이 베타가 되는 관계에서 이루어 지는가?"에 관한 논의가 있었다. 이런 분석에 100% 동의할 수는 없지만, 대다수 결혼의 형태가 연애 시장을 청산하고 나와서, 반쯤 외도를 하는 여자를 부양하는 역할을 맡은 블루필 남자들의 종착지라는 점을 고려하면 충분히 타당해 보이는 발상이다. 구체적인 설명을 자세히 하지는 않겠지만, 한 명의 여자에게 헌신하는 바로 그 행위가 (심지어 알파 페르소나를 가진) 남자의 사상이 베타 쪽으로 현저히 기울어졌다는 걸 암시한다. 논리대로라면 알파는 자신을 제외한 누구에게도 헌신하지 않지만 베타는 살면서 워낙 여자가 궁했기 때문에 한 여자에게 헌신하기를 갈망한다. 이렇듯 남자의 행동 거지를 보면 답이 확실해진다.

이런 이분법적 논리를 따라가다 보면, 결혼 생활에서 남자들이 처한 상황에 대한 유일한 해결책(실질적 변화를 일으키는 유일한 해결책)은 그런 일방적 헌신을 거부하고, 중단하는 것이다. 개인적으로 지금까지 21년 이상 동안, 나는 상당수 남자들이 부러워할 만한 결혼 생활을 유지했고, '토마시 여사를 떠난다'는 발상은 아내와 결혼생활이 심적으로, 성적으로, 개인적으로 불만족스러운 경우에나 좋은 선택지이다. 하지만 늘 이야기해 왔듯, 내 결혼 생활을 기준으로 삼지 말길 바란다. 나도 언젠가는 아내와의 심리적 결별을 해야 했던 시기가 있었다. 최소한 내 정서적 기준점을 아내는 물론 다른 여자들보다 우선하는 방식으로라도 말이다. 물론 블루필에 물들어 있던 예전의 나였다면 상상도 못 했을 행동이었다.

4부의 초반부에서, 이런 상황에서 자신을 다시 일으키려 하는 (자기 혼자만 결혼 생활에 헌신하는) 유부남들은 '토마시의 일곱 번째 철칙'을 읽어야 한다고 언급했다.

### 토마시의 7번째 철칙

*실패한 관계를 고치려고 노력하지 말고, 새롭고 신선하며 미래가 보이는 여자와 관계를 발전시키는 데 시간과 노력을 들이는 게 언제나 더 바람직하다. 한번 길가에 내놓은 쓰레기를 다시 찾아오지 마라. 당신도 더러워지고, 그런 모습을 이웃이 볼 것이며, 애써서 되찾을 만하다고 여겼던 것이 절대 생각만큼 가치 있지도 않다.*

위 철칙을 4부 초반에 언급한 이유는 남자가 모든 것을 재건하려고 할 때, 그것이 오로지 '남자 본인을 위한 것'이어야 하기 때문이다. 다시 말하지만 모든 실질적이고 진정한 변화는 '누구를 위한 변화인가?'라는 질문 자체를 무색하게 만든다. 하지만 순수하고 아무런 영향도 받지 않은 채 완전 자발적으로 시작하는 변화는 잘 없다. 변화에는 늘 부수적으로 영향을 미치는 요소가 존재한다. 이것이 동기 단계에서 나타나는 중요한 갈림길이다. 우리는 정말 누구를 위해 변하고자 하는 것인가?

결혼 생활 도중 여러분이 깨달음에 이르고 자신을 뜯어고치고 싶다면, 그 변화는 아내가 아니라 여러분을 위한 변화여야 한다. 여러분의 인생, 페르소나, 믿음 등을 다시 세우고, 블루필에 영향을 받은 자신을 거부하려는 열정은 자신을 정서적 기준점으로 삼을 때 생긴다. '새로운 자신'은 아내의 이익을 어떤 식으로도 고려하지 않는다. 여러분의 변화가 여러분과 '과거의 여러분'을 아는 사람 모두에게 진정한 변화로 느끼게 하고 싶다면 그 정도 수준은 되어야 한다. 이미 말했듯이, 여러분의 새로운 페르소나를 아내가 받아들일 가능성은 남편과 아내 중 누가 프레임을 가지고 결혼 생활을 해 왔는 가, 여러분이 관계에서 중요한 것들 중 무엇을 아내에게 넘겨줬냐에 따라 달라진다.

이 부분이 자신을 재창조하고 싶은 블루필 남자들에게 제일 어려운 도전이다. 블루필 남자들의 정서적 기준점은 잘 안 바뀐다. 자신이 아니라 아내를 위해 '더 알파'가 되고 싶어서 변화를 원하는 경향이 있다. 이러한 퍼플필의 희망은 아내가 다시 자신에게 성욕을 느낄 정도만 알파 기질을 받아들이는 수준이지, 절대 자신을 뿌리부터 싹 바꿔 레드필을 내면화하지는 않는다. 따라서 결국 초보 픽업 아티스트 수강생들이 멘토의 대사와 행동을 흉내 내면서, 그것들이 왜 여자에게 효과가 있는지 심오한 원리를 체화하지 않거나, 그 말과 행동을 자신의 성격이자 한 부분으로 습득하지 않는 모습과 별반 다르지 않은, 반쪽짜리 변화에 불과하게 된다.

그러면 한 남자의 자기 재창조는 시작도 하기 전에 죽어버린다. 그런 변화는 반드시 자기 자신을 본령으로 삼는 일이어야 한다. 여러분의 레드필 작업은 아내 또는 여자친구가 새로운 시선으로 여러분을 받아들일 거란 보장이 절대 없기 때문에, 그러한 변화 자체가 여러분에게 근본적인 보람을 안겨야 한다. 특히 여자가 남자와 결혼하거나 장기 연애를 하는 이유가, 그 남자가 프레임을 포기하는 바람에 여자가 영원히 관계의 주도권을 쥘 수 있다고 생각했기 때문이라면 더 그렇다.

여러분이 레드필의 세계에 들어오는 목적은 더 큰 진실을 알고 그것을 완전히 자기 것으로 만들기 위해서다. 레드필 진실을 이용해서 블루필 이상을 달성하려고 해선 안 된다. 그런 철 지난 이상에 대한 집착은 레드필 덕분에 열린 새로운 가능성과, 그 가능성 위에 세워진 새로운 이상으로 대체되어야 한다.

이러한 점을 염두에 두고, 여러분은 아내 또는 여자친구와 끝을 볼 각오를 해야 한다. 새롭게 레드필을 깨달은 남자는 아내 같은 여자랑 자기 자신의 재창조는 별 상관이 없다고 마음먹는 편이 훨씬 낫다. 만약 여러분이 레드필을 깨닫고 게임을 잘 안 채로 총각 시절로 돌아간다면, 지금의 아내와 살면서 벌어지는 일, 여성 중심적인 사회와 그것이 장래의 아내에게 미치는 영향을 알면서도 그런 여자에게 고백했을까? 지금 여러분이 알고 있는 레드필 진실을 토대로 그 여자와 사귀려고 애썼던 게 그만큼 나중에 보람 있는 일이라고 생각할까?

여러분을 다시 일으키기 위해선, 최소한 무의식에서라도 장기적인 관계를 정리하는 걸 전제하는 급진적인 마음의 변화가 필요하다. 혹시나 여러분이 이미 내다 버린 쓰레기를 다시 뒤적거린다면, 자신이 무엇을 위해 그런 짓을 하는지 되돌아보는 게 중요하다. 자신을 정서적 기준점으로 만들고, 자기 재건을 하고자 한다면 아내와 끝을 보는 것도 진지하게 생각해야 한다. 꼭 그렇게 되지 않을 수도 있지만, 자신을 재건하기 위해서는 그 정도로 진지하게 각오해야 한다. 〈쓰레기 더미 뒤지기〉에서 언급한 논리가 여러분의 재건 과정에 똑같이 적용된다.

과거로 돌아간다고 해도, 전처와 관계는 결국 그 관계를 파국으로 이끈 문제들로 다시 점철될 것이다. 다시 말해, 여러분은 최종 종착지가 어딘지 안다. 그 뒤로도 뻔하지만 못 본 체하는 엄청난 문제들이 관계 내에 산더미처럼 쌓일 것이다. 〈갈망역학Desire Dynamic〉에서 자세히 설명했듯, 건강한 관계는 서로를 진정으로 욕망할 때 생기지, 합의된 조건이나 의무감으로 생기지 않는다. 그런데 이별 후 다시 맺는 관계에는 당연히 이런 합의 목록이 따라붙는다. 여러분이나 여자는 '그런 행동을 다시는 하지 않겠다'고, '신뢰를 다시 구축하겠다'고, '다른 사람이 되겠다'고 맹세할 수 있다. 그러나 '관계를 파국으로 이끈 문제들이 언젠가 다시 관계를 망칠 가능성이 없는 체하겠다'고 약속할 수는 없는 법이다. 의심은 바로 거기서 싹튼다. 결혼 생활을 30년 동안 유지했다고 해도, 둘이 관계가 끊어졌거나, 아내가 다른 남자와 잤던 시기가 언제나 있을 수 있다. 그 시간 동안 아내와 쌓아 올렸다고 믿는 모든 것들이 '아내가 내게 진정한 욕망이 있는 건가?'라는 계속되는 의심으로 인해 늘 훼손될 것이다.

여러분에게 다른 선택지가 없어서, 여러분이 섹스에 다시 불붙여 달라고 아내에게 매달려야 했던, 그 찌질한 인상을 아내에게서 절대 지울 수 없을 것이다.

실패한 관계를 회복하려고 노력하기보다는 새롭고 신선하며, 장래가 촉망되는 여자와 관계를 발전시키는 데 시간과 노력을 들이는 게 언제나 더 바람직하다. 이 똑같은 원리를 여러분이 레드필 인식을 통해 새롭게 변신하는 과정에서도 받아들여야 한다. 여러분이 이런 마음 가짐을 갖춰야 하는 이유는 일단 여러분이 레드필을 깨닫게 되면, 과거의 무지 상태로 되돌아갈 수 없기 때문이다. 아내 또는 장기 연애 중인 여자가 있든 없든, 레드필을 손에 넣은 여러분은 이제 무엇을 할 수 있는지 알게 될 것이다.

따라서 머리를 완전히 초기화해서(zero out), 전처를 예비 신붓감 보듯 재평가의 시선으로 보는 게 중요하다. 이런 관점의 변화는 지금의 아내가 여러분이 공을 들일 가치가 없는 사람이 될 가능성을 내포한다. 반대로 아내가 새로운 남편의 모습을 좋아할 수도 있다. 또한 레드필 인식을 가진 남편과 살기에 아내도 태도가 변해야 한다는 뜻일 수도 있고, 아내는 남편의 이런 변신을 절대 예상하지 못했을 수도 있다. 남자가 '관계의 기본 규칙'을 이해한다는 전제 하에, '상실의 공포(dread)'의 효과가 가장 이용하기 좋다. 기억하라. '어떤 관계에서든 상대방을 덜 필요로 하는 쪽이 관계에서 더 큰 힘을 가진다.'

여자와 결별할 각오를 하면 여러분이 힘을 손에 넣는다. 여러분에게는 잃을 것도, 지금 갖게 된 레드필 인식을 모르던 시절로 돌아갈 방법도 없다.

나는 미혼 남자들에게 여자와 관계를 끝내는 것이 자신의 더 높은 가치를 증명하는(DHV-Demonstration of Higher Value, 2권 '예방의학' 참고)가장 좋은 방법이라고 종종 상기시킨다. 재미있는 점은 여러분이 정말 '끝내야겠다'라고 마음을 먹을 즈음이면, 굳이 그 여자를 상대로 더 높은 가치를 입증하는 일에 집착하지 않게 된다는 맥락도 담겨 있다. 자신을 재건하는 남자가 관계를 끝장낼 것이라는 (또는 이미 끝내기로 했다는) 자세를 취하면, 그냥 그것 자체로 여자에게 높은 가치의 증명(DHV)을 한 셈이 된다.

여자(아내) 대다수는 여러분에게 생긴 새로운 자존감을 일종의 해프닝으로, 여러분이 독립성을 (여자에게 의존하는 걸 끝내려는 게 아니라) 유치하게 토라진 행동으로 해석할 것이다. 여자의 그런 삐딱한 반응도 예상해야 한다. 여자 쪽에선 여러분이 여러분과 더 많이 섹스하도록 자신을 강요하거나, 여러분의 프레임에 여자를 순응하게 만들기 위해 결혼 생활 중에 벌이는 여러분만의 수작이라고 생각할 것이다. 여자들의 이런 반응은 예측할 수 있는 것들이다. 여러분의 태도 변화에 대한 여자의 초기 반응을 잘 관찰해야 한다. 그러면 여자가 여러분을 그동안 어떻게 인식했는지 통찰을 얻을 수 있을 것이다.

여러분이 베타라면, 여자는 여러분이 관심을 줄일 때 여러분이 삐쳤거나 투정을 부린다고 치부할 것이다. 여자는 불만스러운 표정을 지으며 반사적으로 여러분을 한심한 베타로 취급하는 태도를 보일 것이다. 만약 여자가 여러분을 알파로 여겼다면, 훨씬 더 진지하게 '여보 무슨 일이야?'로 반응할 것이다. 이런 여자의 반응이 여러분에게 갖고 있던 여자의 진짜 평소 인식을 알아볼 수 있는 단서다.

이제 여러분은 사실상 아내를 인생에서 '걸러버릴' 수도 있다. 그러니 아내가 걸러진 후에 보여줄 반응, 즉 여러분이 돌리던 접시를 깨뜨릴 때와 똑같은 방식의 소거 격발 행동(extinction burst behavior, 뭔가를 줄여나갔을 때 문제 행동의 빈도와 강도가 일시적으로 증가하는 현상-옮긴이)에 대비해야 한다. 이 과정은 특히 아내에게 감정적으로 많이 투자해 온 남자들(다시 말해 대다수의 남자들)에게 힘든 순간이다. 이때 남편들은 속 편한 시절로 되돌아가고 싶을 수 있다. 그러나 돌아간 그곳엔 남자를 향한 무시만 있고 열정적인 섹스는 없다는 걸 늘 기억해야 한다.

이 단계에서 대다수의 남자들이 '재건하기'를 중단한다. 이는 주로 관계에서 '치킨 게임'을 벌인 경우다. 남자는 처음부터 허세만 부렸기 때문에, 어쩔 수 없이 버티지 못하고 여자에게 자기 패를 까 보인다. 그들은 자신을 정서적 기준점으로 만든 적이 없고, 따라서 여자에게 무시당하는 블루필 안전지대로 되돌아간다. 결국 아내는 관심을 거두는 방식으로 응징하지만, 사실 그의 새로운 자존감과 자만심에 한 번도 끌린 적이 없다. 아내가 자신의 프레임으로 남편이 다시 들어오기를 바라는 마음에 조금이라도 섹스 빈도를 높이면, 남자는 즉각 편안함을 느끼며 아내의 품으로 돌아간다. 그리고 아내가 반응할 정도로 진정한 변화를 이뤘다는 생각에 드디어 인정받았다고 착각한다.

그러나 여러분은 끝까지 밀고 가야 한다. 그렇지 않으면 다음번에 또 레드필 인식을 결혼 생활에 적용할 때, 아내가 여러분을 훨씬 더 우습게 볼 것이다. 그렇게 되면 여러분은 결국 '징징거리는 베타'라는 아내의 인식만 더 굳힐 뿐이다. 처음에는 남편을 잃을지도 모른다는 '상실의 공포'였지만, 두 번째 시도부턴 찌질해 보인다.

이 모두를 종합했을 때, 여러분이 이루고 싶은 레드필 변신의 성공의 여부는 결국 여러분에게 달려 있다. 나는 태세를 굽히지 않으며(보통의 경우 이걸 해낸 남자들에겐 더 이상 잃을 게 없었다), 아내가 남편의 변화에 저항하는 시련을 끝까지 견뎌내고, 자기 인생은 물론 결혼 생활의 방향을 완전히 바꾼 남자들의 간증을 들었다. 이들은 전반적인 베타 인식에서 적어도 기초적인 알파로 도약하는 데 성공했고, 오랜 결혼 생활 동안 멀뚱한 눈으로 쳐다보던 아내가 본인도 진정으로 원했다는 걸 꿈에도 몰랐던 남성적 지배에 대한 간절한 수용으로 응답하는 모습에 깜짝 놀란다. '남녀평등 사고방식'에 물든 나머지, 남자들은 절대 아내가 될 여자를 상대로 지배적인 프레임을 손에 넣는 실험을 하지 말라고 주입받았다. 그러나 이런 남편들조차 아내가 정확히 바라는 남편의 모습이 '진정한 지배자'라는 사실에 놀라고 만다.

그리고 4부의 초반에 언급한 유부남의 사례와 같은 남자들도 있다. 자신을 진정으로 다시 일으켰지만 아내 눈에 남편의 베타 이미지가 너무 굳어져서, 결국 아내가 인식의 허들을 넘지 못한 경우다. 그럼에도 이 남자들의 레드필 변화의 결과는 늘 긍정적이다. 결국 그 남자가 훨씬 더 잘 준비되었을 때, 함께할 새로운 예비 신붓감을 맞이할 수 있기 때문이다. 여러분은 그동안 감정적으로 너무 많이 투자했던 아내와 관계를 고칠 수 없어서 우울할 수도 있다. 하지만 장기적으로 보면 레드필 인식이 그 남자를 과거 베타 남편으로 살던 시절보다 훨씬 더 훌륭한 남자로 만들어 주었다.

# 여자를 걸러라

*"사랑의 반대는 미움이 아니라 무관심이다."*

삼진 아웃(Three Strikes, 세 번 데이트할 때까지 성관계가 없으면 그 여자와 더 이상 진도를 빼지 않는 규칙-감수) 규칙에 반대하는 남자들이 저지르는 가장 큰 착각은 그런 행동이 남자 쪽에서 섹스가 너무 급해서, 데이트를 4-6번 할 때까지 기다리지 못한다는 뜻으로 해석하는 것이다. 이들은 삼진 아웃 규칙(또는 여자의 성적인 반응에 의존하는 규칙)이 좋게 봐도 '선수'로, 나쁘게 보면 섹스만 밝히는 찌질한 남자로 만든다고 여긴다. 완전히 틀린 생각이다.

이런 남자들은 '데이트 삼진 아웃 제도'가 서로의 관심을 확인할 만큼 충분히 일찍 '진한' 관계를 맺지 않는 여자들을 응징하는 수단이라고 착각한다. 그것은 응징이 아니다. 충분한 시간 동안 남자가 시간과 자원을 들였지만, 정작 얻는 것은 거의 없는 상황을 막는 안전장치다. 예를 들어, 나는 골프 실력을 키우고 싶기 때문에 프로 골퍼를 고용한다. 레슨 세 번에 120달러를 지불하니까, 레슨 당 40달러다(데이트 한번에 40달러 규칙과 아주 비슷하다). 세 번째 레슨이 끝난 후 실력이 나아졌는지 평가하고 그 프로 코치와 계속할지, 또는 나아진 게 없다면 다른 프로 코치를 찾아 과외를 계속 받을지 선택할 수 있다. 나를 가르치려는 골프 코치는 줄을 섰다. 그런데 저게 내가 골프 강사에게 벌을 주는 것은 아니지 않나? 내가 나아지기를 바라는 분야에서 최고의 가치를 찾고 있을 뿐이다. 내 스윙이 좋아지거나 평균 타수가 내려간다면 계속 그 코치와 함께 할 거다.

이러한 세간의 오해는 삼진 아웃 규칙을 모종의 '협박'으로 보는 관점에 있다. "그 여자는 오늘 밤 이후 나와 자야 해. 아니면 나는 그만둘 거야." 이 규칙이 여성에게 부담스러운 이유를 잘 알겠지만, 그것이 남자에게 필요한 개념인 이유도 같이 고려해야 한다. 먼저 3주에 걸친 3번의 데이트(커피나 점심 따위 말고 진짜 데이트 말이다)는 남녀가 친밀한 관계가 될 만큼 여자가 관심이 있는지, 서로 끌리는지 판단할 수 있는 충분한 시간이다. 그 이상은 여자가 잰다는 뜻이고, 여자가 혹시 관심이 있다고 하더라도 미적지근하다는 뜻이다. 이런 식으로 삼진 아웃 규칙은 남녀 모두에게 도움이 된다. 뭐 하러 남녀가 처음부터 흐리멍덩한 관계를 시작하고 싶겠나? 왜 간이나 보고 있거나 별로 마음에 안 드는 사람과 엮이길 원하겠나?

호르몬이 불에 기름을 붓는 성적인 열망은 신중함이나 익숙함이랑 거리가 멀다. 오히려 절박함과 초조함을 만든다. 정확히 이런 이유로 나는 '섹스를 기다리게 만들거나, 바디 랭귀지를 통해 일부러 남자에게 섹스를 기다리게 한다는 암시를 주는 여자와 하는 섹스는 가치가 없다'고 딱 잘라 말한다. '그 여자랑 섹스를 못 한다'는 뜻이 아니라, 한다 해도 그 섹스는 이미 진정성이 훼손되고 속으로 갈팡질팡하다가 필요해서 하게 된 섹스라는 뜻이다. 그런 섹스는 누구 한 명이 옷을 벗기도 전부터 식었다.

## '거르기'의 힘 (The Power of NEXT)

내가 삼진 아웃 이야기를 먼저 꺼낸 이유는 가장 난해하고 내면화하기 어려운 게임 기술, 즉 '거르기(NEXT)'의 힘을 이용하는 방법을 지금부터 설명하기 위해서다. 타인에게 연애 상담을 해 주면서, 쉽게 '야, 그 여자 그냥 차버려!'라고 하는 건 아주 쉽다. 문제의 근원을 없애서 문제를 해결하는 것은 보편적인 남자의 논리에 따른, 나름 실용적 지침이다. 마찬가지로 평균적인 남자(다시 말해 타고난 베타 남자)에게 주어진 개인적인 현실과 심리, 사고 구조를 제대로 이해하지 못하면, 그나마 돌리고 있던 단 하나의 유일한 접시를 그냥 깨라고 말하는 건, 우연히 굴러들어 올 다음번 여자와 '잘 해봐'와 같은 성의 없는 충고가 된다.

사실 '다음(NEXT)!'의 힘에 통달하기 위해선 접시돌리기가 전제되어야 한다. 몇 명 정도 대체할 여자 후보들이 있다면 한 여자에게 관심을 끄는 일이 훨씬 더 쉬워진다. 이 경우 각각의 여자들에 대한 감정적인 거리두기가 어느 정도 필요하고, 그 난이

도는 남자가 한 여자에게 쏟은 개인적인 투자의 정도에 따라 달라진다. 너무 많은 남자들이, 심지어 노련한 픽업 아티스트들조차 '거르기(NEXTING)'를 힘들어하는데, 여자를 향한 감정 분리뿐만 아니라 계속했다면 '가능했을지도 모르는 일'(결국 섹스를 의미한다-감수)에 생기는 미련 때문이다. 이때 소울메이트 환상인 '원아이더스' 망상과 결합하면, 남자들이 지금 유혹하려는 여자를 내치지 않기 위해 끝을 볼 때까지 매달리는 이유를 깨닫게 될 것이다.

정확히 이런 이유로 남자들이 여자를 거를 때, 지금 하려는 짓이 혹시 빈대 잡으려다 초가삼간 다 태우는 건 아닌지 걱정한다. 여자를 거르는 게 여자를 상대로 뭘 할지 전혀 모르는 겁 많은 남자들이 보이는 본능적 반사 행동이라고 생각하는 남자들도 많다. 그러나 '거르기'는 여자의 관심을 당나귀가 수레를 끌게 만드는 당근처럼 사용해서 관계의 주도권을 장악하려는 여자를 만난 경우, 남자 쪽에서 즉각 튀어나오는 훈련된 반응이어야 한다.

여자를 거르는 게 어떤 점에서 '잘못'이라고 생각하는 남자들은 딱히 다른 선택지가 없는 남자들이다. 돌릴 접시가 하나뿐인 남자에게는 이런 개념이 완전히 반직관적으로 들린다. 그러나 여러분이 먼저 거절하는 쪽이라 해도, '거절이 후회보다 낫다'라는 명언을 기억해야 한다. 여자가 장악한 프레임이라는 늪으로 끌려가느니, 이거 좀 심한 거 아닌가 싶을 정도로 여자를 거르는 게 낫다.

## 전술적 거르기(Tactical NEXTING)

사랑의 반대는 미움이 아니다. 사랑의 반대는 무관심이다. 여러분의 침묵이 말로 하는 위협보다 더 강한 불안을 일으킬 수 있다면, 여러분은 알파에 가까워지는 중이다.

무관심해지는 법을 터득하는 게 '거르기'의 힘에 통달하는 핵심이다. 여자들은 무관심의 달인들인데, 선택권을 가진 (즉, 여러 접시를 돌리고 있는) 남자들이 무관심 전법이 쓸모 있다고 생각하는 것과 그 원리가 똑같다. 여자들의 자신감은 다양한 선택지에서 나온다. (전성기의) 여자들은 연애 시장에서 가장 높은 권력을 차지한 '성 선택자'들이기 때문에 남자를 향한 무관심은 여자들의 기본값처럼 되어버린다. 다양한 선택지를 가진 남자들만이 여자를 이런 만성적인 무관심에서 흔들어 깨우고, 상상력을 자극할 만한 충격을 줄 수 있다.

'거르기'라는 전술은 여자의 실제 관심 수준이 어떤지 파악하는 가장 좋은 방법이기도 하다. 남자가 여자를 차버리는 건 남자가 더 높은 가치를 지녔다는 것을 증명하는 고도의 방식이다. 열에 아홉의 확률로, 남자에게 차인 여자는 자신을 내칠 만큼 강한 자신감을 가진 남자와 다시 관계를 회복하려고 시도할 것이다. 왜 그럴까? 그 여자에게 놀아나면서 여러분이 빠졌던 그 틀(Frame)을 뿌리부터 흔들었기 때문이다. 행동 심리학 용어로 그 여자는 '소거 격발(보상을 줄이기 시작하면 반사적으로 보이는 격한 반응-감수)'에 들어가기 직전이다. 여러분은 여자가 누리던 보상(예를 들어 관심, 편안함, 익숙함)을 제거했다. 만약 그것들이 조금이라도 여자에게 보상이 되었다면, 이제 여자는 미친 듯이 그 보상을 되찾으려 할 것이다.

불확실성은 여자를 흥분시킨다. 여자가 안전하다고 생각하는 행동 양상을 여러분이 설정한 후에는 특히 그렇다. 예측 불가능성도 좋다. 최고가 아니라면 절대 용납하지 않는 태도, 다른 선택지와 그에 따른 자신감을 지닌 남자, 그런 남자는 적당히 받아들일 수 있을 법한 것에도 타협하지 않을 거란 (또는 적어도 타협이 쉽지 않다는) 확신을 풍긴다. 그런 남자에겐 널린 게 여자니까. 그 여자가 다른 여자들과 비교해서 더 가치가 있다는 걸 증명하는 일은 이제 여자의 몫이다.

여자들도 잘 알고 있는 냉정한 현실은 다음과 같다. 여자들은 아무리 많이 섹스를 해줘도, 그 대가로 남자가 자신의 정체성을 포기하거나 무기력하게 굴지 않는다. 남자가 확실히 섹스가 가능한 여자를 떠날 때 늘 발생하는 역설이다. 만약 여러분이 어느 정도 원할 때 섹스할 수 있는 수준의 남자라면, 어떤 여자와 하는 섹스를 대가로 여러분의 진정한 정체성과 자신의 욕구와 욕망을 훼손하라는 요구를 받아들이겠는가?

진실은 이렇다. 여자들은 여러분이 떠나기를 바란다. 여러분이 떠날 때, 여자가 여러분을 (여러분이 곁에 있길 바랄 때) 꽉 쥐고 있을 수 있는 지배력을 상실했다는 사실을 여자에게 깨닫게 해준다. 여러분이 여자의 자격을 의심하면서 여자의 욕망을 키우고, 여러분이 다른 대안을 가진 남자라는 걸 입증하고, 여러분의 관심이 다른 (잠재적인 경쟁자인) 여자들에겐 가치 있다는 걸 그 여자에게 확인해 주기 때문이다.

## 영구적인 거르기 - 무반응

간혹 악질적인 여자들을 처리해야 하는 경우가 있다. 여러 이유로, 인생에서 어떤 여자를 꼭 차야 하는 경우도 있다. 이런 상황에서 거르기(사실상 이별)는 훨씬 더 중요해지는데, 여러분이 끊어내고 있는 그 여자가 관계를 파탄으로 이끈 요인들(아마도 그 여자의 잘못)에도 불구하고, 앞서 언급한 것과 동일한 소거 격발을 여자가 일으키기 때문이다. 이 과정에서 남자는 '감정적 인지부조화', 즉 머리로는 차야 한다는 걸 알지만 감정적으로 흔들리는 체험을 할 수 있다. 여자를 향한 감정적인 투자는 남자의 냉정한 판단을 어렵게 만들기도 한다. 특히 여자가 소거 격발 반응을 격하게 보이면서, 남자의 사그라드는 관심이라도 붙잡기 위해 갑자기 성적으로 적극적일 때 남자는 끝까지 저항하기가 정말 힘들어진다. 굶고 있던 남자는 자신을 위해 눈 앞에 뷔페가 차려지면 음식에 청산가리가 들어 있어도 먹고 싶을 수밖에 없다.

『합리적 남성』의 〈전쟁 신부〉에서 설명했듯이, 여성에게는 결혼이나 장기 연애가 수십 년간 이어진 후에도, 남자에게는 거의 불가능한 기능, 즉 파트너에게 어느 정도의 매정해질 수 있는 타고난 심리 기제가 깔려 있다. 따라서 수많은 추억이나 그리움 같은 감정을 무시하는 냉정한 여자의 모습은 남자들에겐 다소 낯설다. 그것은 남자의 논리적인 문제 해결 성향에 반대될 뿐만 아니라, '오직 사랑을 위해서' 무슨 일이 있어도 그 여자와 함께하라고 가르치는 이상적인 사랑의 신화와 충돌한다.

명심하기를 바란다. 여러분이 관계를 끝내는 것은 여자의 부정을 응징하거나, 여자에게 어떤 교훈을 심어 주는 게 아니다. 여러분은 여자를 '사람 만들어 주고' 떠나는 게 아니라는 뜻이다. '거르기(NEXTING)'는 여러분의 인생이 여자로 인해 더 이상 훼손되는 것을 막기 위해서 하는 거다. 앞서 언급했던 것처럼, 남자가 한 여자를 거르는 일은 남자가 지닌 높은 가치를 매우 고상한 방식으로 드러내는 것이다. 그게 진짜든 아니든, 여러분에게 다른 여자, 그 여자보다 더 나은 선택지가 있다고 암시한다. 여자를 거른다는 것의 의미는 편안하고 익숙한 베타 남자의 이미지에서, 여러분에게 감히 그런 기질이 있으리라고 여자 쪽에선 상상도 못 했을 '무관심한 알파남' 이미지로 넘어왔다는 의미다. '거르기'가 남자들에게 가져다주는 이익이 많지만, '영구적 거르기'로 넘어오면 귀찮은 일이 생기기도 한다. 곧 여자친구에게서 폭풍 같은 연락이 올 것이다. 처음에는 필사적인 울음이었다가, 후에는 냉담함과 태평함을 가장한 허장성세, 그리고 분노와 앙심으로 변한다. 이런 여자의 반응에 낚여서 미끼를 물면 안 된다.

이때 여러분이 할 수 있는 최고의 대응은 무반응이다. 여자의 전화와 문자를 차단하고, 페이스북 계정이 있다면 여자를 친구 목록에서 지우고, 모든 연락을 끊어라. 여러분의 친구를 통해 메시지를 전달하지도, 안부도 묻지 말며, 오직 무관심으로 일관하라. 여러분은 그 여자의 세계에서 사라지는 것이다.

남자가 무관심을 배우는 게 '거르기가 가진 힘'의 핵심이다. 무관심한 태도를 전제로 삼고 그것을 의식적으로 다루면, 여러분의 관심은 여자들에게 훨씬 더 가치를 지니게 되고, 유사시에 '영구적인 거르기'로 전환하기가 훨씬 더 수월해진다.

# 성 전략의 절대 법칙

10년도 훨씬 지난 일이다. 내가 소스와브 토론방에서 처음 글을 쓰기 시작할 무렵, 지금 생각하면 충분히 있을 법한 일부일처제에 관한 논쟁에 푹 빠졌었다. 당시 내가 다니던 대학의 행동 심리학 수업에서도 뜨거운 논쟁에 휘말렸을 때라 내겐 나름 흥미로운 시기였다.

나중에 내 논문이 된 〈운명의 상대는 없다There is no ONE〉를 막 썼을 때, 동급생 대다수와 딱 한 분을 제외한 모든 교수가 그 이론을 인정하지 않았다. 여학생들이 이 논문을 읽고 화를 낼 거라고는 당연히 예상했지만(당시는 2001-2002년이었고, 레드필은 아직 생기지도 않았다는 점을 감안하자) 소울메이트 환상을 내가 반박하자 의외로 많은 남자들이 내게 적대감을 보였던 경험은 지금 돌이켜봐도 충격적이다.

요즘도 내 글을 읽고 여자들이 얕은 논리로 쏟아내는 발언과 똑같은 맹비난을 그 당시에도 받았다. "당신도 결혼했잖아요? 아내가 소울메이트가 아니란 말인가요?", "사랑을 믿지 않나요?", "여자한테 심하게 데인 경험이 있나 보네요." "미스터 여혐씨!" 예나 지금이나 저런 반응은 너무 뻔한데, 저런 레파토리들이 블루필에 길든 자신의 자아를 보호하는 데 동원되는 교과서 같은 대응법이기 때문이다.

한땐 나도 저 남자들과 똑같은 말을 뱉던 시절이 있었다. 그렇게 사회적 길들이기는 누구나 '당연히' 여겨야 한다고 생각하는 것들을 우리에게 주입한다. 인간은 상식을 깨길 바라면서도, 한편으론 상식에 안주하며 만족한다.

이는 인간이 자기 유전자가 계승됐는지 여부를 확실히 확인하려는 잠재의식적 욕망이 얼마나 강한지 보여준다. 여성에게 이런 확인이란 최적의 하이퍼가미를 달성하는

398

것이다. 남성에게는 아이가 친자식이 맞는지에 관한 것이다. 어떤 경우라도, 우리는 번식할 거란 믿음이 필요하다. 심지어 그 과정에 초자연적인 힘이 개입한다고 믿기도 한다. 자신의 성 전략을 완수하는 일은 다름 아닌 실존적 투쟁이다. 그리고 어느 정도 여러분은 무의식적으로 이를 알고 있다. 그러므로 종교적인 사람들에게는 그것이 '운명'과 '믿음'으로 귀착되고, 세속적인 사람들에게는 '소울메이트'라는 낭만적인 환상에 이르는 것이다.

## 일부일처제와 원아이더스

당시에 오랫동안 원아이더스라는 개념에 대해 고민을 많이 했다. 나도 분명히 한 번 이상 체험했고, 심지어 종종 인용하는 경계선 인격장애를 겪던 전 여자친구도 내겐 그런 존재였다. 그 무렵 나는 '어떻게 소울메이트라는 믿음이 베타남의 정신을 잠식하고, 블루필 인생관에서 필수 요소 또는 사실상 종교가 되는지' 몸소 깨닫게 되었다. 당시에는 몰랐지만, 나는 자신에 대한 객관적인 가치 판단을 할 수 있을 만큼 성숙해지고 있었고, 여성의 본성에 대한 실전 경험 덕분에 내가 공부하고 있던 것을 제대로 해석하고, 이론과 현실을 비교할 수 있었다.

솔직히 고백하자면, 소스와브 토론방에 들어가기 전까지 나는 '원아이더스'라는 단어를 들어본 적이 없다. 나는 작문할 때 '소울메이트 환상'을 언급했지만, (내 생각에) 픽업 아티스트인 '미스테리Mystery(『신비한 지식-아름다운 여성을 침대로 이끄는 방법The Mystery Method-How to get Beautiful Women into Bed』의 저자-옮긴이)' 가 '원아이더스'라는 신조어를 이미 만든 뒤였다. 매노스피어 바깥에 있던 사람들은 내가 그 용어의 뜻을 정확히 설명하자 내게 버럭 화를 냈다. 돌이켜보면, 그 설명이 그들의 마음에 파장을 일으켰기 때문이라고 생각했다. 그런데 지금 다시 생각해 보니 그것을 포함한 그보다 더 큰 이유가 있다고 생각한다.

내가 '오래된 책'이라고 비유하는 과거의 사회 계약은 성 혁명 이전의 사회 질서가 유지된 방식과 깊은 연관성을 지니고 있다. 그 체계에서는 남자와 여자에게 각자의 성 역할을 가르친다. 그러한 성 역할은 주로 '남녀 한 쌍의 결합'이라는 평생의 약속을 중심으로 정해진 것이다.

진화 인류학자들 사이에서, 현대 일부일처 문화의 역사가 천 년 정도에 불과하다는 이론이 인기를 끌고 있다는 게 흥미롭다. 말할 필요도 없이, '인류가 사실 다자간 연애 또는 일부다처제의 성향이 있고, 일부일처제는 그런 본능이 초래할 최악의 결과를 방지하기 위한 (필요에 의한) 사회적 적응'이라는 의견은 일반인들이 잘 받아들이려고 하지 않는다. 우리는 일부일처제가 우리의 본능이고, 우리에게 있는 동물적 충동은 그 본능의 잔재거나 폐단이라고 믿고 싶어한다. 우리는 인간이 타고난 본능을 뛰어넘는 진화를 이룩했고, 그런 본능이 우리 본질을 만드는 주재료가 아닌 쓰다 남은 짜투리가 되었다는 식의 발상을 더 좋아한다.

특히 여자들은 '일부일처제가 자연스러운 것이다'란 통념을 적극적으로 지지하는데, 여자 쪽이 더 많은 이해관계가 걸려 있기 때문이다. 왜냐하면 임신에 따른 비용을 감당하는 쪽이 여성이기 때문이다. 남자가 '이기적 유전자'의 본성을 인정하는 기미만 보여도, 여자들은 당장 남자가 몰래 바람을 피운 것처럼 비난한다. 요즘 시대에 (노골적인 과시는 아니더라도) 더 많은 여자들이 하이퍼가미를 대놓고 드러내고, 하이퍼가미를 인정하고 있기 때문에 여자들은 사실상 내로남불의 모순에 빠진 셈이다.

2권에서 '자신의 행동과 선택을 합리화하기 위한 여자들의 이런 이중성'을 제대로 다루려고 했었다. 『합리적 남성2: 예방의학』을 통해, 여자들의 이런 모순은 물론, 여자들이 나이를 먹어가며 마주하는 시기마다 하이퍼가미에 따른 성 선택을 하면서도, 동시에 장기적 안정도 중요하게 챙겨야 하는 이중적 욕망에 여자들이 심리적으로 적응하는 방식을 설명했다. 결국 일부일처제 시스템에서 여성의 진행 방향은 눈앞의 알파 섹스와 미래의 베타 부양의 가능성 사이에서 균형을 잡는 것이다.

## 씨뿌리기와 부양하기

여자는 자기만 바라보는 베타를 혼자 책임지느니, 차라리 알파인 게 확실한 남자를 다른 여자들과 공유하려고 할 수도 있다. 그렇다고 해서 여자가 결국 현실적인 필요에 의해 충직한 베타와 정착을 하지 못한다는 뜻은 아니다. 아무튼 지속적이고 신뢰할 수 있는 일부일처제 관계의 책임은 늘 남자가 진다. 남자들이 발정 난 '개' 취급 받는다는 걸 기억하는가? 남성의 성적 욕망은 결국 '무한한 성 선택지를 향한 무한한 접근'으로 요약된다. 여자들은 본능적으로 이걸 이미 알고 있다.

소위 남자의 '일탈', 즉 다른 여자에게 눈이 돌아가거나, 작정하고 저지르는 외도를 의심하는 여자들의 분노는 사실 여성의 구미를 가장 잘 자극하는 짜릿한 감정이다. 의심과 질투는 여자들이 갈망하는 멋진 호르몬 혼합물을 만든다. 여성들의 그런 호르몬이 분출되도록 분노를 자극하는 토크쇼가 인기가 많은 이유이기도 하다. 그러나 이젠 셰릴 샌드버그 같은 여자들이 다른 여자들에게 '자신의 하이퍼가미 본능을 완전히 인정하라'고 부추기고, 남자들에게도 여자의 하이퍼가미 본능을 인정하고 받아들이라고 하는 시대다. 이런 환경에서 여자들 특유의 분노 드라마를 향한 갈망(여기선 남자의 외도)과 시시한 베타 남편이 그런 짜릿한 분노를 잠재울 수 있는 유일한 유형의 남자라는 발상을 조화시키려면, 요즘 여자들에겐 많은 심리적 곡예가 필요할 것이다.

이러한 불편한 진실과 여자들에게 명실상부한 '피해자 지위'를 부여하려는 사회적 차원의 노력을 비교하는 것도 중요하다. 여성 중심적인 사회 질서에서, 한 여자와 지속적인 일부일처제를 맺어야 할 필요성을 느끼지 못하는 남자는 '키덜트(kidult)', 즉 여전히 정신상태가 유년기에 머물러 있는 어린애 같은 취급을 받는다. 이 남자들은 성숙이란 관점에서 여자들이 내린 정의와 기준을 충족하지 못한다는 이유로 욕을 먹는다. 그 정의에는 '남자란 늘 여자들을 장기적으로 책임지고, 미래의 자녀를 위해 아주 충실한 일부일처제 남편감이 되는 데 자신의 인생을 갈아 넣어야 한다'는 생각도 포함된다.

반면에 여자는 절대 그런 자격 요건에 종속되지 않는다. 사실 '여성 인권'를 위해 결혼하지 않거나, 심지어 아기를 낙태하면 체제에 저항하고 자신의 신념을 지킨다며 더 높이 존경받는다. 그러니까 여기서 우리는 다시 한번 하이퍼가미의 이중성과 그 따르는 책임을 면책시켜 주는 사회적 차원의 노력을 보게 된다. 여자는 남자에게 일부일처제를 강요하면서, 동시에 일부일처제가 억압이라고 우긴다. 그런 식으로 여자들은 아무 잘못 없는 피해자가 되고, 어떤 식으로든 불리한 위치에서 벗어난다.

## 한 쌍의 결합

이러한 '일부일처(monogamy)' 제도가 '인간종에 이로운 진화적 적응'이라는 관점은 거의 참인 명제로 봐야 한다. 타인과 협력할 수 있는 능력 덕분에 우리가 이 행성의 지배종이 됐다는 점은 아주 명확한 사실이다. 그러나 여성 지상주의(Feminine Imperative)가 하이퍼가미를 (완전히) 모든 문화의 중심 가치로 만드는 데 동원하는 사회적 차원의 힘은 이러한 성별을 뛰어넘은 인간의 보편적 협동 정신과 정면충돌한다. 여성 지상주의(와 여자 개개인에게 부여된 평등적 가치의 중요성)에 근거한 '공개적인 하이퍼가미'라는 새로운 질서는 '일부일처'란 기존 체제를 뒤엎으려고 한다. 여자가 홀로 만족스럽게, 혼자서 충분히 '완전한 개인'이 되었다고 느끼도록 사회적으로 분위기를 조장하고, 그런 인생이 칭송받는다면 두 성별 간 상호 보완성이 필요없어진다.

거기에 매사에 면책받는 '피해자 지위'와 여자에 대한 본능적인 편견인 '순진무구함'이 더해지면, 여러분은 결국 우리 사회가 어디로 가고 있는지 감을 잡게 될 것이다. 남녀의 진화론적 성 전략은 한 쌍의 일부일처제와 거리가 멀다. 수천 년 동안 우리는 그것을 완화할 사회적 장치(결혼 제도, 남자들의 여성 보호 관습 등)들을 만들고 그것에 적응해 왔지만, '성 전략의 절대 법칙'은 여전히 그런 제도와 관습에 영향을 미친다.

### 성 전략의 절대 법칙 :
*한 성별의 성 전략이 성공하려면, 상대성별은 자기 전략을 타협하거나*
*포기해야 한다.*

이러한 관점에서, 오늘날 자신의 성 전략을 포기하거나 타협을 가능성이 높은 쪽은 남자다. 왜냐하면 요즘은 남자가 친자 여부에 대한 불확실성을 감당해야 하는 입장에 놓여 있고, 여성의 성 전략을 수용하라는 사회적 차원의 압력을 받기 때문이다. "여자가 아버지가 될 사람을 잘못 고른다면 (또는 아예 고르지 않는다면) 양육의 책임을 지는 쪽은 늘 여자들이다."는 반박도 있지만, 성 혁명 이후의 사회에서는 결과가 어떻든 간에, 여자가 그런 책임의 무게를 오롯이 짊어지게 되는 경우는 현실적으로 거의 없다. 사실 오히려 여자가 그런 대가를 떠안는 모습은 그 여자가 '독립적인 힘을 가진 강한 여성'이란 증거로 인정받는다.

*현대 사회의 분위기에서는 심지어 아이를 낙태하는 것조차 여자들에겐 자부심의*
*원천이 된다.*

요새 남자들은 여성의 성 전략을 수용하고, 여성의 성 전략이 추구하는 목표를 달성시키기 위해 자신의 성 전략을 더 많이 훼손하는 대가를 감당한다. 우리가 '공개적인 하이퍼가미'와 여자들의 '느슨한 간통', '친자 확인을 금지해야 한다'는 (아이의 정신 건강을 위한다는 명분을 내세운) 법적 저항이 흔한 광경이 된 사회의 모습을 설명할 때, 남자가 자신의 성 전략을 양보한 결과 발생하는 직접적인 대가를 여자보다 더 많이 수용한다는 사실이 훨씬 더 분명해진다.

워런 패럴의 책 『남자는 왜 그럴까』에는 이런 내용이 나온다.

남자는 왜 그렇게 한 여자에게 몰두하는 걸 두려워할까? 2장에서 남자 대부분이 주로 하는 공상은 여전히, 안타깝게도, 많은 아름다운 여자들과 만나는 것이라고 설명했다. 남자에게 한 여자를 향한 헌신은 이러한 공상을 포기한다는 뜻이다. 여자들 대부분이 주로 하는 공상은 경제적 안정을 제공하거나, 그 과정에 있는 (그에게는 '가능성'이 있다) 남자와 관계를 맺는 것이다. 여자에게 이런 남자를 향한 헌신은 그 공상이 실현된다는 뜻이다. 따라서 여자에게 헌신은 자신의 성적인 환상을 달성한다는 의미가 되고, 남자에게는 그것을 포기한다는 뜻이 된다. - 150 페이지

한 여자에게 '전념하지 않으려는' 남자는 이 여자에서 저 여자로 미와 젊음을 찾아 옮겨 다니면서, 여자를 물건 취급한다는 비난을 자주 받는다. 이 여자 저 여자 옮겨 다니는 남자들이 많으나, 그것이 꼭 여자를 물건 취급하는 것은 아니다. 이 예쁜 여자에서 저 예쁜 여자로 옮겨 다니는 남자는 보통 이전 여자에게서 발견할 수 없던 것, 즉 좋은 대화, 비슷한 가치관, 좋은 궁합을 찾아다니는 중이다. - 153 페이지

남자에게 한 여자를 향한 헌신의 의미는 60년대 중반에서 80년대 중반 사이에 변했다. 과거 '헌신'이란 섹스와 사랑으로 가는 확실한 길이었고, 누군가에게는 아이와 가정을 돌보고 '가정에 충실한 남자 이미지'를 완성하는 길이었다. 지금은 '섹스를 위해 결혼한다'고 생각하는 남자는 거의 없는 것 같다. 또한 남자들도 이제 집안일에 사람을 쓸 수 있고, 끼니는 식당에서 해결할 수 있다는 사실을 더 잘 안다. 그리고 '자녀가 있어야 한다'는 생각을 비롯해 가정적인 남자 이미지를 갖고 싶다는 열의가 과거만큼 없다. 차츰 남자가 한 여자에게 헌신하게 되는 주된 이유랄 게 사랑할 여자에 대한 기대만 남게 된다. - 159 페이지

패럴 박사는 여전히 블루필에 갇혀 있다. 왜냐하면 '오래된 책(규칙)'의 타당성을 주장하는 것은 물론이고, 여자들이 남자의 성적인 요구를 여자들의 성적인 요구만큼 정당하다고 이성적인 태도로 인정할 것이라는 식의, 일부러 모르는 척하는 것 같은 희망에 매달리고 있기 때문이다. 또한 '여자를 옮겨 다니는 남자가 많다'라고 믿는 여자들이 하는 것과 똑같은 정점 오류(Apex Fallacy, 최상위 레벨의 사람들을 기반으로 집단 전체를 평가하는 오류-옮긴이)를 저지른다. 이 오류는 요즘 여자들의 흔한 착각인데, 많은 남자들이 이 여자에서 저 여자로 옮기고 싶어 하긴 하나, 이는 실제로 연애 시장에서 상위 계층(상위 20%) 남자들만 실현할 수 있다.

그러나 패럴 박사의 발상은 내가 '성 전략의 절대 법칙'을 세울 때 가지고 있던 개념의 근간을 제공했다. 단지 그는 과거에 (그리고 지금도) '남녀평등한 일부일처제'라는 블루필 이상주의 희망에 빠져 있어서, 그의 통찰이 더 이상 발전하지 못했을 뿐이다. 명심해야 할 점은 패럴의 책이 (페미니즘의 영향을 받은) 동성에 대한 이해를 바탕으로 1986년에 출간되었단 것이다. 그러나 덕분에 과거 질서가 변한 결과 일부일처제에 대한 접근법이 어떤 식으로 달라졌는지, 그 후에 최근 유행인 '공개된 하이퍼가미'처럼 사회적으로 인정받는 형태로 계승되는 메커니즘에 대한 통찰의 단서를 우리에게 전해준다.

그의 사고방식은 여자들의 정착을 향한 바람에는 '올바름', '공정함', '타당성', '무고함'에 근거하고 있지만, 남자들은 모두 약팍하고 피상적으로 '무한한 섹스를 추구하는 공상을 실현하기만을 원한다'고 추론하면서, '남자는 한 여자에게 정착하길 두려워한다'는 구시대적인 믿음이 반영됐다. 반면 그는 남자가 유니콘을 발견할 수도 있다는 희망으로 여자들과 게임만 벌이면서, 말이 잘 통하고, 가치관을 공유하고, 궁합도 맞는 여성(이는 모두 여성의 친밀감을 얻기 위한 전제 조건이다)을 찾겠다는 일념으로, 여자들과 끝없이 섹스하고 있다고 가정하면서, 블루필에 물든 모습도 보여준다.

무엇보다 정말 의심스러운 부분은, 80년대 중반의 남자들이 한 여자에게 정착하기를 바라지 않았다거나, 이 시대 남자들이 여성의 성 전략을 수용하지 않기 위해 자신의 성 전략을 근본적으로 양보하려 하지 않는 것처럼 묘사한 부분이 정말 사실이 맞냐는 거다. 비록 퍼렐은 그 부분을 다시 다듬긴 했지만, 여성의 이중적 성 전략과 그것이 오랫동안 여자들을 몰아간 방식에 대해서는 결론을 낸 적이 없는데, 그 이유는 남녀가 사랑에 대해 뿌리부터 동일한 개념을 탑재하고 있고, 따라서 남녀 관계 내에서 추구하는 최종 목표도 똑같을 거라고 믿기 때문이다.

이런 평등주의에 입각한 동질성을 당연한 듯 받아들이는 모습은 사실 '여성식 올바름'을 지지하는 것이나 마찬가지다. 남녀 평등사상은 두 성별이 근본적인 차원에서 백지상태로 똑같다고 가정하고, 따라서 두 성별의 체험 방식도 똑같을 거라고 추정한다. 퍼렐은 '남녀 간 합의된 장기적인 목표란 본질적으로 여성의 성 전략을 완수하는 일'이라고 넘겨짚으면서, 블루필 남자들이 빠지는 함정에 똑같이 빠진다.

## 사회적 명령과 저항

『남자는 왜 그럴까』가 출판된 이후 수십 년 동안 남녀 간 성 전략 사이에서 벌어지는 양보의 문제에서, 남자들이 (여차하면 법으로 강제해서) 양보할 수밖에 없도록 사회적 규범들이 표준화되고, 입법으로까지 이어지는 현실을 퍼렐 박사는 전혀 예상하지 못했을 것이다. 이런 '양보'에 해당하는 내용들은 사실 과거에는 법적, 사회적 관점에서 여자에게 낙인을 찍는 요소들이었다. 그런데 이젠 '권력 뒤집기'까진 아니더라도, 그런 요소들이 완전히 없어지거나 정상적인 것으로 취급된다. 예를 들어 낙태, 편부모 양육 (거의 독점적인 여성의 영역), 출산 지연, 여성의 출세 제일주의, 난자 냉동, 정자 은행, 비혼비출산, 비만 받아들이기 운동을 비롯한, 훨씬 더 많은 요소들이 '강하고 독립적인 여성®'이라는 슬로건 하에서 모두 '정상'인 것처럼 인정받고 있다.

구시대 질서에서는 후회, 수치, 낙인이 될 수 있었던, 사실상 위에 나열한 모든 것들이 이젠 여성의 지위를 높이기 위해 묵살되거나 용도가 변경되었지만, (퍼렐 박사를 포함한) 남자들 대부분은 이런 정상화의 작업이 여자들의 하이퍼가미 본능이 부정적으로 발현된 거란 점을 절대 간파하지 못한다. 성 혁명 이후, 이런 모든 부정적인 면에 대한 낙인 효과 자체가 희미해졌거나 사라졌다.

믹타우(MGTOW), 픽업 아티스트(PUA), 레드필은 이런 '정상화 작업'에 대해 논리적인 대응 차원에서 등장한 것이다. 그리고 오늘날 연애 시장에서 '성 전략의 절대 법칙'이 남자에게 들이미는 늑약에 대한 대응이기도 하다. 이 모든 남자들의 '운동'이 드러내는 근본적이고도 중요한 사실은 남자들은 장기적이든 단기적이든, 자신의 성적인 요구를 훼손(또는 포기)해야 한다는 발상에 반발한다는 것이다. 그러므로 이러한 여러

사상과 인간행동학에 근거한 운동들은 여자들이 지금까지 요구해 온 하이퍼가미의 완전한 지배권 행사를 부분적으로 견제하거나, 그 영향력을 아예 제거하기도 한다. 믹타우, 픽업 아티스트, 레드필이라는 개념만으로도 이런 여성향 지배를 무효화하는 것이나 마찬가지다.

그러나 (최소한 아이를 다 키울 때까지만이라도) 일부일처제가 더 건강하고, 더 튼튼하고, 더 잘 성장한 아이를 기르는 데 꼭 필요하다는 사실, 이를 위해 남녀가 계속해서 짝을 이루는 일이 여전히 필요하다는 사실도 부정할 수 없다. 우리는 여전히 사회적 동물이기에, 평등주의의 주장과 달리 인간은 서로 다르기에 상호 보완적이고, 서로에게 의지한다. 상호 협력과 동족 의식, 일부일처제와 심지어 소규모의 느슨한 일부다처제 또는 일처다부제는 우리가 사회적으로 적응하는 데 분명 도움이 된 제도들이다.

'여성 중심주의'와 그에 기반한 페미니즘 운동은 이런 남녀 간 상호 보완과 협력의 필요성을 타도한다. 여성중심주의와 남녀 평등주의는 다양한 장점으로 다양한 약점들을 메우지 않는다. 대신 절대적 평등, 고립이나 마찬가지인 '독립', '획일성'이 사회 집단적 차원에서 정서적 기준점이 되어야 한다고 고집부린다. 이러한 사상은 자연스럽게 인간 사이의 협력을 죽인다.

잔뜩 열받은 비평가들이 나에게 '남녀평등'을 믿기는 하냐고 따져 묻는다. 그 질문 자체에 이미 은연중 '여성혐오'라는 혐의를 깔고 있지만, 그래도 내 대답은 절대 '아니오'이다. 나는 '성별 간 상호 보완성'을 진심으로 믿는다. '남녀평등'은 남녀가 동일한 환경과 상황에서 도전과제를 마주했을 때, 똑같은 수준의 결과를 낼 수 있는 동일한 능력을 갖췄다는 암묵적인 믿음에 불과하다.

남녀는 근본부터 다르다. 그런데 내가 이런 말을 하면 남성 우월주의에 빠진 게 틀림없다는 식의 극단적인 반응이 나온다. 그것도 틀렸다. 나는 특정 환경과 상황, 적응의 난이도에 따라서, 남자의 강점이 때로는 남자를 여자보다 더 우월하게 할 수도 있고, 반대로 남자를 여자보다 더 열등하게 만들 수 있다고 본다. 마찬가지로, 여자의 타고난 본성도 여자를 도전 과제에 따라 남자보다 우위를 보여주거나, 반대로 더 약한 것으로 드러날 수 있다. 평등주의는 삶이 모든 게 중립적인 진공의 공간에서 일어나고, 그 진공의 세계에서는 기계적으로 평등한 여자가 남자만큼 강하다고 억지 주장을 펼친다.

하지만 현실은 어느 때나 어떤 방식으로든 결코 평평한 운동장이 아니다. 남성과 여성은 끊임없이 변화하는 환경에 대응하기 위해, 서로 다르게, 수시로 협력해서 서로를 보완할 수 있도록 진화했다. 어떤 한 성별의 욕망이나 전략도, 특정 환경의 어려움과 직면하는 순간 우월해지거나 열등해질 뿐이다. '남성과 여성은 혼자서도 자율적으로 자립할 수 있는 독립체'라는 발상은 평등주의가 오랜 세월 퍼트린 엄청 거대한 거짓말이다. '강하고 독립적인 여성®'이라는 슬로건도 표면적으론 '남녀 간 보완적 지지가 필요하다'는 사실을 부정하고, 은연중 여성의 우월성을 과시하는 이념이 남긴 폐단의 흔적일 뿐이다.

따라서 현대를 살아가는 우리는 벽과 마주한다. 일부일처제가 다시 남자에게 가치있는 선택지가 되도록, 작금의 사회 계약 조건들을 다시 설정하거나 다시 규정할 수 있기까지 어쩌면 매우 충격적인 사건이 필요할 것 같다. 또한 우리는 '현실적 타협'이라 이름 붙인 '부당한 취급'에 대해, "인간관계에서 상대방이 필요 없는 쪽이 더 큰 힘을 가진다."라는 관계의 기본 규칙을 상기해서 다시 고민해 볼 수 있다. 요즘 여자들은 장기적인 경제적 안정이 보장되면, '여자에게 남자는 필요 없다'고 생각하기 쉽다. 그러나 여성 중심주의는 단순히 필요에 따라 성별을 대하는 상황을 넘어섰다. 여성 중심주의에는 남녀 간 협력을 그냥 단절하는 것으로는 부족한 나머지, 이젠 남자들이 남성성을 경멸해야만 할 정도로 남성성의 이미지를 심하게 훼손했다. 남성은 자신에게 적대적인 현실을 받아들일 뿐만 아니라, 그에 저항해야겠다는 생각만으로도 성적 죄책감과 수치심을 느끼도록 길든 것이다.

# 연애 시장 가치 격차와 애착의 상관관계

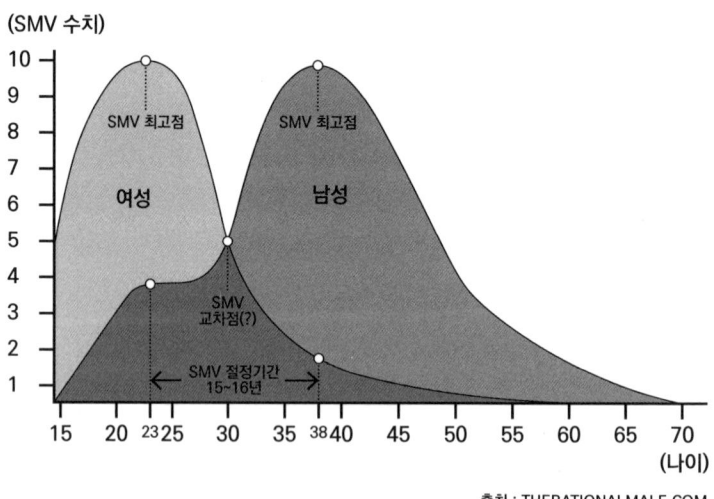

출처 : THERATIONALMALE.COM

내가 악명 높은 연애 시장 가치 도표(시간표)를 만든 뒤로, 현대 서구권의 연애 시장의 풍경을 개괄적으로 묘사하는 데 필요한 여러 요소에 관해, 꽤 많은 열정적인 독자들과 잔뜩 열받은 비평가의 이의제기를 많이 받았다. 위 도표를 깊게 파고들기 전에 다시 한번 상기한다. 내가 만든 연애 시장 가치 도표는 완벽한 도구가 아니다. 연애 시장에서 벌어지는 남녀 간 상호 평가는 통제된 진공 실험실에서 일어나는 게 아니다. 나도 그걸 잘 안다. 이 도표는 두 성별 사이의 사회적·행동적·심리적 작용을 더 잘 이해하는 데 필요한 가이드라인과 사고의 틀을 제시한다.

이 연애 시장 가치 도표가 알려 주는 핵심 메시지는 나이가 들면서 돌입하게 되는 인생의 단계(stage)들마다, 연애 시장 내에서 여러분이 지닌 가치가 여러 요인에 의해 영향을 주고 받으며 그에 따라 여러분의 가치가 등락한다는 사실이다. 원래 나는 여성은 그 가치가 더 급격하게 소진되는 데 반해, 남성의 연애 시장 가치는 앞으로 어떻게 될지(되어야 할지)에 관해 논하려고 이 도표를 만들었다. 더불어 여성의 성 전략에 남자들이 부역하게 하기 위해 남자들이 불편한 진실에 눈 뜨지 못하게 만드는 사회적 통념들을 고발할 목적으로 이 도표를 발표했다. 그런데 이 도표는 매노스피어 바깥세상까지 퍼져나갔고, 서로 다른 성 역학의 대표적인 예시처럼 돌아다녔다. 즉 요즘 이 도표는 내 본래 의도와는 다르게 이용되고 있다.

## 고상한 베타

대학 시절 어느 여름 방학 때, 나는 이 도표를 갖고 '연애에서의 안정적인 애착 형성'이라는 주제로 친구와 논쟁을 벌였다. 나는 그 친구를 '고상한 베타'라고 부른다. 그 친구가 누가 봐도 백기사라서 문제인 게 아니다. 물론 그는 평등주의에 맞게 개조된 남자의 역할과 진짜 남성성을 헷갈릴 정도로 블루필에 완전히 빠져 있었다. 쉽게 말해, 그 친구는 '부양하는 남편'이 되어야 완벽한 남녀평등이라는 가치를 지킬 수 있다고 믿었다. 그가 역사적으로 '남성은 특권층'이었다는 여자들의 주장에 동의하기 때문에, 자신의 타고난 남성성을 억눌러야 아내가 그만큼 '더 평등해진다'는 믿음을 갖고 있었다. 그에게 진정한 남자다움이란 (그게 그렇게 대단하진 않더라도) 그의 타고난 남성성을 억눌러, 아내가 자유롭게 '가부장적인' 사회가 허락하는 울타리를 초월하는 존재가 될 수 있도록 돕는 것이다.

그렇다. 이런 모습이 전형적인 '베타 동일시 게임(Beta Identification Game)'이다. 이는 내가 지난 10년 동안 수시로 다룬 주제다. 그리고 이것이야말로 페미니즘이 동시대 남성들에게 지금까지 60년 넘게 주입해 온 고전적인 공식이다. 토론 중에, 나는 친구가 "남녀가 장기적인 관계에서 어떤 식으로든 평등주의 이상을 실현할 수 있다."고 정말로 믿는단 사실에 충격받았다. 좀 더 솔직히 말해주자면, 애초에 그 토론을 시작하게 된 원인이 다름 아닌 그 친구의 아내가 성적으로 좀 더 적극적이었으면 하는 그 친구의 소망 때문이었다. 그 친구는 침실에서 아내가 직접 섹스를 주도하는 걸 꺼리는 모습을 결코 이해하지 못했다. 그 친구는 심지어 섹스를 하는 와중에도 남녀평등을 실천해서 '더 나은 남자'가 되는 미덕을 보여주고 있었다. 그러나 그렇게 아내에게 날개를 펼칠 공간을 허용했으니까, 남녀평등 사상에 따라 아내가 편하게 성적으로 섹스를 주도하리라고 기대했건만, 아내는 그 친구에게 성적인 흥분을 전혀 느끼지 않았다. 이게 그 친구가 '관계 내 평등 오류'에 동조하는 방식이었다. 그 친구는 아내가 자신과 대등한 존재로 느끼도록 엄청나게 심리적인 투자를 해왔기 때문에, 이제 아내가 그간의 노력이 지닌 가치를 인정하고 성적으로 보상해야 한다고 믿었다.

## 진정한 중도

그 친구가 직면했던 문제는 '성 중립'에 대한 신념 때문에 생겨났다. 그런 믿음을 바탕으로 논리적 극단까지 펼치면, 진정한 성 중립의 최종 종착지는 남녀 양성성(androgyny)이다. 동종이형(sexual dimorphism, 같은 종인데 암수의 형태가 다른 현상-옮긴이)이 아니라, 같은 종인데 양성을 모두 지닌 게 된다. 다행히도 자연은 동질성을 싫어한다. 자연은 서로 다른 남녀를 번식하게 하여, 진화의 막다른 길에서 늘 역동적인 길을 찾아냈다.

내 친구 아내가 보여준 성적인 소극성(그리고 전반적인 무관심 반응)이 그런 자연의 섭리에 해당하는 대표적인 예다. 친구가 아무리 노력하고, 사회가 아무리 평등하다고 난리를 쳐도, 그게 아내의 생물학적 성욕을 억지로 일으키진 못한다. 그 친구는 남성성을 내려놓고 아내의 욕망을 대상으로 협상을 시도한 것이다.

친구가 겪은 좌절과 레드필 진실에 대한 강력한 거부 반응에도 불구하고, 나는 그 친구가 정말 고맙다. 바로 그 논쟁 덕분에, 나는 관계 애착 이론과 연애 시장 가치 사이의 연관성을 측정할 수 있는 단서를 찾을 수 있었기 때문이다.

레드필 블로거인 로이시는 '어떤 남녀 관계에서든 힘과 안정은 각자가 가진 연애 시장 등급의 격차에서 생긴다'고 주장했다. 그의 주장에 동의하지만, 지금부터 거기서 조금 더 확장해 보겠다. 이러한 대원칙은 일반적으로 장기 연애나 결혼에서 자신의 프레임을 유지하고 싶은 남자에게 쓸모 있다. 그러나 커플 남녀의 연애 시장 등급 간 격차에는 지금까지 연구된 것보다 더 많은 의미가 함축되어 있다.

앞서 언급한 대로, 연애 시장에서 가치의 격차 및 변동이 발생하는 건, 남녀의 연애라는 게 가상의 진공 공간에서 일어나는 일이 아니기 때문이다. 남자가 알파 지배력을 구축했다가도 정말 악질적인 쉿 테스트에서 탈락한 뒤, 가치가 하락하는 경우도 가능하다. 바뀌는 사회적 지위에 따라 가치가 변할 수도 있다. 여자는 연애 시장 가치의 최고점에 도달했다가 '나이의 벽'을 향하기 시작하면, 하락하는 자신의 연애 시장 가치를 구제할 방법들을 찾아내야 한다. 출산과 양육, 체중 증가, 안정 욕구 충족에 대한 열망 등 다양한 요인들이 이러한 과정을 앞당길 수 있다.

이제부터 두 남녀 사이의 가치를 비율로 산정하여, 연애 시장 가치의 격차에 대한 일반적인 개요를 제시하고자 한다. 이 설명을 읽기 전에 다시 한번 상기한다. '어떤 인간관계에서든 상대방이 필요 없는 쪽이 더 큰 힘을 가진다'라는 관계의 기본 원칙을 되새기길 바란다. 가장 중요한 것은 관계에서 우월한 연애 시장 가치를 가진 사람이 상대적으로 더 낮은 가치를 지닌 사람을 덜 필요로 하며, 더 낮은 가치를 지닌 사람은 이러한 사실을 최소한 은연중 인지하고 있다는 점이다. 한 사람이 상대보다 연애 시장 등급이 높다는 게 구체적인 사회적 입증을 통해 확인되면, 보통의 경우 그런 현실이 커플 사이에서 그냥 받아들여지겠지만, 한편으론 연애 시장 가치가 변동할 사건이 벌어지면 남녀 사이의 애착과 주도권에 더 큰 파장을 미친다는 사실을 명심하기를 바란다.

마지막으로 여자의 관점에 관해 기억해야 할 게 있다. 하이퍼가미는 '인식→시험→확인→새로운 인식'이란 순환을 반복한다. 이런 하이퍼가미의 순환 회로는 연애 시장 가치의 관점에서 여자가 남자를 상시 평가할 때 분명한 영향을 미친다. 여자가 자신의 가치를 어떻게 보느냐도 남자 파트너를 향한 평가에 영향을 미친다.

## 1:1

1:1 상태는 앞서 내 친구 이야기를 예로 들어 설명한 '진정한 중도'다. 이것부터 소개하는 이유는 이 비율이 모든 평등주의자가 도달하려 애쓰는 이상향이며, 전설에나 존재하는 유니콘 같은 이상이기 때문이다. 남자든 여자든, 남녀 관계에서 완벽한 균형을 추구하는 사람들은 연애 시장 가치상 현실적으로 '지속 가능한 평등'은 불가능하다는 사실을 모른다. 장기적인 관계를 맺고 있는 모든 현대 여성과 여성화된 남성은 자신이 남녀 평등을 보여주는 모범 사례라고 믿고 싶을 것이다. 사실 그들은 평등주의라는 이상에 자아까지 바쳤기 때문에, 본인을 다른 사례와 비교하는 등 객관적인 연애 시장

등급을 정확히 평가하는 데 필요한 자아 성찰이 불가능하다. 하이퍼가미는 절대 같은 수준의 상대를 좇지 않는다. 그러나 진정한 중도를 믿는 사람은 여자가 같은 수준의 상대를 좇는 게 가능하다고 믿는다.

남녀 사이에 1:1 연애 시장 가치란 존재하지 않는다. 아내 또는 여자친구를 '평등하게 대한다'고 생각하며 이 주장에 반발하는 남자가 분명히 나올 거다. 그러나 연애 시장 가치는 늘 유동적이고, '지속 가능한 평형은 자연이 허락하지 않는다'는 명제는 진리다. 하이퍼가미가 대표적인 예이다. 허다한 쉿 테스트에서 한 번만 흔들려도, 평등한 1:1 비율이 여자에게 기울기 시작하는 2:1로 향한다. 규칙적으로 운동하고, 지위가 상승하는 남자는 그런 상황에서도 관계 균형을 다시 맞추기에 충분할 수 있다. 현대의 남녀 관계에서는 변수가 너무 많아서 '연애 시장 가치상 평형'이라는 개념을 진지하게 받아들일 수 없다. 게다가 SNS가 연애 시장 가치와 관련하여, 여자들의 자기 평가에 미치는 악영향도 고려해야 한다. SNS는 이상적 균형을 뒤집어엎을 수 있는 (제일 중요하지는 않더라도) 사회적 차원의 수많은 왜곡 요소 중 단 한 가지 예에 불과하다.

정말 안정적으로 연애 시장 가치상 균형이 잡힌 커플이라도, 남녀의 연애 시장 가치가 서로 인생의 다른 나이대에서 최고에 이른다는 단순한 사실만 떠올려도, '남녀 관계에서 동등한 균형'이라는 개념이 우스워진다. 그러나 남자는 자신을 계속 개발하고 성품과 경제력을 성장시켜, 자신의 연애 시장 등급이 최고에 이르는 시절에 접어들면, 결국 어떤 여자의 연애 시장 가치라도 쉽게 뛰어넘는단 사실을 가슴에 깊이 새겨야 한다. 여자친구가 나이를 먹으면서, 여자친구의 마이너스 요소가 플러스 요소보다 더 커지는 시점이 반드시 온다. 다시 말해, 여성의 연애 시장 가치는 빨리 소진되고 빨리 떨어지기 때문에, 알든 모르든 여자친구가 연애 시장 가치상 정점에 진입한 뒤 '나이의 벽'으로 기울어지면, 결국 남자가 여자를 원했던 것보다 여자가 남자를 더 원하게 될 것이다.

바로 이 결정적인 단계에서 여자는 연애 시장 가치상 분명하게 드러나는 불균형을 체험한다. 그리고 자신을 향한 남자 친구의 애착을 유지하기 위해, 남자친구에게 사회가 주입한 의무, 사랑, 자선, 양육 투자 등에 의지해야 한다. 앞서 언급했던 것처럼, 여자는 자기 인생을 구제하기 위해 남자가 치르는 희생을 제대로 이해하는 능력이 근본적인 차원에서 없다. 그리고 얼굴의 주름과 몸에 붙은 셀룰라이트가 더는 화장이나 콜

라젠으로 가려지지 않는 상황에서, 여자는 어떻게 하면 여자의 주름살에도 불구하고 남편의 진정한 욕망을 이끌어내서 사랑받을 수 있을지 고민하기보다, 일부일처제에 대한 남편의 의무감을 더 고집스럽게 기대할 것이다.

## 2:1

이 비율은 옛날에는 남자가 2에 해당하는 한 성별 간 연애 시장 가치의 관점에서 황금 비율이라고 여겨졌다. 이 비율이 연애에서 가장 성공적이고 안정적이다. 서로 사랑하는 관계란 '동급'인 관계에서 생기지 않는다. 진정 '이상적 남녀 관계'란, 남녀가 서로 인정하는 연애 시장 가치상 남자가 조금 더 우월한 상태, 긍정적인 남성성과 지배력을 가진 남성과 연애 시장 등급상 그보다 살짝 아래에 걸쳐 있는 여자, 사랑스럽지만 남자친구의 연애 시장 등급이 조금 더 높아서 자기도 모르게 살짝 불안한 여자 사이에서 가능하다.

이 상태가 기본값인 남자들도 있다. 좋은 유전자를 타고나거나, 과거에 들인 노력이 빛을 발하거나, 자신의 연애 시장 가치가 정점인데 여자는 하락세인 시기에 어쩌다 미혼으로 남아 있는 경우다. 이 남자는 1:1 이상주의를 추구하는 남자들보다 훨씬 더 오래, 훨씬 더 현실적으로 이 비율을 연애나 결혼에서 유지할 수 있다. 남자의 연애 시장 가치가 여자의 셧 테스트에 의해 하락하거나, 불행한 개인적인 비극을 맞이하더라도 전혀 하락하지 않을 거란 뜻이 아니다. 그의 높은 연애 시장 가치가 가진 내구성과 회복력이 그런 실수와 재난에서 회복할 힘을 더 많이 실어준다는 뜻이다.

이 비율을 실현하기 위해, 남자가 반드시 못돼 처먹은 알파 상남자가 될 필요는 없다. 이런 연애 시장 가치의 불균형을 남자 본인도 잘 알고 있고, 여자친구도 적당히 인정하고, 흠모하기만 하면 된다. 연애 시장 가치의 균형추가 자기 쪽으로 기울어졌다는 사실을 인식하지 못하지만(또는 부정하지만) 2:1 비율의 혜택을 누리는 베타남들도 많다.

여자 쪽으로 기운 2:1 연애 시장 가치(SMV) 비율은 요즘 여자들 상당 수가 자신에게 해당한다고 믿는 비율이다. 그게 사실이든, 여자의 과대망상 때문이든, 대부분의 여자들은 자신이 남자친구보다 연애 시장 등급이 더 높다고 반사적으로 단정한다. 이들은 잔소리를 늘어놓고, 평소에도 남자를 우습게 보는 여자들인데, 주로 자기 남자가 본인 기대에 못 미친다며 불만이 많다. 지배적인 알파남이 나타나서 만족스러운 연애 시장 가치의 불균형을 만들어 주길 갈망하지만, 그놈의 자존심 때문에, 또는 알파의 마음을 훔칠 매력이 없어서 차라리 자신을 '남자친구를 덜 원하는 쪽'으로 스스로를 '강등시켜야' 하는 입장에 놓였다.

## 3:1

이 비율은 남자는 쉽게 유지할 수 있으나, 흔하지는 않은 경우다. 남자 쪽에 약간의 명성이나 악명 또는 널리 인정받는 사회적인 입증이 이루어진 경우 3:1 비율이 가능하다. 이들은 다른 여자들이 끌리고 흥분할 수밖에 없는 남자들이고, 다른 남자들도 이런저런 방식으로 그 남자처럼 되길 갈망하는 남자다. 이런 남자들과 만나는 여자에겐 두 가지 선택지가 놓인다. 이런 불균형에 순응한 뒤 '가치가 더해진' 관심을 남자에게서 끌어내고, 이 남자와 일부일처제를 유지하기 위해 여성 특유의 농간(과 성적인 유혹)에 의지하거나, 자신보다 더 나은 여자가 등장하기 전까지 본인이 그의 단기적인 섹스 파트너란 현실을 받아들이는 것이다.

이 비율로 짝을 이룬 여자는 정말 진지하게 안정을 확보해야지 '상실의 공포(dread)'를 겪지 않는다. 2:1 비율은 여자가 어쩔 수 없이 약간의 자기 의심과 본연의 경쟁 불안을 느끼지만, 3:1 비율 중 1에 해당하는 여자는 심적으로 안정적이지 못한 연애가 야기하는 진짜 상실의 '공포'를 겪는다. 하이퍼가미 관점에서 그 여자는 진화적 로또에 당첨된 셈이다. 정상적인 방법으론 접근조차 할 수 없는 남자와 교제한 것이다. 높은 연애 시장 가치를 가진, 꿈도 꾸지 못했던 남자가 술에 취해 잠깐 관심을 준 뚱뚱하거나 못생긴 여자가 3:1 짝이 가장 흔하게 일어날 수 있는 상황이다. 비이성적인 질투, '사고 임신'도 이 짝에서 드물지 않게 등장하는 사건 사고다. 또한 3:1 짝은 2:1 비율의 남자가 기존의 최고점을 유지하다가 한 단계 더 도약한 경우에도 가능하다. 더 현실성 있는 경우의 수는 여자 쪽에서 나이의 벽에 부딪혀, 과거에 비해 한두 단계 떨어진 결과물일 수도 있다.

여자 쪽으로 기울어진 3:1 비율은 보통 오래가지 못한다. 연애 시장 가치가 자신보다 2단계나 낮은 남자를 떠나는 건 여자 입장에선 누가 봐도 당연하다. 하이퍼가미의 끌림은 절대 남자처럼 작동하지 않는다. 보통 이렇게 여성 쪽으로 기운 3:1 짝은 극단

414

적 상황인 경우가 많다. 아주 돈에 환장한 여자거나, 자신이 보기보다 더 알파인 것처럼 행세해서 여자를 유혹했는데, 여자친구가 편해졌다고 착각한 남자가 원래 베타로 다시 돌아가 정신을 놓고 자신을 있는 그대로 사랑해 주길 바라는 경우다. 또한 여성에게 기운 3:1 짝의 시나리오는 나이의 벽을 지난 전문직 여성이, 여성 중심적인 사고에 강하게 세뇌된, 그래서 그 여자가 혼자 늙는 것보단 낫다고 여겨서 엄청 타협한 남자와 사귀거나 동거, 결혼을 하는 경우일 수도 있다.

## 4:1 이상

현실에 존재할 수 없는 수준이긴 하나, 이런 남녀 관계도 존재하긴 한다. 제일 먼저 떠오르는 예시는 '일반인'과 결혼한 유명인, 유명한 스타일 수도 있다. 하지만 보통의 경우 원래는 수준이 덜 극단적이었던 남녀 관계가 잘 진행되다가 한쪽이 아주 급격하게 하락해 이런 극단적인 불균형이 발생하는 경우가 더 현실적인 시나리오이다. 인터넷에서 늘씬하고 섹시한 19살짜리 여자가, 점점 뚱뚱해져서 90kg이 넘는 동물처럼 변한 전후 비교 사진을 쉽게 볼 수 있다. 이런 경우가 극단적 예라고 말하고 싶지만, 매노스피어의 아주 많은 블로거들이 증명하듯이, 점점 더 흔해지고 있다.

이런 '전후 비교 사진'에 해당하는 커플 중, 4:1 이상의 비율에서 1에 해당하는 여자는 남자가 다른 여자로 갈아탈 생각을 못 하게 하기 위해, 사회적으로 확립된 규범과 관습에 열정적으로 의존한다. 가령 다이어트를 포기하고 '비만'으로 살기로 한 여자가 그걸 받아들이지 못하는 남자친구에게 '남자가 찌질하다'고 수치심 전술을 쓰는 경우가 가장 대표적이다.

여성 쪽으로 기운 4:1 비율은 아주 지독하게 외모와 성을 내세워 남자의 돈을 탐내는 골드 디거Gold diggers(속물인 여자, 소위 '된장녀'보다 더 과격한 미국식 표현-감수)를 제외하고 사실상 불가능하다.

# 인도주의, 행동주의
# 그리고 게임의 무도덕성

*"인생에서 가장 큰 위험은 높은 목표에 실패하는 게 아니라 낮은 목표를 이루는 것이다."*

게임의 세계에 갓 들어온 남자들이 마주하는 큰 심적 장애물은 남녀 간 역학에서 자극을 일으키는 동기들이 얼마나 본능적이고, 냉정한지 깨달으면서 느끼는 불편한 감정이다. 단순히 현실이 자신의 도덕관에 꼭 들어맞아야 한다는 희망을 가진 순진한 남자들을 비판하고 싶진 않다. 이 문제는 그렇게 단순하지 않기 때문이다. 명예와 의무라는 '오래된 책'의 규칙을 따르는 남자들은 도덕성을 지키고 싶어한다. 그들의 신념 상 '비도덕적'이라고 여겨질 행동을 하게 만드는 진화심리학의 원리가 어떤 건지 듣는 것만으로도, 게임과 레드필을 완강히 거부하도록 하기에 충분하다. 그들은 비도덕적 행동의 근원을 이해하는 시도 자체를 그런 행동을 지지하고 정당화하는 것으로 본다.

나를 '도덕적 상대주의자'라고 욕을 해도, 인간 행동 이면에 깔린 숨은 목적을 이젠 못 본 채 할 수가 없다. 이게 바로 도덕관념을 가진 남자가 게임의 본질을 처음 이해할 때 겪는 수많은 내적 갈등의 원흉이다. 〈전쟁 신부〉라는 기고문을 통해, 여자는 이별이나 사별 이후에 남자보다 훨씬 쉽게, 새로운 남자를 찾아 감정적 유대를 맺는 경향이 있고, 그것의 원인은 스톡홀름 증후군 같은 타고난 진화심리적 요인 때문이라고 주장한 적이 있다. '비'도덕까진 아니더라도 충분히 '무'도덕적으로 간주할 수 있지만, 잔혹하고 냉정한 여자의 행동을 객관적으로 관찰한 내용일 뿐이다. 게임이 뭔지 처음 깨달은 남자에게는 비판받아 마땅한 이중잣대로 보이는 것들도 많다. 왜 여자는 말에 진

416

심을 담지 못하는 건가? 여자의 진짜 의도를 알기 위해 여자들의 반응과 행동을 관찰해야 하는 일은 극도로 쓸데없는 짓처럼 보인다. 아이러니하게도 남자가 과거에 고안해 냈고, 결국 현대 도덕의 규범으로 발전한 많은 개념들이 이런 여성의 행동과 하이퍼가미의 작용을 조절하기 위해 설계되었다.

이런 관점에서, 나는 게임과 본능적인 성 역학이 작동하는 방법을 깨달은 남자들의 '고차원적인 자아상'을 향한 욕망을 본다. 노골적 행동주의는 남녀 관계라는 무대에서 인도주의적 의미를 찾고자 하는 열망과 충돌한다. 좀 쉽게 합리화해 보자면, 교화라는 게 누구를 위한 것인지에 대한 답은 늘 주관적이므로, '도덕이라는 가식을 완전히 벗어버려'라고 남자들에게 조언할 수도 있다. 그러나 그런 조언이 이런 남자들의 정의를 향한 갈망을 없애지 못한다. 여기서 중요한 건 정의에 대한 '갈망'이지, 꼭 정의를 실현하는 게 아니다. 이런 접근법은 더 고귀한 가능성에 대한 열망을 존중하나, 현실적인 행동주의자의 시각에선 다소 순진해 보인다. 객관적 사실로서 그렇다는 게 아니라, 그냥 그렇게 보인다는 뜻이다.

인도주의적 관점에 따르면, 다양한 영역에서 인간 발전은 직선으로, 즉 이어진 연대기 순서를 따른다. 수학과 예술, 문화적인 의례, 과학, 역사적 사건 등 많은 다른 '발전'이 수렵 채집 시절에서 시작해 현재까지 연결된 세계로 이어지면서 이루어낸 게 된다. 그리고 이런 업적들을 고차원적 인류를 향한 진보의 상징처럼 여기게 될 때, 우리는 더 고상해진 기분이 들고 만족스러울 것이다. 그러나 인도주의가 극복했다고 주장하고 싶어 하는 생물학적 본능과 그것의 진화, 그 속에 뿌리내린 인류 발전의 진짜 원인을 더 쉽게 간과하게 된다.

파블로 피카소를 예로 들어보자. 피카소는 내가 가장 좋아하지는 않지만 그래도 꽤 좋아하는 예술가다. 사람들 대부분 그가 예술계의 뛰어난 거물이라고 인정한다. 인도주의자들은 피카소를 우리 인류 발전의 과정에서 등장한 환상적인 예술가이자, 우리가 짐승 같은 과거를 극복했다는 점을 입증하는 인물이기 때문에, 그를 인류가 이루어낸 성취의 표상으로 세우고 싶어 할 것이다. 이에 행동주의자들은 묻는다. '도대체 왜 예술이 인간들 사이에서 그렇게 높이 평가되어야 하는가?' 이에 대답하기 위해 우리는 창의적인 표현의 근원으로 돌아가야 한다. 동굴에 살던 우리 조상들은 피카소가 나타나기 전, 수천 년 동안 그들이 죽인 동물 그림을 동굴 벽에 그렸다. 이제 이 그림들이

'표현하고자 하는 욕구'를 보여주는 거라고 주장할 수도 있지만, 그 그림들의 본래 기능은 "이게 우리가 영양을 죽인 방법이니 너도 이렇게 하면 된다."라는 정보를 전달하는 것이었다. 이런 방법론에서 출발하여 나중에 언어가 생겨났고, 그 결과 우리는 진보했지만, 그 근본적인 기능은 '종의 생존에 도움을 주는 정보 전달'이다.

그러면 피카소는 왜 스스로 예술가가 되기를 원했는지 물을 수도 있겠다. 인도주의자라면 '자아를 실현하는 과정에서 개인적인 표현의 욕구를 충족하기 위해서'일 것이고, 행동주의자의 대답은 '자기 삶을 더 수월하게 만들고 싶어서'일 것이다. 나는 창의적 지능의 발현이 곧 성 선택으로 이어지지 않았다면, 역사를 통틀어 그렇게 많은 '예술가들'이 등장하지 않았을 거라고 가정한다. 유명한 발명가, 과학자, 심지어 벤저민 프랭클린에 대해서도 비슷한 논리를 적용할 할 수 있다. 모든 것은 인간 본성의 근원에 놓여 있는 동기로 귀결된다.

자아를 실현한 남자가 고차원적인 자기 기대치에 따라 '도덕'에 따르기 위해, '애정'을 아내나 여자친구만을 위해서만 표현해야 한다고 아무리 자신을 설득해봤자, 플레이보이Playboy 잡지의 여자 모델에 성적으로 흥분하는 자신을 발견하게 될 것이다. '욕망' 같은 막강한 추동 요소는 결국 그에게 '내면의 갈등'을 야기하고, 그걸 바로잡기 위해 적절히 행동하도록 자신을 조절하고 훈련해야 한다는 사실을 확실히 보여줄 뿐이다. 방법론과 무관하게, 인간을 추동하는 근원적 동기는 수렵 시절 선조들부터, 즉 수천 년 전부터 인간 정신 펌웨어에 박혀 있는 생물학적 뿌리이다. 아내 몰래 다른 여자를 만날 기회를 즐기든 거부하든, 그 근원적 욕망은 부정할 수 없는 동기 요소로서 여전히 존재한다. 아내도 남편과 있으면서 눈을 감고 브래드 피트와 섹스하는 상상을 할 수 있다. 그 동기는 남녀가 모두 똑같다.

미국 인구의 2/3 이상이 과체중인데, 이유가 무엇이라고 생각하는가? 인도주의자는 우리가 수렵 채집인들의 결핍을 이미 해결했고, 이제 '고차원적인 일'에 자신을 바칠 수 있다고 말하지만, 이렇게 현실 속 통계 수치는 그 믿음이 틀렸다고 증명한다. 행동주의자는 이 상황을 보고, 진화 차원에서 과거에는 우리가 내일이나 모레 조금이라도 먹을 게 있을지 알 수 없었고(그래서 '채집'이 고안되었다고 나는 생각한다), 그래서 진화에 따른 생명 작용이 우리가 과식하도록 정신적 소프트웨어를 설정했다는 점에 주목한다. 우리 몸은 이런 음식을 처리할 때, 탄수화물과 단백질이 근육을 만들기 위해 축적되는 속도보다 지방이 타는 속도가 훨씬 느리다. 이 모든 원리가 진화의 관점에서는 우리를 지킬 수 있는 효율적인 방식이지만, 이제 우리가 (어느 정도) 환경을 제어하고 음식이 풍부해지면서 그런 작동 방식이 우리에게 불리하게 작용하게 되었다. 이것은 옳고 그름의 문제가 아니다. 우리에게 가장 유리하게 행동하도록 자극하는 타고난 생물학적 작동 방식일 뿐이다.

　여러분이 손가락질할 수 있는 모든 부도덕한 행위가 정확히 이런 역학 속에서 작동한다. 우리의 도덕, 지능, 성 전략, 그리고 이 모든 걸 드러내는 행동들이 이런 기반 위에서 작용한다. 우리가 이런 사실에 완전히 눈을 감고 계몽되어, 자아를 실현한 존재가 되고 변함없이 너바나를 경험하는 상태로 머물게 된다면 행복한 결말이 되겠지만, 우리 몸의 빌어먹을 테스토스테론이 계속 우리를 현실로 끌어내린다. 여자가 결혼 서약을 깨고 남편과 이혼한 후 부자 사업가와 재혼하면 도덕적으로 비난받을 만하겠지만, 행동학적 관점에서 보면 장기적인 실용성을 고려해 볼 때, 그런 행위가 여자 입장에선 상당히 합리적이다.

　도덕적 상대주의가 인본주의적 접근법과 다른 점이 있다면, 단순히 이런 원시적인 동기를 사실로 인정하냐 아니냐가 아니다. 도덕적 상대주의는 그것을 수용하고, 그것과 함께 살면서 그것을 응용하려고 한다. 나는 달리고 싶고, 섹스하고 싶고, 싸우고 싶다. 나는 내 혈관의 피와 테스토스테론과 아드레날린을 느끼고 싶다. 또한 소나타를 작곡하고, 명작을 그리고, 내 딸을 사랑하는 아버지가 되고 싶다.

　'행동주의'는 우리가 등에 천사의 날개를 달고, '그 모든 것 위로' 우리가 진화했다는 주장에 대한 안티테제이다. 나도, 여러분도, 누구도 그러지 않았고, 우리 행동은 여건과 기회가 생길 때마다 우리가 위선자임을 증명할 것이다. 그렇다고 행동주의가 야생의 동물 같은 인간의 모습을 정상이라고 주장하는 것도 아니고, 인간에게 매우 고귀한 부분이 있다는 사실을 부정하는 것도 아니다. 그저 우리에게 무엇을, 왜, 그리고 어떻게 하도록 촉발하는 요소를 전부 이해하고, 그 이유를 낭만적인 인도주의의 렌즈가 아닌 훨씬 더 근본적인 관점으로 탐구하자는 것이다.

## 매노스피어에게 도덕이란

관찰에 따른 결과에 대해 천사나 악마의 날개를 달면, 진실에 접근할 수 없다.

이런 말을 해주는 이유는 도덕이 우리에게 중요하지 않기 때문이 아니다. 도덕과 정의에 대한 우리의 해석이 우리의 동물적인 본능에 의해 큰 영향을 받으며, 종종 그 크기가 우리가 스스로 기꺼이 받아들일 수 있는 정도를 넘어서기 때문이다. 자아를 감정적 반응과 분리하는 일도 충분히 어렵지만, 어떤 사안에 '도덕'이라는 칠을 더하면 그 사안을 해체하고 그 부속품들을 파악하는 데 아주 걸리적거린다. 그렇긴 해도 양심, 윤리적 감정과 도덕적 관념 또한 인간 경험의 특징이다. 따라서 매노스피어에서 논의되고 있는 주제들처럼 예민하고 복잡한 사안들을 해석할 때, 도덕이란 요소도 포함해서 사고해야 할 필요가 있다고 생각한다.

과정을 관찰하면, 관찰 행위 그 자체로 과정에 영향을 미쳐서 결론이 바뀔 수도 있다. 그래서 내가 하는 어떤 분석에도 도덕적인 이입을 하지 않으려는 게 나의 지론이다. 도덕이 선입견을 일으켜 시야를 흐리기 때문이다. 문제는 내가 (그리고 매노스피어의 다른 사람들이) 제시하는 내용이나 표현 방식이 다소 거칠어서, 그런 도덕 관념에 감정적인 이입을 해 온 사람들의 감수성을 건드린다. 진심으로 그들을 기분 나쁘게 할 의도는 없지만, 한 개인에게 중요해 보이는 소중한 신념을 해부할 때 수시로 생기는 불가피한 일이기도 하다.

이러한 점을 충분히 숙고해 보자. 내가 제시하는 바가 허무하고, 냉소적이고, 음모론적으로 보이는 이유는 도덕이라는 겉치레에서 벗어나 분석하기 때문이다. 예를 들어, 〈전쟁 신부〉를 쓴 것은 여자친구나 아내가 남자를 차버린 후 금세 아무렇지도 않은 듯 새 남자로 갈아타는 현상에 대해, 수많은 남자들이 쏟아대는 불평에 대한 나름의 답변이다. 나는 '어떻게' 그리고 '왜' 이렇게 작동하는지 원리를 탐구하고 싶지만, 도덕적 관점에서 보면 여자의 저런 행동은 아주 엿같아 보인다. 여자들은 하이퍼가미 때문에 거의 거리낌 없이 이전 남자에게서 정을 뗄 수 있는 선천적인 능력이 있고, 그래서 남자들보다 훨씬 더 부드럽게 다음번 남자에게 넘어간다. 만약 내가 '여자가 남자보다 더 쉽게 다른 사람으로 갈아탈 수 있다는 게 정말 부당하고 엿같지 않아요?'라고 이 문제에 접근하면 내 전제가 편향될 뿐만 아니라, 그런 현상 자체에 집중하는 게 아니라 그 현상의 도덕적 함의를 따지고 있게 된다.

420

나는 현상을 분석할 때 그런 도덕적 잣대를 분리하는 습관이 있다. 때문에 늘 나쁘게 보일 수도 있는 부담도 안고 있다. 이런 태도는 사람들이 오랜 세월 투자해 온 자아관과 선에 대한 믿음에 도전한다. 그러면 사람들은 그것을 개인적인 인신공격이나 정의에 대한 위협처럼 받아들이는데, 그런 자아 투자가 우리 인격에, 그리고 대체로 우리의 행복과 고유한 방식으로 연결되어 있기 때문이다. 여자의 본능에 대한 내 어조에 관해 무례할 정도로 공격적인 반응을 보이는 '여자들을 지지하는' 비평가들이 많다. 그러나 내가 이런 식으로 도덕이라는 우상을 파괴하는 게 여성을 다루는 내용에만 국한된다고 생각하지 않길 바란다. 나는 남자에게 외모의 중요성과 관련하여 똑같은 스타일의 글을 올릴 때, 남자들로 북적거리는 매노스피어의 독자들로부터 여자들의 반응과 견줄만한, 또는 더 격한 비난을 받는다.

'섹스에 어떤 의미를 부여해야 하는가' 같은 심오한 철학에서 모종의 개인적인 가치를 얻고자 한다면 건투를 빈다. 그러나 나는 우리에게 있는 성욕이라는 본성과 고차원적인 열망 사이의 균형을 택하는 편이 훨씬 더 건강한 접근법이라고 생각한다. 그 둘 중 하나만 선택할 수는 없다. 섹스를 위한 섹스를 추구하는 것은 괜찮다. 섹스가 무슨 실존적 의미의 소재가 될 필요는 없다. 만약 섹스에 부여할 수 있는 더 중요한 의미가 있다고 믿는다면, 그것은 당신의 주관적 세계관일 뿐이다. 결혼 생활에서조차 '부부 관계 유지용 섹스'가 있고, 추억이 될 만한 화끈한 섹스도 있다. 그러나 본능에 따른 육체적 행동에 반드시 어떤 고상한 의미가 있어야 한다는 믿음은 착각이다.

'구속 없는 방종이 자유'라는 생각만큼 '자기 억제가 미덕'이라고 스스로 억압하는 것도 동일한 수준으로 해롭다. 어디에나 적당한 균형은 존재해야 한다.

# 계획

오랫동안 내게는 별 다른 계획이 없었다. 글쎄, 나는 살면서 예술적이고 누구나 인정하는 이색적인 일을 해내고 싶었다. 그러나 그걸 현실로 창조하는 방법은 17-19살짜리의 머리에 절대 구체적으로 떠오르지 않았다. 내 머릿속에는 오직 '섹스하고 싶다'는 생각밖에 없었다. 내게는 열정이 있었고, 내가 가진 재능을 사실 잘 알고 있었지만, 딱히 계획 같은 건 없었다.

처음엔 대부분의 세뇌된 베타남들이 17살에 하는 짓들을 했다. 여성 중심적인 사회 질서가 허가한 '공식' 시나리오를 따랐다. 착한 남자가 되기, 여자랑 친밀감을 형성하기, 여자를 편안하게 해주기, 여자에게 헌신하기, 오직 한 여자랑만 사귀기, 그러다가 이런 과정을 거치는 중, 운명 같은 섹스가 마법처럼 우연히 나를 빛나게 하면, 그게 이 세상의 베타들이 원했던, 지난한 과정에 대한 보상처럼 느껴졌다. 그러나 여전히 내겐 계획이 없었다. 계획처럼 보였지만, 정작 그것이 합쳐지면 하나의 계획으로 펼쳐지지 않았다.

'원아이더스', 단 한 명의 여자친구와 순차적으로 관계를 맺는 일이 계획처럼 보였다. 여성 중심적인 사상은 계속 그렇게 내게 영향을 미쳤고, 그것이 논리적으로 맞는 것처럼 보였다. 나는 동시에 여러 여자를 만족시키는 능력이 있는 남자들을 싫어했다. 어떻게 여자들은 그런 '선수'에 마음을 빼앗기고, 여성 중심적인 사회가 가르친 '공식적으로' 인증된 시나리오에서 벗어난 저 남자들의 실체를 모르는 거지? 저 놈들이 저지르는 비행을 여자들은 모르는 거야? 왜 여자들은 이런 놈들에게 섹스와 관심으로 보상하는 거야? 그것도 우리 사회가 가르치고 인증해 준 올바른 길을 무시하고 어떻게

422

저런 게 가능한 거지? 여성 중심적인 사회는 여성을 향한 존중을 기본값으로 삼고 여자들을 다뤄야 한다고, 여성이 나 자신만큼 성적으로 동등한 존재, 나만큼 합리적으로 행동하는 독립적인 행위 주체라고 늘 내게 가르쳤다. 다른 남자들은 여자들이 사회가 우리 모두 앞에 내놓았던 규칙에서 벗어난, 바로 그 남자들을 '보상하고' 있다는 논리적인 판단을 내리는 게 불가능했을까? 나는 알아차렸는데?

당시에는 깨닫지 못했다. 그러나 나는 여자들의 하이퍼가미 본능이 여성 중심적인 사회가 공식처럼 내놓는 '설계'와 충돌할 수 있다는 점을 고려하지 못했다. 여성향 질서를 따르는 남자(베타)들은 인생의 후반부에 그 '질서'가 숨기고 있던 진짜 계획의 정체를 깨닫게 될 것이다. 그 사회적 '요구'란 게 다른 남자의 유전적 유산이나, 아내에게 절대로 최고 선택지가 아닌 자신의 유전적 유산을 기르도록 남자들을 스스로 길들이고, 여자들을 지지하고 부양하는 역할을 맡겼다는 진실을 깨닫게 될 것이다. 상당수의 베타 남자들조차 때가 되면 문득 터지는 깨달음이나, 자아실현을 통해 여성향 질서의 본질을 알아차린다. 다만 누군가에게는 그 타이밍이 너무 늦는 바람에, 그것이 남자에게 미친 피해와 영향력을 줄이는 것 외에는 대처할 수 있는 게 별로 없다는 것이 슬프다. 다른 누군가에게는 그러한 대응이란 게 이혼 절차와 뒤따르는 감정 분리 작업을 통해, 아내뿐만 아니라 여성향 질서가 주입한 큰 계획에서 진정 해방되는 일일 수도 있다. 또 다른 누군가에는 남자의 창창한 인생 전체를 박살 냈을지도 모르는 인공적인 이념이 일으킬 재앙을 미리 피했다는 안도감일 수 있다.

## 계획 세우기

'사람은 계획을 세우고, 신은 비웃는다'라는 기발한 속담이 있다. 어떤 면에서는 약간 귀여운 말이지만, 사실 세상에서 가장 유명한 베타남이 했던 말과 비슷하다. "삶이란 당신이 다른 계획을 정신없이 세우고 있는 동안에 일어나는 일이다." 즉 '어쩔 수 없는 일'이고 여러분은 여러분을 현 상황으로 이끈 사건에 대해, 어떤 영향도 미칠 수 없었다는 말이다.

과거에는 나도 저 말을 믿었다. 결국 내게 닥치는 일을 현실적으로 모두 통제할 수 없으므로, 계획을 세운다는 게 다소 무의미하다고 생각했다. 어머니도 내가 보디빌딩을 하며 몸만들기에 '집착'한다며 이렇게 잔소리하시곤 했다. "내일 무슨 일이 일어날지 절대 몰라. 암에 걸릴지, 차에 치일지. 그러면 네가 그렇게 몸을 가지고 법석을 떤 일이 다 낭비가 될 거야." 나는 '맞는 말이지만, 지금 내가 이렇게 보이고 싶고, 관짝에 들어가면 그때는 신경 쓰지 않을 것이다'라는 식으로 대답했던 기억이 난다.

이런 주제는 언제나 재미있는 대화거리다. 그러나 여전히 내겐 나라는 인간에 대한 계획이 없었다.

## 계획하지 않으면

"계획을 세우지 않는 것은 실패할 계획을 세우는 것이다." 내 해병대 출신 친구는 이 말을 좋아했다. 군대에선 확실히 멋진 좌우명이긴 하나, 현실에서 얼마나 많은 사람이 계획을 세우지 않거나, 세우고도 지키지 않았기 때문에 일어난 수많은 사건과 마주하게 되는가? 우리가 환경을 100% 통제해야 한다는 뜻은 아니다. 계획이 없으면 다른 사람의 계획이 우리에게 일어날 사건에 영향을 미친다는 뜻이다. 앞서 설명했듯, 젊은 남자에게 인생 계획이 없으면 여성향 사회가 일찍부터 자기 계획표를 들이민다. 그것의 목적을 달성하기 위해 남자들 대신 빈칸을 채우고, 그 계획표가 사실 여러분의 계획이라고 설득할 태세를 갖춘 채.

나는 소스와브 토론방에 있는 고등학생 독자들에게 좋아하는 여학생에게 접근할 때 먼저 세속적 성공에 대한 계획을 세우라고 늘 충고한다. 수많은 어린 남자애들이 여자랑 연애하고자 하는 열망, 고백 방법, 그리고 여자와 가까워지는 작전을 세우는 데 너무 열중한 나머지, 본인의 성공에 대한 계획은 세우지 않고 고백에 실패했을 때 아픔을 줄일 궁리부터 한다. 나는 남자들에게 고백의 성공을 예상하고, 그렇게 될 경우 뒤이어질 일에 대해 계획하라고 충고하는데, 여기에는 중요한 이유가 있다.

갑자기 여자애가 데이트 신청에 응했는데, 남자애가 데이트에 대한 계획이 없다. 그러면 여자가 받는 인상은 다음과 같다. 자기는 데이트에 동의했고 사귈 가능성에 동의했으며 하이퍼가미 필터도 통과했는데, 정작 그 남자는 뒷일에 대해선 아무런 생각을 안했다는 사실이 들통난다. 이러한 계획성 부족은 그의 베타 기질을 드러내는 단서가 된다. 그 남자는 성공을 예측하지 않았기 때문이다. 여자는 이런 사실을 본능적으로 감지한다. 그러면 그 남자와 데이트하더라도, 그 데이트와 연애는 남자가 베타라는 인식에서 이루어진다.

알파의 사고방식은 성공을 예측한다. 게임의 핵심 교리 중 하나는 어처구니가 없을 정도의 자기 확신이고, 이것은 게임의 중심 요소다. 그러나 이걸 성공적으로 적용하는 건 결국 마무리에 달려 있다. 그리고 마무리에는 언제나 계획이 동반된다. 그 계획이 여자를 '꾀는데' 성공해서 즉석 만남을 갖는 픽업 아트에 관한 것이든, 또는 신혼 첫날 밤 아내를 위해 아껴뒀던 동정을 떼고 화끈한 섹스를 하는 일이든지 간에, 조건은 똑같다. 알파는 이미 자기가 원하는 바를 알고, 가야 할 길에 관한 구체적인 계획이 있다는 것이다.

## 자신감

> "롤로, 자신감이 여자에게 가장 매력적인 남자의 모습인 건 알겠는데요, 그 자신감은 어떻게 길러요?"

소스와브 토론방에서 자주 받는 질문 중 하나다. '자신감'은 여자 문제에 적용할 때만 아니라, 삶을 내려다보는 관점에서도 흥미로운 개념이다. '당신이 실패하는 이유는 자신을 충분히 믿지 않기 때문이다'라는 글을 읽을 수 있을 정도로, 이젠 자신감이 신비의 영역까지 진입했다. 이는 "자기답게 행동하라'는 추론 과정과 아주 유사한 방식으로 작동한다. 즉 사람들이 무슨 말을 해야 할지 모를 때 뱉는 말이란 소리다. "어, 여자를 대할 때는 자신감만 있으면 돼. 그게 계집애들이 바라는 거야. 플렌티 오브 피시 Plenty of Fish(캐나다의 온라인 데이트 사이트-옮긴이)에 있는 프로필을 읽어 봐. 자신감, 자신감, 자신감 있는 남자를 원해." 이들이 놓치는 부분은 자신감은 자신이 지난번 이루어낸 성공, 그 성공을 되풀이할 수 있다는 내면의 확신에서 생긴다는 것이다.

난감할 거다. 여자들은 자기다워지라고 요구하고, 남자들은 자신감을 가지라고 충고한다. 그런데 둘 다 그 분야에 빠삭한 사람들만 제대로 이해할 법한, 모호한 자질을 설명하는 것 같다. 『합리적 남성』에서 '나 답게 행동하기'라는 오류에 대해 이미 다뤘지만, 여자들이 남자에게 바라는 점으로 그렇게 중요하다고 꼽고 강조하는 그 자신감을 어떻게 가질 수 있을까?

## 자신감은 대안이 많을 때 생긴다

이미 해낸 성공을 되풀이할 수 있거나, 반복적인 성공을 위해 언제나 쓸 수 있는 자원이 이미 자신에게 있다고 생각할 때, 남자는 자신감이 생긴다. 여자가 '자신감을 원한다'고 주장할 때 내리는 지령은 이렇다. '나는 다른 남자들이 본받고 싶은 남자, 다른 여자들이 섹스하고 싶은 남자, 남자로서의 존재감을 가진 남자를 원한다.' 이 말이 품은 거대한 아이러니는 여자가 원하는 자신감, 여자에게 과분한 남자의 자신감이 늘 현실에선 '오만함'으로 취급되는 것이다. 왜 그럴까? 그런 자신감은 여성향 질서가 세운 계획과 충돌하기 때문이다. 그런 남자들은 살벌할 정도로 섹시하지만 여성 중심적인 사회에 너무 큰 위협이 되기 때문이다.

『합리적 남성』에 있는 〈접시 이론〉 장에서 말했듯이, 정말 결과에 신경 쓰지 않는 상황일 때, '될 대로 되라지'라는 태도를 취하기가 훨씬 더 쉽다. 오직 한 여자에게 매달리지 않는 존재감을 가지고, 그렇게 여자들을 한 명씩 대하다 보면, 여성식 질서가 미치는 구속력이 느슨해지기 시작한다. 남자 '자신의' 계획은 여자를 잠시 시험해보고, 자기와 함께 있고 싶다는 진정한 욕망을 가진 여자를 건져내는 작업도 포함된다. 떨떠름한 욕망, 부득이한 욕망이 아니라, 자신 있게, 미래를 약속하며, 성적으로 제시하는 가능성과 결합하고 싶은 욕망을 가진 여자들이다. 열심히 적합한 짝을 찾고 있다는 점에서 그것은 여과나 품평처럼 보이지 않는다. 이런 관점에서 적합한 짝은 스스로 나타나는 셈이기 때문이다.

많은 남자들이 자기는 결코 접시를 여러 개 돌릴 수 없다고 생각한다. 그들은 접시 돌리기라는 게 자기가 마음대로 불러낼 수 있는 모든 여자와 섹스한다는 뜻이고, 닥치는 대로 섹스하는 게 최종 목표라고 생각한다. 레드필을 비난하는 자들이 이런 발상을 내 '접시 이론'과 엮어서 왜곡하길 원한다.

'롤로 토마시가 치마만 두르면 다 붙잡고 섹스하란다. 천인공노할 일이다!'

틀렸다. 다만 남자들의 '한 여자에게만 매달리지 않는다'는 신조는 여성 중심적인 사회가 세운 계획에 근본적인 차원에서 충돌한다. 그래서 여성향 사회와 그 집행자들은 여성향 지상명령이 사회 전반을 계속 지배할 수 있도록 레드필에 고의로 부정적인 누명을 씌운다.

과거부터 어떤 일을 일관되게 성공해 낸 경험에서 나오는 자신감이 있다면, 남자는 앞으로도 그런 성공을 반복할 자신감이 있다고 보는 게 합리적이다. 직장이나 스포츠, 사회 참여, 어쩌면 재능이나 기술이란 차원에서 우리는 모두 그런 개인적인 자신감에 기립박수를 보낸다. 그들은 그 일을 하는 걸 쉬워 보이게 만든다. 그런데 정작 오랫동안 가정을 책임진 헌신적인 남편이고, 여자를 다루는 일에 자신 있다고, 과거에도 성공한 경험이 있다며 스스로 '선수'라고 자신 있게 말하면, 그런 선언 자체가 여러분을 전형적인 망상에 빠진 남자로 만든다.

'롤로, 하지만 자신감은 여자들이 좋아하는 거잖아요. 그런데 여자들은 대체 왜 저러는 거예요?'

자신감이 아니라 계획이다. 여러분의 계획 말이다. 여자에게 접근한 이후 데이트 계획에 대한 예시들은 쉽게 들 수 있다. 그러나 그런 연애 계획은 남자가 인생 전반을 두고 세워야 하는 계획의 한 갈래에 불과하다. 알파는 계획하고 실천한다. 의식적이든 무의식적이든, 알파남들의 자신감은 굳이 입으로 말하지 않아도, 이미 느껴지는 그들의 계획을 다른 사람들이, 다른 여자들이 은연중 인식한 데서 출발한다.

프레임이 '토마시의 제1철칙'인 이유는 프레임을 가지려면 반드시 남자에게 구체적인 계획이 있어야 하기 때문이고, 상황만 허락한다면 다른 사람들은 물론, 심지어 짝이 될 수 있는 여자친구도 계획에서 배제할 수 있어야 하기 때문이다. 남자의 인생 계획은 성욕보다 중요하다. 동시에 큰 계획을 달성하기 위해 성을 이용하는 것도 포함한다.

'맙소사 롤로, 한 여자에게 오랫동안 정착할 생각이 없어도 그 여자와의 섹스가 남자의 계획에 포함되어야 한다는 말인가요?'

계획이란 관점에서 볼 때 그렇다. 내가 부도덕하고 비인간적으로 보이겠지만, 잠깐만 생각해 보자. 이게 개인의 관점에서 여성 중심적인 사회 질서가 세운 계획보다 더 부도덕하거나 더 비인간적인가? 더 큰 관점에서 이런 여성 중심적인 질서를 떠받치는 법과 제도들은 또 어떻고?

무엇보다, 남자들의 이런 계획이 지닌 '부도덕성'과 '비인간적인 면모'가 여자들의 하이퍼가미 본능을 뛰어넘을 정도인가?

## 끝을 염두에 두고 시작하기

*우리는 그 정도까진 아니다. 우리는 고귀하고 정중하고 명예를 중시하는 성별이다. 여자들은 무엇이 올바른지 스스로 알지 못하므로, 여자들이 우리에게 협조하게 만드는 일은 우리의 의무다.*

(아서 왕 시대 글씨체를 사용할 것)

좋은 말이지만 이런 걸 계획이라고는 볼 수 없다. 여자가 진정 남자에게 원하는 통제와 안내('지배'를 부드럽게 표현해 봤다)에 대해 이야기하자면, 그건 '남자가 가진 비전과 방향'으로 요약할 수 있다. 여자가 여러분에게 확신을 품고 있는가? 남자로서 여러분에게 닥칠 가장 고차원적 쉿 테스트는 과연 여러분이 여성 중심적인 사회가 세운 계획을 여러분의 계획으로 바꿀수 있는지 확인하는 것이다. 이 얼마나 대담하고, 얼마나 멋진 일인가! 여러분도 감히 그렇게 할 수 있는가?

끝을 염두에 두고 시작하라. '토마시의 제1철칙'에 따라, 여자가 여러분의 '프레임'에 들어오고, 여자가 여러분의 현실에 들어온다. 여자는 호기심 많고 캐묻기 좋아하는 연기자가 되어, 여러분이 창조한 세계, 여러분의 친구, 가족, 여자가 만나는 여러분의 지지자들을 탐험한다. 만약 여러분의 연애가 이것과 거꾸로 되었다고 느낀다면, 여러분은 거꾸로 여자친구의 세계로 들어간 것이고, 여자친구와 여러분 중 누구의 계획 하에 남녀 관계가 굴러가고 있는지에 대한 질문의 답은 사실상 이미 주어진 셈이다.

# 맺으며

서문에서 말했듯, 맨 처음 이 책을 출판해야겠다고 결심하게 된 계기는 정확히 레드필이 무엇인지 설명할 필요가 있다고 느꼈기 때문이다. 많은 사람들이 내게 매노스피어에서 말하는 '레드필'이 주류가 될 거라 생각하는지 묻는다. 관점에 따라, 좋게 표현해서, 매우 훼손된 상태로 이미 주류가 되었다고 생각한다. 이 글을 쓰는 지금 몇몇 이념적 분파들이 레드필을 도용해 자기 강령을 위한 명칭으로 사용하고 있다.

남녀 간 관계 역학을 깨닫는 것을 지칭하는 '레드필'은 다른 남자(와 여자)들이 특정 모델을 반드시 따라야 한다고 주장하며, 그 모델을 남자들에게 권유해 이익을 얻으려는 시도를 딱히 금지하지 않고 있다. '레드필'이라는 용어는 그 자체로 브랜드가 될 정도로 발전했다. 따라서 개인적인 강령이나 이념을 '레드필'로 홍보하고 싶어 하는 사람들이 자신의 상업적인 이익을 위해 그 용어를 이용하고 재해석할 만큼 인기가 높아졌다. 그리고 (이성 간 인간행동학이 아닌) '레드필'이라는 용어는 그 용어를 도용하는 사람(또는 집단)이 다른 사람들에게 주입하려는 '진실의 탈을 쓴 주관적 의견'을 가리키는 편리한 선동 용어가 되었다.

나는 꽤 오래전부터 레드필이 이렇게 더럽혀질 거라고 예상했다. 나는 2011년 11월에 〈남자가 이런 글을 쓸 수 있었다고?Could a Man Have Written this?〉라는 글을 썼다. 당시에는 여자들이 기어코 '레드필'을 도용하고 재해석해서 그녀들의 목적에 최대한 부합하도록 그 의미를 왜곡하고, 여성 중심적인 아젠다에 도움이 되게 조작할까 봐 걱정했다. 그 글의 핵심 주제는 우리가 사는 여성 중심적인 사회에서 남녀 간 역학에 관해 권위를 가지고 말할 수 있는 쪽은 오직 여자들이며, 그런 역학을 비판하려는 남자라면, 누구든 즉시 가부장적인 여성혐오자로 낙인찍히고 공격받으리라는 내용이었다. 따라서 여성만이 레드필 인간행동학의 내용 중 어떤 것이 레드필 브랜드의 일부가 될 수 있는지 결정할 수 있는 성별이 될 거라는 예언이었다.

지금 이런 우려가 현실이 되는 모습을 보고 있다. 이 책의 〈남자들의 공간〉장처럼, 요즘 매노스피어의 남자들은 여성 중심적인 사회의 입맛에 가장 잘 맞도록, '레드필'의 의미가 재해석되는 모습을 목격하고 있다. 매노스피어는 분명히 '남자의 공간'이다. 따라서 그 공간이 '탈의실의 감시자들'의 영향을 받는 모습도 보고 있다. 게다가 여성에게 결코 호의적이지 않은 '진정한' 레드필의 내용까지 기꺼이 물타기를 하면서 '인생 멘토'라며 도와주는 척 접근해, 상업적인 이익을 얻으려는 첩자들도 보인다. 레드필이 현재의 모습을 갖추기까지 약 15년 동안, 몇몇 사람들은 레드필 요소 중 남자를 여성 중심적인 사회에 더 알맞도록 길들이는 데 도움이 되는 극히 일부분만 받아들이고, 어떤 식으로든 하이퍼가미 불안을 여자가 온전히 책임지게 하는 일은 외면한다. 매노스피어는 이제 거기서 수익 사업을 벌이는 사람들에게 인기 있는 틈새시장이 되었다.

덕분에 '레드필' 남자를 후려쳐서 억울하게 만들거나 분노를 조장하기 쉬워졌다. '분노한 진실'이라고 불리는데, 그래도 진실은 진실이다. 이제는 레드필이 진정 무엇이며 누가 자신의 목적에 가장 부합하도록 레드필을 재규정할 자격이 있는지에 대해, 비슷한 주장을 펼치는 다른 협잡꾼들도 많아졌다. 이런 분파들은 똑같은 목적을 갖고 있다. 레드필을 어떻게든 더럽혀서, 그들이 진실이라 주장하고 싶은 '이념'의 앞잡이 역할을 하도록 레드필을 조작하는 것이다. 이런 사람들은 보통 너무 편안해서 포기할 수 없지만, 딱히 도움이 되지도 않는 블루필 환상에 집중한다.

사람들은 '레드필' 브랜드와 '백마 탄 기사®'라는 동떨어진 개념을 섞어서, '레드필'의 핵심 내용들을 재해석하려는 뻔한 시도를 한다. 그리곤 쉽게 이해할 수 있는 유머로 포장된 짧은 글을 통해 그 핵심을 그럴듯하게 포장한다. 레드필 인간행동학에 정통한 사람이라면 누구나 그들의 주장이 얼마나 블루필스러운지 알 수 있지만, 이 모든 현상의 실체는 내가 수년간 경고해 온 레드필 진실을 감미로운 '퍼플필'로 바꿔치기하는 것이다. 이런 현상은 남자들에게 잠재적으로 위험하다. 게임과 관련해 〈다이너마이트를 손에 쥔 아이들〉의 길을 따르도록 남자들을 부추기기 때문이다. 게임을 배우는 게 딱 한 명의 여자와 연애나 결혼을 성취할 만큼만 (수익 모델에 알맞은) 이성 간 역학의 본질을 이해하고 마는 것이다. 그들에게 일부일처제 결혼이란 처음부터 해답을 찾도록 동기를 부여하는 블루필 이상주의의 최종 종착지다. 그들은 레드필을 팔아서 블루필 꿈을 이룰 수 있는 핵심 열쇠를 여러분에게 제시한다고 믿는다.

결국 그들은 해묵은 블루필 이상주의를 새로운 포장지에 담아 제시하고 있는 것이며, 블루필 이상을 달성할 방법을 '게임'처럼 포장하고 레드필의 인간행동학의 내용을 잘 모르면서 자기들 멋대로 해석한다.

최근 몇 년간 레드필을 특정 조직과 집단의 사회적 강령을 대표하는 데 이용하는 이념적 정파들이 많이 등장했다는 사실도 더하고 싶다. 레드필은 처음부터 내가 그 용어에 익숙해질 때까지 늘 '남녀 간 역학'을 의미했다. 나는 최소한 2002년 소스와브 토론방에서부터, 여성 중심적인 사회가 남자들을 길들이고 있었다는 깨달음을 가리키는 용어로 '레드필'을 사용했다. 우리는 그런 상황을 엄격한 의미로 '레드필'이라고 부르기보단, 자신이 세뇌된 사실을 모른 채 매트릭스에 갇혀 있는 남자들을 블루필(좌절한 흔남들, AFC)이라고 부르곤 했다.

나는 진정한 남녀 간 역학을 이해하기 위해 사용하는 인간행동학을 가리키는 용어로 '레드필'이라는 단어를 계속 사용하겠지만, 그 개념이 왜곡되고 있다는 사실을 체감한다. 그러나 중요한 건, 레드필을 무슨 다른 이름으로 불러도, 그것은 결국 레드필을 틈새시장을 파고들 기회로 여기는 사람들의 브랜딩 작업에 불과하다는 것이다.

'레드필'을 이론에 비유하자면, '게임'은 실천과 현장 경험으로 비유할 수 있다. 둘은 서로에게 영향을 주고 받으며, 한쪽이 없으면 다른 한쪽이 부실해진다. 이것이 레드필의 핵심이고, 남자들을 흔들어 인생을 바라보는 새로운 인식과 경험으로 이끈다. 레드필의 기반은 비관론이나 냉소주의, 여성혐오가 아니다. 레드필의 기반은 정직하고 꾸밈없는 평가와 유대로 연결된 남자들의 경험이다. 냉정한 평가는 종종 감정이 상할 수도 있지만, '블루필 이상이 곧 여자에 대한 올바른 접근법'이라는 사고방식을 가진 남자들에게는 하늘이 무너진 기분일 것이다. 따라서 레드필을 경험적으로 알고 있는 남자들을 제외한 바깥세계의 사람들은 레드필의 통찰을 온통 부정적인 것들이라 믿게 된다. 부인할 수 없는 사실은 그럼에도 레드필이 제시하는 진실은 호소력이 있고, 여전히 블루필 이상주의에 갇힌 남자들조차 그 호소력에 끌린다는 점이다.

그들은 레드필 인식이 가져다 준 매우 가혹한 진실을 가지고 블루필 목표를 성취하는 방법을 찾고 싶어한다. 그들은 매트릭스로 돌아가기를 원하고, 딱 블루필 희망을 현실로 만들어 줄만큼만 레드필 진실을 원한다. '붉은 옷을 입은 여자(영화 〈매트릭스〉에서 주인공 네오의 시선을 훔치는 붉은 드레스를 입은 가상의 여자 NPC-옮긴이)'의 존재를 믿지 않지만, 그것을 만들어낼 레드필이 있으므로 그런 미녀를 얻을 수 있고, 현실로 만들 수 있다고 믿는다. 그들은 블루필 환각에 머무른 채 그 꿈속 현실을 의지대로 조종하는 일종의 자각몽을 원하는 것이다.

레드필 인간행동학에 한 번 눈을 뜨면 되돌아갈 길은 없다. 그러나 딱 알맞은 양의 레드필 인식(여자들도 동의할 거라고 생각하는 친여성적인 부분)으로 블루필 목표를 달성할 수 있다고 믿기 시작하면 (내면의 베타를 아직 죽이지 못한) 블루필 남자들은 위안을 느낀다. 이런 거짓 희망, 레드필 인식의 불편한 진실을 마음대로 부정하는 식의 희망은 사기꾼들이 아무 이름이나 붙여서 팔아먹는 레파토리에 불과하다.

이런 경고를 남기는 이유는 주류 문화가 레드필의 진가와 매노스피어가 지금까지, 그리고 앞으로 발전할 모습에서 그 중요성을 인식하는 때가 올 수 있다는 사실을 남자들이 반드시 알고 있어야 하기 때문이다. 이 책에서 말했듯, 나는 레드필이 정치와 인종, 종교와 근본적으로 거리를 두어야 한다고 믿는다. 레드필이 어느 사회나 종교 운동과 연루되는 순간, 그런 이념과 레드필이 섞인 혼종 브랜드가 탄생하고 레드필의 타당성은 바로 그 이념에 묻은 편견과 함께 훼손될 것이기 때문이다. 2017년 주류 문화에서 이런 혼란이 전개되는 모습을 우리는 분명히 두 눈으로 목격하고 있다. 대안 우파(Alternative Right, 미국 주류 보수주의의 대안으로서 제시되는 극우 세력-옮긴이)나 남성 인권 운동(MRM) 같은 정치적·사회 단체들이 '레드필'이라는 브랜드 정체성을 도용하면, 자신들은 결코 동의할 생각도 없었던 레드필과 연관되어 확장하게 된다. 주류는 '레드필'을 받아들였다. 그러나 이들은 쓰다 버릴 수 있는 들러리, 그들의 서사에서 마음대로 저격해도 되는 대상, 그들의 지지자들이 정당성을 갖고 마구 돌을 던질 수 있는 모두 까기 인형을 필요로 한다.

주류 미디어는 미치광이를 원한다. 그러나 레드필은 미치지 않았다. 레드필은 합리적이고, 면밀하며, 불편하지만 숨김 없는 답을, 특히 여성에게 내놓는 증거를 토대로 사람들에게 질문을 던진다. 주류 미디어는 남자가 여성의 본능을 노골적으로 지적할 때마다 늘 그렇듯, 진정한 레드필을 여성혐오라며 일축하고, 정작 그런 주장에 대해 정

정당당한 토론을 하는 데는 별 관심이 없다. 주류 미디어는 그저 미치광이를 원할 뿐이다. 그래서 '레드필'을 인종차별주의, 성차별주의, 보수주의, 강간 옹호자 등과 섞어버린다. 그들은 주류 사회가 악당을 요구할 때, 자신과 매노스피어와 진정한 레드필을 팔아넘겨도 잃을 것은 거의 없고, 얻을 것은 많은 사악한 브로커를 찾고 있다. 그들은 새로운 브랜드를 입히고 수익을 건지고, 명성을 얻겠다는 희망으로 새 이름을 얻기 위해 '레드필'과의 연계하고 이용해 먹고 있으며, 일부는 다른 이들보다 더 많은 성공을 거두고 있다.

나는 레드필 인식으로 자신을 발전시키는 방법에 대해, 실천으로 옮길 수 있는 생각들을 남자들에게 전해주려고 이 책을 쓰고 편집했다. '더 나은 삶을 사는 방법'을 조언하는 것이 아니라, '남자들이 스스로 더 나은 삶을 구축하는 데 필요한 방법과 정보'를 제공하려고 한다. 남자가 자신을 더 나은 사람으로 만드는 데 '마인드'도 필요한 요소라고 믿지만, 또한 '마인드 셋 동기부여'도 이제 레드필이라는 큰 그림 아래에서 그 자체의 시장으로 갈라지고 있다는 것도 알고 있다. 실질적이고 실용적인 레드필 인식이 다시 한번 말하지만, 레드필 브랜드를 이용해 돈을 벌고 있는 '마인드 셋 동기부여 강사'들의 부속물로 은밀히 이용되고 있다.

지금까지 언급한 내용은 앞으로 여러분이 매노스피어와 레드필(인간행동학)의 발전과 함께 하면서, 레드필을 깨달은 남자들이라면 파악하고 있어야 할 상황이라고 생각한다. 이런 이야기를 하면서 책을 마무리하는 이유는 가까운 미래에 레드필이 왜곡될 수 있는 가능성에 대해 레드필 남자들이 경계할 필요가 있기 때문이다. 레드필은 남자의 삶을 구하고 바꿔주는 일련의 정보이다. 나는 남자들의 삶을 바꿀 수 있는 공식을 제시하려는 게 아니다. 이 책의 정보가 여러분의 생각을 바꾸고 자아 정체성을 바꾸기 시작하는 방법에 관해 행동으로 옮길 수 있는 영감과 통찰을 제시했길 바란다. 그래서 여러분이 현재와 미래에 만들어낼 새로운 현실에서 더 많은 혜택을 누리길 바란다.

-롤로 토마시

# 감사의 말

매노스피어는 여성 중심적인 사회 질서에 의문을 제기하고 도전한다. 매노스피어는 그런 인공적인 이념이 만들어낸 사회적 차원의 변화가 남자에게 끼친 불리한 영향들을 간파하며, 이에 대한 사람들의 인식을 높이는 데 힘쓰는 블로그와 토론방, 남성들이 모인 광범위한 협력체를 뜻한다. 또한 요즘 남자들이 겪고 있는 사회적·심리적 영향에 관해 깨달음을 주고자 하는 레드필&게임, 픽업 아티스트의 이론과 실전 자료를 포괄한다.

매노스피어에서도 꼼꼼하게 살펴서 걸러 들어야 할 것들이 많다. 그중에는 특정 몇몇이 개인적으로 집착할 만한 주제나, 특정 남자들의 개인적 상처를 어루만지는 듯한 좁은 사안에 깊게 매몰될 수 있는 위험도 있다.

모든 책에서 쭉 반복했듯, 레드필을 가장 잘 정의한다고 생각하는 몇몇 온라인 출처를 공유하고자 한다. 이 사이트들을 추천하지만, 각자 전문 분야가 있고 장단점이 있다는 점을 기억해 주면 좋겠다. 또한 되도록 이 책에서 다룬 내용과 연관이 있는 곳으로 감사 목록을 마무리하려고 한다. 이 책의 내용을 가장 잘 대변하는 새로운 항목도 남긴다.

## 합리적 남성(The Rational Male)

therationalmale.com/

내 블로그로 시작한다. 만약 이 책을 읽고 있다면 이미 내가 쓴 글들이 어떨지 감을 잡았을 것이다. 여러분이 방금 읽은 글 중 많은 부분이 내 블로그의 (편집 및 요약된)

게시물이다. 나는 100% 실현 불가능하다는 사실을 알면서도, 최대한 객관성을 유지하려 하지만, (내가 알기로는) 매노스피어에서 유일하게 정말로 절제되지 않은 댓글 토론장을 운영한다.

내게 강령이 있다면 어떤 아이디어의 장점과 가치는 공개적인 토론이라는 시련을 통해서만 입증될 수 있다는 것이다. 이것이 합리적 남성에서 내가 제공하려고 애쓰는 부분이다.

### 가족 알파(The Family Alpha)

thefamilyalpha.com

이 책에 등장한 〈레드필 양육〉이란 주제를 잘 보완해주는 곳이다. 레드필에 기반하고 있지만 매노스피어의 유부남(또는 결혼을 바라는) 집단에 특화되어 있다. 나는 공식적으로 오늘날 사회적 환경 내에서 결혼을 권하지 않는다. 그러나 남자로서 결혼할 수밖에 없다면, 이곳에서 다루는 내용이 (약간 전통적이긴 해도) 건실한 레드필 인식을 잘 제공한다고 생각한다. 레드필 결혼 생활을 유지하고 아버지 역할을 할 때, 남자가 성취 부담을 받아들이고 그것을 적용하는 방법을 자세히 설명하는 데 많은 부분을 할애하고 있다.

### 샤토 하티스트 로이시Chateau Heartiste - Roissy

heartiste.wordpress.com

샤토 하티스트의 원래 운영자였던 로이시는 현대 매노스피어계의 확고부동한 대부이다. 그가 발견해낸 게임과 게임의 작동 원리에 관한 심리적, 사회적인 통찰들은 10년이 넘는 기간 동안 레드필 인식의 기본 토대를 마련했다.

2009년 쯤 로이시는 현재 그를 대신해 이곳을 맡고 있는 블로거 집단에 횃불을 넘겼다. 그와 블로거 집단은 쉽게 접근할 수 없고, 가끔 사회 이슈와 정치로 새기도 하지만, 그의 초창기 글들은 현재의 모든 매노스피어 블로거들이 답을 구할 수 있는 참조자료가 된다.

### 더 레드필 - 서브레딧The Red Pill - subreddit

reddit.com/r/TheRedPill/

현재 레드필 서브레딧은 215,000명의 구독자를 자랑하는데 거기에는 그만한 이유가 있다. 온라인에서 레드필과 관련된 토론 내용들을 단연코 가장 많이 담고 있는 곳이기 때문이다. 레드필, 게임이란 주제와 레드필을 적용하는 데 영향을 주는 사안들에 계속 집중하는 곳이고, 잘 관리된 곳이다.

이 토론방은 아무리 칭찬해도 지나치지 않다. 단기간에 레드필 사상의 중심이 되었고, 픽업 아티스트의 기술에만 국한되지 않고 다양한 레드필 관련 주제와 (결혼한 레드필 등) 하위 영역을 다룬다. 2017년에 '긍정적인 남성성'과 '남성을 위한 자기 계발'에 관한 더 많은 내용을 담아가며 영역을 확대했다.

### 달록Dalrock

dalrock.wordpress.com/

"페미니즘 이후의 세상에서 행복한 결혼 생활을 유지하고 있는 아버지의 사색"

나는 어떤 종교적인 요소가 레드필이 추구하는 적절한 남녀 관계와 직접 연관되지 않는 이상, 가급적 종교적인 주제를 다루지 않는다. 내가 지금까지 5년 이상 달록 블로그의 단골 구독자란 사실은 누구나 알 것이다. 나는 그와 함께 도널그램Donalgraeme의 블로그와 '기독교 매노스피어'의 몇몇 다른 블로거들을 친한 친구까진 아니더라도 레드필 동료로 여긴다. 비슷한 시기에 달록과 내 블로그가 생긴 이후로, 나는 그를 일종의 레드필 형제로 늘 생각한다. 전에 썼던 두 권의 책에도 그의 이름을 언급하며 공을 돌렸고, 이번 책에도 그 이름을 언급하지 않는 무례를 저지르고 싶지는 않다.

레드필의 '도덕성'에 관해 종교적 차원의 염려가 생긴다면, 종교적인 맥락에서 그런 인식을 다루는 데는 달록이 최고다. 그의 블로그는 내가 '기독교 매노스피어'라고 부르는 곳 중 최고다. 또한 현대 결혼과 이혼 추세, 그리고 그것이 미치는 사회적 영향과 관련해 능숙하며, 오래 연구한 통계학자이기도 하다. 레드필을 발견한 기독교인 누구에게든 그를 적극 추천한다.

### 유부남 레드필 - 서브레딧(The Married Red Pill - subreddit)

www.reddit.com/r/marriedredpill/

유부남 레드필 서브레딧은 레드필 레딧에서 파생된 토론방이다. 이곳은 생긴 지 몇 년 되지 않았지만 많은 지지를 받는다. 내가 이 책을 통해 이 토론방에 감사의 말을 전하는 이유는 그곳에서 논의된 많은 아이디어가 이 책의 '양육'과 '긍정적인 남성성'에 수록된 글에 많은 영감을 주었기 때문이다. 이곳은 성 전략에 관한 레드필 사상과 특히 그 사상을 결혼과 장기 연애에 적용하려는 유부남들(일부 이혼한 돌싱 포함)의 연합체다. 이곳은 남녀 관계에서 일어나는 문제를 논의하려는 유부남들의 필요를 충족하기 위해 자발적으로 탄생했다. 이들은 주로 결혼 생활과 장기 동거를 행복하게 이끌 수 있는 더 강한 남자가 되는 방법에 집중한다.

### 소스와브 토론방(The SoSuave Discussion Forum)

www.sosuave.net/forum/index.php

소스와브 토론방은 내가 처음 레드필 개념을 다룰 때, 그 사상의 근간을 키우도록 도와준 곳이다. 오늘날 내가 내세우는 공식적인 견해들 대부분이 '성숙한 남자 게시판(Mature Men's board)'에서 나눈 수년간의 토론 덕분이었다. 이제는 나는 이 게시판의 관리자가 아니지만, 여전히 가끔 댓글로 참여하고 거기서 끝장 토론도 벌인다. 나의 레드필 사상의 초창기 모델이 어떻게 생겼는지 관심이 있다면, 검색창에 'Rollo Tomassi'를 입력하면, 그 모든 역사를 볼 수 있다.


또한, 아래의 동료 레드필 블로거들과 인생 여행자들에게 가장 따뜻한 감사의 말을 전한다.


샘 보타Sam Botta - livefearless.com/

크리스천 맥퀸Christian McQueen - realchristianmcqueen.com

골드문트 언리시드Golmund Unleashed - golmundunleashed.com/

태너 구지Tanner Guzy - masculine-style.com/

에드 라티모어Ed Latimore - edlatimore.com

앤서니 존슨Anthony Johnson – www.the21convention.com

닉 크라우저Nick Krauser – krauserpua.com

앤서니 '프라이빗 맨' 핸슨Anthony 'Private Man' Hansen

– theprivateman.wordpress.com

여러분 모두, 그리고 훨씬 더 많은 분들이 내 책 곳곳에 좋은 영향과 힘을 주셨다. 말로 다할 수 없이 감사드린다. 매노스피어와 레드필 인식을 사회가 긍정적으로 수용하는 날이 결국 온다면, 과거를 돌아보며 우리의 이름과 공간이 부족해 모두 적지 못한 이름들을 그 업적을 이룬 바탕으로 기억할 것이다.

그리고 내 독자들, '남녀 간 역학의 이해'라는 인간행동학을 구성하는 여러분의 각 개개인의 경험들이 이 거대한 그림에 조금씩, 하나씩, 기여하고 있다. 부디 자신감을 갖고, 그 자신감만 있다면 삶이 더 나아질 수 있다고 믿길 바란다. 레드필이라는 거대한 그림에 끊임없이 색을 칠해주는 여러분께 감사의 말씀을 드린다.